即兴伴奏教程

总顾问　张友瑜

主　编　吴明泽　董津伟
　　　　梁文光　于兆林

副主编　王　芳　谢世超
　　　　曹栩娴

高等教育出版社
HIGHER EDUCATION PRESS

即兴伴奏教程

主　编

吴明泽　董津伟　梁文光　于兆林

022-3

高等教育
HIGHER EDUCATI

2018

中国渔业年鉴
China Fisheries Yearbook

农业农村部渔业渔政管理局　主编

中国农业出版社

北　京

中国渔业年鉴理事单位

中国渔业年鉴编辑部

通讯地址　北京市朝阳区农展馆
　　　　　北路2号18号楼
邮政编码　100125
电　　话　(010) 59194981
　　　　　　　　 65074693
传　　真　(010) 65005665
电子信箱　yynjcn@ccap.com.cn

中国渔业年鉴编辑委员会

中国渔业年鉴编辑部

　　2017年1月12日，全国渔业渔政工作会议在京召开，贯彻落实中央经济工作会议、中央农村工作会议和全国农业工作会议要求部署，总结2016年渔业渔政工作，部署2017年工作，继续推进渔业供给侧结构性改革，加快转方式调结构步伐，促进渔业转型升级。农业部副部长于康震出席会议并讲话。

　　2017年1月20日，农业部新闻办公室举行新闻发布会，农业部副部长于康震等向媒体介绍海洋渔业资源管理制度改革有关情况，并回答记者提问。

　　2017年3月13日，"十三五"渔船管理"双控"和海洋渔业资源总量管理责任书签订仪式在农业部举行，由农业部分别与11个沿海省（自治区、直辖市）签订责任书。农业部副部长于康震出席会议并讲话。

　　2017年3月28日，农业部渔业专家咨询委员会在京召开成立大会并开展第一次咨询活动，与会委员就渔业渔政重大问题提出意见建议。农业部副部长于康震出席会议并讲话。

　　2017年4月13日～15日，农业部渔业渔政管理局局长张显良一行到湖南省湘西土家族苗族自治州和湖北省恩施土家族苗族自治州调研渔业扶贫工作。

　　2017年9月26日，农业部在北京召开了首届渔业信息化高峰论坛。农业部渔业渔政管理局局长张显良出席论坛并作主旨报告。

　　2017年1月7～8日，2016中国水产年度大会在北京举行，农业部渔业渔政管理局副局长李书民出席会议并讲话。

　　2017年10月31日，农业部渔业渔政管理局副局长刘新中参加2017国际水产品可持续发展大会并致辞。

2017年12月5日，中华白海豚保护行动计划（2017—2026年）启动仪式暨中华白海豚保护联盟成立大会在福建厦门举办，农业部渔业渔政管理局副局长韩旭参加活动并讲话。

2017年6月29日，全球水产养殖论坛在福建福州举行，农业部渔业渔政管理局副巡视员丁晓明参加活动并讲话。

广西壮族自治区海洋和渔业厅

一、渔业生产持续稳步发展

2017年广西水产品总产量 320.77 万吨，同比增长4.32%。其中，淡水养殖118.41万吨，同比增长4.94%，海水养殖129.94万吨，同比增8.63%；淡水捕捞10.46万吨，同比增 3.06%，海洋捕捞61.07万吨，同比增长−5%；远洋渔业0.89万吨，同比增长55.38%。从生产结构看，养殖产量248.34万吨、捕捞产量72.43万吨，分别占总产量的77%和23%。从产品结构看，海水产品191.9万吨、淡水产品128.87万吨，分别占总产量的60%和40%。渔业经济总产值651亿元，比上年增长6.62%。渔民人均纯收入21 953.8万元，比上年增长7.45%。渔民人均纯收入、渔业经济总产值、产品产量分别保持在全国排位第5位、第7位和第8位。

二、产业发展的主要举措

（一）稻渔生态综合种养业发展工作成效显著

（二）大力发展渔业生态养殖

（三）做好水域滩涂养殖规划工作

（四）加快发展休闲渔业

（五）抓好水产品质量安全监管工作，确保水产品质量安全

（六）切实加强渔业安全管理工作

（七）组织实施珠江禁渔和海洋伏季休渔工作

（八）加大渔政执法监管保护力度

（九）组织开展渔业资源及生态环境保护和增殖放流活动

山东省海洋与渔业厅

农业部船检局局长李昌健与厅长王守信为北海审图中心揭牌

农业部及船检局领导到船检体制改革试点船厂黄海船厂调研

召开全省渔船检验工作大会，部局、省厅领导参加会议

水生野生动物科普宣传月

整齐的海上列队

农业部副部长于康震视察我省海洋牧场建设 11月1日，农业部副部长于康震，农业部渔业渔政管理局局长张显良一行来我省视察海洋牧场建设。期间，考察了青岛鲁海丰休闲渔村建设，并登船实地考察鲁海丰海洋牧场建设现状。于康震副部长对山东近年来发展海洋牧场取得的成就和经验给予充分肯定，提出要着力抓好渔业资源修复保护，加强海洋牧场建设，加快推进渔业产业转型升级，努力提高渔业发展的质量和效益。

"海上粮仓"建设规划出台 2016年，我厅按照省委、省政府有关工作部署，深入推进"海上粮仓"建设，整合省财政渔业资源修复行动计划、平安渔业工程、远洋渔业等渔业发展类专项资金，发起设立"海上粮仓"建设发展资金，全年安排资金2.3亿元；根据财政涉农资金改革要求，整合现代农业生产发展、渔业标准化养殖、农业科技发展等资金建立现代渔业发展平台，全年安排资金1.2亿元。8月，我厅会同省发改委正式印发《山东省"海上粮仓"建设规划（2015—2020年）》，我省"海上粮仓"建设深入推进。

"一张图"平台建设完成，信息化建设进入新阶段 在全国海洋与渔业系统率先完成"一张图"数据和应用集成平台开发、测试，分别在互联网和专网部署运行，并通过了专家验收。建立了统一的数据资源目录，实现数据资源自动汇交、动态更新、数据共享和服务发布；统一身份认证、统一门户办公，实现相关应用系统界面、数据和业务的整合集成和互联互通，为领导决策提供辅助支持，实现我厅信息化建设的标志性转折。

渔业全产业链多元融合发展 休闲渔业逆势强劲增长，2016年产值突破200亿元。把延伸产业链、提升价值链作为渔业转型升级主攻方向，积极推进渔业一二三产业融合和上下游跨界发展。"渔夫垂钓"与"好客山东""仙境海岸"等旅游品牌高度融合，国内知名旅游企业景域集团与我厅达成战略合作，共同打造"渔夫垂钓"品牌项目和产品。沿海地区15处省级休闲海钓示范基地和内陆10处休闲渔业公园，分别实行"投礁、放鱼、钓船、岸线、服务"和"资源、环境、设施、文化、服务"五配套原则，进一步丰富了我省全域旅游的渔业内涵。我省从休闲海钓船管理办法的出台，到海钓船研发与建造基地的认定、休闲海钓船型的标准化以及专管机构的设立，逐步破解了休闲海钓船管理难题瓶颈。全省17地市举办了贯彻国务院《中国水生生物资源养护行动纲要》颁布十周年系列活动，积极打造6月6日"放鱼节"品牌，全省初步形成了"陆地植树造林、水域放鱼养水"的生态文明建设新格局。

我省启动船检体制改革试点工作 6月14日，农业部船检局批复同意我省组织开展渔业船舶检验管理改革试点方案，试点期限2年，在石岛分局辖区开展以渔船设计图纸"审""批"分离、大型渔船建造监理、渔船技术状况第三方检测为主要内容的改革试点，培植第三方技术支撑机构，探索推进渔船技术服务社会化、市场化的有效路径。北海审图中心获批"农业部渔业船舶检验局审图中心（山东）"，承担部局委托的图纸审查及相关业务，农业部船检局局长李昌健和省海洋与渔业厅厅长王守信亲自为审图中心揭牌。

我省举办全国放鱼日同步活动 为纪念国务院颁布《中国水生生物资源养护行动纲要》十周年，打造6月6日全国放鱼日品牌，6月6日，我厅联合各地市，同步举办各种形式的放鱼活动，主要有系列活动之济南篇、泰安篇、淄博篇、枣庄篇、烟台篇、东营篇、滨州篇、潍坊篇等。政府、媒体及各界群众参与度越来越高，节俭、高效的放鱼节已成为我省很多城市广受群众欢迎的节日。渔业行政管理的社会影响度、放鱼养水的生态效能越来越受到社会各界的认可。2016年全省投入增殖放流资金1.6亿元，放流各类水产苗种44亿单位。

渔业科技精准对接在黄河三角洲首次全面展开 "海生·河口"渔业科技精准对接于7月27日启动，省海洋与渔业厅厅长王守信及东营市、河口区相关领导出席启动会，河口区通过政府预算投资4 825万元建设河口生态渔业区路桥工程，投资4 080万元高标准规划建设9 000平方米的海洋生物研发中心，并计划每年提供300万元作为科研经费。"海生·滨州"渔业科技精准对接于8月26日启动，虾蟹类、贝类、刺参产业创新团队分别与滨州市各区县企业进行了对接并开展了相关研究。

走出国门推介"海上粮仓" 2016年3月和9月，省海洋与渔业厅先后两次组织赴东亚和美洲国家开展优质出口水产品市场推介活动，并首次在日本、秘鲁、美国成功举行了三场"海上粮仓"建设及山东省特色出口水产品推介和经贸洽谈活动。我省"海上粮仓"推介活动迈出国门，引起当地媒体极大关注并产生积极反响，这对进一步提升我省优质出口水产品品牌在国际市场的美誉度和认知度具有重要意义。

省总队成立维权支队暨海上执法船队 10月28日，经省编制委员会批复，省海洋与渔业厅在原山东省海洋与渔业监督监察总队第五支队基础上组建"山东省海洋与渔业监督监察总队维权支队"，主要职能是海洋维权巡航执法、海上综合执法、执法船舶及执法船员管理，办公地点设在烟台市莱山区。

"渔夫垂钓"网站正式开通 经过近半年完善和试运行，4月28日，省海洋与渔业厅"渔夫垂钓"官方网站（www.yfcd.cn）正式开通。该网站包含了渔夫垂钓、休闲海钓、海钓基地、渔业动态、渔场介绍、钓坛要事、新闻动态、钓友之窗等8个专栏，旨在宣传"渔夫垂钓"品牌，推介我省海钓基地和渔业公园，提供钓友交流平台。

全省水产品质量追溯信息化管理和服务平台首次搭建 2016年初以来，围绕产地准出、质量追溯、贝类产品卫生监测和养殖区域划型、品牌建设等水产品质量监管中心工作，通过利用信息化和大数据等手段，初步建成山东省水产品质量信息网，搭建了全省水产品质量追溯信息化管理和服务平台。在威海荣成市选取海参开展"一市一县一品"追溯试点，将胶东刺参质量保障联盟企业纳入平台监管。该平台具有实现产品质量追溯、双随机抽检及执法、监管数据共享、监管信息发布等功能，对提升全省水产品质量科学化管理水平，确保水产品舌尖上的安全具有重要意义。

广东省海洋与渔业厅

农业部工作组在湛江调研指导渔业冰冻灾害救灾工作

全国渔业信息化工作现场会

2016年广东省水生野生动物保护科普宣传月启动仪式现场

全省水产品质量安全宣传活动

2016年，广东省优化渔业产业结构，保护渔业生态环境，改善渔民民生，增加渔民收入，提升现代渔业发展水平，推动现代渔业强省建设。全省渔业经济产值达2 863.09亿元，同比增长12.96%；水产养殖产量708.93万吨，同比增长2.78%，水产品产量873.79万吨，同比增长1.81%；渔民人均收入达到1.38万元，同比增长5.65%，渔业各项经济指标继续居全国前列。

加快渔业养殖转型升级 全省建成国家健康养殖示范场190家、省级以上渔业龙头企业114家。加快发展特色生态养殖，韶关市通过"公司+合作社+基地"模式大力发展生态养殖、瘦身鱼养殖。佛山市建设生态健康养殖示范区3个和生态水循环养殖示范点2个。茂名凼仔鱼成为我省渔业首个获得国家农产品地理标志登记保护产品。珠海市成立休闲渔业协会，建成国家级休闲渔业基地1家、省级休闲渔业基地2家。梅州市建成国家级休闲渔业示范基地3家。

推进捕捞转方式调结构 率先在全省试行省管权限海洋捕捞渔船更新改造"先建后拆"，新建大中型渔船301艘。加快发展远洋渔业，成立广东远洋渔业协会，制订加快远洋渔业发展的意见和远洋渔业发展规划。省级统筹安排8亿元扶持远洋渔业发展。现有远洋渔业企业19家、在外生产渔船189艘。

加快海洋渔业信息化建设 通过系统间的互联互通、数据共享，初步实现了渔港渔船可视化、渔业管理扁平化、渔民服务便捷化，促进了广东渔业管理能力与服务质量的双提升。建成省市县3级跨层级行政审批事项审核系统，初步形成一张网联审的服务模式，网上办事大厅建设工作继续走在全省前列。农业部在广东召开全国渔业信息化工作现场会。

加强渔船安全生产监管 广东省人民政府出台《广东省渔业船舶安全生产管理办法》，为全省加强渔船安全生产管理提供有力的法律依据。茂名市建立渔船安全生产联席会议制度。广州市制定渔船渔港安全监管执法工作规范和监管巡查量化指标。

强化水产品质量安全监管 联合省食安办、农业厅、食药监局制定《广东省2016年水产品质量安全专项整治工作方案》，联合省农业厅、食药监局印发《关于加强我省农产品质量安全全程监管的意见》。联合食药等部门开展水产品质量安全专项执法。组织开展水产品"三鱼两药"专项整治行动、"渔资下乡"行动和"一月一行动"等，并在佛山、清远、阳江、湛江等地区通过"双随机"抽查方式，开展"三鱼两药"精准整治行动。2016年，全省共出动执法人员1.37万人次，共检查生产经营企业7 566家，立案52宗，移送司法机关案件件。与司法部门建立水产品质量安全"两法衔接"机制，打击水产品质量安全违法行为更有震慑力。全省水产品产地抽检合格率97.8%，吉种抽检合格率超过97.1%。

加大渔业专项执法检查 组织开展清理整治涉渔"三无"船舶和"绝户网"等违规渔具专项行动，共没收涉渔"三无"船舶933艘、清理违规网具6 509张。组织开展"护渔2016"执法，查处渔业违法案件9 960宗，移送涉渔犯罪案件160宗，刑拘183人。

广东省渔业船舶安全生产管理办法宣传活动

现代渔业养殖基地

闸坡渔港

中国水产科学研究院

中国水产科学研究院作为国家级水产科研机构，担负着全国渔业重大基础、应用研究和高新技术产业开发研究的任务。经过40年的发展，已发展成为拥有13个独立科研机构及院部、5个共建科研机构，学科齐全、布局合理、在国内外具有广泛影响的国家级研究院，在解决渔业及渔业经济建设中基础性、方向性、全局性、关键性重大科技问题，以及科技兴渔、培养高层次科研人才、开展国内外渔业科技交流与合作等方面发挥着重要的作用。

截至2017年年底，全院在职职工2 816人，其中科技人员1 924人，基本形成了由院士、国家级专家、部级专家、院首席科学家以及中青年优秀人才组成的层次结构较为合理的科研团队。全院拥有1个国家实验室、1个国家地方联合工程实验室、1个国家地方联合工程研究中心，2个国际参考实验室、19个部级重点实验室、9个部级科学观测试验站、6个省级重点实验室、11个省级工程技术研究中心、14个院重点实验室、14个院工程技术研究中心、95个院功能实验室、7个部级水产品质量安全风险评估实验室、2个国家级和8个部级质量检测中心、5个国家水产品加工技术研发中心及分中心、3个国际水产技术培训中心（基地）、2艘1 000吨级、4艘300吨级海洋科学调查船和38个科研试验基地。研究重点为渔业资源保护与利用、渔业生态环境、水产生物技术、水产遗传育种、水产病害防治、水产养殖技术、水产加工与产物资源利用、水产品质量安全、渔业工程与装备、渔业信息与发展战略等十大研究领域。

建院以来，全院科技工作者攻克了渔业发展中的一系列基础性、关键性技术难题，取得了一大批对产业发展具有较大推动作用的成果。全院共取得各类科研成果近4 000项，有700多项成果获国家和省部级奖励，其中国家奖58项。全院以占全国水产科研单位20%左右的科技人员，取得占全国水产行业50%以上的国家级和省部级奖励。

2017年，全院新上科研项目1 137个，合同经费6.48亿元。获得省部级以上科技成果奖励18项；获得6个水产新品种审定；获国家授权专利413件，其中发明专利174件。发表论文超过1 600篇，其中SCI和EI收录400余篇。正式启动长江、西藏渔业资源环境调查专项；突破海水鱼类基因组育种技术，培育出牙鲆抗病新品种"鲆优2号"；选育出"鲟龙1号"鲟鱼新品种和鲤抗疱疹病毒（CyHV-3）新品系；突破金龙鱼全人工繁殖技术，建立起养殖和繁育技术体系；大洋性经济鱼类黄条 人工繁育技术研究取得重要突破；完成海马规模化繁育和养殖关键技术研究及应用；鲟鱼生殖细胞早期发育机理解析及应用、长江江豚迁地保护和研究工作取得重要进展；发现了马里亚纳海沟中微生物新种及新酶；研发的深水拖网绞车突破了千米作业水深限制。成立国际渔业研究中心，搭建起全院国际渔业研究和国际科技合作工作组织协调机制。1人获选全国农业先进个人，1人获选万人计划青年拔尖人才，1人获选百千万人才工程国家级人选，2人获选全国农业先进工作者，3人获选全国创新争先奖状，鲆鲽类产业技术体系获选全国农业先进集体。获批1个国家地方联合工程研究中心，3个省级工程技术研究中心。4艘300吨级渔业资源调查船交付使用，2艘3 000吨级海洋渔业综合科学调查船正式开工建造。

大连海洋大学

大连海洋大学是我国北方地区唯一一所以海洋和水产学科为特色，农、工、理、管、文、法、经、艺等学科协调发展的多科性高等院校。学校创建于1952年，前身为东北水产技术学校。1978年，升格为大连水产学院。2010年，经教育部批准更名为大连海洋大学。2017年，入选"辽宁省一流大学重点建设高校"。

学校坐落于美丽的海滨城市大连。有黄海校区、渤海校区和瓦房店校区3个校区。学校现设有18个学院、1个教学部。有教职工1 266人，全日制在校生14 000余人。有一级学科硕士学位授权点12个、二级学科硕士学位授权点40个，有硕士专业学位授权领域11个，有48个本科专业。

学校学科体系完善，优势特色学科明显。有省部级重点学科4个。水产一级学科为辽宁省"双一流"建设学科，该学科在2012年教育部第三轮学科评估中名列第三。有辽宁省优势特色重点学科2个、农业部重点学科1个。拥有国家级多学科协同创新平台——大连海洋大学新农村发展研究院。

学校不断深化教育教学改革，积极承担质量工程项目和教研教改项目。曾获国家级优秀教学成果一等奖1项、二等奖1项。在近两届教学成果评选中，学校共获得省级优秀教学成果奖25项，其中一等奖5项。有1个国家级人才培养模式创新实验区，1个国家级实验教学示范中心，1个国家级大学生实践教育基地建设项目。获批1个国家级卓越农林人才教育培养计划改革试点项目，1个国家级地方高校本科专业综合改革试点专业，3个国家级特色专业。

学校有较为完备的教学科研平台。有农业部刺参遗传育种中心1个，国家海藻加工技术研发分中心1个，农业部重点开放实验室1个，教育部国别与区域研究中心1个，辽宁省协同创新中心1个，省高校重大科技平台2个，省级重点实验室9个，省级工程技术研究中心5个，省级科技服务中心1个，省高校重点实验室4个。

学校科技创新能力不断增强。"十二五"以来，学校承担了国家863计划、国家科技支撑、国家重点研发计划、国家自然科学基金、国家海洋公益专项等各级各类科研项目1 200余项。有46项科研成果获市级及以上奖励，其中国家级2项、省部级25项。另外，学校获批3个水产新品种：中间球海胆"大金"、菲律宾蛤仔"斑马蛤"和菲律宾蛤仔"白斑马蛤"。

学校拥有一支结构相对合理，学科领域覆盖较全的师资队伍，有专任教师788人，具有高级职称的377人。有"双聘院士"5人，国家杰出青年基金获得者1人，国务院水产学科评议组成员1人，863项目首席科学家1人，国家百千万人才工程人选2人，教育部新世纪优秀人才支持计划1人，农业部农业科研杰出人才3人、产业技术体系岗位专家5人，辽宁特聘教授4人，辽宁杰出科技工作者2人，享受政府特殊津贴51人，入选省"百千万人才工程"66人。有国家级教学团队1个，省级教学团队9个，有科技部重点领域创新团队1个，农业部农业科研创新团队3个，辽宁省农业科技创新团队4个，辽宁省高等学校创新团队3个。

学校拥有浓厚的蓝色育人氛围，形成了以"学贯江海、德润方厚"的校训精神和"兼容并蓄、追求卓越"的大海大精神为核心的蓝色大学文化特色。学校积极倡导"厚德博学、为人师表"的教风，不断培育"明德尚学、志存高远"的学风，精心打造文化品牌项目"蓝色讲坛"，拥有"海洋之声合唱团"等各类文体、科技学生社团，定期举办校园文化节，不断丰富第二课堂科技文化活动，学生的综合素质不断提高。

学校先后与世界13个国家（地区）的72所院校（机构）签订了友好协议，涉及亚洲、北美洲、欧洲、澳洲、南美洲五个大洲，学校的对外影响和国际声誉不断提升。学校大力开展国际教育，拥有新西兰奥塔哥理工学院"3+1"合作举办机械设计制造及其自动化专业本科教育项目以及多种校际交流项目。

上海海洋大学

上海海洋大学龙舟队出征全运会

上海海洋大学是一所以海洋、水产、食品学科为特色，农、理、工、经、管、文、法等学科协调发展的多科性应用研究型大学，是上海市人民政府与国家海洋局、农业农村部共建高校。2017年9月入选国家"世界一流学科建设高校"。

学校校训是"勤朴忠实"，创校使命是"渔界所至，海权所在"，办学传统是"始终坚持把论文写在世界的大洋大海和祖国的江河湖泊上"。

学校前身是张謇、黄炎培创建于1912年的江苏省立水产学校，后历经国立中央大学农学院水产学校、国立四川水产职业学校、上海市立吴淞水产专科学校、上海水产专科学校等办学时期，1952年升格为中国第一所本科水产高校——上海水产学院，1985年更名为上海水产大学，2008年更名为上海海洋大学。

学校设14个学院（部），现有全日制本专科生近12 000人、全日制研究生2 600余人，教职工1 200余人。其中，教学科研人员800余人，具有高级专业技术职务人员490余人，博士生导师、硕士生导师400余人。拥有国家级各类人才25人次、省部级各类人才157人次，国务院第七届学科评议组成员2人、享受国务院特殊津贴人员57人、农业部现代农业产业技术体系岗位科学家10人等。

学校现有本科专业（含方向）43个，其中国家特色专业5个，食品科学与工程专业获得美国食品科学技术学会（IFT）食品专业国际认证。拥有国家精品课程3门，上海市精品课程、示范性课程等45门，国家级教学团队1个、市级教学团队4个，国家级实验教学示范中心2个、1个海外实习基地、近200个国内教学实践基地、5个教学科研基地。2013年以来获上海市教学成果一等奖6项、二等奖12项。学校是上海市首批课程思政教育教学改革整体试点校、首批深化创新创业教育改革示范高校，2014年获全国毕业生就业典型经验高校。学校是首批"易班"试点单位，先后获得全国高校校园文化建设优秀成果特等奖、上海市教育改革实验奖一等奖等奖项。

学校现有一级学科博士学位授权点4个、一级学科硕士学位授权点11个、研究生专业学位授权点4个、博士后科研流动站2个。拥有国家一流建设学科1个、国家重点学科1个、上海高校高峰高原学科3个、上海高校一流学科3个、省部级重点学科9个。植物与动物科学进入基本科学指标（ESI）国际学科排名全球前1%，水产学在全国第四轮学科评估中获A+评级。拥有国家工程技术研究中心1个、国家工程实验室1个、科技部国际联合研究中心1个、国家大学科技园1个；教育部等省部级重点实验室及平台30余个。

学校现有上海市浦东新区沪城环路校区、杨浦区军工路校区2个校区，另有滨海基地386亩、象山科教基地56.7亩。其中，主校区沪城环路校区占地约1 600余亩，规划建设面积58.6万平方米。拥有现代化校园网络，建有中国远洋渔业数据中心和海洋高性能计算中心。图书馆现有纸质图书约143万余册，电子图书约98万余册，数据库50余个，馆藏资源突出学校的海洋、水产、食品特色。主办中国大陆地区第一本水产类英文期刊Aquaculture and Fisheries；承办的《水产学报》、主办的《上海海洋大学学报》为中文核心期刊、中国科技核心期刊和中国科学引文数据库（CSCD）来源期刊，其中，《水产学报》获"中国百强报刊""中国精品期刊""百种中国杰出学术期刊"等称号。

学校与美国、日本、韩国、澳大利亚等国家和地区的大学和国际组织有着密切交流与合作，与27个国家和地区的101所高校、科研机构签署合作协议，与联合国粮食及农业组织、亚洲水产学会、国际水生生物资源管理中心等建立了长期友好合作关系。2017年有来自38个国家和地区的国际生共计292人在校就读；通过游学、交换生等派出学生近600人；与东京海洋大学、韩国海洋大学"基于'中日韩教育一体化'的海洋科学技术领域共同教育计划"的"亚洲校园"、与西班牙埃斯特雷马杜拉大学和葡萄牙的学分互认Erasmus项目等短期、双学位学习项目，为师生进一步拓展国际化视野、培养国际交往能力、提升国际竞争力提供了平台。

学校新时代的发展目标是：到2020年，将学校建设成为海洋、水产、食品三大主干学科优势明显，理、工、农、经、管、文、法等多学科协调发展，对生物资源、地球环境、人类社会具有高度诠释能力，多科性应用研究型，在国际上有影响力的高水平特色大学。到2030年，围绕"水域生物资源可持续开发与利用和地球环境与生态保护"主线，将学校建设成对生物资源、地球环境、人类社会具有高度诠释能力，在国际上有重要影响的高水平特色大学。到2050年，将学校建设成世界一流特色大学。

第十一届"王宝和杯"全国河蟹大赛

拯救国宝中华鲟 共促长江大保护
——2016年长江口珍稀水生生物增殖放流活动
2016.11.18

都市野战军 长江口生态卫士

中华鲟等珍稀水生生物增殖放流

管理有序 团结和谐 素质过硬 攻坚克难

上海市长江口中华鲟自然保护区于2002年成立，次年上海市人民政府批准成立上海市长江口中华鲟自然保护区管理处，负责上海市长江口中华鲟自然保护区的日常管理。保护区位于上海市的东北方，地处长江入海口，总面积约69 600公顷。2005年，上海市人民政府颁布实施《上海市长江口中华鲟自然保护区管理办法》。通过ISO9001管理体系认证，列入国际重要湿地名录，是世界上最大的河口湿地之一，也是我国为数不多和较为典型的咸淡水河口湿地。

上海市长江口中华鲟自然保护区管理处以保护中华鲟、江豚为代表的长江珍稀水生野生生物及其栖息环境为主要工作职责，从物种保护、资源环境保护、执法管理、科普宣传教育和综合管理等方面开展工作，取得了良好的生态效益和社会效益。

上海市长江口中华鲟自然保护区基地位于上海市崇明区，主要构筑中华鲟及其他长江珍稀水生动物抢救与增殖放流平台、河口区水生生物多样性保护和环境修复国际科研与交流平台、国际设施渔业科技成果示范平台和科普教育平台，加强对长江口生态多样性和生态系统的保护，是上海的一大生态地标。

中华鲟抢救

中华鲟诊疗

北起A淡港，南起奚家港，由崇明岛东滩已围垦的外围大堤与吴淞标高员5米的等深线围成，总面积约696平方公里。

保护区陆上基地
121°46′50″ E
31°28′06″ N

121°50′00″ E
31°38′30″ N

121°50′09″ E
31°35′45″ N

122°00′00″ E
31°36′30″ N

122°13′00″ E
31°29′00″ N

121°46′12″ E
31°26′36″ N

122°14′20″ E
31°25′20″ N

122°00′00″ E
31°22′00″ N

122°14′20″ E
31°22′00″ N

上海市长江口中华鲟自然保护区

国家级海洋牧场示范区建设

上海市长江口中华鲟自然保护区管理处
SUPERINTENDENCY DEPARTMENT OF SHANGHAI YANGTZE ESTUARINE NATURE RESERVE FOR CHINESE STURGEO

山东安源水产股份有限公司

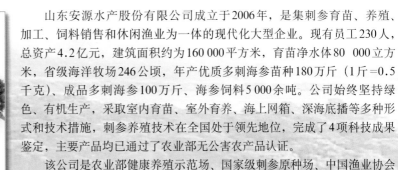

山东安源水产股份有限公司成立于2006年，是集刺参育苗、养殖、加工、饲料销售和休闲渔业为一体的现代化大型企业。现有员工230人，总资产4.2亿元，建筑面积约为160 000平方米，育苗净水体80 000立方米，省级海洋牧场246公顷，年产优质多刺海参苗种180万斤（1斤=0.5千克）、成品多刺海参100万斤、海参饲料5 000余吨。公司始终坚持绿色、有机生产，采取室内育苗、室外育养、海上网箱、深海底播等多种形式和技术措施，刺参养殖技术在全国处于领先地位，完成了4项科技成果鉴定，主要产品均已通过了农业部无公害农产品认证。

该公司是农业部健康养殖示范场、国家级刺参原种场、中国渔业协会常务理事单位、山东省农业产业化重点龙头企业、山东省刺参协会副会长单位。2015年"刺参健康养殖综合技术研究及产业化应用"项目获得国家级科技进步二等奖，"刺参生态苗种培育与健康养殖技术建立与应用"项目获得山东省级科技进步二等奖。

该公司注册的"蓬安源"牌刺参被评为烟台市名牌农产品。2014年"蓬安源"牌刺参被评为济南市"精品海参"；2015年"蓬安源"牌刺参被评为烟台市"海参十大品牌"；2017年该公司荣获烟台市海参行业"匠心企业"称号，同年该公司"蓬安源"牌成品参和"蓬安源"牌刺参饲料获得"山东省知名农产品品牌"称号。

山东安源水产股份有限公司未来将继续坚持科学化育养、推进品牌与商标建设，大力发展科技创新健康刺参产品，最终实现"追求人类梦想，造福人类健康"的奋斗目标。

新品种介绍

山东安源水产股份有限公司多年来始终坚持科技创新发展，重视良种培育工作，通过群体选育的方式培育出具有稳定遗传性状的新品种"安源1号"。新品种的优点：体重较对照组提高14.37%，疣足数较对照组增加59.67%。三年在山东、福建、辽宁等地推广3 600余亩（1亩=1/15公顷），平均亩产增加15%以上，平均疣足数量45个以上。鉴于新品种生长速度快、棘刺数量多、加工出成率高的特点，同等规格的商品参的销售价格比普通商品参高10%以上，提高了刺参养殖的经济效益，具有广阔的推广前景。目前该公司每年可提供亲参10万头以上，苗种30万斤以上，可以满足我国海参主产区养殖生产的需要。

海参专用配合饲料

纯淡干特级海参

通威股份
TONGWEI CO., LTD.

养鱼增效
就用通威3(

3种鱼组合放养模式
6大养鱼关键技术

通威全
服务热
总部：
WW

5

—8080888
区天府大道中段588号
gwei.com.cn

宏东渔业股份有限公司

宏东远洋

走向世界

宋健

二〇二三年
三月十日

宏东渔业股份有限公司成立于1999年，位于福州马尾保税区内，注册资金20 000万元。公司有在境内外投资的远洋捕捞、水产加工、冷链物流等实体企业共计9家，已投产远洋船队170艘，作业船队分布于太平洋公海、东帝汶、毛里塔尼亚专属经济区，作业方式有单拖、双拖、延绳钓、流网、笼捕、围网等，是目前国内作业海区分布最广、捕捞方式最全、产品种类最丰富、产业链最完整的综合性远洋渔业企业之一。公司成立18年来，在国家、省、市各级主管部门和领导及金融业机构的大力支持下，逐步成长为"福建省海洋产业龙头企业""福建省农业产业化龙头企业""福建省重点上市后备企业"。

公司主要从事远洋捕捞、渔业基地运营、冷链物流、水产加工、海洋生物、水产品市场运营、进出口贸易等。公司积极响应国家"一带一路"和"走出去"发展战略，依托太平洋、印度洋、大西洋，开发西非、东非、南美洲和东南亚沿海国家近海渔场。

在国内，公司拥有约10 000平方米欧盟标准厂房、万吨级欧盟标准冷库。2010年6月，与毛里塔尼亚政府签署了为期50年的长期渔业合作协议，成立"宏东国际（毛塔）渔业发展有限公司"，获准派遣169艘渔船进入该国海域捕捞作业，年捕捞可达10万吨以上。渔业合作协议获得毛塔国的议会通过，得到了法律保障。至2016年底，公司在毛塔的项目投入近2亿美元，建成了以远洋捕捞船队、渔业专用码头、冷库、水产加工厂、修船厂、制冰厂、鱼粉厂、海水淡化厂、油库、物流广场等为一体的综合性远洋渔业基地。宏东毛塔远洋渔业基地为目前中国企业在海外建设规模最大的远洋渔业基地，也是毛塔国最大的远洋渔业企业。项目为当地创造了近2 000人的就业岗位，培训了数百名渔业技术人才，推动了当地的经济和渔业产业发展，获得毛塔总统、总理等国家政要和当地人民的高度评价。

公司与国家远洋渔业工程技术研究中心、上海海洋大学、中国水产科学研究院渔业机械仪器研究所、中国水产科学研究院东海水产研究所、福州大学药物生物技术与工程研究所、福建省农林大学食品学院等科研院所开展渔业捕捞、水产食品加工、海洋生物等领域以科学技术为核心的合作。公司产品获得欧盟、美国、巴西、俄罗斯等国家的注册认证，产品远销欧洲、东南亚、日本、澳大利亚、美国等国家和地区，深受广大消费者的青睐。

宏东渔业股份有限公司

宏东渔业毛里塔尼亚基地

地址：福州市马尾保税区8-1-2
网址：www.fzhongdong.com
邮箱：hdyy@fzhongdong.com
电话：0591-83999877
传真：0591-87676758

大连远洋渔业金枪鱼钓有限公司

金枪鱼专业捕捞和主产品

大连远洋渔业金枪鱼钓有限公司成立于2000年4月，是专业从事超低温金枪鱼延绳钓的远洋渔业企业，是中国最早进入大洋超低温延绳钓的渔业公司，也是获得农业部远洋渔业资格较早的企业。

公司在近20年的发展进程中，规模由小到大，先后从日本、韩国引进了14艘超低温金枪鱼延绳钓渔船，委托国内大型造船厂建造了4艘，收购国内大型渔业公司的6艘，并购马尔代夫船籍印度洋海域作业的4艘，最近又收购了瓦努阿图籍中西太平洋海域作业的3艘超低温金枪鱼延绳钓渔船，形成了目前一支由31艘超低温金枪鱼延绳钓渔船组成的中国最大的超低温金枪鱼船队。捕捞作业覆盖太平洋等三大洋区，其中，太平洋20艘，大西洋7艘，印度洋4艘。

公司主要捕捞的鱼种为大目、黄鳍、剑旗、马林等高端金枪鱼，这些金枪鱼主要销往日本，用于制作高档生鱼片，渔获产品的质量一直获得日本企业和市场的广泛赞誉。

公司培养造就了一支拥有捕鱼经验丰富、技术精湛、勤劳勇敢、责任心强的船员队伍。其中，船长队伍是公司的骨干和主力，多数具有10年以上的专业深海延绳钓捕捞经验；公司还培养了一批具有航海、机修及捕鱼经验的优秀的职务船员和普通船员。此外，公司经过多年不断的探索，自身摸索出一套较科学、合理、高效、规范的作业流程和管理办法。我们始终坚信，科学、务实的管理是公司取得今天成绩的强有力的保障。

在公司的发展历史上，公司创造了中国远洋渔业的多项"第一"：

1. 1999年2月，公司"隆兴601"号超低温金枪鱼钓船开赴太平洋海域，填补了中国公海大洋性超低温金枪鱼钓的空白。

2. 公司目前是中国超低温金枪鱼延绳钓船队总吨数最大的远洋渔业企业；根据联合国粮农组织下的金枪鱼渔业促进组织（OPRT）统计全球登记在册的、合法经营的渔船数量来看，我们公司目前是中国船队规模最大的金枪鱼超低温延绳钓渔业公司；也是中国唯一一家超低温金枪鱼延绳钓作业覆盖了太平洋、大西洋及印度洋三大洋区的远洋渔业企业。

3. 公司是中国第一家获得国家开发银行给予政策性贷款扶持的民营远洋渔业企业，并得到国家的贷款贴息和造船补贴。

公司一直以来致力于科技创新，注重在渔具渔法、捕捞技术、渔业资源调查勘探等方面的投入，先后与日本、韩国以及国内（包括台湾省）的科研机构、水产院校进行合作，先后获得了多项科研成果。2008年，获得教育部颁发的"公海重要经济渔业资源开发研究–科学技术进步二等奖"、获得上海科学技术委员会颁发的"科学技术成果奖"；2009年，获得中国水产科学研究院颁发的"科技进步二等奖"；2010年，获得上海市人民政府颁发的"上海市科学技术三等奖"。

公司还重视在节能减排、环境保护、渔业资源可持续发展等方面的工作，积极地学习、汲取国际上先进的节能减排、环境保护的经验和做法，严格执行国际组织以及国家对远洋渔业资源可持续发展的规定和要求。公司一直秉承着绿色、环保、可持续发展的理念，坚持"取自海洋、回馈海洋"，出资创立了大连海洋环境保护公益基金，每年都组织开展"海洋增殖放流"等公益环保活动。

在未来的发展中，公司将重点加强在金枪鱼辅料方面的研发与利用，积极与日本和国内科研院所开展科研研发与合作，积极致力于生产和开发金枪鱼食品、保健品、化妆品等系列产品，提高金枪鱼的附加值，延伸产品的产业链；将继续扩大生产经营规模，提高企业的国际竞争力；将积极响应国家号召的"一带一路"倡议，大力发展远洋渔业，合理利用国际海洋资源，参与国际组织海洋资源开发合作，为提高国家海洋战略地位、为加强国家参与国际组织合作、为树立我国负责任渔业大国的良好形象做出积极的、应有的贡献。

地址：辽宁省大连市中山区长江路38号34层　邮编：116001
电话：0411-82808777　传真：0411-82782727
网址：http://www.chinatuna.com.cn/

深海金枪鱼精制保健食品和化妆品

致力于生态养殖与食品安全
Devoted to Ecological Aquaculture and food safety

中国水产微生

Leader of Chinese Aquatic

☆ 新三板挂牌企业(证券代码：831827)

☆ CCTV-7《农广天地》上榜品牌

☆ 2017中国水产动保年度领军企业

☆ 中国水产学会渔药专业委员会委员

☆ 中国渔药产业技术创新战略联盟副理事长单位

☆ 中国水产业最值得信赖动保品牌

☆ 中国水产行业推动企业

☆ 国家级高新技术企业

☆ 应用航天育种技术

☆ 承担六项国家863项目

☆ 六项国家重点新产品

☆ 菌种保藏中心库存菌株6000余株

态行业的领航者
Micro-ecological Industry

★山东省级企业技术中心

★山东省农业产业化重点龙头企业

★山东名牌产品3个；山东省著名商标

★承担一项原国家经济贸易委员会"双高一优"项目

★承担一项工业和信息化部重点产业振兴和技术改造项目

★承担一项原国家发展计划委员会高新技术产业化推进项目

★承担一项国家发展和改革委员会绿色农用生物高技术产业化专项

中国饲料工业协会"全国重承诺守信用"企业

获取科技部"科技型中小企业技术创新基金"

★2015年中国畜牧饲料行业最具投资价值企业

★2016年单宝龙董事长获中国水产业影响力人物

2017年单宝龙董事长荣获中国水产动保年度杰出人物

山东宝来利来生物工程股份有限公司
SHANDONG BAOLAI-LEELAI BIO-TECH. CO.,LTD
Add: No.28 ChuangYe Street Taian City   Fax: +86-538-8068171
Tel: +86-538-8068669 538-8068197 Http://www.BLLL1996.com

新一代即食海参

开碗即食｜壹桥蒸食海参

壹桥海参三年累计销售突破1亿只*

60碗家庭装 ¥9 600元（金标）
¥5 500元（红标）

24碗精品装 ¥3 960元（金标）
¥2 300元（红标）

5碗简易装 ¥840元（金标）
¥495元（红标）

- 经过高温煮烫、饱和盐水浸泡、干制进而制成的盐渍海参或干海参，在食用时需要再次高温焖煮，而后经过长达 100 小时的泡发，非常繁琐不便。壹桥蒸食海参，无需水发水泡，常温缓化后，开碗即食！
- 壹桥蒸食海参，创新低温汽蒸技术避免高温及反复水煮水发造成的营养流失，真正实现吃海参吃营养！
- 壹桥蒸食海参采用大连打连岛 2.59万公顷 天然海洋牧场的大连刺参，自然生长，人工不干预，不投放饲料，安全有保障，营养蓄积更全面，且通过了有机产品认证，保证产品安全。
- 优质原料，加工过程不添加任何添加剂，保留天然海洋味道，口感筋道，嚼劲十足。

 方便
开碗即食 无需水发

 营养
创新低温汽蒸技术锁住营养

 安全
生态育苗 品质保证

 美味
蒸食海参 原汁原味

招商／订购热线 400-810-1717

部分经销地区：北京 赛特购物中心 金源燕莎 辽宁 大连商城 友谊商城 盘锦永享春天翠南广场 56 号 长沙 五一东路友谊商店 5F 成都 仁和春天（光华店）广州 紫薇路百合路 36-9 广州阳光酒店 银川 星悦城购物中心 D 座二层 贵阳 青云路华南明巷 厦门 思明区会展南路 3 号 天津 乐天百货文化中心 河西区 黑牛城道通达尚城 16 增 13 号 包头 神华蓝天商厦 1 层 上海 杭州 南京 中央商场 金鹰国际购物中心 淮北 金鹰商城 深圳 南山区南海大道西海岸大厦一楼 徐州 彭城广场北侧金鹰商场 西安 军区商场 无锡 滨湖区山水湖滨花园 186 号

官网 www.zhenghaishen.com

JD.COM 京东
京东有售　关注微信

生产许可证编号：(1)QS210222020267；(2)QS210222010545；(3)SC 10321028100207　　* 数据来源：大连壹桥海参股份有限公司内部销售数据统计

山东东方海洋科技股份有限公司

　　山东东方海洋科技股份有限公司积极推行标准化生产和管理，先后通过欧盟卫生注册、HACCP、ISO9001、ISO14001、OHSMS18001、BRC、IFS、ETI认证、MSC、SC等认证。主要养殖产品取得无公害产地认定和产品认证，其中大菱鲆荣获中国名牌农产品称号，"901"海带、东方海洋鱼片、即食海参、三文鱼制品及宜生娇缘系列胶原蛋白产品获得山东名牌和山东著名商标称号；海参获准使用"烟台海参"地理标志，"东方海洋"海参获烟台十大海参前位，"东方海洋"三文鱼连续几届获中国国际农产品交易会金奖，"东方海洋"鱼皮胶原蛋白肽被中国水产流通与加工协会和水产资源高值化利用委员会授予"水产资源高值化利用领域创新产品"。该公司保税物流中心达到4A级仓储型及4星级冷链物流企业标准。

　　该公司始终坚持"科技兴业"的发展思路，是国家高新技术企业，国家农业产业化重点龙头企业，国家级水产良种场，拥有国家海藻与海参工程技术研究中心等国家及省级科技创新平台10余个。培育了5个国家级海带新品种和1个海参新品种，培育出了紫海参、白海参等稀有新品种。几年来，该公司共完成科研推广课题45项，取得国家专利51项，获省部级以上科技进步奖10项，被国家有关部门评定为中国水产加工贸易25强企业、全国食品工业优秀龙头企业、中国百强食品龙头企业，被海关评定为AA企业。

　　另外，"东方海洋"目前布局精准医疗产业，由"单一发展模式"向"双轮驱动模式"转变，现已建成山东省首个精准医疗领域的科技园区。

白海参　　　　　　　　　　　　　　　　紫海参

中水集团远洋股份有限公司

金枪鱼钓船

鱿鱼/秋刀鱼船

昌荣4号

中水集团远洋股份有限公司是由中国农业发展集团有限公司控股的主要从事远洋渔业和国际经贸合作开发的股份制上市企业。公司股票于1998年2月在深圳证券交易所A股市场挂牌交易（股票代码000798）。

公司主要从事远洋捕捞生产和经营,是我国较早开发太平洋、大西洋金枪鱼和南美鱿鱼资源的龙头企业之一, 拥有各类远洋渔船近70艘,在大西洋、印度洋、太平洋从事捕捞生产。主要产品有阿根廷鱿鱼、秘鲁鱿鱼、秋刀鱼和金枪鱼及兼捕鱼种等海产品及加工制品。目前,公司在境内外设有12个分支机构,在北美、南美、南太平洋地区设有5家代表机构及控股公司。此外,公司还开展水产品贸易、船舶修理、渔船渔机和渔需物资进出口等业务。

公司依靠良好的资金保障、扎实的主业基础、强大的股东依托,资产规模位居我国远洋渔业企业前列,是目前国内最大的专业金枪鱼捕捞公司及我国三大远洋渔业上市企业之一。凭借良好的资源获取能力、突出的集约管理能力以及良好的经营管理团队和企业文化,公司致力于将自己打造成海洋渔业资源开发的现代化企业、我国境外远洋渔业基地管理运营创新的示范者以及水产品市场消费的引领者。

金枪鱼

中国水产（斐济）控股有限公司

中水北美公司

杭州众测生物科技有限公司

　　杭州众测生物科技有限公司（以下简称"公司"）是一家生物技术领域研发型的高科技企业，由英国、美国归国科学家领衔开发世界领先的重组酶介导链替换核酸扩增技术（简称RAA）及其应用。RAA技术因在便捷性、灵敏度和特异性上比传统的PCR核酸扩增技术有重大突破，使得核酸扩增技术在疾病诊断、筛查上的应用预期大为提高。由于技术的便捷性，使得对一些重大传染疾病，如非典、甲流等的现场即时快速诊断可以变得较为轻松、容易。同时，在转基因植物的生产检测中也有很好的应用；由于其非常极致的灵敏度，使得捕捉到人体外周血中微量的病变信息成为可能，能够应用在比如肿瘤的早期和分型检测；另外，由于其高度专一的特异性，使得同一试剂盒能够检测多种病原，在血液筛查和食品卫生检测上有很好的应用。

　　公司现已入驻滨江区天和高科技产业园开展工作，已建成实验室有近500平方米，办公区域近400平方米，总体设备价值1 200余万元，现有人员近30人，硕士以上学历人员占90%以上，拥有强大的科研团队。

　　公司现已与河南省出入境检验检疫局技术中心、浙江省农业科学院、浙江省血液中心、浙江省疾病预防控制中心、中国动物疫病预防控制中心等单位签署战略合作协议，共同开发基于RAA技术的诊断试剂盒。

　　在与河南省出入境检验检疫局技术中心的合作中，已联合开发出微生物检测与肉源成分检测方面的试剂盒，并积极推进产业化工作。在与浙江省农业科学院的合作中，已开发转基因农作物检测试剂盒，并在筹备上市工作。与浙江省血液中心联合申报的浙江省自然科学基金，其中两个课题申报成功，获得了近50万元的资金支助。

编 辑 说 明

一、《中国渔业年鉴》由农业农村部主管,农业农村部渔业渔政管理局主持编撰,中国农业出版社有限公司渔业年鉴编辑部负责编辑、出版。

二、本年鉴是一部反映中国渔业年度基本情况的权威性资料工具书,每年出版一卷,以出版年份标序。

三、本年鉴所载资料全部截止到2017年年底。

四、年鉴文稿主要由全国渔业行政机构、企事业和科研单位、水产院校等部门的管理人员和专业技术人员撰写。全部文稿由中国渔业年鉴编辑部负责编辑修改或删节,由农业农村部渔业渔政管理局审定后发表。

五、各省、自治区、直辖市及计划单列市,按全国行政区划顺序排列。

六、各类资料数据均未包括台湾省和香港与澳门特别行政区。

七、本年鉴在编撰过程中,得到全国各级渔业行政主管部门和有关单位的大力支持,在此表示衷心感谢。

目　录

全国渔业重点事业单位

领 导 讲 话

2017 年渔业大事记

索 引

发 展 综 述

全国渔业发展概况

【概况】 2017 年,我国渔业经济发展保持向好势头,转方式、调结构向纵深推进,绿色发展进展加快,产业结构进一步优化,提质增效成效显著。全年水产品总产量 6 445.33 万吨,同比增长 1.03%,渔民人均纯收入 18 452.78 元,同比增长 9.16%。按当年价格计算,全社会渔业经济总产值 24 761.22 亿元,其中渔业产值 12 313.85 亿元,渔业工业和建筑业产值 5 666.62 亿元,渔业流通和服务产业产值 6 780.76 亿元。

1. 渔业生产总体稳定 水产养殖产量 4 905.99 万吨,同比增长 2.35%。其中海水养殖产量 2 000.70 万吨,增长 4.46%。淡水养殖产量 2 905.29 万吨,增长 0.95%。国内捕捞产量 1 330.72 万吨,其中,海洋捕捞产量 1 112.42 万吨,下降 6.30%;淡水捕捞产量 218.30 万吨,增长 8.97%。远洋渔业产量 208.62 万吨,增长 4.97%。水产品总产量中,海水产品产量 3 321.74万吨,增长 0.62%,淡水产品产量 3 123.59万吨,增长 1.47%。全国水产品人均占有量 46.37 千克。

2. 水产品市场健康运行 全国水产品批发市场交易量、交易额均呈现上升态势,综合平均价格 22.97 元/千克,同比上涨 1.00%。其中,海水产品价格上涨 0.01%、淡水产品价格上涨 2.66%。水产品交易成交量同比上涨 3.69%、成交额同比增长 5.18%。水产品进出口贸易保持高位运行。据海关数据统计,2017 年我国水产品进出口总量 923.65 万吨,进出口总额 324.96亿美元,同比分别增长 11.56%、7.92%。出口量 433.94 万吨,出口额 211.50 亿美元,同比分别增长 2.4%、1.99%。进口量 489.71 万吨,进口额 113.46 亿美元,同比分别增长 21.17%、21.03%。贸易顺差 98.04 亿美元,比上年同期减少 15.6 亿美元。

3. 渔业保障与支持体系建设加强 2017 年 3 月,农业部渔业专家咨询委员会成立,23 位不同领域的院士、专家、学者、企业家构成服务渔业发展和管理的高端智库。研究储备渔业基本建设项目,完成渔港升级改造和整治维护规划编制,编制《全国沿海渔港建设规划(2018—2025 年)》,在《全国动植物保护能力提升工程建设规划(2017—2025 年)》《现代种业提升工程建设规划(2018—2025 年)》中进一步突出渔业的地位。渔业油补政策调整导向作用明显,"退坡"资金主要用于资源养护和渔业转型升级,包括减船转产配套补助、休禁渔补助、转产转业培训、水产养殖基础设施建设、渔业渔政信息化建设等方面,有的省结合本地实际,将种业建设、渔业保险、休闲渔业、稻渔种养、增殖放流、资源调查、大型水库湖泊污染治理、品牌建设、渔政执法能力提升等列入支持范围。渔业科技支撑进一步增强,新成立"国家现代海洋牧场科技创新联盟"和"国家鳗鲡产业科技创新联盟",国家级渔业科技创新联盟达到 9 个。现代农业产业技术体系渔业体系新增岗位科学家 95 个,综合试验站 41 个,覆盖 68% 的养殖品种、88.9% 的产量。《稻渔综合种养技术规范通则》《海洋牧场分类》《养殖暗纹东方鲀鲜、冻品加工操作规范》3 个行业急需标准制定颁布。开展国家级水产原、良种场资格验收与复查,新增宁波余姚中华鳖原种场,国家级水产原、良种场总数达到 84 家。公告确定 2016 年审定通过的 14 个水产新品种,水产新品种数量达到 182 个。渔业信息化支撑能力提高,开展海洋渔业资源总量管理信息化系统研究,在浙江省台州市开展海洋渔业资源总量管理信息化试点。举办首届渔业信息化高峰论坛,期间与中国电信签订第四期渔业信息化战略合作协议,提升渔业转型升级的信息化支撑。

4. 绿色发展推进产业转型升级 组织全国各地开展养殖水域滩涂规划编制,科学划定养殖区、限制养殖区和禁止养殖区。水产健康养殖示范创建继续深入开展,修订示范场创建相关标准,更加突出依法规范管理、基础设施建设和绿色发展理念,全年审核通过示范场 750 个、现场验收通过示范县 12 个。稻渔综合种养迅猛发展,召开了 21 世纪以来首次全国稻渔综合种养现场会,举办了首次全国稻渔综合种养发展论坛,开展了首次国家级稻渔综合种养示范区创建,示范稻渔综合种养典型技术模式。2017年全国稻渔综合种养面积增加超过33万公顷,达到187万公顷,带动农民增收超过500亿元。以深水抗风浪网箱为重点,持续推进水产养殖基础设施改造,中央财政支持浙江、山东、福建、海南等8个省份推广深水抗风浪养殖网箱1800只,调减近海过密的网箱养殖,推动养殖生产向外海发展,优化海水养殖生产布局。休闲渔业蓬勃发展,深入开展"四个一"创建,创建了27个国家级最美渔村、45个全国精品休闲渔业示范基地、25个全国示范性休闲渔业文化节庆(会展)活动、10个全国有影响力的休闲渔业赛事、100个全国休闲渔业示范基地,推动休闲渔业发展。渔业治污节能减排深入推进,洞庭湖区畜禽水产养殖污染治理试点全面展开。组织开展水产养殖用药减量行动试点,在辽宁、江苏等11个省(自治区、直辖市)的26家水产养殖单位选择大菱鲆、乌鳢等9个养殖品种先行先试,建立实施绿色生态养殖技术、病害综合防控技术、养殖全过程质量监控技术等措施,严格执行处方药和非处方药使用管理制度,实现全年试点单位水产养殖用药使用量比2016年下降5%以上。渔业节能减排项目大范围实施,有效推进了池塘工程化循环水、工厂化循环水、稻渔综合种养、零用药零排放、集装箱养殖等节能减排技术模式试验示范。

5. 投入产出"双控制"开启海洋渔业资源管理新时代 经国务院批准,2017年1月农业部印发了《关于进一步加强国内渔船管控,实施海洋渔业资源总量管理的通知》,从投入和产出两个方面加强海洋渔业资源开发利用管理,并与沿海各省(自治区、直辖市)渔业主管厅(局)签订责任书,督促各省份层层分解任务,落实责任。沿海所在省份均出台了贯彻实施意见,对本省份管控渔船、实施海洋渔业资源总量管理进行部署安排。2017年沿海各省(自治区、直辖市)完成减船拆解并注销船舶证书的渔船5523艘、压减功率42万千瓦。渔船分类分区改革启动,下放小型渔船"双控"指标制定权和管理权,全面推进内陆渔船"三证合一"改革,全国30多万艘内陆渔船换证率超过98%。限额捕捞试点取得突破性进展,浙北渔场梭子蟹和莱州湾海蜇限额捕捞完成一个生产周期,探索了一套可捕捞和渔船数量确定方法,健全了专项捕捞许可、定点交易、渔获物统计、渔船和渔获物监管、超额预警等制度,浙江省在试点渔船上派驻观察员,开启了我国国内渔船派驻观察员的先河。

6. 突出"严"字推进水生生物资源养护 坚定不移落实习近平总书记对长江"共抓大保护、不搞大开发"指示精神,大力实施长江禁捕工作,从2017年1月1日起赤水河率先禁渔10年,公布了长江流域水生生物保护区禁捕名录,研究制定关于加强长江水生生物保护工作的意见。进一步健全完善休渔禁渔制度,发布《关于调整海洋伏季休渔制度的通告》,对伏季休渔制度进行调整完善,普遍延长休渔时间1个月,增加休渔作业类型,规范专项捕捞和渔业资源调查船,社会称之为"史上最严伏休"。据评估,2017年休渔后,资源数量明显增加,8月渔业资源总密度与5月相比,黄渤海区增加1.7~2.0倍、东海区增加3.5倍、南海区增加0.7倍,与2016年同期相比,黄渤海区增加130%、东海区增加30%、南海区增加24%。组织开展黄河流域禁渔制度研究,形成黄河流域禁渔的初步意见。积极推进海洋牧场建设和管理,印发《国家级海洋牧场示范区建设规划(2017—2025年)》《国家级海洋牧场示范区管理工作规范(试行)》和《人工鱼礁建设项目管理细则(试行)》,新建国家级海洋牧场示范区22个,国家级海洋牧场示范区数量达到64个。大力开展水生生物增殖放流,6月6日第三届"全国放鱼日"同步增殖放流活动中,全国30个省(自治区、直辖市)共举办大型增殖放流活动400余场,放流各类水生生物苗种超过50亿尾。2017年全社会共投入增殖放流资金9.8亿元,开展增殖放流活动2143次,共放流各类苗种404.6亿尾。水生生物保护区建设管理进一步加强,新创建第十一批国家级水产种质资源保护区12个,总数达到535个。加强水生野生动物保护,做好新修订的野生动物保护法宣传贯彻及配套法规制(修)订,加强中华白海豚、斑海豹、海龟和加利福尼亚湾石首鱼的保护管理,从严管理涉水生野生动物行政审批。

7. 涉外渔业规范有序发展 强化远洋渔业规范发展和管理,农业部印发了《"十三五"全国远洋渔业发展规划》,发布《远洋渔业从业人员"黑名单"(第一批)》,将2015年以来被取消或暂停远洋渔业企业资格的5家企业的6名管理人员和9名船长列入远洋渔业从业人员"黑名单",在一段时期内禁止其从事远洋渔业。对2017年以来发生的远洋渔船涉嫌违规事件逐一进行调查核实,对7家远洋渔业企业、26艘渔船和24名责任人员予以处理。加强与塞拉利昂、毛里塔尼亚、加纳、阿根廷、汤加、坦桑尼亚、苏里南、美国、欧盟等国家和地区开展双边渔业合作,开展中国-菲律宾渔业技术培训交流,向菲律宾赠送鱼苗,与越南签署《中越关于开展北部湾渔业资源增殖放流与养护合作的谅解备忘录》,并在北部湾联合开展渔业资源增殖放流活动。积极参与WTO渔业补贴谈判、联合国"国家管辖海域外海洋生物多样性养护和可持续利用协定"筹备委员会、打击IUU与渔业犯罪、北冰洋渔业管理协定国际磋商等,为国际渔业治理贡献中国力量。

8.渔业安全水平提升 渔业安全生产工作全面加强,成立全国渔业安全事故调查专家委员会,组织首次全国渔业水上突发事件应急演练活动和首次全国内陆渔业水上突发事件应急演练。开展安全生产与应急业务培训,增强应急事件处置能力和安全管理业务水平。点面结合,综合施策,组织开展2017全国渔业安全生产大检查活动,特别是"春节""两会""汛期""伏休""秋季""十九大"等重点时段,加强渔船作业、涉外安全、渔船在港管理、隐患排查治理、应急值守救援等。2017年,全国共发生渔业船舶水上事故200起,死亡(失踪)192人,同比减少104起、157人,同比分别下降36.31%、44.99%。继续坚持"产出来"和"管出来"相结合,试点开展对虾零用药养殖模式示范和可追溯试点,加强产地监督抽查、贝类卫生监测、苗种监督抽查等水产品质量安全监督抽查,全年水产品产地监督抽查合格率99.7%。加强水生动物疫病防控,重大水生动物疫病专项监测首次做到全国覆盖,组织全国各地开展水产苗种产地检疫技术培训,在江苏省启动水产苗种产地检疫试点。

9.渔政执法监管继续加强 首次在全国范围内组织开展统一代号"亮剑2017"渔政执法行动,重点开展伏季休渔监管、涉渔"三无"船舶清理取缔、边境水域、大江大河、京津冀等重点水域渔政执法,全国共出动执法人员46万余人次、执法船艇5万艘次,检查渔船20.7万艘,清理取缔涉渔"三无"船舶7 000余艘、各类违规渔具40万张(顶),在伏季休渔执法中移送有关司法案件230件,涉及1 369人,均比往年大幅提高。渔政队伍规范化建设进一步加强,全国共2.6万名渔政人员参加全国同步执法资格统一考试,通过率达到91%。继续开展渔业文明执法窗口单位创建,新创建26家。

(农业农村部渔业渔政管理局 张 成)

渔业投入

【概况】 2017年,中央财政对渔业的投入到达10.27亿元。其中,基本建设投入1.61亿元,主要用于水产种业、水生动物防疫和数字渔业等基础设施建设;财政专项投入(包括转移支付)8.66亿元,主要用于渔业增殖放流和渔业渔政管理等。

(农业农村部渔业渔政管理局 鲁 泉)

水产养殖业管理

【概况】

1.加强顶层设计,保护发展空间优化养殖布局 开展养殖水域滩涂规划编制工作督导。养殖水域滩涂规划是水产养殖业发展的基石,是水产养殖业与其他行业协调发展的基本依据,是事关水产养殖业生存和发展的重大原则问题。5月26日,集中召集辽宁、浙江等10个省份渔业主管厅(局)在北京集中督导调研各地养殖水域滩涂规划编制工作进展情况,总结养殖水域滩涂规划编制工作进展、取得经验和存在问题,研究下一步加快规划编制工作推进思路。12月11日,组织召开全国养殖水域滩涂规划编制工作专题会议,请浙江省介绍《象山县养殖水域滩涂规划》编制经验,重点介绍了利用中国水产科学研究院东海水产研究所水产养殖遥感成果,对接国土、海洋及水利等规划,准确划定三区的有关情况,会议还对各地进展情况及困难和问题进行了集中梳理。赴湖北、安徽、吉林等省实地督导养殖水域滩涂规划编制工作。赴湖北丹江口水库、浙江千岛湖等地专题调研,结合各地环保督查、水污染防治法修订等,认真研究大水面水产养殖规范化管理。

2.细化务实措施,推进水产健康养殖和绿色发展

(1)继续深入开展水产健康养殖示范创建。印发《农业部关于开展2017年全国水产健康养殖示范创建活动的通知》,提出创建目标任务,突出水产健康养殖示范创建三个主攻方向:一是突出依法规范管理,不断提升养殖管理水平;二是突出基础设施建设,提升健康养殖保障能力;三是突出绿色发展理念,全面提升水产品质量和效益。在此基础上,修订了示范场创建相关标准。2017年,全国共创建12个农业部渔业健康养殖示范县和750家农业部水产健康养殖示范场。

(2)以深水抗风浪网箱为重点持续推进水产养殖基础设施改造。开展中央财政渔业油补政策调整专项转移支付深水抗风浪网箱项目督导调研,总结2016年项目执行有关情况和问题。落实2017年项目资金2.5亿元,支持浙江、山东、福建、海南等8个省份推广深水抗风浪养殖网箱,调减近海过密的网箱养殖,支持养殖生产向外海发展,优化海水养殖生产布局。印发《深水抗风浪养殖网箱项目管理细则(试行)》,对补助对象、补助标准、申报评审、项目验收、资金拨付、项目监管和绩效评价等进行了明确规定,从制度层面对深水抗风浪养殖网箱项目管理进行了制度规范,使监督管理有据可依、有章可循。

（3）积极研究深海智能装备在水产养殖上的应用。密切关注中国船舶重工集团公司承建的挪威深海渔场项目，6月21日，组织开展大型智能渔场专家研讨会，邀请中国船舶重工集团有限公司、中国水产科学研究院系统、海洋大学等方面专家，专题研究该技术装备在我国深远海养殖中的应用前景。配合工业和信息化部、科技部开展相关调研，积极推动深远海大型智能渔场装备研发项目立项。与中船重工接洽，密切跟踪挪威大型智能渔场在挪威的装配、锚泊系统技术以及养殖效果，研究完善其为我国深远海海域量身定做的智能渔场技术方案。研究起草了报国务院有关领导报告，提出了加强规划引导、开展联合攻关、加快试验示范、积极推动出台相关扶持政策等建议，为我国深远海养殖发展奠定良好政策支持环境。

（4）首次开展水产养殖用药减量试点行动。印发《关于开展水产养殖用药减量行动试点工作的通知》，在辽宁、江苏等11个省（自治区、直辖市）的26家水产养殖单位选择大菱鲆、乌鳢等9个养殖品种的水产养殖用药减量行动试点，建立实施绿色生态养殖技术、病害综合防控技术、养殖全过程质量监控技术等措施，严格执行处方药和非处方药使用管理制度，实现全年试点单位水产养殖用药使用量比2016年下降5%以上，总结形成可复制、可推广的水产养殖用药减量增效技术模式，保障水产品质量安全。组织开展水产养殖主要病原微生物耐药性普查工作，组织开展无规定疫病苗种场建设。

（5）推动洞庭湖等重点流域水产养殖污染治理试点。根据《洞庭湖区畜禽水产养殖污染治理试点工作方案》有关要求，指导试点县按照《畜禽水产养殖污染治理规划》，开展污染治理工作。整合项目资金开展养殖水域生态环境治理示范项目，指导洞庭湖养殖污染治理试点县开展湖周养殖池塘生态环境治理、集中整治湖泊生态环境治理、养殖水域生态环境治理模式研究、养殖水域滩涂规划编制等工作，支持试点县开展水产健康养殖示范创建，组织养殖场开展水产健康养殖示范场创建，启动水产健康养殖示范县创建工作。

（6）开展"水产养殖绿色发展"有奖征文。为大力推进水产养殖绿色发展，同时集思广益，积极营造良好舆论氛围，2月下旬组织开展了"水产养殖绿色发展"有奖征文活动，激发社会力量集中探讨、研究当前水产养殖生产、管理中不符合"绿色发展"理念和原则的突出问题，提出促进"水产养殖绿色发展"的理念观念、管理方法、体制机制、管理制度、技术路线等，为进一步提升渔业治理体系和治理能力现代化水平、加快实现

我国渔业现代化提供参考。此次活动共征集到水产养殖绿色发展文章110篇，并已开始评审。

3. 启动产地检疫，强化水生动物疫病防控

（1）在江苏省启动水产苗种产地检疫试点。印发《农业部关于同意江苏省开展水产苗种产地检疫试点工作的批复》，首次启动水产苗种产地检疫试点工作。4月28日，在南京召开了水产苗种产地检疫试点工作部署会，要求江苏省积极行动、狠抓落实，高质量完成水产苗种产地检疫试点工作，为全国提供示范和借鉴。5月23日，组织各省水生动物疫病预防控制机构举办了水产苗种产地检疫技术培训班。6月26日，组织各省渔业行政、渔政监督管理机构、水生动物疫病预防控制机构人员开展了全国水产苗种产地检疫培训班。7月13日，在江苏省举办了首批渔业官方兽医资格颁证活动，农业部副部长于康震出席并讲话。在高邮市召开水产苗种产地检疫现场观摩会，从水产苗种产地检疫的申报受理、现场查验相关资料和生产设施、现场抽样、开展实验室检测，出具检疫文书等整个检疫过程进行操作，出具了全国第一张水产苗种产地检疫合格证明。

（2）优化重大水生动物疫病专项监测。首次将重大水生动物疫病专项监测范围覆盖全国，4月24日印发了《农业部关于印发〈2017年国家水生动物疫病监测计划〉的通知》，监测鲤春病毒血症、白斑综合征等8种重大水生动物疫病，计划采样监测3 836个样品，及时掌握我国重大水生动物疫病病原分布情况，提高疫病风险防控能力，到2017年年底已完成全部采样检测任务。正式启用国家水生动物疫病监测信息管理系统，提高疫病监测信息化管理水平。

（3）继续加强水生动物防疫体系实验室能力建设。印发《农业部办公厅关于开展2017年水生动物防疫系统实验室检测能力验证的通知》，继续组织开展7种疫病病原检测能力验证。全国共有166家单位报名参加相应疫病的检测能力验证，经综合分析评估，140家单位实验室相应疫病检测项目结果被认可满意。配合国家发展和改革委员会出台了《关于印发全国动植物保护能力提升工程建设规划（2017—2025年）的通知》，完善了水生动物保护能力提升工程建设规划内容。

（4）成立第二届农业部水产养殖病害防治专家委员会。为加强水产养殖病害防控水平，增强防控决策科学性，农业部于2012年成立了第一届农业部水产养殖病害防治专家委员会，专家任期5年。5年来，水产养殖病害防治专家委员会专家积极参与水生动物疫病监测、疫情处置、能力建设、病害防治、标准制订等重点

工作,有力地支持了疫病防控科学决策,促进了防疫能力整体提升。根据《农业部水产养殖病害防治专家委员会章程》,经农业部领导同意,成立了第二届农业部水产养殖病害防治专家委员会,致力于打造高水平、专业化、有担当的中国特色水生动物疫病防控新型智库,为水生动物疫病防控事业提供强有力的智力支撑。

4.突出重点品种,加强现代渔业种业建设

(1)加强现代渔业种业体系建设。组织实施《现代种业提升工程建设规划》,根据现代种业发展要求,提出突出薄弱环节、突出主要品种、突出优势区域,重点加强种质资源保护、育种创新、品种测试和制(繁)种等四方面建设。同时积极拓展项目功能,做大项目规模,探索育繁推一体化推进机制,破解制约种业发展的关键瓶颈问题,不断筑牢种业安全根基。

(2)提升水产原良种质量水平。批准宁波余姚中华鳖原种场挂牌,国家级水产原、良种场总数达到84家。加强国家级场监管,研究印发《国家级水产原、良种场资格验收与复查办法》,对《国家级水产原、良种场资格评分表》进行了修订,完成17家国家级原良种场的资格复查。增加可推广新品种数量,4月发布了农业部公告第2515号,对2016年审定通过的14个水产新品种依法予以公告,水产新品种数量达到182个。积极推动对虾联合育种相关平台建设,7月19日在山东日照集中研究对虾联合育种平台建设事宜。

(3)严格水产苗种进出口审批。为加强"十三五"期间进口种子种源免税政策落到实处,强化进口后续管理,农业部渔业渔政管理局与财政部、海关总署相关处室多次沟通协调,就进口水产苗种合理培育与养殖、事后监管等问题达成共识,并制定出台了"十三五"期间水产苗种进口免税管理实施办法。加强水产苗种免税进(出)口审批,对水产苗种进出口行政审批事项进行严格把关,防范风险。全年共办理水产苗种进口审批135件,批准进口水产苗种和亲本1.09亿尾(粒、只),免除进口环节增值税1 600余万元。严格水产苗种首次进口审核,审核通过加拿大岩扇贝、侏儒蛤事宜。

(农业农村部渔业渔政管理局 王 丹)

近海捕捞

1.近海海洋捕捞生产量减值减 据全国海洋捕捞动态采集网络监测数据分析,2017年我国海洋渔业总体状况不如2016年,产量和产值减幅评估值分别为4.82%和0.92%。拖网、流刺网、张网和围网渔业构成全年海洋渔业的主体;鳀鱼、带鱼、鲐鱼、青鳞鱼、鲹类、小黄鱼、鲳鱼、马鲛鱼、沙丁鱼和鲣等资源种类是2017年度我国海洋渔业的主要利用对象,但资源利用结构仍以当年和低龄鱼为主。分品种渔获量与2016年相比,带鱼、鲳鱼和青鳞鱼产量较上年有明显增加,鳀鱼和马鲛鱼有小幅增加,而鲐鱼、鲹类、小黄鱼和沙丁鱼有明显下降,鲣有小幅下降。全年各渔港多数渔获种类的销售价格相比上年有明显上涨;经济鱼类比例相比上年有所降低;渔业生产燃油成本相比上年有明显增加,人力成本继续有所增加。总体而言,捕捞渔民的整体收益略差于2016年。

2.近海主要作业类型生产特点

(1)单拖作业。黄渤海产量相对较高水域出现在辽东湾渔场、大沙渔场和吕四渔场。东海产量相对较高水域出现在温台渔场、台北渔场和闽中渔场。南海产量相对较高水域出现在南沙南部渔场、南沙西部渔场和西沙西部渔场。全国单拖作业整体生产情况差于上一年度。

(2)双拖作业。黄渤海产量相对较高水域出现在烟威渔场、连东渔场和滦河口渔场。东海产量相对较高水域出现在温台渔场、闽南渔场和鱼山渔场。南海产量相对较高水域出现在粤东渔场、台湾浅滩渔场和中沙东部渔场。全国双拖作业整体生产情况好于上一年度。

(3)桁杆拖虾作业。黄渤海产量相对较高水域出现在渤海湾渔场、海东渔场和海洋岛渔场。东海产量相对较高水域出现在鱼外渔场、鱼山渔场和温台渔场。南海产量相对较高水域出现在粤西及海南岛东北部渔场、粤东渔场和北部湾北部渔场。全国桁杆拖虾作业整体生产情况好于上一年度。

(4)围网作业。黄渤海产量相对较高水域出现在大沙渔场、沙外渔场和石岛渔场。东海产量相对较高水域出现在闽中渔场、闽东渔场和温外渔场。南海产量相对较高水域出现在台湾浅滩渔场、东沙渔场和海南岛东南部渔场。全国围网作业整体生产情况继续差于上一年度。

(5)光诱敷网作业。黄渤海产量相对较高水域出现在石岛渔场、连青石渔场和大沙渔场。东海产量相对较高水域出现在温外渔场、闽中渔场和舟外渔场。南海产量相对较高水域出现在东沙渔场、西沙西部渔场和粤西及海南岛东北部渔场。全国光诱敷网作业整体生产情况继续差于上一年度。

(6)流刺网作业。黄渤海产量相对较高水域出现在滦河口渔场、大沙渔场和海州湾渔场。东海产量相对较高水域出现在鱼山渔场、鱼外渔场和江外渔场。南海产量相对较高水域出现在台湾浅滩渔场、东沙渔场和西中沙渔场。全国流刺网作业整体生产情况差于上一年度。

(7)帆式张网作业。黄渤海产量相对较高水域出现在吕四渔场、大沙渔场和沙外渔场。东海产量相对较高水域出现在舟外渔场、舟山渔场和长江口渔场。全国帆式张网作业整体生产情况好于上一年度。

(8)定置张网作业。黄渤海产量相对较高水域出现在连青石渔场、吕四渔场和大沙渔场。东海产量相对较高水域出现在鱼山渔场、舟山渔场和长江口渔场。南海产量相对较高水域出现在北部湾南部及海南岛西南部渔场、北部湾北部渔场和粤西及海南岛东北部渔场。全国定置张网作业整体生产情况继续差于上一年度。

(9)钓具作业。黄渤海2017年和2016年均未出现生产。东海产量相对较高水域出现在闽南渔场。南海产量相对较高水域出现在东沙渔场、珠江口渔场和台湾浅滩渔场。全国钓具作业整体生产情况继续好于上一年度。

(10)笼壶作业。黄渤海产量相对较高水域出现在吕四渔场、大沙渔场和青海渔场。东海产量相对较高水域出现在长江口渔场、温台渔场和舟山渔场。南海产量相对较高水域出现在台湾浅滩渔场、粤东渔场和南沙中北部渔场。全国笼壶作业整体生产情况上一年度。

3.近海主要经济渔业种类资源动态

(1)带鱼。全年主要汛期为8~12月。生产情况相对较好的水域分布在长江口渔场、舟山渔场和大沙渔场。整体资源数量在2016年大幅增加的基础上，2017年继续有较大幅度增加。

(2)小黄鱼。全年主要汛期为1月和9~12月。生产情况相对较好的水域分布在沙外渔场、大沙渔场和连青石渔场。整体资源数量比2016年大幅减少。

(3)鲳鱼。全年主要汛期为9~12月。生产情况相对较好的水域分布在沙外渔场、长江口渔场和大沙渔场。整体资源数量在2016年大幅增加的基础上，2017年继续显著大幅增加。

(4)马鲛鱼。全年主要汛期为3月和9~12月。生产情况相对较好的水域分布在青海渔场、沙外渔场和石岛渔场。整体资源数量在2016年增幅明显的基础上，2017年继续略有增加。

(5)鲐鱼。全年主要汛期为4月和8~11月。生产情况相对较好的水域分布在江外渔场、温台渔场和闽东渔场。整体资源数量比2016年有较大幅度减少。

(6)鳀类。全年主要汛期为4月和8~10月。生产情况相对较好的水域分布在海南岛东部渔场、中

沙东部渔场和东沙渔场。整体资源数量比2016年显著大幅减少。

(7)鳀鱼。全年主要汛期为2月和9~12月。生产情况相对较好的水域分布在舟外渔场、鱼山渔场和温台渔场。整体资源数量比2016年略有增加。

(8)虾蟹类。全年主要汛期为8~11月。虾类生产情况相对较好的水域分布在鱼山渔场、中沙东部渔场和东沙渔场。蟹类生产情况相对较好的水域分布在海州湾渔场、海东渔场和海洋岛渔场。整体资源数量比2016年有较大幅度减少。

(9)头足类。全年主要汛期为3~4月和9~10月。生产情况相对较好的水域分布在鱼山渔场、中沙东部渔场和东沙渔场。整体资源数量比2016年略微增加，总体持平。

4.近海渔业资源养护措施实施效果显著 以休渔期结束后首月全国总产量作为历年休渔效果对比的标准，据全国海洋捕捞动态采集网络监测数据结果，2017年9月休渔期结束后的全国海洋捕捞总产量相比上年同期增长9.83%，可见2017年伏休(伏季休渔)期由于延长一个月，对资源的养护效果明显好于2016年，伏休制度对海洋渔业资源的养护作用十分显著。其中，黄渤海区伏休前后产量差别最大，伏休后(9月)产量比伏休前(4月)增加3.75倍，增幅继续高于上年同期；其次为东海区，伏休后(9月)产量比伏休前(4月)增加1.05倍，虽有增加，但增幅继续略低于上年同期；而南海由于2017年8月台风多、有效作业时间短，伏休后(8月)产量比伏休前(4月)不仅未增，反而下降3.96%，但其全年最高产量并非出现在伏休后的8月，而是出现在9月。

（全国海洋捕捞动态采集网络）

远 洋 渔 业

【概况】 2017年是远洋渔业"规范整顿年"，坚持以"严格规范管理"为主线，继续以"零容忍"高压态势严厉打击远洋渔船违法违规行为，同时采取有效措施，健全制度建设，完善顶层设计，积极推进远洋渔业规范发展和转型升级。全年作业船数和从业企业数量稳中有降，远洋产量稳步增长，产值创历史新高，总体效益明显改善，企业和渔船遵纪守法意识和履约能力明显提高，远洋渔业总体上保持良好发展态势。

据统计，2017年经批准作业远洋渔船2 491艘，比上年减少80艘，获得农业部从业资格的远洋渔业企业共计159家，比上年减少3家。远洋渔业总产量和总产值分别达到209万吨和236亿元，比上年分别增长

5.5%和20.7%,远洋渔业企业共运回自捕水产品131万吨,占总产量的62.7%,比上年增长19.1%。远洋渔船作业海域分布在40多个国家的专属经济区及太平洋、印度洋及大西洋公海及南极海域。远洋渔业从业船员近5.1万人,其中外籍船员1.7万人。

由于鱿鱼、金枪鱼等公海捕捞品种价格继续处于高位,大洋性渔业取得了良好的经济效益,产量和产值分别达到139万吨和165亿元,分别比上年增长5.3%和26.5%。其中鱿钓渔业产量和产值分别为52万吨和66亿元,分别比上年增长16.3%和63.6%;金枪鱼渔业产量和产值分别为34.4万吨和62亿元,分别比上年增长2.4%和14%。

随着印度尼西亚项目渔船陆续转场投产以及新开拓了东帝汶、伊朗和刚果(布)等项目,过洋性渔业保持稳步增长态势,产量和产值分别为70万吨和71.2亿元,分别比上年增长6%和9.5%。其中西非项目产量和产值分别为48万吨和45亿元,分别比上年增长7%和33%。

(农业农村部渔业渔政管理局　刘立明)

水产品加工业

【概况】　2017年,水产品加工业坚持以市场为导向,着力延伸渔业产业链,不断拓展新功能,积极发展新业态,水产品加工转化率达到38%,辐射带动能力明显提升。2017年,我国水产品加工业实现总产值4 305.1亿元,同比增长5.3%。加工品总量为2 196.2万吨,同比增长1.4%。其中,海水加工产品1 788.0万吨,同比增长0.7%;淡水加工产品为408.2万吨,同比增长4.6%。

1. **产业加速升级**　一二三产业融合发展,产业转型升级加速推进。2017年,用于加工的水产品总量为2 680.02万吨,水产品加工率为41.6%。其中,海水产品加工比例为67.4%,淡水产品加工比例为18.4%。2017年,我国从事水产品加工的企业有9 674家,比2016年减少20家,同比下降0.2%。规模以上水产品加工企业2 636家,占水产加工企业总数的27.2%。加工企业积极响应国家倡导的"走出去"战略,在"21世纪海上丝绸之路"所倡导的开放、包容、合作、共赢基本价值理念下,主动抓住这一机遇,在美国、加拿大、韩国、日本等国家和中国香港、中国台湾等地区设立境外公司,进一步加大在东南亚、非洲国家地区渔业捕捞与基地建设的境外投资力度,兼具开拓国际市场、海外资源整合与双向贸易功能。

2. **深化精深加工**　2017年,水产冷冻品为1 487.3万吨,同比上涨5.87%;鱼糜制品为154.2万吨,同比下降0.75%;干腌制品为171.1万吨,同比提高1.73%。藻类加工制品为110.0万吨,同比上涨3.79%;罐制品为42.0万吨,同比下降6.92%。受国内消费品习惯的影响,冷冻品依旧是水产品加工的主要品类,消费者对于水产冻品的接受度在增加。随着水产品对即食休闲产品需求的逐步增加,水产品加工比例将进一步增加。2017年,水产品在水产品精深加工、副产物资源高值化利用等方面凸显长足的进步,以胶原蛋白、海洋多糖、寡糖为代表的各类高值化产品产量大幅提升。

3. **拓展内需市场**　水产品加工出口保持稳中略增态势,出口量433.94万吨,出口额211.50亿美元,同比分别增长2.40%和1.99%。但总体看来全球经济放缓,全球水产品贸易扩张乏力,随着收入的增加和国内中产阶层人群的扩大,家庭开支中对于水产品的消费支出呈现了较快的增长,内需进入理性、常态发展。电商和新零售带动了水产加工品的消费,直供餐饮的预制调理水产品继续升温,企业对预制调理水产品研发和市场开拓的投入加大,针对国内市场需求主动转型,主动调整生产结构、产品结构,改变营销策略,深耕、精耕国内市场,取得显著成效。未来随着出口品种逐渐转向内销,水产品供给国内市场的比例会进一步提高,但由于传统活鱼消费习惯仍为主流,水产加工品的国内市场开拓仍有较长的路要走。

4. **发展新兴业态**　随着水产品消费转型,各类水产经营主体也在调整销售方式,积极利用京东、天猫等大型电商平台以及盒马鲜生、超级物种等新零售业态进行产品宣传与市场开拓,一些有实力的企业着手布局自建平台。产品创新愈发被重视,龙头企业由传统的食材企业向食品企业升级成为趋势,沿着"终端化、高值化、品牌化"路径,开发直供消费者餐桌的美食,实现标准化生产、加工食材定制、中央厨房以及团餐、学生餐等餐饮方面的新渠道与传统实体渠道的共同蓬勃发展。水产品冷链物流成为国内加工企业开拓国内市场的重点关注因素。

5. **区域布局明显**　依托资源禀赋的特点,水产加工区域集中发展的态势依旧。山东、福建、辽宁、浙江、江苏、广东、湖北、广西、海南和江西等10省(自治区)的加工量之和占全国加工总量的96.1%,与2016年基本持平。各地政府重视区域品牌建设,通过品牌打造,不断提高产业的集群效应,构建起生态环境和谐、基础设施优良、区域生态特色鲜明、科学技术先进的水产加工业集群发展格局。

(农业农村部渔业渔政管理局　刘晓强　王　晶)

水产品市场运行

【概况】 随着渔业供给侧结构性改革持续推进，2017年全国水产品市场运行稳中向好，市场成交量额双增，渔业"减量增收"效果显著。据可对比的58家水产品批发市场成交情况统计，2017年全国水产品累计成交量1 145.12万吨、成交额2 298.71亿元，同比分别增长4.69%和5.76%。

1. **水产品价格总体稳中有升，价格振幅小于上年** 据对农业部80家定点市场水产品交易情况统计，水产品综合平均价格稳中有升，同比涨幅1.18%。其中，海水产品综合平均价格与上年同期基本持平，淡水产品价格同比上涨2.66%，成为推动价格总水平上升的主要因素。从综合平均价月度变化来看，价格振幅7.8%，月度间最大价差1.71元/千克，较上年水平约低20%。监测的49个品种中，有22个品种价格上涨，占比44.9%，其中：马面鲀、扇贝、蓝圆鲹和虹鳟价格涨幅在8%以上；18个品种价格下跌，跌幅最大的是杂色蛤，同比下跌7.87%；9个品种价格稳定，涨跌幅度在1%以内。

2. **海、淡水产品价格走势分化，淡水鱼对价格上升贡献率最大** 分类别看，海水产品综合平均价格与上年持平，淡水产品价格同比上涨2.66%，呈现淡水产品走强、海水产品偏弱的格局。海水产品价格在一、四季度同比上涨，二、三季度同比下降；淡水产品在一至四季度均同比上涨，且二季度涨幅最高，达到4.92%。2017年有6个月的价格均低于上年同期水平，但由于占比重最高的淡水鱼价格同比上涨幅度较大，拉动水产品价格总水平较之上年仍然有所上涨。在八大类监测品种中，对水产品价格上涨做出正向贡献的是海水甲壳类、海水头足类、淡水鱼类和淡水甲壳类，这四类产品的价格同比上涨幅度分别是2.50%、0.99%、2.52%和4.26%。依据价格权重测算，它们对价格上升的贡献率分别是27.1%、3.1%、70.7%和21.5%，价格总水平受淡水鱼影响最大。海水鱼类、海水贝类和海水藻类产品价格有不同幅度下降，下跌幅度分别是0.23%、1.12%和3.39%，它们对价格上升的贡献率均为负，分别是－3.8%、－13.3%和－5.3%，起到了平抑价格的作用。淡水其他类价格平稳，与上年基本一致。

3. **价格波动与生产规律吻合，呈前涨后跌走势** 从环比价格走势看，上半年正值养殖产品投苗期，上市量相对较少，除3月份受节后消费减弱影响，价格小幅下跌外，其他月份价格均环比上涨，4月份环比涨幅最高，达到2.9%。下半年价格持续走弱，批发价连续5个月下跌。其中，海水产品在3月份节后消费淡季和9月份各海域休渔结束时价格下跌较为明显，环比分别下降4.28%和4.53%。淡水产品受存塘减少和春夏季休渔、禁渔政策的影响，二季度上涨幅度较大，在成鱼上市量少、幼鱼刚刚投苗的青黄不接时期，价格涨幅最高，4月份达到5.78%。

4. **海、淡水产品价格变化的主要影响因素** 第一，淡水产品价格上涨主要受供给减少影响，淡水产品特别是淡水鱼价格是渔业供给侧结构性改革效果的直接体现。一方面，国内环境保护力度加强，部分不适宜水产养殖地区逐渐退出生产，湖库网箱养殖压缩，淡水养殖面积缩小，引起局部地区、短期内市场供给减少。另一方面，大宗淡水品种供应量增幅放缓，名优品种养殖增加，淡水养殖结构发生变化，刺激了大宗淡水鱼等品种的价格上升。加上在环保成本不断攀升的压力下，部分养殖户弃养，淡水鱼上市量偏少，价格走高。但从上涨幅度来看，淡水产品价格有很大部分原因应归结于补涨因素。在人工、塘租费用不断增长的情况下，2014年、2015年淡水鱼价格持续低迷，总体缓慢下跌，养殖收益不佳，部分养殖户调减相应养殖品种，价格上升是市场对供给减少的一种自然反应。第二，海水产品价格平稳出乎预期，原因有以下几个方面。一是2017年农业气候条件相对较好，有利于海水养殖生产。对沿海水产养殖影响较大的台风与近5年同期均值相比明显偏轻，有利的气候条件减少了水产养殖损失，保障了海水养殖顺利开展。二是休渔期延长和环境治理成效初显。2017年农业部调整完善了伏季休渔和长江禁渔制度，还组织了代号"亮剑2017"的系列渔政专项执法行动。在伏季休渔期延长和执法力度加强的双重作用下，海洋渔业资源状况明显好于以前。三是远洋捕捞海产品自食率提高和进口水产品增加对国内价格产生影响。随着国人消费能力增强，水产品需求增加，越来越多的远洋捕捞海产品被运回国内销售。2017年金枪鱼、北极虾、带鱼、帝王蟹等多类海鲜产品进口税率降低了50%以上，部分高档水产品进口关税甚至低于发达国家水平。随着水产品进口量的增加，国内海水产品价格也受到了一定抑制。

（农业农村部渔业渔政管理局　陈述平　邱亢铖）

水产品进出口贸易

【概况】 据海关数据统计，2017年我国水产品进出口总量923.65万吨，进出口总额324.96亿美元，同比分别增长11.56%和7.92%，均创历史新高。同时，实现进口量、进口额、出口量、出口额全面增长。受渔业资源保护工作力度加大、国内水产品消费需求日益增长、品质升级等方面因素影响，贸易顺差收窄，全年98.04亿美元，同比减少15.59亿美元。

1. 出口方面情况 全年出口量433.94万吨，出口额211.50亿美元，同比分别增长2.40%和1.99%。

（1）主要品种调结构显成效，一般贸易出口呈量额双增。2017年水产品一般贸易出口量307.02万吨，出口额156.42亿美元，同比分别增长1.62%和1.32%，分别占水产品出口量和出口额的70.75%和73.96%。其中，头足类、对虾、罗非鱼、蟹类、鲭鱼等水产品作为一般贸易主要出口品种实现出口量额同比双增。罗非鱼出口成功开拓了非洲、墨西哥等其他国际市场，出口量额同比分别增长3.47%和1.21%。

（2）迎难而上，来进料加工贸易出口量减额增。虽然2017年主要加工原料价格波动、东南亚等国同构竞争加剧，但我国来进料加工贸易迎难而上，顶住了压力，出口额有所增加。其中，出口量108.12万吨，同比下降2.89%；出口额52.61亿美元，同比上涨2.78%；占水产品出口总额比重为24.87%，同比下降0.19个百分点。水产品精深加工比例明显提高，高附加值产品出口量保持较快增长，同比分别增长6.06%和13.10%。

（3）主要出口市场有起有落，东盟市场受冻，中国香港、韩国市场持续低迷。对日本、美国、欧盟、中国台湾出口均为量额齐增，出口额分别为第1、2、4、6位。出口额列第3、5、7位的东盟、中国香港、韩国市场出现一定下降。2017年，我国对东盟市场的出口额为27.32亿美元，同比下降2.77%；出口中国香港量额分别下降13.83%和7.80%；出口韩国量额分别下降9.69%和3.57%。

（4）出口区域布局持续微调。福建、山东、广东、辽宁、浙江、海南等沿海省份仍是我国水产品主要出口省份，出口量额之和分别占全国水产品出口总量额的97.85%和96.26%。内陆省份中，江西、湖北和吉林依旧位列前三。

2. 进口方面情况 2017年，我国水产品进口量489.71万吨，进口额113.46亿美元，同比分别增长21.17%和21.03%。

（1）进口结构看，鱼粉和食用水产品进口大增。2017年，鱼粉进口量157.16万吨，进口额22.17亿美元，同比分别增长51.55%和37.41%。除鱼粉外，其他以一般贸易方式进口（主要供国内食用）产品进口量99.40万吨，进口额42.57亿美元，同比分别增长22.52%和23.71%。其他方式（边境小额贸易、保税

区仓储等）进口量128.29万吨，进口额23.87亿美元，同比分别增长17.22%和16.34%，继续保持双增态势。

（2）从主要进口市场看，普遍出现量额双增情况。2017年，我国从俄罗斯进口量额分别增长11.13%和2.78%；从秘鲁进口量额同比分别增长96.54%和78.38%；从东盟进口量额同比分别增长3.69%和13.72%；从新西兰进口量额同比分别减少10.89%和6.09%。

（农业农村部渔业渔政管理局 陈 鹏 迁 阳）

国际交流与合作

【概况】 渔业国际交流合作工作围绕渔业转方式调结构和政治外交大局，以维护我国渔业权益和周边稳定为重点，以服务渔业转型升级、促进渔业可持续发展为目标，全面加强多边和双边渔业合作，推动渔业对外合作工作开创新局面，取得积极成效。

【重要工作】

1. 稳定周边秩序，做好周边渔业协定谈判与执行 2017年，周边渔业形势总体稳定，挑战与机遇并存。各地各部门齐心协力，继续组织做好周边渔业协定的研究、谈判和执行各项工作。一是组织召开双边渔委会，包括中国－韩国渔业联合委员会第十七届年会、第十八次中国－日本渔业联合委员会筹备会议、中国－越南北部湾渔业联合委员会第十四届年会和第二十五次中国－俄罗斯渔业合作混合委员会，协调参加有关资源专家组会议和渔业执法会议。经过紧张谈判，与外方就双边渔业安排、资源管理措施以及维护海上作业秩序等有关问题达成协议，签署了有关双边渔委会会议纪要（除日本外），为下一年度我渔船在有关协定水域作业奠定了基础。二是加强周边涉外渔船管理。针对2016年周边渔业纠纷和突发事件频发情况，组织开展督查检查，召开现场会研究部署，下发农业部文件，采取严厉措施，狠抓渔船管控，取得积极成效。渔船作业秩序总体稳定，严重违规情况大幅减少，未出现渔船聚集敏感水域以及非法采捕红珊瑚等问题。三是组织指导中国渔业协会和中国远洋渔业协会，做好有关周边涉外渔业生产的组织、通报、发证等工作，组织协调有关省份渔业部门做好渔船渔民组织和管理工作，各区域渔业生产和管理情况基本稳定。

2. 服务发展大局，深化与东盟等重点渔业国家合作 围绕政治外交大局，积极推动与欧美及东盟等重点渔业国家合作，双边渔业合作交流得到进一步拓展和加强。中国－菲律宾渔业合作全面推进。召开第二

次中国－菲律宾渔业联委会,向菲律宾渔民赠送 10 万尾鱼苗,组织开展中国－菲律宾渔业技术培训和交流,推动开展中国－菲律宾渔业企业合作,各项工作进展良好。中国－越南北部湾渔业资源联合增殖放流活动成功举行。签署中国－越南双方合作谅解备忘录,组织开展联合增殖放流活动,活动成果先后三次被载入中国－越南联合公报。中国－美国渔业合作积极推进。召开第二次中国－美国双边渔业对话,组织协调应对美方水产品进口相关法案,加强对美及有关国家沟通协调、表达关切。中国－欧盟渔业合作不断拓展。开展第三次中国－欧盟渔业高级别对话,召开两次中国－欧盟打击非法、不报告、不受管制(IUU)捕捞工作组会谈,推进和完善输欧水产品合法性认证工作。首次举行中国－澳大利亚渔业管理合作会谈和中国－新西兰渔业对话,统筹做好与亚洲、非洲、大洋洲和美洲其他国家渔业合作。

3.加强多边合作,积极参与国际渔业治理规则制定 积极参与国际渔业管理规则谈判。参加联合国大会可持续渔业决议磋商、国家管辖海域外海洋生物多样性养护和可持续利用协定筹备委员会谈判、《养护大西洋金枪鱼国际公约》修约谈判、北冰洋渔业管理协定磋商、世界贸易组织(WTO)渔业补贴谈判、打击IUU捕捞与渔业犯罪相关磋商等,积极维护我渔业权益,保障我渔业可持续发展,为全球及区域渔业可持续发展进行顶层设计。履行国际组织会费缴纳义务。根据国际惯例和我参加的有关国际公约要求,为履行国际义务,保证我在国际组织中的话语权,积极争取支持,继续为我参与的国际组织缴纳会费与捐款,参与有关组织的财务规则制(修)订谈判。经批准,全年总计缴纳会费和捐款近千万元。

4.做好国际认证,保障和促进我水产品国际贸易 根据国际渔业管理组织以及有关国家或地区的规定,继续会同海关总署等部门,认真组织实施进出口水产品合法来源认证制度,对我国出口欧盟、智利、韩国的水产品,进口的特定金枪鱼类、南极犬牙鱼及俄罗斯水产品等进行认证,并协助配合有关国家和组织进行调查核查。2017 年合计认证水产品约 170 万吨,为企业创造大量效益,保障了我渔业生产和水产品贸易健康发展。同时,积极协调争取经费支持,切实保障认证工作顺利开展。

（农业农村部渔业渔政管理局　孙海文）

休闲渔业

【概况】 2017 年全国休闲渔业产值实现 708 亿元,比2016 年增加 44 亿元。从产业类型看,2017 年休闲垂钓及采集业产值 235.07 亿元,旅游导向型休闲渔业产值 285.94 亿元,观赏鱼产业产值 64.60 亿元,休闲渔业钓具、钓饵、观赏鱼渔药及水族设备产值 95.91 亿元,均实现一定程度的增长,休闲渔业呈全面开花的良好发展态势。

1.强化示范引领,在品牌宣传上有新举措 2017年,农业部渔业渔政管理局首次组织实施了休闲渔业品牌培育的"四个一"工程(即创建 100 个最美渔村、100 个有影响力的赛事节庆活动、1 000 个精品休闲渔业示范基地、培训 1 000 名休闲渔业带头人和管理人才),创建认定了国家级最美渔村 27 个、全国精品休闲渔业示范基地(国家级休闲渔业主题公园)45 个、全国示范性休闲渔业文化节庆(会展)活动 25 个、全国有影响力的休闲渔业赛事 10 个。通过品牌创建,提升了休渔渔业品质,促进了休闲渔业快速发展。在品牌认定过程中设立网络投票环节,5 天内网络投票数量超过 120 万票,浏览人次超过 1 200 万人次,引起了社会广泛关注。委托全国水产技术推广总站、中国水产学会、休闲垂钓协会在厦门市举办了第二届休闲渔业高峰论坛暨休闲渔业品牌发布活动,并开展广泛宣传。

2.加强制度设计,在规范管理上有新突破 建立休闲渔业发展监测报表制度,首次在全国范围内开展结构化、量化监测,使得全国休闲渔业发展有数可计、有据可查;从申报主体、申报条件、评分标准等三个层面制定了休闲渔业品牌创建标准,规范申报程序和认定流程,明确全国休闲渔业培育方向;加强人才队伍建设,培训休闲渔业带头人和管理人才 380 名。鼓励各地先行先试制定休闲渔业管理办法,引导休闲渔业规范有序发展。天津市探索将休闲渔船纳入企业化管理,建立健全安全生产责任制,明确企业安全生产主体责任;山东省积极发展休闲海钓产业,制定《休闲海钓渔船试点管理暂行办法》。

3.加强指导引领,在丰富社会功能上有新进展 与其他方面重点工作紧密结合,引领各地积极拓展休闲渔业领域。结合全国海洋牧场现场会筹备工作,指导山东省以海洋牧场为主要载体,积极发展休闲垂钓、观光旅游等休闲渔业;结合渔业产业扶贫,指导云南省积极发展哈尼梯田稻田综合种养和休闲渔业融合发展;结合《中国小龙虾产业发展报告(2017)》发布,支持湖北举办以小龙虾为主题的美食、旅游、节庆等活动。在农业部指导、引导下,各地因地制宜推动休闲渔业朝多元化深入发展,休闲渔业社会功能不断丰富。

2017 年休闲渔业接待游客 2.2 亿人次,比 2015年增加 1 亿人次(2016 年未作统计)。各地结合自然、文化、历史等各种资源,举办有规模和影响的渔业节庆、文化会展、水族、垂钓赛事等各类休闲渔业活动,满足广大群众休闲旅游消费需求。通过举办各种活动,大力宣传了休闲渔业,大大提升了休闲渔业社会影响力。

（农业农村部渔业渔政管理局　陈　鹏　刘晓强）

渔 业 管 理

渔业法制建设

【概况】 2017年,全国各级渔业主管部门以完善渔业法律法规体系、保护渔业资源、维护渔民权益为重点,坚持加强渔业法律理论研究和立法工作,强化渔业行政执法,深入开展渔业普法,渔业法制建设水平得到进一步加强。

【渔业立法】

1.加快推进《渔业法》修订 坚持问题导向和目标导向,就《渔业法》的域外适用、重要养殖水域保护及养殖过程监管、加强捕捞业事中事后管理、规范渔业船舶监管、加强渔业资源与水域生态环境保护、渔政监督管理等内容,分别委托中国人民大学、中国政法大学、上海交通大学、上海海洋大学、大连海洋大学等高校、研究机构进行系统研究和说明,并梳理了国际有关渔业法律制度,形成完备的背景资料。加强立法调研,农业部组织调研组赴浙江、新疆等地开展《渔业法》修订立法调研,听取地方渔业主管部门、渔政人员、生产经营者对修订草案,尤其是对渔船管理、渔政监督管理和法律责任等部分的意见建议。同时,加强与立法机关沟通协调,农业部多次向国务院法制办公室、全国人民代表大会财政经济委员会和农业与农村委员会进行专题汇报,争取立法机关的重视和支持,争取将《渔业法》修订列入十三届全国人大常委会立法规划,在工作部署、人员和时间安排上向《渔业法》修订倾斜。《渔业法》修订工作得到了立法机关的肯定,根据立法机关的关切和意见建议,农业部对草案进一步修改完善,突出重点、锁定急需解决的问题,对草案修改内容作进一步的简化和聚焦。

2.进一步完善渔业法律法规 为了依法推进简政放权、放管结合、优化服务改革,农业部按照国务院要求,对涉及渔业行政审批取消、下放的行政法规进行了清理,推动国务院对《中华人民共和国渔港水域交通安全管理条例》《中华人民共和国自然保护区条例》的部分条款进行了修改,并对《中华人民共和国渔业法实施细则》和《中华人民共和国水生野生动物保护实施条例》提出了具体修改建议。积极开展《中华人民共和国水生野生动物保护实施条例》《中华人民共和国水生野生动物利用特许办法》等《野生动物保护法》配套法规规章的制(修)订工作,起草完成国家重点保护水生野生动物等目录、名录。继续深入开展《渔业捕捞许可管理规定》和《远洋渔业管理规定》修订工作。

3.积极开展立法协调 为维护渔民合法权益,保证各级渔业部门依法行使监督管理和行政执法职能,农业部在《水污染防治法》《海上交通安全法》《海洋环境保护法》《港口法》《无证无照经营查处办法》《土壤污染防治法》《安全生产法实施条例》《水污染防治法》《自然保护区实施条例》《船舶吨税法》《不动产登记资料查询办法》《民法物权编》,以及《中央编办关于经济发达镇行政管理体制改革的意见》等一系列法律法规及改革性文件的起草和征求意见过程中,坚持贯彻国务院相关改革的指导思想,坚持国务院"三定"方案确定的职责分工,确保相关改革举措更加合理、可操作。特别是在《水污染防治法》和《海上交通安全法》修订中,农业部加强与有关部门和立法机关沟通,从渔业发展实际提出一系列修改意见建议,得到有关部门和立法机关的理解和支持。

【渔业行政执法】 首次在全国范围内组织开展"亮剑2017"渔政执法行动,印发专项执法行动方案,与外交、公安、海警等部门深入合作,通过共同发文、联合执法等为执法工作提供坚实保障。全国共出动执法人员46万余人次、执法船艇5万艘次、执法车辆6万辆次,形成声势浩大的渔业行政执法高压态势。首次组织全国渔业行政执法人员执法资格统一考试,不断强化渔政执法效能和队伍建设。

【渔业普法】 2017年,各级渔业主管部门深入基层,普及渔业法律法规,宣传保护渔业资源和生态环境,提高渔民依法生产意识,不断推进依法治渔、依法护渔、依法兴渔。农业部制作休渔执法宣传片,组织邀请中央电视台等媒体对"亮剑2017"、渔业增殖放流活动和休禁渔制度等进行了大范、深层次、高频率的宣传报道,在渔区渔民和社会公众中产生了良好的反响。各地各级渔业部门开展了形式多样的渔业法制宣传活动,有效提高了广大渔业管理人员和生产经营者的法制观念。

(农业农村部渔业渔政管理局　赵　明)

渔业标准化

【基础性工作】

1. 进一步完善渔业标准体系　根据现代渔业建设需要,适时提出了2017年渔业国家标准制定和修订计划建议,组织全国水产标准化技术委员会及各分技术委员会开展了2018年农业行业标准制(修)订渔业指南项目征集、申报和审核工作。

2. 加强渔业标准化队伍建设　根据国家标准化管理委员会对全国专业技术标准委员会管理规定和标委会工作需要,完成了全国水产标准化技术委员会及其相关分技术委员会、全国渔船标准化技术委员会部分委员的调整工作,委员调整方案获国家标准化管理委员会批复。全国水产标准化技术委员会及其各分技术委员会、全国渔船标准化技术委员会部分委员在2017年内均召开了年会,开展了工作总结和部署,审查了标准,审议了有关标准体系建设和推进重点标准制定等议题,同时开展了标准化技术委员会委员和标准起草人员专项培训。

【水产标准制定修订】 加快标准制定和修订进度,提高标准起草与审查质量,完成了61项渔业国家和行业标准审定任务。《龟类种质测定》11项国家标准获国家标准化管理委员会批准实施,《稻渔综合种养技术规范 通则》《海洋牧场分类》等34项水产行业标准经农业部批准实施。

【技术性贸易措施官方评议】 2017年,对收到的129项通报及时进行初评,对其中15个重要通报进行了深入评议,对外提出25项评议意见,对内提出了24项预警建议。持续关注美国鲶鱼法案相关后续问题,配合国家质量监督检验检疫总局开展对输美鲶鱼等效性评估答卷等工作,为我国水产品出口争取应有权益。

【国际交流合作】 积极参与国际标准化组织活动,加强了国际和国外渔业相关标准跟踪研究。持续派专家跟踪国际食品法典委员会(CAC)渔业相关活动。渔业国际标准跟踪工作得到有关科研、教学、推广、协会和企业单位的重视和大力支持,建立了一支比较稳定的渔业国际标准化工作队伍,人员素质有所提高,参与国际标准化活动的能力有所增强。

【国家和行业标准目录】

2017年发布国家标准和行业标准目录

序号	标准号	标准名称
		一、国家标准
1	GB/T 34727—2017	龟类种质测定
2	GB/T 34730—2017	刀鲚　亲鱼和苗种
3	GB/T 34731—2017	暗纹东方鲀　亲鱼和苗种
4	GB/T 34732—2017	松江鲈人工繁育技术规范
5	GB/T 34733—2017	海水鱼类刺激隐核虫病诊断规程
6	GB/T 34734—2017	淡水鱼类小瓜虫病诊断规程
7	GB/T 34747—2017	干海参等级规格
8	GB/T 34748—2017	水产种质资源基因组 DNA 的微卫星分析
9	GB/T 34752—2017	松江鲈

（续）

序号	标准号	标准名称
10	GB/T 35375—2017	冻银鱼
11	GB/T 35376—2017	日本对虾　亲虾和苗种
二、行业标准		
12	SC/T 1135.1—2017	稻渔综合种养技术规范　通则
13	SC/T 2070—2017	大泷六线鱼
14	SC/T 2074—2017	刺参繁育与养殖技术规范
15	SC/T 2075—2017	中国对虾繁育技术规范
16	SC/T 2076—2017	钝吻黄盖鲽　亲鱼和苗种
17	SC/T 2077—2017	漠斑牙鲆
18	SC/T 3050—2017	干海参加工技术规范
19	SC/T 3112—2017	冻梭子蟹
20	SC/T 3114—2017	冻螯虾
21	SC/T 3208—2017	鱿鱼干、墨鱼干
22	SC/T 3212—2017	盐渍海带
23	SC/T 3301—2017	速食海带
24	SC/T 4066—2017	渔用聚酰胺经编网片通用技术要求
25	SC/T 4067—2017	浮式金属框架网箱通用技术要求
26	SC/T 5021—2017	聚乙烯网片　经编型
27	SC/T 5022—2017	超高分子量聚乙烯网片　经编型
28	SC/T 5106—2017	观赏鱼养殖场条件　小型热带鱼
29	SC/T 5107—2017	观赏鱼养殖场条件　大型热带淡水鱼
30	SC/T 5706—2017	金鱼分级　珍珠鳞类
31	SC/T 5707—2017	锦鲤分级　白底三色类
32	SC/T 5708—2017	锦鲤分级　墨底三色类
33	SC/T 5062—2017	金龙鱼
34	SC/T 7223.1—2017	黏孢子虫病诊断规程　第1部分：洪湖碘泡虫
35	SC/T 7223.2—2017	黏孢子虫病诊断规程　第2部分：吴李碘泡虫
36	SC/T 7223.3—2017	黏孢子虫病诊断规程　第3部分：武汉单极虫
37	SC/T 7223.4—2017	黏孢子虫病诊断规程　第4部分：吉陶单极虫
38	SC/T 7224—2017	鲤春病毒血症病毒逆转录环介导等温扩增（RT－LAMP）检测方法
39	SC/T 7225—2017	草鱼呼肠孤病毒逆转录环介导等温扩增（RT－LAMP）检测方法

（续）

序号	标准号	标准名称
40	SC/T 7226—2017	鲑甲病毒感染诊断规程
41	SC/T 7227—2017	传染性造血器官坏死病毒逆转录环介导等温扩增（RT – LAMP）检测方法
42	SC/T 9111—2017	海洋牧场分类
43	SC/T 8141—2017	木质渔船捻缝技术要求及检验方法
44	SC/T 8146—2017	渔船集鱼灯镇流器安全技术要求
45	SC/T 8151—2017	渔业船舶建造开工技术条件及要求

（农业农村部渔业渔政管理局　郭　薇）

水产品质量安全监管

【概况】 2017 年，全国水产品质量安全水平继续保持稳定向好的势头，全年产地监测合格率 99.7%，连续 5 年保持在 99% 以上的高位水平。市场监测合格率也达到了 96.3%，比 5 年前提高了 5.8 个百分点，其中第四季度市场监测合格率达 97.3%，创历史最好水平。全年未发生重大水产品质量安全事件，较好地保障了百姓的水产品消费安全。

1. 强化监管体系，夯实监管基础　加强监管队伍建设和监测能力建设，全国有 20 个省（自治区、直辖市）建立了省、市、县、乡四级水产品质量安全监管体系，各级水产品质检中心数量近 2 260 个，全国一盘棋的水产品质量安全监管监测体系初步形成。加强工作指导，每年召开一次全国水产品质量安全工作会议，及时部署全年工作，每半年召开一次形势会商会，针对重点问题，及时商讨工作措施。加大资金投入，中央财政下达水产品质量安全监管和执法资金 4 000 多万元，各省（自治区、直辖市）监管工作经费达到 2.5 亿元。完善水产品质量安全追溯体系，已建成国家级四位一体可追溯监管平台 1 个，省级平台 21 个，市县级平台 169 个，各类水产养殖企业可追溯终端 1.6 万个，建成 13 个水产品质量安全可追溯试点，指导可追溯企业建立"水产养殖全程质量监控技术"，推动水产品实现智慧监管。

2. 强化专项整治，严格监督执法　加大国家产地监督抽查力度，抽检范围涵盖全国 31 个省（自治区、直辖市），19 个主养品种，6 种禁用药物，抽检样品近 5 000 批次。针对重点问题、重点区域和重点环节，开展"三鱼两药"专项整治，2017 年检测"三鱼"、孔雀石绿、硝基呋喃样品分别为 600 个、4 800 个和 2 300 个，

合格率分别为 99.5%、99.8% 和 99.7%，都保持在较高水平，"三鱼"中鳜鱼全部合格，乌鳢和大菱鲆合格率分别为 99.4% 和 98.4%，专项整治成效明显，养殖生产者依法合理用药的意识和能力有了很大提高。坚持检打联动，以"零容忍"的态势严厉查处违法用药行为，确保超标样品查处率 100%，及时公布不合格生产单位名单，倒逼生产者落实主体责任。2017 年，各地共抽检水产品 11.2 万批次，出动执法人员 12.7 万人次，行政立案 166 件，移送司法机关 18 件，有效震慑了违法用药行为。

3. 强化源头管控，推进健康养殖　完善水产养殖标准体系，加强标准的制（修）订，目前共有国家和行业标准 900 多项，地方标准 1 918 项，水产品"三品一标"总数达到 1.27 万个。优化养殖布局和环境，启动新一轮养殖水域滩涂规划编制，合理划定养殖区、限养区和禁养区，开展洞庭湖等重点流域水产养殖污染治理试点。持续推进健康养殖，全国共创建 4 个水产品质量安全示范县，29 个全国渔业健康养殖示范县，6 129 家水产健康养殖示范场，33 个国家级稻渔综合种养示范区，推广使用循环水、零用药、零排放等健康养殖技术模式。

4. 强化舆情应对，加大宣传培训　2017 年 1 月成立了由 29 名领导专家组成的首个全国水产品质量安全专家工作组，建立了水产品质量安全舆情监测系统，每日采集信息约 3 000 条，全年收集发布水产品质量安全舆情专报 38 期，与新华网、人民网等约 50 家媒体建立日常和快速沟通渠道，做到日常科普宣传与应急处置相结合，与媒体实现良性互动。联合各地渔业部门积极有效应对"塑料紫菜""注胶虾蟹""小龙虾呋喃西林超标""漳州贻贝中毒""云南三文鱼不能吃"等事件，起到较好的正面宣传效果。各地在舆情应对方面也做了大量有成效的工作，据统计，2017 年各地

共举办活动 7 700 多场、培训人数 29 万人次,发放资料 130 万册,营造了良好的社会舆论氛围。

【质量安全专项工作】

1. 异地产地水产品监督抽查 采用异地交叉互检的方式,对全国 30 个省(自治区、直辖市)产地水产品进行质量安全监督抽查,抽检样品涉及 19 种水产品,检测项目包括孔雀石绿、氯霉素和硝基呋喃类代谢物等 6 种禁用药物,共抽检样品 3 020 个。所有检出的阳性样品均追溯到养殖企业(户)并移交渔业执法部门对其依法进行处罚,涉嫌犯罪的坚决移送司法机关,阳性样品查处率达 100%。

2. 本地产地水产品监督抽查 组织对全国 31 个省(自治区、直辖市)的产地水产品开展本地质量安全监督抽查,抽检样品涉及 19 种水产品,检测项目包括孔雀石绿、氯霉素和硝基呋喃类代谢物等 6 种禁用药物,共抽检样品 1 939 个,所有检出的阳性样品均追溯到养殖企业(户)并移交渔业执法部门对其依法进行处罚,涉嫌犯罪的坚决移送司法机关,阳性样品查处率达 100%。

3. 水产苗种监督抽查 对 27 个省(自治区、直辖市)的水产苗种开展质量安全监督抽查,抽检样品涉及 50 种水产苗种,检测孔雀石绿、氯霉素和硝基呋喃类代谢物等 3 种禁用药物,共抽检样品 398 个,所有检出的阳性样品追溯到养殖企业(户),移交渔业执法部门对其依法进行处罚,涉嫌犯罪的坚决移送司法机关,阳性样品查处率达 100%。

4. 海水贝类产品监测和生产区域划型 组织对 11 个省(自治区、直辖市)的牡蛎、蛤类、扇贝、缢蛏、贻贝、蚶类等贝类产品开展卫生监测,主要检测大肠杆菌、细菌总数、铅、镉、多氯联苯、腹泻性贝类毒素(DSP)、麻痹性贝类毒素(PSP)等 7 项卫生指标,共抽检样品 3 054 个。对 7 个省(自治区)开展贝类产品风险隐患排查,主要检测重金属、致病微生物、持久性有机污染物、石油污染物等 9 项指标,抽检样品 700 个。11 个省(自治区、直辖市)的渔业主管部门严格按照贝类监测结果进行划型和采捕上市管理,适时采取临时性关闭等管理措施,杜绝超标区域贝类产品上市。

5. 重点水产品质量安全风险监测 组织对黄渤海、南海区域的捕捞产品及沿海捕捞加工品、6 个省的养殖河鲀、13 个省的稻田水产品开展风险监测。主要监测重金属、河豚毒素、农药等 24 项指标,共抽检样品 735 个。

6. 渔用投入品风险隐患排查 组织对 14 个省(直辖市)的渔用投入品开展质量安全风险隐患排查,排查范围包括渔用化学药品、渔用中草药、渔用饲料和非药品类等 4 类渔用投入品,共抽检样品 344 个,其中渔用化学药品 118 个、渔用中草药 49 个、渔用饲料 91 个、非药品类的其他投入品 86 个,检测硝基呋喃类、孔雀石绿、氯霉素类、喹乙醇、阿维菌素类、磺胺类等 12 项指标。

7. 水产品质检机构检测能力验证 开展水产品质量安全监督抽查数据复核工作及检测人员技术培训,增强了各检测中心的能力和业务水平。组织开展了孔雀石绿和硝基呋喃类代谢物药残、重金属镉和麻痹性贝类毒素检测能力验证,其中 95 家中心参加了药残检测能力验证、35 家中心参加了重金属镉检测能力验证、17 家中心参加了麻痹性贝类毒素能力验证,合格或满意率分别为 96.8%、100% 和 94.12%。组织开展水产品中禁用药物残留快速检测产品筛选验证工作,对 21 家企业生产的 108 种检测孔雀石绿和硝基呋喃类代谢物残留的快检产品进行现场验证,依据评价标准,共有 64 种硝基呋喃类代谢物快检产品符合要求。组织开展检测数据复核工作,对 14 家检测机构开展了数据复核,复核样品 95 个,结果均与检测结果一致。

8. 科技宣传示范等支撑性工作 一是开展可追溯试点建设工作,围绕提升水产品质量安全,2017 年在山东、广东等 5 个省份推荐选取 7 家有一定可追溯基础并且有积极性的单位开展水产品质量安全可追溯试点,在试点单位建立可追溯信息平台,实现主要养殖品种的投入品、苗种和水产品来源可追溯,去向可追踪,探索推动追溯管理与市场准入相衔接,逐步实现水产"从池塘到餐桌"全过程追溯管理。二是完善水产养殖标准体系,加强对现有标准的清理整合,完成了 41 项渔业国家和行业标准审定工作,共有 31 项国家和行业标准获批准实施,为标准化生产提供技术规范。三是开展宣传培训,在全国组织开展"水产养殖规范用药科普下乡"活动,举办各类培训班 2 000 多场,发放资料 37 万份,受益渔民 31 万人次,指导广大渔民科学合理用药。

9. 养殖河鲀有条件开放后的管理 河鲀养殖产业经过 30 年的发展,终于在 2016 年迎来河鲀市场首次有条件放开,文件出台后,农业部坚持推进河鲀产业规范有序发展,实行养殖企业和加工企业双备案制度,严格行业自律,加强河鲀规范管理,已认证河鲀养殖鱼源基地 20 个,认证加工企业 7 个。总体来看,河鲀行业实现了很好的自律管理,较好地执行了有关标准和要求。

10. 水产品质量安全宣传与舆情应对研究工作 针对近年来水产品舆情事件多发、对产业损害较大的现状，开展了水产品质量安全宣传与舆情应对专项课题研究，并形成了研究报告。一是提升科普宣传效果。组织专家编印《大宗淡水鱼吃个明白》《对减少渔药用量行之有效的几条措施》等多篇科普文章；建立微信公众号宣传鱼文化和鱼病知识；联系中央电视台第二频道《消费主张》栏目宣传食用水产品的营养价值和挑选烹饪方法；建立水产品质量安全舆情媒体群，拓展正面声音的宣传渠道。二是提升舆情监测能力。依托水产品质量安全网络舆情监测系统，每日定时定向采集新闻、微博、微信、论坛等网络舆情信息 3 000 条，保障舆情信息的时效性；针对热点事件等重点舆情进行深度挖掘和追踪，分析舆情传播途径、关键词云、发展态势、话题倾向性等信息，实时掌握舆情发展动态。三是提升舆情应对能力。成立了首个全国水产品质量安全专家工作组，建立了"政府＋协会＋专家＋企业＋媒体"的舆情应对机制，在舆情发生时，由政府牵头专家工作组、协会、企业及时探讨舆情应对方案，编写辟谣、科普文章，通过媒体进行宣传，正面引导舆论，并引入食品辟谣联盟、"微信辟谣助手"小程序，更加及时、有效地阻断谣言的传播。对"塑料紫菜""注胶虾蟹""小龙虾吮喃西林超标""漳州贻贝中毒""云南三文鱼不能吃"等事件进行了积极应对，其中"塑料紫菜"谣言的应对被评为"2017 十大'科学'流言终结榜"榜首，打了一场科学、漂亮的网络舆情阻击战，也积累了宝贵的舆情应对经验。

（农业农村部渔业渔政管理局　刘莎莎）

渔业安全生产与渔港监督管理

2017 年，全国各级渔业主管部门齐心协力、克服困难，深入贯彻落实党中央、国务院安全生产工作部署，高度重视渔业安全生产，紧密围绕"抓落实"这一工作主线，坚持问题导向，促进责任落实，推进平安渔业建设，做了大量扎实有效的工作。据统计，2017 年 1～12 月，全国共发生渔业船舶水上事故 200 起，死亡（失踪）192 人，同比分别减少 104 起、157 人，下降36.31%、44.99%，渔业安全生产形势总体平稳，为渔业持续稳定健康发展做出了重要贡献。

1. 加强组织领导，强化责任落实 2017 年 2 月 24日，农业部在山东日照组织召开全国渔业安全生产工作现场会，对全年工作进行了部署。各地渔业部门在党委、政府领导下，密切与有关部门的协调配合，深入清理整治涉渔"三无"船舶，打击渔船非法捕捞作业，进行渔船安全隐患治理，层层压实安全生产监管责任。各地渔业行政主管部门和渔政渔港监督机构狠抓"主体责任"落实，从源头管起，严格执法，加大处罚力度，特别是对只顾生产、罔顾船舶、船员安危的企业、船东、船长，进行从重从严处罚，震慑效应明显。

2. 加强平安创建，夯实基层基础 2017 年，农业部会同国家安全生产监督管理总局（以下简称国家安监总局）继续组织创建了一批"全国平安渔业示范县"。自 2009 年起，经过创建单位申报、地方逐级推荐、两部局联合考评，共创建"全国平安渔业示范县" 168 个、"全国文明渔港" 54 个，平安渔业示范县、乡、村、船创建活动广泛开展。目前，"两个创建"已成为当前加强渔业安全生产工作的重要抓手，基层安全基础工作进一步加强，为构建渔业安全监管长效机制奠定了坚实基础。

3. 加强督促检查，强化监督管理 农业部坚持问题导向，突出"两个健全、两个落实、两个完善、两个强化"，细化实化 105 项检查指标，采取交叉互检和自查自检相结合的方式，组织开展了全国渔业安全生产大检查活动，交叉互检范围由 6 组 18 个省份扩大到 8 组 24 个省份。同时从农业部安全生产委员会办公室、渔业渔政局、长江流域渔政监督管理办公室、农业部渔业船舶检验局抽调业务骨干，以观察员的身份参加交叉互检活动，配合交叉互检组牵头单位开展工作，切实做到"实"字当先、真查真改。通过交叉互检和集中交流，各地进一步提高了认识、压实了责任，完善了制度、堵塞了漏洞，借鉴了经验、促进了工作。

4. 加强安全演练，提升应急水平 农业部会同各级渔业部门，坚持 24 小时应急值班制度，及时协调处置海上险情、渔船事故、紧急避难、涉外事件、渔事纠纷、气象预警等渔业应急事件。2017 年 7 月，农业部在江苏省如东县牵头组织了首次全国渔业水上突发事件应急演练活动；9 月，农业部在安徽省安庆市牵头组织了首次全国内陆渔业水上突发事件应急演练。通过演练，达到了增进协作、锻炼队伍、检验设备、熟练程序、评估预案、提升渔民自救互救水平的效果。2017年，全国共组织（参与）救助渔业海难事故（险情）785起，调动公务船、渔船 1 239 艘次，救起渔民 5 401 人，挽回经济损失 5.45 亿元。

5. 加强能力建设，提高风险保障 农业部升级完善渔业船员管理系统，编写出版《全国渔业船员培训统编教材》，探索建立远洋渔业船员境外考试机制，船员管理和行政服务水平显著提升。组建全国渔业安全事故调查专家委员会，推动渔业安全事故调查专业化、组织化、科学化。推进远洋渔船境外检验"检管分离",建立渔船制式电台执照监管新机制。实施检验队伍能力素质提升专项行动,组织开展全国知识竞赛和救生筏维修技能大赛。启动渔业无线电法律法规与技术标准制定、修订工作,扎实做好渔业无线电管理顶层设计,充分利用"互联网+"等技术手段,提升渔业安全通信保障能力。渔业互助保险保障能力稳步提升,2017年,全国渔业互保系统共承保渔民85万人、渔船6.4万艘、养殖水面4万公顷,提供风险保障3 577亿元,支付经济赔偿金近8亿元。

6. 加强协调配合,形成管理合力 为适应改革形势要求,结合党中央、国务院最新部署和各地实际需要,我们邀请了国家安监总局监管二司、民政部救灾司、交通运输部海事局有关领导和专家,对重大政策文件进行解读。针对商渔船碰撞事故高发、重发的问题,加强与交通运输部的合作,共同建立了商渔船碰撞防控会商机制。会同国家安监总局,联合开展督查调研。深化与国家气象局、国家海洋局的工作联系,积极参与气象会商,及时通报台风、洪涝、海浪等灾害性天气信息。

7. 加强探索研究,强化渔港监管 12月5日,农业部渔业渔政管理局组织召开全国渔港监督暨安全生产工作座谈会,认真学习贯彻党的"十九大"精神和习近平新时代中国特色社会主义思想,探索加强渔港监督工作措施。会议确定按照依托渔港、综合监管,突出重点、闭环管理,服务渔民、振兴渔区的思路,加强顶层设计,进一步加强渔港管理水平,扩充渔港管理职能,探索依托渔港实施综合监管和互联网+渔获物管理新模式,建设完善全国渔船渔港动态监管系统,逐步实现渔获物转载登记、定港定船卸货、定点交易,实现渔获物可追溯、全过程监管。积极推动一二三产业融合发展,建设集停泊避风卸货、水产品交易、冷链物流加工、渔需物资补给、渔业休闲旅游等多功能为一体的渔港经济区,成为产业发展、渔民富裕的乡村振兴战略的重要组成部分和沿海经济社会发展新的增长极。

8. 加强投资力度,推动工作落实 农业部和各地渔业部门多渠道积极争取项目和资金,加大渔业安全监管投入。2017年,仅农业部就安排渔业安全生产管理项目资金6 731.13万元,用于渔业海难救助补助、涉外事件损失补助、渔民安全生产保障补助试点、海洋渔业无线电频段监测与优化布局、渔港可追溯登记管理试点、渔港水域污染防治工作试点、渔业应急处置与事故调查等工作。农业部渔业渔政管理局制定了《推进安全生产领域改革发展重点任务分工方案》,拟定了具体工作措施,明确了工作时间节点,各项工作有序

推进。

(农业农村部渔业渔政管理局　徐丛政)

渔业船舶水上安全事故及救助情况

【事故情况】 2017年全国共发生渔业船舶水上安全事故200起、死亡(含失踪,下同)192人,同比分别下降36.31%、44.99%。其中:水上生产安全事故发生170起、死亡140人、沉船51艘;水上交通事故6起(未按《统计规定》减半)、死亡7人、沉船3艘;自然灾害事故发生24起、死亡45人、沉船13艘。

1. 按事故分类划分

(1)生产安全事故。生产安全事故发生170起、死亡140人,分别占全年水上安全事故总数的85.00%和72.92%,同比分别减少88起、61人。

在生产安全事故中,触损12起、死亡4人;风损6起、死亡8人;火灾18起、死亡7人;机械损伤37起、死亡27人;碰撞15起、死亡7人;溺水47起、死亡50人;自沉24起、死亡24人;其他11起、死亡13人。2017年各类生产安全事故所占比例与上一年度同期比较情况见图1、2、3、4。

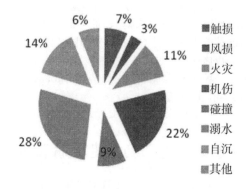

图1　生产安全事故起数比例

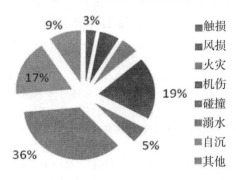

图2　生产安全事故死亡人数比例

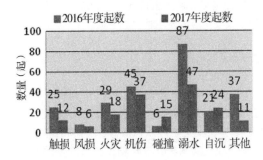

图3　生产安全事故发生起数比较

（2）水上交通事故。水上交通事故发生6起、死

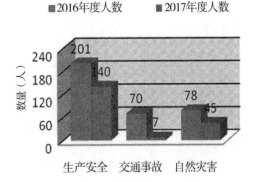

图6　事故死亡人数比较

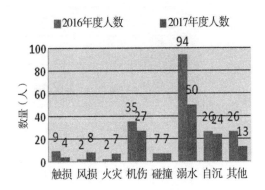

图4　生产安全事故死亡人数比较

亡7人，分别占水上安全事故的3.00%和3.65%，同比分别减少21起、63人。

（3）自然灾害事故。自然灾害事故共发生24起、死亡45人，分别占水上安全事故的12.00%和23.44%，同比分别减少5起、33人。其中，大风造成事故18起、死亡37人；台风造成事故2起，未造成人员伤亡；其他原因造成事故4起，死亡8人。

2017年事故分类与上一年度比较和所占比例情况见图5、6、7、8。

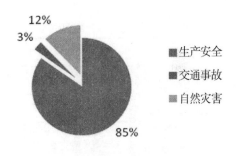

图7　事故分类起数比例

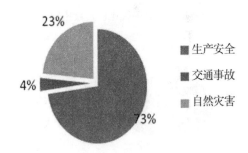

图8　事故分类死亡人数比例

2.按事故等级划分

（1）一般事故。一般事故发生188起、死亡122人，分别占2017年事故总数的94.00%和63.54%。同比事故起数减少97起、死亡人数减少40人。

（2）较大事故。较大事故发生11起、死亡57人，分别占2017年事故总数的5.55%和29.69%。同比事故起数减少14起、死亡人数减少73人。

（3）重大事故。重大事故发生1起、死亡13人，分别占2017年事故总数的0.50%和6.77%。同比事故起数减少3起、死亡人数减少44人。

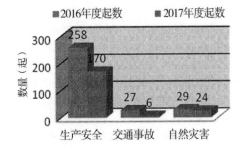

图5　事故发生起数比较

（4）特别重大事故。未发生特别重大事故。

2017 年事故等级与上一年度比较和所占比例情况见图 9、10、11、12。

图 9　事故等级发生起数比较

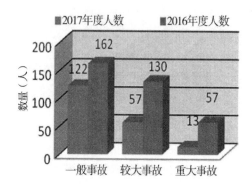

图 10　事故等级死亡人数比较

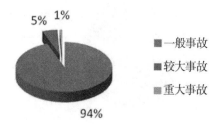

图 11　事故等级起数比例

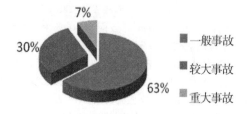

图 12　事故等级死亡人数比例

3. 按照事故发生省份划分　2017 年度各省渔业船舶水上安全事故发生情况见下页表 1。

【事故特点与原因】

1. 按事故类型分析（图 13，图 14）

（1）生产安全事故高发。2017 年共发生 170 起，死亡 140 人，分别占事故总数的 85.00% 和死亡人数的 72.92%。安全生产意识淡薄、主体责任落实不到位是造成生产安全事故的最大隐患，另外，违反安全操作规程也是安全事故的重要原因之一。

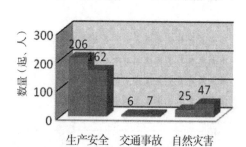

图 13　2017 年渔业安全事故直方图

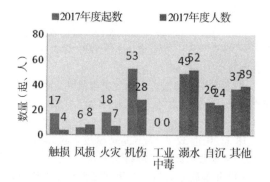

图 14　水上生产安全事故分类直方图

（2）溺水事故多发。溺水事故共发生 47 起，死亡 50 人，分别占全年生产安全事故的 27.65% 和 35.71%，死亡人数均位居生产安全事故之首。2017 年 1 月 22 日 10 时，"浙象渔 07057"船在东经 122°08′，北纬 29°27′海域从事流刺网作业时发生失联，相关部门接到报案后，立即派遣"中国渔政 33208"船、"浙象渔 85003"船出港搜寻，未果，事故导致两名船员失踪。溺水事故多发主要与内陆劳务人员出海作业缺少专业培训，防范风险意识低，以及违章操作等因素有关。

（3）自然灾害事故伤亡严重。自然灾害事故发生

表1 2017年度渔船水上安全事故汇总表

地区	事故总数		生产安全事故		水上交通事故		自然灾害事故	
	事故起数	死亡人数	事故起数	死亡人数	事故起数	死亡人数	事故起数	死亡人数
辽宁	45	71	30	36	0	0	15	35
河北	9	2	8	2	1	0	0	0
天津	0	0	0	0	0	0	0	0
山东	5	3	5	3	0	0	0	0
江苏	21	22	20	22	0	0	1	0
上海	5	1	5	1	0	0	0	0
浙江	56	59	53	51	2	6	1	2
福建	25	16	19	13	2	1	4	2
广东	4	7	3	1	0	0	1	6
广西	22	6	19	6	1	0	2	0
海南	8	5	8	5	0	0	0	0
安徽	0	0	0	0	0	0	0	0
合计	200	192	170	140	6	7	24	45

24起,死亡45人,沉船13艘,平均每起事故导致1.9人死亡,而且自然灾害事故导致的沉船率也比较高,其中由于大风导致的事故占76%。2017年1月20日,辽宁省大连市中山区渔船"辽大中渔15126"船在东经122°35′、北纬33°40′131/7渔区遭遇强风袭击,导致船体倾斜,随后沉没,船上13名船员遇难。

自然灾害具有突发性和不可预测性,但自然灾害事故的伤亡和损失,也与船员的冒险心理、出海经验和航海技能等人员的综合素质有一定的关系。

2.按事故发生时态分析 2017年渔业船舶水上安全事故时态图如图15所示,全年平均每月发生事故16.67起,死亡16人。10月事故最多,发生30起,6月

事故最少,发生3起;1月死亡人数最多,29人死亡,6月死亡人数最少,1人死亡。上半年发生事故70起、死亡80人;下半年发生事故130起,死亡112人。下半年事故数量较上半年增长85.71%,死亡人数较上半年增长40.00%。

事故发生起数和死亡人数折线图走势基本吻合,其中9、10、11月3个月是事故高发的月份,伤亡人数较多。渔船生产安全事故和自然灾害事故发生时态趋势与以上折线趋势也有相似之处。

3.按捕捞渔船作业类型分析 刺网渔船发生事故69起、死亡87人,占事故总数的34.50%、45.31%;拖网渔船发生事故83起、死亡75人,占事故总数的

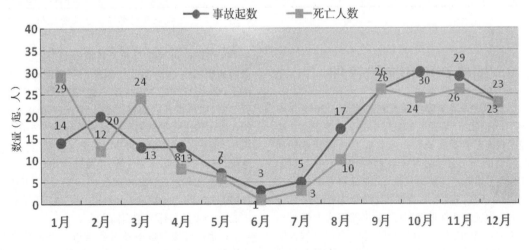

图15 2017年渔船水上安全事故时态

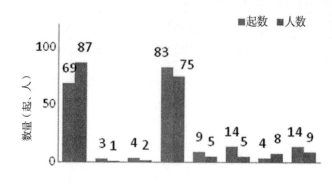

图16 不同作业类型渔船事故起数及死亡人数

41.50%、39.06%（图16）。刺网渔船和拖网渔船是捕捞渔船事故中发生事故数量和死亡人数最多的两种渔船，这主要与两种渔船的数量较多，基数较大有关系。

【渔业海难救助概况】 2017年全国各级渔业行政主管部门及渔政渔港监督机构共组织渔业海难救助812起；渔业行政执法船艇参与救助188艘（次），渔船参与1 117艘（次）；救助渔船950艘，救助渔民5 506人；实际投入救助费用2 324.68万元，挽回经济损失55 239万元。2017年渔业海难救助具体情况见表2。

表2 2017年渔业海难救助情况表

地区	救助起数（起）	救起渔民（人）	救起渔船（艘）	调度救助船舶（艘）		公务船	渔船
				投入救助费用(万元)	挽回经济损失(万元)		
天津	2	4	2	0	2	0	0
河北	26	122	68	4	155	205.24	713
辽宁	43	172	31	23	80	222	5 978
山东	34	293	67	11	62	131	1 513
福建	50	560	45	3	91	238.68	21 350
上海	10	58	10	4	6	18.4	660.1
江苏	41	122	44	36	26	315.22	1 917
浙江	537	3 843	592	66	537	1 053	22 170.42
广东	12	21	26	16	12	38	405
广西	11	48	17	2	22	27.55	119
海南	45	261	47	23	123	75.29	406.48
安徽	1	2	1	0	1	0.3	7
全国总计	812	5 506	950	188	1 117	2 324.68	55 239

（农业农村部渔业渔政管理局 徐丛政）

捕捞许可和渔船管理

1. 贯彻海洋渔船管控制度初见成效 2017年年初，经国务院批准，农业部印发了《农业部关于进一步加强国内渔船管控实施海洋渔业资源总量管理的通知》，明确了"十三五"期间海洋捕捞渔船"双控"目标、任务和改革措施。文件下发后，农业部召开新闻发布会，与沿海各省（自治区、直辖市）渔业主管厅局签订责任书。为确保文件贯彻实施，农业部切实加强对地方工作指导，赴重点渔区开展督导调研，及时掌握各地工作进展情况，帮助解决相关政策问题。特别是2017年11月，在杭州组织召开了贯彻渔船"双控"制度暨限额捕捞试点工作座谈会，副部长于康震出席会议并讲话，全面总结"双控"制度实施情况，对今后工作进行部署，取得良好的效果。截止到2017年年底，沿海所有省份均出台了贯彻实施意见。减船转产项目进展顺利，截止到2018年3月20日，沿海各省（自治区、直辖市）已完成减船15 297艘，压减功率100.2万千瓦，分别占总任务数的76.48%和66.8%，占已下达任务数的212.19%和200.4%，预计"十三五"压减海洋捕捞能力15%的目标有望提前完成。

2. 渔船管理制度改革扎实推进 渔船管理是渔业管理的重点和难点，矛盾问题多、情况复杂、政策性强,关系渔民切身利益,其中许多问题与现阶段经济社会发展紧密相关,是多年矛盾问题积累的结果,可以说牵一发动全身。2017年在多年研究基础上,农业部对"十三五"渔船双控制度进行了重大改革,启动了渔船分类分区改革,下放小型渔船"双控"指标制定权和管理权,划分小型渔船和大中型渔船作业区域,目的就是对渔船实行差别化管理,强化属地管理责任,推进渔业组织化程度。为推进改革政策落实,农业部加大配套规章制(修)订工作,完成《渔业捕捞许可管理规定》修订草案起草并提交部常务会议审议。同时进一步明确和规范渔船审批管理程序,继续完善渔船建造、检验、登记、捕捞许可证审核发放及购置、报废拆解等环节管理,推动出台了渔船建造开工前检查制度和渔船标准船型评价办法,强化渔船源头管理。组织起草减船转产资金管理办法,制定出台了《渔业更新改造项目实施细则》。启动了《休闲渔船管理办法》和《海洋休闲渔船检验规则》研究起草工作,已下发各地征求意见。

3. 内陆渔船"三证合一"改革全面完成 根据中央推进简政放权、转变职能精神,近年来,农业部积极推动内陆渔船管理制度改革,启动了渔船证书"三证合一"改革。2017年,农业部认真总结经验,加强督导检查,帮助解决推广应用中的困难和问题,并将各地工作完成情况向全国通报。截止到2017年年底,全国30多万艘内陆渔船数据经清理后全部导入数据库,换证率已超过98%,完成既定工作目标,实现了"一表申请、一窗受理、一本证书、一个印章、一套数据"改革目标,起到了规范渔船管理、提升管理水平、简化办事程序、方便渔民群众的作用,受到管理部门和渔民群众好评。

4. 南沙渔业管理顺利进行 为切实加强南沙渔业管理,维护国家海洋权益,农业部切实加强南沙渔船管理,指导南海3省(自治区)和农业部南海渔业中心,加强渔民培训教育,加强专项许可和监督管理,加强渔船船位监控,坚持24小时应急值班,协调有关部门和地方做好南沙涉外事件应急处置,保持了南沙渔业生产形势稳定。积极争取落实南沙渔业生产扶持政策,组织开展2017年度专项柴油补贴申报审核,并指导各地及时核发到船到人。同时,继续推动南沙骨干生产渔船建设,加强政策研究,及时办理造船计划审核公布,并督促各地渔船建造进度。根据要求,配合有关部门组织南沙专项生产行动,指导地方制定工作方案,做好渔船组织动员、渔民培训、渔船检验、证书发放、渔船监控、信息上报工作,确保行动顺利进行。

5. 港澳流动渔船管理取得新成果 2017年是香港回归祖国20周年,为团结爱国爱港进步力量,根据中央和国务院有关部门要求,农业部加强了港澳流动渔船管理和政策推进工作。6月,副部长于康震带队赴港澳就流动渔民工作进行专题调研,与特区政府、渔民团体和中央政府驻港澳办公室进行了深入交流,参加了香港流动渔民团体举行的庆祝活动,协调港澳办、中央人民政府驻香港特别行政区联络办公室和财政部,将港澳流动渔船更新改造和减船转产纳入国家油补政策支持范围,启动港澳流动渔船"先建后拆"试点。与香港渔农自然护理署、澳门海事及水务局签署合作协议,副部长于康震和特区政府主管部门领导出席并见证。这是农业部与特区政府签订的第一个部门间合作协议,对加强内地和香港及澳门特区在渔船管理、资源养护、渔业安全等领域合作交流具有重大意义,特别是在香港回归20周年前夕签署,受到中央和国务院有关部门好评。

6. 渔船许可审批规范透明 渔船许可审批是一项具体事务性工作,但由于时间紧、任务重、涉及面广、政策性强,既要认真审核,又要按时办结,既要严格把关、又要优质服务。2017年,共受理审批船网工具指标审批和捕捞许可审批件370余件,审核签发渔船油污应急计划、渔船燃油保险证书340多份,制作各类证书和批件1400多份。由于这些项目涉及面广、政策性强,涉及企业和渔民切身利益,既严格按法律法规及相关政策严格审核,所有涉及远洋渔船建造、购置、进口的船网工具指标审批项目事先一律经局长办公会集体研究形成意见,再按规定程序办理报批手续;同时充分考虑企业和渔民利益诉求,提供便捷、优良服务,得到地方、企业和渔民的理解和好评。

(农业农村部渔业渔政管理局 张信安)

渔业节能减排

2017年,渔业渔政管理局继续通过渔业节能减排项目,实施水产养殖节水减排技术示范,开展了渔船污染物排放及防治调研,以及水产品加工能源消耗调查试点。同时,开展节能减排宣传教育工作,取得一定进展和成效,对推进渔业绿色发展提供了基础支持。

1. 水产养殖节能减排技术示范工作进一步推进 2017年,重点在辽宁(大连)、浙江、山东、广东、湖南、四川等6个地区实施了池塘、工厂化循环水养殖和零换水(零用药)养殖技术模式,以及网箱养殖底排污技术和生态育苗技术等多模式养殖节能减排技术示范,为进一步推广应用摸索经验,提供样板。其中:浙江省开展的池塘循环水淡水名优鱼类养殖技术示范工作,采用池塘内循环流水"圈养"模式,在流水精养区中"圈养"名优鱼类,并收集处理精养区产生的大部分残饵、粪便等固体废弃物。同时,利用粗养区形成放牧渔业,并利用池塘的自净能力调控和维持养殖水体水质。项目取得的生态效益:采用自主设计的气提式漏斗形收集箱将颗粒较大的排泄物进行收集,防止其溶散分解成为营养盐,增加水体负荷;另外通过合理的混养滤食性鱼类和科学布局轮叶黑藻种植,增加水体主要污染物吸收利用途径,维持池塘生态系统平衡,实现了养殖尾水零排放;经济效益:流水精养区"圈养"名优鱼类杂交鲌鲂、加州鲈,净水区的青虾和沙塘鳢,平均每公顷产 27 吨,每公顷实现利润 7.95 万元,实现增产增收;同时,制订了《池塘循环水养殖加州鲈驯化阶段操作规程》和《杂交鲌鲂池塘内循环流水养殖技术规范》。四川省承担的池塘网箱鱼体排泄物收集技术及效能示范工作,改造完善了池塘鱼类粪便回收、水质改良、智能养殖、复合溶氧和滴灌鱼菜共生等功能系统,实现单位产鱼电耗减少 16%,粪便收集率 81%,综合利用率 100%,饵料系数下降9.9%。大连市开展的北方地区工厂化循环水养殖节能减排技术示范工作,完成了高效节水养殖、引入履带式微滤机设备和技术,水利用率达 85%～90%,比原有设备和方法提高 10%～15%;以海水热泵代替煤炭锅炉,实现养殖采暖废气废渣零排放;采用海水鱼循环水养殖病害防控操作系统,减少鱼类发病和药物使用 1/2～2/3。上海海洋大学科研团队在山东和广东分别开展了海水陆基零换水生态养虾模式产业化示范和半咸水陆基零换水生态养虾模式产业化示范。在山东示范养殖水体 3 800 立方米,产出无渔药使用史的鲜虾 4.1 万千克,产值 209.8 万元;两茬养殖之间和养殖过程中零换水,相比常规大规模采用的室内换水工厂化对虾养殖模式,共计节约新鲜海水13.6 万立方米,并减少了 13.6 万立方米水产养殖废水的排放;两茬养殖之间和养殖过程中零换水,减少了对新鲜海水的加温需求,共计节约燃煤 115 吨(示范点从下半年开始已按当地要求停止使用小型煤炭锅炉)。在广东省示范点共计产出无渔药使用史的鲜虾 1.4 万千克,产值 61.4 万元;相比常规大规模采用的室内换水工厂化对虾养殖模式,共计节约新鲜海水 5.4 万立方米,并减少了 5.4 万立方米水产养殖废水的排放;养殖期间未加温。项目实施效果显著,在实现经济效益的同时,产出了无渔药使用史的鲜虾,提高了水产品质量安全,节约了水资源,减少了养殖废水排放和燃煤使用量,对海水池塘养虾健康发展起到积极作用。

2. 开展渔船污染物排放及防治调研 2017 年,在2016 年我国机动渔船废气污染物状况调查,以及对沿海和内陆部分渔船气体污染物排放实际测量评估的基础上,形成我国渔船大气污染控制方案建议。同时,开展了渔船油污水为代表的水污染物排放状况调查,抽测评估了我国沿海渔船含油污水排放状况,为进一步提出我国渔船污染防治措施奠定了基础。

3. 开展水产品加工能源消耗调查试点 2017 年,为掌握我国水产品加工业能源消耗状况,安排有关科研单位开展了水产品加工业能耗调查试点,为系统调查工作提供了样本。

4. 持续进行渔业节能减排技术宣传教育 2017年,持续开展收集国内外相关节能减排信息、科技创新情况,编印《渔业节能减排通讯》,开展多种形式的渔业节能减排技术宣传教育,提高渔业从业人员节能减排意识和技能水平。各地区结合项目实施,开展节能减排技术示范交流活动,累计印发技术资料 15 万余元,直接培训和训练操作人员 200 余人次。

(农业农村部渔业渔政管理局 郭 薇)

水生生物资源养护
与水域生态环境修复

1. 完善资源养护制度建设并抓好贯彻落实 一是调整完善伏季休渔制度并部署落实。1 月 19 日发布《关于调整海洋伏季休渔制度的通告》,对伏季休渔制度进行调整完善。新制度主要调整内容包括:将各海区休渔开始时间统一提前至 5 月 1 日,结束时间基本保持不变;总休渔时间普遍延长一个月;北纬 12°以北的四大海区除钓具外的所有作业类型均休渔。制度发布后,利用新闻发布会等多种形式加强宣传,央视新闻联播等媒体和栏目进行报道,被舆论形象地称为"史上最严"休渔制度。2 月 15 日下发《农业部办公厅关于做好 2017 年伏季休渔工作的通知》,对伏休工作进行部署安排。组织开展 2017 年伏季休渔效果评估工作。通过汇总分析近海渔业资源调查、近岸产卵场调查和全国捕捞信息动态采集等相关项目的调查监测数据,2017 年伏季休渔基本达到了预期的资源养护效果。渔业资源养护效果明显,主要体现为开渔前海域中渔业资源的"一增加、一改善、一提高",以及休渔期间的"休养生息"等几个方面,即:渔业资源数量明显增加、渔业资源结构明显改善、资源补充能力明显提高和休渔期间渔场生态环境得到短暂休养生息;渔业生产节支增收可观,主要体现在"一增一减",即渔业增收效果明显和渔业成本支出减少明显;全民生态文明意识增强,主要体现在伏季休渔的社会影响力不断扩大,伏季休渔促进渔政管理工作不断提升,伏季休渔加快推动了转产转业进程。

二是规范伏休期间特许捕捞管理。对各省申报的伏休期间特殊品种专项捕捞许可申请进行两次专门审查,形成2017年特殊经济品种专项捕捞许可方案,以农业部通告的形式发布。通告公布了2017年伏季休渔期间海蜇专项捕捞许可,许可时间为2017年7月20日12时至7月31日12时,许可作业海域为辽宁、河北、天津、山东、江苏、上海和浙江等省(直辖市)的部分海域,并对作业类型和最小网目尺寸进行规定。下发《农业部办公厅关于做好伏季休渔期间专项捕捞管理的通知》,从项目设置、管理要求和加强监管等三方面规范伏季休渔期间专项捕捞管理。

三是积极落实海洋渔业资源总量管理制度。1月12日,经国务院同意,农业部印发了《关于进一步加强国内渔船管控 实施海洋渔业资源总量管理的通知》。1月20日,农业部召开新闻发布会进行宣传。3月13日,农业部与沿海各省签订了"十三五"海洋渔业资源总量管理责任书。11月,农业部组织对沿海各省总量管理制度落实情况进行督查。委托中国水产科学研究院开展了总量细化分配方案研究。

四是加强幼鱼保护工作。3月底,下发《农业部办公厅关于做好海洋经济鱼类可捕标准贯彻落实工作的通知》,以贯彻最小可捕标准为切入口,要求各级渔业主管部门完善工作机制,严厉打击各类破坏幼鱼资源的行为;做好资源养护,加快幼鱼资源修复;加强宣传培训,提高幼鱼资源保护意识。10月,就《农业部关于实施带鱼等15种重要经济鱼类最小可捕标准及幼鱼比例管理制度的通告(征求意见稿)》公开征求意见,为发布带鱼等15种重要经济鱼类最小可捕标准及幼鱼比例管理制度做好准备。

五是组织开展黄河流域禁渔制度研究。3月,下发了《关于组织开展黄河流域禁渔制度可行性研究工作的通知》。5~6月,收集沿黄相关省份水生生物资源养护、渔业生产、渔政管理等方面的资料,并组织对黄河甘肃、陕西和河南段渔业情况进行现场调研。10月,形成《黄河流域禁渔可行性研究研究报告》。11月,起草《黄河流域禁渔制度方案(征求意见稿)》,并公开征求意见。

2. 积极推进海洋牧场建设和管理

一是加强海洋牧场宏观指导和规范管理。印发《国家级海洋牧场示范区建设规划(2017—2025年)》,指导海洋牧场示范区合理规划布局。印发《国家级海洋牧场示范区管理工作规范(试行)》和《人工鱼礁建设项目管理细则(试行)》,加强对国家级海洋牧场示范区及人工鱼礁建设项目的管理规范。

二是继续加强国家级海洋牧场示范区建设。组织各省创建第三批国家级海洋牧场示范区。经专家评审和局务会审议,新建国家级海洋牧场示范区22个,国家级海洋牧场示范区数量达到64个。及时调度国家级海洋牧场示范区人工鱼礁项目实施进展情况,提出项目安排建议。组织对申报2018年人工鱼礁项目的实施方案进行专家审查,严把建设质量和效果。

三是强化海洋牧场建设科技支撑。组织成立农业部海洋牧场建设专家咨询委员会,制定委员会章程,明确机构设置。出版《中国海洋牧场发展战略研究》,明确了发展思路和工作重点。组织制定《海洋牧场标准体系》《海洋牧场分类》和《海洋牧场基本术语》等相关技术标准,其中《海洋牧场分类》已经农业部批准发布。

3. 积极开展水生生物增殖放流

一是组织实施好重大增殖放流活动。6月6日组织开展了第三届"全国放鱼日"同步增殖放流活动。全国30个省(自治区、直辖市)共举办大型增殖放流活动400余场,放流各类水生生物苗种超过50亿尾。中央电视台新闻联播、朝闻天下栏目和《人民日报》《农民日报》《中国渔业报》等对活动进行了报道。另外,7月16日在宁夏、9月8日在四川、11月17日在海南,分别以省部联办的形式举办增殖放流活动。2017年全社会共投入增殖放流资金9.8亿元,其中中央财政3.25亿元,全年开展增殖放流活动2 143次,共放流各类苗种404.6亿尾。

二是进一步加强增殖放流规范管理。下发《农业部办公厅关于进一步规范水生生物增殖放流工作的通知》,将以往增殖放流要求整合并充实,确保增殖放流的生态、经济和社会效益。加强增殖放流转移支付项目绩效管理,组织制定绩效目标和评价办法。推广应用水生生物资源养护信息采集系统,及时掌握各地水生生物资源养护工作情况。

4. 渔业资源环境保护其他方面工作

一是继续划定国家级水产种质资源保护区并加强管理。新创建第十一批国家级水产种质资源保护区12个,国家级水产种质资源保护区数量达到535个。组织对第十批国家级水产种质资源保护区面积范围和功能分区进行实地复核,并以农业部办公厅文件形式进行公布。

二是做好涉渔工程渔业生态补偿工作。截止到2017年12月25日,通过参与审查海洋工程环评报告,争取 6.7 亿元渔业资源生态补偿资金纳入项目环保投资；组织专家对涉及国家级水生生物保护区的工程建设项目专题报告进行审查，将 3.1 亿元列入渔业资源生态补偿资金。

三是组织开展渔业水域环境监测。与环境保护部联合发布《中国渔业生态环境状况公报（2016）》。制订 2017 年渔业生态环境监测方案，组织全国渔业生态环境监测网成员单位，对海洋和内陆重要天然渔业水域和养殖水域环境状况进行监测。组织制定水产养殖业面源污染普查方案，并对参与单位进行培训。

（农业农村部渔业渔政管理局　吴珊珊）

水生野生动植物保护与管理

1. 扎实做好新保护法宣传贯彻及配套法规制 (修) 订　一是广泛开展新保护法的宣传贯彻。发布《农业部关于贯彻实施〈野生动物保护法〉，加强珍贵濒危水生野生动物保护工作的通知》，对新保护法生效后水生野生动物保护工作进行全面部署，并委托有关单位面向相关执法部门和基层渔业主管部门有关工作人员举办 6 期培训班，培训 260 余人。

二是抓紧制定新保护法配套法规和规章制度。先后启动了《中华人民共和国水生野生动物保护实施条例》《中华人民共和国水生野生动物利用特许办法》《国家重点保护水生野生动物及其制品标识管理办法》《水生野生动物及其制品收容救护管理办法》《水生野生动物及其制品罚没处理管理办法》等配套法规和规章制度的起草工作，多次征求意见，并反复修改完善；组织开展第一批水生野生动物重要栖息地申报工作，并正式发布；公布《人工繁育国家重点保护水生野生动物名录》；对 CITES 公约附录水生物种的国内保护级别进行核准，经多次专家论证和广泛征求意见，推进核准名录的尽快发布；以农业部公告形式公布中国科学院动物研究所等 32 家水生野生动植物鉴定单位。

2. 切实加强重点物种的保护和规范管理

一是加强中华白海豚保护。发布《中华白海豚保护行动计划（2017—2026 年）》，成立保护联盟，为中华白海豚保护工作指明方向，并推动完善中华白海豚保护的多方参与机制。积极推动中华白海豚自然保护区升级和新建工作。其中，在三娘湾海域设立中华白海豚省级自然保护区已得到广西钦州市人民政府同意。

二是加强斑海豹的保护。发布《斑海豹保护行动计划（2017—2026 年）》，明确了斑海豹保护指导思想、基本原则、主要保护行动、中长期计划和支撑保护措施。加强对斑海豹重要栖息地的保护，支持大连斑海豹国家级自然保护区开展监视巡护等工作。通过水生野生动物保护宣传月、摄影大赛等多种方式，动员社会各界力量共同参与斑海豹保护行动，加强斑海豹保护科普宣传。

三是加强海龟和加利福尼亚湾石首鱼的保护管理。赴西沙开展绿海龟自然繁育情况调研，组织有关专家起草海龟保护行动计划，呼吁社会力量共同参与海龟保护。深化部门间沟通协作，会同国家工商行政管理总局和国家濒危物种进出口管理办公室，在广东开展为期一个月的打击非法经营利用黄唇鱼及加利福尼亚湾石首鱼专项执法行动。积极履行国际公约，参加中美墨三方加湾石首鱼磋商，及时向外交部及我驻外使馆提供相关背景情况和会谈口径。中墨领导人会晤中，墨西哥总统对中国协助反对非法运输加湾石首鱼表达诚挚的感谢。

四是协调好其他重点物种保护和利用关系。在加强野生大鲵种群及栖息地保护和管理的基础上，进一步规范养殖大鲵及其产品经营利用管理。与国家濒危物种进出口管理办公室联合下发《关于规范养殖大鲵加工产品出口贸易管理工作的通知》，在稳定国内市场的同时，有序推动养殖大鲵加工产品出口，推进实现保护和利用互相促进，可持续发展。加强欧鳗溯源管理，研究欧鳗产业发展形势和下一步对策措施，推动欧鳗产业健康可持续发展。继续做好鲟鱼子酱出口 CITES 注册备案，加强对地方主管部门及出口企业的业务指导，进一步规范养殖鲟鱼及其产品出口贸易管理工作。

3. 做好涉水生野生动物行政审批　印发《农业部办公厅关于做好部分国家重点保护水生野生动物行政许可下放事项衔接工作的通知》，对相关审批下放事项作出部署安排。联合国家林业局制定将部分国家一级重点保护水生野生动物审批权限保留在国家层面的管理方案，并已经国务院批准。截止到 2017 年 12 月 26 日，共办理国家重点保护水生野生动物行政许可事项 848 批次，其中经营利用许可事项 294 批次、人工繁育许可事项 23 批次、进出口许可事项 531 批次。

4. 加强对外交流合作　派员参加了 CITES 第 69 次常务委员会，妥善应对涉及水生野生动物保护的相关议题。组织开展履约专项执法行动，树立积极履约的正面形象。积极参与由全球环境基金（GEF）资助的黄海大海洋生态系项目，介绍渔业资源管理工作，体现主权和部门职责。同时，积极申请 GEF 水生生物多样性保护国际项目，争取国际资金支持。加强与保护国际、野生救援、绿色和平等国际 NGO 的沟通，在充分交流、相互理解的基础上，纠正相关国际组织的一些片面认识，合作推动有关工作。

（农业农村部渔业渔政管理局　吴珊珊）

周边渔业协定执行情况

【中日渔业协定】　2017 年是《中日渔业协定》实施的第 17 年。经过中日双方共同努力，暂定措施水域作业秩序稳定，协定执行情况总体良好，下半年双方相互入渔未进行。

根据 2016 年 11 月中日渔业联合委员会第十七次会议纪要的规定，2016 年度日方许可中方底拖网入渔渔船数量为拖网 240 艘，作业时期为"2015 年 6 月 1 日至 2016 年 5 月 31 日"，1 月 1 日至 2 月 20 日为禁止作业期，中方实际入渔船数和捕捞产量未达到许可数。2016 年中方许可日方入渔船数总计 290 艘，实际日方没有入渔。在中日暂定措施水域，2015 年度中方在暂定措施水域作业的渔船数量和渔获量要控制在 17 307 艘、164.4 万吨以内。日本渔船控制在 800 艘、10.9 万吨以内。中方实际向日方通报船名号 15 076 艘、渔获量 164.2 万吨。

根据双方商定，2017 年中日渔业执法工作会谈于 7 月 17～21 日在日本东京召开，双方就中日渔业协定水域执法情况回顾、防止渔船违规作业以及其他问题进行了会谈。第 15 次中日海洋生物资源专家小组会谈于 4 月 10～14 日在中国上海举行，双方对以中日暂定措施水域为中心的带鱼和鲐鱼资源状况进行了研究，交流了各自最新研究成果。2017 年 8 月、10 月，第十八次中日渔业联合委员会先后举行了两次筹备会议，未能达成共识，双方商定将继续进行磋商。

【中韩渔业协定】　2017 年是《中韩渔业协定》实施的第 17 年。朝鲜半岛局势紧张，中韩外交关系复杂。为维护黄海作业秩序稳定，保障双方渔民合法入渔，中韩双方渔业主管部门共同努力，推动协定继续有效实施。

根据 2016 年 12 月 29 日中韩渔业联合委员会第十六届年会纪要的规定，2017 年许可对方渔船到本国水域作业的渔船分别为 1 540 艘，捕捞配额分别为 5.775 万吨；中方一般渔获物运输船 58 艘，韩方 10 艘。受 929 事件及韩方海上执法大量使用班组武器等因素影响，中韩暂定措施水域联合巡航和执法公务员互换乘船交流活动暂停。

经协商，2017 年度中韩渔业执法工作会谈于 2017 年 8 月 1～3 日在韩国釜山举行，双方就维护中韩渔业协定水域作业秩序、渔业执法交流合作、渔委会委托事项等进行了讨论，并在后期签署了会议纪要。第 14 次中韩海洋生物资源专家组会议于 2017 年 6 月 7～9 日在韩国庆州召开。双方就编写并交换鲐鱼资源状况及动态分析报告书、渔获报告对象鱼种调整、鱿鱼捕捞配额制度扩大可行性、美鳐作业保护区设定、合法围网渔业作业形态与作业方法、中韩暂定措施水域资源调查扩大方案并互换报告、中韩渔业协定对象水域内海洋生物资源状况联合评估方案、暂定措施水域鱼苗放流活动及其他事项进行了讨论并形成会议纪要。

中韩渔业联合委员会第十七届年会于 2017 年 11 月 16 日在中国重庆召开。双方就 2018 年两国专属经济区管理水域相互入渔安排以及维护海上作业秩序等重要问题进行了协商，达成共识并签署了会议纪要。根据纪要，2018 年各自许可对方渔船到本国水域作业的渔船为 1 500 艘，捕捞配额与上年相同，为 5.775 万吨；中方一般渔获物运输船 58 艘，韩方 10 艘。

【中越北部湾渔业合作协定】　2017 年是《中越北部湾渔业合作协定》实施的第 14 年。经过中越双方共同努力，北部湾渔业生产秩序基本稳定，渔业生产稳步发展，协定执行情况总体良好。

根据 2016 年 9 月中越北部湾渔业联合委员会第十三届年会达成的共识，2016—2017 年度中越双方各自入渔规模均为渔船 1 254 艘、功率 126 286.48 千瓦。执行日期为 2016 年 12 月 1 日至 2017 年 11 月 30 日。协定执行过程中，双方作业渔船基本遵守协定有关规定，悬挂有效标志牌，凭捕捞许可证生产，渔业生产秩序良好。双方渔民实际申请进入共同渔区对方一侧水域船数和渔船总功率均未达到纪要限制数。

中越海警分别于 2016 年 11 月 6～9 日和 2017 年 4 月 18～20 日在北部湾共同渔区开展了 2 次渔业联合执法检查行动。期间，双方共观察记录渔船 226 艘次，其中中方渔船 141 艘、越方渔船 85 艘，共同登临检查了中方、越方渔船各 2 艘，未发现违法违规作业行为。双方还共同完成了此前商定的海上搜救演练、登舰交流、指挥长互访会晤、互派业务小组观摩学习等行动计划。

2017 年 9 月 5～7 日，中越北部湾渔业联合委员会渔业资源专家组第十八次会议在中国北京举行。双方就完成北部湾共同渔区渔业资源联合调查第四阶段（2014—2016）总结报告达成一致，交换了近期完成的联合调查航次的调查资料，按计划完成了 2016 年和 2017 年调查任务。联合调查结果反映出北部湾共同渔区的渔业资源密度略有回升，趋于稳定，但保持在低水平上。

2017 年 10 月 13 日,第十四届中越北部湾渔业联合委员会在中国杭州举行,双方就 2017—2018 年度北部湾共同渔区渔船作业规模和作业条件、共同渔区渔业资源养护与管理、渔业资源联合调查、渔业执法联合检查、海上渔业活动突发事件联系热线以及越南休渔等议题进行了磋商,签署了会议纪要。双方对 2017 年 5 月在中国广西东兴市开展的中越北部湾渔业资源联合增殖放流与养护活动给予高度评价。

根据纪要规定,2017—2018 年度北部湾共同渔区作业安排,允许进入北部湾共同渔区己方一侧水域的对方作业渔船数量和马力数分别为 1 190 艘和 126 286.48 千瓦。为保障渔船航行作业安全,在共同渔区作业渔船马力数总体不变的前提下,将单船作业功率范围从 44.13 ~ 294.2 千瓦调整到 66.19 ~ 441.3 千瓦。

(农业农村部渔业渔政管理局 孙海文)

渔情统计监测与渔业信息化

【渔情统计监测】

1. 加大保障支持力度,渔情监测统计工作得到加强 2017 年,各级渔业主管部门和有关单位不断加强对渔情监测统计工作的组织领导,在人力、财力、物力保障方面给予积极支持,不断探索工作新理念、新思路、新方法。全国水产技术推广总站、中国水产学会在组织渔情监测统计工作、构建现代渔业统计调查体系方面锐意进取、工作扎实、推动有力;四川省水产局等单位在渔业全面统计工作中表现突出;黑龙江省农业委员会渔业局等单位在推进内陆捕捞渔业统计抽样调查试点上工作成效显著;河北省水产技术推广站等单位推进养殖渔情监测工作措施得力。

2. 适应新时代新要求,渔情监测统计工作取得新进展 2017 年,正式在全国范围内开展休闲渔业发展监测工作,启动了增殖渔业发展指标体系研究工作,修订完善了现行渔业统计报表制度。各级渔业部门适应新的工作要求,全面科学开展渔情监测统计工作,并广泛应用物联网、云计算、移动互联网等信息技术,多渠道、多形式发布渔情数据,渔情监测统计工作成果丰硕,应用广泛,充分发挥了服务渔业经济社会发展的"晴雨表"作用,为现代渔业发展提供更好的信息服务支撑。

3. 配合做好第三次全国农业普查,工作卓有成效 2016 年年底,国家统计局启动了第三次全国农业普查工作,在普查过程中各级渔业主管部门积极参与并认真配合,做好相关工作,确保普查工作顺利进行。为做好渔业统计数据与第三次全国农业普查结果对接工作,会同国家统计局赴宁夏等 5 省(自治区)开展了联合调研,当地渔业部门和渔情监测统计人员大力协调、积极配合,确保调研工作取得实效。总站学会发挥支撑作用,协助组建专家组、召开专家研讨会、确定数据对接方案,获得了国家统计局的高度认可。

(农业农村部渔业渔政管理局 陈 鹏 吕永辉)

【渔业信息化】

1. 着力营造有利于渔业信息化发展的大环境 在全国渔业信息化工作现场会的基础上,2016 年底,农业部出台了《农业部关于加快推进渔业信息化建设的意见》,明确了未来一段时间,渔业信息化建设的指导思想、目标方向和主要任务;成功举办了首届渔业信息化高峰论坛,论坛上树先进典型,各地交流经验做法,围绕支撑现代渔业发展做文章;在 2017 年渔业油价补贴资金项目调整中央转移支付项目中,安排渔船通导与安全装备建设项目 2.5 亿元,用于各地渔船渔港、岸台相关信息化装备配备和升级改造;2017 年,研究并着手制订了渔业信息化标准体系和数据元、整合衔接规范等标准建设,为全国渔业信息化的规范、统一、节约发展提供基础环境。为了降低渔业信息化成本,农业部渔业渔政管理局与中国电信集团有限公司本着自愿合作、共同发展、解决问题、互助互惠的原则,先后签订了三期信息化战略合作协议,为各地开展信息化建设工作提供便利。

2. 加快推进渔业政务信息资源整合共享 2017 年,按照国务院和农业部的统一部署,组织开展了渔业政务信息资源整合共享工作。成立了渔业渔政管理政务信息资源整合共享工作领导小组和工作专项组,建立了渔业政务信息资源整合共享工作机制,制定了共享整合工作方案。率先整合并完成了《渔业渔政板块政务信息系统整合需求分析报告》,为下步农业政务信息系统整合打下基础。

3. 着力提高渔业行政管理效率 在确保全国海洋渔业安全通信网为各地区海洋渔业安全生产和开展渔业信息化、精细化管理提供稳定基础设施保障的基础上,随着互联网的普及,渔业部门开始有意识地推进渔业行政管理"触网"水平,行政审批网络化、渔船船位监控、应急指挥调度、渔港实时监控、质量安全可追溯、渔情采集等方面快速发展,不断推动着渔业现代化进程和监管水平。2017 年,中国渔政管理指挥系统拥有各类用户 17 000 多个,涉及从中央到县(市)的各级渔业机构 3 000 多个,在功能上实现了渔船管理从中央到县级在同一平台办理业务,从建造申请到最终发证全过程在线完成。系统共计办理相关业务 435.95 万件,其中渔船证件 272.80 万件、养殖证 23.64 万件、渔业油价补助申报 139.51 万次。

4.着力提高行业发展服务能力和水平 2017 年,各级渔业系统通过经验交流、典型示范、教育培训等手段,积极推进智能控制、物联网、病害远程诊断、疫情监测、遥感技术、电子商务等在在渔业上的应用。信息化的应用,进一步催生和推动了各地新型养殖模式的发展。在信息化的支撑带动下,各地的跑道鱼、集装箱养鱼等新型养殖方式飞速发展。

2017 年,渔业信息化建设既有利用信息技术提高管理效率、提升管理水平的成果,也有借力智能信息技术推动渔业安全生产和新型水产健康养殖模式的实际应用,还有促进市场营销的水产品电子商务,监测渔业生产、经营运行及管理调度的“大渔情”。目前,信息化几乎涵盖了渔业行业的各个产业和各个领域,已经在渔业发展中落地、生根、发芽、开花并且发展壮大。

(农业农村部渔业渔政管理局 郭 毅)

渔 政 执 法

【工作成效】 通过“亮剑 2017”行动,提振了队伍士气,完善了执法机制,彰显了渔政力量,打击了违法行为,稳定了渔区形势,在渔政执法重要领域和关键环节,取得了积极成效。

1.极大提振了队伍士气 2013 年海上执法体制改革以来,首次在全国范围内开展了以“亮剑 2017”为统一代号的渔政执法行动,高举了渔政大旗,创出了渔政品牌,凝聚了渔政队伍,发出了渔政强音。全国渔政队伍面貌焕然一新,重塑了“全国渔政一盘棋、心往一处想、劲往一处使”的良好局面,用实际行动向社会展示了“特别能吃苦、特别能战斗、特别能奉献、特别有作为”的渔政精神。

2.系统完善了执法机制 进一步强化了渔政队伍协调配合、闭环管理的执法机制,巩固了渔政与公安、边防、海警、水警等部门联动执法机制。强化了省(自治区、直辖市)党委与政府牵头、多部门合作的涉外渔业综合管理协调机制,推进了与周边有关国家渔政部门间的协调配合机制。通过完善巩固执法机制,提高了渔业执法合力,为打击涉渔违法违规行为、推动依法治渔能力现代化提供了强有力的机制保障。

3.充分彰显了渔政力量 全年“亮剑”行动共出动执法人员 46 万余人次,执法船艇 5 万艘次,执法车辆 6 万辆次,检查渔船停靠点 1.6 万个,渔船 20.7 万艘,市场 1.2 万个,船网修造厂 1 700 余个,海上巡查里程 131 万余海里,执法力量投入的规模、频度、范围远超往年。伏季休渔期间,各地基本做到了每天有渔政船在水上巡查,每个渔港都有渔政船值班。

4.有力打击了违法行为 全年查处违法违规案件近 1.5 万件,处理涉案人员 1.34 万人,向公安机关移送 2 962 人,形成了对违法违规行为的高压态势,力度之大,前所未有。2017 年,伏季休渔执法被全社会广泛认可,获得了无数“点赞”,被称为“史上最严”。清理取缔涉渔“三无”船舶 7 000 余艘、“绝户网”40 余万张(顶),分别比 2016 年提高 10% 和 160%。2013 年至 2017 年年底,共清理取缔涉渔“三无”船舶 3 万余艘、“绝户网”等禁用渔具 90 余万张(顶)。农业部部长韩长赋批示“2017 年打击‘三无’船舶和‘绝户网’取得新成效,值得总结”。

5.有效稳定了渔区形势 在海洋、内陆水域休渔禁渔时间提前、时段延长的情况下,措施到位,严格监管,工作细致,使得休渔禁渔秩序明显好于往年。在“三无”船和“绝户网”清理取缔进入攻坚期、深水区的情况下,渔政队伍不松懈、不疲沓,力度更大,干劲更足,没有在党的十九大、金砖国家领导人厦门峰会、周边局势敏感时期发生重大涉外渔业事件,确保了渔区社会稳定。

【主要做法】 2017 年,全国渔政队伍充分认识做好渔政执法攻坚的重要意义,切实统一思想和行动,以重点执法任务为牵引,以联合执法为着力点,以督察督导为动力,以舆论宣传造声威,科学谋划、精心组织、周密实施、忘我工作,主要做法体现为“五个着力”。

1.着力顶层设计 中央领导小组再次就清理取缔涉渔“三无”船舶和“绝户网”工作发文,明确沿海地方党委、政府的主体责任,山东、辽宁等地都开展了党委、政府牵头的清理取缔工作。农业部部长韩长赋专门召开部常务会,研究深入推进包括以长江为重点的水生生物保护在内的农业绿色发展五大行动,为渔政执法工作提供了强有力的组织领导和政策支撑。通过调整完善海洋伏季休渔、珠江禁渔期制度,对闽江、海南省内陆水域禁渔管理作出相应规定,印发《“亮剑 2017”系列渔政专项执法行动方案》,为全年渔政执法工作制定了施工单和路线图。

2.着力联合执法 “亮剑 2017”渔政执法行动中,着力突出“三个联合”。一是部门联合,渔政与海警、公安、海事、工商、港航、水利、环保等部门联合清理取缔“三无”船和“绝户网”、海洋伏休监管、长江珠江禁渔,探索建立了中央领导小组协调,农业部、外交部、公安部、中国海警局四部门联合办案的工作机制。二是省际联合,京津冀三省(直辖市)、青甘川宁四省(自治区)、鲁辽冀苏四省、桂湘粤三省(自治区)等地区开展了渔政执法协作,有力打击了交界水域、共管水域涉渔违法行为。三是中外联合,黑龙江、云南、广西等地与俄罗斯、老挝、越南渔政部门开展边境联合执法与增殖放流,维护了边境水域渔业捕捞秩序,彰显了我负责任渔业国家的形象。

3. 着力督查督办 由中央领导小组牵头,农业部、外交部、公安部、中国海警局等涉海部门组成督查组,赴地方督导涉渔"三无"船舶清理取缔。农业部派出7个督查组赴沿海督查伏休执法,发出43期《伏休执法督办》,实现了"有举必督,有举必查";长江珠江禁渔期间,组织6艘农业部长江流域渔政监督管理办公室直属渔政船在20个省(自治区、直辖市)水域开展了多次大规模联合巡航执法检查;开展渔政重点工作督查,促使地方全面加强渔政执法监管。通过督查督导,有效地强化了执法攻坚,向社会传达了各级渔政执法部门打击涉渔违规违法行为的决心。

4. 着力营造氛围 2017年的执法宣传贯穿全年、形式多样、有声有色、高潮迭起,做到了"电视上有影、广播上有声、报纸上有字、朋友圈里有转、新闻发布有会",为全年的执法工作创造了良好的舆论氛围。农业部制作专题宣传片,用"亮剑2017,我们准备好了"的响亮口号擂起战鼓。先后组织了伏季休渔、长江淮河禁渔、黄河上游、京津冀、中俄、中老、中越渔政执法启动等重大活动,吹响了"亮剑2017"执法行动冲锋号。全年在中央电视台播出"亮剑2017"渔政执法相关内容6次。组织了渔业执法监管新闻发布会,公布了年度十大典型案例,反响强烈,为全年宣传工作画上圆满句号。

5. 着力打造铁军 2017年,全国渔政人员尤其是基层渔政干部群众,连续奋战、忘我工作,用铁一般的意志、铁一般的纪律、铁一般的担当,用忠诚、辛劳、汗水、泪水、热血乃至生命,将一项项执法任务做实落地。金砖厦门会晤安保中,他们服务大局,圆满实现了"万无一失,绝对安全"的总体目标;清理涉渔"三无"船和"绝户网"中,他们不惧黑恶势力人身威胁,坚决与违法行为做斗争;长江珠江禁渔中,为了抓捕电鱼团伙,整晚蹲守在江边、湖边;黄河上游渔政执法中,克服强烈高原反应等种种困难,无一人中途退出执法行动。伏季休渔时间延长,执法压力大、强度大,先后有十几名渔政人员负伤,浙江、广东各有一名渔政执法人员,因劳累过度,牺牲在执法一线。在执法攻坚的同时,广大渔政人员不忘学习,用知识武装头脑,全国有2.3万名渔政人员通过了全国渔政执法资格统一考试,队伍

素质进一步提升。

(农业农村部渔业渔政管理局 于沛民)

渔业政务信息与宣传

1. 主动开展宣传工作,展现渔业发展成就 2017年,全国渔业系统贯彻新发展理念和中央"三农"决策部署,以转方式调结构为主线,着力推进渔业供给侧结构性改革,创新渔业资源管理举措,渔业发展延续和巩固了十八大以来的好形势。全国各级渔业主管部门充分利用各类信息渠道和各种新闻媒介,积极宣传汇报新成果和新成就,使渔业工作得到社会各界的关注、重视和支持。为更加全面、准确、及时地向国内外公众介绍我国渔业的重大政策、重要部署及其执行情况和取得的成效,增进国内外公众对我国渔业发展情况的了解,农业部渔业渔政管理局专门组织召开由中央主流媒体记者、渔业大省宣传工作负责人参加的媒体通气会,促进部省之间、媒体与政府部门之间的对接;针对海洋渔业资源管理三项制度改革和2017年渔业执法监管有关情况等问题,组织召开新闻发布会,得到广泛的、大力度的宣传;针对远洋渔业发展规划、十八大以来渔业渔政工作成就等重大宣传题材,通过部、局领导解读或书面文章等形式积极对外发布,扩大宣传效果;组织协调《中国渔业报》《中国水产》杂志、中国渔业政务网进一步发挥渔业宣传的主渠道作用,及时、全面反映全国渔业经济发展和渔业渔政工作开展情况。2017年,农业部渔业渔政管理局组织的全国渔业渔政工作会、海洋牧场现场会预热、北部湾中越联合增殖放流、6月6日全国同步放鱼日活动、稻渔综合种养现场会、海洋渔船"双控"管理及海洋渔业资源总量管理、伏季休渔制度调整、亮剑2017渔政执法行动、渔船柴油补贴政策调整、全国渔业安全生产大检查、渔业渔政重点工作督查等重大会议和重要活动得到媒体广泛宣传报道,效果明显。据不完全统计,一年内,渔业工作先后7次在中央电视台新闻联播播出,《人民日报》、新华社、《经济日报》、中央电视台、中央人民广播电台等中央主流媒体有关渔业的正面宣传报道达200多次。

2. 全面部署应急工作,营造良好社会舆论 在渔业突发事件时有,台风等自然灾害频发,水产品质量安全、渔业涉外、台风频发等事件高度敏感,社会高度关注,在不涉密前提下,及时公开相关工作进程、妥善处置涉外渔业事件和社会热点问题,发布权威信息,解疑释惑,澄清事实,引导舆论,消除不实或歪曲报道的影响,是渔业政务信息宣传工作的重要任务。"福远渔

冷999"号被扣事件,农业部渔业渔政管理局按照农业部领导要求立即组织开展调查,并及时反馈调查结果,并就相关问题接受记者专访,回应社会关切、澄清有关事实,为正确引导社会舆论起到积极作用。台风频发期间,实时追踪报道各地渔业防灾减灾工作情况,并及时发布防台动态信息,指导渔民安全避风,确保广大渔民生命财产安全,最大程度减轻灾害损失。

3. 强化信息报送工作,反映渔业实时动态 农业部渔业渔政管理局持续加强信息报送力度,积极开展渔业政务信息报送活动,充分调动全体人员的积极性,信息报送工作取得明显进步。全年向农业部办公厅报送农业部信息 28 篇,采用 11 篇;报送每日要情 139 条,采用 100 条,有的信息被中共中央办公厅、国务院办公厅有关信息刊物采用,或得到农业部领导批示。除上报信息外,还组织全国渔业系统向农业部渔业渔政管理局报送信息,通过编写《渔业情况》、大事记和编发中国渔业政务网等途径,及时报告和通报渔业发展重大情况和工作进展。一年来,共编辑印发《渔业情况》简报 23 期,编发中国渔业政务网信息 5 000 余条,为各级领导了解渔业发展情况、部署有关工作、制定有关措施政策提供重要参考,有效促进了相关工作的开展。

4. 规范信息公开工作,保障公众合法权益 农业部渔业渔政管理局严格执行《中华人民共和国政府信息公开条例》和《农业部信息公开规定》等有关制度,坚持以"公开为原则,不公开为例外"的原则,加大主动公开力度,并就工作难点不断改进工作方式,保障信息公开工作全面、准确、按时完成。按照农业部政务公开领导小组统一部署,切实把行政审批信息作为政务公开的重要内容,按规定将每项行政许可的法律依据、办事条件、办理程序、承诺时限、收费标准和审批进程等通过农业部网站予以公开,并及时将审批内容、审批条件等制度要求变化情况书面告知农业部办公厅综合办,杜绝网上信息与实际办理脱节,所有审批项目的相关信息均做到规范公开。

全年共主动公开信息 126 余条,主动公开率、按时公开率达 100%,得到农业部办公厅的充分肯定;办结申请公开事项 21 件,依申请公开率达到 100%,均做到按规定的方式及时答复申请人,有效保障人民群众知情权、参与权、表达权和监督权;做好与农业部办公厅行政审批综合办公系统的协调工作,多次协助农业部综合办清理、整合行政审批事项,按时保质完成行政审批工作。

(农业农村部渔业渔政管理局)

长江流域渔政管理

2017年，农业部长江流域渔政监督管理办公室（以下简称"长江办"）认真贯彻落实习近平总书记重要指示精神和党的十九大"以共抓大保护、不搞大开发为导向推动长江经济带发展"的决策部署，紧紧围绕农业绿色发展五大行动和农业部十三项重点工作安排，坚持以"生态优先、绿色发展"为导向，以严格渔政执法和加强资源养护为抓手，突出问题导向，扭住关键环节，狠抓工作落实，全力做好以长江为重点的水生生物保护各项工作，取得了良好的生态效益和社会效益。

【完善长江大保护政策体系】 在组织专家论证、开展舆情评估、实施合法性审查和多次征求公众意见的基础上，研究制定《关于加强长江水生生物保护工作的意见》（"鱼十条"），作为当前和今后一个时期长江水生生物保护工作的纲领性文件积极推动出台。组织起草《长江流域重点水域禁捕工作方案建议》，就资金安排方案进行深入测算，并多次征求相关部委和沿江省份政府意见，积极推进长江流域捕捞渔民退捕转产，全力推动重点水域全面禁捕。委托中国水产科学研究院长江水产研究所等单位对长江干流、典型支流和重要湖泊，开展渔业资源与环境常规监测、溪洛渡库区泄洪监测、三峡坝下重点江段开展四大家鱼卵苗发生量监测、三峡库区消落带专项监测及长江流域水生生物资源全面调查，组织编制《长江流域渔业生态公报（2016年）》，为共抓长江大保护提供基础数据支撑。

【推进长江流域保护区禁捕】 根据2017年中央1号文件"率先在长江流域水生生物保护区实现全面禁捕"的决策部署，2月27日发布《农业部关于推动落实长江流域水生生物保护区全面禁捕工作的意见》，3月2日在湖北武汉组织召开长江流域水生生物保护区全面禁捕动员部署会。11月23日，印发《农业部关于公布率先全面禁捕长江流域水生生物保护区名录的通告》，决定从2018年1月1日起率先在长江流域332个水生生物保护区逐步施行全面禁捕，并将通告发布后新建立的长江流域水生生物保护区自动纳入全面禁捕名录。

【调整禁渔期管理制度】 2016年12月27日，发布《农业部关于赤水河流域全面禁渔的通告》，规定2017年1月1日0时起至2026年12月31日24时止，四川省合江县赤水河河口以上赤水河流域全部天然水域禁止一切捕捞行为。2月24日，印发《农业部关于发布珠江、闽江及海南省内陆水域禁渔期制度的通告》，将珠江禁渔期调整为每年3月1日0时至6月30日24时，范围扩大至珠江干流、支流、通江湖泊、珠江三角洲河网及重要独立入海河流，福建省闽江及海南省南渡江、万泉河、昌化江的干流江（河）段，统一了长江流域及以南重要流域禁渔期制度。

【严格渔政执法监督管理】 组织实施"亮剑2017"渔政专项执法行动，3月2日在湖北省武汉市组织禁渔期大型同步执法行动启动仪式，联合交通运输部长江航运公安局、长江航务管理局和有关21个省（自治区、直辖市）渔业主管部门同步开展系列跨流域、跨区域专项执法行动，以"零容忍"态度坚决清理涉渔"三无"船舶、"电毒炸"和"绝户网"，严厉查处各类涉渔违法违规行为，累计查获违禁捕捞船2 954艘（次），取缔违禁渔具数量194 267顶，查处电捕鱼器具4 879台，行政处罚3 114人（次），司法移送刑事处罚1 593人。

【加强珍稀濒危物种保护】 认真落实中华鲟、长江江豚拯救行动计划，组织开展2017年长江江豚生态科学考察和中华鲟自然产卵繁殖情况监测，长江宜昌至上海江段、洞庭湖和鄱阳湖共监测长江江豚1 725头次，葛洲坝下宜昌江段未监测到中华鲟自然产卵活动，调查未发现白鳍豚和白鲟。积极推动长江江豚升级为国家I级保护动物，加快推进长江江豚迁地保护区建设，组织实施跨鄂、湘、豫、皖四省长江江豚迁地保护行动，迁地种群结构更加合理,规模逐步扩大。积极推动湖北、上海2处中华鲟省级自然保护区晋升国家级,重点加强中华鲟人工保种基础建设和全人工繁殖技术研究,全力维持现有中华鲟人工繁殖群体;积极开展人工环境下的中华鲟接力保种繁育项目,建立三峡库区中华鲟繁育点,完成中华鲟"陆-海-陆"生活史第一站。

【强化生态水域保护修复】 严把涉水生物保护区专题影响审查关口,共组织专家审查专题报告92份,批复报告58份,落实生态补偿经费2.79亿元,主要用于生态环境修复、增殖放流、渔民转产转业、水生生物资源监测、珍稀特有鱼类紧急救护等各项生态保护措施,有效降低了涉渔工程对水生生物资源和水域生态环境的不利影响。与三峡集团公司联合开展三峡水库生态调度,组织实施22个长江珍稀物种保护和生态修复项目,有力推进水域生态环境修复。牵头组成"绿盾2017"国家级自然保护区监督检查专项行动第五巡查组,对江西、湖南、湖北3个省16个自然保护区进行了现场检查。大力实施水生生物增殖放流活动,2017年合计放流经济物种35.8亿尾、珍稀特有物种698万尾,努力遏制长江水生生物资源衰退趋势。

【探索长江大保护协作机制】 与交通运输部长江航务管理局签署《共同开展长江大保护合作框架协议》,与三峡集团公司签署《修复向家坝库区渔业资源及保护长江珍稀特有物种合作框架协议》,整合资源共同加强长江大保护。与阿拉善SEE基金会、湖北企业家环保基金会等社会公益组织合作,成立由政府、企业、高校、NGO组成的长江江豚拯救联盟和中华鲟保护联盟,在湖北监利、江西湖口和安徽安庆试点将捕捞渔民转为"护鱼员",动员社会力量共同参与长江水生生物保护工作。

【深化渔业国际合作交流】 加强澜沧江-湄公河机制合作,先后组织赴越南、老挝、柬埔寨等国开展内陆渔业资源管理和水生生物多样性保护合作交流活动,并与柬埔寨签订合作备忘录,共同开展澜沧江-湄公河机制下的水生生物保护合作。落实中美绿色合作伙伴关系,7月组织赴加拿大、美国参加"长江-密西西比河"绿色合作伙伴交流活动,与TNC、美国陆军工程兵团、美国鱼类及野生动植物管理局、密西西比河国家公园、密西西比河上游国家野生动物及鱼类保护区和TNC加拿大项目总部等水域生态修复相关单位进行交流,商定申请延续长江-密西西比河合作伙伴关系。认真履行国际条约,7月组织赴瑞士参加了《濒危野生动植物种国际贸易公约》第29次动物委员会会议,9月组织赴奥地利参加了第八届国际鲟鱼养护大会,有力维护了我国负责任生态大国形象。

(农业农村部长江流域渔政监督管理办公室　刘胜兵)

渔业科技与推广

"十三五"渔业科技发展规划

为推进"十三五"渔业科技发展,充分发挥渔业科技对现代渔业发展尤其是转方式调结构的支撑和引领作用,根据《国家中长期科学和技术发展规划纲要(2006—2020年)》《"十三五"农业科技发展规划》《国务院关于促进海洋渔业持续健康发展的若干意见》《农业部关于加快推进渔业转方式调结构的指导意见》《全国渔业发展第十三个五年规划》,农业部办公厅印发了《"十三五"渔业科技发展规划》。

【基本原则】 坚持产业需求导向。围绕产业,服务产业,按照产出高效、产品安全、资源节约、环境友好的产业发展要求,聚焦渔业转方式调结构,面向中长期渔业科技创新发展趋势,瞄准国际渔业科技前沿、产业核心关键技术领域和区域性综合性技术难题等领域,强化顶层设计与产业需求的紧密衔接,系统谋划,大幅提高渔业科技创新服务产业发展能力。

坚持绿色发展理念。贯彻生态优先和可持续发展理念,围绕现代渔业资源环境重大科技问题,充分发挥科技创造绿色、科技引领绿色的驱动力效应,扭转渔业粗放式发展格局,坚持养护水生生物资源,改善水域生态环境,合理利用渔业资源,依靠科技创新提升渔业生态系统价值。

坚持遵循科技规律。按照渔业科技发展的内在规律和要求,统筹基础研究、应用基础研究和创新成果转化应用的资源要素配置比例,按照渔业科技发展趋势和产业发展基础,兼顾前瞻研究与应用研究,科学布局渔业科技创新领域,畅通渔业科技成果转化应用途径,改善技术推广体系条件。

坚持协同创新机制。通过渔业重大科技计划、现代渔业产业技术体系、区域共性关键技术研究等任务牵引,以国家渔业科技创新联盟为基础,集聚全国渔业科研优势资源,整合优化"一盘棋"布局,按照科技条件共享、知识产权共享、转化利益共享等原则,构建统一高效的渔业科技协同创新机制,实现创新驱动现代渔业发展的战略目标。

【"十三五"发展目标】 到2020年,实现渔业科技综合能力显著增强,渔业装备科技水平明显提高,渔业科技创新体系整体效能有效提升,渔业科技进步贡献率提高到63%以上,水产养殖和遗传育种领域的科技综合竞争力达到国际先进水平,资源环境领域实现与世界同步,水产品加工、装备与工程、信息化等领域跟踪世界前沿。具体目标如下:

1. **资源环境领域** 深入解析渔业资源可持续产出过程,构建现代渔业资源养护与科学管理技术体系,建成一批渔业资源养护与环境修复示范区,研发一批远洋渔业新资源开发利用技术与装备,提升渔业资源可持续利用与开发水平。

2. **遗传育种领域** 构建水产种质资源保存、保护和科学评价利用体系,解析重要养殖种类基因组结构特征和经济性状遗传基础,建立现代水产育种理论方法与技术体系,培育具有优良复合型经济性状的水产新品种,水产养殖良种覆盖率达到65%以上,遗传改良率显著提高。

3. **水产养殖领域** 研发环境友好型高效配合饲料,养殖品种配合饲料使用率明显提高,建立养殖品种品质调控技术;加强病害诊断技术研究和疫苗新渔药研发,建立水产养殖健康生物安保与病害防控技术体系;集成优质高效水产养殖技术和生态养殖模式,实现资源的循环利用和节能减排目标。

4. **水产品加工领域** 构建完成主导水产品的全产业链精深加工与质量安全保障技术体系,建成一批主导水产品精深加工的区域性产业基地和水产品精深加工的产业化示范生产线,水产品的加工率提升到50%,水产品冷链流通率显著提高。

5. **装备与工程领域** 构建一批新型系统模式,研发一批先进设施装备,形成工程学研究方法,有效提升渔业装备与工程的生态化、精准化、机械化、信息化水平,装备效率提高30%以上,实现"生态、优质、高效"的目标。

6. 信息化领域 突破养殖对象与生境、渔业生态与环境、水产品品质与规格等信息获取和应用技术瓶颈,初步建立渔业信息技术应用创新研究方法,构建养殖、捕捞、加工集成应用模式,建成一批综合应用示范点,凸显渔业信息技术创新对产业发展的推动作用。

【重大工程】

1. 科技创新工程 按照重点突破、逐步推进的原则,面向海洋渔业和淡水渔业两大方向,以养护、升级、拓展为主线,组织实施资源养护与生态环境修复、产业升级与新生产模式构建、空间拓展与战略资源开发等领域重点科技任务。

(1)资源养护与生态环境修复领域。坚持"生态优先、绿色发展"的理念,转变拼资源消耗的过度利用方式和拼要素投入的粗放生产方式,围绕压减捕捞生产能力、减缓资源利用强度等产业需求,面向内陆水域和近海,部署渔业资源调查和养护与环境修复等两项重点任务,实施资源养护与生态环境修复科技创新工程,促进一批重要渔业资源得到有效保护,渔业生态环境得到明显改善。

(2)产业升级与新生产模式构建领域。针对过分依赖资源消耗和投入的落后渔业模式,按照"转变方式、提质增效"要求,调整优化养殖布局和转变养殖业发展方式,以调优、提质、创新为主线,加强品种培育、健康养殖、精深加工等关键领域和环节的科研攻关,面向内陆流域和近海、深远海,部署生物种质提升与种业创新、健康养殖技术升级与模式、深远海渔业生产平台、渔农综合种养、水产品加工流通等5项创新重点任务,研发和示范产业升级与新生产技术模式,促进渔业生产科技综合水平跨越提高。

(3)空间拓展与战略资源开发领域。围绕"布局盐碱、开拓外海、发展远洋、探索极地"的发展思路,树立可持续发展理念,面向盐碱水域和外海、远洋、极地等海域,部署盐碱水渔业、外海渔业、远洋渔业、南极磷虾等4项资源开发与综合利用重点任务,实施空间拓展与战略资源开发科技创新工程,为开发战略性海洋生物资源、构建战略性新兴产业、推动宜渔水域合理利用奠定基础,促进渔业发展空间进一步拓展。

2. 水产技术推广能力提升工程 贯彻落实《中华人民共和国农业技术推广法》和"一个衔接,两个覆盖"政策,以提升渔业转方式调结构技术支撑和组织

保障能力为目标,组织开展渔业关键技术集成与示范、水产技术推广体系公共能力建设等两项重点任务,实施水产技术推广能力提升工程,促进渔业科技成果转化和推广服务水平进一步提高。

2017年度现代农业产业技术体系渔业体系

【国家大宗淡水鱼产业技术体系】

1. 体系工作开展情况 2017年,国家大宗淡水鱼产业技术体系共有2项体系重点任务、4项研究室任务,以及26项数据库任务、扶贫任务、跨体系任务和水产品竞争力提升等工作,通过全体系人员的共同努力,全面完成了各项任务的考核指标。

研发、优化和推广养殖装备5项;研发绿色高效养殖核心技术3项,优化绿色高效养殖模式7项;研发低温保鲜技术13项,开发淡水鱼加工产品20个,建设加工生产线6条,建立加工示范基地8个、原料鱼生产基地4 667公顷,相关技术成果在8家公司示范应用;培育出新品种3个,开发出分子标记30多个,收集青鱼种质资源12个,繁育良种鱼苗70多亿尾;获得饲料氨基酸平衡技术18项,能量平衡技术9项,绿色添加剂21项,建立摄食调控技术2项、投喂策略1套,相关技术可减少35%的饲料使用量;筛选了抗病毒病、细菌病和寄生虫病药物7种,研发鲤疱疹病毒Ⅱ型细胞培养灭活疫苗生产工艺,制备了维氏气单胞菌灭活疫苗;完成、上报大宗淡水鱼经济信息与研究简报38份,提供产业决策咨询报告1份。

在金寨等78个重点扶贫地区,以产业帮扶、科技帮扶、资金帮扶、结对帮扶为主要组织形式开展精准扶贫工作,增强了贫困户开展水产养殖脱贫致富的信心和决心,扶贫效果显著。

体系在广东省(中山市)、江西省(南昌市)、湖北省(洪湖市、宜都市)等地开展水产品加工企业生产经营情况调研,协助企业制定发展规划,联合和组织企业申报省部级项目,积极组织企业开展技术和产品创新、品牌建设,对促进当地水产品竞争力提升发挥了显著的作用。

2017年,体系获得相关奖励12项,其中省部级一等奖1项、二等奖2项、三等奖1项;获批准地方标准8项;获授权国际发明专利1项,国内发明、实用新型专利和软件著作权52件,出版论著12部;发表论文331篇(SCI刊源162篇,EI刊源8篇);获得省部级人才称号19人次。

2. 支撑产业发展方面工作开展情况　监测全国大宗淡水鱼每月水产品市场情况,示范县养殖户生产经营情况,示范县苗种、饲料和成鱼塘边价格情况。同时,以广东中山地区为核心,监测每月南方地区大宗淡水鱼价格变化情况,并及时报送农业部相关司局和主产区渔业管理部门等,为行业主管部门提供决策参考。应对发生的暴雨、洪涝、台风等重大自然灾害和产业发展应急事件,岗位科学家和综合试验站快速反应,深入一线,及时制订分区域的应急预案与技术指导方案,提供技术支持和物资保障,为渔民挽回了经济损失。

2017 年,体系共开展各类培训和技术服务 676 次,派出体系技术人员 2 144 人次,组织培训和服务基层渔业技术人员 32 276 人次,为地方主管部门及规模企业提出各类建议措施等 287 条,同时将基层渔业技术推广骨干引入到示范基地建设中来,充分发挥示范基地在当地的技术引领作用。

【国家虾蟹产业技术体系】

1. 体系工作开展情况　初步建立了虾蟹种质资源库;系统性开展了虾蟹选育工作,建立了针对高产抗病和高产耐寒等不同选育方向家系 341 个,培育了获得生长快、成活率高的杂交斑节对虾新品种"南海 2号"新品种,开展了耐高温新品系"闽海 2 号"的新品系选育,培育家系 38 个,培育出日本沼虾"太湖 2 号"新品种,开展了日本沼虾新品种——杂交青虾"太湖 1号"和青虾"太湖 2 号"的大规模示范推广工作;设计了 1 套基于碳氮平衡调控水质的简易式对虾养殖系统,包括可伸缩移动大棚、木板结构养虾池、旋涡风机和推水装置,大幅度降低了系统建设投资成本;找到了凡纳滨对虾肝胰腺坏死症和白斑综合症的直接病因,进一步完善了对虾、罗氏沼虾、中华绒螯蟹营养需求数据库;开展了对虾、淡水虾、蟹类饲料原料营养分析研究,成功开发了对虾苗期高效配合饲料,在生长方面具有优势;形成了成套的对虾即食调味休闲食品生产技术,产业化应用取得了良好的经济效益与社会效益。

2. 支撑产业发展方面工作开展情况　较为全面调查评估了我国养殖虾蟹主要病害种类和流行趋势;揭示了养殖对虾二大疾病肝胰腺坏死症和白斑综合症产生原因,形成了一套有效的控制肝胰腺坏死症和白斑综合症的技术体系。集成推广了三疣梭子蟹多营养级养殖技术和模式以及拟穴青蟹与斑节对虾混养技术;集成推广了罗氏沼虾和日本沼虾与水草共生技术。改进了我国部分地区养殖品种结构的调整,提高了农民的收入。虾蟹产业技术体系岗位科学家和试验站积极为国家水产养殖产业的发展建言献策。向渔业主管部门提出了多项水产绿色发展的建议,以及我国水产绿色发展的核心任务是病害防控,提出水产病害防控的关键问题和未来 5 年拟开展的工作等。

【国家贝类产业技术体系】

1. 体系工作开展情况　2017 年度,贝类产业技术体系在种质改良、健康养殖、疾病防控、采收加工、质量安全控制及产业经济方面确定年度工作任务,全面完成年度考核指标。

育成贝类新品种 3 个,累计繁育牡蛎、扇贝、鲍、蛤类等主养经济贝类优质苗种近 600 亿粒,良种覆盖率进一步提升;在浅海、池塘等构建多种标准化生态养殖模式,显著提高综合效益;筛选出低光强下具高扩繁能力、高饵料价值的海链藻,解决了雨季饵料供应不足的难题;建立了贝类多种病原的快速检测技术,初步建立了主养贝类病害预警预报体系;研发贝类分苗、采收等多种高效养殖设施,机械化、自动化水平进一步提高;上市贝类加工新产品 10 款,研发副产物高值化利用技术,研发了 4 种产品的制备工艺;形成了多核心的检测技术体系和多组学的关联解析技术,贝类质量安全控制技术进一步提升;围绕"产业动态监测、产业价值链及关联效应研究、产量价格预测预警研究、国内外贝类生产与贸易情况追踪、产业发展战略和政策"等开展产业经济研究,形成多份研究报告。

积极开展科技服务工作,在全国 13 个省、自治区、直辖市累计开展各类培训活动 181 场次,包括培训班 48 次,现场会 25 次,调研 77 次,技术咨询 31 次,培训基层农技人员 1 030 人、养殖大户 86 户、养殖渔民 2 338 人,发放培训资料 520 份,带动了从业人员科学素养与技术水平的提高。

组织开展产业调研与应急性技术服务,妥善处理应急性事件 14 件。针对局部海域贝类产业困境组织多次实地调研,召开专题研讨会,形成《2017 年我国局部海域贝类产业困境及其政策建议》,上报农业部主管部门。组织实施山东滨州海域近江牡蛎资源系统调查与资源修复工作,形成《关于对滨州近江牡蛎礁生态系统进行恢复重建的建议》上报山东省主管部门,并得到明确批示。

组织开展精准扶贫调研,确定了以支撑淡水贝类产业发展为抓手的特困连片区域扶贫工作。

2. 支撑产业发展方面工作开展情况　通过产业技术的研发、集成,以综合试验站核心示范区为依托,进行推广示范应用,推动了产业科技创新能力的提高,促进了贝类产业的健康可持续发展;推进体系品牌建设,连续开展极具影响力的产业发展论坛,举办极具地域特色的俚岛鲍鱼节、钦州蚝情节、乳山牡蛎节等,中央与地方媒体多次报道体系成果,体系品牌建设稳步推进。

【国家特色淡水鱼产业技术体系】

1.体系工作开展情况

(1)引领农业科技创新。瞄准特色淡水鱼重大共性关键技术和重大科技需求,推出了罗非鱼、斑点叉尾鮰和黄颡鱼良种规模化繁育技术,鳜批量人工繁育的关键技术,加州鲈早繁早育技术和秋季繁育关键技术,物联网养殖水质监测、预警系统,鲈鳢鳜全人工配合饲料替代冰鲜鱼和活饵技术等一批特色淡水鱼科技自主创新成果。

(2)推动农业提质增效。建立以市场为导向、以科技为支撑、以企业为主导的现代渔业建设新模式,如"渔光互补"池塘工程化生态养殖模式,建立一批池塘工程化生态养殖实施示范点,累计实施水面73公顷,水槽面积11 200平方米。

(3)推进农业绿色发展。围绕制约生态循环渔业发展的关键领域、核心环节以及市场需求,提出"鱼腥草—空心菜—鱼腥草"三明治净水模型,建立鱼腥草—罗非鱼(鳜鱼)生态养殖模式,推广"池塘循环流水零排放"等循环发展模式和技术,加快建设特色淡水鱼病害绿色防控体系。

(4)促进农业增产增收。主推以"稻鳅共作"为模式的云南哈尼梯田"稻渔共作",形成了区域特色和规模优势,有力促进了红河农民增收脱贫、哈尼梯田的可持续保护,为渔业产业精准扶贫工作做出了积极贡献。根据广西的稻田地势及当地消费习惯筛选适合当地的养殖品种,包括罗非鱼、泥鳅、黄颡鱼等特色淡水鱼品种。推进广西"稻渔综合种养"模式的创新升级、推广与示范,形成了"广西三江模式"。

(5)支撑政府决策。组织体系专家编写《特色淡水鱼产业重大科技需求和重大科技成果》《哈尼梯田稻渔综合种养技术调研报告》等报告,并上报农业部科技教育司、渔业渔政管理局等主管部门。

2.支撑产业发展方面工作开展情况

(1)针对特色淡水鱼繁育瓶颈问题,研发出罗非鱼、斑点叉尾鮰和黄颡鱼良种规模化繁育技术,突破了斑鳜批量人工繁育的关键技术、加州鲈早繁早育技术和秋季繁育关键技术,有力地解决华东地区加州鲈养殖周期短、当年存塘率高的问题;加大特色淡水鱼产业配套技术研发,推广应用了集装箱循环水养殖模式等一批安全高效养殖新模式。

(2)针对水产养殖中水质调控主要依赖人工,时效性和精确度差,生产效率和集约化管理水平低等问题,体系利用物联网智能控制技术大力发展智慧渔业,建立集水质实时监测、查询、反馈调控等为一体的物联网养殖水质监测、预警系统,建成一批池塘工业化生态养殖物联网系统示范点,提高养殖的科技化和自动化水平,提升劳动生产率5%~10%,实现了现代渔业智能化管理和可控可追溯管理。

(3)针对淡水鲈、乌鳢和鳜等肉食性鱼类养殖中使用大量冰鲜鱼带来的资源浪费、环境压力和病原隐患等问题,体系突破了全人工配合饲料替代冰鲜鱼和活饵技术,在大口黑鲈、乌鳢养殖中实现了用配合饲料完全取代冰鲜鱼;突破了驯化养殖鳜鱼的关键技术,选育出易驯食鳜鱼新品种——翘嘴鳜"华康1号",逐渐减少养殖过程中生鲜鱼或冰鲜鱼饵料的使用量,改变了传统的"以鱼养鱼"模式。

(4)针对小瓜虫在特色淡水鱼苗种期危害严重的问题,体系初步建立了小瓜虫病害防控技术,苗种期小瓜虫的发病率可降低10%,渔药使用量可减少20%。此外,从养殖黄颡鱼和鳜鱼上分离鉴定了固着类纤毛虫一新种——武汉累枝虫,纠正了因该病原常被误诊为"水霉病"而导致的病害错误防控,初步建立了以水质调控为基础的防治方法,开展培训22场,人员超过2 100人,授人以渔。

(5)针对罗非鱼加工产品结构单一,加工副产物利用率低等问题,体系推动水产品及加工副产物综合利用,推进水产品初加工和精深加工协调发展,提高加工转化率和附加值。例如对罗非鱼鱼皮活性肽制备技术进行提升,优化酶解工艺,优化后罗非鱼皮蛋白抗氧化活性肽的还原力较优化前提高20%以上,有效提高了活性肽的得率及功能活性,2017年以来应用该技术加工处理罗非鱼皮、鱼鳞等副产物3 000吨以上,生产胶原蛋白约500吨。

【国家海水鱼产业技术体系】

1.体系工作开展情况

2017年,海水鱼体系按照"绿色发展、提质增效、富裕渔民"的工作思路,在海水鱼类主养模式的工程优化与示范、深远海养殖模式构建、主养鱼类良种选育、疾病绿色防控、营养配合饲料、产品加工与质量安全控制等方面开展重点研发。建立绿色环保网箱、大型生态围栏、工程化精养池塘和工厂化循环水等环境友好型养殖模式示范基地7个,完成30万吨和8万吨级养鱼船船舱改造设计,开展了9种主养鱼类的种质资源评价,制备选育家系129个,开发出2种复合新蛋白源,完成了40万尾大菱鲆疫苗应用示范,建立了水产品质量安全追溯体系。全年共研发新技术和新规程30项,新工艺17项,新产品16个,新品种2个,新装备2台;发表论文146篇,出版专著2部,授权专利和软件著作权33件,申请专利51件,发布标准11项,获奖成果8项,验收成果29项。培养国家和省部级人才14人次;科技服务130次,培训技术人员和养殖大户4 300余人次;采集并更新海水鱼产业相关数据35 950余条。完成或超额完成了体系年度各项任务和考核指标。

2.支撑产业发展方面工作开展情况

(1)集成大菱鲆产品质量安全保障技术,实现养殖产业提质增效。研发、集成、示范大菱鲆标准化健康养殖、二维码"身份证"标识、药物残留快速检测、疾病疫苗等质量安全保障技术,有效提升大菱鲆产品质量安全水平,养殖效益提升明显。

(2)研发环境友好型养殖设施与技术,推动海水鱼主养模式升级。研发、示范HDPE绿色环保新型网箱、大型生态养殖围栏、工程化精养池塘和工厂化循环水养殖系统与装备,推动我国海水鱼主养模式的转型升级。

(3)积极应对台风、病害等产业突发性问题,有效减少灾害损失。深入一线开展减灾和恢复生产技术指导,总结形成了《海水鱼池塘养殖台风防御指南》《海水鱼网箱养殖台风防御指南》;为多起鱼类病害提供及时的技术指导,有效减少了经济损失。

【国家藻类产业技术体系】

1.体系工作开展情况 藻类体系(新体系CARS-50)全体工作人员在2017年度(启动年),围绕体系确立的两个重点研发任务(褐藻产业化技术研发与示范和红藻产业化技术研发与示范)以及5个研究室重点研发任务(适应变化环境的藻类育种技术体系创制和应用、病虫害和有害藻类综合防控技术研究、藻类健康养殖技术模式的研发与示范、藻类高值化加工与综合利用关键技术的研发与示范和藻类产业经济动态监测与前瞻研究),在全产业链开展了富有成效的研究,在五大类经济海藻以及淡水微藻种质资源收集保存、品种培育、健康养殖模式确立、新养殖物种开发、藻类产品加工技术优化以及淡水微藻资源的开发利用领域取得显著进展,全面或者超额完成了所有既定年度考核指标。

2.支撑产业发展方面工作开展情况 2017年度,藻类体系5个研究室科研人员,围绕各自定位,在各自地域,从产业角度出发,开展了务实工作。藻类种质保存与遗产改良研究室在不同物种藻类种质材料收集、保存、新品系选育、生产测试以及和企业联合规模化栽培推广方面的工作基本涵盖了五大类经济海藻所有产区,采种的足迹遍布我国南北海域。淡水藻类收集和产业化工作也取得显著进步。种质是品种培育的物质基础,而品种是栽培产业的基石,品质优良的栽培品种可以让千万百姓受益,也符合当前我国农业经济发展全面面向提质增效的总体方向。藻类病害研究室岗位科学家围绕主要栽培物种紫菜开展了病原学调查,深入育苗场,了解种苗生产过程和掌握各种环境因子的变化。浒苔(绿潮)和铜藻(金潮)每年出现在我国黄海,给我国的近海生态环境和养殖生产带来危害,有害藻类岗位科学家积极参与,开展了实地调研,实时发出预警。加工研究室岗位科学家继续在海藻产品深加工技术领域开展研发,不断提升褐藻胶、卡拉胶、琼脂等藻胶提取工艺和水平,研发新产品,指导龙头企业开展生产,实地调研褐藻鲜品加工过程,提出了要及时制定褐藻粗加工废水排放标准的建议要求。养殖研究室的岗位科学家在发展新养殖模式、新栽培物种、改善现有的养殖设施方面也取得了进步。经济岗科学家针对我国藻类产业的发展和产品的消费特点,提出一系列很好的建议。上述工作,在一定程度上支撑了我国藻类产业的进步。但是我国藻类产业具有分布地域广阔、栽培物种多样、规模大、加工技术粗放、落后、机械化程度低等特点,走上健康、科学、自动化程度高的经济发展道路绝非一日之举,仍然需要做艰苦努力。

一条龙农业科技创新联盟实施方案

【国家深蓝渔业科技创新联盟】

1.创新任务

(1)深远海养殖关键技术与核心装备研发。

①深远海网箱养殖综合管理平台结构优化。开展可移动式综合管理平台结构与锚泊水动力学特性研究,提出总体结构优化参数,并进行安全性评价;开展典型平台研发与系统设计。

②海上绿色能源利用技术研究。开展新能源(太阳能、风能、海洋热能、海浪能等)多能互补综合利用技术研究,研发节能装备;优化集成综合供电系统。

③深远海养殖新型网箱设施研发。针对深远海海洋环境条件,开展网箱水动力学特性研究,突破网形保持、深海系泊、新型防附着网衣等关键技术,研发大型抗风浪网箱设施。

④深远海养殖生产关键设备研发。开展大型网箱投饵、起捕、分级、网衣清洗等机械化作业关键技术研

究,研发自动投饵、网衣清洗、鱼类起捕、鱼类分级设等自动化生产装备。

（2）南极磷虾专业化捕捞和加工关键技术与核心装备研发。

①南极磷虾捕捞加工专业化渔船船型总体方案与综合性能研究。开展专业化磷虾捕捞加工船经济技术论证与相关性研究,构建专业化磷虾渔船总体参数模型;开展南极磷虾捕捞加工船国际公约以及极地环境适应性研究,形成设计准则;基于磷虾渔船的系列水动力学船模试验和基于CFD软件的数值模拟分析,开展南极磷虾渔船船型优化与性能综合分析设计方法研究;通过船型优化、结构优化、船机电综合匹配形成总体设计方案。

②船型渔捞系统渔法与捕捞装备匹配性研究及甲板合理布局。开展南极磷虾连续式高效捕捞生产模式和船载平台耦合研究,优化渔捞设备布局;基于南极磷虾连续捕捞方式与船载加工工艺,开展系统设置及布局优化研究,提高整船适瓶性;通过捕捞、加工与船载平台系统集成设计,构建南极磷虾专业化捕捞加工船载平台一体化生产模式。

③南极磷虾虾粉加工工艺及成套设备。开展南极磷虾虾粉加工装备研究,结合泵吸式原料输送,原料虾水分离系统,配置物料输送、固液分离等辅助设备,建立南极磷虾虾粉加工中试生产线,实现磷虾加工技术及装备的集成与示范。

2.创新目标

（1）建立产学研技术创新机制,构筑深蓝渔业科技创新平台。以提高深蓝渔业产业科技自主创新能力,实现深蓝渔业跨越式发展为目标,积极探索建立以企业为主体、市场为导向、"产学研金"结合的行业科技创新集群,形成联合开发、优势互补、利益共享、风险共担的技术创新合作组织。

（2）共同开展深蓝渔业资源开发利用战略研究和共性、关键技术联合研发。将联合骨干企业、大学、科研机构或其他组织机构开展深蓝渔业核心技术研发,提升深蓝渔业技术创新能力,推动科技成果的产业化,加强人才培养,实现人才互补,技术、资金和产品的合作,逐步提高联盟的社会影响力和整体实力。

（3）面向深蓝渔业行业,做好资源共享,促进技术扩散和转移。研究行业发展方向,进行市场调研与政策研究,跟踪国内外产业发展动态,定期编制产业发展年报;参与行业发展决策,协助编制行业发展规划,协调行业内外关系,推动国家有关产业政策的制订,协助政府部门加强对深蓝渔业科技产业的支持力度;组织对行业内重大的技术改造、技术引进、投资与开发项目

进行前期论证;构建联盟内部科技创新成果发布平台,为有意转化成果牵线搭桥,促进科技成果转化应用。

【国家海洋渔业工程装备科技创新联盟】

1.创新任务

（1）形成持续和稳定的产学研合作团队。将整合资源、共享共建,共同承担各类重大项目,推动深层次协作,支持企业自主开发和创新,加快渔业装备技术平台和公共技术服务平台建设,结合渔业装备技术特点,以重点和龙头企业为依托,集成科研院所技术力量,联合设备制造企业,协同发展,实现合作共赢,形成持续和稳定的产学研合作团队,促进产业集群发展。

（2）优化产业技术创新链。将联合渔业装备骨干企业、大学、科研机构或其他组织机构,围绕机械化、设施化、数字化、智能化,以提升渔业装备技术创新能力为目标,形成联合开发、优势互补、利益共享、风险共担的技术创新合作组织,以突破渔业装备重大关键技术瓶颈,形成核心技术标准,提高渔业装备科技资源利用效率,形成上下贯通、良性循环的产业技术创新链。

（3）谋划重大科技专项。围绕现代海洋渔业现代化建设的重大科技需求,推进谋划深远海规模化养殖、筏式养殖机械化、渔业船舶装备、海洋生物和南极磷虾开发、冷链物流技术等科研专项,综合各方面优势,开展联合技术攻关,掌握一批拥有自主知识产权的核心技术,着实提高装备与工程技术水平,提高渔业生产力水平,提升产业核心竞争力,促进产业结构优化升级。

2.创新目标

（1）远期目标。形成和完善以产业需求为导向、产学研紧密结合的海洋渔业工程装备技术创新体系,大幅度提升海洋渔业工程装备自主创新能力,在产业关键领域关键技术方面取得重大突破,实现"供给侧"与市场的紧密结合。

（2）近期目标。瞄准国家战略目标,以产业共性、关键技术为重点,解决产业发展关键技术和瓶颈问题,开发深远海养殖装备、南极磷虾船舶捕捞加工装备、筏式养殖装备、玻璃钢渔船等一批拥有自主知识产权的海洋渔业工程装备技术,推进海洋渔业工程装备升级,提高我国海洋渔业资源高效利用水平,增强我国维护海洋权益的能力。

【国家大黄鱼产业科技创新联盟】

1.创新任务

（1）大黄鱼种质发掘与保护技术研究。进一步评估与挖掘大黄鱼的种质资源,筛选甄别优良的种质材

料、构建种质资源库，筛选、评估所蕴含的生长快速、抗逆、饲料转化率高等优良经济性状，为进一步进行品种改良，提升大黄鱼的良种覆盖率奠定基础。通过开展大黄鱼野生资源的系统评估，完善大黄鱼活体种质库方案，尽可能采集来源于不同遗传背景的原生群体，充实活体种质库，保持种质库具有高度遗传变异和优良性状的种质原性，丰富育种的材料基础。通过开展目标性状测评和种质鉴定，构建大黄鱼等石首鱼科鱼类育种数据库及育种管理系统，为行业发展和科学研究提供参考。通过建设性状测评专用测试车间等配套设施，为大黄鱼优良种质资源的保护与利用、良种创制提供设施保障。

（2）大黄鱼育种技术研究。基于重点研发育种工艺、联合攻关育种技术和探索育种理论的总体研发思路，加强海水鱼类育种研究领域的交流合作，借鉴国内外先进的育种理论与技术智库，以"生长快、抗逆强"等优良性状为育种目标，集成传统和现代生物技术，开展大黄鱼等石首鱼类种质创新，为提高养殖品质、增强产品安全、拓展大黄鱼规模产量奠定重要的技术基础。

①大黄鱼选择育种技术研究。应用 BLUP 育种值评估技术，开展大黄鱼家系选育和群体选育等选择育种技术研究，熟化育种工艺，创制优质育种材料。

②复合性状育种技术研究。在单一性状育种基础上，开展复合性状育种技术研究，聚合高产高品质、抗逆抗病等方面的优良基因及经济性状，运用多种现代生物育种技术及理论，制定育种目标性状百分比加权值，研发复合性状良种培育技术体系；开展强优势杂交育种、建立专门化品系生产技术，研发生产性制种工艺，扩大良种生产规模，提高良种覆盖率，推动大黄鱼产业的持续发展。

③大黄鱼分子标记辅助育种的创新研究。研发和应用大黄鱼新品种选育新技术，筛选与优良性状关联的分子标记，探索分子标记辅助选育技术，提升种质挖掘与创新育种效率。

（3）大黄鱼养殖产业链技术的研究。完善大黄鱼等石首鱼科鱼类良种创制及产业化应用过程中所必需的养殖模式、饲料、疾病防控等配套措施，构建高效健康的新型养殖模式，合作研制环境友好的饲料产品，建立疾病防控体系、编制质量安全技术标准，开展养殖示范和生产验证，充分发挥良种优势，为提升企业自身的竞争力提供持续的技术支撑，为实现大黄鱼等产业的持续、高效发展奠定基础。

①大黄鱼良种配套的工厂化养殖技术研究。集成国内外工厂化养殖先进技术成果，引进和开发在线水质监控、自动投饵、鱼类行为在线观测系统等设施设备及技术；以工业化养殖理念，在大黄鱼育种过程中引入循环科技、自动化管理控制系统，实现标准化管理，突破大黄鱼陆基高效养殖技术难题，实现大黄鱼种质数据的有效采集，育种材料的稳定保存，为大黄鱼持续育种提供保障。

②病害防控技术。建立大黄鱼等石首鱼类育种养殖病害数据库；针对育种养殖过程中的主要病害，开发疾病的快速诊断技术；集成流行病学特征、水文水质要素检测和病原检测技术，构建疾病的预测预警技术；研制免疫增强剂和疫苗等制品用于病害预防，建立以防为主的防控体系，提高育种养殖的稳定性和可控性。

③饲料营养保障。开展联合攻关，通过生物饵料分级筛选，提高大黄鱼仔稚鱼的摄食效率。应用人工微囊饲料部分替代生物饵料，丰富大黄鱼仔稚鱼饲料营养源，满足仔稚鱼营养需求。筛选、配制营养价值高的环境友好型大黄鱼软颗粒饲料等，平衡大黄鱼幼鱼及成鱼的营养供给。筛选可在软颗粒饲料中添加的益生菌、功能性肽等营养添加剂，提高饲料转化率，增强良种体色和抗病能力。

④大黄鱼产品加工及深加工利用技术研究。在"三去"（去鳞、去鳃、去内脏）单条冷冻大黄鱼等加工产品的基础上，开发连续式二道微波烤制技术，通过控制微波预热功率、微波干制功率、预热时间与热穿透时间比值、传输带速度、进料量等工艺参数，确定适合产业化生产的最佳工艺条件。同时，开展大黄鱼加工过程中副产品的高值化利用研究，以提高大黄鱼的附加值。

⑤育繁推一体化推广体系的建设。在已有育种成果和养殖产业链技术基础上，制定新品种选育、良种创制以及健康养殖等一系列技术标准；通过建立养殖示范点和测产示范区，开展生产性养殖对比测试，进一步明确新品种推广的适宜养殖条件和适用技术标准，为企业实施育繁推一体化、促进新品种高效推广奠定技术基础。

加强企业育繁推一体化的能力建设，完善大黄鱼育种和制种基地、主要养殖区的示范基地等设施设备条件，整合大黄鱼育种、制种与养殖的科技及产业资源，促进新品种的规模化繁育和生产性高效养殖推广，提高良种覆盖率。

2. 创新目标

（1）整合行业科技资源，突破大黄鱼产业重点领域的关键技术、共性技术和前沿技术，促进政、产、学、研、用合作各方的共同发展。

(2)建立大黄鱼现代科技示范基地,形成生产工艺合理、节能环保、操作性强的产业化系列技术标准。

(3)建设高水平的技术创新资源的共享平台,达到技术创新要素的优化组合、有效分工、合理衔接以及科技资源共享,提高渔业行业科技资源利用率。

(4)建立以企业为主体、市场化多元成果转化机制,加快推广一批既能拉动内需、又能形成新的经济增长点的自主创新大黄鱼育种、养殖、加工技术和产品。

(5)形成合理的人才交流与培养机制。实现理事单位间智力资源共享、人才联合培养和交流,发展成为培养大黄鱼产业高层次科技创新人才高地。

(6)保护知识产权。在联盟成员彼此尊重,充分共享的同时,注重知识产权的保护,激发成员各单位创新热情并保护彼此利益。

【国家刺参产业科技创新联盟】

1.创新任务 联盟的运行充分凝聚海参产业科研优势力量,探索建立重大科技任务引领、优势科研资源集聚和科学运行机制保障的管理模式与体系,推进上中下游紧密衔接。重点开展海参育种理论、方法、生物技术、品种检测技术和扩繁制种技术等基础和应用性研发;培育海参优良品种和新品系。开发多元生态健康养殖、池塘标准化养殖等新技术,建立标准化养殖新模式。加强对海参的加工特性、活性成分的结构及活性研究,研发关键加工技术及装备,研发一批高质化海参深加工食品和具有显著功效的功能食品。

2.创新目标 建立以企业为主体、市场为导向、产学研结合的产业技术创新机制,集成和共享技术创新资源,强化技术创新和产品研发,开拓产业发展新空间,构建产业发展新模式,优化和提升海参良种培育及苗种繁育技术、生态高效养殖技术、精深加工与高效利用技术、质量安全保障技术,提升产业装备现代化水平,完善和规范标准化生产体系,推动我国海参产业的健康、高效、可持续发展。

【国家河蟹产业科技创新联盟】

1.创新任务

(1)蟹类育种技术开发:蟹类育种家系分子生物学标记技术开发,蟹类育种配套系建设,蟹类新品种性状评估体系建设。

(2)蟹类健康育苗集成技术研究:蟹类生态育苗水质调控技术研究,蟹类育苗病虫害诊断与防控技术攻关,河蟹天然饵料培育技术开发。

(3)稻蟹综合种养技术开发:稻蟹互生共利生态系统构建技术开发,稻田养蟹高产技术攻关。

(4)开放水域河蟹养殖技术开发:开放水域资源调查与环境容纳量的评估技术开发,基于环境友好的可持续发展河蟹养殖策略研究。

(5)池塘养蟹技术开发:池塘养蟹高产技术研究,池塘大规格蟹养殖技术研究,养蟹池塘水域生态系统构建技术研究。

(6)高效环保蟹饲料加工技术:河蟹消化生理及代谢机制的研究,河蟹饲料蛋白源替代技术研究,全价环保河蟹饲料配方及工艺研究。

(7)河蟹病害防控技术:河蟹蟹类病害诊断技术研究,河蟹病害防控技术研究,高效环保防病生态制品的研发。

(8)河蟹全产业链物联网与大数据平台建设:河蟹养殖物联网与大数据平台建设技术开发,河蟹养殖全过程的数字化流通及追溯物联网建设。

2.创新目标

(1)整合行业科技资源,突破河蟹产业重点领域的关键技术、共性技术和前沿技术,促进政、产、学、研、用合作各方的共同发展。

(2)建立河蟹现代科技示范基地,形成生产工艺合理、节能环保、操作性强的产业化系列技术标准。

(3)建设高水平的技术创新资源的共享平台,达到技术创新要素的优化组合、有效分工、合理衔接以及科技资源共享,提高渔业行业科技资源利用率。

(4)建立以企业为主体、市场化多元成果转化机制,加快推广一批既能拉动内需、又能形成新的经济增长点的自主创新河蟹育种、育苗、养殖、加工技术和产品。

(5)形成合理的人才交流与培养机制。实现理事单位间智力资源共享、人才联合培养和交流,发展成为培养河蟹产业高层次科技创新人才高地。

(6)保护知识产权,在联盟成员彼此尊重,充分共享的同时,注重知识产权的保护,激发成员各单位创新热情并保护彼此利益。

【国家虾夷扇贝产业科技创新联盟】

1.创新任务 联盟将组织虾夷扇贝养殖企业和科研机构围绕虾夷扇贝产业技术创新的关键问题,突破产业发展的核心技术,形成产业标准;建立公共技术平台,加速科技成果产业转化,提升产业整体竞争力。

(1)种质创制与良种扩繁。扇贝新品种(系)的研发,扇贝各品种的海上及陆地种质库,扇贝大规格良种培育技术体系,构建分子遗传辅助育种体系,开发提高中间育成率技术体系。

（2）健康增养殖模式。研发扇贝底播苗种精准投放技术，开发贝藻立体循环生态养殖技术体系，开发深水台筏养殖模式，开发扇贝吊耳养殖模式。

（3）全产业链装备升级。针对虾夷扇贝育种、养殖、运输、净化等环节最易带来人力成本上升的环节，研发高效率、低能耗、用工少的工程装备，并产业化推广，开发扇贝生态型采捕网具，减轻对海洋环境的破坏程度，开发先进的水下环境监测设备、系统，研发贝苗海上自动化底播系统。

（4）加工贮运技术开发。研发贝类调理食品、即食产品等新产品，贮运过程中品质变化规律与控制技术，贮运过程中品质与安全预警预报与信息控制技术，加工品溯源技术开发。

2. 创新目标　联盟将探索建立以企业为主体、市场为导向、产学研用相结合的产业技术创新机制；以企业的发展需求为基础集成和共享技术创新资源，提升虾夷扇贝产业现代化水平，突破虾夷扇贝产业发展共性、关键技术瓶颈；搭建联合攻关研发平台，开展技术辐射，培育重大技术及产品创新的产业集群主体，使联盟成为国家农业科技创新体系的重要组成部分。

主要创新目标：研发 2 ~ 3 个具有自主知识产权的国家水产新品种，开发中间育成设施 2 ~ 3 种，开发 6 ~ 8 种高效健康养殖模式，研发 6 ~ 8 项具有国际先进水平的渔业装备系统，研发 5 ~ 10 种贝类加工新产品，建设 4 ~ 6 个产业化示范基地，形成各类产品技术标准、规程 10 ~ 15 项，形成专利 15 ~ 20 项。

【国家罗非鱼加工业科技创新联盟】

1. 创新任务　为加快我国大宗水产品罗非鱼的开发利用，建立以罗非鱼行业中的龙头企业为主体，以科研院所、高校等优势科研单位为支撑的罗非鱼加工科技创新联盟，联合开展罗非鱼产品质量安全技术、罗非鱼保鲜技术与装备、罗非鱼精深加工关键技术与装备、罗非鱼加工副产物综合利用技术、罗非鱼多种形式食品与功能制品的开发、罗非鱼营养功能成分评价与安全性评估等研究。突破罗非鱼产业发展的技术瓶颈，为罗非鱼产业的提升提供技术支撑。

2. 创新目标

（1）探索建立以企业为主体的创新发展机制。以全球化视野，把握国际国内市场，打通产业化与市场化隔阂，发挥产业规模效应，增强自主创新能力，培养新兴产业，推动产业升级，探索出以企业为主体，市场为导向，通过技术牵引、资源共享和利益回馈的产业化创新发展的新机制。

（2）建立罗非鱼加工新产品、新技术产业化中试

实验和输出平台。为产业提供技术开发及成果转化的基础条件，以加速成果转化为重点，持续不断地将具有重要应用前景的科研成果进行系统化、配套化和工程化研究开发，推动水产产业技术进步和产业升级，为适合企业规模生产提供成熟配套的技术工艺和技术装备，加强科技成果向生产力转化，建成一批中试产业示范基地，在加工开发与市场产业转化之间起到桥梁作用。

（3）建立引领行业产业化工程水平的人才队伍。集聚一批站在国际水产品加工科技前沿的战略科学家、学术领军人物，进一步凝聚水产品加工科研人才队伍，建成一流的人才培养基地，造就一支精于高效的创新队伍。

（4）建立产业化信息与服务平台。拓宽与国内外的交流渠道，参与国际间双边、多边合作交流，与国际水产食品安全体系接轨，建成公共服务平台，为产业企业、科研单位提供产业化信息咨询服务。

【国家现代海洋牧场科技创新联盟】

1. 创新任务

（1）产业先导，突破关键技术。结合产业发展现状，联合突破阻碍产业发展的重大核心技术。开展在海洋生态环境修复与优化、生物资源增殖放流、海洋资源环境监控与评估、海洋生物行为控制、高效生态健康增养殖工程等方面的研究与示范推广工作。

（2）生态优先，优化资源配置。坚持生态系统可持续发展原则，采用各种技术手段，优化修复海洋牧场建设海域的生息场。联盟成员在生息场建设、苗种繁育、增殖放流、生态健康增养殖、海域调查评估、环境监测、休闲渔业、产品流通及科学管理等方面分工协作，整合海洋牧场各生产要素，优化资源配置，提高海域生产力。

（3）协同创新，促进产业融合。加强联盟成员间合作研发，技术交流。通过融合各产业发展情况，形成一二三产业协同发展现代海洋牧场发展模式。通过建立海洋牧场大数据信息平台，实现机械化、自动化、信息化、智能化发展海洋牧场，实现海洋牧场全生态链、全产业链、全服务链发展。

（4）稳速发展，加快示范推广。坚持科学发展理念，实现海洋牧场产业化工作平稳推进。整合海洋牧场产业发展中的典型示范事例，先进技术，生产管理经验，通过利用媒体宣传、资料发放、企事业单位管理层和技术层人员培训等方式进行推广，促进新型海洋牧场产业模式的快速发展。

围绕以上任务，联盟在以下几个方面开展具体

工作：

（1）合作研发。联盟聚焦现代海洋牧场科技创新中的关键技术难题，以合作创新为目标，以项目为依托，资源共享，优势互补，为解决产业发展中遇到的关键性技术难题及瓶颈问题，搭建平等互利的合作框架，共同进行技术研发，风险同担、成果共享，建立起稳定的合作研发机制，不断创新和完善现代海洋牧场技术体系。

（2）科学普及。发挥联盟科技资源优势，采用社会教育、科普展览、实地参观、公众参与等科普系列活动，辅助以科普教材、视频、宣传资料，利用社会多种流通渠道和信息传播媒体，将专业性强的海洋牧场专业知识转化为浅显易懂和易接收的传播题材，面向公众展现各类既代表科技前沿又生机勃勃、浅显易懂的海洋牧场技术。

（3）人才培养。除了联盟成员对招收学生开展海洋牧场专业相关方面的培养外，联盟将组织联盟委员会中专家学者，定期对与海洋牧场建设相关的企事业单位中的技术和管理人员开展培训，通过培训班、讲习班等多种形式推广普及海洋牧场实用技术，提高一线生产及管理人员的技术水平。

（4）技术交流。定期举办联盟成员会议及学术交流会议，促进成员间学术交流，共同研讨海洋牧场建设发展过程中的问题，加强联盟与政府间、企业间的联系，加强联盟与国外高水平研究机构间的联系与合作，促进海洋牧场科技创新、协同创新的不断推进。

（5）科技服务。联盟成立技术指导小组，由建设经验丰富的成员组成，通过与相关企业建立的联系不定期前往进行调研及技术指导工作，对海洋牧场建设及管理中的各个技术环节做到科学指导及有效支撑。联盟成员间与技术需求单位可通过合约形式进行科技服务工作，针对海洋牧场建设及管理中的专项技术进行技术研发、应用，科技服务的成果归合约方共有。

（6）成果推广。联盟成员的高校研究所等科技创新主体及时总结各类科技成果，与成员企业建立良好顺畅的成果示范应用渠道，通过定期的联盟会议能够将科技成果在成员企业间先行先试，同时通过成员企业的示范带动效应进行成果的进一步推广应用。

2.**创新目标** 通过联盟的创建工作，进一步提高我国海洋牧场产业技术的自主创新能力，深入推进现代海洋牧场科学建设的进程，健全和完善联盟中政产学研的协同创新体系，着力解决产业发展中共性技术问题，加快科技创新成果的示范推广，引领我国海洋牧场建设与国际同行业接轨。科学合理的规划和建设现代海洋牧场，可以修复和优化生态环境、养护和增殖生物资源、维护海洋生态多样性，同时保障我国人民的食物供给和海洋生态安全，从而健康、持续、高效的发展海洋渔业生产，最终构建物美鱼肥、人鱼和谐、生态平衡的海洋空间系统。

【国家鳗鲡产业科技创新联盟】

1.**创新任务**

（1）组织开展苗种繁育、养殖技术与设施、病害防控、营养与饲料、加工与流通、信息化及产业金融等关键共性技术及相关产品的联合开发；优化产品结构，提高产品质量，提高鳗鲡产业技术创新能力，建立支撑中国鳗鲡产业发展和养殖产品安全的基础技术体系和标准化体系，促进鳗鲡产业可持续发展。

（2）充分利用高等院校、科研院所及企业等单位的工程研究中心（重点实验室）的人才优势、仪器设备及其科技资源，建立符合市场经济原则的协作机制，创建鳗鲡产业化技术、信息等资源共享与交流平台，充分发挥现有科研资源作用，促进资源共享和有效利用，实现资源有效利用最大化，形成建立在产业技术创新价值链基础之上的有机整合产业科技资源的机制。

（3）建立以市场为导向，以联盟理事会单位为骨干，互惠互利、优势互补的鳗鲡产业技术成果转化基地，加速科技成果转化。

（4）推广联盟所开发的鳗鲡产业新产品、新工艺、新技术及其相关技术标准，推动培育自主创新型企业和知名品牌，实现自主创新与产业化生产的良性循环，并对联盟形成的知识产权，制定合理的保护原则和技术转移机制。

（5）促进联合承担国家级、省级各类重大科技计划和产业化项目，聚集和培养适应市场经济和全球竞争的鳗鲡产业技术创新人才和管理人才；加强技术创新人员的交流互动以及组织开展对外鳗鲡技术创新交流合作。

2.**创新目标** 整合高校、科研单位、企业的人才和技术力量，搭建平台，建立机制，充分发挥各方优势，着力解决制约产业发展的瓶颈问题。形成从苗种繁育、养殖技术与设施、病害防控、营养与饲料、加工与流通、信息化及产业金融等全产业链的技术体系，推动鳗鲡产业技术创新，实现鳗鲡产业持续健康发展。

高技术船舶科研项目
"渔业船舶标准体系顶层研究"项目

【项目研究目标完成情况】 项目组全面分析研究了

《国际渔船安全公约》有关要求,搜集和分析渔船国际标准和国外先进标准文本,对照我国现有的渔船管理、设计、建造、检验、修理等标准,查找出与国际(外)标准在技术上的具体差距,重点围绕我国远洋渔业船舶技术和装备发展需求,开展标准应用研究及需求分析,深化我国渔业船舶技术标准体系研究,提出急需制定的重点标准项目,并明确标准主要内容及要求,为提升我国渔业船舶设计建造及装备水平奠定基础。

【项目研究内容完成情况】

1. 专题一:相关国际公约规则、国际标准及国外先进渔业国家和地区渔船标准分析研究

(1)子专题一:开展标准符合性研究。对国际渔船安全公约制修订背景及其技术要求和技术条款分别进行了分析。

①《国际渔船安全公约》制修订背景及最新动态分析。国际海事组织(IMO)自成立以来就非常重视海上安全问题,但由于渔船的实际建造和营运管理与商船存在巨大的差异,渔船安全问题一直无法被纳入《1974 年国际海上人命安全公约》(SOLAS 公约)和《1966 年国际船舶载重线公约》(LL 公约)的调整范围。为了规范渔船的设计建造标准、保障渔船的航行安全,国际海事组织分别于 1977 年、1993 年及 2012 年制定并通过了《1977 年托雷莫利诺斯国际渔船安全公约》《1977 年托雷莫利诺斯国际渔船安全公约 1993 年托雷莫利诺斯议定书》和《2012 年实施 1977 年托雷莫里诺斯国际渔船安全公约 1993 年托雷莫利诺斯议定书开普敦协定》。2012 年开普敦协定规定的生效日期为不少于 22 个国家总计不少于 3 600 艘船长大于 24 米的公海作业渔船承诺接受协定的约束之日后的 12 个月。截止到 2015 年年底,共有刚果、丹麦、冰岛、荷兰、挪威 5 个国家签署了协定。

②《国际渔船安全公约》技术要求及技术条款分析。从公约对检验机构的要求、设备安全的要求、消防和救生的要求、人员防护的要求、无线电通信的要求等方面对公约的技术要求进行了分析。从构造、水密完整性和设备,机电设备和定期无人机舱,船舶消防,船员的保护以及救生设备,无线电报与无线电话,船上航行设备等方面对公约的技术条款进行了分析。

③我国渔船技术状况与《国际渔船安全公约》的差距。参照 2011 年渔业船舶检验局对我国渔船的技术状况进行的调查,对我国渔船技术状况与《国际渔船安全公约》要求的差距进行分析。分别从船体结构、船舶设备、船舶稳性三个方面进行具体分析。其中船舶设备方面从机械设备、电气设备、消防设备、航行

及信号设备、救生设备、无线电通信设备等方面进行了具体分析。

④《国际渔船安全公约》与标准的符合性分析。从船体结构和水密完整性,船舶消防,救生设备,应急程序、集合与演习,无线电通信,船载航行设备等方面分析我国渔船标准与公约的符合性。结合公约与技术法规的符合性分析结果,对公约的技术要求与标准的技术要求进行了对比分析,从不同方面得出了对现有标准的制修订意见。

⑤渔船相关其他国际公约分析。对渔船相关的其他公约中涉及渔船的条款进行分析,主要包括《1995 年国际渔船船员培训、发证和值班标准公约》《2007 年国际渔业劳工公约》《1972 年国际海上避碰规则公约》《1973 年国际防止船舶造成污染公约》《2001 年燃油污染损害民事责任公约》《2001 年国际控制船舶有害防污底系统公约》《2004 年国际船舶压载水和沉积物控制与管理公约》等。

(2)子专题二:国际标准与国外先进标准分析研究。

①国际国外渔船标准引进及翻译。项目组全面引进了 64 项(其中 34 项非采用国际标准,30 项采用国际标准)国际国外渔船标准,并重点对 23 项国际国外渔船标准进行了全文翻译及校对工作,形成了《国际标准与国外先进标准汇编》。形成的国际国外渔船标准中文版,具备可信性、可用性等特点,对国际国外渔船相关技术要求与技术细节有了进一步的了解,对国际国外渔船标准分析研究提供了有益参考,并为完善渔船标准数据库及储备渔船标准技术资源提供了基础支撑。

②国际标准与国外先进标准分析研究。项目组开展了国际标准与国外先进标准对比分析研究工作,形成《国际标准与国外先进标准分析研究》报告。在国际国外渔船标准收集及翻译的基础上,通过会议、调研、资料收集等方式掌握国际国外渔船标准总体情况,开展国际标准与国外先进标准分析研究工作,对国际国外渔船标准进行梳理分析,明确了国际国外渔船标准与我国标准在标准覆盖情况、类别、采标、标龄等总体上的差异以及在标准适用范围、主要内容、技术要求等具体方面的差异,提出了我国渔船标准的相关建议和需求,为提升我国渔船标准整体水平奠定了研究基础。

2. 专题二:典型远洋渔船与装备标准需求分析

(1)子专题一:远洋渔船分类结构及代表船型选择研究。重点围绕远洋渔船作业水域、船型、船体配套设备开展远洋渔船分类研究。采用 SWOT 等方法科学

分析,综合考虑渔业主管部门重点扶持的远洋渔船更新改造工作,选取具有普遍性、先进性且代表未来远洋渔船发展趋势的典型渔船船型,作为典型远洋渔船标准前瞻性研究目标船型。

(2)子专题二:典型远洋渔船标准需求研究。按照远洋渔船向安全、节能、经济、环保、适居方向发展的要求,选取代表性远洋渔船,采用系统分析的方法,以综合解决提供产品质量为目标,开展设计标准体系、建造工艺标准体系、配套设备标准体系、检验方法标准体系等综合需求研究。

3.专题三:我国现有渔船标准适用性分析研究

(1)子专题一:国内现有渔船标准的收集与整理。

①渔船现行专用标准的收集。渔船是船舶工业的一个重要组成部分,作为渔业的重要工具之一,其建造和运营纳入大农业的渔业管理范畴。从1976年农业部发布第一项渔船专用标准以来,已累计制(修)订渔船应用标准超过500项。2014年12月农业部渔业局公布本行业现行标准目录,统计国家、行业标准计930项,其中国家标准169项、行业标准761项。在930项中,渔船现行专用标准统计量为157项,2015年发布了2项渔船专用标准,2015年年底渔船专用现行标准为159项。

②本行业渔船相关现行标准的收集。本行业至2015年年底现行标准的分类查询中,筛选出渔船相关可应用的标准包括:信息化管理类标准6项,水产品质量安全卫生管理标准9项,渔具及材料类标准70项,渔机及仪器类标准41项,工程设施用具及检验规范类标准15项,培训管理1项。统计为142项。其中包括:代号0000系列标准6项,3000系列标准9项,4000系列21项,5000系列28项,6000系列19项,7000系列20项,9000系列15项,国家标准24项,NY1项。

③国内外相关标准的收集。目前查询的船舶工业标准中可以用于建造渔船的技术标准统计,其中国家标准730项、船舶行业标准1 870项,标准内容包括各种船舶的设计、修造、配套设备、配件的制造等,包括海洋船舶以及内河运营船舶的全过程应用标准。水产行业在淡水渔船的设计建造、检验管理规则中,也从船舶工业的内河船的系统标准中获得参考,海洋船用造船板材和淡水域船舶用造船板材不是同一种标准,目前水产行业对建造淡水渔船的标准很少,而建造淡水渔船的数量又很大,收集分析内河船舶标准为建造渔船提供满足市场需求的系统标准,也成为本项目实施的目标。

渔船在建造过程中使用的机械设备、金属材料、非金属材料,按需要选用由机械、材料分属各行业制定的国家标准、行业标准。为此,在查询中选择了可供应用的机械、材料、电气等方面的一批标准进行分析参考,将针对渔船标准中的可比标准进行评价,本研究报告不具体收录这些标准。

为了从国际渔船标准中吸收能提升我国标准技术水平的营养,为我国渔船标准制(修)订、采用国际标准提供依据,对国际标准化组织发布的标准、渔业发达国家发布的标准进行查询,收集。目前已收集一批国际标准和有关国家标准,为我国现行标准的适用性提供参考,为标准制(修)订规划提供依据。

(2)子专题二:现有渔船标准适用性分析研究。对每项渔船现行标准进行综合性评价,针对具体不同专业分类标准实行关键项以及非关键项的具体评议,分析总结出结论性建议。

①整体标准标龄统计发现标准整体老龄化,在现有159项渔船专用标准中标龄超过10年的标准有136项,占85.5%。统计目录的142项本行业渔船相关标准中,标龄在10年以内的有47项,超过10年标龄的标准占66.9%。

②整体标准版本形式过时,统计目录的142项本行业渔船相关标准中,2009年以后发布的标准为20项,其他122项内容格式和"GB/T 1.1-2009"规定格式不一致。

③渔船现行标准分类适用性分析。

综合类标准。渔船专用综合类标准为20项,经分析并征询意见,其中7项满足可以继续有效适用的条件,11项内容有效适用但是需要切合实际修订补充相关内容才能满足市场需求,其中2项已经失去应用和保留价值建议废止。

产品类标准。包括船、机、电、舾装、救生、渔捞等方面,规范渔船设施设备制造质量和配合尺寸、性能标准化的产品标准28项。其中继续有效适用的标准14项,符合修订条件的标准14项。

施工工艺类标准。共计47项,其中37项标准继续满足近期的生产实际,可以继续有效应用。有效适用并应修订标准10项。

纤维增强塑料渔船标准,共计10项。纤维增强塑料技术的产生于20世纪20年代初期,此技术进入我国后,实施建造渔船是从20世纪90年代开始的。目前我国现行10项纤维增强塑料渔船标准中,1项标准有效适用,9项标准有效适用但应进行补充修订。

木质和混合材质渔船标准。共计5项。我国渔船总量超过百万艘,非机动渔船37万艘(木质渔船占90%)、机动渔船67万艘(木质渔船超过70%),如此我国木船总量在 80 万艘之多，在渔船专用系列标准中木质渔船标准仅此 5 项，本批 5 项标准的标龄超过 15 年，但是 5 项标准的技术仍为如今所常用的。综合看来 5 项标准依然有效适用。在新的管理办法以及新生产方式出现时，可以考虑给以综合性修订，并补充制定有关木船建造技术以及工艺方面的标准。

在生产中发挥重要作用的系列修理标准 32 项，继续有效适用 25 项，有效适用建议修订 5 项，特殊意义标准 2 项建议废止。特色标准 17 项，继续有效适用 11 项，建议废止标准 6 项。

4. 专题四：我国渔船及装备标准体系深化研究和急需制（修）订标准分析

（1）子专题一：渔船技术标准体系深化研究。课题组按照目标责任书要求，项目课题组开展了渔船标准体系深化研究工作，构建了渔船标准体系框架和明细表，形成了《渔船标准体系深化研究》报告。通过信息收集、重点调研、分析研究等方式，开展渔船标准体系范围分析、标准体系构建原则分析、标准体系框架分析及标准体系项目需求分析，明确了渔船和渔船标准发展思路，构建了满足"安全、节能、经济、环保、适居"发展目标的渔船标准体系框架，纳入了渔船所需的相关标准，并提出了近期标准制（修）订建议，完成了项目明细表的构建，为渔船标准管理、制标、用标、标准科研等方面提供系统全面的指导。

（2）子专题二：急需制（修）订渔船标准研究。项目通过对提出渔船标准体系框架进一步深化研究，提出体现国家政策和市场导向、重点突出、专业包容、相互关联的、满足 5～10 年渔船基础管理和专业技术表年度计划和中长期规划，并对急需制定的重点标准提出相关要求，完成了急需制（修）订渔船标准建议表和渔船标准项目储备库研究。

稻田综合种养

近年来，农业部以种养结合、绿色发展为导向，在全国大力推进稻渔综合种养发展，在促进绿色发展、农民增收、粮食生产等方面取得了显著成效。

1. 工作开展情况　稻田养鱼在我国具有悠久历史传统。目前的稻渔综合种养不同于传统稻田养鱼，是在科学指导下，充分利用生物共生原理，促进粮食生产、农民增收和生态安全的先进生产技术模式。农业部大力推动稻渔综合种养发展，开展了大量工作。

一是促进稻渔综合种养规范发展。农业部组织制定了行业标准《稻渔综合种养技术规范　通则》。2017 年组织召开全国稻渔综合种养现场会，明确今后

一段时期的稻渔综合种养发展思路，要求按照"稳粮增收、生态安全、质量安全、三产融合"的要求，积极推进稻渔综合种养，实现绿色发展、粮食生产和农民收入齐头并进，实现"生产生态生活"有机融合。开展国家级稻渔综合种养示范区创建，计划到 2020 年，高标准创建 100 个左右的国家级稻渔综合种养示范区，示范带动稻渔综合种养发展。

二是开展稻渔综合种养产业扶贫。积极在云南红河哈尼族彝族自治州开展哈尼梯田稻渔综合种养产业扶贫工作，推进红河县水产原良场建设和稻渔综合种养技术示范点创建、元阳县国家级稻渔综合种养示范区创建。全国水产技术推广总站与红河哈尼族彝族自治州政府签署了《共同推进哈尼梯田稻渔综合种养发展合作协议》，协助引进龙头企业，在元阳县建成了首个水产苗种场。中国水产科学研究院在红河州红河县建立了"稻渔工作"技术示范基地。在实现产业扶贫的同时，稻渔系统有力地促进了哈尼梯田这一世界文化景观遗产的保护。农业部在武陵山区的湖南永顺县颗砂乡开展了稻渔综合种养技术示范扶贫项目，示范面积 13 公顷，仅养鱼一项每亩增收 2 500 元，实现当年推广，当年见效，当地决定来年扩大推广到 67 公顷。

三是做好科普和宣传引导工作。组织科研单位和专家学者以多种形式开展稻渔综合种养科普宣传，重点宣传其优质生态安全绿色的科学原理，少用药不用药的科学道理。同时，通过媒体广泛宣传稻渔综合种养产品的质量安全、绿色生态优势，近年来，《人民日报》《经济日报》《农民日报》和中央电视台等主流媒体进行了大量稻渔综合种养宣传报道。2017 年，农业部支持举办了首届全国稻渔综合种养发展论坛，同期，中国稻田综合种养产业技术创新战略联盟举办了 2017 年全国稻渔综合种养模式创新大赛和优质稻米评比推介活动，引起热烈反响。

2. 稻渔综合种养发展成效　稻渔综合种养"一水两用、一田双收"，具有"不与人争粮，不与粮争地"的优势，能有效促进粮食生产，显著促进农民增收，同时具有巨大生态效益。

（1）促进了农业绿色发展。稻渔综合种养充分挖掘生物共生互促原理，可有效减少化肥和农药使用，减少面源污染，促进生态改善，实现"一水两用"，是水稻生产"一控两减（控用水、减化肥、减农药）"的重要方式。根据农业部示范点测试情况，示范点减少化肥用量最少的为 21%，最高的达到 80%；农药用量最低减少 30%，最高减少 50.7%。湖北省农业科学院监测发现，稻虾共作模式较单一种稻模式土壤耕作层增加 5～

10 厘米,耕层中土壤有机质和全氮含量均有升高趋势,温室气体甲烷排放降低了 7.3% ~ 27.2%,二氧化碳降低了 5.9% ~ 12.5%。同时,稻田中鱼虾等能大量摄食稻田中蚊子幼虫和钉螺等,可有效减少疟疾和血吸虫病等传染病发生。

(2)促进了农民增收。据调查,由于减少农药化肥使用,每亩可节本 50 ~ 80 元,国家级稻渔综合种养示范区亩均可节本 100 元以上;由于稻米和水产品品质优良,稻米价格一般较普通稻米高 50% 以上,国家级稻渔综合种养示范区至少高 1 倍以上,有的高 5 ~ 6 倍,水产品收入亩均基本在 1 000 元以上。综合来看,稻渔综合种养亩均增收 1 500 元以上。全国约有 3 000 万公顷稻田,据专家估算,近 667 万公顷适合稻渔综合种养,每年可稳定提供 5 000 万吨水稻,按每公顷增加 15 000 元收益,每年可为渔农民增收超过 1 000 亿元。

(3)促进了优质粮食生产。稻渔综合种养是天然的绿色生态系统,生产的稻米品质明显优于单一种植水稻的稻米。实践表明,稻渔综合种养可实现水稻稳产甚至增产,且品质优良,平均公顷产 7 500 千克以上。湖北稻渔综合种养带动了 13 万公顷低洼冷浸田开发,相当于增加了 13 万公顷优质稻田;浙江德清数千亩鱼塘改为稻渔综合种养,一些山区抛荒田块得到开发利用。目前,全国稻渔综合种养每年可稳定生产优质稻米 140 万吨以上,生产优质水产品 100 多万吨。

(4)促进了产业扶贫。稻渔综合种养相对简单易行,从南到北具有广泛适应性,实践表明稻渔综合种养是产业扶贫的好产业。云南、广东、广西、贵州、武陵山区等地通过开展稻渔综合种养有效地促进了脱贫致富工作。有的贫困户在有关部门帮扶下,开展稻渔综合种养,迅速实现脱贫致富;广东连南瑶族自治县建设了 200 公顷的稻渔综合种养示范园区,惠及农户近 3 000 户,辐射带动近 2 万农户脱贫致富。

(5)促进了三产融合。稻渔综合种养产业链长,价值链高,具有三产融合的天然优势。稻渔综合种养极大地促进了农村一二三产业融合发展。有的地方,稻渔综合种养与旅游、教育、文化、健康养老等产业深度融合,如浙江德清稻渔综合种养和山东大芦湖稻渔综合种养已成为当地周末休闲旅游热点去处。各地纷纷打造稻渔综合种养品牌,带动稻米和水产品加工销售,促进三产融合发展,初步估计全国稻渔综合种养稻米品牌近百个,水产品牌 50 个左右。

(农业农村部渔业渔政管理局　王雪光)

各 地 渔 业

北京市渔业

【概况】 2017 年,北京市水产养殖面积 2 928 公顷,同比下降 15.28%,其中:池塘面积 2 869 公顷,同比下降 15.54%。水产品总产量 4.51 万吨,其中:淡水产量 3.61 万吨,远洋捕捞产量 0.9 万吨。总产量同比下降 16.93%。观赏鱼产量 5.27 亿尾,同比增长 43.17%。渔业经济总产值 27.79 亿元,同比增长 27.31%。

1. 渔业调结构转方式扎实推进 一是推进绿色生产效果明显。严控水源保护区、自然保护区及其他敏感区域新建水产养殖场,保持零建设。提倡降低养殖密度和精准投饵,促进养殖用水达标排放。建成北京市渔业空间布局信息化管理系统,建立养殖场基本信息管理台账。二是养殖基础设施设备进一步升级。2017 年,全市利用农业专项转移支付资金和农机购置补贴共计 4 032 万元,带动社会资金投入 1.2 亿多元,开展养殖场基础设施改造与环境美化、水处理循环应用和设备升级、清洁能源利用,实施了一批重点工程,改造养殖面积 67 公顷,建设节水养殖示范场、休闲渔业示范场、苗种场共计 21 个,推动水产养殖场向园林化设计、现代化设施、融合性发展加快转型。三是积极推进休闲渔业发展。开展市级休闲渔业示范基地创建活动,新评定 6 家基地,全市有两项比赛获评农业部有影响力的休闲渔业赛事。

2. 渔业生态涵养功能不断增强 2017 年累计投入资金 1 920 万元,在密云水库等 26 处水域、2 万公顷水面,增殖放流净水鱼类和地方濒危鱼类 1 262 万尾,增殖渔业发挥了削减水中氮磷、固碳释氧、调节水域生态平衡的重要作用。尤其是落实禁渔区、禁渔期、禁钓区制度更加严格,渔政执法力度不断加强,全国"亮剑 2017"系列渔政专项执法行动——海河水系京津冀渔政联合执法取得丰硕成果,严厉打击了电鱼、炸鱼、销售以及使用禁用网具等破坏渔业资源的行为。水生生物资源养护宣传工作更加深入,与北京市宗教局联合制定了《关于进一步加强宗教界水生生物放生(增殖放流)管理的通知》,社会民众生态环境保护意识明显增强。开展水生野生动物自然保护区管理专项检查,水生野生动物保护执法进一步加强,水生野生动物经营利用秩序进一步规范。加强拒马河、密云水库水生生物资源调查与环境监测,为生物多样性保护工作打下坚实基础。

3. 渔业"两个安全"保持稳定 水产品质量安全稳定在较高水平,农业部两次水产品药残产地监督抽查和一次水产品苗种检测,检测合格率均为 100%;农业部 4 次水产品药残例行监测,全年平均合格率达到 98.6%;"三品一标"认证率增加到 62%,比 2016 年提高了 33.6 个百分点;高质量完成党的十九大等四项重大活动鲜活水产品供应保障任务,供应鲤鱼、草鱼、鳙鱼、鲫鱼、罗非鱼总量为 15 吨;新创建全国水产健康养殖示范场 18 家,全市达到 106 家。渔业生产安全实现全年零事故,完成了《北京市水产养殖企业安全生产等级评定技术规范》制订工作,通过开展全市督导检查、组织业务培训、进行应急演练等方式强化渔业安全生产监管,实施安全隐患排查全覆盖,有效避免了事故发生,确保了渔业生产依法有序进行。

4. 行业管理水平明显提升 认真按照"简政放权、放管结合、优化服务"的要求,完成行政职权梳理,及时公布权力清单,优化审批程序,提高办事效率,做出行政许可 260 项,开展现场核查 100 次,检验渔船 350 条、船用产品 1 万多台。将"风险分级、量化监督、档案管理"执法模式与双随机抽查制度有机结合,强化事中事后监管,规范执法行为,全年开展渔政执法检查 9 672 次,立案 219 起,移送司法机关 9 起,罚款 50 余万元,做到管得严、管得了、管得好,有效规范了渔业生产、经营秩序。在渔政、水务联合执法常态化的基础上,与海关部门共同制定了罚没物品移交办法,与公安部门共建案件移送机制,行刑衔接工作取得重要进展。执行政策发挥引导作用,政策、项目、资金向节水、生态养殖整合,注重树立典型,培育产业龙头,发挥以点带面作用。组织考察、观摩、交流,让管理者和生产者一起走出去,掌握新信息,共同转理念,全力推进"调转节"。创新技术强化产业支撑,紧紧围绕渔业节水、生态养殖和籽种渔业,示范推广生物浮床治水、中草药防治鱼病和微生物制剂应用三项节水、生态型渔业技术,为调结构转方式提供科技支撑。

5. 存在的主要问题

(1)水资源利用、养殖用水循环利用和养殖尾水处理技术有待加强集成示范试验,需要推进成套成熟技术。

(2)新型渔业产业体系、生产体系、经营体系培育不足,开发创制生产新服务型产品能力不强;传统方式、传统产品占比较大的局面仍未得到根本改变。

(3)推进渔业供给侧结构性改革,培育经营新业态,引导消费需求意识不强、动力不足、办法不多。

(4)渔业生产功能、生态功能、休闲功能、文化功能开发推介不平衡、不充分,小行业大功能、小产业大作为的局面效应没有充分形成和发挥。

【重点渔业生产地区(单位)基本情况】

北京市重点渔业区基本情况

地区	渔业人口(人)	渔业产值(万元)	水产品产量(吨)	其中		养殖面积(公顷)
				捕捞	养殖	
通州区	2 450	26 809.2	5 701		5 701	759
平谷区	1 155	15 296.7	10 481		10 481	662
顺义区	786	12 188.9	7 164		7 164	525
密云区	718	8 473.7	3 604	2 438	1 166	138
怀柔区	3 075	7 346.4	2 549		2 549	59

【大事记】

[1]1月8~9日,在中国水产杂志社及中国水产新媒体中心主办的中国水产年度大会上,北京市水产技术推广站获中国水产业突出贡献团体奖。

[2]1月14日,北京市渔政监督管理站对网上非法制造、销售地笼开展清理整顿专项行动并将"地笼"列为禁搜词汇。对淘宝、京东等电商平台进行督导下架地笼商品上万件。

[3]1月23日,北京市渔政监督管理站水生野生动物保护科被农业部评为"全国农业先进集体"。

[4]2月13日,北京市水产技术推广站、农业部渔业产品质量监督检验测试中心(北京)、北京市水生动物疫病预防控制中心、农业部水产品质量安全风险评估实验室(北京)在北京市经济技术开发区办公新址正式挂牌。

[5]3月16日,北京渔政监督管理站组织京津冀三地渔政执法骨干开展水产品质量安全监管培训。

[6]3月29日,北京市水生野生动植物救护中心组织开展遥桥峪水库细鳞鱼增殖放流效果调查工作。

[7]4月1日,京冀两地渔政在官厅水库举行"2017年京冀官厅水库联合禁渔暨北京全市禁渔期启动仪式",两地在官厅水库同步开始禁渔。

[8]5月4~5日,北京市水生野生动植物救护中心组织房山拒马河水生野生动物自然保护区野生鱼类种群多样性调查。

[9]5月14~21日,北京市水生野生动植物救护中心围绕"保护生态环境"和"科技强国 创新圆梦"宣传主题开展2017年科技周科普宣传活动。

[10]5月16日,北京市渔政监督管理站与公安机关建立渔政执法联络机制,建立健全涉刑案件提前介入、涉刑渔业违法案件移交程序并落实公安机关在重要渔业水域设立工作站等具体工作。

[11]6月16~18日,在2017中国国际现代渔业暨渔业科技博览会上,北京市水产技术推广站获"最佳组织奖",该站展示的"北京市池塘循环流水养殖系统"获水产养殖智能化突出贡献奖。

[12]6月6日,全国"放鱼日",北京市水生野生动植物救护中心在房山区拒马河流域同步举行主题为"放流濒危保护鱼类 改善水域生态环境"的放流活动。

[13]6月23日,北京市水生野生动植物救护中心完成"2017年北京市水生动物资源调查及多样性保护研究项目"采样工作。

[14]6月15日、8月17日北京海关分两批向北京

市水生野生动植物救护中心移交罚没水生濒危动物制品共1 474件。

[15]7月5~6日,北京市水产技术推广站承办北京市第三届农产品质量安全检测技能竞赛水产行业比赛。

[16]7月25日,在全国水生野生动物保护科普宣传月活动期间,北京市水生野生动植物救护中心同步开展"小鱼游进我家""我喜爱的水生动植物"等暑期绘画、摄影活动。

[17]8月1日,北京市渔政监督管理站联合河北省渔政处组织开展京冀渔政拒马河流域联合执法行动,共同打击破坏水生生物和自然保护区生态环境的违法行为。

[18]8月25日,农业部渔业渔政管理局局长张显良、副局长韩旭一行赴北京市昌平区渔政监督管理站考察调研并慰问一线渔政人员。

[19]9月25~27日,北京市水产技术推广站承办"京津冀地区水产品质量安全及病害防治高级研修班"。

[20]11月25日,北京市渔政监督管理站完成2017年全国渔业行政执法人员执法资格考试北京考区相关考试工作。

[21]12月19日,北京市渔政监督管理站与广东省渔政总队雷州珍稀海洋生物国家级自然保护区支队共同在保护区内举行"送海龟回家"主题放生宣传活动。

(北京市农业局水产管理处 许中海)

天津市渔业

【概况】 2017年,天津市水产品产量32.33万吨,比2016年减少1.01%;渔业产值72.8亿元;渔民人均纯收入2.57万元,同比增长6.60%。全市水产养殖面积3.33万公顷,其中海水面积0.32万公顷,淡水面积超过3万公顷。精养虾面积0.67万公顷,鱼虾套养面积1.33万公顷。南美白对虾产量达3.7万吨。

1.**现代渔业建设** 统筹抓好池塘改造建设任务,全市清淤改造池塘0.675万公顷,高标准完成淡水渔业养殖生产基地40个、农产品生产基地6个。积极争取各类扶持资金,新建工厂化养殖车间18万平方米,全市工厂化养殖规模达到150万平方米。组织实施农业部休闲渔业品牌培育活动,被认定为全国精品休闲渔业示范基地1处、全国休闲渔业示范基地2处。成功举办第二届京津冀渔业联席会议。

2.**水产健康养殖** 创建第十二批农业部水产健康养殖示范场4家,复审12家。2家企业获得市级水产良种场称号。成立了"天津市海水鱼类养殖和遗传育种实验基地",实现海水种业研究机构建设的突破。制定印发《天津市农村工作委员会水产办公室关于加快推进渔业绿色发展实施意见》,从发展方式、空间布局、产业链延伸、质量安全、生态保护等方面协调整体推进渔业可持续发展。

3.**渔业资源养护** 积极开展渔业资源增殖放流。投入资金1 561.26万元,放流中国对虾、梭子蟹等海洋经济物种15亿单位,放流珍稀濒危物种松江鲈鱼14.96万尾;组织实施海洋牧场示范区建设。累计投入资金1 400万元,制作礁体8 686个(约2.84万空方),投放礁体3 686个;制定《2017年天津市国内渔业捕捞和养殖业油价补贴政策调整总体实施方案》,从油补资金7 046万元中调整出1 703.16万元用于减船转产、渔船更新改造、海洋牧场建设等,并将任务分解至各相关单位,同时制定配套资金管理办法和方案等17个。

4.**水产品质量安全监管** 落实放心水产品基地建设单位30个,涉及1 333公顷养殖池塘、6.4万平方米工厂化养殖,辐射带动0.81万公顷养殖池塘;对各区养殖节点工作进行检查,共派出检查组183批、人员1 044人次,发现落实整改问题共计511条;严查水产养殖禁用药物及非法添加物使用,共计出动车辆58次,检查人员203人次,全市共检疫各类苗种35亿尾,全方位保障苗种质量;坚持发放"明白卡"近4万份宣传各方责任,强化生产者对质量控制的主动性。

5.**渔政管理** 从5月1日起,实施海洋伏季休渔,联合海警、公安(边防)等部门,构建海陆联合执法机制,清理没收地笼网337套、流刺网71条。全市伏季休渔工作受到上级督导检查组充分肯定,并被通报表扬。完成19艘减船转产任务指标、50艘海洋渔船更新改造任务,内陆渔船100艘更新改造任务。与河北省渔政处开展海上联合执法和地笼网具清缴行动。组织涉韩作业船东船长培训,加强涉外渔业管理。同时,争取农业部资金413万元,对海洋捕捞渔船通讯设备进行更换。

6.**渔业科技与推广** 制定出台《天津市渔业科技创新驱动发展实施意见》,提出"十三五"时期渔业科技创新工作的发展目标和9项重点任务,并从体制机制层面鼓励科研人员自主创新创业,从根本上解决渔业科技创新动力不足的问题。做大做强渔业新型经营主体,争取资金9 000万元,支持9家龙头企业做强做大项目全面启动,新增带动农户801户,生产经营主体、所带农户生产条件、设施化、信息化能力全面提升。

争取资金 3 795 万元,启动市级渔业产业创新技术体系,2017 年建立综合试验站 19 个、示范基地 43 处。培育和引进新品种 13 个、开发新产品 2 个、研发新技术 10 项、示范推广新技术 11 项,发挥了较好的科技示范引领作用。

（天津市水产局　申晓宁）

河北省渔业

【概况】　2017 年,河北全省渔业系统认真贯彻落实省委、省政府和农业部部署要求,以《农业部关于进一步加强国内渔船管控　实施海洋渔业资源总量管理的通知》为指导,加快推进渔业转方式、调结构、促转型,按照年初制定实施的《河北省农业厅 2017 年加快推进渔业转型升级工作方案》,紧紧围绕供给侧结构性改革这一主线,以提质增效、减量增收、绿色发展、富裕渔民为目标,以健康养殖、适度捕捞、保护资源、做强产业为方向,强化政策引导、科技支撑、投入支持、法治保障,促进创新强渔、协调惠渔、绿色兴渔、共享富渔、开放助渔,提升渔业生产标准化、绿色化、产业化、组织化和可持续发展水平,提高渔业发展的质量效益和竞争力。全省渔业经济发展实现了稳中向好,质量效益同步提高,全省水产品总产量 116.5 万吨,同比下降 2.74%。其中海洋捕捞产量 23.4 万吨,同比下降 5.56%;海水养殖 52.9 万吨,同比增长 3.48%;淡水捕捞 4.9 万吨,同比下降 15.34%;淡水养殖 30.4 万吨,同比下降 7.66%。渔业经济总产值 268.8 亿元,比 2016 年增长 3.67%;渔民人均收入 1.51 万元,同比增长 8%。二三产业产值 41.67 亿元,同比增长 21.1%,二三产业在经济总产值中占比增长 2.3%。休闲渔业经济总产值 7.18 亿元,同比增长 84.93%。远洋渔业产量 4.82 万吨,产值 1.3 亿元。

1. **调优捕捞业**　积极开展减船转产和渔船更新改造工作,制定实施《减船转产和渔船更新改造实施方案》《海洋捕捞渔船标准化技术要求(暂行)》等指导性文件。已减船转产渔船 209 艘,超额完成了 176 艘年度减船任务。完成更新改造渔船 109 艘,超过 92 艘的任务目标,近海捕捞产能进一步压减。远洋渔业新建 3 艘鱿钓渔船下水生产,远洋渔船发展到 21 艘,作业区域扩展到北太、南非、西非、南美等地,实现跨越式发展。出台《渔船船用终端设备建设实施方案》《渔政管理指挥系统建设指导意见》,为渔船配备北斗、AIS、短波电台、超短波电台;升级、改造 13 个岸台基站;建设 3 座沿海雷达基站;初步对省、市、县渔船信息系统及渔政指挥等系统进行整合,建立集渔船管理、渔港管理、监察执法与渔业安全应急救援为一体的全省渔政执法指挥系统,进一步提升渔船信息化水平。

2. **推进健康生态养殖**　按照农业部统一部署,全面启动养殖水域滩涂规划编制工作,对编制人员进行培训,并对各地编制工作进行专题调度,科学划定禁养区、限养区和养殖区,稳定基本养殖水域滩涂面积,保障渔业发展空间。持续开展网箱养殖清理取缔工作,潘大水库完成清理网箱将近 8 万个,出鱼 8.5 万吨。统筹各类资金,积极支持潘家口库区渔民转产转业、渔业资源增殖、渔港等基础设施建设以及库区周边美丽渔村建设。加强水产良繁体系建设,修订《河北省水产原(良)种场管理办法》,明确原(良)种场的管理工作和建设标准。6 家资质到期的省级场顺利通过现场复查。开展特色优势品种保种选育和扩繁活动,取得阶段性成效。选取了 8 个示范点,推广设施高效养虾技术 9.6 万平方米、工厂化循环水高效养鱼技术 3 000 平方米、池塘节能减排及高效养殖技术 70.7 公顷。新创建农业部水产健康养殖示范场 21 个,圆满完成农业部 20 个指标任务,18 家农业部水产健康养殖示范场通过复查,全省省级示范场总量达 152 家,辐射带动面积超过 6 万公顷。在农业部举办的第二届全国水产技术推广职业技能大赛,全国各地 32 支代表队参赛,岳强获第一名、一等奖,农业部副部长于康震亲自颁奖授予全国技术能手称号,杨莉获得二等奖,河北省获团体二等奖。

3. **政策创新引领**　结合全省渔业发展实际,制定并印发了《河北省渔业发展“十三五”规划》《2017 年加快推进渔业转型升级工作方案》等政策文件,为全省渔业转型发展提供规范性指导意见和工作着力点。抓住油价补贴政策调整机遇,制定《2016 年度河北省渔业油价补贴政策调整实施方案》和《关于印发河北省国内渔业油价补贴政策调整中央专项转移支付项目相关工作实施方案的通知》,争取渔业油价补助中央专项转移支付资金、落实省级一般性转移支付资金共计 6.57 亿元。在农业部渔业渔政管理局召开的全国渔业油价补贴政策调整培训会议上就河北渔业油价补贴政策调整实施情况做了典型发言。

4. **完善基础设施**　新建成并投入使用 300 吨级渔政船 2 艘、500 吨级渔政船 1 艘、执法快艇 16 艘,全省水上渔政执法能力进一步强化。1 艘 300 吨级渔业资源调查船,建成并已交付省海洋与水产科学研究院使用,省级海洋渔业资源调查研究能力进一步加强。黄骅市南排河中心渔港建设项目通过竣工验收,唐山市丰南区黑沿子、涧河、沧州黄骅市歧口等 3 座沿海渔港及邯郸市磁县东武仕、承德市宽城县潘家口水库等

2座内陆渔港升级改造与整治维护项目通过农业部专家评审,陆续开工建设。积极争取将北戴河新香溪渔港、潘家口水库清河口渔港、迁西县大黑汀水库银洲峪渔港、唐山市迁西县潘家口水库太阳峪渔港、唐山市迁西县潘家口水库桃源渔港、唐山市迁西县大黑汀水库小黑汀渔港等6座渔港列入了《全国渔港升级改造与整治维护规划》。

5.渔业资源养护 加大增殖放流活动规模,在沿海海域及内陆湖库增殖放流各类海(淡)水苗种48亿尾(粒),进一步增强公众生态保护意识。新创建石家庄中山湖日本沼虾、黄颡鱼国家级水产种质资源保护区1处,共建立国家级水产种质资源保护区19处。海洋牧场建设快速,出台《河北省国家级海洋牧场人工鱼礁建设项目实施方案》,为规范建设项目管理提供了政策保障。新审批人工鱼礁建设单位3家、扩建单位3家,全省海洋牧场总数达到16家,海洋牧场面积达到9 169公顷。争取2017年中央转移支付资金1亿元,组织实施第二批4个国家级海洋牧场示范区进行人工鱼礁建设,并新获批第三批国家级海洋牧场示范区3家,获批国家级海洋牧场示范区总数位居全国第二。严格落实涉海工程渔业资源损害补偿机制,积极参与专题报告论证3个,反馈意见25份,签订补偿协议7份,涉及补偿资金2 442.14万元;落实渔业资源修复资金3 048.96万元。

6.渔业行政执法 扎实推进违规渔具清理整治。组织了全省联合执法行动和日常执法行动,省属渔政船全年累计出海368天,航行1.4万海里。共计没收、清理各类违规渔具、违规网具1 767条(张),共2万余米。有效落实海洋伏季休渔制度。坚决贯彻农业部伏季休渔管理各项要求,早谋划、早部署、早行动,省政府办公厅下发《关于加强海洋伏季休渔管理工作的通知》,落实伏季休渔管理措施,强化组织领导、落实管理责任、加大执法力度,有效震慑了各类违法行为,伏季休渔效果好于预期。强化区域、部门间协同执法。分别与山东、辽宁、天津签订执法协作备忘录或定期召开执法协作会,与海警北海分局建立了渔政海警联合执法工作制度,多次参加了跨地域跨部门的联合执法行动,共同维护了交界水域渔业生产秩序的稳定,得到了海警部门通报表扬。全省各级渔政机构共出动渔政执法船艇1 749艘次,检查车2 666辆次,执法人员17 776人次,查处违规渔船213艘,向公安机关移送涉嫌犯罪案件5起,行政处罚金额347.5万元。严格贯彻落实水生野生动物保护法律规定,开展水生野生动物保护救助宣传活动,救助野生斑海豹幼崽1头,上报并通过农业部新建水生野生动物展演场馆评估审核的

项目2个。认真做好国家一级水生野生动物特许利用审批下放衔接和船网工具控制指标审批指导监督工作。严格按照"四零"服务承诺要求,印制《行政审批指南》及《办事服务指南》,做到高效、便民,按时办结各类行政许可事项113项,群众满意度达100%。

7.新兴渔业业态 加大"互联网+"渔业建设支持力度,召开现场会进行专门部署。黄骅渔业电商创业园,已有互联网及传统企业50家入驻,并开通渤海电商网和微信公众号,浏览量已超10万人次,举办5期渔业电商培训班,培训渔民500余人次。乐亭县渔业电商公共服务中心,已有京东、阿里巴巴、雅购等电商企业入驻,已建电商服务站50余家,引入菜鸟物流开展水产品物流快递业务。进一步提升智慧渔业发展水平,任丘等8个县(市)试点配备精准生产网络监控系统,对养殖环境水质、气象等实时监测,通过智能远程控制精准调节水质和自动投喂。积极争取中央数字渔业试点资金1 000万元,为智慧渔业发展树立典型示范。加快提高休闲渔业发展档次和服务水平,积极落实农业部《关于促进休闲渔业持续健康发展的指导意见》和河北省《关于促进休闲渔业可持续发展的实施意见》,利用渔业油价补贴政策调整资金支持休闲渔业发展,安排资金扶持建设25个省级休闲渔业示范基地和21个美丽渔村。加大休闲渔业宣传力度,各地积极开展垂钓比赛、渔事体验、科普教育等多形式休闲渔业活动,深挖渔业文化资源。组织全省渔业系统及休闲渔业企业负责人参加农业部在福建省厦门市举办的"第二届中国休闲渔业高峰论坛暨休闲渔业品牌发布活动",河北省农业厅副厅长吴更雨在会上做了题为《加强政策创新 推动休闲渔业健康发展》的典型汇报,省农业厅获得休闲渔业创建工作"最佳组织奖"称号。积极组织开展休闲渔业示范创建活动,新创建全国精品休闲渔业示范基地3家、全国休闲渔业示范基地2家,累计创建国家级休闲渔业示范基地13家,省级休闲渔业示范基地11家,发挥了典型示范作用,促进了休闲渔业形成特色品牌效应,拉动了休闲旅游消费。

8.渔业安全生产及水产品质量安全 狠抓渔业安全生产管理,开展隐患排查,落实监管责任,明确应急处置工作程序和省、市、县相关责任。对摸排出的不符合农业部要求的异地挂靠渔船,对渔船登记地和渔船所有人户籍所在地或企业注册地不一致的渔船进行全面清理。重点加强常年在外省海域作业渔船的管理,在集中停靠地设立了服务中心,派出骨干力量,管理重心前移,保障安全服务。坚持涉外无小事的理念,始终把远海远洋渔船管理作为大事来抓,组织检查组

到山东、江苏对河北渔船进行登船检查,全年未发生恶性违规事件,涉外渔业生产形势保持了基本稳定。坚决保障水产品质量安全,加大疫病防控工作,专项监测对虾白斑综合征、草鱼出血病等8种重大水生动物疫病,共监测样本535个,检出阳性样品13个,检出率2.43%。积极开展贝类毒素监测预警,对秦皇岛连续两年发现贝类毒素情况及时高效处置,受到农业部领导表扬。省农业厅总渔业师闫建民在5月16日召开的"2017年全国水产品质量安全监管工作会议"上做了典型发言。

9. 京津冀渔业协同发展 积极配合中国水产科学研究院开展环京津水源地水域生态环境调研,为实施华北水域生态大保护和保障雄安新区建设做好准备。联合北京市、天津市召开了第二届京津冀渔业协同发展联席会议,签署《京津冀水产苗种疫病监测检验协议》,三地开展水生动物疫病监测互检、信息共享。与北京合作进行鲤鱼浮肿病流行病学调查与研究,北京病害防治专家多次到河北现场指导。举办了京津冀三地水产技能大赛、水产品质量安全监测大比武两项赛事,河北囊括两项赛事冠军。与北京、天津联合编著了《京津冀休闲垂钓》(2017—2018)。多次联合北京市渔政监督管理站、天津市渔政处,组织辖区渔政机构及有关单位,在蓟运河、潮白河等交界共管水域开展联合执法行动。与北京市农村工作委员会联合制定了《官厅水库渔具使用管理特别规定》,统一了官厅水库的禁渔期。

10. 存在的问题 一是产业化程度低,影响市场竞争优势的发挥。总体看,全省渔业产业化程度不高,养殖结构还未趋于合理,规模型龙头企业少,特色、品牌产品总量小;二三产业占比偏低,水产品精深加工发展滞后,一体化经营发展缓慢,在激烈的国内外市场竞争中缺乏明显优势;大宗养殖产品过剩和养殖密度过大问题的根本解决仍需要一段时间。水产品质量安全及质量可追溯体制尚不健全。二是资源环境对渔业可持续发展的制约。随着全省工业化、城镇化进程的加快,涉海工程、工业开发等侵占养殖水域滩涂和捕捞海域越来越多,水域污染事件时有发生、水域生态环境持续恶化,渔业自然资源衰退未能有效缓解,水产品质量提高难度不断加大,加快经济社会发展、改善生态环境对渔业生产提出了更高要求,渔业可持续发展面临严峻挑战,渔民民生问题也由此变得更加突出。三是渔业安全生产仍是短板。渔船老破小、渔港差旧少、渔业保险制度建设滞后,安全生产形势不容乐观,海上渔民死亡事故时有发生,应在深刻反思、吸取教训的基础上,努力提升渔业安全生产保障能力,加快建设平安渔业,保障渔民生命财产安全。四是渔船渔具管理现状影响着渔业更好更快发展。渔船数量众多、近海捕捞强度过大、船体安全性较差、资源压力未能缓解等问题依然突出,渔业资源总量管理和渔船"双控"制度落实阻力较大。"绝户网"、涉渔"三无"船舶,违反最小网目尺寸、禁用渔具、休渔制度等违法捕捞行为屡禁不止,打击力度不平衡。

【重点渔业生产地区(单位)基本情况】

河北省重点渔业市(县、区)基本情况

市 (县、区)	渔业户 (户)	渔业人口 (人)	水产品 产量 (吨)	其中				养殖面积 (公顷)	其中	
				海洋捕捞	海水养殖	内陆捕捞	内陆养殖		海水	内陆
北戴河新区	6 195	24 445	263 861	14 976	248 766	8	111	22 279	22 174	105
乐亭县	415	10 500	135 845	35 489	98 180	268	1 908	28 552	28 319	233
昌黎县	3 471	13 696	99 679	4 863	94 647	14	155	13 860	13 761	99
曹妃甸区	5 268	22 850	85 332	15 600	15 855	41	5 3836	12 531	7 519	5 012
滦南县	3 269	11 936	75 815	31 579	27 260	616	16 360	14 480	13 302	1 178
黄骅市	13 352	49 890	70 167	59 884	8 449		1 834	5 828	4 965	863
丰南区	2 740	10 930	56 092	13 942	500	952	40 698	3 140	710	2 430
唐山湾 国际旅游岛			35 381	11 905	23 476			8 569	8 569	

（续）

市 （县、区）	渔业户 （户）	渔业人口 （人）	水产品 产量 （吨）	其 中				养殖面积 （公顷）	其 中	
				海洋捕捞	海水养殖	内陆捕捞	内陆养殖		海水	内陆
渤海新区	2 987	10 352	2 8862	28 680	182			5	5	
南堡开发区	1 510	4 110	27 549	1 630	1 023		24 896	2 452	1 200	1 252

【大事记】

[1]2月6日,河北省渔政处、河北省公安边防总队海警支队在秦皇岛召开海上渔业生产秩序维护座谈会。

[2]2月16日,河北省农业厅制定并印发了《河北省渔业发展"十三五"规划》,总结了"十二五"期间全省渔业发展成就,分析了"十三五"时期面临的机遇和挑战,并明确了今后5年的全省渔业发展总体要求和主要任务。

[3]2月20日,河北省农业厅印发了《关于做好养殖水域滩涂规划编制工作的通知》,对全省启动养殖水域滩涂规划编制工作进行部署,要求科学划定禁养区、限养区和养殖区。

[4]2月22日,河北省农业厅与河北省财政厅联合印发了2017省级渔业补助项目实施方案的通知,对渔业资源增殖放流项目、水产种质资源保护区项目、水生动物疫病防控体系建设项目、水产良种繁育体系建设项目、渔业产学研一体化科技示范项目、水产重点技术集成示范与推广等制定了项目指导意见。

[5]2月21日,河北省农业厅在黄骅市举办了河北省2017年涉韩入渔培训。

[6]2月25日,河北省农业厅在秦皇岛召开全省渔业安全生产研讨调度会。

[7]3月10日,河北省农业厅制定出台了《河北省水产原良种场管理办法》,为保存和合理利用水生生物种质资源,加强水产原良种场管理工作提供指导依据。

[8]4月24日,河北省农业厅在秦皇岛组织召开了全省渔业渔政工作会议。省农业厅厅长、省农工办主任魏百刚出席会议并讲话,并与各市领导签订了《渔业安全生产管理责任书》《渔船管控和渔业资源总量管理责任书》。省农业厅党组成员、省农工办副主任刘振洲主持会议,秦皇岛市副市长杨铁林参加会议并致辞。

[9]5月1日,海洋伏季休渔管理工作全面开启。

2017年,农业部重新调整确定了海洋伏季休渔制度,伏季休渔时间延长一个月。按照《农业部关于调整海洋伏季休渔制度的通告》要求,5月1日12时至9月1日12时,全省5 000余艘除钓具作业类型外的海洋捕捞渔船包括渔业辅助船,全部进港休渔。

[10]5月4日,河北省农业厅在唐山市曹妃甸区举办了水产良种繁育体系建设培训班,邀请农业部渔业渔政管理局副处长曾昊和河北省海洋与水产科学研究院孙桂清研究员授课指导。

[11]5月12日,河北省农业厅制定并印发了《2017年河北省水生动物疫病监测计划》,为及时掌握全省水生动物疫情动态、疫病隐患和流行规律提供数据支撑。

[12]5月15~16日,农业部渔业渔政管理局在江西省南昌市召开2017年全国水产品质量安全监管工作会议。河北省农业厅总渔业师闫建民代表河北做了典型发言。会上,农业部渔业渔政管理局副局长李书民对河北省近两年水产品质量安全工作所取得的成绩予以表扬。

[13]5月22日,河北省农业厅与河北省财政厅联合印发了《2016年度河北省渔业油价补贴政策调整实施方案》,为加快渔业转型升级,利用调剂出的一般性转移支付资金,重点用于海洋捕捞减船转产省级追加补助、渔政信息系统建设、标准化船型设计、休闲渔业示范基地及美丽渔村创建等省重点项目扶持。

[14]5月25日,河北省农业厅在唐山乐亭县举办以"金融支持渔业发展,助推美丽渔村建设"为主题的水产养殖气象指数保险理赔现场会。

[15]6月6日,河北省农业厅与衡水市人民政府在衡水湖共同举办了2017年全国"放鱼日"河北同步增殖放流活动。

[16]6~7月,省农业厅进一步加强渔业安全生产管理,印发《2017年全省渔业安全生产集中整治行动方案》,就清理挂靠渔船、整治重点渔船、安全设施检查等13项重点任务进行部署,同时专门制订《加强渔船安全监管整改实施方案》和《加强渔港安全监管整

改实施方案》，针对整改重点任务，提出具体措施和明确的时限要求。

[17]6月22日，河北省农业厅在任丘市召开了半年渔业经济形势分析会。会议总结了上半年全省渔业发展形势，并对下半年重点工作进行了强调部署。省农业厅党组成员、省农工办副主任刘振洲出席了会议并讲话。

[18]7月12～14日，农业部渔业渔政管理局在重庆组织召开了全国渔业油价补贴政策调整培训会议，对2016年、2017年中央专项转移支付项目实施工作进行了督导、专题培训与部署。河北就渔业油价补贴政策调整实施情况做了典型发言。

[19]8月10日，河北省农业厅在石家庄市召开全省渔业安全生产专题会议，各市渔业主管局分管局长及相关处（站）长，厅有关处室、省渔业互保协会负责同志共50余人参加了会议。会议对当前河北渔业安全生产形势进行了分析研究，部署了下一步渔业安全生产任务。河北省农业厅党组成员、省农工办副主任刘振洲参加会议并讲话。

[20]8月12～13日，河北省渔政处联合山海关乐岛欢乐海洋公园在秦皇岛市举办了以"关爱水生动物，共建和谐家园"为主题的水生野生动物科普宣传活动。

[21]8月25日，中国渔政"亮剑2017"海河水系京津冀渔政联合执法行动在北京市官厅水库启动，旨在贯彻落实中央关于绿色发展、京津冀区域协同发展的战略理念，促进京津冀水域生态文明建设，强化三地渔政执法攻坚。农业部渔业渔政管理局局长张显良，北京、天津、河北等省（市）渔业行政主管部门、怀来县政府有关负责同志及渔政执法代表100多人出席了活动。

[22]8月29日，河北省农业厅在保定涞源举办了第二期水产良种繁育体系建设培训班，邀请中国水产科学研究院副院长刘英杰和河北省水产养殖病害防治监测总站副站长分别从国家水产种业发展和良种场实验室建设方面进行了授课。

[23]9月6～7日，河北省农业厅组织有关市（县）渔业主管部门负责同志，到山东石岛渔港对全省涉韩生产渔船进行集中检查和发证工作，并组织召开了涉韩渔船管理工作调度会、船东船长入渔培训会和下步工作座谈会，提要求、问需求、集思广益，全面加强全省涉外渔业生产管理工作。

[24]9月15日，省农业厅组织专家评审认定了石家庄平山县东冶甲鱼养殖场等11家单位为省级休闲渔业示范基地，并授予"河北省休闲渔业示范基地"称号。

[25]10月11日，冀鲁津辽渔政执法协作交流会在河北唐山召开。山东、辽宁、河北、天津渔政执法机构部分负责人及沿海13个重点市、县、区的渔政执法机构负责人参加了会议。会议由河北省渔政处处长秦立新主持，河北省农业厅党组成员、省农工办副主任刘振洲出席了会议并做总结发言。

[26]10月18～19日，河北省农业厅联合河北海警三大队，组织沧州市、任丘市、黄骅市和渤海新区渔业主管部门渔政人员共12人赶赴山东石岛渔港，对全省涉韩生产回港渔船逐一进行安全生产检查。

[27]10月26日，河北省农业厅在秦皇岛召开水产良种繁育体系建设工作研讨会，会议总结交流了全省水产原良种繁育体系建设情况，并对省级水产原良种场评定相关事项进行了研讨。

[28]11月2日，农业部在福建省厦门市举办了第二届中国休闲渔业高峰论坛暨休闲渔业品牌发布活动。河北省农业厅副厅长吴更雨代表河北在会上做了题为《加强政策创新 推动休闲渔业健康发展》的典型汇报，河北省农业厅获得"最佳组织奖"称号。论坛活动期间，河北有3家单位获得了"精品休闲渔业示范基地"称号，2家单位获得"全国休闲渔业示范基地"称号。

[29]11月6日，在潘家口、大黑汀水库养殖网箱清理验收完毕之际，河北省农业厅与唐山市人民政府在迁西县联合开展了"2017年潘大水库水生生物增殖放流活动"。河北省农业厅党组副书记、副厅长吴更雨，唐山市人民政府副市长张月仙等领导以及有关单位和社会各界代表150余人参加了放流活动。此次活动以"净化水域环境，保护生态平衡"为主题，共放流鲢鱼、鳙鱼、草鱼等水生生物苗种约300余万尾，对进一步优化改善水域生态环境、保障渔业可持续发展、促进渔区稳定、经济繁荣，将产生积极深远的影响。

[30]11月8～9日，全省内陆跨界水域暨水产养殖执法培训班在秦皇岛市举办，培训邀请了省水产品质量检验检测站和省渔政处专家分别就产地水产品质量监督抽查抽样与执法、水产养殖、渔业资源养护、水生野生动物保护等有关法律法规知识和水生野生动物行政许可有关规定及京津冀协同执法开展情况进行了讲解。各市及内陆跨界水域重点县渔政执法骨干共40余人参加了培训。

[31]11月14～16日，第二届京津冀渔业协同发展联席会议在天津市举行，京津冀三地的渔业主管部门、渔业科技部门和部分企业代表等200余人参加了会议。同期举办的京津冀水产技术推广职业技能竞赛

和水产品质量检测技术技能竞赛活动,河北参赛选手表现突出,囊括了两项赛事冠军。

[32]11月25日,全国范围的渔业行政执法人员资格统一考试工作正式进行,河北设7个考点,1 100名渔政执法人员参加了统一考试,标志着渔政队伍法制化、专业化、规范化建设迈上了新台阶。

[33]11月27日,中国海警局下发《关于表彰中朝间海域集中管控行动先进集体和先进个人的通报》。省渔政处赵欣、郑文广获中国海警局中朝间海域集中管控行动先进个人。

[34]12月13~14日,全国农业行业技能竞赛暨第二届全国水产技术推广职业技能竞赛在北京举办,全国各地96名选手参加。河北代表队表现突出,荣获团体二等奖,唐山市水产技术推广站岳强取得第一名优异成绩,荣获一等奖,被授予"全国水产技术能手"称号。

[35]12月18日,中国海警局下发《关于表彰2017年度海洋伏季休渔执法工作先进集体和先进个人的通报》。河北省渔政处获先进集体,王志民获先进个人。

[36]12月21日,农业部下发《关于通报表扬"亮剑2017"系列渔政专项执法行动工作成绩突出的集体和个人的通知》。河北省渔政处获工作成绩突出的集体荣誉,赵欣获工作成绩突出的个人荣誉。

[37]12月22日,全省休闲渔业观摩暨渔业油价补贴工作会在安新召开,会议对全省休闲渔业发展情况进展情况进行了全面总结,对取得全省休闲渔业基地的单位授牌表彰。省农业厅党组副书记、副厅长吴更雨参加了会议并讲话。

[38]12月27日,经省政府同意,河北省农业厅制定了《河北省进一步加强国内渔船管控实施海洋渔业资源总量管理的实施方案》,通过完善海洋渔船"双控"制度和配套管理措施,逐步建立起以投入控制为基础、产出控制为闸门的海洋渔业资源管理基本制度,实现全省海洋渔业持续健康发展。

[39]12月27日,省农业厅印发《河北省海洋渔船通导与安全装备建设实施方案》,规定了全省渔船通导设施建设目标、建设内容、建设标准,并对建设工作提出了具体要求,为推进渔船装备建设,提高渔船管理水平奠定了良好基础。

(河北省农业厅 周栓林)

山西省渔业

【概况】 2017年,在山西省水利厅党组的领导下,渔业系统干部职工认真贯彻党的十八大、十九大精神和省委十一届五次全体会议以及全国渔业工作会议精神,按照农业部加快推进渔业转方式调结构的指导意见,着力"抓发展、保质量、创特色、调结构、护生态",各项工作初见成效。全省水产品总产量53 047吨,较上年增长1.35%,其中:养殖产量50 905吨,与上年持平,捕捞产量2 142吨,较上年增长94.72%;养殖产量中池塘产量35 883吨,增长2.88%,占养殖产量的70.49%,位居第一;水库产量14 156吨,增长1.2%,占养殖产量的27.81%,位居第二。水产养殖总面积10 748公顷;渔业经济总产值8.31亿元,其中:渔业产值6.28亿元,增长2%,渔业工业和建筑业产值0.18亿元,与上年持平,渔业流通和服务业产值1.86亿元,与上年持平;渔民人均纯收入8 490元,较上年增长2.88%。

1. 夯实基础,现代渔业建设发展稳定 一是渔业经济稳步发展。2017年在面对环保督查带来的水域养殖面积减少的情况下,全省渔业经济仍保持了平稳发展态势,全省水产品总产量达5.23万吨,渔业经济总产值8.11亿元,渔民人均纯收入达到8 490元,同比分别增长0.12%、0.23%、3%。二是渔政执法装备建设取得成效。2017年,争取到中央资金160万元,完成了8艘渔政执法快艇建设任务,并已交付使用。三是现代渔港建设进度加快。2017年,争取到中央资金800万元,在运城市垣曲县小浪底水库建设渔港码头,项目已开工建设。

2. 提质增效,积极推进发展方式转变 一是更新发展理念。先后组织考察团赴重庆、宁夏、浙江、江苏等地就渔业发展新理念、新模式进行了学习考察,推进了理念的更新及发展思路的转换。二是继续组织开展省部级水产健康养殖示范创建活动,新创建部级健康养殖示范场4个、省级健康养殖示范场4个。三是养殖产品结构得到优化。缩骨大头鱼、大鳞鲃引进养殖成功,匙吻鲟、大闸蟹养殖面积进一步扩大。运城市、临汾市积极发展莲田养鱼,实现了亩增百斤鱼、亩增千元钱。四是着力推进关键技术推广与应用。池塘循环水养殖系统、鱼菜共生等生态养殖模式得到进一步推广,盐碱地鱼虾混养生态养殖模式达到了预期效果。阳泉平定县和运城临猗县两位水产推广基层人员荣获"优秀推广人员奖",山西省代表队在第二届全国水产技术推广职业技能竞赛总决赛中取得个人三等奖和优秀组织奖。

3. 以人为本,水产品质量安全水平显著提高 一是严密监控产地水产品质量安全。将水产健康养殖示范场、水产原良种场、无公害水产品产地等主要水产品生产基地和大中城市水产品批发市场全部纳入水产品质量安全药残监控范围。水产品质量安全监控范围覆盖全省11个市和51个县。全年总计开展了两批产地水产苗种、三批产地水产品质量安全监督抽查。其中：抽检产地水产品200个样，合格率为99%；抽检产地水产苗种35个样，合格率为100%。同年，配合农业部相关质检单位完成了4次市场水产品质量安全例行监测、2次产地水产品质量安全监督抽查和1次产地水产苗种质量安全监督抽查任务。二是持续提升水产品质量安全宣传和培训。组织开展了水产品质量安全宣传周活动，共发放宣传材料5 000余份，制作展板20余块。全省上下共组织举办各类培训42次，培训人员1 046人次，发放各类宣传资料8 850份，媒体宣传报道56次。举办了全省无公害水产品检查员和内检员培训班，分别培训无公害渔业产品检查员45人，内检员51人。三是强化无公害产地、产品认证工作。全年新认定无公害水产品产地5个、无公害水产品产品5个，完成了14个无公害水产品产地、16个产品的复查换证工作，向农业部重新上报无公害水产品13个。

4. 发展绿色，渔业生态文明建设扎实推进　一是开展全国"放鱼日"专题活动。2017年6月6日与6月20日，省水利厅分别与吕梁市人民政府、太原市人民政府联合举办了2017年全国"放鱼日"山西同步增殖放流活动，鼓励广大群众积极参与放流行动，增强群众的资源环境保护意识。运城市组建了水生生物资源养护协会，在汾河入黄口共同举办"尊崇后土感恩黄河"放生活动；省野生动物保护协会水生动物分会携手中华环保基金会山西代表处，举办了主题为"养护水生生物资源，共建生态文明家园"的增殖放流活动，全年完成放流苗种数量846.048万尾（只）。二是渔业环境监测能力不断提升。始终坚持把渔业水环境的改善和保护作为保障水产品质量安全的首要任务，全年共监测水域9 600公顷。三是土著鱼类种质保存与苗种繁育扎实推进。开展了黄河鲶鱼、乌苏里拟鲿、黄颡鱼、拉氏鱼岁等土著鱼类的人工繁育，突破了人工繁育及苗种培育过程中的关键技术，为土著鱼类的增殖与恢复创造了条件。

5. 依法治渔，渔业综合执法能力明显提高　一是渔政执法队伍素质明显提升。组织全省316名渔政执法人员参加了全国统一渔业行政执法人员持证上岗考试。组织46名渔政执法快艇驾驶员在大连海洋大学参加了渔业船员培训，并全部取得了机驾长资格证。在农业部开展的"亮剑2017渔政执法活动"中，山西省有4名个人和4个单位受到农业部通报表彰；二是打击非法捕捞，加强黄河禁渔期、禁渔区管理。2017年，全省继续保持执法高压态势，严厉打击、坚决取缔国家和地方公布的禁用渔具以及网目尺寸严重违反国家标准的违规渔具。全年总计张贴禁渔通告和宣传标语10 000余张，立案处理了3名非法捕捞人员，收缴禁用渔具12具；三是内陆渔船"三证合一"改革全面推行。对2016年全省录入渔船"三证合一"系统的183艘渔船进行换证后首次检验，淘汰老旧不合格渔船28艘，渔船换证率97.7%，全年渔船受检率达到100%，实现了渔业安全事故"零"发生。

6. 存在的问题　一是养殖生产成本高。受资源条件、客观自然条件限制，大宗水产品养殖成本偏高，加之鱼价低迷，导致养殖户增产不增收和养殖收益降低。二是社会化产业体系不健全。一方面，全省目前没有产业规模较大、产业体系完善、行业影响力大的企业，也没有形成产业联盟。另一方面，全省社会化服务体系发展仍处在较低的发展阶段，专业合作组织作用发挥有限，抵御市场风险的能力和参与市场竞争的能力较低。三是渔业基础设施薄弱，技术装备和科技水平相对落后，标准化池塘等基础设施建设长期滞后，渔业科技创新能力不足。四是省级支渔资金投资逐步回落，渔业发展资金支撑乏力。五是从业人员年龄结构老化，从业人员文化水平偏低、思想观念陈旧，接受新模式、新品种、新技术程度差。

【重点渔业生产地区（单位）基本情况】

山西省重点渔业市（区、县）基本情况

市（区、县）	总人口（万人）	水产品产量（吨）	其　　　　中		养殖面积（公顷）
			内陆捕捞	内陆养殖	
永济市	45.62	15 792	887	14 905	654
万荣县	45.16	5 500	5	5 495	267
曲沃县	24.41	1 889		1 889	359
尧都区	97.14	1 491		1 491	239

（续）

市（区、县）	总人口（万人）	水产品产量（吨）	其中		养殖面积（公顷）
			内陆捕捞	内陆养殖	
垣曲县	23.74	1 409	723	686	46
清徐县	35.08	1 356		1 356	284
襄汾县	45.59	1 298		1 298	142
芮城县	40.64	1 246	230	1 016	56
洪洞县	75.20	1 235		1 235	126
沁县	17.22	880		880	530

【大事记】

[1]2月24～27日，省水利厅组织渔业推广、技术、财务等方面的专家组成3个考评组，分赴全省项目县对2016年基层水产技术推广体系改革与建设补助项目进行了绩效考评。

[2]3月2日，农业部考评组一行对清徐县2016年基层水产技术推广体系改革与建设补助项目进行现场考评。考评组通过现场汇报、查看资料、实地察看科技试验示范基地——金玉观光农业示范园，对清徐的水产技术推广体系改革与建设补助项目工作给予充分肯定，同时也提出一些意见和建议。

[3]3月14日，根据省政府加大生态环境质量改善力度，迎接中央环境保护督察工作会议精神，《山西省生态环境突出问题自查自纠工作方案》出台。

[4]3月16日，2017年全省渔业渔政工作会议在太原召开。会议总结回顾了"十二五"期间全省渔业发展成就，分析研判了当前发展形势，进一步明确了"十三五"目标任务，并就贯彻落实农业部、省水利厅一系列会议精神，切实做好2017年全省渔业渔政工作进行了安排部署。省水利厅副巡视员孟希雄出席会议并讲话，省水利厅渔业局局长主持会议。

[5]3月21日，为切实推进全省渔业渔政工作会议重点工作落实，省水利厅副巡视员孟希雄带领厅渔业局、厅直渔业单位主要负责同志，赴省汾河二库管理局及山西世泰湖文化旅游发展有限公司就休闲渔业发展情况进行专题调研。

[6]3月27～31日，根据农业部《关于在全国农业系统开展强农惠农资金使用突出问题专项整治工作的通知》，山西省农业厅、山西省水利厅、山西省农机局《关于印发〈山西省开展中央强农惠农资金使用突出问题专项整治工作实施方案〉的通知》和省水利厅渔业局《关于开展中央强农惠农渔业资金使用突出问题专项整治督导检查的通知》的要求及安排部署，省水利厅渔业局派出督导组对各有关市、各有关单位的中央强农惠农渔业资金使用突出问题专项整治工作开展了督导检查。

[7]7月14日，2017年上半年全国水产品批发市场形势分析会商会在运城市召开。会议分析了上半年全国水产品批发市场的价格走势，研讨了价格波动原因，预测了下半年水产品批发价格走势。农业部渔业渔政管理局领导、全国水产技术推广总站副站长、各省渔业厅（局）领导参加了此次会议。

[8]7月26日，根据《中华人民共和国渔业船员管理办法》，执法快艇机架长须持证上岗，为充实山西省渔政执法快艇机架长人员队伍，省水利厅渔业局在大连鑫盛渔业培训学校举办山西省渔政执法快艇机架长培训班，省水利厅渔业局局长曹庆做开班致辞。

[9]10月16～17日，在我国第四个"扶贫日"，同时也是第25个"国际消除贫困日"，省水产技术推广站站长郝晓莉，省水产科学研究所所长雷普勋，省水产育种养殖科学实验中心主任梁鸿，及3个渔业厅直单位各科室扶贫小组负责人深入兴县黑峪口村，对15户贫困户进行了慰问活动。

[10]11月2日，以"品牌引领产业升级 渔业丰富健康生活"为主题，农业部在厦门举办了第二届中国休闲渔业高峰论坛暨休闲渔业品牌发布活动。各省、自治区、直辖市及计划单列市渔业行政主管部门、推广系统负责休闲渔业的领导，相关科研、教育机构的专家学者，有关休闲渔业协会及休闲渔业运营主体代表等人员共300余人参加了此次论坛活动。山西世泰湖文化旅游发展有限公司获全国精品休闲渔业示范基地称号。

[11]11月7日，《渔业船舶法定检验规则（船长大

于或等于 12 米国内海洋渔业船舶 2017)》宣传贯彻会在山西省太原市举行。农业部渔业船舶检验局总工程师唐金龙，山西省水利厅党组成员、总工程师张建中，山西省水利厅渔业局(船检局)局长曹庆、副调研员侯俊参加了宣贯会开班仪式，来自全国沿海 11 个省(自治区、直辖市)渔业船舶检验机构、渔业船舶设计单位、修造企业、检测机构和科研院校的 130 余名代表参加了培训。

[12]11 月 24 日，山西省水利厅渔业局在水利大厦举办了山西省 2017 年野生动物保护法宣传培训班。副局长武大庆主持会议，各市、县及省水利厅有关直属单位渔业主管部门的负责人及主要业务骨干 80 余人参加了培训。

[13]11 月 25 日，山西省渔业行政执法人员执法资格统一考试在山西水利职业技术学院进行，本次考试为全国统一考试，采取闭卷笔试形式，来自全省共计 352 名考生参加了考试。省水利厅副巡视员孟希雄亲赴考试现场视察考试情况。

[14]12 月 19 日，2017 年山西省无公害水产品认证业务培训班在太原举办。省水利厅渔业局和省无公害水产品管理办公室有关领导出席开班仪式，来自全省各市、县水利(水务)局及部分水产养殖单位负责水产品质量安全管理及无公害水产品认证的人员共计 100 余人参加了培训。培训班特邀请农业部农产品质量安全中心刘继红研究员和农业部农业产品质量安全中心渔业产品认证分中心邹婉虹副研究员前来授课。主要就农产品质量安全政策法规与认证审核管理和无公害农产品生产质量安全控制技术规范等方面进行了讲解。

(山西省水利厅渔业局　曹　庆　王毅欣)

内蒙古自治区渔业

【概况】　2017 年，通过认真贯彻落实《农业部关于加快推进渔业转方式调结构的指导意见》《内蒙古自治区人民政府关于加快现代渔业发展的实施意见》和全国渔业渔政工作会议精神，坚持"生态优先、以养为主"的发展方针，深化渔业供给侧结构性改革、加快推进渔业转方式调结构，以提质增效、绿色发展、富裕渔民为目标，以健康养殖、保护资源、适度捕捞、做强产业为方向，内蒙古自治区渔业持续健康发展，全区水产品总产量达 15.62 万吨，养殖产量 12.8 万吨，渔业经济总产值 29.8 亿元，同比增长 2.9%。

1.转方式、调结构，推进水产健康养殖　2017 年，全区各地牢牢抓住转方式调结构的主线，坚决落实

"四调优""四转变"的要求，深入开展水产健康养殖示范创建活动，新创建农业部水产健康养殖示范场 10 个。扩大名优特水产品养殖面积，养殖产量达到 25 777 吨。推广鱼菜共生、淡水牧场、冷水鱼等养殖技术，取得了良好的效果。开展技术推广，在新品种引进、病害防治、水质调节、节能减排等方面进行了试验示范和技术创新。兴安盟、赤峰市、巴彦淖尔市等地扩大了稻田综合种养面积。休闲渔业发展势头良好，促进了一二三产业融合发展，全区休闲渔业产值 29 578 万元，较上年增长 14.9%。呼伦湖渔业有限责任公司、巴彦淖尔市纳林湖农林水产科技有限公司被认定为"全国精品休闲渔业示范基地"，巴彦淖尔市内蒙古绿野山水农业开发有限公司、磴口县金马湖生态养殖专业合作社被认定为全国休闲渔业示范基地。按照农业部总体要求以及自治区生态优先的发展原则，严格控制捕捞生产。

2.开展增殖放流，加强渔业资源养护　深入贯彻落实《农业部"十三五"渔业资源增殖放流指导意见》，积极开展水生生物增殖放流。在境内河流、湖泊、大型水库举办各类放流活动 92 次，累计投放鱼苗 9 331 万尾。6 月 6 日，全区 10 个盟(市)在 13 个放流点同步开展了以"增殖水生生物、促进绿色发展"为主题的增殖放流活动。自治区农牧业厅与巴彦淖尔市政府联合在乌梁素海开展了水生生物资源增殖放流活动。开展水生野生动植物保护宣传月活动，加大相关法律法规的宣传力度，进一步强化水生野生动植物保护工作。继续落实自治区人民政府关于呼伦湖和乌梁素海生态综合治理涉渔工作。

3.强化监管，确保水产品质量安全　按照农业部和自治区有关会议和文件要求，开展专项整治，加强了产地水产品质量安全监管。进一步落实属地监管责任和生产者主体责任。组织开展产地水产品抽检，2017 年 5 月、9 月配合山西水产品质量检测中心，完成了对呼和浩特、包头、乌兰察布、锡林郭勒等地 60 个批次产地水产品的抽检任务，抽检合格率 100%。协助北京水产品检测中心，完成了对通辽市国家级四大家鱼良种场(通辽市早繁鱼种试验场)5 个批次的抽检工作，检测合格率 100%。自治区水产品检测中心抽检了 326 个批次样品，省部两级检测合格率 99.7%。继续强化对水生动物疫病的防控，全年送检疫情监测样本 45 个，检测结果全部呈阴性。

4.强化渔政管理，保护渔业资源　开展了渔业法宣传月活动，加强了渔业法律法规的宣传。下发了《2017 年内蒙古自治区禁渔区禁渔期公告》，加强禁渔管理。开展资源保护、水产养殖、边境水域管理、安全

生产和打击涉渔"三无"渔船、"绝户网"、电毒炸违法违规行为专项行动,维护正常的渔业生产秩序。强化珍稀濒危水生野生动植物保护管理。2017 年在全区开展"亮剑 2017"渔政系列专项执法行动,累计出动执法人员 2 471 人次,查处违法案件 92 起。4 个渔政执法单位和 4 名渔政执法人员被农业部评为"亮剑2017"渔政系列专项执法行动工作成绩突出集体和个人。加强渔政队伍建设,落实渔业行政执法人员资格管理和持证上岗制度,开展了渔业行政执法人员培训,11 月 25 日,组织全区渔业行政执法人员参加了全国渔业行政执法人员执法资格统一考试。

5.强化渔业生产安全管理,构建平安渔业 认真

贯彻落实全国渔业安全生产工作现场会的要求,全面落实渔业安全生产责任制,加强渔业安全生产法律法规的宣传,提高渔民安全生产意识。深入开展了宣传教育、生产检查、隐患排查、打非治违、船用产品质量专项整治、安全生产月等一系列督查、检查活动,并对全区 12 个盟(市)38 个旗(县)的 40 余个水域开展了渔业安全生产现场督查、整改"回头看"工作。接受了农业部渔业安全生产交叉检查第七检查组的检查。举办了全区渔业船舶水上突发事件应急演练暨安全教育培训班,2017 年全区累计培训船员 150人。继续加强渔业互保工作,为渔民安全生产保驾护航。

【重点渔业生产地区(单位)基本情况】

内蒙古自治区重点渔业旗(县、区)基本情况

旗(县、区)	总人口（人）	渔业经济总产值（万元）	水产品产量（吨）	其 中		养殖面积（公顷）
				捕捞	养殖	
莫力达瓦达斡尔族自治旗	31.9	12 005	9 751	3 350	6 401	5 000
土默特左旗	36.5	8 997	6 236		6 236	2 885
杭锦后旗	31.3	7 405	6 120	300	5 820	2 195
临河区	55.0	6 182	5 829	136	5 693	1 534
陈巴尔虎旗	5.8	9 274	5 532	1 621	3 911	8 392
磴口县	12.3	12 705	5 478	1 107	4 371	2 909
达拉特旗	33.1	12 494	5 309	65	5 244	791
新巴尔虎左旗	4.2	6 923	5 017	2 144	2 873	3 149
九原区	20.1	9 088	4 857	190	4 667	516
托克托县	20.0	7 263	4 394	594	3 800	637

【大事记】

[1]4 月 1～30 日,自治区渔政渔港监督管理局组织全区开展《渔业法》宣传月活动。

[2]5 月 1 日至 7 月 31 日,自治区渔政渔港监督管理局组织各盟(市)渔业主管部门及其所属的渔政执法机构,在黄河内蒙古段,贝尔湖、额尔古纳河等边界水域,自治区重要河流、湖泊、水库开展禁渔期渔政综合执法行动。

[3]6 月 6 日,自治区渔政渔港监督管理局组织全区 11 个盟(市)开展了以"增殖水生生物资源、促进生态文明建设"为主题的增殖放流活动。

[4]6 月 6 日,自治区农牧业厅和巴彦淖尔市人民政府联合举办了"2017 年呼伦湖水生生物资源增殖放流活动"。

[5]8 月 25 日,自治区渔政渔港监督管理局和呼伦贝尔市农牧业局联合举办了"中蒙界湖贝尔湖水生生物资源增殖放流活动"。

[6]7 月 18 日至 8 月 17 日,自治区农牧业厅组织全区开展水生野生动物科普宣传月活动。

[7]11 月 25 日,组织全区渔业行政执法人员参加了全国渔业行政执法人员执法资格统一考试。

[8]12 月 12 日,自治区农牧业厅在呼和浩特市召开全区渔业工作座谈会,会议的主要任务是认真学习宣传贯彻落实党的十九大精神,围绕实施乡村振兴战略,探讨新时期如何推进全区渔业绿色发展。

(内蒙古自治区农牧业厅渔业局 冯阁春)

辽宁省渔业

【概况】 2017年，辽宁省以提质增效、减量增收、绿色发展、富裕渔民为目标，以实施乡村振兴战略为总抓手，以渔业供给侧结构性改革为主线，树立"生态美丽渔业""现代文明渔业"新理念，创新渔业渔区管理，逐步解决渔业发展不平衡、不充分的突出问题，努力打造高质量、高效益、高活力、高竞争力的辽宁渔业，推动形成绿色高效、安全规范、融合开放、资源节约、环境友好的渔业发展新格局，为加快建设现代渔业做出突出贡献。全年渔业增加值实现543.4亿元，同比增长4.6%。农业部以及渔业渔政管理局领导多次亲临辽宁省调研指导，对辽宁省工作给予充分肯定。农业部副部长于康震多次表扬辽宁省渔船管理工作，专门批示表扬了辽宁省清理取缔涉渔"三无"船舶工作。

1.渔业供给侧结构性改革成效显现 认真贯彻落实《辽宁省渔业产业发展指导意见》，制定实施《辽宁省渔业供给侧结构性改革行动计划》，出台了一系列改革政策措施。积极落实国家渔业油价补贴政策调整，以调结构转方式为主线，以重点项目为牵动，巩固提高一产，升级增值二产，大力发展三产，推进三次产业融合发展，渔业经济结构出现稳中向好趋势，三次产业结构比由2012年的61∶21∶18调整到58∶21∶21。落实海洋渔业资源总量管理制度，压减近海捕捞，稳步拓展远洋渔业。海洋牧场扩大升级，国家级海洋牧场示范区已达9处，人工鱼礁示范区已达30处。水产品出口额始终位居全省大宗农产品出口首位。休闲渔业已成为渔业延长产业链条、渔民增收致富的新途径。一大批辽宁"名特优新精细美"水产品，走进"寻常百姓家"，走出国门打入国际市场。

（1）大力发展现代海洋牧场。以辽宁省政府名义召开全省海洋牧场建设现场会，交流经验，推进发展。以游动性经济种类为重点，全省增殖放流水生生物121亿单位，浅海底播69万公顷。开展东港、盘山两个国家级海洋牧场示范区建设，新增人工鱼礁区920公顷，大连、葫芦岛5处海域成功获批为第三批国家级海洋牧场示范区。

（2）深入推进生态健康养殖。启动全省县级养殖水域滩涂规划编制工作，完成规划文本25个。创建农业部水产健康养殖示范场30家，复查103家。申报创建宽甸县、盘山县为农业部渔业健康养殖示范县。深水抗风浪网箱养殖取得突破，营口、绥中等地建成深水抗风浪网箱250只。

（3）着力优化养殖品种结构。实施水产优势品种引进更新与改良项目22个，扩大良种繁育与推广。修订了《辽宁省省级水产原良种场认定办法》，新认定省级水产原良种场3家，复查认定18家。盘锦中华绒螯蟹国家级水产良种场通过复审。全省水产种质资源基因库新增物种基因档案62个。

2.海洋捕捞业结构调整力度空前 《辽宁省渔业管理条例》修订并实施，渔船"双控"、"船证不符"、"三无"渔船、休闲渔船、转港渔船、内陆渔船、减船转产、更新改造、渔船建造开工及拆解等一系列渔船管理政策措施相继出台，历时15个月的"船证不符"专项整治工作圆满完成，为期3年的清理取缔海洋涉渔"三无"船舶专项整治行动取得重大突破，共清理取缔海洋涉渔"三无"船舶2 991艘，休闲渔业船舶纳入规范化管理，内陆渔业船舶证书"三证合一"改革已经实施，"依港管船"制度体系正在形成。

（1）全力破解渔船管理难题。全省海洋捕捞渔船"船证不符"专项整治圆满完成，共勘验渔船16 001艘，完成处置12 456艘，渔船管理进入规范化轨道。攻坚克难、勇于担当，全面打响清理取缔海洋涉渔"三无"船舶攻坚战，专项整治取得阶段性显著成果，全省清理取缔海洋涉渔"三无"船舶2 122艘，超额完成年度1 000艘的目标任务，使"三无"渔船变成"五无"（无人驾驶、无法出港、无处补给、无处销货、无厂建造）。辽宁经验在全国渔业会上被总结推广。

（2）努力压减捕捞过剩产能。严格船网指标审批，限制跨省购置渔船，严把渔船新增关口。继续大力推进减船转产和渔船更新改造，压减捕捞渔船1 506艘，压减功率31 854.1千瓦。严格落实海洋渔船"双控"和资源总量管理制度，以省政府办公厅名义印发工作方案，细化指标措施，近海捕捞量下降8%。启动了海洋渔业捕捞限额管理试点。

（3）稳步发展外海远洋渔业。坚持实施"走出去"战略，中韩渔船作业生产平稳有序，取得入渔资格渔船575艘；获农业部批准远洋渔业企业23家（省属5家、大连市18家），执行远洋渔业项目32个，外派远洋渔船375艘。

3.渔业三次产业融合发展

（1）促进水产品加工出口。全面贯彻落实国家及省推进供应链创新与应用的政策措施，促进水产品精深加工，水产品贸易形势持续向好，出口额实现29.63亿美元，同比增长9%，继续领跑全省大宗农产品出口。协调推进省部共建的国家级大连水产市场建设，促进水产品现代流通与生产深度融合，强化水产品市场价格信息采集、分析和运用。

（2）规范休闲渔业发展。开展休闲渔业统计监测,创建全国休闲渔业品牌 7 个,认定省级休闲渔业示范基地 11 家。全省批准建造休闲渔船 34 艘,其中建成投入运营 10 艘,研究修订了《辽宁省休闲渔业船舶管理规定实施细则》。

(3)培育新型经营业态。评选认定渔业特产之乡 8 个,新建省级现代渔业园区 1 个。支持渔业专业合作社发展,盘山县胡家秀玲河蟹专业合作社被认定为国家级示范社。盘锦光合蟹业有限公司和盘锦绕阳河文化旅游有限公司被评为首批国家级稻渔综合种养示范区。

(4)打造辽宁渔业品牌。认定无公害水产品产地 42 个,辽宁名牌农产品 9 个。组织 300 余家企业参加国际国内 11 个渔业相关展会。推进观音阁水库有机鱼等地标登记,东港黄蚬子等水产品获中国国际农产品交易会金奖。成功组织 177 家省内优秀企业参加了第一届辽宁海参节暨名优水产品博览会,评选出金奖水产品 100 个,打造了"永不落幕"的公益性信息化展销平台,得到社会各界认可,多位省领导高度关注并给予表扬。

4. 渔业安全生产稳定有序

(1)强化渔业安全生产。实行渔业安全生产目标管理,出台《辽宁省转港渔船安全管理办法》等系列制度,开展系列安全检查整治活动,强化督查指导,力促渔业安全生产形势稳定向好。渔业参保渔船 2 828 艘,互保费超过 1.2 亿元。全省渔业生产安全事故起数、死亡(失踪)人数同比分别下降 40.8% 和 29.4%,实施抢险救助 48 起,救助渔民 190 人、渔船 26 艘,挽回经济损失 6 528 万元。

(2)强化涉外渔业管理。配合有关部门联防联控、海陆封堵、重点监管、强化宣教,维护我国海洋渔业权益,制止非法越界捕捞,全力避免涉外渔业事件发生,特别是在特殊时段和敏感节点维护我国大局稳定。依照渔业相关法律法规上限,严厉严肃查处涉外渔船事件。

(3)强化渔船渔港管理。出台《辽宁省渔港建设"十三五"规划》,组织开展全省渔港普查认定和星级文明渔港创建活动,全省普查渔港 222 座,认定渔港 144 座,评定首批星级文明渔港 36 座。实施渔港升级改造与整治维护,强化渔船建造开工管理。组织开展海洋捕捞渔船标准化选型,公布第一批标准船型 11 个。树立"大渔港"理念,"依港管船"制度体系探索建立。

(4)强化水产品质量安全监管。完成各级各类水产品质量安全监测 4 508 批次,产地水产品合格率达到 99%。开展交叉执法检查和"三鱼两药"专项整治,

有效震慑和打击了违法违规使用禁限用药物行为。全省未发生重大水产品质量安全事故。

(5)强化水生动物疫控。组织 14 个市、41 个县(区)实施养殖病害监测,测报面积 2.72 万公顷,监测品种 29 个,发布监测和预警信息 16 期。对 9 个主要养殖区、5 类疫病开展监测,监测样品 210 个。首次制订省级水生动物疫控监测计划,监测样品 30 个。

5. 科技创新驱动能力不断提升

(1)有效实施技术培训推广。创建基层水产技术推广体系改革与建设项目示范县 20 个,工作走在全国前列。建设科技试验示范基地 33 个,培育科技示范主体 970 户,示范推广生态健康养殖和稻渔综合种养等技术 38 项,培训技术人员 6 期 620 人次。省海洋水产科学研究院贝类体系科研成果成功预警长海县养殖风险,避免渔民经济损失 5 000 万元以上。

(2)扎实开展渔业标准化建设。组建水产标准化技术委员会,在推动辽宁省海洋渔业标准体系建设方面发挥了重要作用。8 个海洋渔业地方标准通过审核,5 个省级海洋标准制(修)订项目上报国家海洋局。

6. 行政执法监察力度持续加大

(1)渔政执法开创局面。实施史上最严海洋伏季休渔制度,休渔期比往年提前并总体延长 1 个月,未发生规模性违规捕捞作业行为,总体状况好于往年。辽东湾海蜇连续 15 年统一开捕。实施"亮剑 2017"执法行动,查扣违规渔船 1 800 余艘。开展违禁渔具集中整治行动 40 余次,清理违禁网具 10.5 万余张,实现"绝户网"等违禁渔具的"三不见"目标。加强黄海北部制止越界捕捞海上专项执法巡查,多次参与海警部门海上封控专项行动和海权部门"辽海平安"系列专项执法行动。

(2)水生动物加强保护。首次将水生野生动物保护执法纳入"碧海"专项执法行动,依法开展检查。对斑海豹重点栖息繁殖地及海域进行保护,在辽东湾冰区海域开展斑海豹繁殖期巡护工作。

【大事记】

[1]3 月 10 日,辽宁省海洋与渔业厅在沈阳召开 2017 年全省海洋渔业安全生产工作电视电话会议,总结 2016 年度渔业安全生产工作,部署 2017 年渔业安全生产工作。

[2]3 月 11 日,辽宁省海洋与渔业厅印发《关于实施 2017 年水产优势品种引进更新与改良项目的通知》。立足于辽宁省虾夷扇贝、牡蛎、海蜇、河鲀、大菱鲆、虾、蟹、鲍和鲫、鲶、草鱼、虹鳟、泥鳅等优势品种,实施 22 个水产优势品种引进更新与改良项目,促进主导

品种结构优化、扩大良种繁育与推广。

[3]3 月 13 日，农业部举行"十三五"渔船管理"双控"和海洋资源总量管理责任书签约仪式，农业部渔业渔政管理局局长张显良与辽宁省海洋与渔业厅党组书记、厅长汤方栋分别代表农业部和辽宁省签订责任书。

[4]3 月 14 日，辽宁省海洋与渔业厅在沈阳召开休闲渔船建设发展工作推进会，进一步落实辽宁省休闲渔船管理相关要求。

[5]3 月 16 日，辽宁省海洋与渔业厅组织召开2017 年全省水产增养殖工作会议暨养殖水域滩涂规划编制启动会议，标志着辽宁省水域滩涂养殖规划编制工作正式启动。

[6]3 月 20 日，辽宁省海洋与渔业厅批复辽宁省丹东海域国家级海洋牧场示范区项目建设实施方案。

[7]3 月 22 日，辽宁省海洋与渔业厅召开专项工作会议，与沿海各市海洋与渔业局签订落实海洋渔业资源总量管理制度和加强国内海洋渔船控制与管理责任书，明确了目标任务、措施要求、时间节点、责任分工，确保全省两项控制目标任务如期完成。

[8]3 月 28 日，辽宁省海洋与渔业厅印发《关于印发〈2017 年全省渔业资源增殖放流实施方案〉的通知》。辽宁省海洋与渔业厅筹措资金 4 500 万元，是近年来投入最多的一年，统一组织实施渔业资源增殖放流79.1 亿单位，比上年增长 10.9%。其中海水放流28.69 亿单位，淡水放流50.41 亿单位。

[9]3 月 29 日，批复辽宁省盘山县海域国家级海洋牧场示范区项目建设实施方案。

[10]4 月 1 日，下发《关于印发辽宁省省级水产原（良）种场认定办法的通知》。

[11]5 月 8 日，辽宁省海洋与渔业厅印发《关于开展 2017 年渔业发展示范创建活动的通知》。严格创建标准，注重生态安全，发展健康养殖新模式。

[12]5 月 8 日，辽宁省海洋与渔业厅印发《关于开展水产优势品种引进更新与改良项目效果评估的通知》，建立水产优势品种引进更新与改良项目评估制度，对 2011 年至 2016 年引种项目进行跟踪评估。

[13]5 月 9 日，辽宁省海洋与渔业厅印发了《关于开展 2017 年度省级水产原（良）种场认定及复查工作的通知》。全年认定省级水产原（良）种场 3 家；对2017 年到期的 23 家开展了复查认定，其中复查通过18 家，主动放弃 4 家，申请延期复查 1 家。

[14]6 月 3 日，大连长山群岛 2017 年国际海钓节暨"渔业互保杯"全国海钓大师积分赛在獐子岛开竿。

[15]6 月 20 日，大连市举办"养护海洋生物资源促进生态文明建设"主题仪式，省长陈求发以及大连市市长肖盛峰、副市长郝明等与市民代表共同出席活动仪式，对渔业增殖放流工作予以充分肯定。

[16]7 月 26 日，辽宁省海洋牧场工程技术研究中心发起成立国家现代海洋牧场科技创新联盟。

[17]8 月 4 日，辽宁省海洋与渔业厅在沈阳召开内陆渔船"三证合一"改革工作推进会，针对工作中遇到的突出问题，研究解决办法，有效推进内陆渔船"三证合一"改革工作进程。

[18]8 月底，辽宁省历时 15 个月的海洋捕捞渔船"船证不符"专项整治工作圆满完成，共勘验渔船16 001 艘，完成处罚 12 456 艘，渔船管理进入规范化轨道。

[19]9 月 7~8 日，辽宁省政府在大连市长海县召开全省海洋牧场建设现场会，研究推进渔业供给侧结构性改革，大力发展现代海洋牧场建设。沿海 6 市政府分管副市长、市海洋渔业局局长、重点县分管副县长、省直农口部门主要负责同志和有关单位负责同志参加了会议。

[20]9 月 22 日，辽宁省海洋与渔业厅在沈阳召开全省海洋渔业安全生产工作电视电话会议，贯彻落实全国、辽宁省安全生产电视电话会议精神，总结海洋渔业安全生产工作，研究部署秋冬季渔业安全生产工作任务。

[21]9 月 21 日，辽宁省海洋与渔业厅在盘锦召开了全省休闲渔船规范化管理工作现场会，审议《辽宁省休闲渔业船舶管理规定实施细则》（征求意见稿）。

[22]9 月 25 日，印发了《辽宁省内陆渔业船舶证书"三证合一"工作方案的通知》。2017 年，全省共1 603 艘内陆渔船录入全国内陆渔船管理系统，1 454艘渔船已核发新版证书，有效提升了内陆渔船管理规范化、信息化水平。

[23]9 月 28 日，全国深化渔业油价补贴政策改革座谈会在沈阳召开，农业部副部长于康震、渔业渔政管理局局长张显良等有关领导、农业部渔船检验局、全国水产技术推广总站等有关负责同志、全国各省渔业部门的负责同志参加了会议。于康震副部长在会议上做重要讲话，赵化明副省长到会致辞，辽宁省海洋与渔业厅厅长汤方栋在会上代表辽宁省做了典型发言。

[24]9 月 28~29 日，农业部副部长于康震一行赴盘锦市调研，在盘山县胡家秀玲河蟹养殖合作社、盘锦绕阳河稻田综合种养基地、盘锦光合蟹业公司，实地察看稻蟹稻鱼（鳅）综合种养模式、蟹苗繁育、休闲渔业发展等情况。

[25]10 月 20 日，印发了《辽宁省县域渔业经济发

展三年行动计划(2018—2020年)》,与长海县建立了支持县域经济发展对接机制。

[26]10月25日,辽宁省7家单位获批农业部休闲渔业示范创建主体:东港市獐岛村被认定为最美渔村;盘锦辽河绿水湾休闲娱乐有限公司(辽河绿水湾基地)、盘锦光合蟹业有限公司(盘锦光合蟹村科普体验区)、盘锦绕阳河文化旅游有限公司(盘锦绕阳湾基地)被认定为全国精品休闲渔业示范基地(休闲渔业主题公园);大连海尚嘉年华被认定为国家级示范性渔业文化节庆(会展);全国海钓大师赛(大连)被认定为全国有影响力的休闲渔业赛事;宽甸满族自治县三江养殖场被认定为全国休闲渔业示范基地。

[27]10月27日,经辽宁省农村经济委员会认定,庄河市大郑镇红鳍东方鲀、庄河市城关杂色蛤、庄河市王家镇扇贝、庄河市鞍子山乡海参、庄河市石城乡牡蛎、凌海市大有海参、大石桥市高坎镇活鱼、兴城市徐大堡海参等8家乡镇获批为渔业特产之乡。

[28]10月30日,中国辽参产业联盟在大连成立。

[29]11月5日,盘锦光合蟹业有限公司院士专家工作站成立。

[30]11月26日,在中国稻田综合种养产业技术创新战略联盟组织的首届全国稻渔综合种养产业发展论坛暨2017全国稻渔综合种养模式创新大赛和优质渔米评比推介活动中,盘锦光合蟹业有限公司和辽宁民洋实业有限公司获得模式创新大赛金奖,盘锦绕阳河文化旅游有限公司获银奖;辽宁民洋实业有限公司"越光"大米获得优质渔米金奖。

[31]11月26日,大连壮元海生态苗业股份有限公司发起成立大连鲍鱼中国产业联盟。

[32]11月29日,辽宁省人民政府办公厅印发《辽宁省加强渔船管控实施海洋渔业资源总量管理工作方案》。

[33]12月2日,大连市人民政府在甘井子区举行2017年第二批涉渔"三无"船舶和禁用渔具拆解销毁现场会,标志辽宁省2017年清理取缔涉渔"三无"船舶工作圆满收官。2017年全年共清理取缔涉渔"三无"船舶2122艘,超额完成年度工作任务。有效降低了海洋捕捞强度,养护了近海渔业资源,维护了海上渔业安全生产秩序。

[34]12月5日,丹东辛宇渔业发展有限公司发起成立辽宁省冷水鱼类科技创新联盟。

[35]12月12日,沈阳华泰渔业有限公司发起成立辽宁省淡水鱼产业技术创新联盟。

[36]12月14日,丹东大鹿岛海兴(集团)有限公司发起成立辽宁杂色蛤产业科技创新联盟。

[37]12月14日,营口市荣发参蜇有限公司发起成立辽宁省海蜇产业技术创新战略联盟。

[38]12月21日,辽宁省海洋与渔业厅选定辽宁省海洋渔船第一批标准船型,包括3种海洋捕捞渔船和8种养殖船船型,作为辽宁省海洋渔船第一批标准船型,并在辽宁海洋与渔业网进行公开公示。

[39]12月20~25日,辽宁省海洋与渔业厅在沈阳举办了第一届辽宁海参节暨名优水产品博览会,组织省内171家优秀渔业企业参加,现场交易额500多万元,订单总额5022万元,取得丰硕成果。

[40]12月22日,农业部印发《关于公布2017年度渔业文明执法窗口单位的通知》,辽宁省海监渔政局大连分局及绥中县渔政管理处获得"2017年度渔政执法文明窗口单位"荣誉称号。

[41]12月31日,盘锦光合蟹业有限公司发起成立辽宁休闲渔业产业联盟。

(辽宁省海洋与渔业厅 于贺新)

吉林省渔业

【概况】 2017年,吉林省紧紧围绕调结构、转方式、促升级,全面推进实施渔业"321"规划,顺利完成年度各项任务目标,渔业发展成效明显、亮点突出。

2017年吉林省水产养殖面积累计达到25.07万公顷,比上年增长18.13%;完成水产品产量22.04万吨,比上年增长17.20%,其中养殖产量20.10万吨,增长10.95%。实现全口径渔业产值130.01亿元,较上年增长8.30%,渔民人均纯收入达到12 802元,较上年增长4.1%。水产品出口4.4万吨,比上年减少8.87%,占全国出口总量的1.1%,出口额1.63亿美元,比上年增长8.69%,占全国出口总额的0.77%。

1.调结构转方式取得新进展 一是稻渔综合种养深入推进。在白城市组织召开了稻渔综合种养现场会,在长春等11个市(县)建立了核心示范区,白城市弘博农场被评定为国家级稻渔综合种养示范区,全省推广稻 – 鱼、稻 – 蟹、稻 – 鳅等养殖面积3.15万公顷,较2016年翻了一番,每公顷平均直接增收1.5万元以上。二是水产品加工贸易持续扩大。以珲春市为龙头,全省共加工海水、淡水水产品23.77万吨,同比增长9.1%,实现产值82亿元,水产品出口额排在全国内陆省份第三位。三是名优特色水产品养殖稳步发展。白城市、吉林市、白山市、延边朝鲜族自治州等地的鳜鱼、鲑鳟鱼、河蟹、大银鱼等养殖规模不断扩大,全省名优特色水产品产量占总产量的比例超过60%,特别是白山市三倍体虹鳟越冬试验成功,标志着三文鱼在吉林省养殖全面成功,为下一步大面积推广奠定了基础。四是休闲渔业发展迅速。组织开展了休闲渔业品牌创建活动,前郭尔罗斯蒙古族自治县查干湖渔场、大安嫩江湾休闲渔业主题公园等5家单位获得国家级精品休闲渔业品牌称号,吉林市旺运森渔业有限公司、公主岭市双清湖旅游有限公司等16家单位被认定为省级休闲渔业示范基地,全年休闲渔业经济产值达17.08亿元,较上年增长近2倍。

2. 产业基础进一步夯实 继月亮泡、镇赉、大安渔港建设项目获得国家立项和每个项目800万元中央资金扶持后,2017年又有鸭绿江、松原等4处渔港列入全国内陆渔港规划。总投资1 000万元的吉林省省级水生动物疫病监控中心成为全国首批建设的5个实验室之一。渔业油价补贴政策调整省级统筹资金项目顺利实施,通过实施渔业物联示范基地等建设,推进了水产养殖的科技化、装备化和信息化。同时省级财政加大了对渔业的支持力度,水产专项资金规模在原600万元基础上增加到800万元,有效改善了渔业基础设施条件。世界银行投资3 800万元建设的水产品质量安全检测实验室项目土建工程已经完工,进入仪器设备安装调试阶段。同时,高度重视产业扶贫,落实国家生态扶贫政策,在增殖放流、省级专项、基层推广体系等项目上对8个国家级贫困县进行了重点倾斜。

3. 质量安全监管取得新成绩 一是强化责任落实,提高应急处置能力。落实监管责任,与52个县(市)渔业行政主管部门签订了水产品质量安全监管责任状。成立了吉林省水产品质量安全专家组,修订了《吉林省产地初级水产品质量安全突发事件应急预案》,提高了应急处置能力。二是加大水产品质量安全监管力度。加强水产养殖"三项记录"监管检查,开展违禁药物及有毒有害化学物质残留专项整治,全省累计出动执法监管人员6 091人次,发放各类宣传资料72 300份,在各类媒体公开报道90余次,举办培训活动74场次、培训人员3 866人次,排查各类水产养殖企业及养殖户4 611家次,责令整改问题23个,取消2家无公害水产品生产企业认证资格,23家省级水产良种场、19家水产健康养殖示范场因复查不合格被取消资质。严格无公害水产品监管,监测鱼样586个、水样85个。三是顺利完成年度各项抽检任务。制定年度监督抽查、风险监测、风险评估和快速检测方案,配合国家监督抽查产地水产样品95个、抽检水产苗种样品5个、抽检稻田养殖产品25个,例行监测(风险监测)流通领域水产样品192个,超额完成了省级监测样品年度抽检任务,快检筛查样品991个,国家及省抽检产地水产样品合格率均达到100%。市场流通抽检合

格率达到97.9%,比上年提高2.4个百分点。四是深入开展"双打"工作。先后9次组织水产苗种专项执法检查活动,持续开展渔船船用产品专项整治行动,严防假冒伪劣产品和未经检验的不合格产品上渔船。

4. 渔业健康养殖取得新突破 一是提高渔业标准化养殖技术水平,组织制定发布吉林省渔业地方标准12项,制作了渔业标准化视频教学片,出版发行了《吉林省渔业地方标准汇编》,为全省渔业发展提供科学的技术标准和生产规范。二是加强水产技术推广工作,在36个县(市)实施基层水产技术推广体系改革与建设项目,组织实施稻渔综合种养等11项水产技术推广项目,完成了国家重大水生动物疫病、水产养殖病害测报等任务。三是持续提升健康养殖能力,组织开展了水产健康养殖创建活动,成功创建农业部水产健康养殖示范场20处,认定无公害水产品产地26处、认证产品42个,复查换证率达到100%。

5. 水生生物资源养护取得新成效 一是扎实组织开展增殖放流。科学制定放流规划,严格执行苗种检疫检验制度,加强监管,在6月6日放流日期间,组织系列增殖放流活动,全年共落实中央增殖放流资金1 166万元,放流各类大规格鱼种1 944万尾。二是强化水域生态环境保护。科学制定禁渔期、禁渔区,发布禁渔通告,严格执行禁渔制度。开展了松花江、辽河渔业资源调查活动,完成3项涉渔工程环境影响专题论证工作,在榆树组织召开了水生生物资源和水域生态环境养护现场会。三是全面做好中央环保督察迎检工作。组织开展了水产养殖业污染防治、渔业船舶污染治理、自然保护区和种质资源保护区自查自检。四是强化濒危物种保护。严格落实水生野生动物利用特许制度,严格审批,加强案件查处,接收海关移交水生动物保护品种,组织开展水生野生动物保护科普宣传月活动。加强对水生生物自然保护区、水产种质资源保护区管护,新批国家级水产种质资源保护区1处,总数达到28处。

6. 渔政执法监管扎实推进 一是重拳出击打击各类违法行为。坚持依法治渔,组织开展"亮剑2017"渔政执法行动,开展打击电力捕鱼、清理绝户网等违规渔具专项整治,严厉打击电、毒、炸鱼等破坏渔业资源违法行为,在松花江、鸭绿江、嫩江等重点水域组织开展各类联合执法活动19次,全省各级渔政执法机构共开展执法活动2 299次,出动执法车辆2 760台次,出动执法船艇1 338艘次,出动执法人员10 139人次,查处渔业违法案件385件,移交公安机关调查处理11件,罚款16.4万元,没收渔获物3 352.75千克,收缴非法网具978片、52 983延长米,其他非法网具1 270个,

开展执法宣传523次,发放宣传单、宣传手册106 528张(册),组织公开销毁活动6次。由于在"亮剑2017"系列渔政专项执法行动中工作成绩突出,吉林省4家单位和4名渔政人员被农业部通报表扬。二是加强渔港监督和渔船检验,重点督查渔港渔船水污染防治,在重点水域设立警示牌,各渔政机构与渔民签订"渔船渔港水污染防治承诺书",与渔船修造企业签订"禁排责任状",组织开展渔船船用产品专项整治行动。三是强化渔船和渔业安全生产管理。举办了"平安护航"杯渔业船舶检验知识竞赛、船检业务规范年、渔船水上安全应急演练活动,在查干湖、松花湖、月亮泡等开展9次渔船安全生产执法检查,组织应急演练活动30次;推进渔业互保,加强船员安全培训,全年未发生渔业安全生产事故。顺利通过农业部渔业安全生产大检查,受到农业部肯定。

7.渔业行业管理有新亮点 一是提升渔政执法人员素质,加强执法人员培训,组织渔政执法人员执法资格全国统一考试,全省参加考试人员达到496人,考试通过404人,通过率81.5%。二是指导编制养殖水域滩涂规划,2017年年初,对全省水域滩涂养殖规划编制工作进行了统一部署,纳入年度重点工作,对编制人员进行了培训。截至年底,大部分市、县已完成初稿,洮南市已由市政府发布实施。三是组织开展水产技术推广奖评选表彰工作。经努力,水产技术推广奖由部门奖励升格为省部级奖励。对全省近3年40个推广项目进行了评选,共有20个项目获得省政府表彰,调动了科技人员积极性,促进先进技术的推广应用。四是对全省渔业重点工作实行绩效管理,研究设立了综合考评体系,设计考评指标13大项,严格按照考评标准对各地进行考核,有效推进了渔业工作的开展。

8.渔业科技取得新成果 实施了渔业科技攻关重点项目21项,验收鉴定课题6项,部分达到国内领先水平。"名优珍稀冷水鱼规模化苗种繁育及健康养殖技术研究与应用"获得吉林省科技进步奖二等奖,"几种新型安全制剂在鱼类病害防治中的研究与应用"获得吉林省科技进步奖三等奖。深入实施了国家大宗淡水鱼和省渔业产业技术体系建设,进行了新品种引进扩繁与养殖技术示范,示范推广长丰鲢、团头鲂"华海1号"、长丰鲫等新品种,建立了以鲴鱼为主的最佳绿色高效养殖模式,开展了大宗淡水鱼出血性疾病综合防治技术集成示范。持续开展了细鳞鲑、鸭绿江茴鱼、花羔红点鲑、哲罗鲑的规模化繁育及养殖技术示范推广,并首次培育出杂色杜父鱼苗种。开展了西部湖库部分水域基础调查,提出渔业发展模式及综合开发利用策略。开展了科学技术部国家科技基础条件平台建设和农业部基础性长期性科技工作基础调查,彰显吉林渔业资源在国家的重要性。成功开展三倍体虹鳟苗种培育和网箱成鱼养殖技术试验示范,探索出网箱养殖最佳模式,首次将长白山水养殖的三文鱼投入市场。完成了松花江、辽河流域渔业资源调查,基本摸清了流域内渔业资源现状。完成了农业部下达的松花江、图们江、鸭绿江3条江河和4个国家级水产种质资源保护区等吉林省重要渔业水域生态环境监测工作,进行了样本采集并编制完成了《吉林省2017年度渔业环境监测报告》。

9.存在的主要问题 当前吉林省渔业发展还存在不少困难和问题:一是资源衰退与环境恶化,难以满足渔业作为经济和生态产业发展的需要;二是市场化、产业化水平较低,难以满足现代渔业建设和发展的需要;三是科技创新水平不高,难以满足渔业发展方式转变的迫切需要;四是水产品质量安全保障能力有限,难以满足消费市场对水产品质量安全的更高要求;五是投入不足,难以满足支撑保障体系服务渔业发展的需要。

【重点渔业生产地区(单位)基本情况】

吉林省重点渔业县(市)基本情况

县(市)	总人口(万人)	渔业产值(万元)	水产品总产量(吨)	其　中		养殖面积(公顷)
				捕捞	养殖	
镇赉县	29.5	49 264	21 300	2 700	18 600	20 847
前郭尔罗斯蒙古族自治县	60	67 985	19 500	1 019	18 481	32 698
扶余市	77.17	27 826	15 395	3 520	11 875	6 068
大安市	43	23 502	9 500	786	8 714	23 808
吉林市	179	15 436	8 597		8 597	27 108

(吉林省水利厅 何衍林)

黑龙江省渔业

【概况】 2017 年，全省渔业经济继续保持稳中有进、持续向好的发展态势，渔业养殖面积稳定在 40 万公顷；水产品总产量达到 60.5 万吨，比上年增长 5.6%，其中养殖产量 55 万吨，比上年增长 6.2%；渔业经济总产值突破 100 亿元，比上年增长 5.2%；渔民人均收入实现 15 448 元，比上年增长 7.8%，高出全省农民人均收入 2 735 元。

1. 渔业发展的主要举措、成就与特点 2017 年，农业部和省委、省政府对黑龙江省渔业的发展高度重视，农业部两位部级领导分别专程调研指导黑龙江省渔业渔政工作，省委书记张庆伟对渔业工作做了重要批示，省长陆昊也多次关注渔业发展，为全省渔业工作提供了有力支持和坚强领导。一年来，在省农业委员会党组的正确领导下，全省渔业系统认真贯彻全国渔业渔政工作会议精神，以渔业供给侧结构性改革为主线，以渔业提质增效、渔民增收为目标，着力推进渔业转方式调结构，开拓创新、真抓实干，取得了明显成效。

（1）大力发展特色水产品养殖，结构调整成效加速释放。坚持把调整养殖品种结构作为推进渔业供给侧结构改革的根本举措，全省名特优苗种繁育数量达5.3 亿尾，鳜鱼、泥鳅、河蟹、大银鱼、柳根等名特优养殖产量13.5 万吨，比上年增长 23.2%，占全省养殖产量的 24.6%。泥鳅养殖产量比上年增加 4 800 吨，黄颡鱼和鳜鱼分别增加 1 000 多吨。

（2）不断推进休闲渔业发展，示范基地创建成绩显著。全省各地通过举办开湖节、垂钓大赛、冬捕节、水产品烹饪大赛、食文化论坛、创建休闲渔业品牌等活动，不断拓展休闲渔业内容。已建各类休闲渔业场（馆）3 858 处，垂钓面积 6.84 万公顷，占全省养鱼水面的 17.1%，休闲渔业产值 5.2 亿元，比上年增长 11.9%。冰雪渔业规模进一步扩大，活动内容更加丰富，效益显著提升，全省 12 个市、21 个县的 45 家渔业养殖企业，与冰雪旅游产业结合，积极开展"冬捕""冬钓"活动，吸引省内外 30 余万人参与，销售收入达3.68 亿元，比上年增长 1 倍多，中央电视台等 40 余家主流媒体多视角进行报道，极大提升了黑龙江省渔业的知名度。

（3）加快与种植业融合，稻渔综合种养规模不断扩大。大力推广鱼稻、蟹稻、鳅稻等模式，稻渔综合种养迅猛发展。全省稻渔综合种养面积发展到 3.3 万公顷，比上年增长 41.2%，水产品增收 1 亿元，示范区农药施用量减少 30% 以上，化肥使用量减少 20% 以上，水稻品质价格大幅度提升。佳木斯市郊区的"蟹王稻"有机大米在全国稻渔综合种养优质渔米评比推介活动中喜获银牌。

（4）深入开展健康养殖示范，水产品质量安全得到保障。积极组织开展水产健康养殖示范创建活动，新创建部级示范场 25 家、省级 24 家，全省已建成部省级水产健康养殖场（区）464 家，带动全省无公害水产品养殖面积发展到 31.4 万公顷，占养殖面积的 78.5%。出台了《黑龙江省产地水产品质量安全管理办法》，组织开展了产地水产品"三鱼两药"和水产品抗生素、禁用化合物及兽药残留超标专项整治行动，全省累计出动执法人员 3 600 多人次，检查督导场户 2 900 余家。加强水产品质量安全宣传指导，编印下发宣传资料 5 万多份，农业部对黑龙江省产地水产品的抽检合格率连续 5 年达到 100%。

（5）积极培育创建品牌，地产优质水产品销售渠道进一步拓展。"连环湖"品牌被评为黑龙江省著名商标、黑龙江省农产品地理标志十大区域品牌和 2017 最具影响力水产品企业品牌。兴凯湖大白鱼和方正银鲫被评为"黑龙江省农产品地理标志十大区域品牌"入围品牌。杜尔伯特蒙古族自治县通过一系列品牌宣传推介活动，品牌影响力不断提升，"连环湖"牌生态河蟹通过欧盟体系认证，成功进入香港特区市场，"连环湖"牌大银鱼全部销售到北京、上海、广州等地。

（6）加强技术推广应用，科技支撑能力不断增强。开展了水产养殖节能减排技术集成与示范，实施了重大水生动物疫病专项监测和水产养殖动植物疾病测报。组织有关专家制定了水产品有机食品和绿色食品等 9 项技术规程。确定主推技术和主导品种，编印了《黑龙江省重点推广名优水产品种养殖技术手册》《黑龙江省稻田综合种养及水产品绿色有机规程》和《黑龙江省水产技术推广信息》。举办了全省水产技术推广培训班，全省各地共举办培训班 244 期，培训渔民 1.7 万多人次。成立专家指导组，深入各地开展有针对性的现场指导。

（7）加强渔业资源养护，制度建设取得重大突破。积极组织开展增殖放流活动，全省共增殖放流鱼类 1.31 亿尾，同比增长 26.7%，其中濒危珍稀物种 375 万尾。在抚远市和鸡西市开展了中俄联合放流活动，农业部副部长于康震和党组成员毕美家分别参加活动，中央电视台新闻联播进行了报道。抚远市引入阿里巴巴基金，开展公益放流活动，为各地借助社会资本，扩大放流规模，开了个好头。出台了《黑龙江省人民政府办公厅关于加强野生鱼类资源保护的意见》，为有效保护渔业资源提供了制度保障。积极推进中央环保督察组和"绿盾2017"保护区专项行动整改问题落实，对6项涉及保护区的建设项目进行了渔业生态环境影响专题报告评审，落实环保修复措施补偿资金581.1万元。

（8）加大渔政执法力度，渔业安全生产形势持续稳定。组织开展了"亮剑2017"系列专项执法行动、全省边境水域专项整治联合行动和各市（地）渔政交叉执法行动，严厉打击非法捕捞行为。全省拆除土梁子、密眼箔等1 020处，没收违禁渔具4 451件（套），查处电毒炸鱼39起，没收涉渔"三无"船只130艘，吊销许可证4个，拘留49人，极大震慑了非法捕鱼分子。省渔政局、哈尔滨、爱辉、同江、抚远5个单位被农业部评为"亮剑行动"先进单位，5人获得"亮剑行动"先进个

人荣誉称号。组织开展全省渔政执法人员培训和首次执法资格全国统一考试，通过率达到90%以上。全面完成了渔船"三证合一"改革及新证书换发工作。在全省范围内开展了渔业安全生产交叉大检查和渔业船舶检验工作，渔船检验率达99.8%。虎林和萝北被农业部评为"全国渔业文明执法窗口单位"，嘉荫被评为国家级"平安渔业示范县"。在"中国渔政亮剑2018"系列专项执法行动部署会上，黑龙江省作为先进典型介绍了经验。

2. 存在的主要问题 虽然全省渔业有了长足发展，但还存在很多突出问题。一是渔业发展的质量效益不高，二、三产业发展不充分。二是新型经营主体发育不足，组织化程度不高。三是思想观念陈旧，开拓市场意识不强。四是科技含量不高，推广体系不健全。

【重点渔业生产地区（单位）基本情况】

黑龙江省渔业重点市（县、区）基本情况

市（县、区）	总人口（万人）	渔业总产值（万元）	水产品产量（吨）	其 中		养殖面积（公顷）
				养殖	捕捞	
肇东市	94	51 236	37 015	36 715	300	15 333
杜尔伯特蒙古族自治县	25	44 528	32 528	23 088	9 440	29 953
北林区	88	34 127	28 511	28 451	60	7 417
哈尔滨市区	473.6	30 319	27 534	26 194	1 340	8 938
密山市	44	44 625	25 433	23 233	2 200	25 133
肇源县	45.1	33 561	24 621	20 321	4 300	21 450
大庆市区	132	23 555	19 697	19 697		21 501
安达市	47.3	18 953	17 592	16 188	1 404	16 000
巴彦县	59	17 908	17 095	16 695	400	4 900
泰来县	32	18 538	14 828	12 428	2 400	16 000

【大事记】

[1] 2月4日，黑龙江省农业委员会（简称省农委）党组任命周晓兵为黑龙江省农业委员会渔业局局长。

[2] 2月24日，全省渔业渔政工作培训班在哈尔滨市举办。培训班由省渔业局局长周晓兵主持，副局长于泽江传达了全国渔业渔政工作会议精神，7个单位进行了典型交流发言，省农委副巡视员许文涛做了全省渔业渔政工作报告，同时签订了边境水域渔政管理工作责任状。全省各级渔业主管部门、黑龙江水产研究所和省直渔业单位等领导100多人参加了

培训。

[3] 3月21~24日，以农业部渔业渔政管理局副局长刘新中为团长的中方代表团和以俄罗斯联邦渔业署副署长瓦西里·索科洛夫为团长的俄方代表团在俄罗斯符拉迪沃斯托克市举行了中俄渔业混合委员会第26次会议。省农委渔业局局长周晓兵及有关人员参加了会议。

[4] 6月3~11日，以黑龙江省农委渔业局局长周晓兵为团长的中方代表团和以俄罗斯联邦渔业署阿穆尔流域管理局副局长杰尼斯为团长的俄方代表团，联合对中俄界江黑龙江水域开展了春季渔政检查活动。

[5]6月，省水产技术推广总站所属渔业病害防治环境监测和质量检测中心参加了农业部组织的2017年水产品质检机构药物残留检测能力验证工作，考核通过。

[6]6月，省渔业经济研究所牵头组织全省重点县(市)渔业主管部门和渔业生产加工企业参加了"2017中国国际现代渔业暨渔业科技博览会"和"第五届现代渔业发展论坛"。省农委总经济师朱佳宇出席了博览会和论坛。同江市第八岔赫哲族鱼皮工艺品获得首届中国渔业协会渔文化创意设计大赛优秀奖。

[7]7月9日，农业部党组成员毕美家、渔业渔政管理局局长张显良，参加了由省农委与鸡西市人民政府在中俄边境水域兴凯湖共同举办的水生生物增殖放流活动。

[8]7月，省水生动物资源增殖保护站向黑龙江干流逊克段、萝北段和同江段增殖放流鲟鳇鱼50.19万尾，并首次对鲟鳇鱼幼鱼进行标记放流。

[9]7月19~20日，省农委渔业局在伊春市举办了全省渔业油价补贴资金管理培训班。

[10]7月28~30日，农业部副部长于康震深入黑龙江省抚远、同江两市专题调研渔业渔政工作，慰问了基层渔政管理人员和边防官兵，并参加了中俄鲟科鱼类增殖放流活动。

[11]8月9日，以省农委渔业局副调研员张鸿钧为团长的中方代表团参加了俄方举办的鲟科鱼类增殖放流活动。

[12]8月15日，全省稻渔综合种养暨特色养殖培训班在佳木斯市举办。各市(地)、县(市、区)和养殖场户代表共130多人参加了培训，与会代表现场观摩了桦南县特色养殖和桦川县稻渔综合种养典型，桦川县等7个单位在培训班上做了典型交流发言。省农委总经济师朱佳宇就全省积极发展稻渔综合种养和渔业特色养殖做了讲话。

[13]9月8日，首届"平安护航"杯渔业船舶检验知识竞赛黑龙江赛区选拔赛在鸡西市举办，省农委总经济师朱佳宇出席活动并讲话。

[14]9月，省水产技术推广总站承担的"大银鱼移植增殖技术"项目获得2017年黑龙江省科技进步三等奖。

[15]9月18~30日，以省农委渔业局渔政处处长姜兆伟为团长的中方代表团和以俄罗斯联邦渔业署阿穆尔流域管理局渔政处处长格洛边科为团长的俄方代表团，联合对中俄界江黑龙江、乌苏里江开展了秋季渔政检查活动。

[16]9月19~21日，以山东省海洋与渔业监督监察总队政委辛荣民为组长的全国渔业安全生产第五检查组一行前来黑龙江省检查渔业安全生产管理工作。

[17]9月，省农委党组任命张雪松、张鸿钧为省农委渔业局副局长。

[18]10月19日，通过组织开展休闲渔业品牌创建活动，同江市八岔赫哲族乡渔业村、哈尔滨丁香岛、牡丹江市镜泊湖冬捕节和嘉荫县永安东湖、虎林市南岛湖、佳木斯市郊区山水渔业、肇东市东发及大似海被农业部分别认定为全国最美渔村、全国精品休闲渔业示范基地、国家级示范性渔业文化节庆和全国休闲渔业示范基地。

[19]11月15~17日，全省渔业生产管理暨水产技术推广培训班在肇东市举办，邀请省内外知名专家前来授课，农业部渔业渔政管理局陈家勇处长到会指导。有关市(地)、县(市、区)渔业部门主管生产领导、推广站站长、渔业企业负责人等126人参加了培训。

[20]11月25日，全国渔业行政执法人员执法资格统一考试在黑龙江考点省农业工程职业学院举行，全省831人参加了考试，756人考试合格。

[21]12月2~4日，黑龙江省代表队获得第二届全国水产技术推广职业技能竞赛优秀组织奖，李庆东等3位同志获得优胜奖。

[22]12月4~8日，以省农委渔业局局长周晓兵为团长的中方代表团和俄罗斯联邦渔业署阿穆尔流域管理局局长谢尔盖.米赫耶夫为团长的俄方代表团，在俄罗斯哈巴罗夫斯克市召开了中俄黑龙江和乌苏里江边境水域渔政管理工作会议。

[23]12月24日，"鱼腾盛世·福至连环"中国·大庆第二届连环湖冰雪渔猎旅游节在杜尔伯特蒙古族自治县连环湖拉开帷幕，本届冰雪节由省农业委员会、省旅游发展委员会、大庆市人民政府主办，省农委渔业局、杜尔伯特蒙古族自治县人民政府承办。

（黑龙江省农业委员会渔业局　周晓兵　饶仁钢）

上海市渔业

【概况】　2017年，上海市水产品总产量达29.54万吨，较2016年减少0.63%，其中淡水水产品产量15.02万吨，同比减少2.68%，海水水产品产量14.52万吨，同比增长1.59%；渔业总产值达53.27亿元，比2016年增长0.23%；渔民人均收入达2.8万元，比2016年增长8.2%，实现了减量、提质、增效、增收的目标。2017年全市淡水养殖面积17 820公顷，比2016年减少4.4%。拥有各类捕捞渔船871艘（其中远洋渔船

74 艘,近海渔船 326 艘,内陆渔船 284 艘,长江渔船 187 艘)。

1. 持续深化供给侧改革,优化养殖品种结构 扎实推进《上海市养殖业布局规划》,明确各区布局规划目标任务,制定实施计划,通过各区自查、市级部门联合督查、实地踏勘等形式,督促各区推进布局规划落地。结合整建制创建国家现代农业示范区工作,2017 年新批复标准化水产养殖场建设项目 9 个共 85 公顷,全市已累计批复建设 12 573 公顷标准化水产养殖场,占全市规划养殖面积的 78%;积极创建农业部水产健康养殖示范场,全市有 45 家水产养殖场获得农业部水产健康养殖示范场称号;全面完成农业部水产标准化健康养殖占比 75% 的指标。通过政策引导,优化养殖品种结构,2017 年补贴了 28 个水产原(良)种保种品种和 13 个良种更新共 500 多万元,实现鱼类良种覆盖率达 96%,虾类良种覆盖率达 50%。水产品质量安全稳定可控,通过发放资料、媒体宣传等方式指导养殖户进行水产养殖管理、渔业档案管理、养殖安全用药,发放宣传资料 10 904 份,媒体宣传 97 次,培训养殖渔民 6 613 人次,组织地产水产品质量安全监督抽查和监测 15 批次共 717 份样品,合格率 100%。河蟹和虾类产业体系建设成效显著,中华绒螯蟹新品种"江海 21"生产蟹苗近 15 吨,已在 16 个省(自治区、直辖市)推广养殖,成为全国应用最广的河蟹品种,黄浦江大闸蟹、崇明清水蟹等地方品牌已具有较高的市场知晓度和影响力;南美白对虾健康养殖增产模式效果明显,大规格生态养殖平均亩产 512.3 千克,鱼虾混养亩产超 540 千克,温室大棚养殖亩产达 760.8 千克;罗氏沼虾突破了种苗繁育瓶颈技术,繁育无特定病原(SPF)虾苗近 2 亿尾。积极探索创新养殖模式,全市稻渔共作等种养结合水面积达 407 公顷,种养总产量达 2 100 余吨,松江区水产良种场通过种养结合生产的三泖牌"松香粳 1018"获得 2017 地产优质大米品鉴评优会金奖。

2. 贯彻落实"双控"管理措施,加强环境资源养护 根据《农业部关于进一步加强国内渔船管控 实施海洋渔业资源总量管理的通知》要求,结合上海渔业生产实际,上海市政府办公厅印发了本市工作方案。结合长江流域水生生物保护区全面禁捕要求,拟定了退捕方案,稳步推进本市长江水域全面退捕工作。建成渔港渔船监管等一批信息化项目,提升信息装备水平,实现"人、船、港"互通,全面控制捕捞强度。加强水产原(良)种保护和自然资源恢复工作,确定淞江鲈等 33 个原(良)种保护和 43 种增殖放流品种,加强渔业环境资源监测及放流效果评估工作,编制完成《2016 年上海市渔业生态环境状况报告》。有序开展水生生物增殖放流,2017 年共投入各类放流资金 1 340 万元、放流各类苗种 1 亿余尾(只);救助救护各类水生野生动物 178 起 300 余尾(只)。结合崇明世界级生态岛建设,推进中华鲟保护区崇明基地二期建设和国家级保护区申报工作,加快国家级海洋牧场示范区建设。

3. 加强执法监管,维护渔业生产秩序 落实史上最严伏休管理制度,联合江苏、浙江强化海上联动执法机制,协调公安、交通、海警、海事等多个部门,加强海洋伏休、长江、黄浦江和内陆水域禁渔期管理,组织开展清理取缔涉渔"三无"船舶、清理整治"绝户网""电毒炸"等各类专项行动,坚决打击非法捕捞行为,办理各类执法案件 927 起,罚没违规渔具 1 086 件(顶),全市罚没款 183 万元;推进"两法衔接"工作,移交司法机关并已宣判非法捕捞案件 29 件,追究刑事责任 37 人,近海、长江上海段、内陆水域管理秩序呈现质的飞跃,涉渔"三无"船舶大规模违法捕捞现象基本绝迹,有效维护了渔业生产秩序。强化渔业安全生产管理,巩固完善监管网络,组织开展渔港及渔船集中停泊点普查、执法检查,做好渔业水上安全突发事件应急处置工作,组织 8 起海上突发事件和海难救助,获救渔船 8 艘,获救渔民 42 人,挽回直接经济损失 560.1 万元,在 2017 年全国渔业安全生产专项督查评分中上海名列第三。全市已累计建成标准化渔船 118 艘,《桁杆拖网渔船技术要求》经国家标准化管理委员会确认为地方标准正式实施,为本市渔船更新改造、提高安全能级提供了依据。上海船检部门斐济检验点率先实现 GMDSS 双套配置全覆盖,成为全国渔船境外检验点的标杆。

4. 拓展功能,促进产业融合发展 通过举办上海国际休闲水族展览会等展览展会,渔业融合功能、市场影响力和知名度不断增强,2017 年休闲渔业产值达 2.85 亿元,上海国际休闲水族展览会被评为国家级示范性渔业文化会展,上海一品渔村标准化水产养殖场被评为全国精品休闲渔业示范基地。横沙国家一级渔港能级不断提升,2017 年卸港量首次突破 2 万吨,靠船数 3 500 艘次,2 000 吨级 -60℃ 超低温冷库调试合格并正式投入使用,通过了"中国国际金枪鱼交易中心"评审,被农业部评为"2017 全国最具影响力水产批发市场"。远洋渔业稳步发展,产业外扩和产品回国战略实施取得新成效,2017 年本市远洋捕捞产量 13.04 万吨,比 2016 年增长 3.49%;2017 年本市远洋渔业企业运回各类自捕水产品 7.84 万吨,比 2016 年增长 15.29%。同时,加强了对远洋渔业企业规范生产的监督管理,防止出现涉外事件。

【重点渔业生产地区(单位)基本情况】

上海市重点渔业区基本情况

地区	渔业人口(人)	渔业产值(万元)	水产品产量(吨)	其　中				养殖面积(公顷)	
				海洋捕捞	内陆捕捞	长江捕捞	内陆养殖	海水	内陆
崇明区	9 802	128 795	50 179	13 252		51	36 876		4 599
奉贤区	6 634	64 544	18 053	523			17 530		2 824
青浦区	3 333	56 071	19 170		679		18 491		2 260
浦东新区	1 658	35 377	20 658	2 963		13	17 682		2 454
金山区	2 229	24 059	8 246	63	591		7 592		948

【大事记】

[1]2月8日,中共上海市委农村工作办公室(简称农办)、上海市农业委员会(简称农委)主任张国坤、副主任叶军平、秘书长邵启良到横沙一级渔港开展调研。

[2]2月16日,全国政协副主席卢展工在上海市政协副主席高小玫等陪同下到上海市长江口中华鲟自然保护区基地调研。

[3]3月8日,市委农办、市农委主任张国坤到市渔政处调研指导工作。

[4]3月10日,市农委召开2017年上海市水产工作会议。市委农办、市农委副主任叶军平出席会议并讲话。

[5]3月29日,市人大常委会主任殷一璀一行到上海市长江口中华鲟自然保护区基地调研。

[6]4月13日,上海市内陆渔船"三证合一"系统顺利通过专家验收评审,实现了本市内陆渔船船网指标、登记、检验、捕捞许可的全流程、封闭式管理和定置作业位置的精准化管理,提升了本市内陆渔船管理的信息化、规范化水平。

[7]4月17日,市委农办、市农委主任张国坤、副主任叶军平、秘书长邵启良登上中国渔政31001船,赴市属管辖海域现场调研指导渔政执法和渔业生产管理工作。

[8]4月20日,上海市农业委员会与青浦区人民政府在淀山湖联合举办以"携手放流改善生态、共同呵护绿水青山"为主题的水生生物增殖放流活动。市委农办、市农委副主任叶军平出席活动。

[9]4月24日,市委常委、统战部部长沙海林一行到上海市长江口中华鲟自然保护区基地调研。

[10]4月25日,上海市、江苏省、浙江省三地省级渔政监督管理机构在上海正式签署江浙沪海上渔业执法长效管理备忘录。上海市委农办、市农委秘书长邵启良、江苏省海洋与渔业局副局长林建华、浙江省海洋与渔业局副巡视员严寅央出席签约仪式。

[11]4月25日,农业部渔业船舶检验局副局长钟小金一行到上海参加"远洋渔船境外检验实施办法"研讨会,并就远洋渔船境外检验工作赴上海水产集团有限公司进行调研。

[12]5月2日,市人大常委会副主任钟燕群一行到市长江口中华鲟自然保护区基地调研。

[13]5月3日,上海市副市长翁铁慧一行到市长江口中华鲟自然保护区基地调研。

[14]5月14日,乌兹别克斯坦共和国布哈拉市市长 Ikhtiyor A. Farmonov、抵押银行董事长 Omon M. Musayev、乌兹别克斯坦共和国驻上海总领事馆财务专员阿里姆·乌斯马诺夫等一行到上海市松江区国家级水产良种场考察调研。

[15]5月18日,光明食品集团与上海水产集团联合重组工作会议在光明食品集团召开。市政府副秘书长,市国资委党委书记、主任金兴明,市委组织部副部长冷伟青出席会议并讲话。市国资委副主任王亚元主持会议。

[16]6月6日,主题为"生态成就文明,保护铸就精彩"的2017年长江口珍稀水生生物增殖放流活动,在长江口中华鲟自然保护区附近水域举行。市委农办、市农委副主任叶军平出席活动。

[17]6月12日,市委农办、市农委副主任殷欧一行到上海市水产研究所启东科研基地调研科研工作。

[18]6月12日,上海横沙一级渔港口岸迎来从俄罗斯霍尔姆斯克(Kholmsk)港直航的首艘外籍活鲜捕捞船——俄罗斯籍捕捞船"TOR"号,实现了上海首次以海运方式成功进口鲜活远洋水产品的破冰之旅。

[19]6月15日,由西班牙加利西亚大区主席阿尔贝尔多·努涅斯·费侯先生率领的加利西亚大区政府代表团到访上海水产集团,双方希望进一步加强中西渔业和水产品加工和贸易合作。

[20]6月22日,市委农办、市农委副巡视员陈德明率渔业安全生产督查组一行,赴崇明岛开展夏季渔业安全生产督查活动。

[21]7月3日,台北市市长柯文哲一行到上海市长江口中华鲟自然保护区基地参访。

[22]7月7日,市农委系统工会工作委员会、市农委水产办公室、市农业科技服务中心和市水产技术推广站联合举办以"弘扬工匠精神,厚植工匠文化"为主题的2017年上海市水产技术推广职业技能竞赛。

[23]7月21日,市政协主席吴志明一行到上海市长江口中华鲟自然保护区基地调研。

[24]8月11日,上海市科技兴农项目"上海市水生动物疾病远程会诊系统开发"通过现场验收。上海市水生动物疾病远程会诊系统的建成,实现了国家、省市、区(县)三级联网、无缝对接的远程会诊功能。

[25]8月19日,在第十二届上海国际渔业博览会暨第十二届上海国际水产养殖展览会期间,上海市农业委员会与大连市海洋与渔业局分别代表沪连两地签署《海洋渔业对口合作战略框架协议》。

[26]9月4~5日,由河北省委、省政府农村工作办公室副主任刘振洲带队的"农业部渔业安全生产大检查"第八检查组赴上海横沙一级渔港,对上海市渔业安全生产工作开展检查。

[27]9月15日,国务院三峡办副主任陈飞一行到上海市长江口中华鲟自然保护区基地调研。

[28]9月15~18日,由上海水产行业协会主办,上海农展馆和上海海洋大学承办的2017第十二届上海国际休闲水族展览会暨第三届龟谷展成功举办。中国渔业协会常务副会长林毅、上海市委农办、市农委秘书长邵启良、上海水产行业协会会长濮韶华、上海海洋大学校长李家乐等出席展会启动仪式。

[29]9月18日,上海市渔政监督管理处会同江苏省渔政监督总队、浙江省海洋与渔业执法总队、上海市海警支队在中国渔政31001船召开江浙沪海上渔业联合执法行动部署会。上海市委农办、市农委秘书长邵启良出席会议并讲话。

[30]9月22日,全国人大常委会预算工委副主任朱明春、上海市人大常委会副主任洪浩到上海市长江口中华鲟自然保护区基地调研。

[31]10月3日,海峡两岸关系协会会长陈德铭一行到上海市长江口中华鲟自然保护区基地调研。

[32]10月11日,市人大常委会副主任沙海林一行到上海市长江口中华鲟自然保护区基地调研,实地察看保护区工作开展情况,并就保护区立法工作举行座谈会。

[33]10月26日,2017年上海市新型职业农民职业技能大赛(水产行业赛区)在青浦区彰显渔业专业合作社举行。

[34]11月11日,农业部国际合作司副司长唐盛尧一行到上海横沙一级渔港实地调研渔业"走出去"工作。

[35]11月14日,上海市渔政监督管理处牵头相关单位召开2017年涉渔案件"两法衔接"工作座谈会。市委农办、市农委秘书长邵启良出席会议并讲话。

[36]12月10日(阿根廷当地时间),农业部副部长屈冬玉,在农业部渔业渔政管理局副局长刘新中陪同下,视察了上海水产集团驻阿根廷远洋渔业基地。

(上海市农业委员会水产办公室 田青霄)

江苏省渔业

【概况】 2017年,江苏渔业系统牢固树立五大发展理念,认真贯彻省委、省政府决策部署,大力推进渔业供给侧结构性改革,加快现代渔业转型升级步伐,渔业经济呈现稳中向好、质量提升的发展态势。2017年,全省水产品总产量507.59万吨,同比下降0.12%,其中,海洋捕捞53.03万吨、淡水捕捞30.76万吨、海水养殖93.08万吨、淡水养殖327.32万吨、远洋渔业3.40万吨,同比分别下降3.38%、下降2.98%、增长2.94%、增长0.16%、下降22.96%。水产养殖面积63.22万公顷,同比增长1.14%。渔业(一产)产值1 740亿元,同比增长3.4%;渔业经济总产值3 260亿元,同比增长7.93%;渔民人均可支配收入24 994元,同比增长8.87%。

1.产业结构调整 调整优化养殖品种和模式,全省以河蟹和虾类为主的名特优水产养殖面积占比超过76%。新建和改造标准化鱼池3万公顷,新增高效设施渔业建设面积1.33万公顷,全省高效设施渔业面积占比达28%。昆山市阳澄湖大闸蟹和盱眙县小龙虾被评为首批中国特色农产品优势区。省海洋与渔业局联合省农业委员会下发《关于加快推进稻田综合种养工作的通知》,整县推进扩大到20个,新增稻渔综合种养面积0.67万公顷,总面积超过2万公顷。沛县的徐垦湖西农业发展有限公司和盱眙县的小河农业发展有限公司成功创建国家级稻渔综合种养示范区。加快培育家庭渔场等新型经营主体,认定省级示范家庭渔场

41 家。渔民专业合作组织超过 4 600 家，渔户"参合率"超过 65%。成立了江苏水产加工技术创新联盟。水产品电商销售额超过 80 亿元，泗洪大圆塘休闲垂钓大赛等 26 家单位(活动)获评全国休闲渔业品牌。

2. 绿色生态渔业 扎实开展渔业健康养殖示范县创建，常州市金坛区、东台市、盐城市盐都区、昆山市和宝应县等 5 个县(市、区)被认定为全国渔业健康养殖示范县。新创建农业部水产健康养殖示范场 66 家。大力推广池塘工业化生态养殖系统，全年新建养殖水槽面积 8.4 万平方米，累计面积达 20.1 万平方米。研究印发《关于加快推进太湖流域生态渔业建设的意见》，修订完善《省级太湖流域池塘养殖水排放标准》，推进太湖流域产业结构调整和空间布局优化。落实省政府"263"专项行动要求，扎实推进长荡湖、阳澄湖、高宝邵伯湖和洪泽湖等湖泊围网养殖综合整治，共压减面积超过 0.33 万公顷。

3. 渔业科技创新 加强新品种(系)选育与推广，选育获得红色脊尾白虾新品种、红壳色文蛤新品系各 1 个，"长江 2 号"河蟹养殖面积扩大到 3.51 万公顷。推动设立省级种质创新项目，河蟹、小龙虾、海水鲷等 9 个水产品种获得立项支持。组织 8 家科研院所和 11 个县开展挂县强渔工作，推广应用先进适用品种和技术模式 15 项。加强渔业人才培养，培训渔业科技与实用人才 1 695 名。省淡水水产研究所周刚、唐建清、边文冀，省海洋水产研究所陆勤勤等 4 人受聘为农业部现代农业产业技术体系"十三五"新增岗位科学家，涉及河蟹、小龙虾、斑点叉尾鮰和条斑紫菜等江苏主导养殖品种。12 月 1 日，江苏现代农业科技大会在南京市国际博览中心举办，农业部副部长于康震、省委书记娄勤俭、省长吴政隆、副省长杨岳等视察渔业展区。

4. 外向型渔业 2017 年全省渔业产品出口 21.4 万吨、出口额 9.2 亿美元。12 月 1 日，在江苏现代农业科技大会期间，同期举办了现代渔业专场推介会，推介会上共签署南方蓝鳍金枪鱼养殖技术合作、沿海百万亩现代渔业产业带建设、"深蓝 2"号专业南极磷虾捕捞加工船技术引进、南黄海海洋牧场建设、絮团养殖、罗氏沼虾育繁科研合作、长江江豚保护合作、渔业大数据及电商平台建设和美国亚洲鲤鱼深加工等 9 个项目。江苏省海峡两岸渔业交流合作基地落户盐城市射阳县。江苏源友远洋渔业有限公司 6 艘金枪鱼延绳钓船到达印度洋渔场开展作业。在省淡水水产研究所禄口基地建成国内面积最大、设施最先进的进境水生动物检验检疫隔离场，于 11 月 28 日成功接收日本福冈县向江苏省捐赠的 220 尾日本原产锦鲤，这批锦鲤在接受隔离检验检疫一个月后，获得在江苏"安家落

户"的许可证。

5. 质量安全监管 推进渔业标准化与品牌建设，新增省级农业标准化试点 5 个，新认定无公害水产品产地 3.37 万公顷，新获证无公害水产品 340 个，新增江苏名牌产品 21 个。洪泽湖大闸蟹成功创建国家级农产品地理标志示范样板。"巴城阳澄湖大闸蟹""盱眙龙虾"入选"2017 中国百强农产品区域公用品牌"。昆山市成为全国首批"全国水产品质量安全示范县"之一。加强质量安全追溯体系建设，组织认定了省级水产品质量安全追溯生产企业 103 家，"江苏优鱼"电商平台启动上线。强化水产品质量安全执法监管工作，全省水产品质量安全执法共出动渔政执法人员1.1 万余人次，检查苗种场 618 家、水产品生产单位4 254 家，发出责令整改通知 193 份，行政处罚案件 32 起，罚款金额 12.99 万元，未发生重大水产品质量安全事件。加强渔业生态环境和水产品质量安全监测，农业部监督抽检江苏产地水产品样品 530 个，全部合格；省质量检测机构监督抽检产地水产品样品 2 721 个，合格率99.8%；抽检无公害水产品产地环境样品1 706 个，合格率 99.8%。

6. 水生动物疫病防控 2017 年，江苏省成为农业部水产苗种产地检疫试点唯一省份。省海洋与渔业局会同省兽医主管部门组织开展渔业官方兽医资格确认，7 月 13 日，农业部副部长于康震在南通市如东县为首批 68 名渔业官方兽医颁发证书，在全国渔业发展史上具有里程碑意义。全年共确认渔业官方兽医 433 名，打造了全国首支渔业官方兽医队伍。10 月 26 日，首批渔业官方兽医按照检疫规范对高邮市董氏特种水产有限公司生产的鳜鱼苗实施了产地检疫，开出了第一张检疫合格证明，2 万多尾鳜鱼苗顺利发往山东临沂，全年共检疫各类水产苗种 120 多批次。组织实施全省水生动物疫病监控计划，检测水生动物重大疫病监控样品 2 639 个，水产养殖病害测报样品 2 146 个，开展了病原菌药物敏感性试验 692 批次。全年没有发生重大水生动物疫情。

7. 水生生物资源养护 加大水生生物资源增殖放流力度，6 月 6 日上午，在扬州举办以"增殖水生生物、促进绿色发展"为主题的 2017 年全国"放鱼日"江苏主会场同步增殖放流活动。全年共放流水生生物苗种 29.8 亿尾，其中濒危珍稀物种 73.6 万尾，放流资金8 512.9 万元。新增洪泽湖黄颡鱼和高邮湖青虾 2 个国家级水产种质资源保护区，全省国家级水产种质资源保护区数量已增至 36 处，总面积超过 50 万公顷。加大江豚保护区建设，省海洋渔业局与深圳华大基因科技有限公司、中国科学院水生生物研究所、中国水产

科学研究院淡水渔业研究中心等科研机构,开展江豚人工繁育、保种初步协调工作,并达成合作意向与备忘。4月16日,南京师范大学在南京市渔政码头举行南京长江江豚种群科考启动仪式,全年开展科考活动27航次,在镇江江豚保护区核心区定点监测70次,观察到江豚158头次。

8. 渔业行政执法 省海洋与渔业局与省总工会、省人力资源和社会保障厅联合开展首次"海洋与渔业执法人员专业技能竞赛",全省共有20个代表队、100余名选手开展了渔政执法艇驾驶等4个科目的竞赛。省太湖渔政监督支队兰光查、省渔政总队直属支队徐浩迅和省太湖渔政监督支队沈振华等3名选手参赛总成绩分别为第一名、第二名、第三名;兰光查同志按照程序申报获"省五一劳动奖章"。省海洋与渔业局会同省公安厅制定出台《关于加强全省海洋与渔业行政执法机关与公安机关执法衔接工作的指导意见》。依托省海洋水产研究所、省淡水水产研究所专业技术力量,成立"全省海洋渔具渔法鉴定中心"和"内陆水域渔具渔法鉴定中心",填补省内空白。对全省海洋渔政执法主力船舶进行全面整合,组建了首支"江苏省海洋与渔业省调综合执法船队"。创新执法举措,将资产评估作为拍卖前置程序,完成了全省首个海洋涉渔"三无"船舶公开拍卖处置案件,通过罚没资产价值最大化降低行政执法成本。2017年,全省渔政执法共立案7 972宗,结案7 934宗,结案率达99.5%,行政处罚8 655人次,刑事处罚611人,罚赔金额5 500多万元。

9. 海洋牧场建设 积极利用海洋工程生态补偿项目开展人工鱼礁建设,其中,徐圩港区防波堤工程生态修复项目投入768万元,投放鱼礁6 000立方米,连云港港赣榆港区前期工程生态修复项目投入500万元,计划建成礁区约2平方千米。连云港海州湾海洋牧场示范区建设项目实施方案通过专家评审。成功申报中央财政"江苏南黄海海洋牧场示范区创建"项目,项目资金2 000万元,试验性人工鱼礁项目顺利完成,共投放人工鱼礁单体352个,建成人工鱼礁规模6 792.7立方米,形成海洋牧场区面积约2平方千米,设置海洋牧场界点浮标4座。2018年年底完成。

10. 渔业安全生产 7月13日,由农业部、交通运输部和江苏省政府共同举办的全国首次渔业水上突发事件应急演练在南通市如东县洋口港阳光岛附近海域举办,15个单位20余艘船(艇)和1架专业救援直升机、200余名参演人员参加演练。省海洋与渔业局在连云港市赣榆区首次召开了全省渔港管理现场会。出台《江苏省渔业安全生产工作考核办法》,从制度上落实了渔业安全监管工作的刚性要求。印发《江苏省海

洋与渔业涉外渔船管理工作领导小组及成员单位工作职责(试行)》,加大管理力度,落实工作措施,扭转了涉外渔业事件多发的势头。2017年,全省发生13起渔业安全生产事故,死亡(失踪)27人,其中较大以上事故3起,死亡(失踪)18人。启东市、昆山市、响水县和连云港市连云区等4个县(市、区)被农业部评为"全国平安渔业示范县"。江苏代表队获首届"平安护航"杯全国渔业船舶检验知识竞赛海洋组第一名。

11. 海洋渔船减船和更新改造 省政府办公厅出台《关于加强渔船管控实施海洋渔业资源总量管理的实施意见》,省海洋与渔业局制定了《江苏省海洋捕捞渔民减船转产项目实施方案》,下达海洋捕捞渔船控制指标,推进减船转产任务。全年压减海洋渔船219艘。完成省级渔船更新改造的复验工作,对2011—2015年间省级财政下拨3.68亿元用于海洋捕捞渔船更新改造项目经费,聘请审计单位进行全面复验,全省共改造渔船1 409艘,省级财政补贴更新改造工作划上圆满句号。

12. 渔业生态环境状况 2017年,在太湖、滆湖、洪泽湖、高宝邵伯湖、骆马湖等主要湖泊、长江江苏段、江苏管辖海域重要渔业水域共设置水质、底质和生物资源监测站位330个,获得各类监测数据15 000余个。监测结果表明,江苏省渔业生态环境状况总体良好。

省内主要湖泊生态环境状况总体良好。石油类、铜、铅、镉、汞、砷符合渔业水质标准,与2016年相比,水质有所好转,氨氮、化学需氧量总体有所下降,总磷、石油类基本保持稳定,总氮有升有降。湖泊底质状况良好。浮游生物资源较丰富,底栖动物多样性水平有所提高,鱼类群落结构基本稳定,水生生物资源养护效果明显。

长江江苏段生态环境状况总体良好。石油类、铜、铅、镉、汞、砷符合渔业水质标准。底栖动物生物多样性水平略有提高,鱼类群落结构总体稳定,水生生物资源养护效果逐渐显现。

江苏管辖海域重要渔业水域生态环境状况总体良好。水质中化学需氧量、溶解氧、粪大肠菌群、总汞、铅、镉、砷、铜、铬、六六六、滴滴涕均符合海水水质二类标准,满足海水增养殖区功能要求,站位达标率为100%。无机氮总体符合海水水质三类标准,活性磷酸盐总体符合海水水质二类标准。沉积物质量状况基本良好。浮游动物生物密度较高,浮游植物、底栖生物、滩涂潮间带生物密度丰富且稳定,鱼卵仔稚鱼群落结构组成稳定,游泳生物资源密度明显增加。吕泗渔场大黄鱼、海州湾渔场中国对虾等水生生物资源养护效果明显。

【重点渔业生产地区（单位）基本情况】

江苏省重点渔业市（区、县）基本情况

市（区、县）	水产品总产量（吨）	其 中				养殖面积（公顷）	其 中	
		海洋捕捞	海水养殖	内陆捕捞	内陆养殖		海水	内陆
赣榆区	448 031	125 285	241 531	1 192	80 023	28 198	23 551	4 647
启东市	355 693	197 392	116 182	8 036	34 083	33 888	23 250	10 638
兴化市	294 772			12 319	282 453	34 349		34 349
如东县	302 901	48 535	199 816		54 550	55 529	48 551	6 978
射阳县	220 957	30 540	72 658	7 621	110 138	15 927	5 927	10 000
东台市	181 351	26 929	70 072	11 609	72 741	28 370	21 070	7 300
盐城辖区	162 937	896	13 780	1 852	146 409	13 066	2 065	11 001
大丰区	172 862	12 249	60 740	14 000	85 873	27 150	17 750	9 400
高邮市	164 054			5 031	159 023	26 806		26 806
宝应县	147 419			15 730	131 689	19 191		19 191

【大事记】

[1] 1月3日，江苏省海洋与渔业局在南京市召开全省池塘工业化生态养殖工作会议。局党组书记、局长汤建鸣出席会议并讲话，提出要把池塘工业化生态养殖作为现代渔业建设的重要内容，大力组织推进。省海洋与渔业局副局长张建军、中国水产科学研究院淡水渔业研究中心主任徐跑、省沿海开发集团副总经理周金阳、省农垦集团副总经理姜建友出席会议。

[2] 1月19日，全省海洋与渔业工作会议在南京召开。会议回顾总结了2016年海洋与渔业工作，分析形势，安排部署2017年重点工作。局党组书记、局长汤建鸣做工作报告。会议由沈毅副局长主持，副局长林建华、张建军、副巡视员赵钧、费志良出席会议。

[3] 2月7日，江苏省海洋与渔业局召开全局系统总结表彰暨作风建设大会，回顾总结2016年工作成效，部署2017年重点工作任务。局党组书记、局长汤建鸣做大会主旨讲话。会议由沈毅副局长主持，夏前宝副局长宣读表彰决定。会议以视频会议形式召开，省纪委驻环保厅纪检组组长王金泉、局领导班子全体成员、省纪委驻环保厅纪检组有关同志、各直属单位科级以上干部和局机关全体人员出席会议。

[4] 2月28日，省海洋与渔业局与盐城市人民政府在盐城签署共同推进盐城沿海百万亩现代渔业产业带建设战略合作协议。计划用4年时间，将盐城市临海高等级公路沿线的5县（市、区）相关渔业区域，打造成全国规模最大、科技水平全国领先的现代渔业产业带。省海洋与渔业局局长汤建鸣、盐城市市长戴源出席签约仪式并分别代表双方签约。

[5] 3月7日，江苏省海洋与渔业局在扬州市召开党建工作会议，回顾总结近年来局系统党建工作，部署安排2017年党建工作。局党组书记、局长汤建鸣做工作报告，省纪委驻环保厅纪检组组长王金泉做专题讲话。会议由局党组成员、副局长沈毅主持。局领导班子成员，有关负责同志出席会议。

[6] 3月18日，第七届"中国·洪泽湖放鱼节"启动仪式在淮安市洪泽区渔人湾码头举行。江苏省海洋与渔业局局长汤建鸣、副局长夏前宝，淮安市市长惠建林、副市长肖进方，洪泽区委书记朱亚文、区长殷强和社会各界人士500多人参加，放流各类鱼种10万尾。整个活动期间共投入资金1 000万元，开展20次专场活动。

[7] 3月20日，江苏省海洋与渔业局和省公安厅联合出台《关于加强全省海洋与渔业行政执法机关与公安机关执法衔接工作的指导意见》，建立日常联络、联合执法、重大案件会商、重大案件挂牌督办四项制度，完善海洋与渔业行政执法和刑事司法衔接工作机制，实现对海洋与渔业涉嫌犯罪案件的合力执法。

[8] 4月27日，江苏省海洋与渔业局在南京市召开全省水产苗种产地检疫试点工作部署会。农业部渔业渔政管理局副巡视员丁晓明宣读试点工作批复。江苏是农业部水产苗种产地检疫试点唯一省份。省海洋

与渔业局局长汤建鸣到会讲话。副局长林建华、张建军,副巡视员赵钧、费志良出席会议。农业部渔业渔政管理局、兽医局、江苏省农委等单位有关同志到会指导。

[9]5月23日,江苏省海洋与渔业局在连云港市赣榆区、宿迁市泗阳县和南京市江宁区同步开展"中国渔政 亮剑2017"江苏在行动系列专项执法活动,现场销毁查扣的涉渔"三无"船舶和违规渔具,展示全省打击涉渔"三无"船舶、清理整治"绝户网"的坚强决心。

[10]6月6日,全国"放鱼日"江苏主会场启动仪式在扬州市举行,同步举行增殖放流的还有连云港市、盐城市、南通市、太湖、骆马湖5个分会场及10多个放流点,期间共放流各类水生生物苗种逾1.2亿尾。

[11]7月13日,由农业部、交通运输部和江苏省政府联合主办的"2017全国渔业水上突发事件应急演练"活动,在南通市如东县洋口港阳光岛举行。演练共调集海上渔政、海监等船舶20余艘,同时动用空中直升机、陆上救护车等。农业部副部长于康震观摩了演练。

[12]7月13日,江苏省渔业官方兽医颁证活动在南通市如东县举行,全国首批68名渔业官方兽医获得确认。农业部副部长于康震出席并为首批渔业官方兽医颁发证书。

[13]7月25~28日,由江苏省总工会、省人社厅、省级机关工委和省海洋与渔业局共同主办的江苏省首届海洋与渔业水上执法技能竞赛在太湖(竺山湖)举行。省太湖渔政监督支队兰光查、省渔政总队直属支队徐浩迅和省太湖渔政监督支队沈振华分别获得第一名、第二名、第三名;兰光查同志按程序申报获得"省五一劳动奖章"。

[14]8月15日,江苏省海洋与渔业局与宁夏回族自治区农牧厅在南京市举行现代渔业科技合作框架协议签署仪式。省海洋与渔业局局局长沈毅、张建军、副巡视员费志良与宁夏回族自治区农牧厅厅长王文宇、副厅长赖伟利等出席签约仪式。

[15]9月20~21日,江苏省海洋与渔业局在连云港市赣榆区召开全省渔船渔港监管现场推进会。省海洋与渔业局局长汤建鸣参加会议并讲话,连云港市副市长吴海云、赣榆区委书记孙爱华出席会议,会议由省海洋与渔业局副巡视员赵钧主持。会议回顾了"十二五"以来的主要成效,提出了"依港管船"的新思路、新目标。

[16]10月25日,农业部办公厅发出通知,公布2017年全国休闲渔业品牌创建主体认定名单,江苏省

26家单位获得相关称号,数量居全国第一。

[17]10月26日,由渔业官方兽医对高邮市董氏特种水产有限公司生产的鳜鱼苗实施产地检疫,开出第一张检疫合格证明,2万多尾鳜鱼苗顺利发往山东省临沂市。

[18]11月1日,江苏省海洋与渔业局与宿迁市人民政府在宿迁签署共同推进宿迁生态健康渔业示范区建设战略合作协议,推动宿迁市创建生态经济示范区。省海洋与渔业局党组书记、局长汤建鸣,宿迁市委副书记、市长王天琦出席签约仪式并分别讲话。省海洋与渔业局副局长张建军、宿迁市副市长光华分别代表双方签署协议,签约仪式由宿迁市政府秘书长章其波主持。

[19]11月6~7日,农业部副部长于康震带队督导调研江苏渔业工作,实地考察江苏渔业转方式调结构做法,并召开座谈会,听取情况介绍。

[20]12月1~2日,由农业部、江苏省人民政府联合主办的中国江苏·现代农业科技大会在南京国际博览中心举行。江苏省委书记娄勤俭、省长吴政隆、农业部副部长于康震,省委常委、副省长杨岳,省委常委、南京市委书记张敬华等领导视察江苏现代渔业科技展区。大会期间,举办了江苏现代渔业专场推介会,签署渔业重大项目9个。

(江苏省海洋与渔业局)

浙江省渔业

【概况】 2017年,浙江省水产品总产量597.1万吨,同比增长1.9%。其中,国内海洋捕捞产量309.3万吨,同比减少6.7%;海水养殖产量116.3万吨,同比增长19.7%;淡水捕捞产量11.4万吨,同比增长25.3%;淡水养殖产量110.7万吨,同比增长5.3%;远洋渔业产量49.5万吨,同比增长19.6%。2017年全省渔业经济总产值2 071.4亿元,同比增长2.3%;其中渔业总产值786亿元,同比增长5%。2017年,全省水产品出口数量34.6万吨,同比减少19.8%;水产品出口贸易额14.6亿美元,同比减少14.6%。全省渔民人均纯收入达到24 852.6元,同比增长7.7%。

1.水产养殖 深入开展渔业转型促治水三大工程。2017年,下达农业部深水抗风浪网箱建设资金4 500万元,建设深水抗风浪养殖网箱527只。全省累计完成池塘生态化改造1.11万公顷,完成年度任务的159%,累计投资3.1亿元;稻鱼共生轮作0.41万公顷,完成年度任务的144%,累计投资0.7亿元;禁限养区划定整治面积0.25万公顷,完成年度任务的

158%，累计投资 2.68 亿元。继续推进水产养殖污染治理工作，拆除关停甲鱼温室大棚面积 139.9 万平方米。截至 2017 年 12 月底，全省渔业转型促治水三大工程实施以来累计投入资金近 6.5 亿元。苍南县等 13 个县(市、区)被列入第二批"渔业转型发展先行区创建县"。启动全省养殖水域滩涂规划编制工作。8～9 月，中央环境保护督察组对浙江省开展了环保督察，对宁波、温州、台州等地的海水养殖提出了依规养殖、持证养殖、养殖尾水处理排放等方面的整改要求，浙江省认真编制整改方案，积极推进整改工作，其中德清县全域推进水产养殖尾水治理工作得到省委主要领导的高度关注。继续强化水产优质种苗繁育体系建设，指导浙江乐清省级南美白对虾良种场、浙江湖州国家级罗氏沼虾良种场和浙江吴兴省级翘嘴红鲌良种场等 3 家省级以上良种场开展育种创新基地创建工作；指导宁波明凤中华鳖良种通过国家级良种场资质认定及 2 家省级良种场资质认定工作；浙江嘉兴四大家鱼原种场、浙江湖州罗氏沼虾良种场均顺利通过农业部组织的国家级资格复查验收。

2．海洋捕捞 2017 年，由于东海休渔期较往年延长一个月，全省国内海洋捕捞产量 309.3 万吨，同比减少 6.7%；产值 273.5 亿元，同比减少 2.7%。双拖、拖虾、深水围网、帆张网等作业渔船总体生产情况好于 2016 年，单拖、机轮围网等作业渔船差于 2016 年。海洋捕捞生产成本持续增高，2017 年省内海洋捕捞渔船船员人均月工资增幅 8% 左右，柴油平均销售价格同比上涨 12.7%，船用冰箱同比上涨 18%。截至 2017 年年末，全省拥有国内海洋捕捞渔船 17 016 艘，总功率 287.4 万千瓦，同比分别减少 7.9% 和 8.9%，为近年来减船数最多的一年。2017 年，浙江省继续有序推进减船转产工作，全年计划压减国内海洋捕捞渔船 582 艘、8.7 万千瓦(含宁波)，实际完成压减捕捞渔船数 1 079 艘、15.97 万千瓦，分别完成计划数 185.4% 和 183.6%。

3．远洋渔业 2017 年，远洋渔业生产继续保持平稳发展态势。远洋捕捞船队遍及太平洋、大西洋、印度洋公海及伊朗等 9 个国家专属经济区。全省共有农业部远洋渔业企业资格的企业 40 家，共有远洋渔船 661 艘(其中投入远洋生产 617 艘)；产量 49.5 万吨，同比增长 19.6%；捕捞产值 60.3 亿元，同比增长 40.6%，直接从事远洋渔业渔民 1.5 万余名。浙江省远洋企业数、远洋渔船数、远洋产量和产值均居全国第一。2017 年，舟山太平洋金枪鱼远洋渔业有限公司获批全省第一个金枪鱼捕捞过洋性项目，项目渔船"太平洋 01""太平洋 02"船身由玻璃钢新型复合材料建造而成，在

浙江历史上尚属首例。浙江省还获得了 2 艘新建南极磷虾专业捕捞船指标，为占领发展南极渔业制高点奠定基础。生产指挥船"普远 801"成为全国首创的远洋渔业海上管理与服务平台。

4．渔业二、三产业 持续深化渔业供给侧结构性改革，着力培育渔业新动能、打造新业态、扶持新主体、拓宽新渠道，加快推进水产品精深加工、休闲渔业等渔业二、三产业发展。2017 年年底，全省水产品加工企业 2 019 家，同比增加 31 家；加工能力 260.4 万吨/年，同比下降 5.2%；全年水产品加工总量 208.4 万吨，同比下降 3.4%；水产品加工产值 608.1 亿元，同比下降 0.6%。规模以上水产品交易市场成交量 367.7 万吨，同比增长 5.1%；成交额 708.6 亿元，同比增长 4.8%。全省休闲渔业主体 2 408 个，同比增长 23.5%；从业人员 20 651 人，同比增长 14.5%。当年全省认定公布省级休闲渔业精品基地 9 家，累计已有 80 家，荣获全国"最美渔村"4 个、全国精品休闲渔业示范基地(休闲渔业主题公园)5 家、全国休闲渔业示范企业 1 家、国家示范性节庆 3 个。14 家渔业企业进入浙江农业品牌百强榜，15 家企业获全国 2017 最具影响力水产企业品牌、2017 最具影响力批发市场和 2017 创新加工水产品称号，"舟山带鱼"和"三门青蟹"入选 2017 年中国百强农产品区域公用品牌。组织企业参加第十五届中国国际农产品交易会并获得优秀组织奖。组织 58 家企业先后参加美国波士顿、比利时、东京和莫斯科等国外展会。做好 10 家部级定点水产品批发市场价格采集报送监管工作，报送成交价格信息 2 928 次数(同比增长 25%)、月度分析报告 104 篇、价格条目 117 000 条，省级主管部门分析报告 16 篇。做好水产品国际贸易预警工作，编译《国际水产信息快报》22 期；继续加强"浙江名优水产"电商平台建设和电商服务，积极探索水产电商新思路，为浙江水产行业进入电商领域寻找新的切入点和突破口。

5．初级水产品质量安全管理 2017 年，全省初级水产品质量安全总体状况稳中趋好，产地初级水产品质量安全合格率继续保持在 98% 以上。新创建农业部健康养殖示范场 36 家，启动湖州市吴兴区、三门县和温州市洞头区 3 个县(区)创建农业部渔业健康养殖示范县，全域推进健康养殖和规范管理；新通过无公害养殖水产品产地认定的生产单位 236 家。完成国家和省级初级水产品质量安全监督抽检近 3 000 批次，合格率达到 99%；完成国家和省级水产苗种监督抽检达 118 批次，合格率为 100%。省海洋与渔业局、省农业厅、省林业厅联合出台《关于其他具有一定规模农产品生产者的认定标准(试行)》和《浙江省食用农产

品合格证管理办法(试行)》两个规范性文件,要求规模以上水产品生产者全部开展水产品合格证管理。完善提升水产品质量安全监管系统,2017年底已录入规模以上水产品生产主体18 000余家,其中开展质量安全追溯的主体1 000个,共打印追溯记录6 000余条,合格证开具记录1 240条。

6. 渔业安全生产监管 2017年,全省共发生渔船水上生产性事故50起、沉船3艘、死亡(失踪)59人、直接经济损失1 290万元,与上年同期相比,事故起数、沉船数、死亡(失踪)人数、直接经济损失数分别下降了45.65%、50%、40.4%、36.66%;发生较大责任事故2起,死亡(失踪)9人,较好地控制在省安全生产委员会下达给全省渔业领域事故控制目标之内,其中各类事故死亡人数占省控指标的59.6%、较大事故起数占省控指标的15.38%。宁波市奉化区、苍南县、舟山市定海区、临海市等4县(市、区)获得2016—2017年"全国平安渔业示范县"称号,杭州市富阳区等12个县(市、区)获得省级"平安渔业示范县"称号。当年全省各级共救助遇险事故576起,救助遇险渔民3 899人,挽回经济损失2.15亿元。

7. 标准渔港建设 2017年,全省完成渔港投资约2.75亿元,完成年度投资计划的137.5%。新开工12个项目〔宁波市象山县金高椅二级渔港升级改造项目、象山县东门二级渔港升级改造项目、奉化区栖凤二级渔港升级改造项目、象山县渔业船舶防台避风锚地改扩建项目、奉化区桐照一级渔港整治维护项目、高亭中心渔港维护疏浚工程、大衢渔港扩建工程、岱山长涂避风锚地升级改造项目、金清港渔船避风锚地建设项目、温岭钓浜渔港维护疏浚工程、石塘渔港疏浚工程、苍南县信智二级渔港(升级改造)工程〕,完工6个项目(岱山万良渔港、普陀蚂蚁渔港扩建工程、普陀白沙渔港建设工程、玉环坎门中心渔港修复工程、温岭中心渔港二期工程、苍南霞关渔港),通过竣工验收4个项目(洞头中心渔港、临海红脚岩一级渔港、普陀樟州渔港、苍南炎亭渔港)。在温岭石塘开展"以港管船"综合试点工作。

8. 渔船安全救助信息系统建设 2017年,渔船安全救助信息系统完成建设并通过验收,当年全省新建了15座雷达(舟山9座、台州4座、温州2座),并与原有5座雷达实现联网,形成全省20座近岸小物标雷达监控网,基本实现临海基线(12海里)以西海域的全时主动监控,提升了近海水域的综合管控能力。伏休期间发送政策宣传、指令信息、气象信息340万条,系统信息通信量达到1 200余万条;通过雷达系统发布监控日报67份,发现疑似违规渔船1 446艘次,有效减

少了渔船碰撞事故的发生。同时,舟山开展北斗固定式定位仪试点配备工作,温州、舟山及台州开展智能AIS设备试点应用。

9. 水生生物资源增殖放流 2017年,制定印发了《浙江省水生生物增殖放流工作规程》《浙江省水生生物增殖放流实施方案(2018—2020年)》和《关于做好增殖放流苗种疫病检测的通知》等文件,着重对放流物种选择、供苗单位确定、苗种质量监管、验收投放等环节进行了规范。全年组织各地共投入各类资金1.2亿元,放流水生生物苗种60亿单位(其中海洋类苗种46亿单位,淡水苗种14亿单位)。

10. 渔业科技与推广 加强标准制(修)订,在全国率先制定了《灯光围网渔船集鱼灯最大总功率要求》《海洋渔捞日志规范》《刺网最小网目尺寸—小黄鱼》《重要淡水鱼类资源种类及可捕规格等捕捞技术规范》等标准。加强科技合作,与中国水产科学研究院开展了"1+7"战略合作。加强科技研发,2017年,"三所一站"新增立项205项,新增经费7 274万元,在研项目达到301项,总经费达到9 902万元,发表(含已录用)论文216篇,获神农中华农业科技奖二等奖1项,省科技进步奖二等奖1项、三等奖3项,授权发明专利89项。大口黑鲈、小黄鱼与大黄鱼杂交、曼氏无针乌贼等繁育达到国内先进。加强科技服务,在省海洋水产研究所和浙江海洋大学成立浙江省海洋与渔业科学鉴定中心、海洋渔业资源联合研究中心。累计扶持建立渔业科技示范户4 458户、核心示范面积2.87万公顷、推广总面积11.23万公顷,实现产量80.6万吨,实现产值178.7亿元。开展节能减排试点,建立以池塘循环水、设施养殖尾水处理以及渔塘综合种养为主要模式的省级核心示范点12家。指导建设省级配合饲料核心示范点72个,推广池塘面积0.27万公顷(其中淡水鱼池塘0.08万公顷、海水蟹池塘近0.2万公顷)、海水标准小网箱(折合)2.8万只以上,减少冰鲜饵料用量约6.5万吨。

11. 渔民技能培训 2017年,全省共举办各类渔民素质培训班849期,培训渔民61 863人次,通过培训取得各类职业技能资格证书的渔民(包含职务船员、四小证)10 224人次。继续开展渔业高技能人才培养"金蓝领计划",举办水生动物病害防治员、水生动物饲养工两个工种培训班6期共355人次。组织生态渔业模式与技术知识更新培训、养鱼稳粮增收工程培训和无公害水产品检查员、内检员培训等。完成职业技能鉴定261人(其中初级工75人,中级工179人,高级工7人)。

12. 渔业互助保险 2017年,全省渔业互保费承

载风险保额 1 215 亿元,已决理赔案件 5 619 起,为会员支付赔款 3.2 亿元。全省会员享受各级政府财政补贴 1 亿元,其中中央补贴 306.6 万元、省级补贴 7 845.8万元、市(县)级补贴 2 261 万元。实现全省意外身故人均保额 76.7 万元、意外致残人均保额 42.1 万元、意外医疗人均保额 17 万元。积极推进船龄 10 年以内的渔船足额投保,全省近 1/3 参保渔船享受足额投保费率优惠政策;大力推进远洋渔业互助保险,吸纳 31 艘新建远洋渔船参保,全省船均保额 130.4 万元。水产养殖互助保险试点范围扩大到 10 个市 44 个县(市、区),品种丰富到海水鱼类、海水虾类、海水池塘蟹虾贝、浅海贝类、浅海藻类、淡水鱼类、淡水虾类、龟鳖类、名特优等 9 大类产品,全年承载风险保额 4.3 亿元,为养殖渔民赔付 717 万元。完成赠送保暖工作服两年计划,累计向会员发放 12 万件。稳步推进委托抵押贷款业务,全年向 411 位会员共发放贷款 1.9 亿元。加大无理赔优惠力度,会员享受无理赔优惠 3 958.6万元。

13. 渔业综合执法 2017 年,全省各级渔政执法机构围绕"一打三整治"及"三战"等重点任务,"抓伏休、治渔具、护幼鱼",打非治违取得重大突破。全省渔政执法机构累计查处各类渔业违法案件 6 029 起(其中海洋渔业案件 2 198 起),罚没款 2 608 万元(其中海洋渔业案件 2 190 万元),查获并没收拆解"三无"渔船 729 艘,清缴违禁渔具 26.7 万顶(其中海洋 20.8 万顶)。"三战"期间,共出动执法人员近 9.1 万人次,执法船艇 4 500 余艘次,检查渔船 2.2 万余艘、生产经营点 3.2 万个,没收违禁渔获物 1 350 余吨,移送刑事案件 254 起,移送涉案人员 1 171 人。加大打击非法捕捉、走私、经营利用水生野生动物行为力度,全年共检查水生野生动物及其相关单位 162 次,收缴、上交水生野生动物 35 头,放生天然水生野生动物 41 头,查处案件 1 起,收缴罚没款 1 万元。保护渔业水域环境,调解污染死鱼案件 32 件,查处渔业环保案件 3 件,为养殖户挽回经济损失 31.36 万元,渔业环保罚款或国有资源赔偿 2.1 万元。

14. 海洋渔业防灾减灾 2017 年,全省海域发生风暴潮灾害 3 次,发生灾害性海浪天数 37 天、引发事故 5 起,发现赤潮 33 次(其中有毒、有害赤潮 12 次,面积 2 068.30 平方千米),沿海海平面处于 1980 年以来第五高位。全省海洋灾害造成直接经济损失 9 224 万元,人员死亡(含失踪)4 人,海洋灾害直接经济损失和死亡(含失踪)人数均低于近 10 年(2006—2015 年)平均值。成功抵御"纳沙"等 5 次台风和 8 次冷空气的应急防御工作。加强海洋观测网建设,及时发布渔船预警短信和海浪警报,实现全省沿海市(县)邻近海域环境预报全覆盖,24 小时海浪警报准确率为 88.35%,海洋防台预警信息发布到位率为 100%。5 月 12 日,省海洋与渔业局在温州市平阳县组织开展主题为"减轻社区灾害风险,提升基层减灾能力"的全省海洋防灾减灾宣传主场活动。8 月,浙江省海洋与渔业局与国家海洋局所属的国家海洋信息中心、国家卫星海洋应用中心、国家海洋技术中心、国家海洋局海洋减灾中心四大业务中心签署战略合作协议,为进一步加强浙江省海洋灾害风险管理、提高综合减灾能力提供技术支撑。

15. 渔业外事活动 2017 年,全省渔业系统组织出访团组 11 批 16 人次,分别到美国、加拿大、比利时、韩国、日本、印度、缅甸和泰国进行渔业管理与科技合作交流、水产养殖研修、参加国际会议等活动。省海洋与渔业局及其直属事业单位研究所接待外宾 10 批 83 人次,来自美国、英国、加拿大、澳大利亚、泰国、以色列、韩国和吉布提等国家,还接待了来自苏丹、乌干达、埃及和柬埔寨等 14 个发展中国家鱼类苗种技术培训班的学员。省海洋与渔业局与韩国全罗南道水产局首次签订两省道渔业合作备忘录,与吉布提共和国奥博克地区管理委员会签署渔业合作协议,实施引进外国专家项目 4 个。

【大事记】

[1]1 月 9 日,省人大常委会环境与资源保护委员会、浙江渔场修复振兴暨"一打三整治"协调小组办公室(简称省协调办)在杭州召开《浙江省人民代表大会常务委员会关于加强海洋幼鱼资源保护促进浙江渔场修复振兴的决定》(简称《决定》)宣传贯彻工作会议。省人大常委会副主任袁荣祥、省政府副省长孙景淼出席会议并讲话。省海洋与渔业局局长黄志平就贯彻落实《决定》做发言。

[2]2 月 3 日,省委副书记、省长车俊,省委常委、杭州市委书记赵一德到千岛湖国家级种质资源保护区保种育种科研基地,参加千岛湖渔业资源增殖放流活动。

[3]2 月 15 日,全省海洋与渔业工作会议在杭州召开。省政府副省长高兴夫出席会议并讲话,省政府副秘书长谢济建主持会议,省海洋与渔业局局长黄志平发言。

[4]4 月 7 日,浙江渔场修复振兴暨"一打三整治"协调小组第四次成员单位(扩大)会议在杭州召开。时任省委副书记袁家军、省政府副省长孙景淼出席会议并讲话。省协调办主任、省海洋与渔业局局长黄志

平在会上通报 2016 年浙江渔场修复振兴暨"一打三整治"工作情况并提出 2017 年重点工作建议。

[5] 4 月 11 日，国务院安全生产委员会第三巡查组一行检查指导浙江省渔业安全生产管理工作，并召开了浙江省渔业安全生产管理工作汇报会。

[6] 5 月 1 日，全国海洋伏季休渔专项执法行动启动会主会场活动在浙江省象山县拉开帷幕。农业部副部长于康震、中国海警局局长陈毅德、浙江省副省长孙景淼出席了主会场启动会，省海洋与渔业局局长黄志平做表态发言。

[7] 5 月 9~11 日，省人大常委会副主任厉志海就舟山市"三战"专项执法行动及"一打三整治"工作开展专题调研。

[8] 5 月 25 日至 6 月 14 日，由省协调办牵头，组织省委政法委、省农办、省发改委等 16 家省直单位共计 50 余人成立 7 个督查组，由省海洋与渔业局相关领导带队分赴宁波、温州、舟山、台州、嘉绍、杭湖、金衢丽等地开展浙江渔场修复振兴暨"一打三整治"专项执法行动 2017 年第一次综合执法督查。

[9] 6 月 6 日，由农业部、浙江省人民政府主办，农业部渔业渔政管理局、长江流域渔政监督管理办公室、浙江省海洋与渔业局、杭州市政府联合承办的"2017 年'全国放鱼日'（主会场）暨千岛湖水生生物增殖放流活动"启动仪式在浙江淳安隆重举行。农业部副部长于康震、浙江省政协副主席黄旭明、省海洋与渔业局局长黄志平、杭州市政府副市长王宏等领导出席仪式。于康震、黄旭明共同为"金山渔湾"生态放流基地揭牌。

[10] 6 月 7 日，农业部副部长于康震、农业部渔业渔政管理局局长张显良一行赴绍兴市柯城区调研鲟鱼产业，省海洋与渔业局局长黄志平陪同。

[11] 6 月 8 日，第 10 个全国海洋宣传日和第 9 个世界海洋日，寻找浙江"最美护渔卫士"活动在浙江海洋大学落下帷幕。6 月 7 日晚的颁奖典礼上，10 名首届"最美护渔卫士"和 10 名"最美护渔卫士"提名奖获得者名单出炉。

[12] 6 月 8 日，省政府副省长孙景淼带队赴岱山调研基层"三战"工作，省海洋与渔业局副局长沈仁华陪同。

[13] 6 月 21 日，省政府副省长孙景淼带队赴平阳调研国家级海洋生态牧场建设、渔业产业发展等工作，省海洋与渔业局副局长陈畅陪同。

[14] 7 月 4 日，2017 舟山渔场增殖放流活动在普陀东港海滨广场举行。农业部副部长于康震、省政府副省长孙景淼共同启动增殖放流活动。农业部渔业渔

政管理局副局长刘新中、省海洋与渔业局局长黄志平分别讲话。

[15] 7 月 7 日，经省委、省政府同意，省海洋与渔业局与省协调办联合印发《关于在全省沿海实施滩长制的若干意见》，标志着浙江在全省沿海地区全面部署启动"滩长制"工作。

[16] 9 月 20~25 日，受浙江省人民政府邀请，吉布提渔业访问团一行 5 人，就未来双方开展渔业合作等相关事宜到浙江省开展交流访问。省海洋与渔业局与吉布提共和国奥博克地区管理委员会签署渔业合作协议。

[17] 10 月 25 日，农业部公布 2017 年休闲渔业品牌创建主体认定名单，浙江省 13 家单位榜上有名。温岭石塘镇五岙村、开化县何田乡、奉化桐照村、象山东门渔村等 4 家单位获评"最美渔村"；南浔获港渔庄、龙游龙和码头渔业园、椒江大陈岛旅游度假区、普陀白沙岛、奉化翡翠湾基地等 5 家单位获评"全国精品休闲渔业示范基地（休闲渔业主题公园）"；杭州千岛湖有机鱼文化节、湖州·南浔鱼文化节、温州苍南龙港舴艋开渔节等 3 个节庆（会展）活动获评"国家级示范性渔业文化节庆（会展）"；龙游兴隆锦鲤文化博览园获评全国休闲渔业示范基地。

[18] 10 月 25 日，全国首批海洋廉政文化示范点授牌仪式在省海洋水产养殖研究所洞头基地举行，省海洋水产养殖研究所获批成为全国首批 12 家廉政文化示范点之一。

[19] 11 月 10 日，农业部副部长于康震到德清调研现代渔业工作，省海洋与渔业局和湖州市相关领导陪同。

[20] 11 月 20 日，农业部公布全国第三批 22 个国家级海洋牧场示范区名单，浙江省温州洞头海域与台州椒江大陈海域入选。

[21] 11 月 23 日，"浙江湖州桑基鱼塘系统"在意大利罗马通过联合国粮农组织（FAO）评审，正式认定为"全球重要农业文化遗产"。

（浙江省海洋与渔业局　赵　威）

安徽省渔业

【概况】 2017 年，安徽各级渔业部门全面贯彻落实党的十九大精神，围绕省第十次党代会确定的目标任务，按照全国渔业渔政工作会议和全省农业工作会议的决策部署，以新发展理念为指引，积极践行五大发展行动计划，克服 6 月下旬局部洪涝灾害、7 月中下旬干旱及高温热害、9~10 月连阴雨等不利因素影响，以

推进渔业供给侧结构性改革为主线,加快实施稻渔综合种养双千工程,积极推广山泉流水养鱼、池塘循环流水养殖等绿色健康养殖模式,强化指导服务,全省渔业经济继续呈现稳中有进、稳中增效、稳中趋好的发展态势。

1.产业发展成效 一是主要发展指标稳中有进。根据第三次全国农业普查结果核定修正报表显示,2017年全省水产养殖总面积47.7万公顷、水产品总产量218万吨、渔业(一产)产值520亿元、渔业经济总产值840亿元,同比分别增长0.1%、1.8%、4.1%和5.3%。

二是绿色发展势头稳中增效。示范引导渔业绿色发展,全省稻渔综合种养面积达6万公顷,同比新增1.3万公顷,稻虾示范区平均每公顷产稻谷7.65吨、小龙虾1 650千克,纯利润22 500元以上,实现了渔业转型升级,促进了产业增效、农民增收。深入实施"渔业绿色健康养殖模式攻关",鳜鱼、河蟹、青虾、甲鱼、鲈鱼等名特优质水产品养殖面积扩大到30.67万公顷,同比增加1.3万公顷。

三是渔业水域生态稳中趋好。认真落实中央第四环境保护督察组督察、中办专题回访调研报告反馈意见,制定整改措施,组织开展"三网"(围网、栏网和网箱)和违法渔具清理活动。截至2017年年底,全省拆除围栏网、网箱1.4万公顷,占应拆面积的60%,拆除迷魂阵等违法渔具4.6万米,配合相关部门维护好江河湖库生态环境,促进人、鱼、水和谐发展。

2.产业发展举措 一是深入实施稻渔综合种养双千工程。印发了《2017年稻渔综合种养双千工程工作要点》,召开了全省稻渔综合种养现场会和工作推进视频会,成立了省级稻渔综合种养产业技术联盟,开展了国家级、省级稻渔综合种养示范区创建工作,编印了稻渔综合种养典型案例,切块安排专项资金300万元,推动了稻渔综合种养大发展、大提高。发展稻渔综合种养百亩连片862个、千亩连片117个、万亩连片12个,创建3个国家级、22个省级稻渔综合种养示范区,直接增产小龙虾、泥鳅等优质水产品10万吨,促进农(渔)民增收10亿元。现有稻渔综合种养合作经济组织340个、家庭农场630个、2公顷以上大户5 500户;注册稻米商标62个、水产商标60个,其中市知名商标、省著名商标6个。

二是科学推进山泉流水养鱼产业发展。认真落实李国英省长关于加快山泉流水养鱼发展的批示精神,开展了全省山泉流水养鱼产业发展情况调查,联合省扶贫开发办公室召开了山泉流水养鱼产业发展推进暨技术培训会,成立了山泉流水养鱼专家指导组。据统计,黄山、池州、宣城、安庆、六安5市21个县发展山泉流水养鱼池7 800口、59万平方米,养殖品种以草鱼为主,养殖产量2 000吨,与山泉流水养鱼密切相关的"渔家乐"100多家,直接带动农民增收2亿元,实现产业精准扶贫。

三是全面推进渔业绿色健康养殖。加快全省水域滩涂养殖规划编制工作,调整优化养殖区、科学划定禁养区和限养区。截至2017年年底,已有30个县(市、区)完成规划修订送审稿,2个县经人民政府批准颁布实施。积极开展农业部水产健康养殖示范创建活动,以水产健康养殖示范场和渔业健康养殖示范县创建为抓手,加大主导品种、主推技术推广力度,全面推进渔业绿色健康养殖。当涂县、巢湖市成功创建全国渔业健康养殖示范县;新增73家农业部水产健康养殖示范场,全省累计达478家,示范场面积逾6.7万公顷,辐射带动周边开展健康养殖近33万公顷。新建池塘循环流水养殖设备10套,累计建成66套、养殖槽236条、面积3.2万平方米,新增优质水产品产能8 000吨,规模位列全国首位。

四是创新完善渔政管理工作机制。连续16年实施长江禁渔期制度,长江安徽段和全省20万公顷大江大湖禁渔步入常态化。推动与公安、海事等部门建立渔政执法联动机制,省农业委员会、省公安厅联合出台《关于打击非法捕捞水产品等涉渔违法犯罪专项行动实施方案》,为基层单位配发渔政执法无人机,严厉打击渔业违法行为,保护渔业资源,维护渔业生产秩序。连续12年开展大规模水生生物增殖放流活动,其中"全国放鱼日"(6月6日)当天,在长江、淮河、新安江、巢湖流域设立20个放流点,放流水生生物7 000余万尾。全年累计投入3 000多万元,举办大规模渔业增殖放流活动50余场,放流苗种5.9亿尾,增加了渔业总量,促进了渔民增收,改善了水体水质,扩大了社会影响。强化对经营利用水生野生动物活动的监督管理,发放《水生野生动物驯养繁殖许可证》85本,《水生野生动物经营利用许可证》50本。按照农业部统一部署,制订工作方案,组织978名渔业行政执法人员参加11月25日举办的全国渔业行政执法资格考试,进一步提升了全省渔业行政执法人员执法能力水平。

五是从严抓实渔业安全生产监管。印发了2017年全省渔业安全生产工作要点,逐级签订了渔业安全生产责任状,用制度落实、责任落实推进渔业安全生产监管落实。组织开展3次渔业安全生产大检查活动,重点排查渔业安全生产隐患,对重大安全隐患、重大危险源实施跟踪监控。9月22日,配合农业部渔业渔政管理局、长江流域渔政监督管理办公室和交通运输部长江航务管理局,在安庆市长江水域举办 2017 全国内陆渔业水上突发事件应急演练活动,达到了增进部门协作、提升渔民自救互救水平的预期效果,对内陆渔业安全生产应急管理发挥了很好的指导作用。以查处鳜鱼、乌鳢非法使用孔雀石绿、硝基呋喃为重点,深入开展"两鱼两药"专项整治,指导养殖单位科学规范用药。建立了养殖生产单位(个人)动态数据库,在合肥、马鞍山等渔业重点市开展药物残留快检试点,建成乡镇快检站 200 个,组织开展了 2 次苗种、5 次产地水产品质量监督抽检,7 次市场和产地例行监督抽检,产地合格率达 100%。

六是稳妥推进渔业油价补贴政策改革。2017 年,将渔船补贴总体标准降至 2014 年的 39%,提前 3 年完成了国家下达的总体标准降至 40% 的目标任务;退坡资金优先用于减船转产,通过压减合法捕捞产能实现全省渔业资源可持续利用。截至 12 月底,累计完成减船 2 760 艘,约占总数的 10%,签订减船协议书 1 391 艘,合计 4 151 艘,超过 5 年压减计划 51 艘,得到农业部领导的充分肯定,连续第 2 年在全国深化渔业油价补贴政策改革工作会议上做典型经验发言。

3. 存在问题 一是全省种苗、养殖、加工、休闲、流通等渔业产业相对齐全,但一二三产业融合发展能力不强,一产独大的局面难以扭转。二是全省渔船数量大、质量差、分布广、流动性强,特别是农民自备船管理的牵头任务落在省农委,安全生产监管工作面临着人员、装备、经费等诸多困难。三是在新的环保要求下,渔业发展空间受限,今后如何定位、如何转型,随之涌现的新业态、新模式等如何发展面临着很大的不确定性,需要进行新的布局与推动。

【重点渔业生产地区(单位)基本情况】

安徽省重点渔业县(市、区)基本情况

县(市、区)	总人口(人)	渔业总产值 (万元)	水产品总产量 (吨)	其 中		养殖面积 (公顷)
				捕捞	养殖	
巢湖市	79.2	732 140	40 441	14 538	25 903	5 231
庐江县	100.1	378 190	55 100	5 100	50 000	12 100
宿松县	61.3	376 105	89 380	5 837	83 543	49 330
枞阳县	85.9	356 840	89 100	6 100	83 000	26 067
当涂县	47.1	335 908	58 936	5 259	53 677	10 025
明光市	54.5	297 947	79 126	14 412	64 714	16 550
天长市	61.9	296 492	77 600	3 400	74 200	12 951
无为县	104.4	295 600	63 957	6 800	57 157	15 390
肥东县	88.8	261 527	55 173	20 154	35 019	6 751
望江县	54.6	244 814	71 566	3 920	67 646	23 916

注:1. 渔业总产值排名前 10 名的县(市、区);

    2. 渔业数据来自 2017 年安徽省渔业统计年报;

    3. 人口数据(2017 年年末常住人口)抄自省统计局。

【大事记】

[1]1 月 12 日,全国渔业渔政工作会议在北京召开,农业部副部长于康震出席会议并讲话。安徽省农委副主任陈卫东在会上做了题为《推进稻渔综合种养实现渔业增效农民增收》的主题发言,汇报交流了近年来安徽省推进稻渔综合种养发展的主要做法、成效及经验。

[2]2 月 20 日,安徽省政府省长李国英在《黄山市山泉流水养鱼产业发展情况汇报》批示:黄山市山泉流水养鱼符合农业供给侧结构改革方向,是依托自身优势为山区群众脱贫致富找到的一条有效途径,可将其打造成为特色农业发展的品牌产业。要做好顶层设计,建立有效的管理机制,把品牌做响做亮,把市场做活做大,把效益做好做长。副省长方春明批示:可召集相关部门专题研究,按照省长的批示要求,着眼长远,

做强品牌，搞好顶层设计，给予有力支持，力争取得良好成效。

[3]4月25日，农业部办公厅下发了《关于2016年度渔情监测统计工作情况的通报》，对2016年渔情监测统计工作综合考核评比情况进行了通报，安徽省在渔业全面统计工作上表现突出，受到通报表扬。至此，安徽省农委渔业统计工作已经连续8年荣获"全国渔业统计工作先进单位"称号，省渔业局何银同志连续3年被评为"全国渔业统计优秀工作者"。

[4]6月6日，安徽省农委组织开展全国"放鱼日"活动，在长江、淮河、新安江、巢湖流域设立20个放流点，放流各类水生生物7 000余万尾，增加了渔业总量，促进了渔民增收，改善了水体水质，扩大了社会影响。

[5]6月16~18日，2017中国国际现代渔业及渔业科技博览会在合肥滨湖国际会展中心开幕。农业部副部长于康震、清华大学两岸发展研究院院长顾秉林、安徽省政府副秘书长刘卫东、通威集团董事局主席刘汉元、农业部渔业渔政管理局局长张显良、长江流域渔政监督管理办公室主任李彦亮、渔业船舶检验局局长李昌健、全国水产技术推广总站站长肖放、中国水产科学研究院院长崔利锋、中国科技新闻学会理事长宋南平、中国渔业协会会长赵兴武、安徽省农委主任陶方启、副主任陈卫东、合肥市副市长王民生等出席相关活动。

[6]7月20日，农业部发出《关于表扬2016年度专项工作延伸绩效管理优秀单位的通报》，对2016年度专项工作延伸绩效管理优秀单位进行通报表扬，安徽省农委连续第2年被评为"稳定发展菜篮子产品生产优秀单位(渔业)"。

[7]7月28日，由中国渔业协会淡水龙虾分会、安徽省农委、合肥市人民政府共同主办，合肥市畜牧水产局、合肥市旅游局、肥东县人民政府、包河区人民政府、合肥报业传媒集团联合承办的2017第16届中国(合肥)龙虾节开幕。据统计，合肥市现有龙虾经营餐馆5 000多家，从业人员4万人，年消费量12万吨，实现产值近50亿元。

[8]7月31日至8月1日，安徽省稻渔综合种养发展现场会在宣城市宣州区召开，省农委党组成员、副主任陈卫东出席会议并讲话。各市及水产(水稻)大县渔业主管部门、技术推广部门负责人，稻渔综合种养典型主体负责人，省直及委属有关单位，宣城市、宣州区政府负责人等参加会议。

[9]9月22日，2017全国内陆渔业水上突发事件应急演练活动在安徽省安庆市长江水域举行，农业部、交通运输部及各省(自治区、直辖市)渔业主管厅(局)有关单位负责同志共计150余人参加了观摩。

[10]9月28日，农业部在沈阳市召开全国深化渔业油价补贴政策改革座谈会，副部长于康震出席会议并讲话。安徽省在会上做了《珍惜机遇 强化措施 积极稳妥推进捕捞渔民减船退渔工作》的主题发言，得到了农业部领导、与会代表的肯定和好评，这是安徽作为内陆省份代表连续第2年在全国深化渔业油价补贴政策改革工作会议上做典型发言。

[11]9月29日，安徽省农委在高邮湖天长水域举办渔业船舶水上突发事件应急演练，党组成员、副主任陈卫东出席并讲话。江苏省高宝邵伯湖管委会办公室主任陈日明，天长市委副书记贺家平参加，各市(县、区)渔业主管部门共100多人观摩学习。

[12]10月19日，安徽省农委召开推进稻渔综合种养工作视频会，党组成员、副主任陈卫东出席会议并安排部署了今冬明春稻渔综合种养重点工作，委属相关单位负责人，省级渔业系统全体人员及稻渔综合种养专家组成员参加主会场会议，各市、县(市、区)渔业、种植业部门负责同志及相关人员500余人在分会场收看会议。

(安徽省农业委员会　何　银)

福建省渔业

【概况】　2017年，福建省渔业在农业部和省委、省政府的领导下，紧紧抓住中央支持福建加快发展的重大机遇，围绕"再上新台阶、建设新福建"目标，全面推进供给侧结构性改革，全省渔业实现平稳健康发展。全省实现渔业经济总产值2 945.9亿元，同比增长7.74%；水产品总产量802.55万吨，同比增长4.5%；海洋捕捞产量(含远洋)231.6万吨，同比减少0.6%；海水养殖产量462.9万吨，同比增长7.1%；淡水产品产量108.1万吨，同比增长5.4%；水产品加工产量354.3万吨，同比增长4.9%，实现产值872.1亿元，同比增长8.4%；水产品出口创汇58.91亿美元，同比下降0.12%；渔民人均纯收入19 584元，同比增长9.71%。

1.设施渔业有新成效　新建工厂化养殖基地项目63个，新增工厂化养殖车间34.3万平方米，全省累计达1 800多万平方米。霞浦县钦龙水产养殖有限公司全封闭式工厂化循环水养殖车间和高效智能工厂化循环水健康养殖基地，被省委、省政府列为推进供给侧结构性改革和工作检查的典型。改造传统养殖池塘，完成建设标准化水产养殖池塘80多公顷。改造网箱养殖渔排,启动三都湾、南日岛、沙埕港等重点养殖区传统渔排改造计划,推广应用环保型全塑胶养殖网箱,完成应用全塑胶网箱3 000多口。发展深水大网箱养殖,实现深水抗风浪大网箱技术创新,研制新一代深水抗风浪大网箱养殖系统,新增抗风浪深水养殖大网箱60口。

2. 远洋渔业有新进展 全年新增外派远洋渔船51艘,全省外派远洋渔船达562艘;远洋渔业完成产量42.8万吨、实现产值32.7亿元,分别同比增长46.6%、28.3%。滞留印度尼西亚远洋渔船转场转产工作加快推进,全年共转场原滞留印度尼西亚作业渔船61艘,渔船转场至东帝汶、毛里塔尼亚、几内亚、马来西亚等海域。更新改造老旧远洋渔船,全年完成远洋渔船更新改造24艘。稳妥应对福建省远洋渔船被印度尼西亚、厄瓜多尔等国查扣事件影响,采取法律手段维护渔民生命财产安全和企业合法权益。

3. 渔业种业有新平台 制定《福建省种业创新与产业化工程实施方案(2017—2020年)》《福建省种业创新与产业化工程专项资金管理办法》,由福建省水产研究所牵头启动实施海带、对虾、河鲀等三大品种种业创新与产业化工程。全年新增规模化种苗繁育基地29家,新建育苗池面积5.9万平方米。大黄鱼、石斑鱼、罗非鱼、牡蛎、花蛤、鲍鱼、海带、紫菜等优势特色养殖品种种业规模位居全国前列,形成连江官坞、福建一嘉、宁德官井洋、宁德富发、莆田海源、晋江福大、福建港德、厦铁实业等一批区域化、规模化、专业化水产种业龙头企业。

4. 水产加工有新发展 全省拥有水产品加工企业1 200多家,其中国家级农业产业化重点企业12家、省级龙头企业132家,年产值亿元以上企业120多家,年产值10亿元以上企业12家,上市企业3家,省级上市后备企业30家。全年新增精深加工生产线17条。厦门汇盛生物有限公司研发的"DHA藻油"荣获福建省科学技术发明二等奖;石狮华宝集团将海产品下脚料和废弃物转化成甲壳多糖等高科技海洋生化产品,成为我国氨基葡萄糖行业龙头企业;厦门安井食品有限公司被列为福建省供给侧改革及产业转型升级的典型案例。

5. 休闲渔业有新亮点 新增全国最美渔村4家,全国精品休闲渔业示范基地(休闲渔业主题公园)2家,示范性渔业文化节庆(会展)和有影响力的休闲渔业赛事2个,全国休闲渔业示范基地2家。参加第二届中国休闲渔业高峰论坛暨休闲渔业品牌发布活动,做了题为"休闲渔业发展的福建实践"典型发言。省海洋与渔业厅、福建省旅游发展委员会评选第十批

"水乡渔村"13家、"福建最受欢迎水乡渔村"20家。编印《清新福建·醉美渔村》画册,举办"福建休闲渔业投资招商与旅游推介会",开展优秀"水乡渔村"、旅游精品线路推介和项目洽谈。成立福建省渔业行业协会休闲渔业分会。

6. 产业融合有新举措 制定出台《福建水产千亿产业链建设实施方案》;大黄鱼、鳗鲡、石斑鱼、鲍鱼、河鲀等十大特色品种全产业链实现产值919亿元,同比增长6%,其中鲍鱼、鳗鲡、紫菜、大黄鱼、南美白对虾全产业链产值分别达到161亿元、154亿元、132亿元、120亿元、118亿元。实施渔港及产业融合工程包建设,全年完成工程包投资9.28亿元;惠安崇武渔港经济区动工建设,东山大澳、连江黄岐、霞浦三沙3个渔港经济区进入商务谈判阶段,泉港诚峰、石狮祥芝、石狮东浦、晋江深沪等渔港经济区完成概念性规划。出台《福建省渔港经济区产业基金管理办法(暂行)》《福建省渔港建设专项资金管理办法》,惠安崇武、东山大澳渔港经济区被列为全国首批农村产业融合PPP试点项目。

7. 科技推广有新成果 实施基层水技推广补助项目,建设渔业科技试验示范基地81个,扶持渔业科技示范主体1 390个,辐射带动农户2.5万户。开展水产生态健康养殖技术集成与示范,全省稻渔综合种养推广面积达1.87万公顷。福建省水产技术推广总站、中国渔业协会、福建省淡水水产研究所等14家单位,发起创立鳗鲡、石斑鱼产业科技创新联盟。福建省水产研究所自主培育的葡萄牙牡蛎"金蛎1号"被农业部列为水产新品种;海洋与渔业行业获得国家技术发明奖二等奖1项、全国农牧渔业丰收奖二等奖1项、国家海洋行业科技奖4项、省科学技术奖10项,《漳州海洋与渔业文化丛书》获国家海洋科技优秀图书奖。

8. 贸易流通有新空间 举办第四届福建海洋战略性新兴产业项目成果交易会暨海洋生物医药产业峰会,对接海洋与渔业项目155个,项目总投资270.87亿元,同比增长14.01%。举办第十二届中国(福州)国际渔业博览会·亚太水产养殖展,34个国家和地区的528家协会、企业参展,展会参观人数达28.5万人次,专业买家9 100人以上,现场签约海洋与渔业项目16个,签约金额200亿元,展会现场零售额5 000万元,现场贸易配额3.5亿元。全年新增冷库容量11万吨,全省水产品冷库容量达到197万吨,水产品冷冻率达50%。水产品电子商务加快发展,全省新增水产行业自营电商平台6个,在阿里巴巴、京东等知名第三方电商平台开设专门网店100多个。

9. 质量安全有新提升 实施水产品质量安全

"1213"行动计划,接受省人大常委会农产品质量安全法执法检查和专题询问,以及省政协常委会"提升水产品食品安全保障水平"专题协商和首次民主监督。2017年产地水产品质量安全监督抽查合格率达99.1%,连续11年保持在97%以上;立项地方渔业标准9项,修订省级地方渔业标准18项;新增水产品质量安全追溯企业40家。建立水产品质量安全黑名单制度,设立水产品质量安全举报电话。成功应对"塑料紫菜"谣言、有毒赤潮水产品质量安全突发事件。福建省水产品质量安全执法监管案例在全国食品安全宣传周农业部主题活动日作为执法办案典型向社会公布。15家水产企业被授予"金砖会晤水产品专供基地",厦门金砖会晤期间供应10吨17种特色优质水产品,产品检测合格率100%。省农业厅、林业厅、海洋与渔业厅联合开展"2017年福建省著名农产品"评选,3家水产企业产品被评为名牌农产品,2家渔业协会品牌被评为十大区域品牌。

10.安全生产有新保障 修订《福建省海洋与渔业厅安全生产委员会工作规则》《福建省海上渔业安全应急指挥系统管理办法》,出台《福建省实施遏制重特大渔业安全事故工作指南构建双重预防机制实施方案》,印发《福建省渔船安全生产风险分级分类管控办法(试行)》,连江、漳浦、晋江、延平被评为"全国平安渔业示范县"。全年完成海洋捕捞渔船更新改造943艘,评选第一批渔船标准船型62种、船厂评价等级企业42家。全省组建海洋渔业捕捞公司、专业合作社91家,重点渔业乡镇均成立渔业协会。渔业安全生产形势总体平稳,全年共发生各类渔业船舶水上生产安全事故23起,事故造成17人死亡、沉(毁、失踪)船5艘,直接经济损失1 837.26万元,没有发生较大渔业安全生产事故;处置各类海洋渔业突发事件139起,救助遇险船舶49起(艘),成功救助遇险船员552人,挽回经济损失20 280万元。省海洋与渔业厅、福建海事局签订海上安全救助合作备忘录。

11.防灾减灾有新成绩 修订《福建省渔业防台风应急预案》,出台省地方标准《海洋环境观测浮标运行维护技术规范》,向社会公布《2017年福建省避风渔港、避风锚地、海上养殖渔排集中区防台责任人名册》;实施《福建省海洋观测网建设规划(2016—2020年)》,"福建省海洋预警报能力升级改造""福建省海洋防灾减灾基础能力建设""海洋渔船通导和安全装备配备"等项目建设全面推进,福建连江海域海洋综合减灾示范区建设项目通过国家验收。全年有13个台风影响福建,其中9号"纳沙"、10号"海棠"在福清市登陆。开展水产养殖台风指数保险、渔港保险,办理渔工互保8.11万人,渔船互保9 126艘,提供风险保障金额453亿元,完成赔付7 171万元;在农业部全国金融支农服务创新评选中,福建省渔业保险工作被评为全国渔业领域唯一入选项目。

12.渔业执法有新作为 护航厦门金砖会晤,集中63艘渔业执法船艇参与重点海域管控安保工作,金砖会晤期间未发生福建省渔船被抓扣事件。全年开展福建海洋"蓝剑"联合执法行动11次,防范劝阻到敏感海域作业船舶347艘次,查获涉嫌违规船舶264艘,清理违规渔具5 000多张(具)。落实海洋伏季休渔和闽江水域禁渔政策,检查港澳口2 850个(次),检查渔船14 202艘(次),查办各类案件474起,10起案件移送公安机关追究刑事责任;在闽江水口库区开展近年来规模最大的省、市、县三级渔业执法联合行动。开展水生野生动物保护执法,查获、救助、处置国家重点保护水生野生动物110只(次),移送公安机关追究刑事责任的涉嫌非法宰杀水生野生动物案件3起。

13.存在问题 水产品质量安全风险依然存在;水产养殖水域规划落实不到位,个别地区养殖密度偏大、布局不合理、清理整治面临较大困难;国家实施海洋渔船"双控"制度,实行海洋渔业资源总量管理,给渔业发展带来压力;海上渔业管控还存在一定困难,涉外涉台渔业事件时有发生。

【重点渔业生产地区(单位)基本情况】

福建省重点渔业市(县、区)基本情况

市 (县、区)	总人口 (万人)	渔业产值 (万元)	水产品 总产量 (吨)	其　　中				养殖面积 (公顷)	
				海洋捕捞	海水养殖	内陆捕捞	内陆养殖	海水	内陆
福清市	135.9	960 638.74	484 515	19 459	351 354	16	113 686	17 035	6 386
连江县	58.1	2 457 495.33	1 077 130	390 162	678 931	725	7 312	20 256	462
秀屿区	47.9	489 809.1	536 849	72 478	463 151	528	692	11 884	322

（续）

市 （县、区）	总人口 （万人）	渔业产值 （万元）	水产品 总产量 （吨）	其　　中				养殖面积 （公顷）	
				海洋捕捞	海水养殖	内陆捕捞	内陆养殖	海水	内陆
霞浦县	53	1 013 415.02	438 110	109 243	328 163		704	20 443	230
东山县	21.9	608 278.94	433 841	178 013	243 697		12 131	7 357	581
平潭县	42	582 238.22	408 909	130 921	277 799		189	7 650	46
惠安县	106	379 724.18	253 497	127 171	125 159	483	684	3 312	307
石狮市	63	447 388.78	424 546	387 390	36 826		330	1 020	35
龙海市	93.3	639 752.91	472 954	135 731	204 863	7 472	124 888	5 103	4 888
漳浦县	86.9	760 382.5	443 233	61 964	318 317	3 951	59 001	18 658	3 678

【大事记】

[1]2月3日,农业部水产品质量安全监督检验中心(东南沿海)举行揭牌仪式。

[2]2月8日,全省海洋与渔业工作会议在福州召开。

[3]2月9日,全省海洋与渔业执法工作座谈会在漳州召开。

[4]2月22日,全国休闲渔业品牌认定条件研讨会在福州召开。

[5]3月18日,福建省海洋与渔业厅与中国航天科工信息技术研究院签订战略合作框架协议。

[6]4月7日,《海上福建》大型纪录片新闻发布会暨开机仪式在北京人民大会堂举行。

[7]4月25日,全省渔业安全生产和应急管理专题培训班在福州举办。

[8]5月10日,全省渔港建设及产业融合工程包推进会暨渔港保险签约仪式在福州举行。

[9]5月27日,福建省海洋与渔业厅在厦门举办"推进养殖河鲀产业健康发展研讨会"。

[10]5月24日,福建省渔业互保协会和中国人寿财产保险股份有限公司福建省分公司签署《福建省水产养殖天气指数互助保险合作协议书》。

[11]6月6日,福建省举行"6·6八闽放鱼日"活动。

[12]6月8日,福建省海洋与渔业厅在福州举办"美丽福建 美丽海洋"主题晚会。

[13]6月30日,第十二届海峡(福州)渔业周·中国(福州)国际渔业博览会·亚太水产养殖展览会在福州开幕。

[14]8月17日,福建省海洋与渔业厅与福建海事局举行海上安全管控战略合作备忘录签字仪式。

[15]9月6日,南非贸易工业部、南非农林渔业部到福建省海洋与渔业厅访问。

[16]9月20日,福建省政协常委会围绕"提升我省水产品食品安全保障水平"主题开展专题协商。

[17]11月3日,福建省休闲渔业招商引资与旅游推介会在厦门召开。

[18]11月4日,福建省渔业行业协会休闲渔业分会成立。

[19]11月25日,福建片区全国渔业行政执法人员执法资格统一考试在福州、厦门两地举行。

[20]12月12日,福建省县级以上水产技术推广站站长培训班在福州举办。

（福建省海洋与渔业厅　汤兴福）

江西省渔业

【概况】 2017年,在江西省委、省政府的坚强领导下,在农业部渔业渔政管理局的指导下,全省按照"转方式、调结构、提质量,促加工、活流通、稳增长"的发展方针,紧紧围绕供给侧结构性改革,以提质量、增效益为落脚点,大力推进现代渔业建设,不断强化渔政管理,切实保护渔业资源,渔业经济呈现了稳中有进的良好态势,全省实现渔业经济总产值1 050.48亿元,同比增长7%。其中第一产业产值536.32亿元;水产品产量达250.55万吨,同比增加8.8万吨,同比增长3.64%,其中:养殖产量227.95万吨,同比增长

3.89%,捕捞产量22.6万吨,同比增长1.15%;全省渔民家庭人均纯收入13 780元,同比增长3%;养殖面积41.28万公顷;出口水产品9 500多吨,出口额2.1亿美元;水产品市场供应充足,价格综合指数为105,总体运行平稳。

1.产业结构调整,助力转型升级 一是特种水产品产量的比重继续提高。为加快推进全省渔业供给侧结构性改革,提升渔业发展质量和效益,制定出台了《江西渔业打造千亿产业实施方案》,优先打造虾蟹、鳅鳝、龟鳖等3个百亿产业,取得显著成效。2017年特种水产品产量达到97.13万吨,同比增长4.9%,高于全年水产品总量的增长幅度。二是渔业产业集群规模不断扩大。培植了11个重点渔业产业集群,涵盖20多个水产养殖品种及30多个渔业重点县(市、区),涉及产业化龙头企业240多家,解决了8万多人次的就业,渔业产业集群产量(含苗种)达到17万吨以上,销售产值60多亿元,并辐射带动了5万多户渔(农)民户均增收1.1万元以上。三是休闲渔业发展势头十分强劲。到2017年年底,全省有全国休闲渔业示范基地24家、省级休闲渔业示范基地22个、市级休闲渔业示范基地87个、各类休闲渔业基地(点)788个、水面近百万亩,从业人员14万人,休闲渔业基地产值为27亿元,间接产值近90亿元。

2.生产方式转变,助力提质增效 一是农业部水产健康养殖示范场(基地)创建继续位居全国前列。全省拥有农业部水产健康养殖示范场(基地)数量达522家,示范基地面积8.67万公顷,占全省水产养殖总面积的比重达到了19.8%。通过积极开展整县推进健康养殖示范,湖口县和彭泽县通过了农业部专家验收,获得健康养殖示范县称号。二是稻田综合种养技术的示范和推广步伐加快。全省总结并推出了稻鱼、稻虾、稻蟹、稻鳅、稻鳖、稻蛙等6种模式,稻渔综合种养面积突破4.67万公顷,水产品产量突破8万吨,每公顷增效15 000元以上,带动农民增收6亿多元,减少化肥、农药使用量30%以上,发展成效显著。三是湖泊水库等大中型水域的科学养殖意识显著增强。随着最严环保令的出台,全省已有31个县(区)相继出台禁止大水面集约化养殖的相关文件,4万余公顷大水面退出集约化养殖。四是工厂化集约化养殖生产方兴未艾。南丰县的甲鱼工厂化养殖生产发展势头强劲;东乡等县的泥鳅集约化养殖生产健康发展;龙虎山等地的棘胸蛙集约化养殖生产基地规模继续保持增长态势;新建县新建了一批池塘工厂化循环水养殖生产系统。五是智慧渔业发展迅猛。全省利用燃油补贴统筹资金,建设50家智慧渔业物联网基地,基本实现生产智能化、经营网络化、管理数据化、服务在线化,有效提升全省渔业信息化水平。

3.加强对口服务,助力产业化发展 一是加大合作社建设服务。强化渔业专业合作社地位作用的宣传和建设示范宣传,据不完全统计,2017年,全省渔业专业合作社达1 760家,比上年增加近110多家,新增社员达800多人次。二是加强产销对接。组织20余家企业赴沪展销并开展产销对接,在第十三届"生态鄱阳湖,绿色农产品"(上海)展销会上,3天现场销售额累计达120万元,与上海市30余家采购商签订了意向合作协议,合作金额达2亿元。三是积极应对水产品出口下滑。2017年,全省水产品出口呈现量额双减的态势,出口量为9 500多吨,出口额为2.1亿美元。为稳定水产品出口,全省进一步强化出口企业帮扶,特别在信息服务、原料供应、市场开拓等方面加大了服务和引导,实现了美洲鳗、花鳗等烤鳗品种的出口,同时,积极引导企业扩大鲜活水产品的出口,2017年,泥鳅的出口额比上年增加了200万美元。

4.强化科技支撑,助力持续发展 一是抓体系建设示范,推广改革新经验。开展基层示范站建设,逐步完善各项制度,并规范运行。据统计,全省有65%左右的涉农县出台了示范站建设标准,基层体系建设各项任务中,水产业占30%。二是抓新技术试验示范,提高科技覆盖率。统筹联系国家和省大宗淡水鱼、特种水产产业技术体系以及相关科研课题组,开展示范活动。全年共完成成果评价3项,待评价1项,解决产业化瓶颈技术2项;获得全国稻田综合种养模式创新大赛金奖1项。三是抓高端人才引进,提升产业竞争力。跟踪省委组织部、省科协"555"柔性引进人才计划项目,主动对接院士工作站,组建地方团队,共同助推渔业产业技术提升。截至2017年年底,已引进3位院士,分别建立了6个水产院士工作站,其中,2017年新增3个。四是抓"一对一"服务,传播健康养殖理念。组织建立全省水产养殖培训师资库,对口示范企业和渔民,推广健康养殖技术。建立40余名水产科技人员组成的12316惠农服务专家,通过APP软件、语音和电话咨询等形式,24小时提供服务,为广大养殖户提供政策、适时"三新"技术、渔需物资信息及科技专家联络等方面的资讯服务。

5.坚持双管齐下,助力水产品质量 始终坚持水产品质量安全"产出来"与"管出来"相结合。一是坚持实施属地管理责任制度。继续将水产品质量安全考核纳入地方政府考核体系,向各设区市下达了责任书,推动了属地管理责任的落实。二是建立和完善水产生产基地数据库。建立了一个包含水产养殖大户、专业合作社、渔业企业等在内的 1 000 多户监管数据库。三是加大抽检力度。完成了农业部下达的水产品产地、异地抽检(全年 232 个样品,水产品抽检合格率达 100%),苗种抽检(全年 15 个样品,全部合格),风险评估和稻田综合种养鱼虾抽检任务(全年 23 个样品,全部合格)。四是加强宣传培训。开展各类农资打假和放心农资下乡进村等宣传活动,举办执法人员培训 1 次。组织开展健康养殖和规范用药技术培训 65 期,受训人数近 5 000 余人次,发放技术资料 10 000 份。

6.加强专项整治,助力渔政执法 2017 年,先后组织开展了《电力捕鱼专项整治》《"净水 2017"专项行动》《2017 年渔业资源保护专项整治》以及《2017 年鄱阳湖区"渔政协同执法"专项行动》等重大执法行动。开展渔政执法 6 840 次,出动执法人员 39 218 人次,执法巡航里程 113 878 千米,查处电捕渔船 585 艘,非法捕螺船 108 艘,销毁取缔定置网具 12 839 部,大型底拖网 56 部,其他非法渔具 6 316 件;全省查处案件 1 181 起,行政处罚案件 689 起,刑事案件 38 起,刑拘人数 83 人,罚款金额 152.46 万元。收缴取缔的各类非法渔具由各地渔政部门统一处置集中销毁,震慑力极大,非法渔具不敢用、不能用的氛围已逐步形成。

7.坚持多措并举,助力资源养护 在狠抓执法的同时,积极修复渔业资源及其生态环境。狠抓禁渔期制度实施,加强禁渔重点水域巡查,严厉查处禁渔偷捕行为,强化重点码头监管,坚决查处非法收购贩运禁渔区渔获物人员,2017 年鄱阳湖及长江、珠江江西段禁渔秩序持续向好,禁渔区偷捕明显减少,非法渔具明显减少,渔业纠纷明显减少。科学开展渔业增殖放流,组织全省 61 个县(市、区)在长江、珠江江西段、鄱阳湖以及赣、抚等五大河流开展人工增殖放流各类鱼苗2.5亿尾。强化保护区管理,推进保护区门牌、宣传牌、警示牌、指示牌和界标"四牌一标"建设,查处保护区采砂的违规行为 16 起(次)。强化江豚资源保护,首次组织渔政和科研部门联合开展丰水期鄱阳湖及长江江西段江豚普查,引导渔民群众和志愿者参与江豚巡护救护,成立了江西首个民间江豚保护协会。

8.坚持标本兼治,助力渔业安全 制定措施,部署任务,不断压实责任,针对禁渔区越界捕捞纠纷,制定了《鄱阳湖区渔政协同管理执法公约》,进一步完善渔业纠纷和安全生产调处工作机制,落实责任。积极做好重点水域、关键时期、重点人群和渔船管控,消除纠纷和安全隐患。

9.存在的主要问题 一是基础设施装备建设滞后。养殖池塘年久失修,淤积老化等现象十分严重,水产养殖良种繁育体系和水生动物疫病防控能力还比较薄弱。二是组织化、产业化程度不高。龙头企业辐射带动能力不强,规模化、集约化程度较低。三是渔政工作发展不平衡,部分地方查处不严、取缔不力,应对舆论能力有限;四是渔民法制意识不强,非法捕捞渔民妨碍执行公务,暴力抗法的现象时有发生,甚至造成执法人员严重受伤。

【重点渔业生产地区(单位)基本情况】

江西省重点渔业市(区、县)基本情况

市(区、县)	总渔业人口(万人)	渔业产值(万元)	水产品总产量(吨)	其中		养殖面积(公顷)
				捕捞	养殖	
鄱阳县	18.85	362 212	162 687	19 468	143 219	29 950
南昌县	4.31	216 700	136 363	15 721	120 642	11 437
进贤县	5.41	332 521	122 753	21 222	101 531	28 479
丰城市	1.88	167 081	97 946	4 556	93 390	15 073
新建县	1.88	239 339	85 428	12 511	72 917	7 554
都昌县	2.87	146 507	84 661	15 642	69 019	12 494
九江市	0.80	114 300	53 037	2 106	50 931	12 458
彭泽县	0.76	121 698	53 139	3 619	49 520	7 604

（续）

市(区、县)	总渔业人口 （万人）	渔业产值 （万元）	水产品总产量 （吨）	其　中		养殖面积 （公顷）
				捕捞	养殖	
永修县	2.12	124 611	51 790	4 650	47 140	9 568

【大事记】

[1] 4 月 17 日，南丰县和该县太和镇分别被授予"中国龟鳖之乡""中国龟鳖良种第一镇"的称号。

[2] 10 月 20 日，万年县通过"中国优质淡水珍珠之乡"复评审。

[3] 11 月 17 日，江西省 9 家休闲渔业企业分别被农业部认定为全国精品休闲渔业示范基地、全国示范性渔业节庆活动及全国休闲渔业示范基地。

[4] 11 月 24 日，湖口、彭泽两县成功创建农业部渔业健康养殖示范县。

[5] 12 月 1 日，余江县成立全国首家稻渔综合种养院士工作站，在全国稻渔综合种养模式创新大赛中获得了模式创新大赛金奖。

[6] 12 月 2～4 日，在全国水产技术推广职业技能竞赛中，江西省取得佳绩，荣获个人二等奖一项、三等奖两项、团体三等奖一项。

[7] 12 月 11 日，国家级瑞昌长江四大家鱼原种场复评审获"五最"好评。

[8] 彭泽、万载两县成功创建国家级稻渔综合种养示范区。

（江西省渔业局　陈诗伟）

山东省渔业

【概况】

1. 主要经济数据、对比　2017 年，山东省全年水产品总产量 868.8 万吨，同比下降 2.4%，其中，近海捕捞量 175.0 万吨，同比下降 7.2%，海水养殖 519.1 万吨，同比增长 1.2%，远洋捕捞 43.9 万吨，同比下降 17.1%，淡水养殖 122.5 万吨，同比下降 3.1%，淡水捕捞 8.4 万吨，同比下降 10.8%。渔业产值 1 631 亿元，同比增长 2.3%，减量增收效果初显。水产品贸易回暖，反贸易壁垒能力有所提升。全省水产品进出口总量 207.1 万吨，同比下降 1.2%；进出口总额 72.9 亿美元，同比上升 5.8%。渔民人均纯收入 2.1 万元，同比增长 10.3%。

2. 产业发展的主要举措、成就与特点　聚焦渔区振兴战略，努力实现渔业强、渔区美、渔民富。党的十九大确立实施乡村振兴战略，提出了"产业兴旺、生态宜居、乡风文明、治理有效、生活富裕"的总要求。山东省有 96 个专业渔业乡镇、1 346 个专业渔村，是乡村振兴战略的重要组成部分，渔区振兴有基础有条件走在乡村振兴战略的前列。对海洋与渔业部门来说，推进渔区振兴，重点是把大力发展渔区生产力放在首位，紧紧围绕"产业兴旺"下功夫。一是把建设"海上粮仓"作为渔区振兴的总抓手。习近平总书记关于"大粮食"的理念，为山东省"海上粮仓"建设提出重要指引，注入了强大动力。要加大海洋牧场、现代渔业园区、水产种业、"放鱼养水"等重大工程实施力度，建设持续提供优质水产品的生产基地。二是把绿色生态作为渔区振兴的产业发展方向。渔业不仅要求提供优质安全的水产品，还要提供清新美丽的渔家风光、洁净良好的生态环境。要大力唱响渔区绿色生态主旋律，坚决打好防治渔业自身污染攻坚战，加快形成以养殖容量和资源承载力为基础的绿色发展方式、立体养殖模式和文明生活方式，让美丽渔区成为美丽山东的亮色。三是把现代渔业园区和渔港经济区作为渔区振兴的重要载体。省政府将积极支持沿海、沿黄、沿湖等地区创建现代渔业产业园区，财政资金主要用于园区公共设施建设，引导分散养殖向园区集中，实行科学养殖和清洁生产，做到养殖污染零排放；推行生产标准化、经营品牌化、质量可追溯，无公害水产品生产全覆盖。要加快建设渔港经济区，完善渔港相关配套设施，提高渔业全产业链服务功能，形成以港兴区、港区联动的现代渔业发展格局。四是把渔民增收和精准脱贫作为渔区振兴的根本目标。要大力培育渔业新型经营主体，将分散的个体渔业纳入现代渔业组织化体系，引导推动渔业龙头企业与合作社、渔户建立紧密利益联结机制，通过股份合作、保底分红、利润返还等，带动渔民分享渔业产业链增值收益。大力发展渔业"新六产"，有条件的地方要积极发展稻鱼综合养殖、上粮下渔等生态渔业模式，并依托生态渔业发展特色渔业旅游。深入推进水域滩涂养殖发证登记工作，加快对养殖水域滩涂确权，保障渔民权益。要通过渔业项目、政策扶持，推进渔业精准扶贫、精准脱贫，不能让一个贫困渔区、贫困渔民落下，提高渔民群众的获得感、幸福感。

3. 存在的主要问题 从渔业发展看,产量与效益不平衡,转型发展不充分。山东省水产品总量大,但真正高价值的产品和品牌产品还不多。产业链条短,渔民增收门路少。近海捕捞能力远远超过近海资源承受水平,渔船多与资源少的矛盾突出。近两年各地积极压减海洋捕捞业产能和清理取缔涉渔"三无"船舶,但力度不大,进展不快,安全事故频发,非法越界捕鱼屡禁不绝。

【重点渔业生产地区(单位)基本情况】

山东省重点渔业市(区、县)基本情况

市(区、县)	水产品产量(吨)	其 中			养殖面积(公顷)	其 中	
		海洋捕捞	海水养殖	内陆养殖		海水	淡水
荣成市	1 141 119	358 463	777 019	5 637	39 004	38 782	222
长岛县	435 479	98 285	337 194		54 785	54 785	
文登市	425 530	90 979	318 320	16 231	21 182	18 667	2 515
乳山市	425 336	33 916	386 852	4 568	11 906	11 573	333
环翠区	353 059	84 644	268 415		8 200	8 200	
黄岛区	347 194	63 295	281 476	2 423	12 124	11 698	426
莱州市	316 459	77 546	238 305	608	60 045	58 745	1 300
海阳市	295 743	99 941	192 736	3 066	15 638	14 828	810
即墨区	283 844	50 776	232 972	96	10 957	10 889	68
岚山区	274 998	107 198	165 424	2 376	25 526	25 181	345

【大事记】

[1] 2月24日,农业部在日照市召开全国渔业安全生产现场会。农业部副部长于康震、省委农村工作领导小组副组长王军民出席会议并讲话。会议部署防范、遏制重特大渔业安全生产事故和重大涉外事件发生,迎接党的"十九大"和省十一次党代会的胜利召开。与会人员考察观摩了日照市任家台渔港、黄海中心渔港和海上交通管理等渔业安全生产工作情况。

[2] 7月10日,山东省海洋牧场建设现场会议在荣成召开。提出要以新发展理念为引领,把加快海洋牧场建设作为实施新旧动能转换重大工程的重大举措,打造集生态旅游、互联网等先进生产要素于一体的全价值链"海洋生态牧场综合体",建设全国海洋牧场示范区。

[3] 7月26日和10月10日,山东省政府新闻办分别召开《山东省海洋牧场建设规划(2017—2020年)》和《海洋牧场建设规范》地方标准颁布实施新闻发布会。

[4] 7月,国内首艘大型深海养殖工船日照万泽丰渔业有限公司"鲁岚渔养61699"号奔赴黄海冷水团开展深海鱼类养殖。

[5] 8月18日,山东在全国范围内率先出台《休闲海钓渔船试点管理暂行办法》《海洋牧场平台试点管理暂行办法》,推行休闲渔船船型标准化。全省已认定12处海钓船研发与建造基地,设计20余个休闲海钓船型,为休闲渔业发展和海洋牧场建设提供了有力装备支撑。此外,经农业部渔船检验局批准,山东省将休闲渔船和海洋渔业平台检验纳入渔船检验管理系统,作为渔业辅助船进行检验管理,按照渔业船舶法定检验规则检验和发证。

[6] 9月7~8日,省海洋与渔业厅与中国物流与采购联合会(简称中物联)在济南市首次联合主办2017(第五届)中国农产品冷链峰会。本届峰会以"协同推进农产品冷链流通标准化"为主题,探讨协同推进农产品冷链物流事业发展新思路。中物联副会长兼秘书长崔忠付、省海洋与渔业厅副巡视员王仁堂、省商务厅副巡视员郭服海出席。全国来自农(水)产品生产加工、农(水)产品批发市场、冷链物流、农产品电商等领域的500多位企业代表参加会议。峰会的成功举办对引领农(水)产品从冷链环节确保"舌尖上的安全",助力"海上粮仓"发展具有积极意义。

[7]9月,省海洋与渔业厅与武昌船舶重工有限公司签署深海渔业装备化建设战略合作框架协议,合作开展深海渔业装备的研制、推广,推进深海渔业装备化建设。山东海洋牧场建设在生态、创新、富民等方面取得了突出成效,为全国海洋牧场建设探索出"政府示范引领、龙头企业带动、生态模式构建、信息化装备化提升、新六产打造"路子,形成了海洋牧场建设的"山东经验"。

[8]10月10日,山东省政府新闻办公室召开新闻发布会,通报了"山东标准"建设情况,同时正式发布《海洋牧场建设规范》系列地方标准。省海洋与渔业厅副厅长宋继宝出席新闻发布会,对标准进行了解读并回答了记者提问。《海洋牧场建设规范》系列地方标准的制定和颁布实施,将为山东海洋牧场建设提供有力的支撑和保障,对山东打造全国现代化海洋牧场示范区和促进海洋牧场科学、规范、有序发展都将产生重要影响。

[9]12月15日,省委、省政府办公厅印发《全省海洋涉渔"三无"船舶整治攻坚行动方案》,对未纳入国家或省海洋渔船数据库管理、在全省海域范围内从事渔业生产活动的海洋涉渔"三无"和非法船舶,全部予以清理取缔,整治分为集中攻坚阶段(11月15日至12月31日)和巩固规范阶段(2018年1月1日至6月30日),将彻底清理涉渔"三无"和非法船舶,形成渔船规范管理和严管严控的长效机制。

[10]为全面推动"海洋强省"发展战略,推动山东省渔业经济振兴,根据山东省海洋与渔业厅"渔业科技精准对接"的重大战略决策,山东省海洋生物研究院于2016至2017年先后启动了"海生·河口""海生·滨州"和"海生·长岛"渔业科技精准对接,以地方渔业发展为需求,与地方渔业构建人才、平台、产业紧密融合发展模式,通过技术创新辐射带动当地渔业发展,切实有效地推进了地方渔业产业转型升级、提质增效,为山东省海洋经济的腾飞不断助力。"海生+"系列模式在山东省乃至全国首次开展,开启了渔业科技精准对接的新篇章,现已实现由西向东、覆盖全省的精准对接格局,获地方财政支持科技项目10余项,经费千万余元,另外,地方政府投入1亿余元资金用于"海生+"模式配套建设。

(山东省海洋局 魏 玉)

河南省渔业

【概况】 2017年,河南省渔业系统紧紧围绕转方式调结构,提质增效,减量增收的目标,加快推进渔业供给侧结构性改革,多措并举,做大做强高效绿色水产养殖业、水产品加工流通业、休闲渔业、渔业特色品种,坚持质量兴渔、绿色兴渔,从增产导向转向提质导向,培育水产业发展新动能。坚持以"减量增收、提质增效"为目标,以推进渔业供给侧结构性改革为驱动,以推广稻渔综合种养为手段,以培养"懂农业、爱农村、爱农民"的水产技术推广人才队伍为方向,以加强渔业资源养护,保护生态环境为任务,坚持绿色发展、健康发展,不断夯实乡村振兴战略产业基础,实现了全省水产业健康稳步发展。全省水产养殖面积29万公顷,水产品总产量达到128.23万吨,较2016年递减0.1%;渔民人均纯收入13 733元,较2016年增长7.4%,产地水产品质量抽检合格率达到100%;科技推广力度进一步加强,新品种、新机具、新技术得到了广泛示范应用;引导发展稻渔综合种养,促使渔业产业结构优化调整;中央支持河南渔业资源养护资金首次突破千万元,达到1 040万元,渔业增殖放流工作顺利开展;成功创建1个全国渔业文明执法窗口,在"亮剑2017"渔政系列执法行动中表现突出的4个先进集体和4名先进个人获农业部表彰,荣获2017年全国水生野生动物保护"海昌技术奖"1人;省级水生生物自然保护区范围边界和功能区划的界定更加明晰,2个省级自然保护区范围边界已上报省政府公布;渔船现代信息化和养殖场信息管理系统建设项目稳步推进;全省各级渔检机构20个,登记渔船4 141艘,总吨位19 462吨,总功率68 857.93千瓦,验船师243名,渔船检验体系初步形成;顺利推进渔业行政执法人员的执法资格考试工作;总体来看,水产业在农业增效、农民增收、农村经济社会发展和水域生态环境保护中正发挥着越来越重要的作用。

1.积极探索渔业供给侧改革,稳步发展健康生态渔业 一是推进养殖证发放、养殖水域滩涂规划和渔业重点县养殖水域滩涂规划工作。以农业部健康示范场创建、省财政无公害水产基地建设、渔业标准化健康养殖基地三类水产项目为抓手,深入推进全省养殖证发放、养殖水域滩涂规划和无公害水产品一体化认证。二是持续推进渔业标准化建设。三是开展了农业部第十一批水产健康养殖示范场创建和第六批示范场复核。四是引导全省相关市、县积极开展稻渔综合种养示范区创建工作,获批2家国家级稻渔综合种养示范区和6家省级稻渔综合种养示范区。

2.科研推广能力进一步加强 一是稳步推进基层水产技术推广体系改革与建设补助项目。2017年选择全省渔业主产区的64个县下拨基层水产技术推广体系建设资金1 815万元,建立试验示范基地64

个,面积 2 400 公顷,进一步强化了主产区的渔业基础。二是加强水产技术人员能力建设。分别在河南师范大学及信阳农林学院举办了两期 480 人管理和技术员培训班。三是深入开展水产科技下乡服务活动。遴选 171 名水产技术专家和 480 名水产技术员,共举办各类水产专业技术培训班 172 场次,培训技术指导员、渔民 2 328 人次。四是制定项目绩效考核细则,规范项目实施。根据农业部有关要求制定了全省水产技术推广体系改革与建设项目延伸绩效考核细则。

3. 休闲渔业进一步发展 全省各类休闲、观光、度假、垂钓场所 5 100 多家,其中,获批"全国休闲渔业示范基地"14 家,基地面积大于 6.6 公顷的 170 家。观赏鱼养殖已成为全省休闲渔业的一大亮点,养殖面积超过 1 000 公顷,年产观赏鱼 1.5 亿尾以上,产值 4 亿多元;建成大型休闲渔业交易市场 2 个,年交易额 2 亿多元,休闲渔业经济在全省渔业经济中的份额和地位明显提升。

4. 水产品质量安全得到进一步保障 一是制定了《2017 年河南省产地水产品质量安全监管工作方案》,重点部署了水产养殖和水产品质量安全监管工作。二是开展水产品质量安全大检查。为了加强产地水产品规范养殖,打击违法行为,5 月和 11 月,省农业厅水产局组织全体管理执法人员和全省各级水产主管部门开展包括水产健康养殖与水产品质量安全执法在内的大检查。三是开展水产品抽检工作。共检测样品 262 个(苗种 140 个、成鱼 122 个),抽检品种为鲫鱼、草鱼和鲤鱼等,2017 年农业部和省农业厅在河南省共抽检样品 382 个,整体合格率为 100%。四是开展"三鱼两药"专项整治工作。为落实国务院食品安全委员会办公室等五部门印发的文件精神,切实落实省食品安全委员会办公室等六部门制定的《河南省畜禽水产品"五整治一打击"专项行动方案》,专门制定了《河南省"三鱼两药"专项整治工作实施方案》。乌鳢和鳜鱼养殖面积分别为 166 公顷和 561 公顷,产量分别达 617 吨和 2 621 吨,主要在信阳、南阳、驻马店、平顶山和固始、永城等地。全省共抽检鳜鱼和乌鳢样品 5 个,检测结果全部合格。

5. 资源养护进一步加强 一是开展增殖放流活动。据不完全统计,全年各地共开展增殖放流活动 48 次,累计投入资金 3 500 万元。二是继续禁渔制度。2017 年在黄河、淇河、淮河、汉江干支流等天然水域继续实行禁渔,各地出动宣传车、张贴禁渔通告、印发宣传资料,开展查处违法捕捞案件等多项活动,一定程度上净化了水域环境,有效保护了当地渔业资源。三是

继续开展了水生野生动物保护科普宣传月活动。四是根据省政府安排,在黄河小浪底库区的洛阳市、济源市以及三门峡市有序开展网箱清理工作。

6. 创新渔船监管,确保安全生产 一是省农业厅水产局负责检查船用产品制造单位报批资料完整性、产品质量等,组织开展"安全产品上渔船"活动。二是加强船用产品生产厂家监督检查。2017 年按照农业部渔业渔政管理局的要求,对全省所有渔业船用产品生产厂家进行了现场检查,涉及范围包括质量保证体系、制度建设、生产条件、人员结构及质检能力等,共检验船用产品 400 多台(件),涉及 8 家船用产品生产企业。三是继续加强平安渔业示范县创建工作。与省安全生产监督管理局一起,完成了南阳市淅川县、洛阳市嵩县、孟津县"全国平安渔业示范县"的复评工作。促进了全省平安渔业健康发展。

7. 严格落实惠渔政策 一是根据财政部、农业部关于渔业油价补贴政策调整有关要求,专门组织专家和各级管理人员分赴各地调研,形成了河南省农业厅、财政厅《2017—2019 年河南省渔业油价补贴政策调整总体实施方案》。二是落实以船为家渔民上岸工程。根据住房和建设部、国家发展和改革委员会、农业部、国土资源部下发的《关于实施以船为家渔民上岸安居工程的指导意见》部署,2017 年共完成 212 户以船为家渔民的安居工程。三是渔业互助保险工作稳步推进,为平安渔业建设保驾护航。

8. 荣誉和表彰 在农业部发布的《关于通报表彰"亮剑 2017"系列渔政执法活动先进集体和个人的通知》中,商丘市农业局、漯河市渔政站、永城市水利局渔政站、信阳市淮滨县水产局等 4 个单位荣获先进集体、4 人荣获先进个人的荣誉称号。在农业部发布的《关于公布 2017 年渔业文明执法窗口单位的通知》中,沈丘县农业综合执法大队荣获"全国渔业文明执法窗口单位"荣誉称号。

9. 存在问题

(1)渔业投入不足。渔业作为一个行业,每年省财政投入仅有 1 280 万元,与种植业、林业、畜牧、农机等相比,财政投入相差甚远。与周边省份财政投入相比,不仅远低于山东、河北、湖北、安徽等渔业大省,也低于发展不及河南的陕西、山西,多年来没有安排过基建项目,与内陆渔业大省的发展很不相称。渔业资源养护、水产品质量安全监管、水生动物疫病防治、水产技术推广、水产良种补贴、禁渔期渔民生活补助等需要各级政府投入的资金均未纳入各级财政预算。

(2)渔业基础条件差。一是水产苗种体系不健全。河南省无国家级水产良种场,省、市级水产良种场

大多条件简陋,生产能力小,难以满足渔业生产需要。全省每年需大量外购水产苗种,不仅增加了渔民养殖成本,同时也容易带来病害威胁。二是池塘生态修复和改造任务重。全省池塘1/3坍塌、淤积严重,沿黄高产池塘多数已连续使用近30年,各种设施陈旧老化。信阳、驻马店、南阳多为浅、小、漏农村自然坑塘,养殖水平较低,与现代渔业养殖标准相去甚远。流水养鱼、工厂化养殖等现代装备渔业规模较小、发展滞后,总体发展与现代渔业建设不相适应。三是渔政执法装备差。缺乏必需的交通、通讯、调查取证等设备,办案手段与渔业行政执法工作的要求不相适应。

（3）支撑体系不完备。一是机构薄弱。河南省承担渔业发展、渔政执法、渔船监督检验、资源养护、水生野生动物保护等渔业管理职责的省级机构仅有省农业厅水产局(加挂河南省渔政渔船监督检验管理局),现有人员9人;地(市)级机构多为水产科,且大多只有科长一人;多数县(区)级机构管理、执法、技术推广机构三合一,政事不分情况比较严重,部分水产资源较丰富的县(区)没有专门设置水产管理机构,与全省水产业的发展极不相称。二是水产品质量安全监管和疫病防控形势严峻。全省只有1家省级水产品质检中心,省辖市除郑州外,其他地区均无法独立开展水产品检测工作。全省只有20个县建有水生动物疫病防治站,远不能满足水产品质量安全监管和疫病防控工作的需要。

（河南省农业厅水产局）

湖北省渔业

【概况】 2017年,全省水产养殖面积79.75万公顷,淡水水产品总产量465.4万吨,比上年减少1.2%,是改革开放以来首次减产,仍连续22年保持全国第一。其中养殖产量436.13万吨,捕捞产量29.2万吨。渔业经济总产值2 505亿元,同比增长3.61%,其中渔业产值1 184亿元(含苗种产值),同比增长3.91%,渔业产值占全省农林牧渔业总产值的16.6%,创历史新高;渔业加工和流通服务业产值1 321亿元,同比增长3.4%。渔民人均纯收入18 829元,增长9.3%。

1.产业发展

（1）基础设施建设。大力开展以设施渔业为核心的基础设施改造升级,加快推进工厂化、循环水流道养殖、温棚控温、微孔增氧、水质净化等现代化设施应用,全省高标准改造池塘2.77万公顷。全省累计建成现代渔业示范基地74个,年产量超过5万吨的县33个,产值超过10亿元的县36个。

（2）现代渔业种业建设。黄鳝全人工苗种繁育取得重大进展,人工仿生态繁育黄鳝苗种量同比翻一番,繁育量超过2亿尾。2017年全省苗种产量1 250亿尾。截至2017年年底,全省有国家级水产原(良)种场12家、省级75家、全国现代渔业种业示范场14家。

（3）健康养殖。优化养殖水域滩涂空间布局,合理划定宜养区、限养区、禁养区,印发《省水产局办公室关于做好养殖水域滩涂规划编制工作的通知》,着力推进渔业绿色发展、低碳发展。2017年,新创建33家部级、62家省级健康养殖示范场,总数分别达到432家、327家。累计创建洪湖、蕲春、公安、京山4个农业部渔业健康养殖示范县。

（4）三大"百亿元"特色产业。围绕"一鱼一产业"战略,大力发展特色养殖,推进结构调整,促进渔业转型升级、提质增效。全省小龙虾产量63万吨,同比增长28.8%,产量居全国第一,养殖产值254亿元,综合产值达850亿元,同比增长17.5%。河蟹产量17.94万吨,同比减少6.02%,居全国第二。鳝鳅产量21.7万吨,同比减少7.46%,居全国第一。

（5）稻渔综合种养。全省稻渔综合种养面积新增4.17万公顷,总面积超过33万公顷,为农民创收近百亿元,实现"一水两用、一田双收、稳粮增效、粮渔双赢、生态环保"。全省从事稻渔综合种养的合作社达1 556个、百亩以上种养大户1.12万户。创建国家级稻渔综合种养示范区4个。

（6）水产品加工出口贸易。全省现有水产加工企业245家,2017年全省水产品加工量114.3万吨,加工产值381.9亿元,同比增长3.6%。2017年全省水产品出口呈量增额减态势。据海关统计,全省水产品出口1.48万吨,同比减少22.93%,创汇1.6亿美元,同比减少23.38%。

（7）水产品电子商务。全省水产品电子商务交易额达到15.9亿元。"虾小弟"等水产电子商务品牌在国内知名度和影响力显著提升。新增20家开展水产品电子商务的企业。

（8）品牌建设。第八届湖北(潜江)龙虾节、第四届洪湖清水螃蟹节、2017湖北·监利黄鳝节等展会推介活动成功举办,"洪湖清水"大闸蟹、"武昌鱼"、"荆州鱼糕"等品牌知名度显著提升。组织21家企业参加第十五届中国国际农产品交易会,获20枚金奖、居全国渔业第一,洪湖市闽洪水产等3家企业获得"2017最具影响力水产企业品牌"称号。"潜江龙虾"入选35个中欧互认地理标志产品之一。"潜江龙虾""监利黄鳝"获得2017年全国农业百强区域公用品牌荣誉。

（9）新型市场主体。2017 年，全省渔民专业合作社达到 4 445 家，入社渔民达到 18.7 万人，覆盖的养殖面积达到 38 万公顷。渔民专业合作社已成为构建新型渔业经营体系的中坚力量，极大地促进了渔业适度规模经营，提高了渔业组织化程度。全省有规模以上水产加工企业 118 家，其中国家级龙头企业 9 家，省级龙头企业 53 家，全省新型渔业经营体系基本形成，组织化、规模化、专业化程度不断提高。

（10）休闲渔业。组织全省休闲渔业发展监测工作，开展休闲渔业品牌创建活动，新创建全国最美渔村 1 家、全国精品休闲渔业示范基地 3 家、全国休闲渔业示范基地 6 家，全国休闲品牌基地总数达 39 家。

2. 渔业科技

（1）科技成果。2017 年获得两项 2016/2017 年度神农中华农业科技奖二等奖：一是克氏原螯虾产业化关键技术集成与示范推广项目，二是重要淡水鱼类资源增殖技术及应用项目。省水产科学研究所取得一项发明专利授权，申请 4 项发明专利，新增农业科研项目 3 项。

（2）示范推广。发布 2017 年全省十大主导品种和十大主推技术，省级财政现代水产专项资金支持完成了 60 个"三新"示范点建设。省、市、县三级联动进行示范、推广和应用，主推技术入户率、应用率超过 96%，新增新品种、新技术、新模式试验示范面积 0.75 万公顷。

（3）科技入户。2 月中旬，在洪湖市小港管理区举办 2017 年全省水产系统送科技下乡活动，在全省整体推进渔业科技进村入户工程，全省 1 000 多名渔技人员活跃在湖边池头，开展水产科技推广"百千万工程"、新型职业渔民全产业链培训等活动，加大新技术、新模式、新品种的推广力度，把适用技术及时有效送到池边塘头，努力打通技术服务"最后一公里"，全年培植科技示范户 2.2 万户。

（4）技术服务。全省现有渔业技术推广机构 528 家，1 614 人。在渔业生产关键时期结合项目工作有针对性地（地点、品种、技术）进行技术培训和指导，编印技术手册 5 万册，捐赠鱼苗、渔药 20 万元。3 月湖北省现代渔业创新技术特派员服务荆门工作站启动，累计转化 7 项创新成果，引进 4 个水产养殖新品种，建成了总面积为 600 公顷的 10 个试验示范基地、核心区。

（5）水生动物病害监测预报。依托 46 个县（市）级水生动物疫病防治站设立监测点 149 个，监测面积 34 474.89 公顷，监测养殖品种 23 个。完成农业部下达的四项水生动物重大疫情专项监测，监测样品总数

为 177 个，共检测出 55 个阳性样品，并对 55 个呈阳性的监测点开展了流行病学调查。

（6）大宗淡水鱼武汉综合试验站工作。指导开展大宗淡水鱼长丰鲢、"中科 3 号"鲫鱼两个新品种的亲本选育和繁育工作，选育优质亲本 6 660 组，繁育鱼苗 5.82 亿尾；引进推广团头鲂"华海 1 号""中科 3 号"鲫鱼、长丰鲢、长丰鲫鱼等 4 个新品种 540 万尾，推广面积 0.75 万公顷；建立绿色高效新型养殖模式 3 个，推广面积 5 233 公顷。

3. 水产品质量安全

（1）水产品质量抽检。全年共组织完成省部级水产品质量安全监测 13 次，抽检水产样品 907 批次，其中：部级 499 批次，含例行监测 192 批次，产地监督抽查 307 批次，苗种监督抽查 20 批次；省级 408 批次，含例行监测和产地监督抽查各 204 批次。合格样品 906 批次，综合合格率 99.89%，创历史新高。产地监督抽检合格率连续 7 年保持 100%，始终位于全国前列。

（2）专项整治行动。下发《2017 年湖北省水产品质量安全专项整治方案》，部署了以水产品养殖环节"三鱼两药"为重点的水产品抗生素和禁用药物残留、水产苗种、重点品种、渔业投入品、非药品药品化使用和休药期等 6 项专项整治行动任务。组织开展了县级普查、市州交叉检查，省局对所有国家级和部分省级水产原良种场进行了质量安全专项督查暗访。

（3）信息化监管。进一步扩大可追溯体系覆盖面，2017 年新增 10 个市（县）继续开展水产品可追溯体系建设试点。全省共建成市、县级水产品质量安全可追溯平台 50 多个，规模型可追溯管理示范基地（企业、合作社）100 多家，示范企业基本实现了对水产品产地、投入品、收购、贮存、运输的全程监管。

（4）监测机制创新。制定出台《省水产局关于进一步规范产地水产品质量安全监督抽查工作的通知》，对全省各级产地水产品质量安全监督抽查工作程序及技术要求进行了统一和规范，有效推动了省、市、县、乡四级检测体系建设，为基层监管执法提供了强有力支撑。

（5）无公害认证。2017 年新增无公害产地 45 家，产品 102 个，面积 0.3 万公顷，产量 8.5 万吨。截至 2017 年年底，全省共认定无公害水产品产地 782 家，认证产品 1 020 个，面积 41.8 万公顷，产量 178.5 万吨。

4. 依法治渔和渔业资源环境保护

（1）渔政执法工作。2017 年，全省各级渔业主管部门和渔政执法机构通过查处一大批非法捕捞典型案件、组织开展巡航检查和交叉检查等行动，全省共查获

违禁捕捞渔船 453 艘、取缔违规渔具 3 734 部、查处电捕鱼器 775 台(套)、毒鱼案件 3 起、没收"三无"船只 82 艘,特别是涉渔刑事处罚人数达到 202 人,为历年来之最。

(2)队伍能力建设。全省现有渔政执法机构 129 家,执法人员 1 706 人。11 月初,在武汉市组织举办一期渔政执法业务骨干培训,取得良好效果。11 月 25 日,圆满组织完成了全省 1 756 名渔政执法人员参加全国性的执法资格考试。通过这些措施,有力提升了渔政执法队伍的业务能力素质,办案水平和队伍形象得到了大力提升。

(3)保护区环境整治。湖北省水产局成立整改工作领导小组,下发《省水产局关于切实做好全省水生生物自然保护区突出问题整改工作的通知》,组织召开保护区突出问题整改工作推进会,开展督办检查,对整改工作实行月报制度,进行台账式、清单式管理,逐一整改销号,在 2017 年 11 月全力配合做好了"绿盾2017"国家级保护区迎检工作,各水生生物自然保护区整改工作得到有力推进。

(4)水产养殖污染综合整治。湖北省水产局及时制定下发整改方案,明确了整改任务清单,成立主要领导亲自挂帅的督导专班,实行挂图作战,全方位督察,重点督导,按点督察,尽锐出战。截至 2017 年 12 月 31 日,全省 17 个市(州)8.13 万公顷围栏围网网箱基本拆除,1.83 万公顷投肥(粪)养殖和 2 993 公顷珍珠养殖全部取缔,较好地完成了涉渔环保督察整改任务。

(5)水生生物保护区全面禁捕工作。全省在 2017 年启动了保护区禁捕的相关工作,积极组织开展禁捕工作调研和退捕数据统计,组织召开全省保护区禁捕工作安排部署会议。2017 年 7 月 28 日,省人民政府办公厅印发《关于落实我省长江流域水生生物保护区全面禁捕工作的通知》,对保护区禁捕工作做出全面部署。2017 年 11 月 23 日,农业部发布《关于公布率先全面禁捕长江流域水生生物保护区名录的通告》,决定从 2018 年 1 月 1 日起率先在长江流域水生生物保护区逐步施行全面禁捕。这标志着湖北省禁捕工作全面启动。

(6)水生生物资源养护。2017 年 6 月 6 日,湖北省水产局与荆州市人民政府联合举办了以"生态长江"为主题的全省渔业资源同步增殖放流活动。全省各地开展各类增殖放流活动 80 余场次,放流各类水生生物和珍稀物种超 13 亿尾,积极开展水生野生动物保护工作,连续第 4 年组织对救护的大鲵进行野外放归;积极开展"长江江豚拯救行动计划",推进江豚迁地保护行动计划实施。3 月 27 日,成功从江西鄱阳湖调来 6 头江豚顺利释放到何王庙江豚保护区,全省江豚迁地保护工作取得重大进展。

5. 渔业水上安全管理和惠渔政策落实

(1)渔业水上安全监管。新创建 2 个国家级和 8 个省级"平安渔业示范县",连续 7 年组织渔船水上突发事故应急演练活动,全省没有发生重大渔业水上安全事故。组织开展全省渔业安全生产大检查活动,渔船安全隐患排查率 100%。针对隐患排查情况,湖北省水产局制定了全省渔业水上安全"十不准",有效规范了渔业水上安全管理。积极争取农业部燃油补贴统筹资金,新增赤壁、老河口、宜都等 3 个渔港整治维护建设项目。

(2)渔船检验管理质量。加强渔政执法船的安全管理,对不按规定申报检验、无证执法等问题进行了整治。狠抓渔船质量安全源头管理,渔船船用产品检验实现网上统一受理和办理,受理 25 家企业 1 000 多台(件)、9 000 多吨船用产品的报检,图纸审查 5 套;重点对近 10 家生产防污、消防等重要渔船安全产品的企业进行了产品型式(工厂)认可。

(3)燃油补贴管理。印发《省水产局关于开展渔业燃油补贴等资金专项督导检查工作的通知》,对检查发现的渔船档案不完善、渔船身份管理不到位、燃油补贴履行公示公开程序缺失、燃油补贴资金管理不规范等问题,湖北督查组认真落实检查通报制度,除以书面形式下达整改通知书外,对检查情况进行了通报。

(4)安全培训。加大渔船船员安全教育培训力度,全年共印发安全知识宣传材料 2 万份,举办渔政船船员培训班 1 期,培训渔政船船员 60 多人,培训渔民(船员)5 万余人次。

6. 抗灾救灾

(1)全省受灾情况。2017 年全省受灾养殖水面达 5.9 万公顷,其中精养池塘 1.6 万公顷,占池塘总面积的 3%;损失水产品 12.7 万吨;沟渠、池埂堤坝、泵站、涵闸、生产用房等渔业基础设施损毁严重,直接经济损失达 17.6 亿元。

(2)抗灾主要措施。一是成立湖北省水产局渔业生产突发事件应急处置工作领导小组和专家组,落实领导责任制,明确分工,责任到人。二是科学指导各地做好防灾减灾工作。针对强降雨天气,自 5 月起连续发布《省水产局办公室关于做好暴雨洪涝灾害防范的通知》《当前渔业生产防灾减灾技术要点》等 4 个防范暴雨灾害的通知文件和技术要点,指导各地做好救灾工作。三是组织开展防汛安全检查工作。加大渔港渔船安全隐患排查力度,遏制和减少渔业安全生产事故,确保渔民生产作业安全。

【大事记】

[1]1月4日,生态淡水渔业发展战略高峰论坛暨湖北省水产产业技术研究院成立大会在荆州举行。中国科学院院士曹文宣、全国水产技术推广总站副站长孙有恒,省政协副主席、省科技厅厅长郭跃进,省水产局纪委书记叶建刚出席成立大会。

[2]2月7日,中国科学院水生生物研究所院士桂建芳、研究员周莉、王忠卫一行到湖北省水产良种试验站孝南基地考察指导省鲫鱼遗传育种中心,查看鲫鱼遗传育种中心灾后复产情况。

[3]2月8日,省农业厅在嘉鱼县召开全省江河湖库拆围工作现场推进会。省农业厅厅长戴贵洲出席会议并讲话,省农业厅副厅长焦泰文做工作部署。参加会议的有武汉市等10市渔业主管部门主要负责人、江夏区等7个区(市、县)人民政府分管领导和渔业主管部门主要负责人、监利县等6个县(市、区)渔业主管部门主要负责人。

[4]2月14日,省水产局在洪湖市召开2017年全省水产工作会。省农业厅党组成员、副厅长焦泰文出席会议并讲话。省水产局领导班子成员,有关处室负责人,水产科技专家,各市州、有关县市水产主管部门负责人参加会议。

[5]2月14日,省水产局在洪湖市小港管理区举办2017年全省水产系统"送科技下乡"活动启动仪式。省农业厅党组成员、副厅长焦泰文出席启动仪式并宣布活动开幕,省水产局领导班子成员、有关处室负责人和水产科技专家参加启动仪式。

[6]2月17日,省水产局在潜江市召开全省渔政船检港监工作暨整治湖库养殖行为会议。省局渔政处、船检处,17个市(州)、部分县(市、区)渔政船检港监管理机构、省直管湖库、省级以上自然保护区管理机构主要负责人参加会议。

[7]2月20日至3月16日,农业部"百乡万户"调查组赴湖北省潜江市、来凤县进行了调研。调研内容主要是农产品价格下行对农民种粮积极性影响、新型经营主体在产业扶贫中带动脱贫、耕地轮作休耕制度试点、推进农业供给侧结构性改革、培育农业农村发展新动能等情况。

[8]3月2日,农业部在武汉市召开长江流域水生生物保护区全面禁捕工作部署会,农业部副部长于康震出席会议并讲话,省农业厅厅长戴贵洲,农业部有关司局负责人和长江流域及以南21个省(自治区、直辖市)渔业主管部门负责人及有关科研单位专家代表参加会议。会议由农业部长江流域渔政监督管理办公室主任李彦亮主持。

[9]3月2日,农业部在武汉市组织开展长江流域以南禁渔期大型同步执法行动启动仪式。农业部副部长于康震,湖北省委常委、常务副省长黄楚平,省政府副秘书长吕江文,省农业厅厅长戴贵洲、副厅长徐能海,武汉市人民政府副市长龙良文,农业部有关司局单位负责人,长江流域及以南21个省(自治区、直辖市)渔业主管部门负责人、有关科研单位专家代表、渔政、公安执法人员和志愿者代表等参加现场活动。

[10]3月3日,省农业厅和省公安厅联合印发《2017年度全省打击非法捕捞专项行动实施方案》,重点打击在禁渔期、禁渔水域存在的非法捕捞行为,以及以"电、毒、炸"等危险方式进行的非法捕捞行为。

[11]3月8日,省农业厅厅长戴贵洲一行到洪湖市专题调研现代水产业发展情况。先后来到中兴六合千亩河蟹苗种本土化培育基地、小港管理区1 333公顷河蟹生态健康养殖基地和宏业水产公司了解情况。

[12]3月16日,印发了《省水产局关于加强产业扶贫工作的通知》,指导产业扶贫工作。

[13]3月27日,由农业部长江流域渔政监督管理办公室主办的"长江江豚拯救行动计划2017江西·湖南·湖北三省联合保护行动(湖北)"在湖北监利何王庙长江江豚自然保护区顺利举行。本次活动由农业部长江流域渔政监督管理办公室主办,湖北省水产局、江西省渔政局、湖南省畜牧水产局、中国科学院水生生物研究所和监利县人民政府共同承办,省企业家环保基金会、黄石东贝集团、武汉白鱀豚基金会给予赞助和合作。

[14]3月30日,全国水产技术推广总站在武汉举办了渔业节能减排工作交流研讨会。全省有关节能减排项目的水产技术推广站站长和项目承担单位负责人参加。

[15]4月25~27日,省水产局联合省公安厅治安总队,组织武汉市农业综合执法督察总队、潜江市渔政局、仙桃市渔政局及地方公安、海事等部门,对汉江兴隆坝区、汉江汉川段水域开展打击非法捕捞专项行动。

[16]5月24日,省农业厅党组书记、厅长肖伏清,率领厅相关处室及单位负责人,赶赴斧头湖检查调研拆围工作情况。

[17]6月1日,湖北省水产学会第八届会员代表大会在华中农业大学国际学术交流中心举行。中国科学院院士桂建芳、华中农业大学副校长姚江林、省民政厅民间组织管理局副局长姜健、省水产局副局长林伟华出席会议,各科研院所专家学者、水产业工作者等会员代表145人参加会议。

[18]6月5~7日,省政协副主席王振有率调研组

围绕"完善我省淡水养殖方式,提升淡水产品质量"开展专题调研,省政协常委王忠法、委员李亚隆、梅雪、林芳参加调研,省水产局副局长林伟华陪同调研。

[19]6月9日,首届中国(潜江)国际龙虾·虾稻产业博览会暨第八届湖北(潜江)龙虾节在湖北潜江正式开幕。活动期间,举办了中国小龙虾产业发展报告发布会、中国(潜江)虾-稻产业发展高峰论坛、全国优质稻米推介、小龙虾烹饪大赛和技能培训、"潜江龙虾之夜"等系列活动。

[20]6月9日,农业部渔业渔政管理局和全国水产技术推广总站、中国水产学会在湖北省正式联合发布了《中国小龙虾产业发展报告(2017)》。这是农业部发布的首个水产养殖重点品种产业发展报告。中国科学院院士桂建芳,农业部渔业渔政管理局副巡视员丁晓明,全国水产技术推广总站副站长(正局级)孙有恒等领导出席发布会。

[21]6月20日,由农业部主办、湖北省水产局承办的全国稻渔综合种养现场会在潜江召开。农业部副部长于康震,省委常委、常务副省长黄楚平出席会议。农业部渔业渔政管理局局长张显良主持会议,中国科学院院士桂建芳,省政府副秘书长吕江文,省农业厅党组书记、厅长肖伏清以及农业部相关司局、中国水产科学研究院、全国水产技术推广总站和有关省(自治区、直辖市)渔业主管厅(局)的负责人参加会议。

[22]6月21~23日,全国养殖渔情信息审核人员及品种分析专家培训班在武汉举行。培训班由全国水产技术推广总站举办,湖北省水产技术推广总站承办。来自全国养殖渔情信息采集的16个省(自治区)的信息审核人员、品种分析专家以及有关领导共40余人参加了培训班。

[23]7月7日,省水产局参加省人大"农产品质量安全荆楚行"活动,组织部分水产品牌企业参展,组织专家现场答疑。

[24]7月18日,省水产局在武汉组织召开了全省渔业环保督察整改暨水生生物保护区禁捕工作推进会。省农业厅党组副书记、副厅长毕春群出席会议并讲话,全省17个市(州)渔业主管部门、渔政机构、省级以上水生生物自然保护区及省管湖库管理机构负责人参加会议。

[25]7月18日,湖北省"2017年水生野生动物保护科普宣传月活动"启动仪式在武汉海昌极地海洋世界举行。志愿者代表、渔政执法人员、海昌极地海洋世界工作人员以及省内部分媒体共200余人参加了启动仪式。

[26]8月9日,省委、省政府发布《关于颁发湖北改革奖的决定》,公布首届湖北改革奖获奖名单,潜江市"虾稻共作"生态种养模式创新荣获湖北改革奖项目奖。

[27]8月17日,全省现代渔业建设现场推进暨稻渔综合种养培训会在枝江市召开。省农业厅党组副书记、副厅长毕春群出席会议并讲话。各市(州)、部分水产重点县的部门主要负责人和省级机关相关处室、局直相关单位主要负责人参加会议。

[28]9月6~8日,省水产技术推广总站在汉南、洪湖、仙桃等地开展了"湖北省2017年水产主推技术秋季科技下乡活动"。

[29]9月12~13日,全国水产技术推广总站、中国水产学会党委办公室副主任周玉国一行到湖北开展水产养殖用药减量行动调研工作。

[30]9月13日,省水产局在宜昌市组织召开了全省渔业船舶安全应急演练活动暨渔业安全船检港监工作会议。

[31]9月21~24日,第十五届中国国际农产品交易会在北京举办。湖北省组织了21家企业61个名特水产品参展,实现贸易合同额1.17亿元,现场销售18.58万元,网上销售额27.55万元,夺得20个金奖。中国水产流通与加工协会名誉会长、中国农产品市场协会会长张玉香,农业部渔业渔政管理局局长张显良视察了湖北渔业展区。

[32]9月22日,以"尝荆州鱼糕、品荆楚文化"为主题的荆州鱼糕公用品牌及产品北京推广周启动仪式在北京举办,省农业厅副厅长张桂华出席活动。

[33]10月7日,厅党组副书记、副厅长毕春群,省水产局党委书记、局长李水彬一行5人赴石首督办湖北长江天鹅洲白鱀豚国家级自然保护区勘界确权等工作。

[34]10月19日,省水产局党委书记、局长李水彬一行到咸宁赤壁市、咸安区和省斧头湖管理局督办养殖环境综合整治工作。

[35]10月24~25日,厅党组书记、厅长肖伏清一行赴十堰市和随州市调研,实地察看了当地农业抗灾救灾和农业生产情况,督导湖库拆围等工作。厅党组成员、省畜牧兽医局局长盖卫星,省水产局局长李水彬参加调研。

[36]11月1日,省水产局在武汉组织召开了"全省水产养殖污染整治等重点工作部署推进会议"。局党委书记、局长李水彬主持会议并讲话。

[37]11月1日,全国水产技术推广总站站长、中国水产学会秘书长肖放一行,到其驻村联系点洪湖市汉河镇双河村开展调研,省水产局副局长林伟华陪同

调研。

[38]11月2日,省水产局党委书记、局长李水彬先后拜访中国科学院水生生物研究所、水利部中国科学院水工程生态研究所、中国水产科学研究院长江水产研究所等中央在武汉的水产科研院所。

[39]11月8日,国家大宗淡水鱼产业技术体系武汉综合试验站2017年工作经验交流会在长阳示范区召开。

[40]11月10日,农业部渔业渔政管理局在武汉市组织会商全国渔业发展情况。农业部渔业渔政管理局副局长韩旭出席会议并讲话。省水产局副局长林伟华在会上做重点发言。河北等17个渔业重点省份和农业部长江办、中国水产科学研究院、农业部渔业船舶检验局、全国水产技术推广总站、中国水产学会、中国渔业协会等单位的代表参加会商。

[41]11月10～11日,省水产局党委书记、局长李水彬到洪湖市督办拆围和保护区管理工作,并看望了2017年长江江豚生态科学考察团一行。

[42]11月11日,由洪湖市人民政府、中国水产流通与加工协会、中国科学院水生生物研究所共同主办的第四届洪湖清水螃蟹节在洪湖市隆重举行,全国水产技术推广总站副站长胡红浪、中国水产流通与加工协会会长崔和、省水产局党委书记、局长李水彬参加开幕式并出席相关活动。

[43]11月15～17日,农业部长江流域渔政监督管理办公室主任马毅一行来湖北省检查渔业渔政重点工作。省农业厅党组书记、厅长肖伏清,厅党组副书记、副厅长毕春群会见督查组一行,并就渔业渔政工作进行了交流探讨。省水产局党委书记、局长李水彬向督查组汇报了湖北省渔业转方式调结构、渔政执法专项行动、养殖水域滩涂规划编制、禁渔期制度实施等重点工作开展情况。

[44]11月22～23日,省水产局党委书记、局长李水彬赴长阳督导清江库区拆围工作。

[45]11月25日,全省共有渔政执法人员1 706人在湖北大学参加全国渔业行政执法人员执法资格统一考试。

[46]11月29日,省水产局、农业部渔业渔政管理局、恩施土家族苗族自治州政府在来凤县举行"酉水河渔业资源增殖放流暨渔业生态扶贫启动仪式",开展生态扶贫试验。

[47]12月17日,历时38天,约3 400千米的航行,2017长江江豚生态科学考察长江干流科考活动顺利结束。该活动由农业部长江流域渔政监督管理办公室组织开展,于2017年11月10日在武汉正式启动,

来自水生野生动物保护协会、科研院所、各豚类保护区的技术人员以及部分志愿者共计60人参加了科考。

（湖北省水产局　林伟华　王　勇　成　专）

湖南省渔业

【概况】

1.主要渔业经济数据

（1）水产品产量。2017年,湖南省水产品总产量241.53万吨,同比2016年增加3.14万吨,增长1.3%。其中,淡水养殖产量232.04万吨,同比增加3.2万吨,增长1.39%;稻田养殖产量19.02万吨,同比增加9.2万吨,增长93.69%;淡水捕捞产量9.49万吨,同比减少430吨,下降0.45%(注:《农业农村部　国家统计局关于根据第三次农业普查结果开展渔业统计数据核定修正工作的通知》,核定湖南省2016年淡水养殖面积41.39万公顷;水产品产量238.39万吨,其中淡水养殖219.04万吨,淡水捕捞9.53万吨,稻田养殖9.82万吨)。

（2）养殖规模。2017年,湖南省水产养殖面积41.75万公顷,同比2016年增加0.35万公顷,增长0.85%。其中:池塘养殖面积24.05万公顷,同比增加0.48万公顷;湖泊养殖面积6.05万公顷,增长0.22%;水库养殖面积11.46万公顷,同比减少1 465公顷;河沟养殖面积910公顷,增长4.36%;其他养殖面积993公顷,增长1.33%。2017年,湖南省渔业船舶34 968艘,机动渔船总吨位7.92万吨,功率总计318 757千瓦。

（3）渔民数量及收入。2017年,湖南省渔业户28.26万户,比2016年减少0.76%;渔业人口126.75万人,同比减少2.34%,其中传统渔民17.31万人,比2016年减少2.35%。2017年渔民人均纯收入16 113元,同比增长0.53%;人均可支配收入15 073元,同比下降0.58%。

（4）水产品加工及渔业品牌。2017年,湖南省水产品加工总量13.8万吨,比2016年下降3.05%;小龙虾年加工量1.52万吨,同比增长183.9%。张家界大鲵(人工养殖)获"2017年湖南十大农业区域公用品牌"、渔家姑娘(顺祥食品有限公司)获"2017年湖南十大农业企业品牌"称号。

（5）渔业经济产值。2017年,湖南省渔业经济总产值525.79亿元,比2016年增长11.14%。其中一产渔业产值402.64亿元,同比增加39.33亿元,增长10.83%;二产(渔业工业和建筑业)、三产(渔业流通和服务业)产值分别为40.93亿元、82.21亿元,与

2016 年相比分别增长 9.56% 和 13.56%。

2. 养殖结构调整

（1）工厂化循环养殖。积极稳妥推进工厂化循环养殖和池塘循环微流水养殖。2017 年，全省围栏产量为零；网箱养殖产量 6.7 万吨，比 2016 年减少 5.3 万吨，同比下降 44.13%；工厂化养殖规模 34.91 万立方米，同比增长 27.45%，工厂化养殖产量 0.66 万吨，同比增长 225%。

（2）稻渔综合种养。召开全省稻田综合种养工作推进现场会，会议提出要科学规划布局，实行种养联动，大力推进稻渔综合种养产业化发展，在南县开展稻渔综合种养标准化示范县创建。强化技术支撑，组织编写并免费发放《稻渔综合种养主要模式与技术》书籍 2 万多册。加大财政支持，全省利用扶贫资金 6 000万元以及统筹安排渔业油价补贴 2 300 万元支持稻渔综合种养发展。创新种养模式，环洞庭湖区探索推广了稻虾共作、一稻两虾、稻虾兼顾等综合种养模式；在部分丘陵地区集成推广"稻鳅共生""再生稻 + 鱼""双季稻 + 虾"以及莲鱼、稻蛙、稻鳖等立体种养模式。组织 11 家单位参与农业部稻渔综合种养示范区创建，南县君富稻虾种养专业合作社通过农业部专家组验收，成为湖南省首个国家级稻渔综合种养示范区。2017年，湖南省稻田养殖面积 22.15 万公顷，比 2016 年增加 3.96 万公顷。

（3）休闲渔业发展。组织开展国家级、省级休闲渔业示范基地创建。按照农业部组织开展休闲渔业示范创建要求，2017 年湖南创建长沙千龙湖等国家级休闲渔业主题公园 3 个，湖南柳吉现代农业科技有限公司等 5 个单位创建全国休闲渔业示范基地。截至2017 年，全省具有一定规模和接待能力的休闲渔业企业 4 049 个，其中国家级休闲渔业示范基地 31 个、省级休闲渔业示范基地 141 个，垂钓水面 5.2 万公顷，接待游客量 3 590 万人次，休闲渔业产值 45 亿元，占渔业总产值的 12.8%，解决就业 5 万多人。2017 年湖南观赏鱼养殖 1 169.47 万条，同比增长 133.12%。

3. 养殖方式转型

（1）水产健康养殖示范创建。推进养殖水域滩涂规划编制工作，省畜牧水产局成立规划编制工作领导机构，由局长任领导小组组长，并明确了技术指导组和编制组。安排资金 5 150 万元实施池塘标准化升级改造项目。坚持将水产健康养殖示范创建工作作为渔业绿色发展的重要抓手，组织 80 个企业申报创建农业部水产健康养殖示范场，46 家水产养殖单位通过验收，截至 2017 年，全省有农业部水产健康养殖示范场 374家。在汉寿县、益阳市资阳区 2016 年成功创建农业部

渔业健康养殖示范县的基础上，组织长沙市望城区、安乡县完成创建工作。

（2）水产品质量安全监管。实施水产品禁用药物和有毒有害物质专项整治行动，开展全省水产苗种生产安全专项督查。2017 年省级组织开展的产地水产品、水产苗种监测合格率均为 100%；在农业部开展的例行监测中，湖南水产品监测合格率为 98.4%、水产苗种抽检合格率达 100%。组织在株洲县、衡阳县、邵东县、安乡县、慈利县和汝城县等 6 个县创建全省畜禽水产品质量安全示范县。推进水产品养殖质量安全服务信息系统建设。在郴州市、株洲市、湘潭市、娄底市、益阳市等 5 个市和张家界市武陵源区开展畜禽水产品合格证管理试点和质量安全追溯体系建设，在武冈市、桃源县开展畜禽水产品质量安全追溯体系建设试点。2017 年新增 75 个渔业产品通过农业部产品认证、43个渔业产品通过湖南省农业委员会产地认证。组织开展全省无公害渔业产品和地理标志农产品标志使用专项检查。

（3）现代渔业种业建设。加大渔业种业体系建设扶持，2017 年全省实施水产苗种建设项目 18 个，总投入资金 900 万元支持市级水产良种场通过改造升级为省级、支持省级水产良种场升级为国家级良种场，2017年升格省级水产良种场 6 家。截至 2017 年，湖南省有386 个水产苗种生产单位，其中国家级水产原（良）种场 4 个、省级水产良种场 46 个、市级水产良种场 26个、县级水产苗种场 310 个，获全国现代渔业种业示范场称号的有 4 个，年苗种生产能力 800 多亿尾。2017年全省主要水产苗种实际生产 284.94 亿尾，鱼种生产31.35 万吨，投放鱼种 27.51 万吨。逐步形成了以国家、省级原（良）种场为龙头，市级良种场为骨干，县级苗种场为基础的四级水产苗种繁育技术体系。

（4）养殖科技研发推广。加强水产技术推广体系人才队伍建设，开展第二届湖南省水产职业技能竞赛，组织全省 14 个市（州）代表队 42 名选手参赛，竞赛综合得分最高者被授予"湖南省五一劳动奖章"和"湖南省技术能手"荣誉称号。湖南省水产科学研究所获批国家特色淡水鱼产业技术体系长沙综合试验站。由湖南省水产科学研究所牵头申报的"湖南优势水产品产业升级关键技术研究与集成示范"项目，列入湖南省科技重大专项，立项经费 1 000 万元，成为该级别的湖南水产养殖行业首个专项，项目于 2017 年 11 月 28 日在南县正式启动。加强对外技术交流与合作，继续选派技术专家赴非洲埃塞俄比亚参加援外工作。

4. 渔业行政管理

（1）打击非法捕捞。深入实施洞庭湖和长江、珠

江湖南段,以及"湘、资、沅、澧"四水流域禁渔期制度,禁渔期涵盖省内大部分水生生物的主要产卵繁殖期。省、市、县成立渔政执法领导小组,强化禁渔工作目标管理考核,压实地方春季禁渔责任,严格禁渔期制度,严肃查处电捕器具和电鱼案件,采取行政处罚、行政拘留、移送司法机关、刑事处罚等手段,严厉打击非法捕捞。省财政加大投入,专门安排渔政执法与资源保护经费2 429万元。加强巡查值守,对重点、难点地区和交界水域实施拉网式检查。在长江湖南段、"一湖四水"、珠江湖南水域及其他重要天然水域和边境水域,加大清理整治"绝户网"、取缔涉渔"三无"船舶和打击电炸毒鱼工作力度。洞庭湖区多个县(市)同步开展联合执法行动,规范渔业安全生产秩序。春季禁渔期间,全省统一组织执法检查行动2 060次,取缔迷魂阵85万米、深水张网1 949部,查获违禁捕捞船971艘次,收缴各类电捕渔具2 212台(套),查处毒、炸鱼案件17件,行政处罚698人次,移送公安刑事处罚77人次。

(2)拆除矮围网围。湖南省委、省政府将洞庭湖生态环境治理作为落实绿色发展理念的具体举措,自2016年起实施洞庭湖水环境治理"五大专项行动",在"河湖网围清理专项行动"中,省财政投入奖补工作资金6 000万元,湖区的常德市、岳阳市、益阳市、望城区等"三市一区"共拆围124个,面积2.35万公顷,全面完成任务。省政府组织实施大型水库养殖污染治理行动,将全省跨地区大型水库、列入重要饮用水水源地保护名录的大型水库、列入国家良好湖库治理名录的水库、养殖密度过大靠当地政府治理有一定难度需省里支持的水库等四类水库作为退养对象,确定水府庙、铁山、官庄、柘溪等10座大型水库为此次养殖污染治理对象,省级财政投入资金1.398亿元,实际退养网箱面积1 012.69万平方米,清理拦网网片面积262.61万平方米。分别超额完成计划任务的7.4倍、2.2倍;拆除库区周边畜禽规模养殖场(户)栏舍面积55.9万平方米。

(3)水生生物资源养护。2017年,湖南省委书记杜家毫专题听取鱼道建设工作情况汇报,要求落实绿色发展,尽快打通湘江鱼道。省畜牧水产局草拟了《湖南省渔业条例(修正案)》,明确湘水主要干流支流上的水上建筑,必须同步设计、同步施工、同步使用鱼道设施,湖南省人大将其纳入了2018年立法计划。制定了《湘江干流及湘江流域水生生物保护区建设方案》。加大鱼类增殖放流,6月6日开展"放鱼养水,生态湖南"为主题的放鱼日活动,全省62个县(市、区)同步放鱼,共向天然水域投放鱼苗鱼种3.89亿尾。

2017年全省开展放鱼活动144次,放鱼9.53亿尾(含3.4亿银鱼卵),超计划完成任务的17%。将水产资源保护区全面禁捕工作纳入全省河长制工作内容,到2017年全省建立水产种质资源保护区45个,国家级36个、省级3个;自然保护区5个,国家级1个(湖南张家界大鲵国家级自然保护区)、省级1个(湖南华容集成长江故道江豚省级自然保护区)、市级1个、县级2个;省级水生动物救护中心1个。印发《关于落实长江流域水生生物保护区全面禁捕工作的通知》,对6个水生生物自然保护区、36个水产种质资源保护区分三批实施禁捕。

(4)大鲵自然保护区建设。湖南张家界大鲵国家级自然保护区坚持"生态优先、绿色发展"理念,加强大鲵资源保护,建立桑植县上洞街院子等11个大鲵核心保护站,加大巡查监管。扩大保护区野生种群数量,2017年自然保护区繁殖6 000尾,其中人工繁殖1 200尾,仿生态繁殖4 800尾;组织人工大鲵放流活动,共放流1 266尾,其中幼鲵1 200尾,亲本66尾,救护大鲵5尾;对保护区范围内的12个大鲵历史天然出苗点开展资源调查,筛选出了7个可恢复重建的大鲵天然出苗点,制定恢复重建方案。加快中央环保督察和"绿盾2017"国家级自然保护区监督检查专项行动涉保护区问题整改,农业部交办的澧水大桥等13个涉大鲵保护区建设项目整改中有10个已基本落实生态补偿措施;针对7月31日中央第六环保督察组反馈督察情况"自然保护区管理不到位。湖南张家界大鲵国家级自然保护区仍有非法采砂项目29个,水电项目67个,由于生态环境遭到破坏,大鲵的天然出苗点较保护区成立之初大幅减少"问题,全面开展整改,涉保护区的29个采砂场全部取缔关闭,实施采砂场生态恢复措施;加快水电项目整改工作,立即退出葫芦等8座水电站,对限期退出的13座水电站、保留的39座水电站,落实了部分生态补偿措施。加强环保遥感监测和"绿盾"行动巡查,发现问题核查整改。拆除位于保护区核心区和缓冲区内的养殖网箱8.9万平方米。

(5)安全生产监管。深入开展平安渔业示范县创建活动,益阳市赫山区、资阳区获"2016—2017年度全国平安渔业示范县"荣誉称号,至此全省已有7个县获此殊荣。推进渔业行政执法船登记注册工作,狠抓"三证合一"证核发工作,截至2017年,全省渔船证书已核发90%以上,解决了多年来专业捕捞渔民底数不清的问题。印发《湖南省渔业船员管理细则》,层层落实安全生产责任。加大宣传和培训,举办全省渔业安全生产和渔业船员管理系统培训班,两次组织开展全省渔业安全生产大检查活动。全省没有发生渔业重大安全生产责任事故。

2017年湖南现代渔业发展中客观上还存在一些问题，渔业生产方面，主要是渔业基础设施尤其是精养鱼池老化严重、国有集体渔场缺乏支持、渔业保险工作推进慢、淡水鱼加工发展滞后、水产养殖环境影响评价制度不完善。渔政管理方面，表现在渔政执法工作经费和人工增殖放流经费不足、水生生物资源养护难度增大、涉渔工程补偿机制、水产种质资源保护区管理制度以及水生生物保护区和长江全面退捕、渔民转产转业的相关政策有待进一步完善健全。

（李书庚　王湘华）

5. 推广池塘工程化循环水养殖　2017年湖南积极推广池塘工程化循环水养殖新项目。该项目是集生物、物理、化学、工程和电子等多门学科为一体的养鱼新技术，具有产量高、技术含量高、劳动强度小、周期短、节约土地和水资源等特点。其主要原理是在整片鱼塘一角建塑料水槽，约占鱼塘总面积的1%~2%。塑料水槽呈长方形，长22米、宽5米、深2.5米左右，水槽两端与池外水面相接，两者用一张渔网间隔，将鱼塘分为内（水槽）外（养水区）两个区域，水槽内圈养草鱼、斑点叉尾鲴等吃食性鱼类，外围放养花白鲢等辅食鱼种，并种植水生植物。水槽工作时打开推水器，以促进增氧和推动水循环，在利用水流增氧的同时，也把鱼粪、残存的饲料等推向集污区，使废弃物自动回收，经脱水处理，再转变为陆生植物的高效有机肥；同时，水槽中的水迅速流动起来，原来的水则被排到水槽外。一条水槽可养鱼30~40吨，且鱼的肉质较紧实、味道鲜美，深受消费者欢迎。2017年湖南有5家企业引进池塘工程化循环水养殖新技术，共87条水槽投入生产。

（陈芳）

6. 湖南华容集成长江故道江豚省级自然保护区再迁入4头江豚　为落实农业部《长江江豚拯救行动计划》，2015年湖南省人民政府批准成立湖南华容集成长江故道江豚省级自然保护区，同年3月27日，该保护区从江西鄱阳湖迁入江豚4头，12月1日，从湖北石首天鹅洲迁入4头，并于2016年自然繁殖产下一头幼仔。2017年3月27日，经农业部批准，该保护区再次从江西鄱阳湖迁入4头江豚，目前已有13头江豚生活在保护区，其生长状况良好，证明该水域适宜江豚生长繁殖。

（周俊）

7. 湖南新增2个"全国平安渔业示范县"　为进一步加强渔业安全生产基层基础工作，构建渔业安全

生产长效机制，2017年，湖南省农委、省安全生产监督管理局继续组织开展"全国平安渔业示范县"创建活动。经县（市、区）人民政府申报、省级初评、部局审核，赫山区和资阳区获评2016—2017年度"全国平安渔业示范县"称号，加上2014—2015年度已获评的津市市、桃江县、君山区，湖南省已创建7个"全国平安渔业示范县"。

（周俊）

8. 洞庭湖矮围网围拆除工作圆满收官　2016—2017年，湖南省人民政府组织开展洞庭湖矮围网围拆除行动，系洞庭湖水环境治理"五大行动"之一。洞庭湖区矮围网围整治行动，任务涉及岳阳、益阳、常德3市10个县（市、区）共124个围子、2.34万公顷水面。截至2017年12月，洞庭湖全面完成拆除任务，3市合计拆除矮围网围124个，面积2.35万公顷。其中岳阳市（岳阳市直、岳阳县、华容县、湘阴县、汨罗市、屈原区）拆除矮围网围21个、0.647万公顷；益阳市（沅江市、南县、大通湖区）拆除矮围网围76个、1.384万公顷；常德市汉寿县拆除矮围网围27个、0.32万公顷。

（陈志）

9. 湖南完成部分大型水库养殖污染治理工作　2016年12月，湖南省人民政府启动全省大中型水库养殖污染专项治理行动。省农业委员会制定了《全省部分大型水库养殖污染治理专项工作实施方案》，明确将全省跨地区大型水库、列入重要饮用水水源地保护名录的大型水库、列入国家良好湖库治理名录的水库、养殖密度过大靠当地政府治理有一定难度需要省里支持的水库等四类水库作为退养对象，确定了水府庙、铁山、官庄、柘溪、五强溪、皂市、蟒塘溪、托口、江垭、黄石等10座大型水库为此次养殖污染治理水库，共涉及9个市（州），18个县（市、区）。退养范围为：饮用水源水库整治清理所有的投饵投肥设施，拆除投饵养殖的网箱和围栏，保持现有"人放天养"规模（只投鱼种不投饵不投肥），水库主干流两岸500米范围内划定为禁养区，关停退出或异地搬迁区域内畜禽规模养殖场（户）；非饮用水源水库拆除超过水库渔业面积0.4%的人工投饵网箱，关停退出或异地搬迁水库主干流两岸500米范围内畜禽规模养殖场（户）。2017年1月大型水库退养工作全面展开，省财政从渔业燃油补助资金中安排退养补偿资金共1.398亿元下拨到各任务县（市、区）。到12月底全面完成退养任务，全省实际拆除畜禽规模养殖场（户）栏舍面积55.9万平方米，退养网箱面积1 012.69万平方米，清理拦网网片面积262.61万平方米。

（陈志）

【重点渔业生产地区(单位)基本情况】

湖南省重点渔业市(县、区)基本情况

市(县、区)	总人口(人)	渔业产值(万元)	水产品产量(吨)	其中		养殖面积(公顷)
				捕捞	养殖	
岳阳市	15.36	780 468	563 935	69 141	494 794	94 726
常德市	20.24	1 295 409	499 851	16 893	482 958	104 826
益阳市	11.86	675 760	419 331	33 104	386 227	62 002
华容县	3.03	222 200	156 260	22 937	133 323	21 457
沅江市	4.45	281 400	167 900	15 400	152 500	12 920
大通湖区	0.18	46 351	36 077	207	35 870	12 497
汉寿县	0.56	296 540	91 750	3 250	88 500	21 644
湘阴县	5.26	201 168	190 000	13 500	176 500	23 867
鼎城区	3.29	176 280	70 230	1 160	69 070	16 933
澧县	2.88	298 705	60 100	1 600	58 500	13 768
安乡县	5.95	300 350	150 000	1 700	148 300	20 000
衡阳县	2.67	88 850	56 681	2 420	54 261	15 127
资兴市	2.82	88 903	37 012	1 483	35 529	14 041

(湖南省畜牧水产局)

广东省渔业

【概况】 广东省坚持改革渔业体制,规范渔业管理,保护环境资源,推动渔业转型升级,提质增效,壮大渔业经济,增加渔民收入,保持渔区稳定。2017 年全省水产品总产量 8 335 387 吨,比上年增长 1.86%。其中海水捕捞产量(不含远洋)1 441 363 万吨,同比减少 1.61%;内陆捕捞产量 120 370 吨,比上年减少0.68%;海水养殖产量 3 029 070 吨,同比增长 4.26%;淡水养殖产量 3 696 884 吨,同比增长 1.39%。水产养殖面积略为减少,其中海水养殖面积 161 690 公顷,同比减少2.71%;淡水养殖面积 312 081 公顷,同比减少0.80%。

2017 年全省渔业经济总产值 31 460 797 万元,同比增长9.88%;其中水产品产值 13 066 451 万元,同比增长 6.81%;渔业工业与建筑业(第二产业)产值 3 969 253 万元,同比增长 9.80%;渔业流通与服务业(第三产业)产值 14 425 093 万元,同比增长 12.86%;其中休闲渔业产值 352 619 万元,同比增长 21.55%。

1.海洋捕捞业 一是改革管理体制。报请农业部、省政府批准,广东省海洋与渔业厅印发《关于印发

〈广东省加强海洋渔船管控和海洋渔业资源总量管理实施方案〉的通知》,启动渔船"双控"和限量捕捞管理,并在汕头市海域开展限额捕捞试点。这是继 2015 年广东省实施"渔具准入制度"的又一次渔业体制改革。二是推进捕捞渔船更新改造。省海洋与渔业厅立项设计了 20 个标准新型船型,供渔民选择,新造或更新改造渔船。同时分别与中国邮政储蓄银行广东省分行、广东省农村信用社联合社、中国银行广东省分行签署《渔船更新改造贷款风险担保资金》合同,方便渔民贷款更新改造渔船。2017 年更新改造渔船 1 800 艘,新建远洋渔船 59 艘,南沙生产骨干船更新改造 153 艘。三是开展渔网工具审查发证和清理违规网具。2017 年审批渔业船网工具指标批准书 1 913 份,核(换)发渔业捕捞许可证 121 本,核发专项捕捞许可证 454 本。查处一批禁用渔具案件,清理一批禁用渔具;全省减船 1 700 艘(10 万千瓦)。2017 年全省海洋捕捞渔船 37 460 艘,功率 1 889 573 千瓦,同比减少 4.75%(1 868 艘)和4.02%(79 104 千瓦)。

2.水产养殖业 一是组织编制养殖水域滩涂规划。根据农业部部署,组织各地摸清水域滩涂资源开发利用和水域生态环境状况,评价水域滩涂承载力,设定开发利用底线;科学划分禁止养殖区、限制养殖区和

养殖区,提升养殖水域滩涂生产力和环境保护能力;编制《养殖水域滩涂规划》。截至2017年年底,大部分市、县按农业部的要求如期完成此项工作。二是扶持省级以上水产良种场提升选(育)种能力,带动种苗场推广良种良法,巩固"产学研结合、育繁推一体化"的现代水产种业体系。2017年,全省生产淡水鱼苗8 484.87亿尾;淡水鱼种321 853吨,投放鱼种175 361吨;稚鳖6 791万只,稚龟564万只;鳗苗捕捞800千克。海水鱼苗361 575万尾;虾类育苗4 100亿尾,其中南美白对虾3 200亿尾;贝类育苗255 032万粒,其中鲍鱼115 054万粒;海带100亿株。三是引导和支持各地开展整治改造池塘,提高水域滩涂生产能力、环境保护能力和抗御自然灾害能力。2017年创建水产健康养殖示范场45家,认定无公害水产品产地110家,报批无公害水产品171个。截至2017年年底,全省创建农业部水产健康养殖示范场200多家,无公害产地427家,推进水产养殖业转型升级。

3.水产品质量安全管理 一是创新水产品质量安全法规。2017年6月2日,广东省十二届人大常委会第三十三次会议审议通过《广东省水产品质量安全条例》,自9月1日起施行。此条例是我国《食品安全法》出台后的第一部水产品质量安全管理地方性法规。落实了《食品安全法》"四个最严"的措施,构建了"政府负责、部门尽责、企业守责、司法惩治、公众参与"的质量安全管理新格局,是广东继开创"水产品产地准出、市场准入"管理后的又一次质量安全监督管理的积极探索。二是加强质量安全监管信息服务。2017年"广东省水产品质量安全管理及信息服务系统"正式运行。头6个月,录入2016年和2017年共2.1万多个样品,约9.1万多条检测数据。"广东省养殖企业动态管理数据库"现录入养殖生产单位(个人)81 543家、面积超过55公顷;发报水产品质量安全舆情专报、特报信息40期,水产品进出口数据分析报告12期。三是举办3期健康养殖技术培训班,培训学员198人次。培训156名企业内部质量安全检查员。四是召开"2017年广东省'渔资打假'下乡活动暨水产品质量安全专项执法行动现场会";年内全省出动执法人员1万多人次,检查养殖生产和经营单位6 216个,处理水产养殖违法行为45起、立案15宗;抽检水产品1万个,合格率97.3%,未发生重大水产品质量安全事故。五是年内全省受理无公害水产品产地认定申报材料118份,审核发证110个;初审上报农业部171个无公害渔业产品申报材料。并加强对无公害产地获证后的监管,对18家持证企业进行现场核查。

4.调整财政专项转移支付资金使用 根据财政部对中央财政专项转移支付进行调整的精神,一是对渔业柴油补贴资金使用做如下调整。投入159 794万元,解决2015—2016年减船与造船缺口资金。2017年全省减船1 700艘(10万千瓦),更新改造渔船1 800艘;如期完成农业部下达的减船和渔船更新改造年度任务。并安排发展深水抗风浪网箱资金3 500万元,落实8个深水抗风浪网箱项目。二是一般性转移支付项目资金使用。立项招标,由广州明益船舶设计有限公司承担"标准船型设计项目"。年内完成20个标准渔船船型设计,并通过项目验收,推广应用。另外,立项扶持"远洋渔业"。对5个远洋渔业单位建造、购置远洋渔船或建设远洋渔业基地等项目等给予补助,年内共补助资金8 600万元。

5.渔业科技与推广 一是制定《广东省"十三五"海洋与渔业科技发展规划》。根据国家海洋科技、渔业科技"十三五"规划和《广东省国民经济和社会发展第十三个五年规划纲要》精神,广东省海洋与渔业厅制定《广东省"十三五"海洋与渔业科技发展规划》。本规划结合海洋渔业与科技发展的需求,发扬有优势、有潜力的领域,梳理薄弱环节;部署深水抗风浪网箱、海洋生物应用、海洋工程装备制造、海水利用、海洋可再生能源等领域重点工作。二是开展渔业科技项目验收。组织对各地级以上市2017年上报申请验收的共15个项目进行验收,通过专家现场打分和综合评议,通过验收的项目14个,未通过验收项目1个(需进一步整改),通过率达93%以上。三是扶持各地海洋与渔业技术推广机构建设完善实验室、培训室、多功能电教室和水产品质量管理信息平台,提升基层水产技术推广机构实力。2017年配合养殖业转型升级,全面推出斑节对虾"南海1号"、白金丰产鲫、大口黑鲈"优鲈1号"等10个主推品种和集装箱循环水养殖、"渔-牧一体化"复合生态循环养殖、抗风浪网箱养殖等7项主推技术。另外,"粤渔技推广与疫控手机信息平台"发挥覆盖全省的优势,为渔区渔民发送健康养殖技术、质量安全管理、病疫防治、防灾减灾和天气预警等信息,便民利民。自设立以来到2017年,每年制作100条短信,每月发送50 000条次。

6.渔业外事外经工作 一是开展渔业国际交流。2017年广东省海洋与渔业厅派遣了7个团组18人次,出访美国、加拿大等14个国家;接待了来自美国、太平洋岛国等6个国家和地区共8批52人次来访。通过往来交流,加深了相互间的了解,为达成共识、进一步推进国际交流与合作奠定了良好基础。二是召开"中国-东盟现代海洋渔业技术合作及产业化开发示范项目"推进会,签订一批"海洋生物种质资源保护与利用""健康养殖"等领域子项目合同书,推进中国 – 东盟海上合作基金项目的有序实施。

7. 渔业资源环境保护 一是贯彻执行新修订的《野生动物保护法》,承接好农业部下放的 3 项野生动物保护行政审批事项,加强对水生野生动物审批与监督管理。二是编制《广东省美丽海湾建设总体规划》,扶持美丽海湾建设,整治海岸带,修复海洋生态环境。三是引导国家级海洋牧场示范区按要求如期完成人工鱼礁建设等任务,建设"生态效益、经济效益、社会效益相统一"的效益型海洋牧场;并支持省级海洋牧场建设人工鱼礁,按国家级海洋牧场标准规范管理、升级改造。四是广东省海洋与渔业厅在"放生节""放鱼日""纪念日"等组织渔业资源增殖放流活动,并引导各地开展多种形式增殖放流。据统计,2017 年全省投入海洋经济物种增殖放流资金 978 万元,放流海水鱼苗22 567万尾、虾苗 20 486 万尾;投入淡水经济物种增殖放流资金 1 571 万元,放流鱼苗 11 095 万尾。

8. 渔政执法管理 2017 年珠江休渔期延长 2 个月,管理难度加大,各级渔政队伍开展多种专项执法行动,为渔业发展保驾护航。一是"雷霆 2017"专项行动。全省共出动渔政执法船艇 6 102 艘次、执法人员 30 160 人次,查获违反休渔期规定案件 1 393 宗,清理违规网具 1 781 张,绝户网 152 780 米,收缴"三无"船 320 艘,移交公安部门案件 35 宗,刑拘 51 人。二是"护渔 2017"执法行动。建立海洋自然保护区执法协作机制,加强对海洋自然保护区执法,全省共查扣违规渔船 3 艘,劝阻、驱逐各类船舶 52 艘,清理取缔定制网设施 482 处,拆除网具 23 万余张、网桩 10 万余根,立案调查违法用海案件 4 宗。三是配合实施"渔具准入制度",开展清理整治违规渔具专项执法行动。全省共立案查处禁用渔具案件 11 宗,清理取缔定置网设施 532 处,拆除网具 24 万余张、网桩 13 万余根;移送司法机关案件 25 宗,涉案人员 41 名。四是按照"全面排查、重点整治、严厉打击、依法规范"的要求,组织清理取缔涉渔"三无"船舶专项行动。全年没收销毁涉渔"三无"船舶 933 艘。

9. 渔船安全生产管理 省海洋与渔业厅发布并贯彻执行《广东省渔船安全监督管理工作指南(试行)》《广东省渔船安全监管"全覆盖"工作方案》,加强渔船安全生产监管。一是着力建设"广东省渔船安全监督管理系统"。全年为 5 292 艘海洋大中型渔船配备智能化 AIS、专用检查软件。二是先后派出 16 个督查组分赴各地开展生产安全督查和交叉检查,排查安全隐患,纠正违规行为。全年发生渔船生产安全事故 41 起、死亡失踪 26 人,同比分别下降 30.5% 和

13.0%;得到省政府主管领导的高度评价。三是做好防台应急工作。"天鸽""帕卡""玛娃""杜苏芮""卡努"等台风期间,启动防台应急管理,全员出动,灾前疏导和灾后救助。全年组织 12 万多艘次渔船回港避风,疏导 5 万多名渔民上岸避险,实现渔业防台"零"死亡。四是做好海难救助。全年完成海难救助 330 起(其中"三无"船舶 4 起),救助渔船 29 艘,救助渔民 90 人,挽回经济损失 353 万元。

10. 渔船检验 省海洋与渔业厅制定渔船检验"检管分离"改革实施方案,推进渔船建造行业"放管服"改革。一是建设"检管分离"信息化管理系统。培训渔船检验人员、渔船修造质检员,2017 年新增加验船师 63 名,新取得船检上岗资格证 117 人,拥有全国验船师培训师 4 名、国家注册验船师评委 2 名。二是按"检管分离"实施方案规定对海洋渔船实施年度检验。全年检验国内海洋渔船 33 121 艘、内陆渔船 11 891 艘,接受委托检验远洋渔船 42 艘、香港流动渔船 845 艘、澳门渔船(年度)检验 2 艘。审查图纸 350 余套,新建造海洋渔船并检验发证 1 341 艘,以及检验船用产品 7.3 万台(件)。三是组织开展全省船用产品质量专项治理行动。检查船用产品 1.5 万件,没收或暂扣假冒伪劣船用产品 150 多件。

11. 落实港澳流动渔民政策 省海洋与渔业厅贯彻"一国两制"方针,围绕"以渔业为窗口做好统战工作",履行港澳流动渔民"协调、管理、教育、服务"职责。2017 年组织多次专题调研,探讨港澳流动渔民的热点、难点问题;并与香港特别行政区和澳门特别行政区相关部门沟通,请示农业部和国务院港澳事务办公室,为符合条件的港澳流动渔船(渔民)落实如下优惠政策。一是享受柴油补贴(已补发 2015 年和 2016 年柴油补贴);二是可以申办在广东生产的辅助船证,纳入省内辅助船管理;三是统一纳入广东省政策性渔业保险范围;四是可根据国家休渔期政策的调整,申请免休渔;五是纳入农业部更新改造补助范围,并试行"先建后拆"政策。

12. 休闲渔业有新发展 贯彻执行农业部"政府引导、市场培育、需求导向、绿色发展"思路,将休闲渔业作为渔业经济发展新亮点来抓。引导各市因地制宜地创建具有岭南特色和南海海洋文化内涵的休闲渔业基地,培育南方休闲渔业品牌。在 11 月 2 日农业部举办的第二届中国休闲渔业高峰论坛暨休闲渔业品牌发布活动中,广东省阳江东平大澳村获评"最美渔村",连南瑶族自治县"稻田鱼文化节"等 3 个节庆(会展)获评示范性休闲渔业文化节庆(会展),惠州李艺金钱龟生态发展有限公司等 8 家公司(单位)成为全国休

闲渔业示范基地。广东省海洋与渔业厅获得第二届休闲渔业品牌认定组委会颁发的"优秀组织奖"。2017年全省休闲渔业产值 352 619.19 万元，比 2016 年的 290 103.75 万元增长 21.55%。

【重点渔业生产地区(单位)基本情况】

广东省地级市渔业基本情况

市别	总人口 (万人)	渔业产值 (亿元)	水产品产量 (吨)	其 中				养殖面积 (公顷)	其 中	
				海洋捕捞	海水养殖	内陆捕捞	内陆养殖		海水	内陆
广州	1 308	74.17	447 595	16 255	76 141	41 315	313 884	22 816	3 999	18 817
深圳	1 078	21.50	82 905	72 379	7 785	0	2 741	804	554	250
珠海	161	61.62	309 635	21 194	83 292	1 781	203 368	26 249	14 646	11 603
汕头	552	63.17	458 773	149 731	220 496	3 476	85 070	15 349	11 058	4 291
佛山	735	120.42	79 207			2 969	76 238	15 970	0	15 970
韶关	291	11.29	41 827			1 494	40 333	5 630	0	5 630
河源	306	4.61	105 060			9 758	95 302	10 703	0	10 703
梅州	432	10.17	164 801			1 119	81 287	17 962	3 567	14 395
惠州	473	22.60	557 736	22 231	60 164	3 244	41 073	18 004	12 692	5 312
汕尾	301	90.75	45 536	237 342	276 077	1 096	36 958	4 809	185	4 624
东莞	834	5.77	322 898	6 298	1 184	1 652	315 260	20 626	1 547	19 079
中山	319	64.89	753 935	1 478	4 508	12 596	434 015	55 259	19 559	35 700
江门	451	127.85	643 644	97 948	209 376	6 255	637 389	35 741	0	35 741
阳江	250	167.13	1 188 111	377 842	711 651	8 350	90 268	32 613	20 011	12 602
湛江	721	203.38	1 221 696	262 162	785 160	5 365	169 009	78 642	51 570	27 072

注：人口数据来源于《广东统计年鉴 2015 年》中的各市年末常住人口数，渔业数据来源于广东省海洋与渔业局编写的《广东省 2017 年渔业统计年报》。

【大事记】

[1]1 月 25 日，广东省海洋与渔业厅正式揭牌。根据省委、省政府的决定，广东省海洋与渔业局更名广东省海洋与渔业厅，由省政府直属机构调整为组成部门，任命文斌为省海洋与渔业厅厅长。随后，原湛江市市长王中丙调任厅党组书记。

[2]2 月 7 日，广东省委、省政府召开全省创新发展大会。广东海洋大学的"南海深海渔业资源开发关键技术及应用"项目获广东省科学技术奖二等奖。

[3]2 月 24 日，农业部印发《关于发布珠江、闽江及海南省内陆水域禁渔期制度的通告》，将珠江、闽江及海南省内陆水域禁渔期由原来的 4 月 1 日 12 时至 6 月 1 日 12 时调整为 3 月 1 日 0 时至 6 月 30 日 24 时，增加了 2 个月。

[4]2 月 24 日，广东省海洋与渔业厅召开广东省海洋与渔业工作会议。总结 2016 年海洋经济与现代渔业发展经验，部署 2017 年渔业发展重点工作：改革渔业制度，调整海洋捕捞结构，发展健康养殖，培育现代渔业新亮点；狠抓水产品质量安全，建设现代渔港，保障安全生产；落实民生工程，维护渔民权益；强化渔业执法，支撑现代渔业发展。

[5]3 月 1 日，农业部珠江流域管理办公室按照"双随机、一公开"原则，组织珠江流域首次交叉巡航执法活动，严厉打击禁渔期间非法捕捞行为，保护珠江流域生态环境和水生生物资源。

[6]3 月 27 日，斐济渔业部部长塞米·科依挂维萨先生一行访问广东，省海洋与渔业厅厅长文斌与斐

济客人就渔业合作开展交流。随后,斐济客人参观了广东省的罗非鱼工厂化养殖企业。

[7]3月3日,中山市对在2016年南海伏季休渔期间梁某某非法"电鱼"案件提起公诉,并以涉嫌非法捕捞水产品罪判处梁某某拘役6个月,缓刑6个月。此为广东首宗将"非法电鱼"入刑的案件。

[8]4月,广东省海洋与渔业厅印发《广东省现代渔业发展"十三五"规划》,此规划围绕"创新、协调、绿色、开放、共享"的理念,提出建设现代渔业产业体系、生产体系、经营体系,构筑"产出高效、产品安全、资源节约、环境友好"的现代渔业发展目标与措施。力争2020年率先实现渔业现代化。

[9]4月24日,广东省海洋与渔业厅通报3.29珠海渔民"宰杀贩卖海豚"事件。被宰杀贩卖的海豚经中山大学海洋学院鉴定(出具《物种鉴定报告》)为国家一级保护动物——中华白海豚。肇事者将被移交公安部门追究刑事责任。

[10]4月19～20日,中国水产流通与加工协会、国家对虾产业技术体系、中国－东盟海水养殖技术联合研发与推广中心、亚太地区水产养殖中心网联合主办的第九届中国对虾产业发展研讨会在湛江市举行。百余位中外对虾产业的科学家、学者、行家、代表云集,为中国对虾产业可持续发展出谋献策。

[11]5月24～25日,农业部党组成员、中纪委驻农业部纪检组组长宋建朝率调研组到湛江市,调研行政审批、渔政执法和落实渔业柴油补贴等惠渔政策。农业部渔业渔政管理局局长张显良、广东省海洋与渔业厅厅长文斌、湛江市副市长陈伟杰等陪同调研。宋建朝对广东省推进渔业"转方式、调结构"、强化渔业基础设施建设、发展休闲渔业、保护渔业资源、增进渔民民生福祉等做法给予充分肯定。

[12]5月20日,广东恒兴集团与约旦United International Technology公司,在湛江正式签署谅解备忘录(Memorandum Of Undertanding),达成共同在阿联酋成立合资公司——Evergreen International(恒兴国际)的协议。旨在开拓海湾国家、中东国家和非洲北部国家的市场,助力中东和非洲北部国家发展水产业。

[13]6月2日,广东省十二届人大常委会第三十三次会议审议通过《广东省水产品质量安全条例》,这是我国《食品安全法》出台后,制定的第一部水产品质量安全地方性法规。

[14]6月4日,第三届全国"放鱼日"暨第十届广东"休渔放生节"活动在广州市海印公园举行。活动主题为"增殖水生生物 促进绿色发展"。活动现场放流草、鲢、鳙、鲮等种苗60多万尾。同日,广州、珠海、东莞、中山、湛江等19个市分别举行放生活动,全省共投放海水、淡水鱼苗1.2亿尾。

[15]6月18日,国家质量监督检验检疫总局标法中心、广东省出入境检验检疫局、湛江市政府、湛江市水产进出口企业协会四方签署了中国WTO–TBT–SPS国家通报咨询中心湛江水产品技术性贸易措施研究评议基地协议,并宣布该基地正式揭牌成立。此基地落户广东湛江,将提升广东乃至我国出口水产品的质量安全水平和应对国外"技术壁垒"能力,推动水产品外贸转型升级。

[16]6月8日,国家海洋局南海分局、广东省海洋与渔业厅、香港特别行政区渔农自然护理署、澳门特别行政区民政总署、深圳市人民政府在深圳市大梅沙联合举办2017年世界海洋日暨全国海洋宣传日广东主会场启动活动,主题为"共建大湾区 同筑海洋梦"。

[17]6月16～18日,在2017年中国国际现代渔业暨渔业科技博览会(安徽渔博会)上,广东省海洋与渔业技术推广总站组织一批现代渔业新技术、新模式、新装备和新科技成果参展,获大会最佳组织奖和全国水产技术推广总站通报表扬。

[18]6月18日,2017年中国国际水产博览会暨中国海鲜食材采购大会在湛江国际会展中心开幕。欧盟、美国、厄瓜多尔、马来西亚、印度尼西亚、越南、泰国、印度、伊朗等国家和地区以及国内30多个省(自治区、直辖市)的200多家参展商、3 000多家采购商前来参加,还有国内外具影响力的餐饮人士参会。大会以"水产让生活更美好"为主题,以"助力中国水产走向世界,让世界共享中国水产"为宗旨,抓住国家推进"一带一路"倡议机遇,扩大中国与"一带一路"沿线国家的贸易,为国内外水产品、海鲜食材、渔业设备生产商搭建一个全产业链、一站式交流平台,打造全球第四大国际专业水产展。

[19]7月12日,广东省海洋与渔业厅与广州、深圳市海洋与渔业主管部门签署省级行政职权调整委托协议。将7项涉及海洋与渔业的省级行政职权事项下放委托广州、深圳市海洋与渔业主管部门实施,委托期限为一年。委托省管权限事项包括:省管权限渔业船网工具指标审批;海洋大型拖网、围网作业渔业捕捞许可证核发(不含涉外渔业);填海50公顷以下、围海100公顷以下和关系重大公共利益的项目用海审批;原由省政府审查并转报国家海洋局审核的国管项目用海审核;远洋渔业船舶登记;无居民海岛开发利用项目省级审批权限;海域使用金征收。

[20]7月8日,深圳市举办"同心同梦 共享共荣——庆祝香港回归20周年放生活动"。广东省放生

协会、南海水产研究所及社会各届代表100多人出席。活动期间将全长3~4厘米的100万尾卵形鲳鲹鱼苗放归大海。

[21]8月25日,广东省海洋与渔业厅在佛山市召开广东现代渔业工作现场会,重点展示广东何氏水产有限公司"低温暂养、冷链充氧长时间运输"技术和佛山"渔耕雾韵"文化生态园区新貌。通过树典型、创品牌,引导各地创新渔业管理机制、推进渔业转型升级,推进渔业供给侧结构性改革,拓展现代渔业新领域。

[22]9月4~5日,在广州举办"2017年广东省水生动物病害防治员技能竞赛"。此技能竞赛由广东省总工会、广东省人力资源和社会保障厅、广东省经济和信息化委员会、广东省科学技术厅主办;广东省海洋与渔业厅承办,广东省海洋与渔业技术推广总站、广东省水生动物疫病预防控制中心、广东省渔业种质保护中心和广东省海洋工程职业技术学校协办。广州市农业技术推广中心、深圳市渔业服务与水产技术推广总站、茂名市海洋与渔业技术推广中心分别获团体竞赛前三名;广州市农业技术推广中心蒋天宝、茂名市海洋与渔业技术推广中心彭振荣、广州市番禺区农业技术推广服务站施国斌分别获个人竞赛前三名;省总工会将按程序授予蒋天宝"广东省五一劳动奖章"。

[23]9月20日,广东省食品安全委员会办公室、广东省海洋与渔业厅、广东省食品药品监督管理局与北京市食品药品安全委员会办公室、北京市食品药品监督管理局共同签署《加强区域间鲜活水产品产销对接监管合作框架协议》,明确京粤两地间鲜活水产品产销对接监管合作,建立部门间监管协作、产品产地准出和产品销地准入双重监管机制;确保鲜活水产品产销与食用安全。

[24]10月27日,"西气东输二线香港支线海底管道渔业生态补偿"项目、"西气东输二线广深支线海底管道渔业生态补偿"项目在广州通过结题验收。2013年农业部南海区渔政局、中国石油天然气集团公司(简称中石油)、广东省海洋与渔业技术推广总站三方就此两个用海项目签订了渔业生态补偿协议书(简称协议书),中石油分别在两个用海项目补偿渔业环境资源修复资金1 300万元和100万元,明确了渔业资源增殖放流海区、品种、苗种规格、数量与跟踪监测放流效果。按协议书规定,广东省海洋与渔业技术推广总站从2013年至2017年,分别在深圳大鹏湾、惠州大亚湾、茂名水东湾等海域放流鱼苗498.6万尾,虾苗21 730万尾,贝苗791万粒,中国鲎苗18 952只;并在惠州大亚湾大辣甲岛投放人工藻礁8 000平方米(投放马尾藻苗144 720株)。超额完成协议书拟定各项

指标。经第三方(南海水产研究所)跟踪监测认定,该项目渔业环境资源修复效果良好。

[25]11月2日,在第二届中国休闲渔业高峰论坛暨休闲渔业品牌发布活动中,广东省阳江东平大澳渔村获评"最美渔村",连南瑶族自治县"稻田鱼文化节"等3个节庆(会展)获评示范性休闲渔业文化节庆(会展),惠州李艺金钱龟生态发展有限公司等8家公司(单位)成为全国休闲渔业示范基地,广东省海洋与渔业厅获得第二届休闲渔业品牌认定组委会颁发的"优秀组织奖"。

[26]11月19日,广东恒兴集团有限公司为埃及政府开发建设的Ghalyoun Lake海水养殖产业链工业园在开罗举行开业仪式。该工业园占地面积1 230公顷,是中东地区最大的,集种苗繁育、饲料生产、水产养殖、冷冻加工于一体的渔业产业园;是广东省首例输出国外的农业产业链,成为发展外向型渔业典范。

[27]11月28~30日,农业部副部长于康震一行在广东省海洋与渔业厅厅长文斌等陪同下,在广东珠海等地调研,考察了强竞农业有限公司、国洋食品水产公司、华大基因库等优秀企业。于康震副部长指出:大型企业要指导养殖户"节能减排"、处理养殖用水,保护水域环境,规范养殖技术,加强对种苗、饲料、药物管理,防控疫病,生产合格产品,提高质量效益,带动农民致富;期待广东发挥改革开放前沿阵地优势,改革创新,为国家渔业发展"探路"。

[28]11月30日,农业部在深圳举行全国渔业船舶检验工作会议。农业部副部长于康震出席并讲话,他指出:渔业船舶检验要适应国家安全观新要求,将安全理念贯穿至渔业船舶检验每个环节;应用绿色新能源和防污染设备;努力推进渔业船舶向"安全、节能、经济、环保、适居"方向发展;加快渔业船舶检验法制建设,明确渔业船舶监督执法地位,适应"放管服"改革要求,按照"法定职责必须为"的原则,切实检验到位;要大力促进渔船技术创新和升级改造,加快渔船标准化进程,规范渔船设计、修造、技术检测服务,发展绿色渔船产业。

(广东省海洋与渔业厅 阮世玲)

广西壮族自治区渔业

【概况】 2017年广西水产品总产量320.77万吨,同比增长4.32%。其中,淡水养殖118.41万吨,同比增长4.94%,海水养殖129.94万吨,同比增长8.63%;淡水捕捞10.46万吨,同比增长3.06%,海洋捕捞61.07万吨,同比下降5%;远洋渔业0.89万吨,同比增

长 55.38%。从生产结构看,养殖产量 248.34 万吨,捕捞产量 72.43 万吨,分别占总产量的 77% 和 23%。从产品结构看,海水产品 191.9 万吨,淡水产品 128.87 万吨,分别占总产量的 60% 和 40%。渔业经济总产值 651 亿元,比上年增长 6.62%。渔民人均纯收入 21 953.8 万元,比上年增长 7.45%。渔民人均纯收入、渔业经济总产值、产品产量在全国分别位列第 5 位、第 7 位和第 8 位。

1. 稻渔生态综合种养业发展工作成效显著 年内建设示范基地 52 个,示范面积 800 多公顷,发展总面积达 8 万公顷左右。稻渔生态综合种养工作得到了农业部和自治区领导的高度肯定,广西海洋和渔业厅在全国稻渔生态综合种养工作现场会上做了典型交流发言;以自治区人民政府名义在梧州市万秀区和三江县召开了全区稻渔生态综合种养工作现场会,总结提炼推广了三江"一季稻 + 再生稻 + 鱼"等广西稻渔生态综合种养"十大模式";在首届全国稻渔综合种养产业发展论坛暨稻渔综合种养模式创新大赛上,广西桂林绿淼生态农业有限公司获得了稻渔综合种养模式创新大赛金奖,广西壮族自治区海洋和渔业厅荣获优秀组织奖。

2. 大力发展渔业生态养殖 一是支持建设养殖(育苗)废水处理示范基地。落实部门预算资金 240 万元,在全自治区支持建设 3 个养殖(育苗)废水处理示范基地。二是支持设施渔业养殖。落实补助资金 4 155 万元,在全自治区支持建设 3 个工厂化养殖示范基地、渔业生态养殖示范园区 12 个;支持示范建设与改造水产生态养殖池 240 多公顷、内陆生态养殖网箱 18.5 万平方米。三是支持开展特色品种生态养殖。落实部门预算资金 300 万元,在全自治区支持建设 1 个草食鱼类、2 个对虾生态养殖示范基地。四是支持发展深水抗风浪网箱养殖。落实项目资金 3 000 万元;印发《全区深水抗风浪养殖网箱项目实施方案》,指导沿海各地开展深水抗风浪养殖网箱示范基地建设;组织开展深水抗风浪网箱养殖项目申报、评审、立项、实施方案审核批复,指导开展项目建设等工作。已完成建设并已通过自治区验收的项目 2 个,共新建网箱 90 个。五是指导发展稻渔生态综合种养。组织编制全区稻渔生态综合种养发展规划;将发展稻田综合种养目标任务分解落实到广西各地;落实项目资金 2 475 万元,支持建设示范基地 52 个,示范面积 800 多公顷,推动全自治区发展总面积达 8 万公顷;以自治区人民政府名义组织召开全自治区现场会,总结提炼推广三江"一季稻 + 再生稻 + 鱼"等广西稻渔生态综合种养"十大模式";组织参加首届全国稻渔综合种养

产业发展论坛暨稻渔综合种养模式创新大赛活动。六是组织开展生态养殖春季大行动。组建 3 个渔业专家组,分赴全自治区各地指导开展渔业生态养殖。

3. 做好水域滩涂养殖规划工作 一是指导各地开展养殖水域滩涂规划修订完善工作。根据农业部划定"禁养区"和"限养区"的要求,要求各地在 2018 年年底前进一步修订完善本辖区养殖水域滩涂规划并向社会公布实施。二是启动自治区本级养殖水域滩涂规划修订工作。制订工作方案,成立规划修订领导小组和编写组,落实专项经费,组织开展规划修订工作,并完成规划修编评审工作。三是组织开展专项检查。全年组织开展渔业生产专项检查 2 次,对各地水产养殖禁养区和限养区划定工作、养殖权证制度实施情况、水产养殖规范管理等进行督促检查,进一步规范各种养殖生产行为。

4. 加快发展休闲渔业 一是落实项目资金 210 万元,在全自治区扶持建设 5 个休闲渔业示范基地;二是组织评选十大广西休闲渔业示范基地和推荐参评农业部休闲渔业品牌创建活动,共评选广西休闲渔业示范基地 10 家,推荐参评并获得农业部全国最美渔村 1 家、农业部全国示范性渔业文化节 1 项、农业部全国精品休闲渔业示范基地 3 家、农业部全国休闲渔业示范基地 10 家。全自治区共有 53 家单位被评为自治区休闲渔业示范基地,其中 24 家单位被评为全国休闲渔业示范基地。全自治区休闲渔业实现综合产值达 100 亿元。

5. 抓好水产品质量安全监管工作,确保水产品质量安全 一是组织开展水产养殖病害测报。在 20 个县(区)设置水产养殖病害测报点 120 个,采样、检测病样 500 多个,监测池塘 0.1 万公顷、网箱 4 万平方米和 36 种水生动物疫病中广西常见的病种,编发 8 期病情测报月报向社会发布。二是安排专项资金在 8 个县(区)组织开展水产苗种产地检疫试点工作。三是支持 8 个县(区)建设水产动物病害实验室,在 3 个县(区)组织开展水产养殖生态防病示范推广试点。四是组织开展海水贝类质量安全监管工作。继续实施海水贝类生产区划型工作,全年共划型近江牡蛎养殖面积 1 300 多公顷,完成 3 次抽样、抽检样品 230 个的任务;召开专题会议研究布置有关工作,派出 3 个工作组对海水贝类养殖生产区域的有关情况进行实地调查,同时,组织检验机构对海水养殖贝类的养殖水质、海底沉积物和贝肉进行抽样检测;根据调研和抽样情况,及时向农业部渔业渔政管理局上报广西海水贝类养殖质量安全调查情况报告;制定并印发广西海水贝类质量安全突发事件应急预案。五是组织开展水产健康养殖

示范场创建工作。下发农业部通知,制定全区工作方案,在全区组织开展创建工作。全区共有48家单位参与创建活动,其中32家单位(含到期复查)通过资格评审。六是组织开展水产苗种质量抽检,配合开展产地水产品质量抽检和苗种及养殖生产违法行为治理等工作。通过组织开展这些工作,从源头上确保水产品质量安全。

6. 切实加强渔业安全管理工作 加强渔业安全应急值班与处置工作,一是实行渔业安全应急工作领导带班和24小时双人值班制度,实时监控渔船船位,遇有突发事件及时报警,协调各级通信指挥中心、事发海域附近船只、其他相关部门快速施救。警告我国越界渔船返回界内生产,及时播发台风预警信息,通知渔船进港渔民上岸避风。共计接警740次、处置有效报警70起(其中,安全生产事故59起,涉外事件11起),播发信息18.7万余条。二是做好渔业无线电管理工作,组织渔业船舶电台执照年审及换证,共代收渔业无线电频率占用费20.67万元,审发证书2 067本。三是完善广西海洋渔船安全救助系统信息安全三级保护项目建设,优化系统功能,杜绝信息外泄,实现渔船轨迹以小时为单位导出数据。四是配合开展广西渔业渔政综合管理信息系统平台项目建设,目前已完成立项招标和项目建议书编制工作。

7. 组织实施珠江禁渔和海洋伏季休渔工作 实施3月1日至6月30日珠江禁渔期制度和5月1日至8月16日的海洋伏季休渔制度。2017年是禁渔休渔制度调整后的第一年,禁渔休渔时间延长、作业类型增加,禁休渔船较往年增加6 000余艘,被称为"史上最严"休渔期。为做好相关工作,指导各级渔业部门提早部署,严抓落实,加大媒体宣传力度。深入渔村、渔港码头发放宣传资料,张贴通告、标语、横幅,向社会公开24小时值班举报电话,促使渔民群众自觉做到"船进港、网封存、人上岸、证集中"。严格落实船籍港休渔制度,协助民政部门做好低保及生活补贴发放工作,确保渔民正常生产生活。据统计,禁休期间涉及渔民3.7万人,电视广播宣传报道289次,发放宣传资料11万余份,处理群众举报电话60多起,处置各类安全生产事故35起,开展执法行动4 868次,出动渔政船艇2 465艘次、渔政人员113 159人次。

8. 加大渔政执法监管保护力度 一是制定下发2017年广西清理整治"绝户网"等违规渔具的通知、北部湾广西管辖海域巡航方案,与广西海警总队联合制定广西渔政"亮剑2017"行动,协调安排全区渔政执法力量,严厉打击电、炸、毒鱼等非法捕捞行为,清理整治"绝户网"、涉渔"三无"船舶,营造打击非法捕捞氛围。

据统计,共没收销毁违规渔具1 783套,没收涉渔"三无"船舶70艘,立案301宗(其中,移送司法机关立案13宗,刑事处罚1人)。二是认真开展水产品质量安全执法监管,组织各级渔政执法机构加大对重点地区、重点环节、重点品种日常监管与专项整治执法力度,坚持重点监控与常态化监管相结合,确保人民群众"餐桌上的安全"。三是开展水生野生动物及制品救护工作,牵头林业、森林公安、工商等部门开展清理整顿非法贸易濒危野生动物制品整治活动,救助水生野生动物一批。指导北海市、钦州市处置江豚、中华白海豚搁浅死亡事件,做好舆情信息监控。参与第14届中国-东盟博览会保知打假联合执法工作,查处一批无证商家展商,确保会议顺利召开。四是开展以"关爱水生动物,共建和谐家园"为主题的2017年广西水生野生动物保护科普宣传月活动,通过"进社区、进校园、进渔村"开展宣传活动以及通过广西电视台、《南国早报》等新闻媒体扩大宣传影响,制作宣展版32块,发放宣传图册1万余份和其他宣传物品一批。进一步完善北部湾广西管辖海域渔政、海警常态化联合巡航护渔机制,结合海上渔业生产规律,适时组织开展北部湾巡航护渔行动。根据上级部署,先后2次完成西南渔场护渔任务,维护了国家主权和海上渔业生产正常秩序。据统计,全自治区共下达巡航任务15次,出动渔政船38艘次、渔政人员610人次,巡航时间119天,航程4 034海里,驱赶外国籍侵渔渔船216艘。

9. 组织开展渔业资源及生态环境保护和增殖放流活动 一是对全区3个水生生物自然保护区和4个水产种质资源保护区进行环保检查,指导北部湾中华白海豚保护区筹建,开展水生野生动物重要栖息地申报工作。二是继续委托广西渔业病害防治环境监测和质量检验中心做好全区重要渔业水域环境7个定点站位的监测工作。三是参加涉渔工程环境影响评审,已签订渔业生态补偿协议7个,初步落实补偿资金5 796.3万元。四是加快海洋牧场建设,下达防城港市、钦州市项目建设资金1 900万元。指导钦州市三娘湾海洋牧场申报国家级海洋牧场示范区工作,检查防城港市白龙珍珠港湾海洋牧场示范区建设情况。五是制定2017年广西水生生物和珍稀濒危种增殖放流实施方案,安排财政资金1 016万元进行增殖放流,开展增殖放流效果评估。2017年5月,农业部、越南农业与农村发展部、自治区人民政府联合在防城港市举办中越北部湾渔业资源增殖放流与养护活动,协助制定了《广西2017年中越北部湾渔业资源联合增殖放流与养护活动实施方案》,农业部副部长于康震、越南农业与农村发展部副部长武文捌、自治区人民政府副主席黄日波出席了活动并致辞。6月6日全国"放鱼日"在广西各地同步开展增殖放流活动。六是处理横县六景镇北墨河段网箱死鱼事件和2017.07红水河都安县、马山县、忻城县、来宾市兴宾区河段网箱养殖死鱼事件,开展区域沿岸污染源排查和分析事件死鱼原因。

10.存在的主要问题

(1)水域滩涂规划滞后制约渔业经济发展。一是各地区编制出台本辖区养殖水域滩涂规划工作滞后,或推动落实不到位,造成无证渔业养殖现象存在。二是一些地方仅从治理环境污染角度出发,全面清除网箱养殖,但忽略了水产品有效供给和解决渔民生计等重大问题。

(2)渔业生产面临多项外部因素困扰。一是临海工业发展不断挤占渔业养殖空间。二是周边国家围绕南海海洋权益争夺日趋激烈,涉外渔业事件时有发生,南海捕捞作业受到较大影响,涉外渔业管理任务日益繁重。三是用地难、贷款难等依然是制约养殖业发展的突出问题。四是罗非鱼产业对外依存度过高。欧美等国采取药残超标等技术壁垒,导致50%以上出口罗非鱼产品国际订单价格下跌,罗非鱼产业规模大幅缩小。

(3)渔政工作面临诸多影响因素。渔业资源养护能力依然不足。捕捞能力仍然远超渔业资源可承受能力,渔业资源利用方式粗放等问题仍未得到有效改善。渔业安全生产基础还不牢固。渔港建设滞后,港窄船多,渔船避风抗灾能力差,安全生产形势依然严峻。渔政队伍建设相对滞后。

(广西壮族自治区海洋和渔业厅　钟　强)

海南省渔业

【概况】　2017年,海南省深入推进渔业供给侧结构性改革,落实渔业行政审批制度改革,推进渔业生态文明建设,全省渔业初步实现转型升级发展,渔业工作成效明显。从总体上看,全省渔业经济保持稳中有升发展,渔业产业结构更加优化,渔业基础设施进一步夯实,渔业生产和水产品安全管理能力进一步提升,渔业行政审批制度改革成效显著,渔业生态文明建设进一步增强。

1.海洋捕捞　2017年,海南省海洋捕捞总产量123.70万吨,占水产品总产量的61.5%,其中外海捕捞产量26.60万吨。从捕捞作业方式看,以流刺网为主,流刺网作业捕捞产量51万吨,占捕捞总产量的41.2%。捕捞渔获物以鱼类为主,鱼类捕捞产量101

万吨,占捕捞总产量的81.7%,其中优质鱼类37万吨。

为促进海洋捕捞产业发展,主要开展了以下工作:一是推进南沙生产渔船更新改造项目。全省经农业部核准的南沙生产渔船182艘,已建造完工且办理完渔船相关证书证件的有124艘。为减轻渔民造船资金压力,全年为26艘南沙生产渔船发放省级补助资金885万元。二是加快推进海洋捕捞渔船标准化工作。印发《海南省海洋捕捞渔船标准船型选定工作实施方案》,并已实施执行。三是实施渔船更新改造补助项目。印发《海南省标准化海洋捕捞渔船更新改造项目管理办法》《海南省标准化海洋捕捞渔船更新改造项目实施方案》,指导有关市、县组织符合条件的渔民或渔业企业申报渔船更新改造补助资金。四是推进减船转产项目。年内沿海市、县减船165艘,功率1.42万千瓦。五是规范渔船管理工作。开展渔船指标数据审核工作,研究加强海洋捕捞渔船管控的具体措施,经省政府专题会议研究,以省政府办公厅名义印发《关于加强海洋渔船管控实施海洋渔业资源总量管理的实施意见》,确定全省及沿海各市(县)海洋大中型渔船和海洋小型渔船船数和船网工具指标数,以及减船转产任务,要求严格贯彻落实海洋捕捞渔船"双控"制度;实行全省"双控"海洋捕捞渔船审批全流程互联网"不见面"审批,提升管理水平;规范捕捞辅助船及养殖船管理,印发《海南省捕捞辅助船管理暂行办法》和《海南省养殖机动渔船管理暂行办法》。六是开展全省休闲渔业试点。初步选定三亚、儋州、琼海、文昌、东方、陵水6个市(县)开展休闲渔业试点,在试点市(县)先行先试《海南省休闲渔业船舶检验管理暂行办法》(征求意见稿)和《海南省休闲渔业船舶管理暂行办法》(征求意见稿);组织相关市(县)申报农业部休闲渔业品牌创建项目,琼海潭门、三亚西岛被农业部评为2017年度全国最美渔村,万宁中华龙舟赛被农业部评为2017年度全国有影响力的休闲渔业赛事。

2.水产养殖　2017年,海南省水产养殖面积5.41万公顷,下降2.5%,其中淡水养殖3.44万公顷,海水养殖1.97万公顷;水产养殖产量75.13万吨,同比增长4.9%,其中海水养殖产量32.15万吨,淡水养殖产量42.98万吨;水产苗种生产量1 467.54亿尾,同比增长39.8%,其中对虾苗1 378.85亿尾,罗非鱼苗65.72亿尾,分别同比增长43.5%和下降9.8%;水产养殖产值119.13亿元,同比下降4.9%,其中海水养殖产值76.89亿元,淡水养殖产值26.63亿元,水产苗种产值15.60亿元。全省核发养殖证141本,确权面积2 468.70公顷。为推进水产养殖发展,主要开展以下工作:一是继续推进水产养殖业转型升级。大力发展深水网箱养殖产业，年内新增深水网箱 177 口，累计 4 285 口，养殖水体 615 万立方米。二是抓好渔业种业发展。加大经费支持力度，安排 56 万元支持省级以上原（良）种场开展引种保种工作；组织申报省级水产原（良）种场建设，新增 3 家省级原（良）种场，累计 19 家；启动文昌会文－琼海长坡水产苗种产业带重点整治，促进苗种产业转型升级；积极选育发展水产新品种，海南晨海水产有限公司"虎龙杂交斑"、海南海兴农海洋生物科技有限公司凡纳滨对虾"海兴农 2 号"和海南广泰海洋育种有限公司凡纳滨对虾"广泰 1 号"被全国水产原种和良种审定委员会评定为水产新品种；协助企业进口对虾亲本 11.26 万尾，助力优质苗种生产。三是推进生态健康养殖。开展无序养殖整治和水产养殖污染治理行动，落实中央环保和海洋督察水产养殖业整改措施，组织市（县）编制《水域滩涂养殖规划》，制定实施水产养殖污染治理工作方案；制定《关于规范水产养殖业发展的指导意见》报省政府审议，制定《海南省水产养殖尾水排放地方标准》报省质量监督局审议；实施生态循环碳汇渔业项目，推进养殖尾水处理和循环水养殖农技推广技术示范项目，发展贝、藻类底播增养殖和稻鱼综合种养项目；开展 2017 年农业部水产健康养殖示范及省级现代农业示范基地创建工作，2 家单位获"农业部水产健康养殖示范场"称号，全省累计已达 27 家，3 家渔业单位获省政府"省级现代农业产业园"称号，全省累计已达 5 家。四是抓好水生动物疫病防控及水产养殖防灾减灾工作。开展水产苗种检测检疫工作，做好水产养殖病害测报信息发布和服务，做好水产养殖灾害应对及灾后恢复生产工作。

3. 渔业资源增殖 2017 年，海南省海洋生物资源增殖放流共投入 349 万元，投放鱼类 435 万尾，其中红鳍笛鲷 50 万尾，紫红笛鲷 52 万尾，青石斑鱼 43 万尾，卵形鲳鲹 33 万尾，斑节对虾 257 万尾；淡水生物资源增殖放流共投入 219 万元，放流淡水鱼苗 1 357 万尾，其中鲢鱼 561 万尾，鳙鱼 492 万尾，鲤鱼 98 万尾，草鱼 206 万尾。当年实施海洋牧场示范区创建项目 2 个：一是海口东海岸海洋牧场，投入建设资金 2 000 万元，建设面积 100 公顷，计划投礁量 2.30 万空方；二是文昌冯家湾海洋牧场，投入建设资金 2 000 万元，面积 100 公顷，计划投礁量 2.30 万空方。

4. 水产品质量安全 2017 年，海南省完成水产品监督抽样 885 个，抽检覆盖率为历史最高水平。其中农业部水产苗种和产地监督抽查合格率 100%，全年产地和苗种抽样 553 个，合格率 98.7%。对市场环节水产品质量安全实施监控，完成市场风险监测抽样

332 个，监控信息与省食品安全部门共享。为确保水产品质量安全，主要做好以下工作：一是推进水产品质量安全追溯体系（监管平台）建设。二期共完成 35 个养殖基地、5 家水产品加工企业和 1 个水产品批发市场追溯点的建设，并进行了竣工验收。二是开展水产品质量安全季度督查。三是开展"2017 海南省水产品质量安全宣传'尚德守法，共治共享'倡议活动"。四是开展专项整治。以问题为导向，开展罗非鱼磺胺类专项整治和元旦、春节期间水产品质量安全专项整治。五是抓好认定认证和标准化工作。完成 19 家企业的无公害水产品首次申报和复查换证，完成 1 个地方渔业标准的编写工作。

5. 水产品加工与流通 2017 年，海南省口岸水产品出口量 14.60 万吨，同比增长 13.2%；出口额 4.78 亿美元，同比增长 5.1%。其中，罗非鱼及其制品出口 11.60 万吨，同比增长 9.4%，占全省水产品出口总量的 79.5%；罗非鱼及其制品出口额 2.90 亿美元，与上年持平。为促进水产品加工与流通发展，主要采取以下措施：一是全面实施《海南省水产品品牌战略规划》。指导海南省水产流通与加工协会开展海南罗非鱼地理标志登记保护工作。二是做好海南省名牌产品申报工作。推进名牌发展战略，做好省级名牌产品认定工作，促进渔业产业升级。经审核，"翔泰、红椰牌冻罗非鱼/片"和"述宝牌马鲛鱼"被评为海南省名牌产品。三是做好省级渔业龙头企业的到期监测和申报工作。省政府已批准同意海南勤富食品等 12 家企业继续保留省级渔业龙头企业资格，批准确认通威（海南）水产食品等 4 家企业为新增省级渔业龙头企业。四是组织相关企业和单位考察水产品市场。已组织赴甘肃和新疆考察，并形成成果报告，为海南水产品市场的管理和建设提供借鉴，为开拓内销市场、扩大海南省水产品销售提供依据。五是组织企业参展。年内组织企业参加大型国内外展览会 8 次，宣传海南省优质水产品，打造海南名、特、优水产品品牌，提高海南水产品的市场影响力和占有率。

6. 渔业对外交流与合作 2017 年 3 月 5～9 日，海南省海洋与渔业厅为服务国家"一带一路"倡议，促进海南与南太平洋岛国间的渔业交流合作，应斐济共和国渔业部邀请，组织 6 人代表团赴斐济开展海洋渔业实地调研，探讨与斐济开展合作的可行性，并签署《中华人民共和国海南省人民政府和斐济共和国渔业部关于渔业合作的谅解备忘录》。

7. 渔业基础设施建设 2017 年，海南省继续推进渔港项目建设，定期跟踪巡视各渔港建设，开展在建渔港专项督查。年内，儋州白马井、三亚崖州中心渔港和

乐东岭头一级渔港完成验收工作,临高新盈中心渔港、琼海潭门中心渔港、东方八所中心渔港和昌江海尾一级渔港、万宁港北一级渔港完成建设并已完成验收准备。

8.科技兴渔 2017年,海南省抓好科技兴渔工作。全省有23个科研项目通过验收,3个项目通过阶段性验收,3个项目结题,91个项目获得立项;发表论文33篇(2篇发表在SCI期刊),18篇论文被期刊接收待发表,参与编写专著9本;获授权专利12项,申报专利10项;登记成果17项;申报海南省科技进步奖1项。《海南省海洋功能区划(2011—2020年)》项目成果获海南省优秀工程咨询成果奖一等奖和全国优秀工程咨询成果奖优秀奖,《关于加快海洋牧场建设,促进休闲渔业发展的调研报告》被省政协评为优秀调研(考察)报告二等奖。在第二届全国水产技术推广职业技能竞赛中,获团体优秀组织奖。开展技术培训工作,分别在海口、陵水等市县举办培训班9期,培训人数1 300多人次。发布水产养殖病害测报14期、预报7期。加快海洋环境综合实验室、水生病害实验室和海洋生物生态实验室建设。院士工作站运营项目通过考核,获得优秀等级。国家级鞍带石斑鱼良种场建筑主体工程完成。海南淡水苗种繁育基地选址文昌并签订租地协议,规划工作也已开始。在琼海建设科普教育休闲渔业示范基地项目,为开展海洋科普教育及休闲渔业提供条件。

9.护渔执法 2017年,海南省开展为期5个月的清理整治违规渔具专项行动,全省派出执法船艇468艘次,执法车辆285辆次,执法人员3 698人次,开展执法行动435次,收缴或没收违规渔具3 352张、电缆4 000多米、电球3个、橡皮管300米、地笼网60米、电鱼工具5套、电池及照明灯10台(个),拆除耙刺20个,查处使用违规渔具渔船25艘次,罚款金额17.46万元,移交海警处理案件2宗。在伏季休渔期间,查处案件175宗,罚款金额126万元。中部市(县)渔业执法部门对"两江一河"水域首次开展禁渔行动,派出车辆50余次、人员120人次,巡查水域850余千米。组织水产品质量安全执法检查1次,产地抽查1次,赴6个市(县)抽取罗非鱼、对虾、鲻鱼样品40个。海口检查水产经营店16家,责令限期改正3家。

10.伏季休渔 2017年,南海伏季休渔政策大幅调整,休渔时间从2个半月延长至3个半月,海南省休渔日期从5月1日至8月16日。伏季休渔期间,除钓具作业外的其他作业类型捕捞渔船及配套的捕捞辅助船全部休渔,全省休渔渔船1.81万艘,涉及休渔渔民6.61万人。印发《2017年海南省休渔管理工作实施方案》和《关于进一步加强伏季休渔管理工作的通知》,下发各市(县)及有关部门实施。开展海洋伏季休渔督查,各级渔政部门投入执法人员1 535人次、执法车辆220辆次、执法船艇151艘次,走访渔民1.50万人次,印发宣传资料2.79万本(册),检查渔港158个次、渔船7 021艘次、市场97个次,查处涉渔案件92宗、涉案人员99人次,没收渔获物1 875千克,行政罚款69.20万元。

11.渔业防风防汛 2017年,进入南海的热带气旋有14个。为做好防风防汛工作,海南省海洋与渔业厅落实防风防汛责任制,做到早动员、早部署、早准备,强化渔船渔港防风防汛隐患排查、值班监控、技术预报预警、气象信息接收发送、养殖防风防汛等各方面工作。为督促市(县)抓好措施落实,省海洋与渔业厅多次召开全省会议,强化落实渔业汛期安全生产工作任务,台风和汛期期间厅机关多次派出督导组和检查组赴市(县)督导检查。为提升市(县)的工作责任心和能力,省海洋与渔业厅将防风防汛工作典型案例印发通报,举一反三强调案例经验教训,取得较好的警示效果。通过全省渔业部门的努力,2017年渔业防风防汛工作取得零事故、零伤亡的好成绩,应急管理工作考核获全省优秀。

12.渔业安全生产 2017年,海南省发生渔船安全生产事故52起,沉船11艘,死亡(含失踪)16人。年内未发生较大级别及以上渔船海上安全生产事故,渔业安全生产形势保持稳定,渔业安全生产工作考核获全国一等奖、全省先进。为确保渔业安全生产,渔业部门利用安全生产月和休渔期间,开展安全生产宣传教育和培训演练,强化渔民的安全生产意识、提升渔民的安全生产技能。多渠道、多形式开展海洋与渔业防灾减灾宣传培训,围绕"减轻社区灾害风险,提升基层减灾能力"主题,宣传贯彻海洋防灾减灾知识。在万宁港北举行2017年"5·12"全国海洋防灾减灾宣传活动,在东方八所举行2017年"10·13"国际减灾日宣传活动。

13.南沙渔业生产管理 2017年,海南省继续加强南沙渔业生产管理。按照农业部要求,从严受理和审批南沙专项捕捞许可证,年内签发南沙专项捕捞许可证232艘;配合农业部渔业渔政管理局研究制定南沙渔业生产管理规定,进一步规范渔船在南沙的生产行为,从严管理;联合海警等部门处置9艘在黄岩岛非法违规生产作业渔船,处理琼琼海渔01688号擅自进入黄岩岛海域事件;协调处理琼儋渔19038号被印度尼西亚抓扣渔民回国事宜,被扣押的船长于5月回国;下达2016年涉外渔业教育培训经费80万元,举办涉外渔业管理培训班 1 期,指导涉及南海生产作业的相关市(县)海洋与渔业部门加强培训和宣传教育工作。

【重点渔业生产地区(单位)基本情况】

海南省重点渔业市(县)基本情况

市(县)	总人口(万人)	渔业产值(万元)	水产品产量(吨)	其 中				养殖面积(公顷)	
				海洋捕捞	海水养殖	内陆捕捞	内陆养殖	海水	内陆
临高县	7.77	1 059 567	504 556	445 887	49 874	710	8 085	2 086	1 866
儋州市	9.13	887 130	400 291	309 421	57 680	4 141	29 049	3 810	2 127
文昌市	4.47	747 357	270 958	31 320	73 129	1 430	165 079	5 065	7 080
澄迈县	2.25	289 432	135 622	57 737	28 115	3 731	46 039	1 286	4 343

(海南省海洋与渔业厅　杨　景)

重庆市渔业

【概况】

1. **主要渔业经济数据,比上年增减情况**　2017年,重庆市不断完善渔业产业链,不断提高渔业资源管护能力和水平,渔业发展呈现良好态势。全市水产品总产量 51.5 万吨、渔业经济总产值 150.8 亿元、渔民人均纯收入 17 060 元,同比分别增长 5.0%、10.2%、8.4%。

2. **产业发展的主要举措、成就与特点**

(1)生态渔业产业链建设迈出坚实步伐。产业发展布局不断优化。进一步明确了都市休闲渔业区、环主城高效渔业区、三峡生态渔业区、武陵特色渔业区发展重点;会同相关部门制发了生态渔产业链建设实施方案,努力推动渔业“十三五”规划落地。渔业种业建设不断加强。积极推进原(良)种场建设,亲本保存量达到 10 万尾以上,年苗种生产能力 38 亿尾;实施亲本换代工程,引进长江原种后备亲鱼 8.2 吨多;完成市水产引种中心搬迁重建。全市生产鱼苗 85.2 亿尾、鱼种 8.6 万吨,同比分别增长 4.7% 和 3.6%。生态健康养殖持续推进。大力推动池塘生态化发展,积极推广池塘“一改五化”、内循环微流水、新型渔业机械试验示范等;有序推进三峡库区水域牧场建设;大力开展水产健康养殖示范。休闲渔业发展势头劲。全市休闲渔业产值达到 8.6 亿元,同比增长 26.5%;新成功创建 5 家“全国休闲渔业示范基地”、1 家“全国精品休闲渔业示范基地(休闲渔业主题公园)”和 1 家“最美渔村”。技术创新实现新的突破。鱼菜共生和稻田综合种养技术连续 5 年被确定为全国农业主推技术,池塘“一改五化”技术首次被确定为 2017 年全国渔业主推技术;研发节能减排模式、名优土著鱼类繁育技术等多个(套)。

(2)渔业资源养护力度加大。水生生物增殖放流扎实推进。制定出台相关文件,着力推进增殖放流“科学化、有序化、规范化、常态化”;区(县)组织放流活动 22 余次,放流水生生物 5 248.5 万尾;强化放流期间渔政执法,开展临时禁渔、跟踪监测及效果评估,确保放流效果。禁渔期制度有效落实。持续推进渔政执法与刑事司法相衔接,开展“打团伙、端窝点、斩链条”等专项行动,共立案 619 起,涉案人员 1 054 人,有 405 起、777 人涉嫌刑事犯罪,移交公安机关立案侦办,对禁渔期违法犯罪分子形成强大震慑。水生生物保护区管理能力稳步提升。加强保护区管理机构能力建设;开展基础调查;实施生态修复工程,建设人工鱼巢 6.6 万平方米、人工鱼礁 1 400 立方米;按照中央 1 号文件要求,制定保护区退捕上岸工作方案(建议)上报市政府。三峡库区流域水生生物多样性保护不断推进。按照中共中央办公厅二次回访意见整改要求,督导拆除天然水域网箱养殖;推进“三峡有机鱼”“水库生态鱼”等技术标准制定,确保河库渔业保持生态化发展;按照国务院和市政府要求,制定了《三峡库区流域水生生物多样性保护工作方案》,通过推进渔业产业绿色发展、水生生物保护区规范化建设等工作,有效保护三峡库区流域水生生物多样性。中央环保督察问题整改如期完成。按照中央环保督察要求,牵头完成长江上游珍稀鱼类国家级自然保护区相关问题整改。

(3)渔业安全工作成效明显。渔业船舶安全继续实现“零死亡”。落实安全生产责任制,渔船船员持证率、渔业船舶受检率、安全隐患排查整改率和相关渔民互助保险参保率均达 100%，全市渔船安全连续 7 年实现"零死亡"目标。水产品质量水平持续向好。部级产地水产品、水产苗种质量安全监督抽查、市场水产品例行抽查合格率分别为 100%、100%、97.1%，市级产地水产品、水产苗种质量安全监督抽查、市场水产品例行抽查合格率均为 100%。渔业防灾减灾有效开展。开展市级重大疫病专项监测，实现重大疫病预防率 70% 以上的目标；市（区、县）投入财政资金 560 万元用于补助农户参加渔业养殖政策性保险，全市参保面积 2 667 公顷，承保农户 834 户，解决赔款 662 万元，同比分别增长 94.4%、66.7%、36.7% 和 214.8%。

（4）惠渔政策全面落实。渔业油补政策全面落实。及早制定了渔业油价补贴政策调整实施方案，将补贴资金与用油量彻底脱钩，补贴重点用于禁渔护渔、渔业资源养护及引导捕捞渔民减船转产等方面工作。

产业扶贫工作顺利开展。通过制定涉渔资金项目指导意见，对贫困区（县）有关项目整合予以明确支持；在利用中央资金开展渔业资源养护方面，按照贫困区（县）同比增幅不低于 27% 的原则，优先安排贫困区（县）资金；多次开展精准扶贫技术指导，积极促进渔业产业扶贫。产业发展政策有效落实。明确财政支持生态渔业发展资金，主要用于推广、支持池塘"一改五化"标准化改造、池塘内循环流水养殖槽建设等方面。全市用于构建生态渔业产业链的财政资金达到 7 451 万元，同比增长 34.3%。

3. 存在的主要问题 一是渔船安全隐患依然较多；二是生态保护与经济建设的矛盾依然突出；三是捕捞渔民退步上岸缺乏高层的政策和资金保障，工作推进难度大；四是现行有关法律法规在一些方面与当前产业绿色发展间存在一定矛盾，急待完善。

【重点渔业生产地区（单位）基本情况】

重庆市重点区渔业基本情况

地区	总人口（万人）	渔业产值（万元）	水产品总产量（吨）	其 中		养殖面积（公顷）
				捕捞	养殖	
合川区	154.43	84 344	46 072	725	45 347	4 209
永川区	113.15	81 698	43 460	116	43 344	4 948
江津区	149.53	67 083	25 807	284	25 523	3 988
潼南区	95.21	58 792	34 785	353	34 432	4 897
长寿区	90.17	67 571	34 739	1 200	33 539	10 157

【大事记】

[1] 1 月 5 日，重庆市渔业发展"十三五"规划通过了市农委组织的专家组评审。

[2] 1 月 12 日，全国渔业渔政工作会议在北京召开，重庆市农委副主任吴纯代表重庆市做了题为《抓重点强特色大力推进重庆生态渔业发展》的典型发言，主要从推进鱼菜共生、开发水域牧场交流了近年来重庆市生态渔业发展的主要做法、成效和经验。

[3] 2 月 16 日，重庆市生态渔产业技术体系 2017 年工作会召开。体系岗位专家、推广试验站站长共计 36 人参会，市农委副主任吴纯出席并讲话，要求团队要树立"问题、前沿、产业"发展理念，扎实工作。

[4] 2 月 20 日，重庆市水产学会组织召开了 2017 年水产品价格信息采集工作座谈会。

[5] 4 月 25 日，重庆市举办首届小龙虾养殖技术讲座。来自四川省南充、内江、遂宁、宜宾、邻水，贵州遵义及本市潼南、永川、铜梁、壁山及大足的小龙虾养殖户、部分小龙虾饲料、渔药经销商等共 90 余人参会。

[6] 4 月 24 ~ 25 日，山西省渔业局副局长武大庆带领山西省水产技术推广站、山西省水产科学研究所、山西省水产育种养殖科学实验中心及相关企业等单位一行 14 人来重庆考察生态渔业，重庆市派员陪同调研并座谈。

[7] 5 月 17 日，重庆市生态渔业体系任务工作推进会召开。

[8] 6 月初，重庆市派员赴新疆乌鲁木齐市百汇鱼生渔业科技有限公司和新疆水产技术推广站开展技术服务和学习交流，并就池塘鱼菜共生综合种养技术做了专题报告。

[9] 6 月 16 ~ 18 日，第五届现代渔业发展论坛与 2017 中国国际现代渔业暨渔业科技博览会（简称渔博

会)在合肥举行。重庆市参展并参加了本次论坛和渔博会。

[10]6月20日，农业部在湖北省潜江市召开全国稻渔综合种养现场会，市农委副主任吴纯等参加了会议。

[11]6月28日至7月1日，重庆市派员参加了在福建省福州市组织开展的现代水产生态养殖新模式新技术集中调研。

[12]7月13日，贵州省贵阳市水产技术推广站、遵义市播州区农牧渔业局及其养殖业主共40余人到重庆市大洪湖水产有限公司养殖基地考察浮式低碳高效池塘内循环微流水养殖技术，市水产技术推广总站相关人员陪同。

[13]7月13日，重庆市第二次池塘鱼菜共生综合种养技术调研课题研讨会召开。

[14]7月21日，重庆市水产学会休闲渔业专业委员会成立。

[15]7月29日至8月3日，2017年重庆市水产人才知识更新培训班在大足区举办，来自全市36个区（县）水产站负责人、水产技术骨干和企业技术人员近100人参加了培训。

[16]8月2日，全国水产技术推广总站站长、中国水产学会秘书长肖放一行到重庆市调研生态渔业健康养殖技术推广、推广体系建设情况，市农委副主任吴纯陪同调研。

[17]8月3日，国家贝类产业技术体系"十三五"启动会议在青岛市召开，西南大学获批设立国家贝类产业体系重庆综合试验站。

[18]8月25日，重庆市2017年度渔业统计工作培训会召开，全市各区（县）统计人员共40余人参训。

[19]8月31日，重庆市水产学会休闲渔业专委会一届一次（扩大）会议召开。

[20]9月20日，第三届武隆大闸蟹秋捕节开幕。

[21]10月13日，国家贝类产业技术体系首席科学家、中国科学院海洋研究所张国范研究员和国家贝类产业技术体系育种技术与方法岗位科学家阙华勇研究员莅临西南大学，对新成立的国家贝类产业技术体系重庆综合试验站进行了考察。

[22]10月25日，重庆市水产学会召开四届四次理事会议。

[23]10月26日，首届"渝苏台（2017·重庆）现代渔业论坛"在重庆举行。市农委副巡视员刘方贵出席会议并致辞。

[24]11月14日，2017年重庆市基层农技推广体系改革与建设项目农技人员培训水产班开班。市农委

副主任吴纯出席并在开班仪式上提出培训要求，来自全市34个区（县）的200多名基层水产技术推广体系骨干人员参加了此次培训。

[25]11月14日，市农委副主任吴纯向来自全市34个区（县）的200多名基层水产技术推广体系骨干人员，进行了党的十九大精神宣讲。

[26]12月9～10日，重庆市"金龙鱼饵杯"第21届钓鱼锦标赛暨黔江第4届国际钓鱼邀请赛成功举办。

[27]12月29日，重庆市召开2017年重庆市水产品价格信息采集工作会。

（重庆市农业委员会渔业发展处　任　军　许成帅）

四川省渔业

【概况】　2017年，四川省水产系统认真贯彻落实中央以及省委、省政府"三农"工作决策部署，牢牢把握稳中求进的工作总基调，坚持以创新、协调、绿色、开放、共享发展理念为引领，紧紧围绕推进供给侧结构性改革这个主线，以保障供给、提质增效、农民增收、维护生态为目标，以绿色发展为导向，以改革创新为动力，以结构调整为重点，发展适度规模经营，培育新型经营主体，强化渔政执法监督，完善发展体制机制，不断增强发展动能，夯实产业发展基础，促进了水产产业平稳较快发展。

1.水产养殖　全省水产养殖面积达到18.84万公顷（不含稻田养鱼面积），比2016年增加0.73万公顷，增长4.03%；其中池塘9.57万公顷，水库7.05万公顷，河沟1.73万公顷，湖泊及其他0.49万公顷。稻田养鱼面积30.96万公顷，比2016年增加1.11万公顷，增长3.72%。

全省水产品总产量150.74万吨。其中，养殖产量达到145.36万吨，比2016年增加8.58万吨，增长6.04%，占总产量的96.43%；另有捕捞产量5.38万吨。养殖产量中，池塘76.05万吨，水库22.57万吨，河沟8.03万吨，稻田37.78万吨，湖泊及其他0.93万吨。

草鱼、鲢鱼、鳙鱼、鲤鱼、鲫鱼等常规品种产量稳中有增，产量110.22万吨，比上年增加7.13万吨，增长6.92%，占总产量的73.12%。名特优水产品养殖稳步增长，产量35.14万吨，比上年增加1.76万吨，增长5.28%，占总产量的26.88%。

2.绿色发展　全省共创建全国水产品质量安全示范县1个、农业部渔业健康养殖示范县1个；新增农业部健康养殖示范场54个，总计达到334个。全省无

公害水产品产地达到281个、面积3.1万公顷。获得农业部认证的无公害水产品896个、地理标志水产品9个、绿色水产品8个、有机水产品23个。新增大水面生态养殖1.33万公顷,全省水库生态养殖面积达到7万公顷,占整个水库面积的85%。全省稻渔综合种养蓬勃发展,新增1.596万公顷,总计达到9.67万公顷,占稻田养鱼面积的31.22%;产量17.81万吨,占稻田养鱼产量的47.14%。创建省级稻渔综合种养示范区24个,创建国家级稻渔综合种养示范区3个。新增池塘标准化改造面积1733公顷,新增省级原(良)种场2个。

3.产业化经营 全省水产企业达到1900多个,其中国家级龙头企业2个、省级水产龙头企业7个。全省新增水产专业合作社728个,水产专业合作社达到4017个,其中国家级水产示范合作社14个、省级水产示范合作社83个(新增10个)。家庭渔场达到1412个,水产养殖专业大户10694户。全省各类休闲渔业基地超过1390家,其中全国休闲渔业示范基地20家,省级示范农庄4个。

4.渔政管理和资源保护 一是扎实开展禁渔管理。认真落实春季禁渔制度和赤水河流域十年全面禁渔,积极推进长江流域自然保护区禁捕工作。全省共组织统一检查行动4014次,出动检查车4965辆次,出动检查船艇2469艘次,参加执法人员28228人次,查获违禁捕捞渔船302艘,取缔违禁渔具24041件,查处电鱼器523台(套),查处毒鱼案件4起,没收违法捕捞渔获物5426.3千克,查处违法销售渔获物1392.5千克,没收"三无"渔船127艘,行政处罚327人,刑事处罚81人,罚款35.895万元。二是规范行政许可。共办理水生野生动物经营利用许可证108个、驯养繁殖许可证124个、捕捉证2个。办理影响评价审查及补救措施审批18件。三是大力开展鱼类人工增殖放流,全省放流水产苗种超过1亿尾。四是抓好保护区管理。以中央环保督察为契机,加强对鱼类自然保护区、水产种质资源保护区的管理,认真整改涉渔环保问题,积极发挥保护功能。组织开展捕捞限额调整工作,省政府公布了新的捕捞限额。

5.水产科技 获得省部级科技进步奖3项,其中一等奖2项。组建并启动国家现代农业产业技术体系四川淡水鱼创新团队。完成15项水产地方标准的编制和初审工作。发布渔业主推技术2大类9项。实施农业部渔业节能减排项目2个。在全省19个市(州)106个测报点开展水产养殖动物病害测报,在全省88个县设置了水生动物检疫申报点,启动了水生动物检疫合格证明联网电子出证工作。开展水产苗种产地检疫联网电子出证培训和官方兽医(水生动物)培训,提高基层检疫能力水平。加强对渔业实用人才和带头人的培养,全省培训渔民12万人次以上。

6.安全生产 认真落实中央、省安全生产工作要求,以渔业生产及船舶生产安全为重点,开展平安渔业示范县创建工作,组织全省渔业安全生产大检查,排查整改隐患,防患于未然。完成全省渔船"三证合一"数据导入工作并启动"新证书"发放。全省渔业主管部门出动渔业安全生产宣传车1647台次,开展渔业执法巡查、走村入户、江边走访渔民等安全宣传8549次,张贴宣传标语2983条。全省渔业船舶登记数为11292艘,总吨位11689.5吨,渔船登记总功率为75533.08千瓦,实检渔船10980艘,实检总吨位11133.7吨,实检总功率72222.88千瓦,受检率达97.2%。全省未发生重大渔业安全责任事故。

7.产业扶贫 认真落实中央、省产业扶贫和脱贫攻坚的系列决策部署,积极发挥水产业优势,推进水产产业扶贫,贫困地区水产养殖面积达到17.6万公顷。安排21个有扶贫任务的县推进水产养殖基地建设资金共计2100万元。5位同志坚持在阿坝藏族羌族自治州蹲点开展技术扶贫,助力贫困地区脱贫攻坚。积极开展各类养殖技能培训,对养殖模式选择、品种选择、苗种投放、鱼病预防等做了精准指导。

8.政策创设 省人民政府出台了《关于加快发展现代水产产业的意见》,明确了加快发展现代水产产业的指导思想、基本原则、主要目标、重点任务和保障措施;省农业厅制定了《关于加快发展稻渔综合种养的指导意见》,对加快发展稻渔综合种养做出了全面部署,掀起了发展稻渔综合种养新热潮。

【重点渔业生产地区(单位)基本情况】

四川省重点渔业市(县、区)基本情况

市(县、区)	总人口(万人)	渔业产值(万元)	水产品产量(吨)	其 中		养殖面积(公顷)
				捕捞	养殖	
眉山市仁寿县	50 252		50 252	7 936	123 407.00	160.00

（续）

市（县、区）	总人口（万人）	渔业产值（万元）	水产品产量（吨）	其 中		养殖面积（公顷）
				捕捞	养殖	
乐山市井研县	40 182	30	40 152	3 765	79 060.10	42.00
眉山市东坡区	39 456	110	39 346	3 140	180 203.94	87.27
泸州市泸县	38 695	602	38 093	4 435	50 104.00	107.40
乐山市市中区	36 979	324	36 655	2 446	76 656.00	61.00
成都市简阳市	32 536	802	31 734	4 507	72 011.00	149.39
内江市资中县	29 789	900	28 889	2 606	74 780.37	125.70
内江市隆昌市	27 585	1 378	26 207	1 876	83 020.00	77.35
内江市东兴区	27 182	810	26 372	2 253	67 690.00	88.25
宜宾市宜宾县	25 637	341	25 296	4 048	54 791.50	102.00

【大事记】

[1]1月19日，省农业厅党组成员、省水产局局长卿足平主持专题会议，讨论修改全省水产业发展第十三个五年规划意见稿，厅机关相关部门和单位以及成都市、眉山市水产部门负责人参加了会议。

[2]2月15日，省农业厅党组成员、省水产局局长卿足平带队到乐山市调研水产工作，乐山市农业局局长杨登廷等一同参加调研。

[3]2月16日，省农业厅党组成员、省水产局局长卿足平到成都市海光食品有限公司调研。

[4]2月28日，省农业厅党组成员、省水产局局长卿足平带队到简阳市检查禁渔工作准备情况，成都市农委副主任李晓东等一同参加检查。

[5]3月7日，农业部渔业渔政管理局渔船渔具处处长栗倩文一行到四川检查渔业船舶"三证合一"工作推进情况，省农业厅党组成员、省水产局局长卿足平参加座谈。

[6]3月14日，省农业厅党组成员、省水产局局长卿足平带队到内江市调研水产渔政工作，内江市委副书记牟锦毅、隆昌市委书记张勇等一同参加调研。

[7]3月28~29日，农业部长江流域渔政监督管理办公室副巡视员董金和来四川检查赤水河流域渔民转产、禁渔管理及渔业安全工作。省农业厅党组成员、省水产局局长卿足平等一同参加检查。

[8]4月18日，农业部长江流域渔政监督管理办公室在宜宾组织召开了长江上游珍稀鱼类国家级自然保护区全面禁捕调研座谈会。农业部长江流域渔政监督管理办公室主任李彦亮，省农业厅党组成员、省水产

局局长卿足平，宜宾市人民政府副市长张平等出席会议并讲话。农业部长江流域渔政监督管理办公室副主任赵依民主持会议。

[9]5月27日，全国政协委员、清华大学生物化工研究所所长邢新会教授莅临德阳市调研大鲵深加工产业发展情况。四川省水产局副局长漆乾余一同参加调研。

[10]6月6日，四川省农业厅与宜宾市人民政府联合举办的"2017年长江珍稀特有鱼类增殖放流活动"仪式在宜宾市合江门地标广场举行。省农业厅党组书记、厅长祝春秀，宜宾市委副书记邓正权出席仪式并讲话，各有关部门领导、渔政执法人员以及宜宾市小学生、群众代表等共计300余人参加放流活动。

[11]7月8~10日，省农业厅党组成员、省水产局长卿足平带队到泸州市、宜宾市督察了长江上游珍稀特有鱼类国家级自然保护区环保问题整改情况。

[12]7月19日，全国水生野生动物保护科普宣传月启动仪式在成都极地海洋世界举行。原农业部长江流域渔政监督管理办公室主任、全国水生野生动物保护分会会长李彦亮、农业部渔业渔政管理局副巡视员丁晓明、农业部长江流域渔政监督管理办公室副主任赵依民参加启动仪式。

[13]7月19日，省农业厅党组书记、厅长祝春秀率省农业厅土肥处、省水产局有关负责人对雅安市珍稀鱼类自然保护区管理及问题整改等情况进行督察。

[14]7月24日，省农业厅党组成员、省水产局局长卿足平率水产专家到巴中市督察诺水河珍稀水生动物国家级自然保护区环保问题整改工作。

[15]7月26~28日，省农业厅副巡视员赵勇率

省水产局有关领导和水产专家,再次对长江上游珍稀特有鱼类国家级自然保护区环保问题整改进行了督察。

[16]7月27日,省农业厅党组成员、省水产局局长卿足平及副局长何川一行到雅安市督察大渡河流域农业部门河长制工作,大渡河市人大常委会副主任、汉源县委书记杨兴品,市农业局局长吴洪江一同参加督察。

[17]8月1日,省农业厅党组成员、省水产局局长卿足平率水产专家到旺苍县督察汉王山东河湿地省级自然保护区环保问题整改工作。

[18]8月25日,全省稻渔综合种养现场会在成都崇州市召开。省农业厅党组书记、厅长祝春秀出席会议并讲话,省农业厅党组成员、省水产局局长卿足平主持会议。

[19]9月8日,由农业部渔业渔政管理局、农业部长江流域渔政监督管理办公室、四川省农业厅、阿坝藏族羌族自治州人民政府共同主办的"阿坝县阿曲河水生生物增殖放流活动"在阿曲河畔隆重举行。原农业部长江流域渔政监督管理办公室主任李彦亮,农业部财务司副司长唐强,农业部渔业渔政管理局副巡视员丁晓明,中国佛教协会副秘书长、四川省佛教协会副会长达扎活佛,省农业厅党组成员、副厅长涂建华,阿坝州委常委、州总工会主席金吉昌,州委常委、副州长何斌,以及农业部、省水产局、州农业畜牧局、阿坝县政府有关同志、群众代表等参加了放流活动。

[20]10月7日,四川省人民政府任命赵勇为四川省水产局局长。

[21]10月26日,省水产局党委召开专题会议,集中学习党的十九大会议精神。局党委书记、局长赵勇主持会议并安排部署相关工作,局党委委员、局属各党支部书记、各部门主要负责人参加了会议。

[22]11月1日,省水产局局长赵勇率队调研资中县水产渔政工作。内江市委副秘书长肖从亮、资中县委书记曾延富等一同参加调研。

[23]11月3日,省水产局召开传达学习党的十九大精神大会,局党委书记、局长赵勇围绕贯彻落实党的十九大精神和厅党组书记、厅长祝春秀10月30日厅党组扩大学习会上讲话精神做工作部署。全局干部职工共计60余人参加。

[24]11月13～14日,省水产局在德阳广汉市召开全省渔业大县渔业部门负责人会议。全省60个渔业大县(市、区)农业(农牧、畜牧水产)局(委)分管副局长及水产(渔政)站(股)负责人参加培训。

[25]11月20～21日,省水产局局长赵勇率副局长付洪、何川及有关处室负责人到农业部渔业渔政管理局、渔业船舶检验局、全国水产技术推广总站、中国渔业互保协会等部门汇报工作并争取2018年项目支持。

[26]12月12～13日,省水产局局长赵勇带领甘孜藏族自治州、阿坝藏族羌族自治州、凉山彝族自治州三州农牧局相关领导及省水产技术推广站有关人员考察学习了西藏林芝市陆基集装箱式养鱼模式和运行管理经验。

(四川省水产局 郑华章 夏明明)

贵州省渔业

【概况】 2017年,全省水产品产量25.48万吨,比上年增长3.36%,其中,养殖产量24.33万吨,捕捞产量1.15万吨;渔业经济总产值69.03亿元,比上年增长13.65%;渔业增加值47亿元。渔民家庭人均收入1.4万元,比上年增长0.65%。渔业各项工作取得新的成绩。

1.推进渔业供给侧结构性改革 一是稻渔综合种养示范。全省稻田综合种养示范面积4 000公顷,推广稻－蟹、稻－鱼、稻－鳖、稻－鳅等共作模式,辐射面积4万公顷。开展了国家级稻渔综合种养示范区创建工作。二是发展冷水鱼养殖。全省鲟鱼、鲑鳟鱼养殖面积51.92万平方米,大鲵养殖面积33.85万平方米,大鲵和冷水鱼产量1.08万吨,比上年增长35.21%,养殖企业达407家。实施"一县一业"冷水鱼产业助推脱贫攻坚,共带动农户4 817户,脱贫2 495人。三是创新池塘养殖。对老旧池塘、山塘实施标准化改造,共投入资金5 546.8万元,改造池塘269.5公顷,新建池塘458公顷。在播州、台江、兴义等县(市、区)试点推广池塘低碳高效循环水养殖、陆基箱式循环水养殖等,取得良好效果。四是发展休闲渔业,通过休闲垂钓、水族观赏、渔事体验、渔旅结合等,促进了产业融合发展,全省休闲渔业产值达2.60亿元。

2.加快推进水产健康养殖 一是健康养殖示范场创建。组织16家涉渔企业创建了农业部水产健康养殖示范场;4家水产健康养殖示范场通过复查。二是加强水产养殖病害防治工作。在全省31个县(市、区)建成全国水产养殖动植物病情测报信息系统测报点58个,对疫病全天候监测。开展了水产养殖规范用药科普下乡活动。全年未发生较大以上水生动物疫情。三是水产苗种体系建设得到加强。开展水产良种提纯复壮和土著鱼类驯养繁殖,江口、播州、绥阳、镇宁等县(区)建设了水产苗种生产企业,毕节市建设了裂腹鱼省级水产良种场。

3. **加强优质特色水产品宣传推介工作** 组织多家养殖企业(合作社)参加部、省各类特色农产品交易会、渔业科技博览会、优质渔米评比推介等活动,获得相关奖项,提升了贵州水产品的知名度。

4. **加强渔业科技和人才培训** 全省共承担各类渔业科技项目60余项,获省科技进步三等奖一项。组织开展了省级水生动物病害防治、渔业统计、渔业职业技能等培训,举办了全省水生生物病害防治员培训。参加第二届全国渔业职业技能竞赛,3名选手均获个人三等奖,省代表队获团体三等奖。组织人员赴湖北、重庆等地考察学习了稻田综合种养、池塘内循环微流水养殖技术。

5. **加强水产品质量安全监管** 完成部、省产地质量安全监督抽查95批次,合格率达100%。在全省农产品质量安全监督抽查的140个水产品样品中,合格率达100%。加强水产品"三品一标"认证工作。全省累计有44家企业(合作社)的55个水产品获得农业部无公害农产品认证,151个水产养殖基地通过省无公害农产品产地认证。

6. **推进养殖水域滩涂规划编制工作** 印发了《关于加快推进全省养殖水域滩涂规划编制工作的通知》,加强督促指导和工作调度,省、市、县均出台了养殖水域滩涂规划编制工作方案,成立了工作领导小组、技术指导组和编写组,县级规划编制工作得到有序推进。

7. **加强渔业资源环境保护** 一是创建了3个国家级、2个省级水产种质资源保护区,全省国家级水产种质资源保护区达24个。二是推进渔业生态补偿工作,组织专家对22个涉渔工程环境影响评价专题报告进行了审查,共落实渔业生态补偿资金3 073万元。开展了乌江流域鱼类暨水生生物资源调查,在长江上游珍稀特有鱼类国家级自然保护区(贵州段)建立了河道监控系统,开展无人机巡护等。三是扎实开展"绿盾2017"国家级自然保护区监督检查专项行动,重点对保护区内非法采砂、网箱养殖、旅游开发、违规工程等进行督查,责令整改。四是开展鱼类增殖放流,全年共开展各类增殖放流活动22次,放流鱼苗1 165万尾。在赤水河实施了全流域禁捕,捕捞渔民已全部转产上岸。

8. **渔船管理成效显著** 认真落实安全生产责任制,扎实开展各项渔业安全检查、整治等工作。共开展安全检查174次,现场督导整改130次,整改落实率100%,全年无渔业安全事故发生。组织人员赴浙江、广东参加了渔政船职务船员培训、船检人员上岗资格培训。锦屏县、播州区创建了省级"平安渔业示范县"。

9. **渔政管理工作迈上新台阶** 切实抓好禁渔工作,各级政府共发布禁渔文件、通告106个,召开专题会议143次。全省开展联合执法1 391次,查处渔政案件1 046起,行政处罚145人,依法移送司法机关147人。联合广西壮族自治区水产畜牧兽医局,开展了交界水域护渔联合执法行动。与公安、水利、海事等部门联合开展了打击非法捕捞专项行动。加强渔政队伍建设,举办了渔业行政执法与刑事司法衔接培训班、水产品质量安全监管和渔政执法能力提升培训班。

10. **全面完成中央环保督察反馈网箱养殖问题整改** 印发了《省农委关于做好中央环境保护督查反馈网箱整治问题整改工作的通知》,制定了网箱整治工作方案,召开了工作推进会,抓好工作落实,加强督察检查。全省累计拆除违规网箱1 511公顷,重点流域库区网箱养殖面积减至414公顷的规划范围内。

11. **存在的主要问题** 一是渔业基础设施薄弱,资金投入不足,制约了产业发展和新技术的推广应用,产业转型升级较为缓慢。二是基层渔业机构不健全,队伍薄弱,大多一套人马,多块牌子,影响了工作开展。三是水产良种生产、疫病防控、水产品质量安全监管等装备设施还较薄弱,工作有待加强。四是渔政执法、渔业资源环境和水域生态保护等工作任务繁重,人员、装备和经费欠缺,监督管理还较滞后,管理水平不高。五是由于网箱养殖整治取缔,短期内水产品产量将有较大幅度减少,渔民转产转业较为困难。

【重点渔业生产地区(单位)基本情况】

贵州省重点渔业市(县、区)基本情况

市(县、区)	总人口（万人）	渔业产值（万元）	水产品产量（吨）	其中		养殖面积（公顷）
				捕捞	养殖	
兴义市	73.11	74 403.21	24 325	1 122	23 203	108
播州区	83.79	36 086.27	14 681	433	14 248	1 765

（续）

市（县、区）	总人口 （万人）	渔业产值 （万元）	水产品产量 （吨）	其　　中		养殖面积 （公顷）
				捕捞	养殖	
安龙县	42.34	29 352.00	12 446	305	12 141	113
罗甸县	32.52	23 859.65	9 264	607	8 657	161
瓮安县	45.31	21 592.20	8 438	106	8 332	162
锦屏县	20.75	20 237.89	7 215	151	7 064	869
息烽县	23.70	15 419.40	6 215	90	6 125	146
赤水市	26.68	13 244.48	5 616	0	5 616	562
望谟县	28.64	14 837.23	5 559	804	4 755	86
松桃县	63.14	16 146.73	5 400	95	5 305	1 486

【大事记】

[1]3月1日，经省人民政府同意，省农委印发了《关于做好2017年全省禁渔期管理工作的通知》。

[2]3月3日，全省渔业渔政工作会议在贵阳召开，省委农工委专职副书记、省农委党组副书记、副主任杨兴友出席会议并讲话。

[3]3月27日，副省长刘远坤在省农委呈报的《杨兴友同志在全省渔业渔政工作会上的讲话》上批示："近几年的渔业工作很有起色，要进一步做得更好"。

[4]4月18日，黔桂交界水域渔政执法护渔联合执法行动启动仪式在罗甸县举行。

[5]4月25～26日，全国水生生物自然保护区培训班在荔波县举办，农业部长江流域渔政监督管理办公室主任李彦亮出席培训班开班式，省委农工委专职副书记、省农委党组副书记、副主任杨兴友出席并致辞。

[6]5月18日，省长孙志刚在《省农委关于乌江干流渔业发展及网箱养殖整治工作的情况报告》上批示，要求渔业"既能发展养殖，又能控制污染环境"，要"破解这个难题，走出渔业发展的新路来"。

[7]6月6日，省委农工委专职副书记、省农委党组副书记、副主任杨兴友在务川县出席全国"放流日"贵州分会场增殖放流活动。

[8]7月8日，省农委召开中央环保督查网箱养殖整治整改推进工作会，省委农工委专职副书记、省农委党组副书记、副主任杨兴友出席并讲话。

[9]7月20～21日，全国渔业安全与应急管理业务培训班在贵阳举办，农业部渔业渔政管理局副局长韩旭、国家安全生产监督管理总局监管二司相关负责

人出席培训班开班式，省委农工委专职副书记、省农委党组副书记、副主任杨兴友出席并致辞。

[10]7月21日，参加"2017年非洲法语国家水产养殖技术培训班"及"2017年亚洲国家可持续集约化水产养殖技术培训班"的70名外国学员参观了贵州省水产研究所和播州区、湄潭县稻渔综合种养基地。

[11]8月11日，省委农工委书记、省农委党组书记、主任袁家榆带队赴开阳县督察网箱整治工作。

[12]8月11日，省农委在贵阳举办"2017年水生野生动物保护科普宣传月活动"贵州省分会场启动仪式，省委农工委专职副书记、省农委党组副书记、副主任杨兴友出席并讲话。

[13]8月18日，省委农工委专职副书记、省农委党组副书记、副主任杨兴友带队赴瓮安县督察网箱整治工作。

[14]8月29日至9月1日，农业部安全生产大检查工作第二小组赴贵州省开展渔业安全生产大检查。

[15]9月5～7日，省农委成立3个督查组，由省农委领导带队，分赴省内乌江、珠江、清水江开展渔业船舶安全生产大检查。

[16]10月25～26日，2017年全国渔业渔政统计培训会在铜仁市举办，农业部渔业渔政管理局副巡视员丁晓明、国家统计局农村司副巡视员黄加才、全国水产技术推广总站站长胡红浪出席会议，省农委副巡视员彭义到会并致辞。

[17]11月1～6日，"绿盾2017"国家级自然保护区第七巡查组第二小组对长江上游珍稀特有鱼类国家级自然保护区（贵州段）开展了专项巡查。

[18]11月25日，贵州省2017年渔业行政执法资格统一考试在贵阳市举行，全省渔业系统420余人参

加了考试。

[19]11月17日,副省长刘远坤在省河长制联席会议上听取省农委关于网箱整治工作汇报,省农委离退休办公室主任邓继志参加了汇报会。

[20]11月28～29日,农业部长江流域渔政监督管理办公室主任马毅一行赴赤水市,对长江上游珍稀特有鱼类国家级自然保护区贵州段捕捞渔民退捕转产、保护区监管等工作进行了调研。

[21]12月14日,第五届全国水产原种和良种审定委员会第五次会议在遵义召开,农业部渔业渔政管理局副局长李书民出席会议,省委农工委专职副书记、省农委党组副书记、副主任杨兴友到会并致辞。

(贵州省渔业局　王　骥　李　进　安元银)

云南省渔业

【概况】 2017年,云南渔业系统认真贯彻落实党的十九大、中央和省委农村工作会议、全国渔业渔政工作会议精神,在省委、省政府的正确领导和农业部的大力支持下,紧紧围绕确保水产品安全有效供给、促进农民持续增收和可持续发展的目标,以推进高原特色淡水渔业发展为主线,充分发挥资源优势,优化区域布局,调整产业结构,促进提质增效,依靠科技推进渔业转型升级,引进和扶持水产品龙头企业,加快渔业产业化经营进程,强化水生生物资源养护,构建平安和谐渔业,使全省渔业继续保持了又好又快的发展势头。

2017年,全省水产养殖面积、水产品总产量、渔业经济总产值、渔业产值、渔业人口人均纯收入分别达15.2万公顷、104万吨、244.4亿元、149.5亿元、15 223.4元,同比分别增加0.3万公顷、4万吨、18亿元、6亿元、2 801.1元,增幅为2.3%、4.0%、8.0%、4.3%、22.5%。

2017年,云南渔业深入推进渔业"转方式、调结构"工作,主动适应从"规模效益"向"质量效益"转型升级,多措并举推进渔民脱贫,得到了农业部、省委、省政府的广泛认可,呈现出渔业经济总产值、渔业产值、渔民收入稳定增长的良好态势。

1. 积极推进养殖水域滩涂规划编制工作 根据农业部关于印发《养殖水域滩涂规划编制工作规范》和《养殖水域滩涂规划编制大纲》的通知要求,积极推进养殖水域滩涂规划编制,通海县、大理白族自治州、墨江哈尼族自治县等部分市(县、自治州、自治县)已完成初稿,后续定稿、审核及上报等工作以及其他各地的编制工作均在紧张有序推进。

2. 稻渔综合种养助推扶贫攻坚 经过多年的发展,稻田养鱼已形成"稻鱼鸭""稻鳅""塘田式""稻特""稻蟹"等稻渔综合种养模式,以及保山、昆明等城市附近与休闲旅游结合的"渔家乐""稻鱼节"等模式。每一种模式对助推扶贫攻坚都具有显著的效果,多的每亩可增纯收入5 000元,少的可增1 500元。2017年,红河呼山众创、大理荣江两家企业成功申报创建国家级稻渔综合种养示范区。

3. 强化渔业产业发展基础 一是以创建渔业健康养殖示范县和水产健康养殖示范场为抓手,积极推进水产健康养殖。罗平县通过了农业部渔业渔政管理局组织的渔业健康养殖示范县考核验收,另创建全国水产健康养殖示范场省级28家、复查通过20家。二是组织审定省级水产原良种场7家,通过云南省农业厅和云南省水产原良种场审定委员审定的云南省省级水产原良种场有16个,其中原种场7个、良种场9个,认定品种包括大宗淡水鱼类、罗非鱼及土著鱼类,这批省级原良种场为全省水产苗种的需求提供了主要支撑。

4. 突出抓好渔业安全生产 按照"管行业必须管安全、管业务必须管安全、管生产经营必须管安全"的要求,认真贯彻"党政同责,一岗双责,齐抓共管"的安全生产监管原则,以渔船安全生产为核心,强化安全生产管理,狠抓各项安全生产监管措施的落实,2017年未发生渔业安全生产事故,实现自2009年以来连续9年无安全生产事故发生,实现零死亡的目标。

5. 水产品质量安全水平进一步提升 2017年水产品市场例行监测共计192个样品,合格率为96.9%,比2016年上升了6.9个百分点。2017年全省产地水产品、水产品苗种、水产养殖投入品监督抽查合格率均为100%。

6. 渔业资源养护成效显著 认真按照农业部"十三五"水生生物增殖放流指导意见,合理确定放流品种及水域,实行科学放流;切实将渔业资源增殖放流与江河分段禁渔管理相结合,进一步增强全社会共同参与和保护渔业资源生态环境的意识,营造良好的社会氛围,积极开展增殖放流活动。2017年共计投入中央渔业增殖放流项目资金1 066万元,投放各类苗种3 021万尾,其中经济鱼类2 800万尾,珍稀濒危鱼类221万尾,有效地保护了水产种质资源和水域生态环境,补充了鱼类种群数量。

7. 开展渔业资源与环境调查 2017年,根据农业部安排,实施"长江渔业资源与环境调查"子课题"横江站位渔业资源与环境调查"。分别于3月、5月、10月,3次在昭通市横江流域开展春、夏、秋鱼类种类野外调查,收集数据,整理标本;进行水化学野外调查及分析;进行浮游生物、底栖生物野外调查;编制完成横江鱼类种类现状报告。

8. 加强渔政执法队伍建设 2017 年,组织 1 014 名全省各级渔政执法人员积极参加全国渔业行政执法人员执法资格统一考试,通过 842 人。云南省渔政总队积极推荐和选派船检技术人员到省外参加农业部渔船检验局举办的 2017 年度验船师专业基础与检查实践培训、船用产品质量监督能力提升暨产品验船师资格培训。完成 2015 年全省 12 艘渔政执法快艇项目交付使用和竣工验收。

9. 渔业行政执法成效显著 全省渔业系统按照安全生产监管原则,狠抓措施落实;自 2009 年以来连续 9 年实现渔业安全生产零死亡;开展"绝户网""两江禁渔""非法捕捞专项执法""水生野生动物专项执法"等专项执法;渔政监管能力、执法队伍业务水平、基层船检能力明显提升。

10. 开展边境渔政执法 云南地处祖国西南边陲,与缅甸、老挝、越南三国接壤,涉及的界江、界河数量较多,边境水域总长 1 144 千米,涉及 8 个州(市)、25 个县(市)。在 2017 年 6 月的渔政执法交叉巡航督察工作中,农业部长江流域渔政监督管理办公室、江苏省海洋与渔业局、云南省渔政总队、西双版纳傣族自治州及景洪市、勐腊县渔政执法人员乘中国渔政 060 船对澜沧江中老界水域、关累港至思茅港的 160 多千米江段进行了巡航执法检查,对巡航中发现的违禁渔具依法进行收缴。巡航执法中,各地渔政执法人员相互交流、借鉴渔政执法经验,云南省在巡航江段对非法捕捞和违禁渔具的管控力度得到农业部长江流域渔政监督管理办公室、江苏省领导的好评。2017 年 12 月 5 日,农业部长江流域渔政监督管理办公室会同云南省农业厅、西双版纳傣族自治州人民政府和老挝人民民主共和国自然资源与环保部、南塔省自然资源与环保厅在景洪港开展了"2017 年中国·老挝澜沧江－湄公河渔政联合执法行动暨增殖放流活动"。双方有关部门和渔政执法人员及渔民群众代表参加了活动,开展了联合巡航执法,展现了我国作为负责任大国的良好形象。

11. 存在的主要问题 一是资源环境约束增大。渔业是典型的资源型产业,由于生态文明建设和城镇化推进挤压传统养殖空间,过度捕捞依然存在,涉水工程建设不断增加,主要鱼类产卵场退化,从环保督查、省外来看,渔业资源日趋衰退,珍稀水生野生动物濒危程度加剧,渔业发展受资源环境约束越来越大。二是供给侧结构性改革带来的压力较大。由于发展不充分、发展水平不高,众多的优质土著鱼类得不到有效开发,突破人工驯养繁殖技术的土著鱼类仅为全省土著鱼类品种的 6%,六大名鱼形不成产业,水产品供给多为鲜活产品,无品牌、无拳头产品,水产品加工品缺乏;渔用机械、船用产品等均靠从外地引进;渔业二三产业严重滞后,一二三产融合度较低,难以提供多层次、多品种、多类别的产品和服务,推进渔业供给侧改革面临挑战较大。三是用现代信息技术提升渔业发展水平低。全省渔业发展基本还靠惯性思维和传统方法,利用购鱼网、物联网、云计算、大数据、移动互联等现代信息技术和装备,推动建立各类型智慧渔业信息平台,通过信息化促进产业化还未起步,远远不能适应现代渔业发展的需要。四是内生动力不足。渔业生产性、服务性基础设施较弱,抵御自然风险能力较差。全省渔业科技创新能力不足,科技成果转化率低,良种覆盖率低、病害发生率高、大水面立体综合种养技术滞后。市场经营主体不强,弱、小、散格局依然存在。渔船陈旧、破烂、不规范,渔业安全保障能力较差。水产养殖违规用药依然存在,水产品质量安全风险不容小觑。五是退捕转产带来的问题。2017 年开始,长江流域水生生物保护区实施全年禁捕,赤水河流域实行十年禁捕,珠江流域延长禁渔期时间、扩大禁渔区范围,这对渔政执法管理、退捕转产安置、捕捞渔民后续产业培植等都带来新的挑战。

【重点渔业生产地区(单位)基本情况】

云南省重点渔业市(县、区)基本情况

市(县、区)	渔业人口(人)	渔业经济总产值(万元)	其中渔业产值(万元)	水产品产量(吨)	其　中		养殖面积(公顷)
					捕捞	养殖	
罗平县	5 295	132 657	59 137	41 500	3 500	38 000	4 380
景谷傣族彝族自治县	9 739	61 793	40 276	35 500	6 234	29 266	2 137
富宁县	4 760	124 960	8 925	33 000	3 200	29 800	3 367

（续）

市（县、区）	渔业人口 （人）	渔业经济 总产值 （万元）	其中 渔业产值 （万元）	水产品 产量 （吨）	其　　中		养殖面积 （公顷）
					捕捞	养殖	
景洪市	8 467	39 448	34 232	29 176	272	28 904	2 524
墨江哈尼族自治县	5 460	103 977	35 337	28 600	4 174	24 426	520
双江县	662	38 281	35 203	27 069	4 611	22 458	704
勐海县	7 890	36 029	33 215	24 033	773	23 260	1 886
普洱市思茅区	3 520	45 060	26 610	23 600	810	22 790	2 773
凤庆县	814	26 520	23 512	20 400	1 331	19 069	6 983
曲靖市麒麟区	7 171	42 887	29 631	20 352		20 352	2 027

【大事记】

[1]4月14日，省农业厅党组成员、省渔业局局长张穆到云南省渔业科学研究院（简称渔科院）调研，传达省委常委会河长制会议精神，对加快渔科院搬迁工作提出了具体要求。

[2]4月28日，云南省农业厅在昆明市召开2017年全省渔业工作会议。厅党组成员、省渔业局局长张穆，驻厅纪检组组长王林参加会议并分别讲话。

[3]5月5日，云南省桂建芳院士工作站揭牌仪式在云南省渔业科学研究院学术报告厅举行。中国科学院水生生物研究所桂建芳院士、省科技厅副厅长娄垂新、省农业厅党组成员、省渔业局局长张穆共同为云南省桂建芳院士工作站揭牌。

[4]6月23日，2017年全国"放鱼日"云南分会场——洱海水生生物增殖放流活动在大理市满江玉白菜湿地公园举行。

[5]7月10日，省级渔业系统召开2017年上半年工作总结会，省农业厅党组成员、省渔业局局长张穆参加会议并讲话。

[6]8月10~12日，省农业厅在红河州元阳县举办了2017年全省稻渔综合种养现场培训。省农业厅党组成员、省渔业局局长张穆及16个州（市）农业部门分管渔业的领导等共计160人参加了培训。

[7]11月25日，2017年全国渔业行政执法人员执法资格统一考试昆明考点圆满收官，全省共计1 014名渔政执法人员参加了统一考试。

[8]12月6日，农业部长江流域渔政监督管理办公室联合省农业厅、西双版纳傣族自治州人民政府与老挝人民民主共和国自然资源与环保部、南塔省自然资源与环保厅共同开展了"2017中国·老挝澜沧江－湄公河渔政联合执法行动暨增殖放流活动"。

（云南省农业厅　刘军志）

西藏自治区渔业

【概况】　2017年，西藏渔业管理工作在自治区党委、政府的正确领导和农业部渔业渔政管理局、长江流域渔政监督管理办公室的关怀支持下，西藏各级渔业行政主管部门立足于建设生态西藏、美丽西藏的要求，继续加强禁渔休渔制度，积极开展增殖放流工作，稳步发展水产养殖业，加强渔政管理，渔业生产秩序良好，水域生态环境持续保持良好状态。全区水产品产量454吨，比2016年减少50.2%，其中淡水捕捞383吨、淡水养殖71吨。

1. 继续实施禁渔休渔工作　2017年，西藏所有湖泊、拉萨市所有天然水域继续实施鱼类禁捕，日喀则市继续实施休渔，林芝市发布政府令第1号《林芝市野生鱼类保护办法》，自2017年11月11日起，所有天然水域实行禁渔，禁渔时间为10年。全区绝大部分水域都是原生态，水域生态环境良好，局部河段有鱼类捕捞生产，但捕捞量低于资源再生能力。

2. 继续开展鱼类增殖放流工作　2017年，按照农业部要求，西藏加大增殖放流力度，一是继续在雅鲁藏布江、拉萨河、尼洋河等水域放流鱼类185.3万尾，是近年来增殖放流数量最多的一年，其中增殖放流异齿裂腹鱼105万尾、双须叶须鱼15万尾、尖裸鲤9.7万尾、拉萨裸裂尻鱼42.6万尾、拉萨裂腹鱼10万尾、黑斑原鮡3万尾；二是首次开展增殖放流鱼类标记，采用荧光标记和挂牌标记两种方式，对部分增殖放流的鱼类实施了标记,实施标记鱼类1.12万尾。三是西藏自治区农业科学院水产研究所在援藏干部的带动下,争取援藏资金170万元,开展"西藏土著鱼类增殖放流"项目,参加人员达到1 000余人,发放光盘等宣传手册800余份;开展农牧民渔业技术培训300余人次,解决了曲水县15名农牧民就业问题。

3.积极支持渔业重大科研工作 "西藏重大水域鱼类资源与环境调查"专项是农业部重点农业援藏项目,2017年4月15日,中国水产科学研究院在西藏林芝市召开了启动会,标志这一重大科研专项正式实施,为西藏水生生物资源和环境保护提供重要科技支撑。西藏农业科学院水产所在中国水产科学研究院东海水产研究所第八批援藏干部的支持下,争取15万元,首次将渔业信息化和数字化引入西藏,为下一步建立大数据平台提供基础数据,同时研发高寒地区单元循环水养殖系统养殖高蛋白青虾越冬成功,取得了阶段性突破,为其在西藏实现规模化绿色养殖提供技术支撑。雅鲁藏布江鱼类繁育基地建设项目通过国家发展和改革委员会立项,投资4 000万元。

4.加强渔业执法工作 各级渔业行政主管部门在执法力量薄弱、执法环境艰苦的情况下,加强了渔业执法工作力度,不仅到江河、湖泊巡查,也到农贸市场巡查,2017年全区共出动执法人员503人次,开展渔业执法行动104次,根据《中华人民共和国渔业法》《西藏自治区实施〈中华人民共和国渔业法〉办法》等法律法规对10起渔业违法行为进行了查处。

5.加强渔业执法队伍建设 为提高渔业行政执法人员业务素质,自治区公共法律法规和渔业行政执法培训班于11月21~24日在拉萨市举办,各地(市)、县(区)和部分乡镇农牧综合服务中心的相关人员共计130余人参加了培训。自治区人民政府法制办公室、自治区农科院水产所、自治区畜牧总站的专业人员讲解了行政处罚法、行政强制法、西藏鱼类资源及生存环境、冷水鱼类养殖现状和发展前景、西藏自治区实施《中华人民共和国渔业法》办法等内容,培训班还邀请上海海洋大学相关专家对《渔业行政执法人员执法资格考试辅导教材》进行解读和辅导。通过此次培训,提高了渔业行政执法人员专业水平和执法能力,对加强渔业资源保护、维护良好渔业生产秩序将发挥重要作用。

西藏在无渔业行政专职机构、专职人员的情况下,自治区农牧厅按照《2017年全国渔业行政执法人员执法资格统一考试实施方案》的要求,开展兼职渔政人员网上报名、资格审查、落实考场等前期工作,11月25日组织全区137名考生参加了全国渔业行政执法人员执法资格统一考试,有102人通过了考试,其中98人是初次申领渔业执法证。

6.存在问题 2017年,西藏渔业渔政管理工作取得了较好成绩,但存在的问题也不容忽视:一是渔业管理力量还十分薄弱,与所承担的工作任务不匹配;二是执法手段比较落后,不能满足执法工作的需要;三是水产养殖业发展还十分缓慢,水产品主要靠区外调运解决。

【大事记】

[1]4月15日,中国水产科学研究院在西藏林芝市召开"西藏重大水域鱼类资源与环境调查"启动会,中国水产科学研究院东海水产研究所援助自治区农科院水产所,开展"西藏土著鱼类增殖放流"项目,为西藏水生生物资源和环境保护提供重要科技支撑。

[2]6月上旬,在广东省第八批援藏工作队支持下,在广东省农业厅、广东省海洋与渔业局专家的帮助下,林芝市高原集装箱养殖热带鱼试验取得成功。6月20日,广东省人民政府马兴瑞省长率广东省代表团部分成员,在西藏自治区齐扎拉主席陪同下,视察林芝市集装箱养鱼试验示范项目。

[3]10月23日,林芝市人民政府发布第1号令《林芝市野生鱼类保护办法》,自2017年11月11日起林芝市天然水域内实施禁渔,禁渔期为10年。

[4]2017年,中国水产科学研究院东海水产研究所首次将渔业信息化和数字化引入西藏,为下一步建立大数据平台提供基础数据,并独立研发高寒地区单元循环水养殖系统,在西藏高原首次养殖高蛋白水产品(青虾),且越冬成功,取得了阶段性突破,为其在西藏实现规模化绿色养殖提供技术支撑。

[5]2017年,中国水产科学研究院渔业工程研究所援助西藏农科院水产所编制"雅鲁藏布江鱼类繁育基地"建设项目,获得国家发改委立项,总投资4 000万元,为今后西藏水产研究所长期可持续发展奠定了十分重要的基础。

(西藏自治区农牧厅畜牧草原水产处)

陕西省渔业

【概况】 2017年,全省渔业工作以新的发展理念为引领,以提质增效、稳量增收、绿色发展、富裕渔民为目标,以健康养殖、适度捕捞、保护资源、做强产业为方向,加快渔业转方式调结构,促进渔业转型升级,推进渔业供给侧结构性改革,推动养殖、增殖、捕捞、加工、休闲渔业协调绿色发展。完成水产品产量18.49万吨,渔业经济总产值70.11亿元,分别高出上年度0.09

万吨、1.21亿元。

1.渔业结构调整 坚持因地制宜,突出地域特色,结合资源禀赋,调整产业结构、养殖结构、品种结构。全省大水面生态养殖、工厂化循环水养殖、网箱不投饵养殖、稻田养殖、池塘集约化养殖积极推进,大鲵、中华绒螯蟹、南美白对虾、小龙虾、泥鳅、黄鳝、鳟、鲟等一大批新名、特、优品种养殖初具规模。龙头企业、专业合作组织、渔业园区等达到300多家,大鲵、鳟、鲟等工厂化养殖面积达到425万平方米,网箱养殖面积达到210万平方米,围栏养殖面积达到260万平方米,全省涉渔农家乐、渔家乐、休闲山庄、垂钓园约有2 000余家,大鲵养殖数量超过1 000万尾,年繁育大鲵幼苗800多万尾;以汉中龙鲵生物开发有限公司为代表的大鲵分割产品、大鲵熟食包装产品、安康富硒鱼加工产品等水产品粗、深加工产品走进了超市,以农村电商、直销、农超对接等为代表的冷链物流业,让生态、绿色、高端水产品走进了寻常百姓家,走出了省内外,产业链得到延伸,渔民增加了收入,渔业转方式调结构工作取得显著成效。

2.渔业产业扶贫 2017年面向56个贫困县安排渔业基础设施建设和各类专项资金6 100多万元,贴息资金720.3万元,在贫困地区重点实施了池塘标准化健康养殖、盐碱地渔农综合养殖、大水面增殖、冷流水养殖、稻渔综合种养、大鲵特种养殖、库坝养殖等特色养殖,安排项目数量130个,建立项目示范点138个,带动当地贫困户764户,帮扶3 168人。利用农业部大宗淡水鱼项目为20个贫困县养殖户免费发放优良鱼种1 000多万尾,推广"渔业龙头企业+贫困户"精准扶贫模式,大力发展休闲渔业,推动水产加工业,延伸产业链,为贫困地区农村富余劳动力创造了就业机会。

3.水产品质量安全 制定下发了《陕西省渔业环境保护与水产品质量安全监管工作方案》,进一步落实监管责任。配合农业部完成交叉工作,配合农业部完成产地水产品例行抽检85个样品,省质检中心组织对11个地(市)养殖环节水产品抽取130个样品,经检测合格率均为100%;开展药物残留定量检测及风险监测143个样品,合格率99.3%。积极开展健康养殖示范创建活动和无公害产品认证工作,申报12个养殖场无公害产品认证和产地认定,对3批次12家农业部水产健康养殖示范场进行复查验收,新创建农业部健康养殖示范场7家,开展了"2017年放心渔资下乡进场宣传周"和"水产养殖规范用药科普下乡"活动,有效保障了全省产地水产品质量安全。

4.渔业生态环境保护 全面开展增殖放流活动,放流覆盖全省渭河、汉江、丹江和黄河等主要河流,共

放流经济鱼类1 193余万尾,濒危动物大鲵、秦岭细鳞鲑等4万余尾。组织在安康瀛湖流水镇开展了"大手拉小手"保护水生野生动物宣传活动。加强保护区管理和执法力度,组织对国家级、省级自然保护区开展专项自查和检查,对发现问题责成限期清理。组织开展涉渔工程环境影响评价,组织对陕甘界公路、西法城际铁路、引汉济渭工程等12个穿越水生生物保护区工程建设项目进行了专家论证。强化渔业水域水质和病害监测,在重要水域设置72个水质监测点,对28个渔业重点养殖区域设置疫病监测点,每月将监测情况通过网络逐级上报农业部,并向社会预报预警。通过国务院批准公布"丹凤武关河珍稀水生动物自然保护区""周至黑河珍稀水生野生动物自然保护区"两个省级自然保护区晋升为国家级自然保护区。向社会发布了2016年度《渔业生态环境状况》和《水产养殖病害监测及防治状况》两个公报。

5.水生生物病害检测防治 认真开展渔业病情测报、预警工作,2017年在28个渔业重点县(区)设置鱼类病情监测点83个,监测水生动物12种,监测面积2 484公顷,占全省总养殖面积的7.1%。继续做好鲤春病毒血症(SVC)和传染性造血器官坏死症(IHN)监测工作,新增锦鲤疱疹病毒病(KHV)的监测,在全省6市12个县(区)设置SVC监测点20个、IHN监测点10个、KHV监测点5个,共采集样品35个,未检出病毒,表明陕西养殖鱼类健康状况良好,通过这几种病毒的持续监测,有效提升和推动了全省水生动物疫病防控工作;通过加强和控制渔业疫病和污染事故,有力保障了全省渔业发展。

6.渔业科技推广 继续推动实施"农业部大鲵创新试验""陕西省无公害水产品养殖技术推广"等重点推广项目。组织实施斑点叉尾鮰、台湾泥鳅、小龙虾、中华鳖、杂交鲟、长丰鲢等6个主导品种和稻田综合种养技术、渔用膨化饲料应用技术、斑点叉尾鮰健康养殖技术、生态浮床技术等4个主推技术。全省举办新技术创新示范推广、新品种引进、稻田综合种养、水产品质量安全和鱼病防治监测等培训班125期,培训养鱼农民4 932人次,中、高级专业技术人员进村、入场开展技术服务1 200余人次,利用世界水日、科技之春等活动广泛开展了春季养殖生产、苗种生产、规范用药等科普宣传,渔业技术创新与推广在推动转方式调结构中发挥了重要作用。

7.渔政管理 开展"渔业文明窗口单位"创建,以"河长制"为契机,建立检打联动机制。实施禁渔期制度,继续开展清理整治"绝户网"等违规渔具和涉渔"三无"船舶等"亮剑2017"系列专项执法行动,对非法

捕捞和电、炸、毒鱼等违法行为进行了严厉打击,全省累计开展执法行动1 931次,出动执法人员9 028人次,出动执法船(艇)656船次,取缔"三无"船舶47艘,清理取缔"绝户网"358张,查处电、炸、毒鱼420余起,没收禁用渔具2 238台(套),立案83起,罚没款6.35万元,没收渔获物3 652千克。在"亮剑2017"渔政系列专项执法行动中,5个执法单位和5名个人受到农业部表彰,其中陕西省渔业局被评为先进集体。

8.渔业船舶检验 继续推进内陆渔船证书"三证合一"工作,"全国内陆渔业船舶管理系统"全面推广应用,全省渔船信息录入工作全面完成。组织在宝鸡、

汉中分别举办两期渔船检验培训班,参加培训300余人。继续开展了小型渔业船舶规范化管理试点,完成了年度渔船及船用产品的检验工作。对安康、汉中、宝鸡、渭南、商洛等市渔船检验及管理情况开展了专项督查检查,排查安全隐患,渔船管理进一步规范化,全年未发生安全事故。

9.存在问题 一是转方式调结构工作还需要进一步落实和推动。二是渔政执法工作力度还不够,非法捕捞水生野生动物行为有些地方还相当严重。三是调查研究和督查检查工作还不深入。四是产业扶贫措施还需要进一步研究创新。

【重点渔业生产地区(单位)基本情况】

陕西省重点渔业市基本情况

市别	渔业产值(万元)	水产品产量(吨)	其中		养殖面积(公顷)
			捕捞	养殖	
汉中市	273 732.6	42 625	1 313	41 312	7 627
安康市	203 978	45 130	4 261	40 869	14 463
渭南市	73 954.7	77 556.55	290	48 015	5 903
西安市	68 026	13 832		13 832	1 495
商洛市	16 310	4 266	497	3 769	614

【大事记】

[1]1月5日,2017年陕西省科技统计年报工作会议在西安举行,省水产研究所被省科技厅授予"2016年度陕西省科技统计工作先进单位"荣誉称号。

[2]瀛湖生态旅游区渔业局与瀛湖风景区派出所联合印发《关于加强禁渔期渔业生态资源保护的通告》,自3月1日开始,瀛湖水域全面进入禁渔期,任何单位和个人不得使用任何网具和捕捞工具作业。

[3]3月27日,农业部渔业环境及水产品质量监督检验测试中心一行3人到洋县进行"渔稻互作模式"水产品质量安全风险评估调研。

[4]4月1日,省水产总站召集全站中高级职称以上专业技术干部,交流研讨2017年全省渔业主导品种和主推技术。

[5]4月12日,中国水产科学研究院渔业机械仪器研究所所长徐浩一行,前来合阳调研渔业建设情况,先后深入黄河鱼类资源观测站建设工地、新民家鱼原种场、大鲵养殖场、国家休闲渔业示范基地等,调研组对合阳渔业发展情况给与高度评价,并就发展生态渔业和现代渔业方面提出了宝贵意见。

[6]5月上旬,陕西省在2016年首次成功扩繁松浦镜鲤600万尾的基础上,进一步扩大该苗种繁育规模,成功繁育出松浦镜鲤水花苗种1 150万尾。

[7]7月29~30日,农业部组织有关专家在延安市洛川县对陕西省5个国家级水生生物自然保护区总体规划进行了技术审查。

[8]9月19日,国家淡水鱼产业技术体系西安综合试验站一行3人来到合阳县渔业基地幸福渔场、黄河浮桥、全兴寨养殖场,分别对水产养殖户和农业合作社进行了访谈。

[9]11月16日,全国水产技术推广总站副站长刘忠松、农业部渔业渔政管理局养殖处副调研员曾昊、全国水产技术推广总站罗刚、农业部渔业渔政管理局资环处副主任张宇,在省市渔业局领导的陪同下,到合阳县督查2017年渔业渔政综合工作。

[10]12月1日,陕西新民家鱼原种场顺利通过了由全国水产原种和良种审定委员会组织的国家级资格复查验收。

[11]农业部公布的第十批国家级水产种质资源保护区名单中,黄河陕西韩城龙门段黄河鲤、兰州鲇国家级水产种质资源保护区位列其中。

[12]安康瀛湖生态旅游区渔业局联合安康市海事局瀛湖分局印发《关于规范瀛湖库区水生生物放生活动的通告》,明确了放生活动管理组织者主体责任,采取活动报备、定点放生、安全防范等管理措施,确保放生活动安全、健康、有序进行。

[13]省水产研究所自2016年以来,先后有"一种悬浮孵化框"等7项研究成果取得国家实用新型专利,"世界濒危物种兰州鲇栖息水域环境质量状况数据分析系统"等2项研究成果获得国家版权局计算机软件著作权授权。

[14]合阳润泽水产养殖有限公司养殖基地500公顷养殖水面通过农业部质量安全中心审定,符合无公害农产品相关标准要求,获准在产品及产品包装中使用无公害农产品标识。

[15]国家大宗淡水鱼产业技术体系西安综合试验站在西安开展了大宗淡水鱼养殖技术培训,安排部署2017年试验示范工作。

[16]挂靠在省水产研究所的农业部渔业环境及水产品质量监督检验测试中心(西安)顺利通过了本年度的全国农产品质量安全检测技术能力验证考核。

(陕西省渔业局　段荣娟)

甘肃省渔业

【概况】　2017年,全省各级渔业部门认真贯彻落实中央和省委、省政府出台的一系列惠农惠渔政策,顽强拼搏,积极作为,真抓实干,致力整治渔业生态环境,增殖渔业资源,改善养殖设施,优化渔业结构,推进健康养殖,全省渔业保持稳健发展的良好态势。全省养殖水面0.65万公顷,水产品总产量1.54万吨,渔业产值5.3亿元。

1.全面加强生态环境问题整治,水生生物自然保护区呈现新面貌　全省各级渔业部门坚持提高政治站位,牢固树立"四个意识",把自然保护区的生态环境问题整改工作作为重大政治任务,成立整改工作领导小组,制定整改方案,明确整改目标、整改措施、整改时限,认真组织"绿盾2017"专项督查,强化责任,推进整改。全省6个水生生物保护区共排查出生态环境问题41项,已整改到位32项,正在整改9项。保护区内所有建设项目已全部关闭退出,所有矿权、采砂场、养殖场、水电站等项目已全部关停,一些顽固性的长期生态环境问题得到解决,保护区面貌焕然一新。

2.全面推进转方式调结构,渔业绿色协调发展呈现新气象　全省各地同步启动新一轮养殖水域滩涂规划编制,已有27个县(区)完成规划编制并报政府批

准,有2个县政府已正式公布。持续推进水产健康养殖,新获批农业部水产健康养殖示范场15家,全省农业部水产健康养殖示范场达到78家。指导景泰等地开展盐碱地渔农综合开发,新增水产养殖面积400多公顷,改良盐碱地400余公顷。华亭县秦岭细鳞鲑水产种质资源区新获批为农业部水产种质资源保护区,全省农业部水产种质资源保护区达到22家。编发了《甘肃省黄河流域水生生物多样性保护方案》,组织开展增殖放流活动32次,放流水生生物2958万尾。

3.全面加强监管治理,渔业安全发展水平迈上新台阶　全省各地坚持问题导向,强化责任,综合施策,着力抓好渔业生产安全、水产品质量安全和水生生物安全。每季度组织开展渔业安全生产大检查,开展渔业突发事件应急演练,加强渔船和船用产品检验,全年受理完成186批次428台件渔船船用产品的检验。加强养殖病害的监测预报,在13个市(州)30个渔业县(区)设置了81个监测点,对草鱼、鲢鱼、鲤鱼等8个品种开展养殖病害监测,监测面积120多公顷。加强水产品禁用药物专项整治,出动执法人员1616人次,检查水产养殖企业和养殖户721家(次)。配合福建、长沙等部级水产品质检中心完成2017年全年水产品质量安全异地抽检、水产苗种质量安全监督抽检和本地抽检,共抽检水产品样品95个,12个市(州)渔业技术推广机构对全省所有养殖县(区)完成了风险检测全覆盖,共检测样品300个,抽检合格率继续保持在100%。全年没有发生重大渔业安全生产事件,没有发生重大水生生物安全事件,没有发生重大水产品质量安全事件。

4.全面拓展产业功能,渔业融合发展取得新突破　大力发展休闲渔业,新增2家全国休闲渔业示范基地,1家全国精品休闲渔业示范基地,全省全国休闲渔业示范基地达到14家。加强渔业品牌建设,"文祥"三文鱼被评为全国著名商标,"丹雨"鱼子酱成为全省鲟鱼注册成功的第一家品牌。大力推进渔业专业合作社和家庭农场建设,全省现有渔民专业合作社216个,社员1967人,其中国家级示范社14个,渔业家庭农场167个,专业大户118户。积极发展水产品加工业,鲑鳟鱼年加工能力达到1000吨以上,鲟鱼养殖企业加工设施已完成建设,年加工能力预计达到400吨以上,全省鲑鳟鱼和鲟鱼水产加工转化率将达到30%左右。

5.全面加强渔政执法,渔业规范发展取得新成效　组织全省14个市(州)开展渔业行政执法交叉督查,会同青海、宁夏3地开展黄河上游渔业联合执法检查,组织开展"亮剑2017"渔政执法行动。组织开展7家水产苗种生产企业和2家水生野生动物繁育企业"双

随机"监督抽查,组织完成 5 个重要水域生态环境监测,组织审查 4 个涉渔工程环境影响评价,签订渔业生态补偿资金 220 万元。严厉打击电毒炸鱼等各类非法捕捞行为,全省累计开展渔业执法检查 280 余次,教育处罚非法捕捞人员 36 人次,放生非法捕捞的鱼类 330 余条,极大震慑了违规违法行为。

6. 全面健全科技支撑能力,渔业综合发展能力有新提升 组织实施池塘养殖病害监测及综合防控技术示范与推广,实施面积 334 公顷,防控有效率达 80%。组织实施池塘鱼菜生态循环养殖技术示范与推广,在 8 个市(州)40 多个示范点的 200 多公顷大宗淡水鱼养殖池塘水面种植空心菜、油白菜、草莓等蔬菜水果,年生产蔬菜 40 吨,降低养殖水体氨氮含量 30% 左右。加大水产养殖名特优新品种引进和推广,引进草、鲢、鳙等优质夏花鱼苗 221 万尾,水花 8 600 万尾。全省网箱养殖面积 30.6 公顷,鲑鳟鱼产量 2 370 吨,鲟鱼产量超过 1 000 吨,大鲵存塘数量超过 30 万尾。

7. 主要问题 从渔业内部管理层面来看,渔业供给侧结构性改革要求与全省渔业系统自身工作质量和水平还有差距;推动渔业发展抓出亮点、走在前列的事业要求与渔业系统党员干部的主观能动性还有差距。从渔业发展外部的表现来看,一是水产品供给的数量与质量不平衡,质量发展不充分;二是渔业产业的规模和效益不平衡,效益实现不充分;三是渔业生产发展和生态保护不平衡,生态保护不充分;四是从事渔业生产的各类经营主体与新型经营主体不平衡,新型经营主体发展不充分;五是渔业快速发展与依法治渔不平衡,依法治渔不充分。

【重点渔业生产地区(单位)基本情况】

甘肃省渔业重点市(州)基本情况

市(州)	总人口 (万人)	水产品总产值 (万元)	水产品总产量 (吨)	其 中		养殖面积 (公顷)
				捕捞	养殖	
张掖市	131	1 245	2 285		2 285	839
临夏回族自治州	218	3 448	2 177		2 177	2 833
酒泉市	110	5 366	2 013		2 013	1 160
陇南市	285	2 268	1 260		1 260	881
白银市	180	1 590	907		907	78

【大事记】

[1]2 月 14 日,甘肃省农牧厅印发《关于 2017 年渔业渔政工作安排的意见》。

[2]3 月 15 日,甘肃省农牧厅在陇南市文县碧口镇白水江畔举行长江(甘肃段)春季禁渔执法启动仪式暨宣传贯彻活动,农业部长江流域渔政监督管理办公室副巡视员董金和、省农牧厅副厅长妥建福、陇南市政府副市长漆文忠出席活动,有关机构及当地群众 200 余人参加了活动。

[3]3 月 23 日,甘肃省渔业技术推广工作会议在永靖县召开,省农牧厅副厅长妥建福出席会议并讲话,全省 14 个市(州)、52 个县(区)渔业技术推广站站长共 90 多人参加会议。

[4]3 月 24 日,甘肃省水产学会第九届会员大会在永靖县召开,大会特邀省民政厅民间管理局、省科协相关领导莅临指导,大会改选出了第九届理事 45 名,常务理事 9 名。

[5]4 月 19 日,全省渔业渔政工作会议在天水市召开,天水市副市长霍卫平应邀出席会议并致辞,省农牧厅副厅长妥建福讲话,各市、州渔业主管部门主要负责同志,水产站站长,渔业重点县(区)水产站站长以及厅属有关单位主要负责同志共 80 多名代表参加了会议。

[6]4 月 20 日,全省渔政站长工作座谈会在天水市召开,全省 14 个市(州)渔政机构及康县、靖远县、西峰区等 16 个县(区)渔政机构负责人、部分渔政执法骨干共计 50 余人参加了会议。

[7]6 月 6 日,甘肃省分别在兰州市、平凉市、陇南市同步举行渔业增殖放流活动,省农牧厅党组成员、副厅长妥建福,副巡视员马占颖,兰州市委常委、副市长段广平出席黄河兰州段增殖放流活动,各级渔业行政主管部门、渔政监督管理机构人员,社会爱心企业职工、媒体记者及市民代表等共 400 余人参加了活动。

[8]7 月 9～10 日,首届甘肃省水产职业技能竞赛水生动物病害防治员省级一类决赛在甘肃农业大学举办。省农牧厅党组成员、副厅长妥建福出席活动,经过初赛选拔的 14 支代表队、42 名队员参加了比赛。金昌市代表队获得团体成绩第一名;酒泉、张掖代表队获

得团体成绩第二名;兰州、天水、定西、庆阳、临夏、白银、平凉等代表队获得团体成绩第三名。

[9]8月30~31日,农业部渔业渔政管理局副局长李书民带领计划财务处副处长鲁泉、养殖处曾昊到临夏回族自治州永靖县调研考察指导现代渔业发展和渔政管理工作。

[10]8月31日,农业部渔业渔政管理局、中国水产科学研究院、甘肃省农牧厅、白银市人民政府联合举办盐碱地渔农综合利用扶贫工程(景泰)现场观摩推进会。农业部渔业渔政管理局局长李书民,中国水产科学研究院院长崔利锋,中国科学院水生生物研究所院士曹文宣,农业部发展计划司区域开发处处长崔泽民,甘肃省农牧厅副厅长妥建福,全国水产技术推广总站副站长张文,白银市委常委、宣传部长陈其银,甘肃省财政厅党组成员、农业综合开发办公室主任江贵贤,甘肃省扶贫开发办公室巡视员张森,甘肃省科技厅副巡视员何维华,白银市人民政府副市长吴震等领导专家100余人参加了观摩和研讨会。

[11]10月15~16日,原农业部长江流域渔政监督管理办公室主任、全国水生野生动物保护分会会长李彦亮一行到定西市漳县指导保护区生态环境问题整改工作。

[12]11月2日,甘肃省渔业船舶检验竞赛人员参加由农业部渔业船舶检验局、中国农林水利气象工会全国委员会主办的首届"平安护航"杯全国渔业船舶检验知识竞赛总决赛,在决赛中取得内河组笔试第四名,并获得优秀组织单位奖。

[13]11月6日,甘肃省水产研究所承担的甘肃省科技重大专项计划国际合作项目"冷水鱼生产关键设备引进及技术转移输出"启动会在兰州召开。

(甘肃省农牧厅渔业处 韩金涛)

青海省渔业

【概况】 2017年,青海渔业工作在省农牧厅党组的正确领导下,全面贯彻全国渔业工作会议和省农村牧区工作会议精神,坚持保护与发展并重的原则,紧紧围绕年度工作目标,在开展渔业资源保护的同时,大力发展以鲑鳟鱼为主的冷水鱼网箱养殖,渔业资源保护得到进一步加强,养殖渔业呈现出了强劲的发展势头,开创了高原现代渔业工作的新局面。全年水产品产量达到16 000吨,渔业产值达到34 402万元。

1. 渔业资源保护 2017年,继续以青海湖裸鲤资源保护为核心,辅助于黄河长江流域水生动物资源保护工作。一是组织开展了冬、夏两季渔政执法专项行动和由青海、甘肃、宁夏、四川四地共同参加的"黄河青海、甘肃、宁夏、四川段渔业行政联合执法及交叉督察活动",突出重点,严厉打击各种违法犯罪活动。全年共办理各类案件15起,其中行政案件9起,罚款4.7万元。刑事案件6起,判刑3人。二是狠抓宣传,大力营造渔业资源保护的良好社会氛围。进入湟鱼产卵期和明水期,组织人员深入到环青海湖地区和西宁地区的集镇、农家院、私房菜等重点区域开展宣传,采取上门入户、发放宣传资料、张贴通告、召开座谈会、签订责任书等方式向群众宣传渔业法律法规。全年共发放宣传材料5 300份,张贴通告150张,检查市场83次。同时,在西宁市开展了法制宣传,并通过媒介、网站及时报道封湖育鱼情况,引导动员社会各界力量参与青海湖裸鲤资源保护,维护青海湖水域生态安全,推进青海湖流域生态可持续健康发展。

2. 渔业环境监测 2017年,继续对青海湖流域青海湖裸鲤、玛可河重口裂腹鱼、扎陵湖鄂陵湖花斑裸鲤等3处国家级水产种质资源保护区,黄河龙羊峡至积石峡段重要鱼类洄游通道,三江源区的长江曲麻莱至玉树段和沱沱河、黄河源区扎陵湖至达日段、澜沧江扎曲囊谦段,以及可鲁克湖等开展了渔业生态环境监测。全年共设置监测点76个,水质监测项目17项,水生生物监测5项,完成监测报告50余期。同时,开展了沿黄流域网箱养殖水域状况评估,重点对网箱养殖区域设置的24个点进行了水域环境监测,年度共监测4次,监测水质指标5项,通过监测,水质状况良好。

3. 增殖放流 2017年,按照年初制定的土著鱼类增殖放流目标,在经过1年对苗种培育的基础上,2017年实际放流土著鱼类1 277万尾,比计划放流的1 200万尾,超额完成77万尾。其中放流青海湖裸鲤1 147万尾,比计划放流的1 100万尾,超额完成47万尾。花斑裸鲤放流130万尾,比计划放流的100万尾,超额完成30万尾。据统计预测青海湖裸鲤新增资源蕴藏量近1万吨,蕴藏总量将达到8.12万吨,比上年的7.08万吨增长了14%。

4. 养殖渔业 2017年,青海渔业生产稳步发展,保持了较好的发展势头,产量增长幅度较大。根据统计预测,全年各类水产品产量合计达到16 000吨,比上年的12 050吨增加3 950吨,增长32.78%。产值预计达到6.2亿元,比上年增加1亿元。其中鲑鳟鱼产量13 800吨,比上年增加3 753吨,增长37.3%。池沼公鱼产量1 800吨,比上年增加100吨,增长5.8%。河蟹产量100吨,与上年基本持平。其他鲤科鱼类产量300吨,比上年增加172吨,增长134%。全年共繁育鲑鳟鱼苗种499万尾。新增网箱面积11 838平方米,网箱累计面积达到326 545平方米。

（1）继续开展水产健康养殖示范创建活动。根据农业部统一部署，按照全省创建标准，指导督促各养殖场建立健全养殖生产相关管理制度，细化养殖设备管理、水产品生产记录、投入品使用记录、病害防治、废水处理等制度规范，加快推进水产养殖标准化进程。通过创建活动的开展，2017 年到期的 9 家水产健康养殖示范场顺利通过省级验收，并上报农业部重新给予认定。同时积极倡导养殖企业开展绿色食品、质量管理体系等相关认证，至 2017 年年底 13 家养殖场通过农业部绿色食品认证。1 家企业取得了出口俄罗斯、欧盟、美国、韩国水产品注册。22 家注册了商标，其中 2 家获得省级著名商标和省级产业化龙头企业称号。

（2）进一步加强水产品质量安全监管。严格执行苗种出入境管理规定，对鲑鳟鱼苗种的输入输出进行严格管理。同时在沿黄流域鲑鳟鱼网箱养殖区域设置 24 个测报点，从"苗种质量管理、养殖环境监测、养殖模式选择、疫病检疫及病害防治、投入品质量管理、水产品质量检测、养殖水产品质量可追溯制度"等 7 个方面，开展了水产品安全生产全程监控。鲑鳟鱼商品鱼硝基呋喃类、孔雀石绿、氯霉素、氧氟沙星类等 7 个鱼药残留项目检测，合格率为 100%。在 2017 年农业部组织的产地质量安全抽查中全省被抽查的企业和样品全部达标。

（3）积极争取各级财政对渔业发展的扶持。2017年，用于渔业的投入达到 4 132.7 万元。其中，争取国家财政资金 2 682.7 万元，包括：增殖放流资金 1 736 万元，李家峡码头建设资金 800 万元，跨省份联合执法经费 105 万元，渔业统计 8.7 万元，内陆渔船数据清理和三证合一总结评估补助 20 万元，渔船油价补助 13 万元。争取省级财政资金 1 450 万元，包括：青海湖裸鲤恒温循环水培育车间建设资金 1 000 万元，青海湖裸鲤增殖放流 200 万元，水产良种补贴 200 万元，疫病防控 50 万元。比年度计划争取的 1 930 万元增加 2 202.7万元，增长 114%。

（4）加大水产技术推广服务力度。一是利用渔业技术推广网、12316 热线电话、渔业产业科技创新微信群等信息服务平台，为基层推广人员和养殖户及时提供现代渔业最新技术、实用技术和市场流通信息。改版优化了渔业技术推广网站。二是利用鲑鳟鱼网箱养殖示范实训基地，提供养殖技术培训平台。年举办水产养殖技术和生物安全管理技术培训班 4 期，培训近200 余人次。三是利用青海省渔业产业科技创新平台，推进成果转化。调整了省渔业产业科技创新平台首席专家。顺利通过了省农牧厅科技处组织的2015—2016 年度科技创新平台绩效考核，渔业平台在全省农牧业十大产业科技创新省级平台中绩效考核排序第四。与县级推广平台、技术转化基地签订工作协议，将沿黄水库 6 个养殖场作为科技创新平台技术转化基地，进行大西洋鲑大规格鱼种网箱养殖试验示范。四是利用省高原水生生物及生态环境试验室科技支撑平台，不断强化鱼病实验室疫病检测能力，并通过了农业部组织的水生动物防疫系统传染性造血器官坏死病病毒、传染性鲑鱼贫血病病毒、锦鲤疱疹病病毒实验室检测能力测试验证。并获得 2018 年国家及省级水生动物疫病监测计划相应疫病检测实验室备选资格。

（5）继续推进生物安全管理。一是持续开展基层生物安全管理技术指导。积极指导基层水产站开展微生物实验室建设，对贵德、尖扎、化隆、循化 4 县水产站配备实验室设备，进行微生物实验室运行及设备操作技术培训。同时指导基层水产站与所辖养殖场签订生物安全管理责任书，对各县水产站和渔场生物安全管理监督员和管理员造册建档，责任落实到人，进一步提高基层水产站和渔场生物安全管理意识和疫病防控能力。二是继续开展全国无规定疫病苗种场试点建设，与相关水产站和两个试点苗种场签订协议书，强化责任与分工，加大对种苗产地检疫力度和引进水产苗种管理，严格苗种引进检疫备案登记制度，对苗种的输入和输出实行严格的动态监管。到 10 月底，共检测鲑鳟鱼苗种样品 14 个，其中向深圳出入境检验检疫局送检传染性造血器官坏死病和传染性胰脏坏死病 10 个，自检传染性造血器官坏死病样品 4 个，检测结果均为阴性，出具鲑鳟鱼苗种动物检疫合格证明 10 余份。三是继续实施全国水生动物重大疫病监测计划，到 10 月底，对 8 县 1 市 30 家养殖场鲑鳟鱼开展了 130 份样品的疫病检测（其中送检和自检各 65 个），并出具相应检测报告，均未发生疫情。四是深入开展水产养殖病害测报，重点对省内鲑鳟鱼养殖区域 1 市 8 县设立 28 个测报点进行测报，测报面积 34.2 万平方米，测报品种主要是鲑鳟鱼，监测到鱼病 3 种（水霉病、烂鳃病、三代虫病）。通过持续开展养殖病害测报，及时预报和提供水产养殖病害发生风险和防范措施，有效防控病情，确保养殖生产安全。

（青海省农牧厅渔业局　朱安福）

宁夏回族自治区渔业

【概况】

1. **主要渔业经济情况**　2017 年，宁夏紧紧围绕渔业增效、渔农增收核心，大力推进精准化养殖转移、名特优新品种转移、全产业链发展转移"三个转移",重点实施设施渔业建设等五大建设项目,扎实落实优化养殖品种等十项工作任务,渔业经济保持了持续健康发展的良好态势。全区水产品产量18.1万吨、比上年增长3.6%,水产养殖面积3.51万公顷、同比增长8.21%。从渔农民年均纯收入达到11 879.64元、比上年增长6.8%。全区人均水产品占有量达27.2千克,居西北地区首位。

2. 产业发展的主要举措、成就及特点

一是渔业结构调整成效显著。2017年,以设施渔业工程、池塘健康高效养殖工程、稻渔综合种养工程为重点,加快推进渔业转方式调结构,"三大工程"进展顺利,成效显著。设施温棚面积达到44万平方米,低碳高效池塘循环水流水槽达到104条,养殖工艺进一步优化;新建、改造养殖基地1 200公顷,配套物联网智能养殖等"互联网 + 现代渔业"养殖技术和装备,稳产、高效、安全养殖水平进一步提升;推广稻渔生态综合种养1 760公顷,"宽沟深槽"稻虾(鱼、鳅、蟹、鸭)、陆基生态"稻渔共作"等种养新模式得到广泛示范,稻田种养技术进一步创新;养殖品种结构调整力度加大,名优水产品产量占全区养殖水产品产量比重达6%以上。新建全国现代渔业技术综合示范点1个、全国水产科普教育示范基地1个、全国稻渔综合种养示范基地2个,沙湖大鱼头获"2017百强农产品区域公用品牌"称号。

二是渔业科技创新能力提升显著。2017年,成立了3个院士工作站,实现了宁夏渔业"院地"高层次合作的历史性突破。与江苏省海洋与渔业局签订现代渔业科技合作框架协议,并跟进派遣48名渔业技术骨干到江苏无锡渔业学院集中学习15天,为全区渔业科技人员"走出去"培训做了很好的探索。重点在自治区水产研究所、平罗县、贺兰县成功开展了集装箱工厂化高效生态养殖技术、漂浮式微流水养殖技术和渔业设施微流水循环尾水结合水稻种植异位修复生态种养新模式的试验示范,创建全国现代渔业技术综合示范点1个、全国水产科普教育示范基地1个,全区渔业科技创新能力与示范带动能力显著提升。

三是"智慧渔业"建设加快推进。以贺兰、灵武、平罗、青铜峡、中卫市沙坡头区等渔业重点县为主,建设集物联网智能养殖、渔业水体环境监控、水产品质量可追溯、鱼病远程诊断、市场信息服务等多种功能于一体的"互联网 + 渔业"养殖场点30多家,试验示范池塘机械化捕捞技术,探索"四化"(装备工程化、技术现代化、生产工厂化、管理工业化)养殖技术,养殖管理水平、渔业预警和事故防范能力显著提升。

四是生态渔业建设加快推进。组织开展重点河湖生态保护红线和禁养区、限养区划定,积极推进"以渔净水",对沙湖等重点河湖实施增殖滤食性鱼类、种植莲藕等生物手段治理;争取中央渔业资源保护项目资金718万元,在黄河宁夏段、泾河宁夏段及重点湖泊水域增殖放流经济鱼类4 800万尾;继续对黄河宁夏段397千米实施禁渔,组织开展"水生野生动物保护宣传月"活动,"亮剑2017"系列渔政专项执法行动、违规渔具清理整治行动,民众水生生物资源保护意识得到较大提升。

五是渔业安全形势良好。2017年,宁夏继续抓好渔业生产安全和水产品质量安全。一是多渠道、多方式开展渔业安全宣传教育和检查,提高全社会安全意识,全区没有发生渔业安全生产事故,渔业安全形势持续良好;新创建全区平安渔业示范县2个。二是坚持产管结合,继续开展水产养殖全程监管。全面落实养殖户主体责任和属地管理部门监管责任,加强养殖投入品、水产苗种监管,检疫、鉴评外调水产苗种和本地生产苗种204批次、17个品种、15.2亿尾,合格率96%;全国产地水产品例行抽检宁夏65批次,合格率100%。三是强化水生动物疫病防控,全区设立监测点43个,对主要养殖品种及重点养殖水面的疫病测报与防控点实行直报制度。

3. 存在的主要问题 一是水产养殖数量规模和质量效益不平衡,质量效益发展不充分,优质安全水产品供给不足。二是渔业生产发展和生态保护不平衡,生态保护不充分;养殖水域利用不平衡,大量低洼盐碱地利用不充分;渔业一二三产业发展不平衡,二三产业发展不充分。

【重点渔业生产地区(单位)基本情况】

宁夏回族自治区重点渔业市(县、区)基本情况

市(县、区)	总人口(万人)	渔业产值(万元)	水产品总产量(吨)	其中		养殖面积(公顷)
				捕捞	养殖	
贺兰县	25.6	47 958.19	46 584	123	46 461	5 653

（续）

市（县、区）	总人口（万人）	渔业产值（万元）	水产品总产量（吨）	其中		养殖面积（公顷）
				捕捞	养殖	
平罗县	30.33	40 552.05	39 390	85	39 305	7 627
青铜峡市	28.4	19 344.35	18 790	83	18 707	3 500
大武口区	30.36	17 961.69	17 447		17 447	2 440
沙坡头区	40.32	17 717.7	17 210		17 210	2 600

【大事记】

[1]2月17日，自治区农牧厅印发《关于开展养殖水域滩涂规划编制（修订）工作有关事项的通知》，对宁夏养殖水域滩涂规划编制（修订）工作进行了部署并提出了相关要求。

[2]3月13日，自治区农牧厅召开全区渔业渔政工作暨新技术培训会。学习贯彻农业部"十三五"渔业规划和渔业科技规划、落实全国渔业渔政工作会议和全区农业农村工作会议精神，回顾了2016年宁夏渔业渔政工作，安排部署了2017年工作，还邀请了区外知名专家分别就现代生态渔业发展、池塘养殖生态工程与高效装备、绿色生态种养做了专题讲座。

[3]4月10~13日，农业部渔业船舶检验局和宁夏回族自治区农牧厅联合举办了宁夏渔业船舶检验人员上岗资格培训班。培训班特邀江苏、河北渔业船舶检验局两位讲师授课。全区渔业系统的55名学员参加了培训、考试，为下一步规范渔业船舶检验工作和船舶安全源头监管奠定了理论基础。

[4]4月13日，宁夏召开院士工作站揭牌大会，为宁夏渔业科技院士工作站和宁夏水产动物饲料与营养技术创新院士工作站揭牌。

[5]4月17日，自治区农牧厅印发《全区休闲渔业发展监测工作实施方案》，明确了全区休闲渔业发展监测的内容、范围、组织方式和分工、数据报送时间及方式、监测表式、指标解释、工作要求等。

[6]4月24日，自治区农牧厅对2017年黄河宁夏段休渔工作进行安排部署，要求沿黄各地切实做好休渔管理各项工作。

[7]5月3日，自治区农牧厅印发《宁夏2017年全国水产健康养殖示范创建活动实施方案》，明确了工作目标、创建重点、活动内容、进度安排以及工作要求，同时印发了农业部水产健康养殖示范场创建标准（2017年版）。

[8]5月3日，自治区农牧厅印发《宁夏2017年违规渔具清理整治工作方案》，明确了工作目标、重点任务、组织方式、时间安排、保障措施和工作要求。

[9]5月6日，自治区农牧厅渔业渔政管理局现场科学指导由自治区宗教局、银川市佛教协会在银川举办的"宁夏佛教界关爱生命、保护环境、科学放生"活动，各市、县、区佛教协会负责人、各大佛教寺院主持及信教群众约500人参加。自治区农牧厅渔业渔政管理局还现场解读了国家关于增殖放流活动的政策规定、放生活动规范和注意事项，发放了宣传资料。

[10]5月18日，自治区农牧厅渔业渔政管理局组织银川市永宁县、灵武市、兴庆区渔政、农业执法人员，会同以上3地公安、海事等部门，联合开展了黄河银川段陆上、水上执法检查。

[11]6月6日，全国"放鱼日"，宁夏在沙湖举办了以"增殖水生生物、促进绿色发展"为主题的同步增殖放流活动，共放鲢鱼、鳙鱼和鲤鱼鱼种200万尾。活动旨在进一步增强公众水生野生动物和渔业水域生态环境保护意识，促进生态文明建设；同时也是以实际行动落实自治区党委关于沙湖水域生态环境治理方案，全面推行河长制，以鱼养水为美丽宁夏建设添砖加瓦。

[12]6月22日，自治区农牧厅、安全生产监督管理局联合部署"平安渔业示范县"创建活动。要求各地完善措施，认真做好考评推荐工作，确保工作取得实效。

[13]7月5日，全国水产技术推广工作会议暨生态健康养殖技术集成现场会在宁夏银川召开，农业部党组成员、副部长于康震，自治区党委常委、自治区副主席马顺清出席会议。宁夏、江苏、浙江、湖北、安徽、广东等省（自治区）在会上做典型经验交流。与会者现场参观了自治区水产技术推广站（自治区水产研究所）贺兰试验示范基地渔业物联网追溯体系、水质净化、黄河鲶鱼品种选育、集装箱养殖技术，广银米业公司稻渔综合种养基地的稻渔、稻鸭、稻泥鳅、稻虾等5种综合示范养殖模式、一二三产融合发展，贺兰县科

海渔业有限公司池塘工程化循环水养殖综合基地渔业物联网应用、水产品追溯体系演示、路基水循环、零排放、池塘水循环等内容。

[14]7月12日，自治区农牧厅印发《2017年水生野生动物保护科普宣传月活动实施方案》，明确了活动主题、时间、组织机构、宣传内容、宣传形式，并对宁夏开展活动提出了具体要求。

[15]7月16日，农业部与宁夏回族自治区政府在银川联合举办"黄河宁夏银川段水生生物增殖放流活动"，共向黄河放流黄河鲤、黄河鲶、黄河甲鱼1000万尾。农业部党组成员、人事劳动司司长毕美家，宁夏回族自治区政府秘书长王紫云出席活动并讲话。农业部渔业渔政管理局局长张显良主持活动，自治区农牧厅党组书记、厅长王文宇参加活动。农业部办公厅、计划司、财务司及宁夏有关厅局、部门领导及负责人，银川市政府领导以及相关部门负责人，灌区各市（县、区）农牧局负责人，渔政人员及当地群众约400人参加活动。活动期间，渔政人员宣读了野生动物保护宣言，发放了水生野生动物保护知识科普宣传品，中央及地方新闻媒体应邀参与了报道，营造了良好的宣传氛围。

[16]8月21日，自治区农牧厅下发通知，安排布置宁夏国家级稻渔综合种养示范区创建工作，明确了创建原则、目标任务、创建标准和创建程序，并提出了具体工作要求。

[17]8月21日，自治区农牧厅下发通知，安排布置参加全国休闲渔业品牌培育活动，明确了工作目标、重点任务、创建数量、创建认定条件、申报程序，并提出相关工作要求。

[18]8月，自治区农牧厅与江苏省海洋与渔业局签订了现代渔业科技合作框架协议，重点在科技研发、技术合作、成果转化、人才交流与培养等方面开展广泛合作。

[19]9月25日，自治区农牧厅召开全区渔业生态养殖技术集成现场推进会。会议现场观摩了石嘴山市新农村鱼种场设施渔业基地、星海湖产业公司、镇朔渔业公司和三水农业公司微流水生态养殖基地、通威公司贺兰渔光一体生态养殖基地。石嘴山市、贺兰县、灵武市、宁夏马兰花生态农业有限公司、宁夏广银米业有限公司、银川虾之丰渔业合作社、宁夏镇朔渔业公司做了交流发言，自治区农牧厅党组成员、副厅长马新民参加观摩并讲话。

[20]9月30日，经考核考评和公示，自治区农牧厅、安全生产监督管理局联合公布青铜峡市、中宁县为2016—2017年度"自治区平安渔业示范县"。

[21]10月11日，宁夏2017年渔业资源及生态保护补助项目苗种依法进行了政府采购公开招标。自治区水产研究所、贺兰县新水产养殖有限公司、宁夏绿方水产良种繁育有限公司和宁夏泰嘉渔业有限公司竞标成功。此次共采购黄河鲤、黄河鲶、鲢鱼、鳙鱼、草鱼和甲鱼等4800万尾（只），计划10月下旬至11月上旬在黄河银川段、吴忠段、中卫段、沙湖及其附属水域和清水河原州段黄河鲤国家级水产种质资源保护区进行增殖放流。

[22]10月24日至11月6日，宁夏组织基层渔业技术推广人员赴南京农业大学无锡渔业学院学习，全区50多名基层渔业技术推广人员参加培训，自治区农牧厅副厅长马新民参加开班仪式并讲话。

[23]10月25日，农业部办公厅公布2017年休闲渔业品牌培育创建主体认定名单，宁夏贺兰县兆丰生态渔业有限公司（桃林又一村）被评为"全国休闲渔业示范基地"。

[24]11月6~9日，自治区农牧厅渔业渔政管理局组织有关人员，按照农业部水产健康养殖示范场验收标准对宁夏第三批、四批和七批农业部水产健康养殖示范场进行了复查，对第十二批农业部水产健康养殖示范场进行了考核验收。验收采取现场实地检查、查阅资料、考核打分等方式。

[25]11月25日，自治区农牧厅组织全区渔政执法人员参加全国渔业行政执法人员执法资格统一考试。

[26]12月28日，银川虾之丰渔业合作社、宁夏悦海农牧有限公司、宁夏通威现代渔业科技有限公司、宁夏海利水产养殖有限公司、宁夏建元金河湾农业开发有限公司、贺兰县旭日养殖专业合作社、灵武市明辉生态渔业专业合作社、灵武市景丰生态农业开发专业合作社、平罗县金茂源家庭农场、宁夏镇朔渔业有限公司、中卫市振彪渔场等11家养殖场通过第十二批农业部水产健康养殖示范场省级考核验收和农业部审核，获得"农业部水产健康养殖示范场（第十二批）"称号；宁夏广勤养殖实业有限公司、宁夏绿方水产良种繁育有限公司、石嘴山市星海湖产业有限公司3家养殖场，通过复查和农业部审核，"农业部水产健康养殖示范场（第三批）"称号继续有效；银川鸣翠湖生态旅游开发有限公司、贺兰县茂功水产养殖有限公司、大武口区沟口全丰渔业养殖园、宁夏银龙渔业养殖有限公司、平罗县劲松水产养殖有限公司、平罗县丰源渔业养殖有限公司、平罗县张大华源水产养殖有限公司、平罗县万达水产有限公司、平罗县农牧场等9家养殖场，通过复查和农业部审核，"农业部水产健康养殖示范场（第四批）"称号继续有效；银川赵府滩渔业专业合作社、银

川市通西水产养殖专业合作社、宁夏庆昕源渔业有限公司、贺兰县新明水产养殖有限公司、石嘴山市大武口隆湖富民水产养殖专业合作社、平罗县鱼种场、平罗县国禄家庭农场、宁夏马兰花生态农业开发有限公司、青铜峡市天源渔业专业合作社等9家养殖场,通过复查和农业部审核,"农业部水产健康养殖示范场(第七批)"称号继续有效;有效期自2018年1月1日至2022年12月31日。截至2017年年底,全区农业部水产健康养殖示范场数量已达到74家。

(宁夏回族自治区农牧厅渔业渔政管理局 刘 巍)

新疆维吾尔自治区渔业

【概况】 2017年是新疆渔业全面落实"十三五"渔业规划的关键一年,也是调结构、转型升级的关键一年,全疆渔业以"提质增效、绿色发展、富裕渔民"为目标,全力推进渔业现代化建设,努力提升渔业综合能力、水产品安全供给能力和渔业与环境和谐发展的能力,渔业生产总体继续保持稳步发展的良好态势。

1. 水产主要指标及增减情况

(1)渔业经济产值。渔业经济总产值27.84亿元,同比减少1.36亿元,减幅4.7%,其中渔业经济产值23.10亿元(养殖19.74亿元、捕捞2.10亿元、苗种1.25亿元),减少6.6%;渔业工业和建筑业经济产值2.02亿元;渔业流通和服务业经济产值2.73亿元,减幅1.4%。

(2)水产品总产量。2017年全疆水产品总产量达到165 447吨,同比增加3 846吨,增幅2.5%,其中淡水养殖产量152 803吨,增加5 187吨,增长3.5%,淡水捕捞产量12 644吨,减少1 341吨,减幅9.6%。养殖产量占水产品总产量的92.4%。全疆水产品人均占有量7.19千克。

(3)养殖面积与产量。养殖面积9.1万公顷,养殖产量152 805吨。其中池塘1.27万公顷,产量117 040吨;湖泊0.62万公顷,产量4 340吨;水库5.15万公顷,产量19 287吨;河沟0.36万公顷,产量1 960吨;其他1.7万公顷(包括坑塘、围栏、网箱、工厂化、稻田等水域),产量10 178吨。

养殖品种中,大宗鱼类产量136 886吨,其中草鱼50 442吨,鲢鱼24 248吨,鳙鱼8 234吨,鲤鱼41 485吨,鲫鱼12 477吨;名特优品种产量15 917吨,其中鳊鱼1 210吨,罗非鱼846吨,池沼公鱼1 685吨,鲑鱼320吨,虹鳟鱼3 452吨,白斑狗鱼1 766吨,鲈鱼1 437吨,丁鲅319吨,雅罗鱼253吨,乌鳢428吨,鲶鱼221吨,鲖鱼337吨,黄颡鱼194吨,鲟鱼463吨,银鱼169吨,虾类1 059吨,河蟹1 929吨,鳜鱼210吨,贝类产量63吨。

(4)捕捞产量。鱼类12 278吨,甲壳类364吨(虾53吨,蟹313吨),丰年虫产量79吨。

(5)主要水产苗种。生产各类淡水鱼苗39.49亿尾,增长66.4%,虾类育苗1 200.03万粒,增长20.4%。

(6)渔业人口和从业人口。渔业村1个,渔业户3 940户,减少71户;渔业人口19 820人,渔业从业人员19 209人。

(7)水产品加工。水产品加工企业13个,相比2016年增加5个。其中规模以上加工企业4个(年主营业务收入500万元以上的水产加工企业),全区水产冷冻品4 955吨/年,制作鱼粉饲料1 640吨/年。

(8)渔业灾情。渔业灾情造成受灾面积0.2万公顷,水产品损失995吨,直接经济损失1 034.9万元。

(9)渔民人均收入。渔民人均可支配收入17.434元,增加795元,同比增长4.8%。

(10)休闲渔业。2017年全疆休闲渔业经济产值达1.40亿元,截至年底,全疆创建国家级休闲渔业示范基地7个,获得第五批全国休闲渔业示范基地2家、农业部授予的冬捕渔业文化节1个。具备休闲渔业经营资质的单位(户数)171家,经营总面积1.56万公顷,带动就业人数达到3 800余人,占渔业总人口的26%,年接待游客近200万人次。

2. 主要举措

(1)以着眼升级产业结构为目标,优化渔业区域布局。

①建设渔业产业带。一是北疆渔业产业带。以阿勒泰、伊犁、博尔塔拉、乌鲁木齐—昌吉等地区为重点,发展冷水性、亚冷水性鱼类,建设北疆水域渔业产业带。二是南疆渔业产业带。以南疆地区的博斯腾湖、塔里木河、车尔臣河等水域为重点,发展裂腹鱼和其他特色经济鱼类,建设南疆水域渔业产业带。

②培育渔业产业区。一是阿勒泰渔业产业区。依托乌伦古湖、吉力湖、阿苇滩水库、"635"水库、塘巴湖水库、喀腊塑克水库、福海水库、哈巴河山口水库、布尔津山口水库以及兵团农场天然坑塘水域形成的超过13万公顷的天然水域资源,实施天然水域增殖、放流和集约化人工养殖,实现特色经济鱼类年产量2万吨的目标。二是伊犁渔业产业区。利用伊犁河已建或拟建水库等天然水域进行增殖、放流;改造伊犁河谷下游沿岸滩涂池塘,调整渔业产业结构和布局,优化池塘养殖品种;以恰甫其海、吉林台水库的水生生物增殖站为骨干,建设集约化养殖基地,实现特色经济鱼类年产量

1.5万吨的目标。三是博尔塔拉渔业区。依托赛里木湖天然冷水资源，以白鲑属鱼类为主养品种，扩大高白鲑、凹目白鲑等鱼类的养殖规模；利用博尔塔拉河泉水溢出带冷水资源，开展鲑鳟鱼类人工养殖，实现年产量0.2万吨的目标。四是乌鲁木齐—昌吉—石河子渔业产业区。以白斑狗鱼、丁鱼岁、河鲈、雅罗鱼等特色经济鱼类为主养品种，开发冷水水域资源，发展鲑鳟鱼类养殖，实现年产量2万吨的目标。利用这一产业区资源和区位优势，发展集餐饮、旅游、垂钓、观赏为一体的休闲渔业，提高渔业效益，打造渔文化产业。五是库尔勒—且末渔业产业区。以博斯腾湖开发为重点，开发车尔臣河流域渔业生产，进行以扁吻鱼、塔里木裂腹鱼为代表的裂腹鱼类的增殖放流，扩大自然生物种群，修复水域生态环境，同时逐步恢复河鲈的种群数量，完善河鲈、白斑狗鱼池塘养殖和集约化养殖，实现特色经济鱼类年产量1.8万吨的目标。六是阿克苏—喀什渔业产业区。以阿克苏河、叶尔羌河流域为开发重点，在进行以扁吻鱼、塔里木裂腹鱼保护及增殖的同时，利用资源优势发展草鱼等集约化或池塘养殖特色经济鱼类，实现年产量0.5万吨的目标。

（2）以转变渔业增长方式为根本，进一步提升产业发展水平。加快渔业增长方式转变，积极利用农业部及内地省份对口支援新疆工作的机遇期，加强基础设施建设，加快关键技术的研发和成果推广转化，促进渔业增长方式转变，重点在水产特色新品种的培育、饲料、新渔药的开发和推广，工厂化养殖，特色经济鱼类产业发展以及新的养殖模式应用等方面取得进展和突破。合理规划利用水域、滩涂，大力推行健康养殖方式，科学引导标准化、规范化生产，促进传统养殖方式的革新，以提高科技创新能力为中心，以"高效、生态、健康、安全"为目标，继续促进水产加工和休闲渔业发展，通过加快转变增长方式、不断优化产业结构，促进新疆渔业整体质量和水平不断提高。

（3）以全面推进水产健康养殖为基础，进一步提高水产品质量安全标准。继续推进以水产健康养殖示范场为主体的养殖生态修复项目，提高示范场的标准和辐射带动作用。把池塘标准化改造和示范场建设结合起来，通过建成一批减排环保、优质高效的标准化健康养殖示范场（区）带动全区渔业健康养殖形成规模。认真落实水产苗种生产许可和产地检验制度，抓好养殖场和苗种场数据库管理及质量安全记录，切实做到水产苗种生产和管理规范化。同时，继续完善重点养殖水产品质量安全可追溯系统，推动产地准出、市场准入等制度。进一步提高水产品质量安全预警及突发事件应急处理能力，完善水产品质量安全监管长效机制。

（4）以优化产业化经营模式为关键，进一步增强市场竞争力。加快推进产业化经营和区域布局，积极发展水产品加工出口，形成养殖与加工相互促进、共同发展的格局。充分利用新疆丰富优质的渔业资源，吸引区外资本投资新疆特色渔业产业开发，加快引进、培育一批骨干龙头企业，积极发展水产品加工，形成产、加、销一体的产业化经营格局，提升全区水产品市场规模、管理水平和流通能力。培育具有自主知识产权和自主品牌的加工产品，不断提高水产品对外贸易的质量和效益。实施品牌战略，创建一批新疆特色经济鱼类产品品牌，依托自治区在北京、上海、广州设立的三大展销平台，大力宣传新疆特色水产品，开拓国内外水产品市场。不断提高产业化经营和对外开放水平，深入开展对外交流合作，顺应国内、国际渔业发展趋势，在立足区内发展，拓展国内市场的同时，进一步拓展新疆渔业发展空间，提高渔业国际竞争力。

（5）以科研推广为支撑，全面促进水产信息化发展。切实发挥推广体系优势，加大主导品种和主推技术的示范、推广力度，进一步提高良种覆盖率和科技成果转化率。加大培养高素质、有文化、懂技术、会经营的新型渔（农）民。完善自治区渔业信息库和发布平台，通过网络与各地（州、市）及重点县渔业部门以及重要渔业企业、渔民合作组织相连接的信息网络系统。

（6）以加强水产技术推广体系建设为依托，加强水生动物疫病防治和增殖放流。切实发挥水产技术推广的职能，加强推广水产科技，加快水产技术成果转化，加强对渔民的培训，依靠科技推进现代渔业发展。全面提高水生动物疫病防控、检测、诊断能力和水域环境监测能力。向适宜放流的河流和重要水域加强组织，开展水生生物资源增殖放流活动，促进渔业资源有效增加，保证渔业可持续发展。

3.发展成就

（1）渔业经济结构不断优化，市场竞争力进一步提升。一是养殖品种进一步丰富。名特优新水产品比例逐年加大，鳟鱼、池沼公鱼、南美白对虾、河鲈、白斑狗鱼、河蟹养殖已形成规模，尤其是鳟鱼达3 400余吨。二是天然水域渔业资源开发利用效益逐步提升。大力推行人放天养的生态养殖模式，发展生态有机、冷水渔业，博湖县"蓝翔"、赛里木湖"天润"、阿勒泰地区"冰川"生产的天然野生有机冷水鱼品牌享誉区内外，实现了生态环境优美、渔业增效、渔民增收的多赢局面。三是现代渔业产业体系初步形成。休闲渔业及水产品加工业快速发展，建成了一批上规模、技术先进的养殖、加工企业。全疆现已注册了"冰川鱼""冰川小阿刁""金梭""龙斑五眉""福海湖""吉力湖""骆驼湾"等商标15个,共71种产品,其中"冰川鱼""吉力湖"已成为著名商标。

(2)健康养殖业步伐进一步推进,水产品质量不断加强。2017年,全疆养殖主产区新创农业部水产健康养殖示范场9个,示范面积达140公顷;全区累计创建农业部水产健康养殖示范场181个,示范县1个,示范场面积累计达2.13万公顷,占全疆养殖水面的35%;健康养殖产量达6万吨,占渔业总产量的36.4%;建成了一批起点较高、集中连片、减排环保、优质高效的标准化健康养殖示范场(区)。全区累计认定无公害养殖主产区共计106个产地、277个产品,共有66人获得了无公害农产品检查员证书,176人获得无公害农产品内检员证书。

(3)渔业资源养护进一步加强。积极落实环保督查工作,制定《全疆淡水池塘养殖水排放方案》和《关于进一步加强池塘养殖尾水排放管理工作的方案》,全面部署整改养殖用水及尾水排放工作,加强渔业生态环境保护工作,保障水生态安全,遏制高耗能、粗放型的水产养殖模式,积极推进生态、健康型的水产养殖业,促进渔业持续、健康、稳定发展。

(4)渔业科技推广和服务进一步加强。强化渔民渔业适用技术培训,开展各层次各类培训班,全年共计培训渔政执法人员、船员、养殖户等1 200余人次,提升了渔业从业人员综合素质。加强渔业系统手机短信服务平台服务渔民,信息内容包括渔业法、规章制度、渔政法规、水生野生动物保护规定、渔业信息等。全疆覆盖用户1 000余人(渔民、技术人员、公务员),累计接受短信人数达到12 000余人次。

4. 存在的问题

(1)渔业资金投入严重不足。新疆渔业发展的项目、资金投入远不能满足渔业发展实际,池塘标准化改造任务较重,现代种业工程建设匮乏、产业结构不合理、市场开拓力不强等问题都限制了渔业的发展。

(2)渔业生产规模化、集约化程度较低。缺乏有较强带动能力的水产龙头企业,产业化经营水平不高,产出效率较低,水产品仍以鲜活、初级加工为主,知名品牌少,缺乏高端市场引领,名优特产品品牌打造不够,市场竞争力不高,不能实现优质优价,使渔业的效益比较低,渔民收入难以提高。

(3)渔业产业结构不合理,休闲渔业、渔业深加工产业发展薄弱。产业融合发展程度低,休闲渔业、水产品加工业地区发展不均衡,并且现有的休闲渔业、水产品加工企业生产规模小,没有形成规模效应,渔业产业消费市场发掘不足。

(4)基层水产技术推广体系不健全,科技队伍人员断层现象严重,人员严重短缺、在岗率普遍偏低,一定程度上影响了全区渔业工作的有序推进。

【重点渔业生产地区(单位)基本情况】

新疆维吾尔自治区重点渔业市(县)基本情况

市(县)	渔业产值 (万元)	水产品产量 (吨)	其　　中		养殖面积 (公顷)
			捕捞	养殖	
昌吉市	35 106	10 840		10 840	5 673
伊宁县	15 387.36	9 289	7	9 282	586
温宿县	13 184.5	8 812		8 812	416
福海县	18 400	8 430	3 600	4 830	9 600
博湖县	9 926.25	7 406	4 478	2928	1 706

(新疆维吾尔自治区水产局　毋凯凯)

大连市渔业

【概况】 2017年,大连市有甘井子区、旅顺口区、金州区(金普新区)、瓦房店市、普兰店区、庄河市、长海县和中山区8个涉渔区(市、县),以及高新技术产业园区、长兴岛经济区和花园口经济区3个涉渔对外开放先导区;渔业乡、镇、街道35个,渔业村171个,渔业户6.3万户;渔业人口21万人,其中传统渔民13.1万人;渔业从业人员15.3万人,其中专业从业人员10.3万人。专业从业人员中,从事捕捞业4.3万人,从事养殖业4.5万人,其他1.5万人。

全市地方渔业(不含辽宁省属企业在大连分支机构)经济总产值841.3亿元,比上年增长6.1%,其中渔业产值(含苗种)473.3亿元,增长5.6%。渔业经济增加值422亿元,按可比口径计算比上年增长5.7%。渔业产值中,海洋捕捞产值91.8亿元,海水增养殖产值321.3亿元,苗种产值59亿元,分别比上年增长1.3%、6.9%和5%;淡水养殖产值1.2亿元,与上年持平。全市地方渔业水产品产量247.1万吨,比上年下降1.6%;进出口水产品173万吨,比上年增长20.4%;进出口贸易额41.7亿美元,比上年增长13.9%。

2017年大连市地方渔业产量及产值

地　区	产量(万吨)	产值(亿元)
大连市	247.1	473.30
长海县	64.4	118.40
庄河市	58.5	125.00
金州区(金普新区)	39.4	51.00
普兰店区	22.1	52.40
旅顺口区	20.0	27.90
瓦房店市	14.2	61.20
高新技术产业园区	8.7	6.20
甘井子区	5.0	5.80
花园口经济区	2.6	4.40
中山区	2.8	3.20
市直单位	7.4	11.20
长兴岛经济区	2.0	6.60

2017年大连市地方渔业生产基本情况

项　目	数量	比上年增长(%)
渔业经济总产值(亿元)	841.30	6.1
渔业(含苗种)(亿元)	473.30	5.6
渔业工业和建筑业(亿元)	218.10	6.2
渔业流通和服务业(亿元)	149.90	7.6
水产品总产量(万吨)	247.1	-1.6
海洋捕捞(万吨)	58.7	-9.6
海水养殖(万吨)	172.5	1.2

(续)

项　目	数量	比上年增长(%)
淡水养殖(万吨)	0.7	
其他(万吨)	15.2	
养殖面积(万公顷)	51.6	0.4
海水养殖(万公顷)	50.7	0.4
淡水养殖(万公顷)	0.9	
渔业船舶拥有量(万艘)	2.4	-4.0
渔业船舶总吨位(万吨)	34.7	-6.2
渔业船舶总功率(万千瓦)	78.8	-4.1

1.渔业基础设施建设　2017年,全市各级检验机构检验各类渔业船舶1.8万艘次。全面推进新材料、新技术、标准化养殖渔船示范推广,制定《大连市新材料养殖渔船标准化推广项目实施意见》,在原有10个标准船型的基础上,完成5个新船型的试验和价格认定;对符合申报购置资格的企业(个人)进行相关资料审核,确认无异议的发放购置补贴,全年补贴新材料养殖渔船62艘,发放国家专项补贴资金254.8万元。加强船用安全设备检查,做好救生筏检验补贴发放工作。严格核查救生消防设备和通导设施,逐一检查救生筏和检测报告。实施渔业生产损失救助项目,向1 526艘渔船发放渔船救生筏检修费用补贴60万元。全市渔船安装北斗二代船载终端设备2 445套,建设市、县两级北斗渔业指挥监控平台12座。至2017年年末,全市有各等级渔港170座,其中国家中心渔港3座、国家一级渔港6座、国家二级渔港49座、国家三级渔港和自然渔港112座。

2.渔业科技　2017年,大连市加快发展渔业科技创新,实现全市海洋渔业标准科学化管理、信息化服务。完成2013—2016年大连市渔业标准化体系建设与示范工程项目各项任务。构建大连市渔业标准体系,包括水产健康养殖、水产品加工与流通、渔业生态与资源、渔业设施4个子标准体系;开发大连市渔业标准检索系统和大连市渔业标准体系化服务与决策系统2个软件,获批软件著作权3件,收集、整理并标注标准数据4 599条,建立标准体系数据4 296条,发表论文5篇,制定标准1项;制定大连市农业(渔业)标准规范42项,其中发布实施39项;推荐国家标准化管理委员会、全国水产标准化技术委员会、辽宁省海洋与渔业厅等国家、行业和辽宁省地方标准82项;建立大连市名贵海水鱼渔业标准化示范区、大连市虾夷扇贝渔业标准化示范区 2 个市级渔业标准化综合示范区。征集大连市农业(渔业)标准规范项目建议 26 个,经专家评审,最终下达海洋牧场规划设计技术规程等项目计划 11 个,确保大连市农业(渔业)标准规范制(修)订质量。推荐单体太平洋牡蛎筏式养殖技术、香螺底播养成技术规范等辽宁省地方标准 15 项。专家验收合格 2016 年市财政推广资金项目——长海县虾夷扇贝可持续筏式养殖技术示范项目。通过该项目在长海县大长山、小长山、獐子岛、海洋岛等乡镇示范推广大规格一龄虾夷扇贝养殖、二龄虾夷扇贝生态疏密养殖、虾夷扇贝吊耳养殖等技术 226.7 公顷。启动庄河市 2017 年市财政推广资金项目——海水池塘优势品种生态健康养殖技术及贝类育苗技术推广项目,计划完成推广海水池塘优势品种生态健康养殖技术 333.3 公顷,室内工厂化贝类育苗技术 1 万立方米水体。规范大连市基层水产技术推广体系改革与建设补助项目,确认长海县为示范县,以项目为载体推广虾夷扇贝一龄贝大规格健康养殖技术 280 公顷、刺参底播增殖技术 1.35 万公顷。遴选大连海洋大学水产设施养殖与装备工程技术创新与服务中心、现代海洋牧场技术创新与服务中心、大连理工大学海洋渔业资源开发装备研发和测试中心 3 个科技示范基地,科技示范户 12 户。大连市海洋与渔业局推荐的獐子岛集团股份有限公司、大连棒棰岛海产股份有限公司、大连天正实业有限公司、大连海晏堂生物有限公司、大连鑫玉龙海洋生物种业科技股份有限公司、大连壹桥海参股份有限公司、大连富谷水产有限公司和大连有德渔业集团有限公司 8 家渔业企业获 2017 年最具影响力水产品企业品牌,大连市获奖企业占全国获奖企业总数的 10%,其中獐子岛集团股份有限公司排名第一;海晏堂即食鲜海参、棒棰岛上汤焗辽参获 2017 年创新加工水产品称号,占获奖产品总数的 25%;大连辽渔国际水产品市场获 2017 年最具影响力水产批发市场称号。与上海市农业委员会签署海洋渔业对口合作战略协议。组织渔业龙头企业参加第 15 届中国国际农产品交易会,海参、虾夷扇贝、河鲀、裙带菜等特色水产受到青睐。组织 40 家渔业企业参加第 12 届上海国际渔业博览会,召开大连海洋推介会,并举办两地企业项目合作签约仪式,24 家企事业单位签约合作项目 12 个,达成意向总金额 3 亿元。与大连市商务局联合制定年度重点水产展会参展计划,对参加美国波士顿渔业展、布鲁塞尔欧洲国际水产品展、日本东京水产展等境外著名渔业展会的水产进出口企业,予以展位费补贴和人员差旅费补贴。全年 10 余家水产贸易企业参展各类海外专业展会,展出面积 100 多平方米。

3. 科技兴海基地建设 2017 年,大连市推进科技兴海示范基地建设,促进海洋经济创新发展。举办海洋经济创新发展示范城市创建工作专题培训班,组织第 2 批国家海洋经济创新发展示范城市申报。开展海洋经济创新示范城市申报工作。开展国家海洋经济发展示范区创建,与大连市发展和改革委员会、庄河市人民政府共同制定《大连庄河海洋经济示范区申报方案》,上报辽宁省海洋与渔业厅、辽宁省发展和改革委员会,并由辽宁省政府报国家发展和改革委员会、国家海洋局,通过国家海洋局初评。组织开展首届海洋渔业科技成果路演对接活动,来自全市各县、市、区渔业主管部门领导和渔业企业代表近 200 人参与,路演推介来自大连海洋大学、大连工业大学、大连理工大学、大连民族学院、大连大学、中国科学院大连化学物理研究所、渤海大学等高校、科研院所的相关工程技术中心、重点实验室、科研团队的科技成果 48 个。

4. 海洋渔业资源增殖放流 2017 年,大连市继续开展海洋渔业资源增殖放流工作。全年投入苗种资金 4 404 万元,放流中国对虾、日本对虾、三疣梭子蟹和牙鲆鱼苗种共 33.09 亿尾,放流增殖产量 3 405 吨,增加产值 4.24 亿元,惠及渔民 3 万人、渔船 9 578 艘。2013—2017 年,全市累计投入财政资金 2.29 亿元,增殖放流中国对虾、日本对虾、三疣梭子蟹、褐牙鲆鱼、淡水鱼等 153.8 亿尾,增加捕捞产量 2.2 万吨、产值 22.7 亿元,财政资金投入产出比达 1∶10 以上。

5. 海洋牧场建设 2017 年,大连市持续推进海洋牧场建设,新建海洋牧场 2 万公顷。大连市王家岛海域富谷、石城岛海域上品堂、海洋岛海域益得和平岛海域鑫玉龙 4 处获批农业部第 3 批国家级海洋牧场示范区。在全国已公布的 64 处国家级海洋牧场示范区中,大连市占 10 处。2017 年,獐子岛海域、海洋岛海域 2 处第 1 批国家级海洋牧场示范区项目招标完成,施工前工作准备完毕,受冬季海面风力影响,为保证施工安全,暂缓建设,待 2018 年条件适合开工后投放全部人工鱼礁至指定海域;财神岛海域、蚂蚁岛海域、大长山岛海域金茂和小长山岛海域经典 4 处第 2 批国家级海洋牧场示范区项目实施方案已进行编制;4 处第 3 批国家级海洋牧场示范区项目人工鱼礁建设方案已申报。

6. 无公害水产品生产 2017 年,大连市新增无公害水产品产地 8 个,面积 0.2 万公顷;复查换证产地 50 个。全市有无公害水产品产地 218 个,总养殖面积 40.8 万公顷,其中标准化生产规模 30 万公顷,占总养殖面积的 73.5%。全市新认证无公害水产品 6 个，无公害水产品总数 208 个；复查换证无公害水产品 51 个，复查换证率 85%。全年无公害水产品产量 18.82 万吨。新认证旅顺海带、大连栉孔扇贝为农业部地理标志水产品，全市地理标志保护登记水产品总数 20 个，产地生产质量及安全水平快速提高。

7. 海洋捕捞 2017 年，大连市有渔业船舶 23 661 艘，比上年减少 1 322 艘，下降 5.3%。其中，机动渔船 23 661 艘，无非机动渔船。机动渔船中，生产渔船 22 832 艘（含捕捞渔船 10 722 艘、养殖渔船 12 110 艘），辅助渔船 529 艘，其他渔船 300 艘。全市有远洋项目渔船 254 艘。全年海洋捕捞产量 58.7 万吨，比上年下降 9.6%。其中，近海捕捞产量 42.7 万吨，远洋捕捞产量 16 万吨。海洋捕捞产值 91.8 亿元，比上年增长 1.3%。其中，近海捕捞产值 72.5 亿元，与上年持平；远洋捕捞产值 20.3 亿元，增长 12%。

8. 远洋渔业 2017 年，大连市有远洋渔业企业 19 家，比上年减少 7 家；远洋项目渔船 254 艘，比上年减少 63 艘，其中金枪鱼钓船 51 艘，流网渔船 2 艘，专业鱿鱼钓船 6 艘，单拖网船 193 艘，运输船 2 艘。项目区域新增加冈比亚海域，捕捞区域涉及毛里塔尼亚、利比里亚、安哥拉、喀麦隆、加蓬、几内亚比绍、冈比亚、科特迪瓦、几内亚、加纳、塞拉利昂、阿根廷、阿曼、刚果（布）等 17 个项目海域。全年远洋渔业捕捞总产量 16 万吨，产值 20.3 亿元，分别比上年增长 7.4% 和 12%；运回国内水产品产量 5.2 万吨，比上年下降 7.7%。

9. 入韩渔船管理 2017 年，大连市有获批赴韩国专属经济区管理海域从事捕捞生产资格渔船 327 艘，与上年持平，其中拖网船 148 艘，流网船 146 艘，围网船 17 艘，运输船 16 艘。大连市各级渔业行政主管部门加强对入韩渔船日常生产作业管理，汇总上报渔船进出通报 3 500 艘次，每日生产作业通报 2.6 万艘次，通报准确率达 100%。组织具有进入"中韩协定水域"捕捞作业资格船长、船东进行集中培训，举办培训班 16 轮次，培训船长、船东 800 人。入韩渔船均按照中韩两国渔业协定进行捕捞作业。

10. 休闲渔业示范创建活动 2017 年，大连市继续将休闲渔业作为促进渔业经济发展的新增长点和推动渔业产业转方式、调结构的新引擎，开展休闲渔业示范工程建设。组织专家现场调研金普新区、长海县、庄河市等地的休闲渔业企业，开展休闲渔业示范创建活动。11 月 2 日，农业部在厦门召开第二届中国休闲渔业高峰论坛，由长海县人民政府、獐子岛集团股份有限公司主办的全国海钓大师积分赛获全国

有影响力的休闲渔业赛事称号，是东北地区唯一获奖赛事；大连星海会展商务有限公司的大连海尚嘉年华暨中国大连国际游艇展览会获评示范性渔业文化节庆。

11. 水产原（良）种场建设 2017 年，大连市有国家级水产原（良）种场 3 家，省级水产原（良）种场 26 家，涵盖刺参、皱纹盘鲍、虾夷扇贝、黄海胆等品种。2017 年，大连金州泓源水产育苗场被认定为中国对虾省级水产良种场，大连金砣水产食品有限公司等 4 家单位通过省级良种场复查。加强海参、扇贝等优势水产苗种的疫病检测，全年检测水产苗种 500 样次，各项疫病检测指标均合格，重点养殖品种无重大疫情发生。

12. 海水增养殖 2017 年，大连市地方渔业海水养殖面积 50.7 万公顷，比上年增长 0.4%；海水养殖产量 172.5 万吨，比上年增长 1.2%；产值（不含苗种）392.1 亿元，比上年增长 28%；苗种产值 56.1 亿元，与上年持平。

13. 水产健康养殖示范场建设 2017 年，大连市有农业部认定的水产健康养殖示范场 112 家，养殖面积 44.61 万公顷，主要养殖品种有海参、扇贝、车虾等。2017 年，大连富谷水产有限公司、大连长海振禄水产有限公司、大连华源海珍品开发公司、大连金州泓源水产育苗场等 19 家企业通过 2017 年农业部水产健康养殖示范场复查认定。

14. 水产养殖政策性保险 2017 年，大连市继续开展水产养殖政策性保险工作。会同中国保险监督管理委员会大连监管局、大连市财政局、东北财经大学和中国人民财产保险股份有限公司大连市分公司开展调研、座谈，研讨大连市海水养殖保险发展情况，解决发展过程中存在的问题。启动水产种业政策性保险，主要针对全市省级以上水产原（良）种场的良种繁育实施保险。提升渔业行政主管部门服务效率，与大连市气象局合作，为全市水产养殖户提供气象预警预报等服务，开通微信公众平台和短信预警预报气象服务。截至 2017 年年末，全市水产养殖政策性保险保额 1.9 亿元，保费 1 400 余万元，其中 50% 的保费由市财政补助。

15. 水产品加工 2017 年，大连市有水产加工企业 586 家，比上年增长 0.2%；加工能力 204.2 万吨，比上年增长 2.8%。用于加工的水产品 235.4 万吨，比上年增长 3.1%；水产品加工产量 177.5 万吨，比上年增长 2.2%。水产品加工产值 197.7 亿元，比上年增长 5.5%；进出口水产品 143.7 万吨，进出口贸易额 36.6 亿美元。

16. 渔业管理 2017 年，大连市各级海洋与渔业主管部门发放水域滩涂养殖证 254 本，发证面积 2 万公顷，累计发放养殖证 8 158 本，发证面积 47 万公顷；新发、换发水产苗种生产许可证 366 本，发证、换证水体 270 万立方米；发放船员证书 4 214 本，其中职务船员证书 2 428 本，普通船员证书 1 786 本；全市各级检验机构检验各类渔业船舶 17 930 艘次。加强船用安全设备检查，做好救生筏检验补贴发放工作。严格核查救生消防设备和通导设施，逐一检查救生筏和检测报告。继续实施渔业生产损失救助项目，向 1 526 余艘渔船发放渔船救生筏检修费用补贴 60 万元。

17. 渔业安全生产监管 2017 年，大连市加强渔业安全生产监管。定期召开全市渔业安全工作季度例会，全年召开 4 次。举办渔业安全培训班，培训船东、船长和基层渔业安全员 2 500 多名。完成海洋渔业安全生产承诺书、保证书、包保卡签订，履行属地包保主体责任。全市 3 093 艘 58.8 千瓦以上有越界捕捞能力的渔船全部实现包保签状，夯实渔船安全生产主体责任。开展渔业生产安全月宣教活动，组织活动 336 场次，受教育渔民 5.1 万人次。继续推进渔船安全管理信息化装备建设，安装北斗二代船载终端设备 2 445 套，组织建设市、县两级指挥监控平台 12 座。坚持安全监管关口前移、重心下移工作思路，全市 29 个渔港监督港口站、涉渔乡镇（街道）的 332 名基层渔业安全员监管阵线前置。开展渔业安全隐患专项监督整治行动，全年检查渔船 4.6 万艘次，纠正超风级出海、超定员作业、超航区生产、超核载运输违章渔船 4 万余艘次。组织实施渔船船用产品质量专项治理行动，检查“三救”（救生圈、救生衣、救生筏）设备、消防设备、船用柴油机、通信导航设备、信号设备等产品 400 余台次。加强与海事、救助、边防、气象、电信等部门工作联动，有效组织海上抢险救援行动 14 次，化解重大海上险情 1 次、较大海上险情 5 次，避免恶性事故发生和渔民群众生命财产重大损失；全年救助遇险渔民 93 人、渔船 7 艘，挽回经济损失 3 982 余万元。开展渔业互助保险工作，涵盖渔业船舶险、渔业船舶雇主责任险、渔业雇主附加医疗险 3 个险种，全年参保渔民 2.3 万人、渔船 2 150 艘，承担社会风险保障 70 多亿元。为 2 500 名从业人员参加人身意外伤害保险补贴政策性资金 180 万元，增强社会保障力度，稳定渔民生产生活。依据《大连市基层渔业安全员管理实施方案》，为全市 332 名基层渔业安全员发放工作补贴经费 166 万余元。大连市渔业安全管理委员会评选出花园口经济区、长兴岛经济区等 7 个全

市海上渔业安全生产目标管理优秀单位。

18. 渔业监督执法 2017 年，大连市推进海洋捕捞渔船结构性改革，制定印发《大连市捕捞渔船结构性改革实施方案》《大连市海洋捕捞渔船减船转产项目操作管理暂行办法（试行）》，计划到 2019 年，全市压减海洋捕捞渔船 2 266 艘，总功率 94 722.45 千瓦。加强涉海施工监管和海洋倾倒废弃物执法检查，确保倾废船依法作业。加强伏季休渔管理，全市出动检查人员 2 万人次，执法船艇 4 000 航次，航程 11 万海里；出动执法车辆 2 000 余辆次，行程 7 万余千米；登临检查渔船 2 万余艘次，查处违法违规渔船 1 000 余艘，收缴罚款 600 余万元。休渔期期间，打掉作案团伙 1 个，没收渔获物 60 吨；破获越界收购案 1 起，没收渔获物 100 吨。全市发放清理整治“三无”（无船名船号、无船舶证书、无船籍港）渔船和违禁渔具宣传材料 4.05 万余份，开展执法检查 4 000 余次，清理取缔涉渔“三无”渔船 496 艘，拆解、处置 432 艘，查获违规渔具 45 019 个，其中销毁 39 177 个，超额完成全年清理整治目标任务。加强海砂开采执法管理，常态化检查全市各大港口、装卸海砂码头，严格实施海砂装卸上报制度。开展南部海域清理整顿专项执法行动，出动执法车 400 余辆次，执法人员 3 500 余人次，开展宣传教育，规范护海人员行为，现场解决各类纠纷 30 余起，拆除非法养殖浮排等 14 处。开展斑海豹冬季执法行动，出动执法人员 600 余人次，检查渔船 120 余艘次，救助斑海豹幼崽 1 头，处理死亡江豚 3 头。

19. 水产品质量安全监督管理 2017 年，制定《大连市 2017 年水产品质量安全专项整治工作方案》，加强执法检查和处罚，实施检打联动。以工厂化育苗为重点整治环节，以海参为重点整治品种，以硝基呋喃类禁用渔药违法使用为重点整治内容，各级渔业执法部门定期和不定期深入生产企业现场检查，全年出动执法人员 1 000 多人次，检查企业 1 200 余家。加强水产品质量安全检验检测。制定《2017 年全市水产品质量安全监控计划》，突出对海参、贝类等重点品种检测监控。全年抽检水产样品 2 668 样次，其中市本级产地水产品抽检 1 368 样次，药残合格率 99.5%；县（市、区）本辖区内例行抽检 1 300 样次。市本级产地水产品抽检中，扇贝、菲律宾蛤仔、牡蛎、贻贝、魁蚶等贝类 572 样次，海参 500 样次，藻类 24 样次，对虾 20 样次，海水鱼（鲆鱼、河鲀）72 样次，无公害水产品 180 样次。全年水产品快速检测 2 000 样次，检测药残、重金属、贝毒等指标 1.5 万余项次。农业部对大连市场例行监测 4 次 100 个样品，合格率 97%。全年实现对全市主

要养殖品种监测全覆盖。完善水产品质量安全追溯体系建设。2016年和2017年大连市连续被农业部列为全国水产品质量安全追溯体系建设试点单位。争取各级财政资金225万元，开展追溯体系二期建设，开发河鲀追溯管理系统，将2家河鲀生产企业和6家规模海参生产企业纳入追溯体系管理，至2017年年末全市有10家渔业企业实现质量安全可追溯。举办水产品质量安全培训班30余期，培训生产技术人员、养殖从业人员、监管人员5 000多人次。

（大连市海洋与渔业局　李昊妹　方平伟　秦　强）

宁波市渔业

【概况】　2017年，全市渔业发展加大创新驱动力度，聚焦转型融合，紧紧抓住"转方式、调结构"主线，咬定"提质增效、减量增收、绿色发展、富裕渔民"总目标，做大做强渔业优势特色产业，积极发展生态渔业、绿色渔业、休闲渔业、远洋渔业，培育壮大渔业新产业新业态，促进一二三产业融合发展，推进减船转产、节能减排，加快提升渔业生产标准化、绿色化、产业化、组织化、信息化和可持续发展水平，进一步深化渔业供给侧改革。全年水产品总产量100.28万吨，比上年增长0.01%，渔业增加值114.0亿元，渔业总产值195.5亿元，分别比上年增长3.2%和3.4%；渔民人均纯收入3万元，比上年增长7.5%。

1. **推进结构调整，渔业绿色发展呈现新气象**　积极推广海水池塘循环水养殖和综合种养等生态健康养殖模式，申报农业部水产健康养殖示范场9个，象山县积极创建省级渔业转型发展先行区，启动全市养殖水域滩涂规划编制。坚持海洋渔业资源总量管理和渔船双控制度，实施捕捞渔民减船转产五年计划，超额完成农业部下达的年度任务指标，完成5年总任务的38.7%，实现"开门红"。实施史上最严的海洋伏季休渔制度，积极推进渔山列岛国家级海洋牧场建设，新投放人工鱼礁3.82万空方，增殖放流各类水产苗种超过12亿尾（颗）。加强养殖污染整治，出台涉养殖闸养殖尾水排放要求，开展养殖闸排摸整治、养殖尾水监测与治理示范引导，建成5组养殖池塘工业化循环水养殖设施示范试点，扎实推进配合饲料试点推广，有效减少水产养殖自身污染。

2. **拓展产业功能，渔业转型发展取得新突破**　现代渔业园区建设加快，三门湾现代渔业园区第一、二期工程入园养殖企业已产生较好经济效益。苗种培育取得突破，实施东海银鲳等种苗育繁科研攻关和美国鲥鱼等品种规模化养殖技术试验，建立2个水产科研院

士工作站，1个国家级水产（原）良种场与10个省级水产（原）良种场。品牌建设持续推进，研究出台关于推进全市水产品品牌建设政策意见和宁波市名牌水产品认定及管理办法，培育了一批具有较高知名度、较强竞争力的水产品品牌，象山梭子蟹、长街蛏子、余姚甲鱼等已成为区域优势品牌。休闲渔业稳步发展，两个渔村荣获"中国最美渔村"称号，一个休闲渔业示范基地荣获"全国精品休闲渔业示范基地"称号。出台宁波市远洋渔业发展专项资金管理办法，顺利争取到了农业部南极磷虾捕捞开发项目。推进水产养殖政策性保险，提高水产养殖业保险覆盖率，加强科技攻关、成果转化和示范推广，产业技术体系覆盖面进一步扩大，水生动物防疫检疫服务能力进一步提升，全年为养殖户开展病害诊断、疫病检测服务400余次，市水生动物检验检疫中心实验室成为全国唯一一家所有项目均通过农业部考核的地市级推广机构。

3. **加强监管执法，渔业生产秩序得到有力维护**　继续实施"渔场修复振兴暨'一打三整治'专项行动"，在全省率先实施向海洋捕捞和海水养殖单位提供销售凭证制度，在全市沿海各地全面推进"湾（滩）长制"工作，强化海上协同联动和部门协同配合，形成了海上查、陆上打、港口清的良好态势，取得阶段性成效，全年共检查各类市场、养殖场等场所5.6万家次，检查渔船7 681艘次，清缴违规违禁网具5.06万顶（张），没收违禁渔获近1 000吨，查扣涉渔"三无"船舶163艘，立案463起，移送司法机关90起，涉案人员409人，移交案件和涉案人员数量较上年同期分别增长161%和240%，增幅全省最高。渔业船舶水上事故呈明显下降趋势，与上年相比，事故起数减少23.5%，死亡人数减少30.4%，沉船数减少50%，经济损失减少80.4%。在全省范围首创渔船监管人制度，进一步落实企业和船东船长主体责任，开展渔业安全生产大检查和高危渔船隐患整治，组织渔业突发事件应急演练，实施渔船北斗终端升级改造工程。进一步规范和创新渔船检验工作，有效解决主尺度不符难题，智慧渔检实际运用走在全省前列。水产品质量安全保持稳中向好态势，试行产地准出与市场准入管理衔接机制，农业部监督抽查合格率100%，市级监督抽查合格率99.8%，水产品质量安全监管工作获得农业部表扬、肯定。完善渔船审批管理，开展"三证合一"改革，首次对全市休闲渔船发放体验式捕捞许可证。

4. **存在的主要问题**　渔业产业经营主体规模偏小，带动能力不强，运行不够规范。水产养殖产业基础设施建设还不够完善，渔业产业发展面临土地、资金、劳动力、技术服务等多方面现实约束。

【重点渔业生产地区（单位）基本情况】

宁波市重点渔业县（市、区）基本情况

| 县（市、区） | 渔业总产值（万元） | 水产品产量（吨） | 其中 | | | | 养殖面积（公顷） | |
			海洋捕捞	海水养殖	内陆捕捞	内陆养殖	海水	内陆
象山	587 916	578 452	435 846	122 565		11 241	10 899	1 734
宁海	240 476	154 285	6 923	141 547	258	5 557	10 633	2 086
奉化	164 943	151 324	138 378	10 213	771	1 962	1 046	1 018
慈溪	146 234	42 996	2 055	13 976	5 997	20 968	3 094	6 341
余姚	54 503	23 314	1 404		2 204	19 706		3 243

（宁波市海洋与渔业局 刘御芳）

厦门市渔业

【概况】 2017年厦门市渔业经济总产值达45.93亿元，同比上年47.98亿元减少4.27%，其中第一产业（渔业）产值为9.98亿元，同比上年10.88亿元减少8.30%；水产品总产量5.35万吨，同比上年4.44万吨增长20.50%。第二产业（渔业工业和建筑业）产值24.12亿元，同比上年26.01亿元减少7.25%，其中水产加工产值19.22亿元，同比上年21.08亿元减少8.82%；第三产业（渔业流通和服务业）产值为11.83亿元，同比上年11.09亿元增长6.67%。一二三产比重为22:52:26，与上年第一产业比重持平，第二产业比重减少，第三产业比重增加。具体情况如下：

（1）水产养殖业生产。水产养殖产量1.73万吨，同比上年2.03万吨减少14.79%，其中海水养殖0.72万吨，淡水养殖1.01万吨。养殖总面积2 093公顷，比上年2 740公顷减少23.60%，其中海水面积1 320公顷，淡水面积773公顷。

（2）水产捕捞业生产。海洋捕捞产量3.61万吨，同比上年增长49.79%；其中远洋渔业捕捞3.28万吨，同比上年1.81万吨增长81.22%，近海捕捞0.33万吨，同比上年0.6万吨减少45.07%。

（3）主要水产苗种生产。水产苗种产量2 091亿尾，比上年2 745亿尾减少23.83%，产值3.82亿元，同比上年4.69亿元减少18.55%。

（4）水产加工业。全市拥有规模以上水产品加工企业8家，加工总产量13.39万吨，比上年14.42万吨减少7.14%；加工总产值19.22亿元，比上年21.08亿元减少8.82%。

（5）水产流通和休闲渔业。厦门夏商国际水产中心水产品批发市场总交易量约8.5万吨，产值为10.97亿元，与上年10.99亿元基本持平。休闲渔业产值为0.85亿元，同比上年的0.1亿元增长747.90%，由于2017年休闲渔业统计内容和统计范围扩大，从原有仅统计旅游休闲渔业扩大到休闲垂钓及采集业、旅游休闲渔业、观赏鱼产业等，导致产值大幅度上升。

1.休闲渔业 继续推进小嶝休闲渔村转产转业和休闲渔业方面示范带动作用，获评国家级休闲渔村称号的小嶝休闲渔村，2017年营业额1 100多万元，企业员工近300人。带动吸纳本村渔民人数100余人，实现渔民转产转业增收，带动本村渔民从事旅游客运、民宿、餐饮、本地海产品销售等。做好休闲渔业发展监测，掌握厦门休闲渔业本底资料。开展休闲垂钓、旅游导向型休闲渔业、观赏鱼产业产值和休闲渔业钓具钓饵观赏鱼渔药及水族设备等四方面内容监测工作，2017年全市休闲渔业产值达8 400万元。

2.远洋渔业 稳妥发展远洋渔业，全市6家远洋渔业企业、85艘远洋渔船，另有38艘船网指标，作业海域分布在北太平洋以及几内亚、缅甸，拥有印度尼西亚、缅甸、几内亚等8个境外远洋渔业基地。2017年，远洋渔业捕捞总产量3.28万吨、产值2.43亿元，渔获物回运厦门1.69万吨，价值1.33亿元，为市民菜篮子提供优质海产品。加强管理，出台2017年度远洋渔业补助申报指南，转变扶持方式，从渔船建造补助转为重点鼓励远洋自捕鱼回运，着力打造水产品集散地。出台进一步加强远洋渔业安全管理的规定，完善应急处置、经营管理、灾害事故、船舶位置等一系列制度，确保厦门远洋渔业规范、有序发展。

3.水产品加工流通业 通过培育壮大汇盛生物、

安井食品、东海洋、洋江等水产加工龙头企业,带动产业链上下游的水产饲料、冷链物流、生物制品、休闲渔业等相关产业的协同创新发展。福建安井食品股份有限公司等4家企业获评厦门市海洋新兴产业龙头企业,带动突破产业关键技术难点,企业的创新主体地位逐渐显现,其生产量占全市水产加工生产总量70%。以项目带动,推动水产品下脚料提取天然牛磺酸、牡蛎蛋白肽粉产业化发展,构建产业化平台和凡纳滨对虾新品种(系)。截至2017年,项目计划总投资3.08亿元,财政补助0.62亿元,已完成项目总投资2.34亿元,计划投资率76%,产值0.68亿元。

4. 水产苗种业 在2016年指导3家苗种生产企业制定并公布苗种生产技术规范的基础上,2017年又指导海沧区勇成水产科技有限公司制定企业苗种生产技术规范并在福建省标准化平台备案公布,规范苗种生产行为,完善企业自我约束和社会监督机制。同时,指导企业自建检测实验室,已有3家苗种企业建立检测实验室并开展病毒等自检。

5. 水产品质量安全监管 2017年,厦门市水产品质量安全水平稳步提升。继续做好国家食品安全示范城市创建工作,建立完善各项监管制度,推进产地证明和批发市场准入等质量追溯体系建设;开展"三大一严"、农资打假等专项整治和批发市场贝类氯霉素超标专项整治,及时排查安全隐患;加强赤潮期间水产品应急管控,及时发布落实应急措施,开展水质监测和巡查防控,未发生来自产地和批发市场水产品安全事件;组织水产品中药残、重金属、贝类毒素、致病菌等项目质量安全抽检100多批次,其中产地养殖水产品药残监测合格率100%。配合农业部与福建省海洋与渔业厅开展水产品质量安全抽检100多批次,省海洋与渔业厅对厦门市产地水产品和水产苗种监督抽查合格率100%。

6. 渔业科技培训与推广 强化组织领导,结合厦门市金砖会晤的要求和创食品安全城市的要求,大力开展宣传培训。累计组织水产养殖投入品安全知识讲座、水产药残检测、渔民手机技能应用等培训16期1 500多人次,组织苗种场和养殖场入场辅导89场600多人次,社区宣传6场,开展苗种繁育工高级职业技能鉴定1期,31人获得高级职业技能鉴定证书。组织47人参加新型职业农民专科(水产养殖专业)学历教育。开展渔民手机应用培训1期70人,利用手机平台,共享渔业信息。持续推进基层渔业标准化建设,辅导一家苗种企业开展标准化建设,并成功在福建省标准化信息平台发布企业标准。通过宣传培训有效引导行业诚信经营,形成自律氛围,推动品牌建设。

7. 渔业对外合作交流 积极推进"一带一路"倡议落实,加强渔业对外合作交流。2017年5月24日,巴拿马水产资源管理局副局长(副部级)伊万·爱德华多·弗洛里斯·莫拉莱斯一行访问市海洋与渔业局,就水产养殖技术合作项目等进行交流。2017年11月2~8日,圆满完成东盟国家绿色生态水产养殖官员研修班的筹办工作,加强我国与东盟相关国家的渔业合作交流。

8. 2017中国(厦门)国际休闲渔业博览会 成功举办第十届厦门国际休闲渔业博览会,推动休闲渔业产业化、品牌化发展。本次展会面积11 000平方米,标准展位568个,来自福建、广东、浙江、上海、江苏、河北、山东、湖南等国内20多个省份及台湾地区以及东盟国家等国内外展商150余家参展,交易额1 500万元。设置观赏水族展区、休闲渔村展区、渔文化展区、休闲垂钓户外展区、水上运动潜水展区、休闲渔业美食展区等六大专业展区。展会集"展览展示、行业论坛、互动体验、亲子活动"等内容于一体,兼具了产业对接与终端互动,为参展企业带来弥足宝贵的行业交流学习机会,带来高性价比的品牌曝光机会。开展了锦鲤评比、水草造景、金鱼评比等活动,台湾荧光鱼展览、台湾休闲渔业和400平方米的水上体验区再放亮点。展会内容丰富,3天的展览共吸引国内外参观人员36 000人次。

9. 渔港与渔船建设管理 2017年厦门登记在册渔业船舶1 732艘,其中捕捞渔船1 053艘,总吨位2 643吨,主机总功率为8 236千瓦。捕捞渔船按作业类型分:拖网渔船1艘,灯光围网4艘,刺网渔船822艘,张网渔船3艘,钓业渔船16艘,其他杂渔具渔船207艘。现有渔港4个,其中中心渔港1个,群众渔港3个。共检验渔业船舶1 337艘次,办理船舶进出渔港签证1 755艘次。

10. 渔业安全生产与防御台风 市海洋与渔业局被省海洋与渔业厅评为2017年度完成安全生产目标责任优秀单位。一是强化组织领导,夯实安全管理基础;二是强化目标管理,落实安全生产责任;三是强化专项整治,深化隐患排查治理;四是强化未雨绸缪,增强防汛备汛能力;五是加强基础建设,提升防灾减灾能力;六是加强宣教培训,增强安全生产意识。2017年共应对17个台风,转移和撤离海上渔船9 515艘次、船上人员6 826人次。

11. 渔业资源增殖放流 持续每年开展"6·6全国放鱼日"厦门椰风寨沙滩增殖放流和"6·8全国海洋宣传日"暨厦门与金门厦金海域两岸增殖放流活动,厦门累计在西海域、厦金海域、五缘湾、杏林湾等海域放流 7 批次，累计放流大黄鱼、黄鳍鲷、真鲷和黑鲷鱼苗、虾苗约 3.28 亿尾，金门放流黄鳍鲷、真鲷、平鲷 6 万尾，持续改善厦金海域渔业资源量。全年放流大黄鱼、真鲷、黑鲷、长毛明对虾等鱼虾苗共 1.8 亿尾，完成农业部和厦门市生态补偿增殖放流资金 182 万元。

12. 厦门金砖会晤保障 圆满完成食品"总仓"水产品供应任务，做好从水产品基地筛选、水产品暂养场外仓到水产品进入"总仓"的监管、监测。本次会晤共提供活鲜、冰鲜水产品 48 个品种、约 10 吨，克服以往重大活动基本不提供活鲜产品的难题，体现了厦门水产品活鲜特色，真正做到保安全、保供应、保满意，在国内组织的重大国际活动保障中第一次实现活鲜水产品的安全供应。

认真做好渔船管控。金砖会晤前后，全市开展专项督查 137 次，出动船艇 1 047 艘次，开展渔港、渔船、码头等各类检查 1 524 次，检查渔船 2 322 艘次，没有出现在册渔船违规到敏感海域作业的现象。

（厦门市海洋与渔业局 林月叶）

新疆生产建设兵团渔业

【概况】 2017 年，新疆生产建设兵团渔业工作紧紧围绕社会稳定和长治久安的总目标，深入贯彻落实中央农村工作会议精神和全国渔业渔政工作会议精神，以加快推进渔业转方式调结构为主线，紧盯提质增效、绿色发展、富裕渔工的目标任务，全力推进现代渔业建设，着力提升水产品安全供给能力，加强监管，依法治渔，科技兴渔，辖区渔业生产继续保持稳步发展态势。2017 年兵团水产品总产量 5.42 万吨，同比增长 4.8%，占全疆水产品总量的 32.8%，渔业经济总产值 7.5 亿元，同比增长 4.5%，占全疆渔业总产值的 26.9%。

1. 切实抓好水产品质量安全监管 根据农业部和兵团食品安全委员会工作要求，兵团水利局印发了《2017 年水产品质量安全监管实施方案》，对各师做好水产品质量安全管理工作提出具体要求。5~6 月，联合自治区水产局对第八、第十师和昌吉回族自治州的水产苗种生产企业开展专项检查。6~9 月，组织各有关师加强重点渔业产区水产品质量安全检打联动，加大对养殖投入品环节监管力度，重点查处违禁药品的使用。积极配合兵团农业局做好农产品质量安全例行监测抽检，指导第一、第八、第十师开展水产品禁用药物残留内部检测，通过对 103 批样品抽检和 420 个样品内部检测，合格率均为 100%。继续加大水产品质

量安全宣传力度，制定了食品安全周宣传方案，制作宣传资料样板发至各师，指导开展相关工作。

2. 积极推动水产健康养殖 以开展农业部水产健康养殖示范场创建活动为抓手，引导和鼓励发展节水减排、集约高效、种养结合、立体生态等标准化健康养殖，新创农业部水产健康养殖示范场 8 家。加快节水减排养殖新技术推广，组织养殖大户到江苏等地考察跑道式循环水养鱼新技术。开展标准化池塘改造，按照"生态、健康、循环、集约"的要求，扶持 7 家有一定规模、生产技术基础好并在增加产品产量、提高产品质量方面有示范带动作用的水产健康养殖示范基地，进行标准化池塘改造。

3. 切实加强渔业安全生产管理 兵团水利局印发了《关于加强 2017 年度渔业安全生产工作的通知》，对相关渔业单位进行了多次安全生产检查。组织兵团有关师派员参加了农业部渔业渔政管理局和自治区水产局在博湖县举办的渔业船员师资力量培训班，参训人员经考试取得了"渔业船员培训师"证书。组织兵团 11 个师的渔业管理人员参加了在巴音郭楞蒙古自治州博湖县博斯腾湖水域进行的"全疆首次渔业船舶水上突发事件应急救援演练"。

4. 认真开展水生生物资源养护相关工作 继续开展以鱼类资源增殖放流为重点的水生生物资源养护工作。6 月 6 日全国"放鱼日"，组织第八师和第十师分别在大泉沟水库和南关水库开展了主题为"增殖水生生物、促进绿色发展"的增殖放流活动，投放常规鱼和额尔齐斯河特有鱼类夏花苗种 300 余万尾。各师充分利用辖区宜渔水库大水面资源，在春秋两季开展以鲢鳙、鲤鱼、草鱼为主的经济鱼类和河蟹的增殖放流，综合效益显著。

5. 渔政工作有序开展 根据农业部文件要求，兵团水利局印发了《关于推进兵团渔政队伍规范化建设的通知》，对依法行政提出了具体要求，并对各师在渔业执法人员录用、岗位职数职责、培训考核制度、执法问责机制等工作开展情况进行督导。11 月组织兵团渔政执法人员参加了 2017 年全国渔业行政执法资格统一考试，参加考试人员 104 人，通过率 94%。根据农业部统一部署，兵团水利局组织有关师在重点水域和渔业产区开展"亮剑 2017"渔政专项执法行动，加大禁渔期管理和涉渔"三无"船舶清理整治工作力度，第一、第十师水政（渔政）监察支队工作成绩突出，获得农业部通报表扬。

6. 加大渔业科技研究与技术服务工作力度 由兵团水产技术推广总站承担的国家科技支撑计划课题"河鲈、江鳕苗种规模化繁育技术与产业化示范"和兵

团重大科技专项课题"新疆池塘高效节水健康养殖技术研究"分别于 4 月和 6 月通过兵团科技局组织的验收。该站编制的地方标准《江鳕人工繁育技术规程》通过自治区质量技术监督局审定,于 7 月 30 日正式批准发布。各级渔业推广部门积极引导职工调整水产养殖结构,开展长丰鲢、抗病草鱼、河鲈等优良品种的推广示范和技术指导,兵团水产良种覆盖率进一步提高。兵团水利局在阿克苏举办"兵团第三期新型渔业职工培训班",各师养殖大户和渔业单位代表共 81 名学员参加培训。

【重点渔业生产地区(单位)基本情况】

新疆生产建设兵团重点渔业师基本情况

单位	总人口(万人)	渔业产值(万元)	水产品产量(吨)	其　　中		养殖面积(公顷)
				捕捞	养殖	
第一师	35.80	6 245	5 127		5 127	8 531
第二师	21.48	10 776	7 137	660	6 477	1 521
第四师	24.52	15 402	10 400	238	10 162	1 110
第八师	64.11	9 657	7 457		7 457	579
第十师	10.12	16 445	10 668		10 668	10 439

(新疆生产建设兵团水利局　林旭元)

全国渔业重点事业单位

中国水产科学研究院

【概况】 2017 年,在农业部的正确领导下,全院认真贯彻落实党的十九大和农业部有关会议精神,牢固树立新发展理念,紧紧围绕国家战略、农业部中心工作和渔业供给侧结构性改革的目标任务,聚焦国家战略需求、聚焦科技前沿发展、聚焦人才第一资源、聚焦产业发展需求,着力提升渔业科研工作的针对性和有效性,努力加强科技创新、产业支撑、成果转化和人才培养等各方面能力,扎实推进"一流院所、三个基地"建设和"十三五"发展规划落实,为现代渔业建设、渔业可持续发展和渔业渔政管理提供有力的科技支撑。

1. 科研项目与成果产出 全院新上科研项目 1 137 个,合同经费 6.48 亿元。获得省部级以上科技成果奖励 18 项;获得 6 个水产新品种审定;发表论文 1 635 篇,其中 SCI 和 EI 收录 426 篇;获国家授权专利 413 件,其中发明专利 174 件。正式启动长江、西藏渔业资源环境调查专项;突破海水鱼类基因组育种技术,培育出牙鲆抗病新品种"鲆优 2 号";选育出"鲟龙 1 号"鲟鱼新品种和鲤抗疱疹病毒(CyHV - 3)新品系;突破金龙鱼全人工繁殖技术,建立起养殖和繁育技术体系;大洋性经济鱼类黄条鰤人工繁育技术研究取得重要突破;完成海马规模化繁育和养殖关键技术研究及应用;鲟鱼生殖细胞早期发育机理解析及应用、长江江豚迁地保护和研究工作取得重要进展;发现了马里亚纳海沟中微生物新种及新酶;研发的深水拖网绞车突破了千米作业水深限制。

2. 科技支撑与公益服务 牵头起草和编制《海洋捕捞总量控制制度落实监督管理办法》《国家级海洋牧场示范区建设规划》《黄河流域禁渔期制度方案》等重要管理制度和文件;开展渔业资源增殖放流,在渤海放流各种规格苗种 1 204 万尾(只),在长江放流中华鲟 1 132 尾、达氏鲟 2 600 尾、四大家鱼原种亲本 494 组、7 871 千克;积极开展长江江豚资源调查研究

和迁地保护行动。创办《渔业研究参考》专刊,2017 年选编对渔业发展和管理决策有参考价值的论文 10 篇。在新疆、西藏、甘肃景泰、云南红河、武陵山区等地积极开展科技支援和产业扶贫工作,2017 年共派出专家 130 余人次进行现场扶贫指导,举办培训班开展渔民培训 70 余场次。积极落实农业部为农民办实事任务,围绕渔业转方式调结构,大力开展"良种良法助推新型渔民培训活动",举办技术培训和现场技术指导 400 多场次,派出科技人员 600 多人次,发放技术培训资料 2 万余份,培训农(渔)民 3 万多人次。全院科技成果转化和四技服务合同经费超过 2 亿元,到账经费近亿元。

3. 开放办院与国际交流 新上国际合作项目 34 项,成功立项"东盟海上基金"2018 年度项目 1 项。成立"国际渔业研究中心",搭建起全院国际渔业研究和国际科技合作工作组织协调机制。支撑政府涉渔国际事务,配合农业部渔业渔政管理局成功组织中越北部湾渔业资源联合增殖放流活动,写入《中越联合声明》;组织对菲律宾的渔业技术培训和赠送东星斑鱼苗活动,立足渔业科技合作推动中菲睦邻友好;首次在柬埔寨实施 45 天的境外技术培训,助力"一带一路"渔业走出去;积极参与重要涉渔国际组织活动,完成联合国食品及农业组织"全球水生生物多样性现状调查项目"。

4. 财政支持与条件建设 全院预算规模进一步扩大,人员经费有较大幅度的增长,公用经费也有不同程度的增长,"南锋专项"继续得到支持并扩大规模至每年 1 800 万元,"白洋淀水生生物资源环境调查及水域生态修复示范工程"项目纳入农业部 2018—2020 年农业财政专项预算。获得新增运行费 12 项,全院 13 家单位获得稳定的运行费支持。重大项目取得实质性进展,4 艘 300 吨级渔业资源调查船交付使用,2 艘 3 000 吨级海洋渔业综合科学调查船正式开工建造,编制完成 8 000 吨级极地渔业科考船项目建议书并已报送农业部,国家级海洋渔业生物种质资源库项目已完

成工程招标。

5. 人才队伍建设 继续推进"5511"人才工程实施,加强年轻科技人才培养力度,选派21名"百人计划"人选赴国内外高校和科研机构进行中短期培训、研修。完成第四批38名"院百名科技英才培育计划"人选的遴选工作。1人获全国农业先进个人,1人获万人计划青年拔尖人才,1人获百千万人才工程国家级人选,2人获全国农业先进工作者,3人获全国创新争先奖状,鲆鲽类产业技术体系获选全国农业先进集体;31人入选现代农业产业技术体系"十三五"新增岗位科学家。

【黄海水产研究所】

(1)科研项目与成果。2017年全所共主持、承担各级各类科研课题448项,在研课题合同总经费3.16亿元。其中主持973计划项目1项、973计划课题1项,国家重点研发计划课题1项,国家自然科学基金重点项目1项、面上青年及国际合作等各类项目54项,科学技术部国际合作项目2项,科技基础性工作专项2项等。全所共申报各级各类科技奖励24项。发表论文381篇,其中SCI收录或其他英文期刊论文174篇,出版专著10部。申请专利并受理51件(发明47件,实用新型4件),获国家授权专利58件(发明43件,实用新型15件)。申请并获得软件著作权18项。共有21个项目通过阶段性现场验收,34个项目通过结题验收,8个项目通过成果评价。

(2)成果转化与科技支撑服务。青岛市海水养殖领域首个国家级工程研究中心"海水养殖装备与生物育种技术国家地方联合工程研究中心"获批;国家海洋技术转移中心渔业分中心联合完成科技评价30项,累计发布成果106项;参与组建山东省船舶与海洋工程装备协同创新产业联盟等3个产业联盟。"四技服务"(技术开发、技术转让、技术咨询、技术服务)登记数276项,办理认定技术合同37个。主办2017年全国海水养殖学术与产业论坛等大型培训会5场;4个新品种、16项技术或专利入选中国水产科学研究院"122推广工程"重点推广成果,主要推介中国对虾、三疣梭子蟹等新品种及相关技术成果,在山东、天津、江苏等地开展技术培训等活动100余次,培训基层技术人员9000余人。2项成果获中国产学研合作创新成果优秀奖,2项技术入选2017年农业部百项主推技术;参加全国水产养殖论坛等展会10场,宣传成果上百项次,7项技术获得展会相关奖项;参编《中国水产科学研究院"122推广工程"——主导品种、主推技术和主推专利》。唐启升院士受聘《中国大百科全书》

(第三版)总编辑委员会委员、渔业科学主编;金显仕所长当选北太平洋海洋科学组织(PICES)渔业委员会(FIS)主席,为提升我国在北太平洋水域海洋研究的影响力和话语权起到了重要推动作用。积极支撑南极磷虾新兴渔业健康发展,努力确保我国南极磷虾入渔通报全部获准。

(3)学术交流与国际合作。2017年度新上国际合作项目11项,累计合同经费2125万元。主办或承办2017年中韩渔业联合研究中心年会暨学术研讨会、南极海洋生物资源养护委员会"声学调查与分析方法子工作组(SG – ASAM)"工作年会等4次学术会议。先后与澳大利亚弗林德斯大学、美国华盛顿大学、挪威海洋研究所签署3项合作备忘录,与美国缅因大学、马来西亚登嘉楼大学、马达加斯加国立环境研究中心、世界大自然基金会等签署了5项项目联合申报协议。与澳大利亚弗林德斯大学联合开展3名澳大利亚新科伦坡计划资助本科生联合培养。

(4)人才队伍建设。1人获全国首届创新争先奖,1人入选全国农业先进工作者,1人入选科技部中青年科技创新领军人才,1人入选万人计划青年拔尖人才、杰出青年农业科学家,3人获评青岛市拔尖人才,1人入选泰山学者特聘专家。新录用人员22人,其中博士14人、硕士4人、海外留学人员2人;首次开展青年(副)研究员遴选工作,评选出青年(特聘)研究员、青年(特聘)副研究员各1名;1人获国家公派出国留学资助;因公出国团组45个(其中,参团9个),涉及亚洲、欧洲、美洲、大洋洲、非洲等23个国家(地区),促进了国际化人才培养。3人获中国博士后基金面上资助,4人获得山东省博士后创新项目专项奖金项目资助,11人获青岛市博士后应用研究项目资助。

(5)科研条件建设。国家级海洋渔业生物种质资源库初步设计获国家发展和改革委员会批复,进入正式建设阶段;"黄海11"号渔业资源调查船顺利交付;3000吨级海洋渔业综合科学调查船正式开工建造。海洋渔业增养殖生态模拟试验基地建设项目获可研立项批复,将建成设施装备与技术示范条件居国内领先水平的生态模拟试验示范基地。"农业部水产品质量安全检测与评价重点实验室建设""海洋渔业生物基因与细胞工程创新平台仪器设备购置""黄岛科研基地科研辅助设施升级改造项目""青岛市水产育种工程技术研究中心修缮项目"等项目全面完成批复的建设内容;"海阳试验基地建设项目"通过竣工验收。全面贯彻落实中办发〔2016〕50号文件精神及措施并被财政部、科技部通报表扬。"北斗"号和"黄海星"号全年共计出航23个航次,海上作业204天,累计安全航行 21 030 海里,完成调查站位 722 个。

【东海水产研究所】

（1）科研项目与成果。在研项目 570 项,累计合同经费 38 716.80 万元,其中新上项目 172 项,合同总经费 8 549.28 万元。获各类奖励 13 项,包括上海市科技进步一等奖、二等奖各 1 项,神农中华农业科技奖二等奖、三等奖各 1 项,环境保护科学技术二等奖 1 项,中国水产科学研究院科技进步奖二等奖 2 项,上海市标准化优秀技术成果二等奖 1 项,上海市优秀发明选拔赛优秀发明金奖和银奖各 1 项。出版专著6部;发表论文 226 篇,其中 SCI 66 篇、EI 21 篇、核心期刊 118 篇、国外期刊 8 篇,其他期刊论文 13 篇。制订发布国家标准 4 项;制订发布行业标准6项,修订发布行业标准2项。授权软件著作权 4 项,申请专利 90 项,其中发明专利 53 项、实用新型专利 37 项。授权专利 62 项,包括国家（国外）发明专利 29 项,实用新型 33 项,其中 1 项研究成果同时获得美国和欧洲的专利授权。

（2）技术支撑与科技服务。牵头极地探捕研究,首次开展南大洋印度洋侧区南极磷虾资源探捕,完成第 33 次南极科学考察。研发新型变水层疏目拖网和复翼立式曲面网板,在多家远洋渔业企业累计推广 100 余顶、60 多艘过洋性拖网渔船。持续开展长江口渔业资源与生态环境监测,为长江口重要渔业资源养护与生态修复提供理论和技术支撑。拓展深远海养殖发展方向,技术支撑有关企业新建水体 100 000 立方米的大型牧场式围栏设施并投入生产,养殖效益与生态效益显著。自主研建了"远洋渔场渔情分析预报及管理决策业务化应用系统"等 3 个应用系统,应用系统的业务化运行已覆盖了我国 8 个主要远洋渔场,渔场预报准确性达国际先进水平。建立了资源养护型海洋牧场功效评估技术指标体系,创新性提出了基于 BACI 理念的海洋牧场功效评估技术模式,形成了《资源养护型海洋牧场功效评估技术规程（草案）》。完善近海渔具管理目录,开展主要渔具效果评价,为我国近海渔具管理提供了科技支撑,推动了国家相关管理政策的制定和实施。公海拖围网技术支撑远洋捕捞产业发展,开展了渔场遥感渔情应用技术培训、专题技术研讨、企业调研、探捕调查、远洋捕捞产品加工研发等多项工作。举办遥感渔情应用技术培训班,为 20 多个远洋捕捞企业累计培训技术管理人员,制作发布渔场海况图 3 100 余幅。全面参与野生中华鲟和江豚等珍稀濒危水生野生动物资源监测和救护工作,挂牌"农业部长江中下游水生生物保护工作站"。成立中国水产科学研究院盐碱地渔业工程技术研究中心景泰分中心、盐碱中心,在河北、宁夏、甘肃等地构建稻田—池塘、旱田—池塘等盐碱地渔农综合利用模式,积极推动我国盐碱渔业绿色健康发展。开展科技服务活动 58 次,培训及指导技术人员和渔民 2 291 余人次,赠送技术资料 458 册。执行"四技服务"共 58 项,其中新上项目 38 项,初次合作企业 8 家。

（3）学术交流与国际合作。承办深远海养殖技术发展国际研讨会和第十四届中日韩大型水母国际研讨会,积极开展国际学术交流。积极推进中美水生动物生理学联合实验室建设,共同发表论文 1 篇,获得国际合作基金项目 1 项。选派 97 位青年科研骨干出国或到国内参加培训研修活动;2 人获批国家留学基金管理委员会出国项目资助。先后邀请德国亥姆霍兹研究中心海岸带研究所、荷兰瓦赫宁根大学、葡萄牙阿威罗大学等各国专家来所做学术报告。

（4）人才队伍建设。5 人获中国水产科学研究院百名科技英才培育计划称号,1 个团队入选中国水产科学研究院优秀科技创新团队。全国创新争先奖获奖 1 人,中国科学技术协会全国优秀科技工作者 1 人,全国水生野生动物保护分会全国水生野生动物保护海昌突出贡献奖 1 人,中国科学技术协会全国首席科学传播专家 1 人,全国农业先进工作者 1 人,中国极地考察先进个人 1 人。第二十九届上海市优秀发明选拔赛金奖 1 人、银奖 1 人。

（5）财政保障与条件建设。财政拨款 17 947.16 万元,其中,基本支出经费拨款 4 827.53 万元、修缮购置批复 570 万元、科研项目经费批复 4 962.63 万元、基本建设项目批复 7 587 万元。组织申报的 3 000 吨级渔业资源调查船运转费项目通过专家现场评审,已正式开工建造。组织申报了 2 艘 300 吨级渔业资源调查船、赣榆养殖试验基地等运转费项目。300 吨级渔业资源调查船"东进 1"和"东进 2"号完成交付工作,且均已通过项目竣工验收和财务竣工决算审核。江苏赣榆试验基地顺利通过项目竣工验收和财务竣工决算审核。浙江宁海试验基地建设项目已完成土建工程科研区土方回填、施工放线、场区道路等建设。修缮购置专项 2015—2016 年度 3 个项目顺利通过初步验收。配合科考船的投入使用开展码头选址及筹建工作,初步选定海门与地方政府开展建设用地前期工作;启动江苏大丰试验基地建设前期工作。

【南海水产研究所】

（1）科研项目与成果。农业部"南海渔业资源调查与评估"项目（即"南锋专项"Ⅰ期）（2013—2017）等一批重大项目顺利完成,"南海生物资源调查与评估"专项(即"南锋专项"Ⅱ期)(2018—2020)等一批新的重大项目获批立项。主持和承担各类纵向科研项目451项,在研项目合同经费累计3亿元,加上社会委托项目152项,全所年度到位总经费合计1.71亿元。农业部外海渔业开发重点实验室、农业部南海水产种业创新基地、广东省海洋休闲渔业工程技术研究中心等一批新的创新平台获批建设。获得科技成果奖励7项;在中外期刊发表学术论文307篇,其中SCI/EI收录116篇;出版专著6部;获得授权专利102项;获得软件著作权4项。制(修)订国家标准2项、行业标准5项、地方标准11项。培育出生长快、成活率高的斑节对虾新品种"南海2号",联合研制出我国第一艘万吨级半潜桁架结构的"德海智能化养殖渔场"。

(2)科技支撑与服务。服务支撑农业部渔业渔政管理局履行管理职责,有力支持我国南沙渔业管理。完成南沙渔业安全应急值班任务,参与配合并科技支撑国家和广西在南海西南渔场专项行动。牵头开展南沙岛礁水产养殖试验研究,为今后南沙岛礁区增养殖提供技术参考。组织开展南海包括"三沙"重点渔场和有关岛礁潟湖区等海域渔业资源调查4个航次。编制出版《中国海洋牧场发展战略研究》专著,制定我国第一项海洋牧场行业标准《海洋牧场分类》。主持编制完成广东、广西等省(自治区)及地方渔业发展"十三五"规划、海洋环境保护"十三五"规划、养殖水域滩涂规划、保护区建设规划、海洋牧场建设规划等10部。与广东省海洋与渔业厅推进广东省海洋渔业研究所共建,在珠海成立农业部南海渔业资源开发利用重点实验室(珠海),在东莞成立南海水产研究所东莞黄唇鱼保护研究基地,在汕头成立南海水产研究所粤东水产养殖技术服务中心,共建"鱼病医院"。大力开展科技下乡与技术推广,其中推广斑节对虾优质苗种2.6亿尾,推广养殖面积3 200公顷;推广养殖卵形鲳鲹、四指马鲅优质苗种160万尾。

(3)学术交流与国际合作。积极响应"一带一路"倡议,牵头承担并组织实施"北部湾渔业资源增殖放流与养护项目",致力于加强中越渔业合作,共同养护北部湾海洋资源,2017年共向北部湾水域投放苗种4 173万尾,受到中越国家领导人的高度评价,2017年底习近平总书记访问越南时被正式写入《中越联合声明》。承办了中国—菲律宾现代渔业技术培训与交流考察,以及2017年中国向菲律宾赠送东星斑鱼苗启运仪式,组织实施10万尾优质东星斑鱼苗运往菲律宾达沃和巴拉望,支持当地发展水产养殖。《南方水产科学》荣获"第六届广东省优秀科技期刊"荣誉称号,被美国EBSCO文献数据库正式收录,成为国内第一个被其收录的水产学期刊。

(4)人才队伍建设。创新人才培养机制,激发干事创业活力。出台了技术成果转移转化配套措施,修订了科技成果奖励管理办法、科研管理规定等规章制度,规范成果转移转化行为,支持和鼓励专技人员创新创业。制定了"优才计划",实行特聘研究员、特聘副研究员制度。1人获得第十四届广东省丁颖科技奖,1人荣获"广东省五一劳动奖章"称号,1人入选2016年度"广东特支计划"科技创新青年拔尖人才,1人入选广东省"扬帆计划"创新创业团队带头人,1个科研团队入选院优秀科技创新团队,4人入选第四届院"百名科技英才培育计划"人选。

(5)科研条件建设。300吨级渔业资源调查船"中渔科301"号正式交付使用。与三亚市政府和部队就热带水产研究开发中心搬迁红塘湾重建签订了补偿协议。"花都实验基地基础设施改造"项目、"南锋号调查船大修"项目即将竣工验收。农业部南海渔业资源开发利用重点实验室、花都基地等2个项目获得运行费支持。

【黑龙江水产研究所】

(1)科研项目与成果。承担各级各类科研项目178项,项目合同总经费8 851万元,年度到位总经费2 709万元。其中新上项目89项,合同总经费4 044万元,到位经费1 769万元。发表科技论文110篇,其中SCI(含EI)收录38篇。获中华农业科技成果一等奖1项,黑龙江省科技进步二等奖1项,中国水产科学研究院科技进步一等奖1项、二等奖1项,黑龙江省农业科技进步一等奖1项。

(2)成果转化与科技服务。签订所地合作协议10份,在渔业环境评价、渔业发展规划编制、名特优鱼类养殖技术支撑等方面承接各类横向任务30项。派出5批12人次专家赴新疆开展循环水养殖技术、冷水性鱼类新品种病害防治技术指导,培训技术人员30余人;派出专家7批60人次开展四川雅江、西藏专项的执行,对重点水域资源进行调查,指导区域渔业发展规划编制和冷水性鱼类养殖;与甘肃景泰县政府签订《渔业科技战略合作协议》,无偿赠送优质耐盐碱鱼类大鳞鲃和冷水性鱼类亚东鲑苗种共计4万尾。先后在宁夏、湖南、吉林和黑龙江等多个地区举办科技讲座和现场指导30多人次,累计培训技术人员和渔民750多人次,发放各类技术资料3 000余份。完成水产品质量安全例行监测与监督抽查,开展水产养殖抗菌药物调查与评估,完成渔用投入品质量安全风险隐患排查工作,对渔业生态环境实施监测。

（3）国际合作与学术交流。成立中国水产科学研究院国际渔业研究中心中亚分中心。组织召开中亚渔业资源现状与国际合作潜力研究国际研讨会；主办各类国内学术交流活动 15 场次，参加各类国内学术交流会议 300 人次，在大会上作报告 16 人次；派出科技人员参加世界鲟鱼大会、世界华人鱼虾营养大会、国际冷水鱼养殖技术研讨会等各类国际学术会议 50 人次，在大会上作报告 8 人次。

（4）人才队伍建设。1 人获得黑龙江省政府特殊津贴专家称号，1 人被评选为中国水产科学研究院中青年拔尖人才，3 人入选中国水产科学研究院百名科技英才培育计划。组织遴选上海海洋大学博士生导师 2 人，推荐天津农学院硕士导师 16 人。年度共招硕士研究生 12 人，9 名 2017 届联合培养硕士研究生顺利通过答辩，如期毕业。有 3 名博士进站工作，1 名博士后获得省级博士后资助，2 人完成任务出站。

（5）科研条件建设。申报"呼兰水产试验站基础设施维修改造""鱼类病原微生物耐药性控制技术研究实验室仪器设备购置""北方鱼类遗传育种实验室仪器设备购置""冷水性鱼类生殖生态实验室仪器设备购置"等修缮购置项目 4 项，经费总额为 2 371 万元。完成宽甸鸭绿江试验基地建设项目建设内容。

【长江水产研究所】

（1）科研项目与成果。承担各类科研项目 207 项，合同总经费 18 318.47 万元，到位经费 7 032.16 万元。新上项目 117 项，合同总经费 8 451.48 万元。发表论文 167 篇，其中，SCI 收录 54 篇；获得授权国际专利 1 项，授权国家专利 22 项（其中 9 项发明专利）。"淡水重要鱼类资源增殖技术与应用"获得湖北省科技进步一等奖，"重要淡水鱼类资源增殖技术及应用"获 2016—2017 年度神农中华农业科技奖科研成果二等奖。

（2）科技支撑与服务。申报的湖北省水产品质量安全工程技术研究中心获批并开始运行。全年承担农产品质量安全例行监测（风险监测）、异地产地水产品质量安全监督抽查、本地产地水产品质量安全监督抽查、重点水产品质量安全监测、渔用投入品质量安全隐患排查等农业部下达的任务，抽取样品 461 个/批，检测指标约 2 000 个。承担"2017 年国家农产品质量安全风险评估重大专项——水产品质量安全风险隐患摸底排查与关键控制点评估""水产品特质性营养品质评价与关键控制点评估""2017 年国家农畜水产品持久性环境污染物摸底排查与应急评估专项——水产品及饲料产品持久性环境污染物摸底排查与应急评估"的研究工作。参与或举办各种科技培训 13 次，组织相

关科技人员实地对养殖户进行养殖技术指导及鱼病诊断与防控指导 21 人次，培训基层水产专业技术人员和养殖人员 2 100 多人，现场发放相关技术资料 1 850 多册。参与发起的湖北省长江水生态保护研究院正式成立，建立示范基地 5 个和工作站 1 个。

（3）国际合作与学术交流。组织开展水产创新讲座 4 期，邀请来自美国、日本等国专家作了 7 场学术报告。联合举办全国渔稻生态种养研讨会，承办 2017 年度水产遗传育种学术研讨会、长江渔业与环境调查专项启动会。完成与捷克南波西米亚大学合作共建的中捷鱼类保护与生物技术联合实验室的自评工作。《淡水渔业》进入中国科学引文数据库（CSCD）核心库。

（4）人才队伍建设。1 人获"全国创新争先奖状"，4 人当选中国水产科学研究院第四批百名科技英才人选；"长江渔业资源保护与利用"团队当选中国水产科学研究院优秀科技创新团队；1 人当选中国水产科学研究院中青年拔尖人才。全年招聘编制内人员 5 人（含博士后 1 人）。全年在站博士后 2 人；招收研究生 25 人，其中博士研究生 2 人，硕士研究生 23 人；毕业研究生博士 3 人，硕士 21 人。

（5）科研条件建设。"农业部淡水生物多样性保护重点实验室建设项目""长江上游珍稀特有鱼类国家级自然保护区监测能力建设项目"和"水产品质量安全风险监测能力建设项目（华中）"通过竣工验收。中国渔政 020 船和长渔羿 001 投入使用。在建项目 3 项。申报"三峡库区中华鲟'陆—海—陆'接力保种中心建设项目"和"长江上游水生生态修复中心建设项目"2 个项目。

【珠江水产研究所】

（1）科研项目与成果。组织申报各类项目 106 项，新上纵向项目 107 项，新上项目合同经费 2 980.5 万元，到位经费 2 696.5 万元；延续项目合同经费 4 456.3 万元，延续项目到位经费 211.1 万元；在研项目合同总经费 7 436.8 万元，年度到位总经费 2 907.6 万元。获得中国水产科学研究院科技进步一等奖 1 项、广东省科技进步二等奖 1 项、广东省农业技术推广二等奖 1 项、广东省科学技术二等奖 1 项。发表各类论文 224 篇，其中 SCI 收录 64 篇，EI 收录 5 篇；出版著作 4 部。

（2）成果转化与科技服务。推进珠江流域渔业资源管理委员会办公室工作有序开展，完成《珠江流域禁渔期制度调整可行性研究报告》，制定颁布《中国渔政 050 船管理及使用规定》，协助农业部长江流域渔政监督管理办公室执行好交叉巡航督查任务，开展珠江

流域渔业资源养护工作。开展"四技服务"75项,项目合同经费约800万元。举办讲座、培训班、现场指导和科技成果展览等科技服务活动35次,培训技术人员和渔民4 350人次,赠送技术资料1 300册。申请专利92项(其中发明专利39项),授权39项(其中发明专利7项),专利(技术)转让或许可使用3项。

(3)学术交流与国际合作。申报国际交流合作项目共13项。与泰国农业大学签订《关于生态安全科技合作谅解备忘录》。举办中国—东南亚国家淡水养殖病害防控国际学术研讨会暨广东省渔药产业技术创新联盟启动会。邀请美国纽约州立大学布法罗分校、美国休斯敦大学维多利亚分校、上海海洋大学等学者共7人次来所进行学术交流,共举办4场次学术交流活动,累计200余人参与。

(4)人才队伍建设。3人入选第四批中国水产科学研究院百名科技英才培育计划人选3人、1人评为2016—2017年度中国水科院拔尖人才。年度新招录人员11人,其中博士8人,硕士3人。博士后出站2人。在所联合培养研究生67名,其中博士研究生9名;2017年毕业联合培养研究生23名,其中博士1名。

(5)科研条件建设。"珠江水产研究所芳村试验基地建设项目"通过竣工验收并交付使用。3项基本建设项目获得立项,总投资7 974万元。完成基础设施改造项目"珠江水产研究所高要水产科技园水处理系统改造"经费298万元和"珠江水产研究所高要水产科技园基础设施改造"经费299.46万元的可行性研究报告等文本编制和申报工作。

【淡水渔业研究中心】

(1)科研项目与成果。在研项目343项,合同总经费25 202.21万元,到位经费6 995.18万元,其中新上项目127项,合同经费9 567.12万元。获省部级科技成果奖励4项,市级科技奖励1项,其中神农中华农业科技奖二等奖2项、三等奖1项,湖北省科技进步奖二等奖1项,无锡市科技进步奖三等奖1项。发表学术论文189篇,其中SCI和EI收录84篇,出版专著4部。申报国家专利55项,其中发明专利40项;获得国家专利授权29项,其中发明专利15项;获得软件著作权4项;实现国家专利转化3项。中华绒螯蟹"诺亚1号"获得国家水产新品种证书,"福瑞鲤2号"、青虾"太湖2号"以及滇池金线鲃"鲃优1号"等3个新品种通过全国水产原种和良种审定委员会审定。长江江豚人工繁育及迁地保护进展良好。

(2)成果转化与科技服务。深入推进在云南红河开展的哈尼梯田"稻渔共作"精准扶贫工作,派出7批20多人次专家,对13个乡镇,实现技术培训和现场指导全覆盖,培训水产技术员、示范农户1 900多人;示范推广"稻鳅共作"面积已达747公顷。先后举办2017年常熟市新型职业农民(水产)培训班等15期渔业技术培训班。参加各类科技服务下乡、养殖技术培训班活动共39次,其中网络培训活动11次,培训人数达6 042人,发放材料2 507份。

(3)学术交流。接待了包括孟加拉国、菲律宾、印度尼西亚、美国、日本等国家和组织的11批47名国外学者和专家访问交流。选派18批34人次赴柬埔寨、缅甸、孟加拉国、泰国、韩国、乌兹别克斯坦、越南、日本、美国、澳大利亚、捷克、荷兰、墨西哥、智利、巴西等15个国家进行考察、学术交流、提供技术指导等。牵头完成重要国际交流合作项目4项。承办"联合国食品及农业组织亚太区域蓝色增长创新农业——水产综合种养培训研讨班",来自菲律宾、孟加拉国、印度尼西亚、老挝、缅甸、越南和中国7个亚洲国家的25名农业和渔业部门官员参加了研讨交流。

(4)国际培训与国内教育。完成国际培训项目17项,其中商务部项目14项,联合国粮食及农业组织、巴基斯坦和孟加拉国资助项目各1项,共培训了来自50多个国家的545名高级渔业技术和管理官员。举办柬埔寨淡水水产养殖技术与发展海外培训班,实现了"走出去"培训。承办葡语国家研修班,连续3年承办阿尔及利亚双边培训班。持续推进商务部、教育部联合主办的渔业专业硕士项目,2015级20名学员已毕业并获得专业硕士学位;2016级来自柬埔寨、蒙古、阿尔及利亚、加纳、津巴布韦、肯尼亚、马拉维、塞拉利昂、南苏丹、乌干达等10个国家的20名学员已完成了渔业专业学位课程的学习,进入实验室开展科研工作。"2017级渔业专业硕士"项目获批立项。

(5)人才队伍建设。录用新职工11人,其中博士5人,硕士6人。入选国务院政府特殊津贴1人,入选国家百千万人才工程1人,全国首席科学传播专家2人;新增中国水产科学研究院创新团队1个、拔尖人才1人,百名英才培育计划3人。选派1名青年科技人员赴美国进行为期两年的访问留学,2016年派出的留学人员完成研修任务按期回国。

(6)科研条件建设。完成编制申报《长江水生生物保护基因库建设项目可行性研究报告》《长江下游长江江豚人工繁育基地建设项目可行性研究报告》并通过专家评审。完成"一带一路"国际水产养殖试验基地建设项目初步设计及概算的编制申报和评审修改工作,已获得批复,总投资2 854万元。完成水产动物营养与饲料科学观测实验站、青虾育种创新基地等两个建设项目的建设,并已进行项目验收准备。完成扬中试验基地(一期)的建设,开始完善有关行政审批手续。完成蚌埠渔政基地建设项目开工前准备,基地建设正在积极推进。完成农业部淡水渔业与种质资源利用重点实验室建设项目延伸绩效评价。

【渔业机械仪器研究所】

(1)科研项目与成果。主持和承担各类科研项目82项,其中新上项目220项,合同经费7 483万元。发表论文48篇;申报发明专利55项,其中,实用新型11项,软件著作权7项;获得发明专利授权36项,其中,实用新型11项,软件著作权8项。获神农中华农业科技奖科技成果三等奖1项,海洋工程科学技术奖二等奖1项,中国水产科学研究院科技进步二等奖1项。

(2)科技支撑产业。与地方政府、科研院所、企业签订9项科技合作协议,2项专利使用许可,建立战略合作,加快科技成果进入渔业生产第一线。全年派出科技人员29人次,在养殖生态调控、循环水养殖模式技术、渔船余热利用制冷保鲜技术、水产品使用安全讲座、渔船法规政策宣传贯彻等方面培训渔民及渔业科技人员939人次。为甘肃景泰县编制的以"挖塘降水、抬田造地、渔农并重、生态修复"为主要技术思路的《甘肃景泰县现代渔业规划2016—2020》通过专家评审;强化新疆渔业扶贫和技术输入工作;深入武陵山区开展扶贫调研,确定"高效循环水集装箱养殖技术及装备"精准扶贫方案。

(3)国际合作与学术交流。接待来访国外客人7批次。与泰国沿海水产养殖研究部宋卡研究中心就双方开展渔业装备方面技术合作达成初步协议;与挪威海洋研究所专家就中挪三文鱼工厂化养殖、离岸网箱、深远海养殖平台、陆基工厂化等方面开展技术交流、人员互访,并就装备研发、系统构建等达成初步合作意向;2位科研人员分别受邀参加国际海岸带生物技术大会和深远海养殖技术发展国际研讨会并作专题报告;积极申报各类国际合作项目,包括地平线2020、澜沧江—湄公河合作专项基金、2018年度亚洲区域合作专项资金、中国—东盟海上合作基金等项目;承办2017水产健康养殖工程国际学术研讨会,来自荷兰瓦赫宁根大学、以色列理工学院、挪威特姆罗瑟大学、浙江大学、上海海洋大学等多位专家学者做了学术交流,共同探讨水产健康养殖工程发展方向,分享最新研究成果。

(4)人才队伍建设。申报各类人才9人次,中国水产科学研究院第四批百名英才培育计划3人,中国水产科学研究院创新团队1支,中国水产科学研究院拔尖人才1人,所有申报项均获得通过;上海市领军人才中期考核1人,获得考核优秀。联合培养招收研究生6名,安排5名2016级硕士研究生入所学习,1名联合培养研究生通过选拔,获得长崎大学国际交流生资格,攻读双学位;引进1名渔业信息与自动化控制高层次人才。

(5)科研条件建设。苏州市相城区阳澄湖镇消泾村基地用地规划已基本得到国家和省级人民政府土地管理部门的批复;完成"渔业生态工程研究综合试验基地项目"建议书,基本形成了投资范围和资金数。组织完成2015年修购项目"养殖工程与设施功能实验室设备购置项目"18台(套)仪器设备购置工作和验收总结材料,完成初步验收;完成"养殖基地基础设施改造项目"初设和施工设计工作,基本完成土建工程;完成"农业部渔业装备与工程技术重点实验室建设项目"竣工验收。

【渔业工程研究所】

(1)科研工作。在研课题项目22个,在研课题经费237万元。其中基本业务费课题15个,渔业科学数据平台1个,现已结题。农业行业专项"淡水池塘工程化改造与环境修复技术研究示范"和工业和信息化部财政专项"渔业船舶标准体系顶层研究"完成验收工作。发表论文8篇,其中科技核心期刊3篇,SCI期刊1篇。获得软件著作权2项,发明专利4项。

(2)技术支持与服务。渔业管理信息化项目建设稳步推进,开发海南省入库换证软件,突破海南省10年来海洋渔船管理数据无法入库的难题,渐近实现真正意义上的全国海洋渔船的统一动态管理;开发全国渔港建设信息管理系统,实现全国渔港项目申报管理以及项目实施管理。完成《全国沿海渔港建设规划2017—2025年》海南、福建两省调研,中咨公司评审和报批稿编写工作;完成《全国渔港升级改造和整治维护规划》编制和柴油补贴渔港项目申报管理等技术支撑工作;召开渔港评审会、柴油补贴及渔业种业研讨会等各类评审会共计14次。

(3)交流合作。召开现代渔港与渔业工程建设研讨会,共有10家单位、47名专家学者参加了会议;与唐山市曹妃甸区有关部门签订海洋渔业工程与资源养护研究中心项目战略框架协议工作。与中国港湾工程有限责任公司签署协议,对中交第四航务工程勘察设计院有限公司及烟台冰轮集团有限公司提供的莫桑比克贝拉渔港冷库项目施工图纸进行审查;与中国港湾工程有限责任公司合作参与"莫桑比克全国水产产业规划(20年)"招标项目,现已完成投标工作。

(4)人才队伍建设。上报中国水产科学研究院百名科技英才培育计划1名。招录应届毕业生3人。积极联系大连理工大学、天津大学、中国海洋大学、北京交通大学等21所院校，为未来成立渔业工程院校实习基地打下坚实基础。

（中国水产科学研究院）

全国水产技术推广总站
中国水产学会

2017年，在农业部党组坚强领导下，在农业部渔业渔政管理局和兄弟单位指导支持下，全国水产技术推广总站紧紧围绕农业部党组决策部署和渔业中心工作，贯彻新发展理念，加快总站学会整体融合，大力推进技术创新、模式创新、机制创新、管理创新，团结带领全国水产推广体系和水产学会系统不断提升先进技术引领能力、现代模式示范能力、体系改革发展能力、学术交流与科普传播能力，单位自身政治建设、业务建设、队伍建设取得历史性变化，为渔业转型升级和现代渔业建设开创新局面提供了有力支撑。

【体系建设与人才培育】 截至2017年年底，全国共有水产技术推广机构12 305个，人员34 633人，示范基地3 158个，培训教室1 311个，实验室1 925个，机构队伍总体稳定，服务手段有所提升。在履职尽责方面，共示范推广关键技术4 300多项，开展各类检验检测19万批次，培训渔民107万人次，服务指导渔民123万户、渔业企业及其他新型经营主体4.3万个，服务能力和水平显著提升，在渔业公共服务中发挥了主导作用。在技术成果方面，共获得各类技术成果191个，其中：国家级14个、省部级83个；获得各类授权专利133项，制定标准和技术规范254个，出版著作及图书80种，技术创新和模式引领成效显著。

持续推进推广体系改革与建设。贯彻落实《中华人民共和国农业技术推广法》和"一个衔接，两个覆盖"政策，积极推动国家基层农技推广体系改革与建设补助项目实施。主动参与农业部基层农技推广体系改革创新试点，探索公益性机构和人员参与增值服务并合理取酬，先后赴6个省份开展相关调研，掌握了新动向、新变化。加强推广人才和技能人才队伍建设。举办第二届全国水产技术推广职业技能竞赛，是2017年农业部唯一列入中国技能大赛的竞赛，来自31个省（自治区、直辖市）的96名选手参加，于康震副部长出席并讲话。以职业技能竞赛为抓手，开展"双师型"推广人才培养试点，先后共推出了33名"五一劳动奖

章"获得者和100多名"技术能手"，打造了全国首个"劳模创新工作室"，集中宣传了90多位基层农技推广典型人物。加强农业职业技能鉴定人才队伍建设，组织培养考评员24人，督导员10人，培训管理人员13人，组织各鉴定站（工作站）开展职业技能鉴定近9 000人次。助力新型渔业经营主体培育。起草《关于加快培育新型渔业经营主体的指导意见》，收集全国各地出台的新型经营主体培育相关政策，编报《"十二五"期间我国渔业合作经济组织统计分析报告》《新型经营主体培育资料（家庭农场篇、龙头企业篇、专业合作社篇）》等，分批次赴15个省（自治区、直辖市）开展新型经营主体调研，采取问卷调查、半开放式访谈、集体座谈等多种方式，对全国情况进行摸底调查。

【现代渔业技术集成与模式示范】 围绕渔业转方式调结构的重大需求，遴选了12项渔业主推技术纳入100项农业主推技术，集装箱绿色高效生态循环养殖技术纳入10项农业前瞻性、引领性技术。成功举办生态健康养殖技术集成现场会。会上，于康震副部长提出水产养殖业绿色发展要念好"地、水、饲、种、洁、防、安、工"八字诀，成为指导我国水产养殖绿色发展的重要纲领性意见。会后，全国水产技术推广体系认真抓好贯彻落实，加快了现代水产养殖技术模式的集成组装、熟化提升和改造升级。在重大技术集成与示范方面，稻渔综合种养进入规范发展的新阶段，《稻渔综合种养技术规范 通则》正式发布，于2018年1月1日正式实施，配合宣传贯彻的6本《稻渔综合种养新模式新技术系列丛书》即将正式出版；协助农业部渔业渔政管理局完成国家级稻渔综合种养示范区创建标准制定以及20多个示范区的现场评审；依托中国稻田综合种养产业技术创新战略联盟，成功举办了首届全国稻渔综合种养发展论坛，以及全国稻渔综合种养模式创新大赛和优质渔米评比推介活动，20多个省份的88个经营主体共带来了40多种创新模式和80多个渔米产品参赛参展，政、产、学、研、推、用"六位一体"的联合技术创新机制得到巩固。集装箱养殖试验示范启动推进。与技术发明单位联合，进一步集成与熟化了受控式和陆基推水式集装箱养殖技术模式，在河南兰考和长垣、西藏林芝、广西桂林等地区，成功打造了一批集装箱养殖试点。11月，成功举办全国集装箱陆基推水生态循环养殖模式现场观摩会，120多位代表到会观摩，中国科学院院士桂建芳等国内一流专家评价，集装箱养殖节水、节地、可控、高效的现代新型水产养殖模式，为国内外首创，达到了国际先进水平。应用者普遍认为，集装箱养殖是推进水产养殖从工厂化到

工程化到工业化的一种有效模式。目前，该模式已推广至全国 13 个省份，投入箱体 700 多个，并在埃及和缅甸推广应用。同时，全国水产技术推广总站与中国水产学会会同农业部渔业渔政管理局呈报的集装箱养殖情况报告获韩长赋部长、于康震副部长批示，下一步将听取专题汇报。池塘工程化循环水养殖示范全面展开。印发了《全国池塘工程化循环水养殖示范推广实施方案》，在 15 个省份确立示范点 100 个，示范水槽面积 5 万平方米，辐射水槽面积 500 万平方米，覆盖养殖池塘面积 1.33 万公顷。积极打造全国现代渔业技术综合示范点。会同农业部渔业渔政管理局印发了《关于开展全国现代渔业技术综合示范点创建工作的通知》，按照"高端引领、综合集成、协调融合、开放共享"的创建原则，完成了 2017 年综合示范点组织申报和专家评审。以"1 + N"现代技术模式综合展示为核心，完善首批技术展示单位和关联单位互补融合的示范创建。另外，配合农业部渔业渔政管理局完成了 5 个省 12 个渔业健康养殖示范县的验收，成功主办了全球水产养殖发展论坛"模式引导产业升级"分论坛、"全国水产技术推广科技展"，参加了农业部和江苏省政府联合举办的现代农业科技大会现代渔业展。

【现代种业和质量安全技术服务】 探索构建现代水产种业创新平台。注册成立所有权与经营权分离、按照现代企业制度经营管理的南美白对虾联合育种联营企业，建立以市场为导向、企业为主体、"育、繁、推"紧密衔接、"政、产、研、推、用"相结合的南美白对虾联合育种创新模式，探索适合我国国情的"育繁推一体化"种业发展新格局。完成了 21 个申报新品种的审核审查。组织完成了宁波余姚明凤淡水养殖场的国家级资格验收工作，以及 17 家国家级原(良)种场复查任务。

充分依托体系优势和专家平台优势，加强疫病防控和质量安全监管体系建设。同步开展重大疫病专项监测和常规病情测报。将重大疫病监测范围扩大到31 个省份，实现了重大疫病主动监测和常规病害监测同步实施机制。建立测报点 4 200 余个，监测养殖面积约 30 万公顷，全年采集样品约 4 300 份，对鲤春病毒血症等 8 种重大疫病进行病原检测。会同农业部渔业渔政管理局出版了年度《中国水生动物卫生状况报告》、年度《我国水生动物重要疫病病情分析》，发布《全国水产养殖动植物病情月报》9 期、全国预警预报7 期。积极建立跨部门、跨学科、跨领域的协作机制。联合各地水生动物防疫机构、科研院所等，及时处置安徽鲤春病毒血症疫情，开展鲤浮肿病等新发外来疫病监测和本底调查，针对泰国发生的亚洲首例罗非鱼湖病毒病疫情，及时开展预警、监测，起草《关于我国罗非鱼湖病毒病的调查报告》上报农业部。强化防疫体系能力建设。参与起草《全国动植物保护能力提升工程建设规划(2017—2025 年)》，确定水生动物防疫投资 12 亿元，将全面提升我国水生动物疫病防控硬件实力。组织开展全国水生动物防疫系统实验室能力验证，共有 28 个省份的 166 家单位参测，参测项目 432 项，提升了防疫体系软件实力。强化防疫标准建设和应用。参考国际防疫标准体系，做好我国防疫标准体系的顶层设计，加快防疫标准制(修)订步伐，并利用国际标准和规范，针对澳大利亚有关暂停进口生虾的紧急通报等，及时提出官方评议建议，为确保水产品贸易健康发展提供支撑。开展水生动物疾病远程诊断服务。作为农业部"为农民办实事活动"之一，全年免费为渔民开展远程辅助诊断病例 600 多次，访问人数近8 万人次。

试点开展渔药减量行动。在辽宁等 10 个省(自治区、直辖市)，选择 6 个水产主养品种开展"减量行动"试点工作，试点企业在鳗鲡、大菱鲆、鲫鱼、乌鳢、罗非鱼、草鱼养殖中的用药量较上年下降幅度均超过10%。深入开展水生动物主要致病菌耐药性普查。在北京等 12 个省(自治区、直辖市)普查鲤鱼等 14 个养殖品种，获得致病菌 1 131 株，并测试了 14 种国标渔药的敏感性，获得数据 3 万个以上，初步掌握了部分致病菌对国标渔药的耐药性变化规律，为水产养殖精准、减量用药技术指导提供了数据支撑。开展水产养殖规范用药科普下乡宣传活动。连续 11 年被列入农业部"为农民办实事活动"之一，全年举办各类针对渔民的技术培训班 2 000 多次，培训渔民 30 万余人次，科技入户近 6 万次，社会影响面进一步扩大。首次开展水产养殖微生物制剂使用情况调查。完成《我国渔用微生物制剂使用情况调查报告》《水产养殖用"非药品"市场与应用情况调查报告》，为行业主管部门科学决策和推广部门开展技术服务提供参考。推动水产品质量安全追溯体系建设。截至 2017 年年底，已建成"追溯系统"国家级监管平台 1 个、省级监管平台 21 个、市县级监管平台 169 个，各类水产养殖企业追溯终端15 500 多个。2017 年追溯监控养殖面积超过 5.47 万公顷，比上年增加了近 1.33 万公顷。打印二维码追溯标签约 116 万余张，接受网站、手机、触摸屏查询 50 万余次，比上年增加了 38 万余次。

【产业融合技术服务】 积极拓展海洋牧场领域相关工作。通过集中调研，对全国海洋牧场科技支撑情况进行了全面了解，参与制定《国家级海洋牧场示范区管理工作规范》《人工鱼礁建设项目管理细则》及配套制度规范,促进海洋牧场建设工作规范开展。在此基础上,推动成立海洋牧场建设专家委员会,并将秘书处设在全国水产技术推广总站与中国水产学会,为深入开展海洋牧场建设工作提供了有力的科技支撑平台。强化增殖放流管理技术服务。协助农业部渔业渔政管理局起草制定了全面加强增殖放流苗种质量管理相关文件,创新增殖放流供苗单位准入机制和约束机制,研究、起草国家级增殖放流示范基地创建标准和规划布局,为构建完善增殖放流苗种供应体系奠定基础。完善了资源养护信息采集系统并推广使用;积极承担增殖放流项目,全年放流鱼苗规模达 560 万尾,其中牙鲆 250 万尾、黑鲷 210 万尾、半滑舌鳎 100 万尾。做好水生野生动物保护技术服务。配合农业部渔业渔政管理局做好水生野生动物保护配套法律法规制(修)订,起草完成罚没处置和收容救护两项办法,开展中华白海豚、鲟鱼保护技术服务,参与编制《农业部关于加强鲟鱼资源保护和规范经营利用管理的通知》和《中华白海豚保护行动计划(2017—2026)》,协助农业部渔业渔政管理局做好全球环境基金(GEF)第七期增资期项目申报工作。加强外来水生生物入侵防控技术服务。研究分析当前我国外来水生生物入侵防控工作形势,起草《外来水生生物防控工作总体规划建议》,为今后外来水生生物入侵防控工作打基础。编撰《中国常见外来水生动植物图鉴》,为科学合理引进、利用、防控外来水生动植物提供借鉴参考。起草《外来物种管理条例》《国家重点管理外来入侵物种名录(第二批)》。组织开展了重要外来物种的风险评估分析。探索开展养殖尾水治理技术服务。开展养殖尾水治理情况调研,并摸底调查推广体系养殖尾水排放监测和技术示范推广技术服务的现状和能力,为做好下一步集成创新和示范推广打好基础。

编写发布农业部首个水产养殖重点品种产业发展报告——《中国小龙虾产业发展报告(2017)》,从产业规模、市场、品牌等 10 个方面进行了论述,包括中央电视台在内的 40 余家新闻媒体争相报道,并在社会各界持续引起广泛关注,建立了指导产业融合发展的新机制。开展休闲渔业品牌认定和宣传推介。制定"最美渔村""休闲渔业公园"等休闲渔业公共品牌创建标准,开展专家评审及网络投票,27 个村(镇)被认定为"最美渔村",45 家单位被认定为"全国精品休闲渔业示范基地(休闲渔业主题公园)"。启动休闲渔业品牌宣传推介,完成休闲渔业品牌宣传纪录片和元阳县休闲渔业公园典型纪录片的摄制工作。举办第二届中国休闲渔业高峰论坛暨休闲渔业品牌发布活动,扩大了

休闲渔业"四个一"〔创建认定一批最美渔村、一批精品休闲渔业示范基地(休闲渔业主题公园)、一批有影响力的赛事节庆活动、培育一批休闲渔业带头人和管理人才〕品牌的影响力。努力拓展养殖互助保险。与中国渔业互保协会签订共同推进水产养殖保险发展的合作协议,先后赴安徽、浙江等地开展调研,初步确立了构建以水产技术推广机构为技术支撑的水产养殖防灾减灾服务体系的工作思路,并形成《开展水产养殖保险技术服务试点工作方案》,于 2018 年正式开展试点。

【渔业公共信息服务】 扎实开展全面渔业统计工作。开展了我国与联合国粮食与农业组织(FAO)渔业统计口径的研究,完成了《我国与 FAO 渔业产量统计口径差异对比研究报告》;首次启动了休闲渔业发展情况监测,完成了 2017 年季度报和年报的数据搜集、整理、汇总和发布;开展增殖渔业统计指标体系创建研究工作,并形成了《增殖渔业指标体系》送审稿,补齐了渔业五大产业发展统计评价指标体系的短板;开展渔民家庭收支调查,撰写了《2016 年我国渔民收入情况分析报告》;完成了 2017 年季度报和年报的数据搜集、整理、汇总和发布。以上工作得到了农业部渔业渔政管理局领导的肯定性批示。认真做好内陆和海洋捕捞抽样调查试点工作。重点围绕样本数据质量,开展了审查、评估和会商工作,并完成了试点工作报告。优化改进养殖渔情监测。组织 16 个省(自治区)、215 个定点县、875 个采集点,对 80 多个养殖品种、9 种主养模式进行全年信息的动态采集;积极探索创新信息采集方法,构建我国水产养殖生产指数,研究、起草并上报了《养殖渔情监测工作管理细则》和《养殖渔情监测实施方案》。

积极开展市场信息采集、分析、监测和发布。成功对接农业部"农产品批发市场价格 200 指数",全年汇总整理水产品品种价格条目 36 万条,品种成交量条目 33 万条,市场月度成交额和成交量信息 1 341 条,发布市场月度分析文章 1 029 篇。同时针对寒潮、强降雨、高温和休渔期延长、近岸湖泊网箱拆除等一系列突发事件,加强市场实时监测,及时发布监测预警报告,有效缓解了市场紧张情绪。着力提升水产品贸易研究与监测水平。组织成立第二届渔业国际贸易跟踪研究专家组,确定了渔业国际贸易重点研究计划并组织实施。引进农产品监测预警数据仓库系统终端,建立水产品对外贸易数据库,提高了水产品贸易跟踪监测能力。同时,受国务院关税税则委员会委托,赴山东追踪调研国际水产品关税、非关税政策等相关法律规定对外贸

企业的影响，撰写并上报《关于水产品关税税率调整建议的函》，参与国务院关税税则委员会三次咨询会，推动促成了8个水产品种2018年降低关税。扎实做好渔业新闻宣传服务。《中国水产》全年刊登涉渔重要新闻102条，专题宣传24个，针对热点问题策划专题9个，归纳整理各方面行业经验荟萃4篇，合办专栏5个，刊登技术交流文章96篇，介绍水产养殖新品种12种，有效推动了国家各项涉渔政策的贯彻落实、先进模式和实用技术的推广。"中国水产"微信公众号全年发布渔业相关信息900多条，涵盖政策、科技、技术、休闲等各个方面，第一时间宣传了渔业中心工作。微信关注人数近3万人，全年点击量超过35万人次，并配合农业部渔业渔政管理局完成"中国渔政亮剑2017""海洋伏季休渔专项执法行动"等专题宣传，引起渔业从业人员的广泛关注，单条最高阅读量接近2万人。完成了"生命长江，美丽中国——长江流域渔政管理能力建设"征文评选，组织开展"水产养殖绿色发展"征文活动。

【科技帮扶和产业扶贫】 哈尼梯田产业扶贫取得实效。根据韩长赋部长批示要求，积极开展了云南省红河哈尼族彝族自治州元阳县哈尼梯田稻渔综合种养发展指导，与红河哈尼族彝族自治州政府签订《共同推进哈尼梯田稻渔综合种养发展合作协议》，迅速建立了政、产、学、研、推、用"六位一体"的联合推进机制；引进龙头企业建成元阳县首个水产苗种场，建成首批试验示范基地，引进试验水产新品种6个，专家指导30人次，培训骨干200人次，示范区面积533公顷，辐射带动面积0.2万公顷，示范区年亩均新增纯收入2 600～4 700元，亩均效益提升300%以上，实现了精准扶贫与梯田保护的有机结合。该项工作获韩长赋部长"这件事做得好、做得实，一举多得，应坚持不懈地抓下去，把哈尼梯田打造成生态农业绿色发展的中国样板"的肯定性批示。环京对口帮扶扎实推进。按照农业部部署，开展了河北省涿鹿县对口帮扶，成立了对接帮扶领导小组，制订工作方案，选派了一名正处级干部挂职。帮助涿鹿组建了5个特色农业（渔业、粮食、蔬菜、林果、畜牧）44人的专家团队，形成"一个产业＋一批专家"的帮扶机制；开展了集装箱养殖技术试验示范，目前项目进展顺利，预计2018年5月第一批商品鱼可上市，形成扶贫新产业。科技精准扶贫形成新亮点。通过技术示范项目推进定点扶贫、片区扶贫、援疆援藏等技术扶贫工作，支持新疆开展微孔增氧技术在池塘养殖和越冬中的应用示范，支持西藏林芝地区开展集装箱养殖示范，支持黑龙江省泰来县和湖南省湘西土家族苗族自治州开展稻渔综合种养技术示范推广项目，支持湖北省恩施土家族苗族自治州开展大鲵特色水产养殖示范，相关项目得到扶贫地区群众的认可。同时，还承担了中国科学技术协会全国科技助力精准扶贫领导小组办公室"组织专家开展科技服务专项"扶贫工作，并在贵州省剑河县、镇远县组织实施。

【学术交流和科普传播】 顺利完成新一届中国水产学会理事会换届选举。成功召开中国水产学会第十次全国会员代表大会，审议通过了第九届理事会工作报告、财务工作报告、《中国水产学会章程》（修改草案）等，选举产生了中国水产学会第十届理事会、监事会和理事会党委，规范了21个分支机构管理。组织开展国内外学术交流。组织召开12个大型国内外学术交流会议，超过4 000多人次参加了会议；按照中国科学技术协会要求，组织撰写生物灾害决策咨询报告，对2016年我国水产生物灾害发生、防治情况及发生原因进行了总结与分析，对2017年我国主要水产生物灾害发生趋势作了分析；组织举办中国科学技术协会青年科学家论坛，来自全国20余家高校、科研院所的60多名优秀青年代表参加了论坛。着力提升学术期刊影响力。中国水产学会主办的6种学术期刊和1种科普期刊办刊质量普遍提高，引用频次、影响因子、影响力不断提升，第一本水产英文期刊《Aquaculture and Fisheries》面世，推动建立了科技创新国际化平台。开展渔业科学技术普及。成功举办科技活动周，以及一系列活动，受到广泛好评。以膳食"鱼"健康为主题参加了中国科学技术协会科普日主会场活动，就常见水产品谣言及水产品健康知识向公众做了详细科普，并获全国科普日活动优秀组织单位奖、北京主场优秀活动奖。积极参与"科普中国·首席科学传播专家大讲坛活动"等中国科学技术协会举办的各类活动，启动新一轮"全国水产科普教育示范基地"申报。积极参与创新驱动助力工程。依托服务工作站平台，加强产学研合作，组织相关科研院所、高等院校、企业的院士、专家参与项目实施，参与院所12个、企业33家，院士及专家80多位。积极做好国际（地区）技术和学术交流。组织赴我国台湾地区进行休闲渔业技术交流，组织参加日本水产学会国际学术年会、冰岛世界水产大会等国际会议，派员参加第十届亚洲水产养殖病害研讨会，承办亚太区域罗非鱼湖病毒病紧急防控国际研讨会和FAO对虾疫病国际研讨会暨项目总结会，进一步加强对国际渔业发展情况的了解，为指导我国渔业发展供了宝贵经验。

（全国水产技术推广总站 中国水产学会）

渔业社会团体

中国渔业协会

2017年,中国渔业协会秘书处在农业部渔业渔政管理局、全国水产技术推广总站和农业部人事劳动司等的指导和支持下,紧紧依靠协会理事会和全体会员,求真务实,不断创新,各项工作取得了较好成绩。

1. 举办首届中国国际现代渔业暨渔业科技博览会 为推动渔业科技成果转化,推进渔业供给侧结构性改革,促进渔业转型升级和现代化建设,展示我国现代渔业发展成就,2017年6月,中国渔业协会在安徽合肥举办了首届中国国际现代渔业暨渔业科技博览会。本届博览会是创新型展会,首次集中展示了我国最新渔业科技成果、水产技术推广成就、渔文化和现代水产食品(方便快捷、休闲旅游、养生保健、护肤养颜和食药同源五类),有中国水产科学研究院系统、全国水产技术推广系统、水产大专院校和协会会员企业,以及来自全国18个省份和日本、韩国及我国台湾地区的企(事)业单位参展,共353家,展品数量达3 000多种,展区面积3万平方米,累计参观人数近2.5万人次,其中专业观众超过1.4万人次。有16家主流媒体和63家渔业专业媒体到现场采访,并对部分会员企业进行了专访。博览会还进行了评奖活动。

博览会期间,举办了第五届现代渔业发展论坛、中国渔业科技传播论坛、首届中国渔文化创意设计展、首届中国观赏鱼、水族造景精品秀、中国水产科学研究院渔业科技成果发布会等11场会议和活动。

其中,中国渔业协会与清华大学两岸发展研究院联合举办的第五届现代渔业发展论坛,有来自农业部所属各渔业领导机关、地方渔业行政主管部门、协会会员及博览会参展单位的近600名代表参加。农业部副部长于康震到会并讲话,农业部渔业渔政管理局局长张显良等5位嘉宾结合当前形势,围绕渔业热点,做了精彩的演讲,分享了他们的观点。

通威股份有限公司独家冠名并赞助了本次论坛。

2. 推动渔文化产业发展 按照党的十九大报告提出的"坚持中国特色社会主义文化发展道路,激发全民族文化创新创造活力,建设社会主义文化强国"的要求,深入发掘我国悠久的渔业历史和深厚的渔文化底蕴,充分发挥渔文化在促进产业结构调整和转变经济发展模式、建设新时代的新渔村方面所具有的不可替代的重要作用,协会主要开展了以下工作:

(1)与彩虹设计网和中国工艺艺术品交易所合作,举办首届中国渔文化创意设计大赛,以"渔·生活"为主题,按书画、工艺品和创意产品三类征集作品。活动得到了渔业企业、设计机构、文创企业和文化产品设计者的积极响应,参赛作品超过300件。首届现代渔业暨渔业科技博览会上设立了"中国渔文化创意设计展"专区,集中展示参赛作品,通过专家评审和观众投票相结合的方式进行了评奖,该展区成为了人气最旺的展区之一。

(2)与北京竖心科技公司、北京闻玲文化传播公司合作,在12月举办2018全球"联联有渔"春联创意大赛,在全球范围征集以"渔"为主题的春联,聘请楹联专家对参赛作品进行评选,再聘请书法家或社会知名人士书写入选作品,最后将作品印刷成可供销售或赠送的产品。目的是提高全社会对渔文化产业的认识和重视,也有利于提高协会的知名度和影响力。

(3)与深圳水族协会合作,在12月举办水族文化节,将观赏鱼展和知名品牌汽车展相结合,尝试将传统时尚文化和现代时尚文化相结合。目的是推广水族文化,扩大观赏鱼市场。

(4)与长城展览公司合作,举办世界观赏鱼锦标赛,目的是打造国际一流的观赏鱼赛事,提高中国水族业的国际影响力,扩展国际国内水族市场。

3. 持续推动渔业品牌建设

(1)特色水产品之乡命名工作。中国渔业协会专家工作委员会共评审通过了8个地区特色水产品之乡的命名申请。由协会分别授予福建南安市洪梅镇"中国水产餐饮第一镇",浙江台州市椒江区"中国东海大黄鱼之都"，江苏淮安市盱眙县"中国生态龙虾第一县"，江苏宿迁市泗洪县"中国小龙虾种源保护第一县"、泗洪县城头乡"中国小龙虾种源保育基地"，安徽黄山市休宁县"中国山泉流水养鱼第一县"，浙江台州市三门县"中国小海鲜之乡"，安徽马鞍山市当涂中国供销·华东农产品物流园"中国华东水产品交易市场"，浙江玉环市"中国东海渔仓""中国东海带鱼之乡"和"中国东海鳗鱼之乡"荣誉称号。另外，针对已到期11个地区的命名，专家工作委员会组织了复审，11个地区全部通过了复审，协会已重新公布命名决定。

（2）主办或参与会员品牌创立和宣传活动。中国渔业协会与地方政府、有关单位联合主办了第十六届中国（合肥）龙虾节、首届中国（潜江）国际龙虾·虾稻产业博览会暨第八届湖北（潜江）龙虾节、中国河豚产业健康发展大会、2017中国水产科技大会、2017中国北京国际渔业博览会、首届中国（淄博）金鱼大赛暨金鱼产业高峰论坛、中国（安徽·当涂）水产品贸易发展大会及论坛、三门小海鲜进京城推介会、宁德大黄鱼捕捞季暨三都澳旅游文化节等各类活动，促进渔业文化及节庆发展，宣传推介优势渔业品牌。中国渔业协会领导还出席了会员企业星农联合"蟹中精品红印蟹"品牌上市发布会、中洋集团中国河豚产业博览会、大连富谷集团"红鳍东方鲀·美味鲜世界"产品推介会等活动，支持企业打造渔业品牌。

4. 深入开展民间渔业交往，搭建更多交流合作平台

（1）密切与韩国、日本渔业机构的工作联系。6月在合肥首届中国国际现代渔业暨渔业科技博览会期间，召开了中韩日民间渔业协议会，会议就维护三国海上安全作业秩序、保护海洋渔业资源、促进民间渔业合作等议题进行了商讨。中国渔业协会会长赵兴武关于将每年6月6日设为世界"放鱼日"的倡议，得到了韩国、日本两国水产会会长的赞同。中国渔业协会还邀请韩国水协中央会和日本水产品促进会参加合肥首届中国国际现代渔业暨渔业科技博览会，在展馆搭建特装展位，宣传展示其优质水产食品。11月，中国渔业协会领导受邀出席了韩国海洋水产开发院主办的中韩国际水产品研讨会，与两国业内人士共商促进中韩水产品贸易发展对策。

（2）响应国家"一带一路"倡议，助推会员企业"走出去"。中国渔业协会与中国—东盟商务理事会、中国—澳大利亚商会和一些国家驻华使馆建立了合作关系，积极推动渔业"一带一路"建设。10月，中国渔业协会组织会员企业参加了葡萄牙驻华使馆主办的"中

国和葡萄牙蓝色合作伙伴和二十一世纪海上丝绸之路"活动，为两国从事港口造船、海洋科技、水产养殖等业务的企业搭建交流平台。11月，与越南驻华使馆共同举办2017中国—越南渔业企业对接会，组织越方对虾生产企业与我国水产进出口企业开展对接，促成合作。邀请獐子岛集团北美公司人员，参加在加拿大新斯科舍省召开的第三届加拿大联邦政府与原住民关于渔业捕捞和养殖产业发展研究会，帮助会员企业掌握加方渔业政策走向，结识渔业部门和企业负责人，加深彼此间的了解。

5. 完成农业部及渔业渔政管理局委托的工作，做好主管部门的参谋助手

（1）继续协助农业部渔业渔政管理局做好中国—韩国、中国—日本、中国—越南有关渔业协定相关执行工作。在涉外渔船管理方面，完成了我国渔船赴韩国、日本专属经济区管理水域和中越共同渔区入渔许可证的审核、变更和寄送等工作，更新升级了涉韩入渔通报统计软件，并组织相关人员进行了培训。在日常工作方面，及时为我国1 500余艘渔船入渔和避风向韩方进行通报，截至2017年10月底，共处理82起我国渔船赴韩避风申请。中国渔业协会秘书处派员赴辽宁、天津、河北、山东、江苏和浙江等多地，发展协会渔船会员，为涉韩、涉日作业渔民进行入渔培训，讲解安全作业知识，分析最新情况和规则变化，提出注意事项。同时，中国渔业协会还承担了中国—韩国、中国—日本、中国—越南有关渔业联合委员会相关会议的会务组织和翻译工作，并为主管部门提供相关数据资料和意见参考。

（2）处理涉韩渔船违规事件，完善担保金缴纳工作。截至2017年10月底，因违规而被韩方抓扣的中方渔船有167艘次，其中有许可证渔船114艘次，无许可证渔船53艘次。中国渔业协会及时向有关部门通报违规抓扣的详细情况，协助处理有关渔船事件。作为担保金缴纳唯一窗口，中国渔业协会为其中100艘次渔船进行了担保，未按规定通过中国渔业协会缴纳担保金的渔船，中国渔业协会已向相关省份渔业主管部门发文，建议取消该渔船当年入渔资格及次年申请资格。中国渔业协会还办理了涉韩渔船担保金境外汇款税务备案手续，解决了以前银行汇款外汇管理局不予审批的问题，提高了担保工作效率。

（3）中国渔业协会按要求完成了渔业渔政管理重大舆情追踪、采访、监测及分析，《中华人民共和国渔业法》修订立法的调研和协调，渔业新型经营主体培育研究，河豚食品安全及鱼源基地管理认证等委托工作；承办了2017年度全国渔业发展情况会商等活动。

6. 开展各类培训活动 举办了5期以渔业安全生产管理、稻渔综合种养技术、水产健康养殖技术和水产品质量安全管理为主题的专业培训。

与清华大学两岸发展研究院合作推出"现代渔业人才发展工程"系列之现代企业经营管理讲座。

与中国水产科学研究院合作举办"水产品质量检测技术培训班"。

7. 做好信息服务工作 从2017年起，会刊《渔业文摘》更名为《渔协通讯》，内容上不再面面俱到，而是调整为集中报道中国渔业协会及分支代表机构的大事小情，宣传展示会员单位的风采。其他渔业行业信息则登载在协会网站，以提高信息的及时性和有效性。中国渔业协会充分利用微信公众号，及时发布政策规定、通知文件、活动信息等内容，让会员随时都能了解相关信息。同时协会还建立了会员代表、分会管理等微信群，方便会员沟通交流、转载信息、发表观点。

8. 加强调研工作 2017年，在赵兴武会长的重视和带领下，中国渔业协会秘书处加强了调查研究工作，深入基层了解行业现状和会员需求。2月，赵兴武会长先后在大连、烟台组织召开协会会员座谈会，与协会会员就行业发展畅所欲言，为协会工作献计献策。赵兴武会长和秘书处同志走访了明凤渔业、百奥泰、中科海、富煌三珍、皖江宜牛等会员企业，通过参观、座谈等方式，听取会员经营情况介绍，发现行业新问题，寻找发展新机遇，了解他们对协会工作的实际需求。此外还先后赴河北保定、山东淄博、广东湛江、广西钦州、浙江象山等地，就龟鳖产业发展、渔船节能减排、渔业产融结合、渔文化产业等内容进行专题调研。7月，中国渔业协会在安徽当涂举办了全国渔业行业协会工作座谈会，各地协会负责人交流了本会发展情况和工作经验。

9. 加强分支机构建设和管理工作 2017年，中国渔业协会又成立了魟鱼分会、小龙虾市场联盟、小型观赏鱼虾分会、海洋观赏生物分会、水生资源工艺品分会、水产商贸分会和对虾分会等7个分支机构和广东代表处、涉外渔业大连代表处等2个代表机构，使协会的分支和代表机构已达到25个。随着分支和代表机构的不断增加，协会工作领域持续拓展，会员数量持续增加，工作人员更加专业，会员服务更加精准，工作体系日益完善。

中国渔业协会秘书处还加强了分支机构管理工作，要求分会加强与协会的沟通联系，大事要主动汇报，要定期召开理事会，开展业务活动，做好会员发展和统计工作，将相关数据及时纳入协会会员数据库。中国渔业协会内4家有独立账户的分支机构登记证已陆续到期，正按照国家规定办理撤销账户手续，合并到协会。

在总结和肯定成绩的同时，中国渔业协会自身还存在着许多问题和不足。如会员服务工作还不够到位、秘书处同志的业务素质有待提高、管理水平还未达到现代化社会组织的要求等。面对即将与行政机关脱钩的新形势，我们必须增强危机感、紧迫感和责任感，面对新的机遇与挑战，进一步转变思想观念，加大改革创新力度，提升自身生存发展能力。

（中国渔业协会）

中国渔业互保协会

【概况】 2017年，中国渔业互保协会（以下简称"协会"）按照农业部副部长于康震在第五次全国会员代表大会上的重要讲话精神，紧紧围绕2017年全国渔业渔政工作要点，坚持以服务渔民会员为主线，坚定走互助保险发展道路，稳妥推进渔业互助保险事业改革发展，全面开展机构队伍专业化建设、承保理赔精细化建设和财务管理规范化建设，保持了渔业互助保险事业平稳健康发展的态势。据统计，2017年，全系统共承保渔民75.74万人次，渔船6.27万艘、养殖水面4.25万公顷、养殖网箱684口，提供风险保障3 758.98亿元，支付经济补偿金共计8.13亿元。

1. 强化渔业互保业务精细化管理 承保方面，组织全系统召开业务研讨会，研究应对海洋伏季休渔和渔船管控制度调整带来的新问题，推动各地及时出台应对政策；针对渔船保额难以确定的问题，联合第三方机构开展了渔船价值评估专项课题研究；跟踪做好重点渔船参保工作，顺利承保三沙渔业发展有限公司大型渔船和中国水产科学研究院东海水产研究所、南海水产研究所的渔业科考船；与全国水产技术推广总站开展交流和合作，共同探索推进水产养殖互助保险发展的新模式。

理赔方面，研究制定了雇主南沙涉外责任互助保险分期赔付、渔船南沙涉外互助保险预先赔付和渔民人身平安互助保险小额伤残案件快速理赔方案，大幅提升了南沙涉外责任和小额伤残案件的理赔速度；印发了《理赔业务操作指南》，进一步规范理赔工作；与国内专业打捞救助机构广州打捞局签署合作协议，高效妥善处理"琼临渔11003"船南沙永署礁搁浅事故。

此外，协会还加强了数据统计分析工作，定期向全系统发送《信息简报》，初步实现了统计数据共享；同时充分挖掘全系统承保理赔数据价值，编制了《全国渔业事故分析(1994—2015)》白皮书,为渔业防灾减灾政策的制订和调整提供了科学的数据支撑。

2.统筹推进全系统会员服务工作 2017 年,为加强和改进会员服务工作,面向全系统开展了"关爱渔民会员——渔业互保在身边"主题系列活动,共分为"送安全进渔区""感恩常伴资深会员礼遇"和"渔业互保在行动"三个专题活动,收效良好;同时联合各省(自治区、直辖市)开展了"渔业互保扬帆助学行动",对 85 名渔区贫困家庭大学生进行教育资助,每年助学金 42.5 万元,还为 30 余名身故或高残会员的未成年子女提供了近 10 万元的助学金,进一步彰显渔业互保的社会责任;在山东、河北、福建、海南等省为渔民会员发放了救生衣、防撞安全帽和应急药箱等安全救生设备,提升渔民遇险应急处置能力。此外,还积极探索服务渔民会员的新方式、新内容,如设立会员服务中心、成立渔民培训基地、与银行开展银保合作等。

3.全面开展机构队伍专业化建设 协会对全系统专兼职工作人员情况进行了一次全面梳理和统计,摸清了机构队伍人员"家底";利用上海海洋大学培训基地举办了 2 期全国渔业互保系统专职工作人员业务长训班,共为 62 名专职工作人员进行了包括保险、法律、渔业安全、互保业务等知识的专业培训,进一步改善了专职队伍的知识结构和能力素质;针对辽宁渔港监督机构工作人员统一退出渔业互保业务和管理的情况,组织业务骨干赴辽宁省协会开展"传帮带"培训,帮助其迅速熟悉互保业务、尽快适应新角色。

4.加大做强渔业互保品牌形象建设 为进一步提升中国渔业摄影展品牌的影响力,扩大渔业互助保险和协会的知名度,协会在面向全国渔业生产、工作者和摄影爱好者广泛征集作品的基础上,借第十五届南海(阳江)开渔节举办的契机,联合中国摄影著作权协会、中国文学艺术界联合会摄影艺术中心在广东阳江海陵岛举办了"'大美渔村 平安渔业'中国渔业摄影展"系列宣传活动,初步实现了打造渔文化知名品牌、渔业摄影第一品牌的目标;为巩固宣传效果,2017 年协会除继续加强与《中国渔业报》合作外,新增了与《中国水产》的合作;为进一步提升宣传工作质量,充分利用网络媒体和手机媒体,探索"互联网＋"宣传新模式,协会加大了网站和微信订阅号的更新和推送力度。

5.进一步强化财务规范化建设 2017 年,协会再次取得非营利组织企业所得税免税资格;在安徽省和港澳流动渔民系统与相关单位签订了业务委托代理协议,探索在政社脱钩形势下依托有关基层组织协助展业的新模式;加强对办事机构的财务管理,出台了《办

事处会计核算办法》,积极推进办事处预算制管理试行工作;在沿海地区基层机构推广 POS 机收款方式,消除了个人账户收款带来的隐患;组织制订了《会议费用管理办法》,对会议费的使用和采购招标工作的流程、标准进行了规范,强化内部控制。

(中国渔业互保协会)

中国水产流通与加工协会

2017 年,按照农业部"提质增效、减量增收、绿色发展、富裕渔民"的部署,在中国水产流通与加工协会理事会的领导下,秘书处全体工作人员,扎实工作,顺利完成各项任务。

【加强组织建设,提升管理水平】 召开中国水产流通与加工协会第六次全国会员代表大会,选举产生 375 位理事,147 位常务理事。崔和当选会长,车轼等 35 人当选副会长,杜慧当选秘书长。六届一次常务理事会上,增补 3 位副会长、1 位常务理事、7 位理事,增设秘书处外联部。

【服务行业发展,完成政府委托任务】 继续承担农业部渔业渔政管理局委托的水产品出口合法性认证审核工作。配合主管部门为 400 余家出口企业审核签发了输欧海洋捕捞水产品《合法捕捞证明》《加工厂声明》以及《输智水产品合法来源证明》26 477 份,其中《加工厂声明》网签率 96%,《合法捕捞证明》网签率 71%,工作效率进一步提高,极大地方便了出口企业的申报审核工作。

开展中国鲨类贸易利用、保护管理及国际濒危物种贸易公约(CITES)履约监测。一是设计印制并发放 CoP17 新列 4 种鲨鱼和 9 种蝠鲼的宣传海报;二是协助农业部渔业渔政管理局完成 2017—2019 年 CITES 行动方案(鲨鱼部分);协助国家林业局濒危物种进出口管理中心组织鲨鱼从业代表赴日本 CITES 履约交流;参与中欧渔业高级别对话、"中美自然保护议定书"项目 CITES 履约交流、中美渔业对话中有关鲨鱼履约的议题等;三是举办两场以"依法保护濒危物种,合理利用海洋资源"为主题的宣传展示活动;四是组织专家组先后赴上海、广州、北京对国内企业及商户申报的新列鲨鱼物种"公约前所获"产品库存进行现场核查;五是与东北林业大学、英国肯特大学共同开展鲨鱼产业研究,分析全球鲨鱼捕捞量及中国鲨鱼产业情况,探索鲨鱼的可持续利用。

承担水产品质量安全监管、水产品应急处置宣传

引导项目。一是承担全国水产品质量安全专家工作组秘书处工作,制定专家组工作细则及工作计划,对近年来常见的水产品质量安全谣言进行了梳理,委托相关领域的专家在舆情发生后第一时间发出正确声音,并利用微信等新媒体扩大宣传,让消费者了解真实情况,消除疑虑。二是建立舆情监测系统,监测网络舆情信息,共完成38期舆情快报的编写、上报,对重大舆情事件进行跟踪分析,完成"塑料紫菜""青蛤中毒事件""云南三文鱼事件""北京水产品检出禁用渔药"等七期热点舆情专报。三是辟谣工作取得突破性进展。开通微信辟谣小程序等对"毒鱼多宝鱼""江苏大闸蟹被香港检出二噁英""超市无活鱼销售""云南三文鱼不能吃""塑料紫菜"等事件进行了积极应对。四是完成水产品质量安全宣传与舆情应对研究报告。

经中国国际贸易促进委员会批准成立"中国国际贸易促进委员会水产品经贸摩擦预警点",广泛征集业内在实际贸易中遇到的经贸摩擦问题,发布《出口水产品须重视"产品净重"标签标识》等贸易预警,提醒企业关注美国、伊朗、巴西、俄罗斯等国对水产品包冰及包装标识的新规定,避免引起贸易纠纷。编写《2016年水产品产业损害监测预警分析报告》,完成农业产业损害监测预警工作。

完成农业部渔业渔政管理局科技处养殖河鲀加工企业审核项目、渔情处水产品加工促进项目及农业部农产品质量安全监管局河鲀可追溯项目。完成国家食品药品监督管理总局委派工作,分别就《食品安全欺诈行为查处办法(征求意见稿)》《关于2018年国家食品药品监管总局食品安全抽检监测计划》《关于做好食品安全风险预警工作的通知(征求意见稿)》,从行业协会角度提出具体建议。

完成北京环境保护监测中心委派工作。参与《排污单位自行监测技术指南 农副食品加工业》标准研讨会,组织开展威海水产品企业污染物及自行监测实际情况调研,反馈水产行业对此标准的诉求。

【开展行业调研,反映企业诉求】

1. **深入调研,解决行业关注问题** 先后赴广东、山东、辽宁、江苏、福建、湖北等地,针对罗非鱼、对虾、河鲀、小龙虾、黄鳝等开展重点调研,了解水产品加工、贸易等情况,并听取企业对协会会员服务工作的反馈和建议。

2. **反映企业诉求,做好企业与政府的桥梁** 向海关总署提供关于巴沙单列海关编码的说明,建议将进口巴沙鱼片产品从鲶鱼总目中单列巴沙子目录。向国家质量监督检验检疫总局反映某会员企业出口冻叉尾鲴鱼片被美国农业部通报的报告和诉求,帮助该企业输美鲴鱼产品恢复出口。向澳大利亚食品贸易协会介绍食品添加剂扩大使用范围申报工作,并提供了二氧化硫检测标准差异对比材料。跟进美国《海洋哺乳动物保护法》(MMPA)的情况,并协助渔业主管部门向美方提交我国关于保护海洋哺乳动物情况的报告,促成专项工作专家组的成立并参与工作,具体负责我国来进料加工再出口美国的水产品情况分析。关注我国金枪鱼加工出口企业进行海豚安全标签认证的情况并报告相关主管部门。针对海关总署征求关于"进出口货物报关单修改""2018年贸易管制措施和进出口商品管理目录调整""世界海关组织《协调制度》第六审议循环议题"等事宜的意见,转发至有关会员单位并代表行业提交反馈意见。针对财政部关税司关于《农业相关产品税率调整初步意见》,就清单内的14项水产品和清单外的4项水产品的税率调整分别提出意见和建议。为会员企业(浙江瑞安华盛)出具《关于虾皮、丁香鱼等货物出口退税率适用事宜认定的建议》,为企业争取税率调整提供依据。

3. **开展团体标准制定,推动行业可持续发展** 积极组织水产品加工企业团体标准的自主制定,提升水产品产业、企业和产品质量的核心竞争力。制定并发布《天然水域活鲢、鳙鱼分割规范》《天然水域冻鲢、鳙鱼制品》,召开《冻巴沙鱼片》《冻斑点叉尾鲴鱼片》《冻调味斑点叉尾鲴加工技术规范》《冻斑点叉尾鲴鱼片加工技术规范》4项标准审定会,跟踪、关注团体标准的法律法规及相关政策。

【加强会展服务,搭建贸易交流平台】

1. **组织国内展会,促进内销市场繁荣** 举办第三届亚太水产养殖展,打造专业品牌展会。参展企业来自17省共计146家,总展览面积近万平方米,展品覆盖了从苗种到水产养殖全产业链条,展会规模、人气提升,取得了良好的展示效果。组织第十八届SIALCHINA中国国际食品和饮料展览会水产专区,精心策划了鲜生活"海鲜美食配美酒"主题活动,成为展会的金牌活动。连续第15年承办中国国际农产品交易会渔业展区筹备及组展工作,并荣获优秀组织奖及最佳设计奖。

2. **完成三大国际展会,助力企业拓展国际市场** 连续14年组团参加北美水产品展览会,共组织46家企业参展,成为最大的国家展团,组织多场商务活动,考察了Market Basket等4家超市、波士顿知名水产品加工厂等。组织参加第25届全球水产品展览会,中国参展企业继续增加,形成了引人瞩目的中国展团,展会同期举办了丰富的会议和讲座。组织参加第19届日本东京国际渔业和技术展览会,49家企业参展,租用展位124个,展览面积共达496平方米,展位数量比上年增长31.9%。

3. 推广地方特色水产品,加强采购对接,促进贸易洽谈 2月28日,联合京东集团生鲜事业部共同举办2017京东生鲜水产企业合作对接会,通过对参会企业的产品品质、品牌和品类精心筛选和严格把关,优先选择了适合线上销售、有零售规格包装的77家水产企业参会,就产品品质、包装等问题与京东方进行了深入交流。9月,联合广西防城港市人民政府主办"海上丝绸之路——防城港海洋与渔业论坛",有效推动了防城港市建设成为中国—东盟渔业交流合作的战略高地计划,吸引了大量投资商,扩大防城港的知名度。12月,联合钦州市人民政府、广西海洋和渔业局共同主办2017钦州蚝情节及蚝业发展论坛。联合山东省东营市垦利区人民政府、山东省东营市海洋与渔业局在上海举办黄河口大闸蟹品鉴会,培育和打造黄河口大闸蟹品牌,进一步提高黄河口大闸蟹品牌的知名度。

【召开行业会议,引导行业健康发展】

1. 举办专业会议,引领产业发展 4月,在广东省湛江市召开第九届中国对虾产业发展研讨会,200余人与会,增加中国—东盟海水养殖技术联合研发与推广中心和亚太地区水产养殖中心网作为主办单位,参与会议的利益相关方也更为广泛,会议新设置种苗议题,完善议题的全产业链覆盖。同时,邀请中国、泰国、印度、越南、印度尼西亚、厄瓜多尔、孟加拉国、菲律宾、马来西亚等对虾生产国的权威专家,对全球对虾生产和贸易进行详细分析和交流。

6月29日至7月1日,在福州召开全球水产养殖论坛,近400人出席会议。论坛按照国际惯例,设置了"1+5"模式,即"全球水产养殖业发展现状与趋势"主论坛和"模式创新引领产业升级""水产品消费趋势""水产养殖技术创新发布会""转型期饲料企业如何化危为机""中国河鲀产业发展巅峰对话"等5个分论坛。

11月,继续与世界自然基金会(WWF)、海洋管理委员会(MSC)、养殖管理委员会(ASC)联合主办国际水产品可持续发展大会,中国出入境检验检疫协会(CIQA)、海南智渔可持续科技发展研究中心(China-Blue)、食品安全检学联盟协办。继续采用主论坛+分论坛的形式,增设负责任渔业内容,中美俄三大渔业生产国主管部门代表分别介绍负责任渔业政策和实践

等议题。融入早餐会、午餐水产品品鉴会,整体模式更为灵活多变。

11月,与挪威驻华使馆共同举办中国—挪威水产养殖合作研讨会,议题涵盖中挪两国水产养殖概况、鱼病防治与疫苗开发、鱼类营养研究、远海养殖、陆基养殖模式与实践应用、国际标准对可持续水产养殖的推动等。同期,配合挪威创新署召开挪威—中国海产暨养殖峰会。系列活动参与人数超过500人。

11月,与丹麦银行共同在青岛主办中国—挪威海产业合作交流高峰会。中挪两国的设备、动保,以及养殖、加工、贸易、海产投融资企业代表参会。首次与丹麦银行合作,进一步开启了携手资本方加深两国三文鱼养殖、技术创新、市场增长等领域合作的契机。

11月,与美国农业部、美国驻华使馆农业贸易处、美国海洋与大气局共同举办中美水产品贸易及认证研讨会,近百名代表出席。会议系统介绍了美国海产管理体系和进出口水产品的认证监管情况,以及在打击IUU方面所做的工作,并重点解读了即将实施的水产品进口法案(SIMP)的关键要求。搭建中方水产企业与美方管理机构的直接对话和沟通平台,帮助企业更深入地了解SIMP法案,促进中美水产品贸易的正常开展。

11月23日举办第十四届国际罗非鱼产业发展论坛。会议重点分析国内外市场需求和内销拓展情况,并邀请西贝、海底捞、云海肴、新辣道、呷哺呷哺、永辉超市、重庆火锅连锁店等餐饮、零售企业采购负责人参与主题对话、参观考察等活动,本次会议创新模式,以生产采购对接交流为主线实现了内销渠道拓展的良好效果。

2. 加强分支机构建设,推动产业健康发展 为建立健全行业自律机制,规范企业经营,保障产品质量安全,推动产业健康发展,适时召开鱼粉鱼油分会、鱼糜及其制品分会、大菱鲆分会、卤虫分会、鲶鱼产业分会等分会工作会议。并应广大从业者的请求,成立了内陆天然水域产销分会、石斑鱼分会,顺利完成贝类分会和水产品出口贸易分会换届工作。

【加强与国际机构合作,提升国际影响力】

1. 应邀出席全球可持续水产品高峰论坛 6月4~8日,崔和会长受邀赴西雅图出席由国际组织Sea-web主办的全球可持续水产品高峰论坛。作为中国水产业界代表,在论坛期间出席了一系列涉及中国水产业可持续发展的工作会议及会谈,并在中国分论坛上作为主讲嘉宾,介绍了中国渔业及水产养殖业在可持续发展领域的现状和发展趋势。报告得到与会嘉宾的

一致好评。同期,与美国渔业协会、日本 seafood lega-cy、ASC 等国际机构进行了会谈。

2. **参观考察挪威水产养殖展** 8月14~21日,崔和会长率养殖与设备企业代表团一行12人,赴挪威水产养殖展(AquaNor)参观,并考察当地养殖企业。先后与 LEROY、EWOS、Biomar、Pharmaq、Aquagen、Aqual-ine 等国际领先养殖企业以及丹麦银行金融部的相关负责人进行交流,向外方介绍中国水产养殖业的发展趋势以及中国水产品的市场前景和消费趋势,并探讨双方可能的合作领域,推动两国水产品贸易良性发展。

3. **可持续渔业改进项目** 参与 WWF、MSC 等发起的湖北潜江和江苏宝龙小龙虾 MSC 可持续改进项目。与美国渔业协会蟹委会、Ocean Outcomes 和 MSC 合作,对福建省漳州地区近海的蟹类开展区域性渔业改进工作示范项目,落实国家提出的现代渔业战略要求,探索一个近海渔业转型、升级新思路,为其他区域、其他种类的良好渔业管理建立示范。并与 Ocean Out-comes 签订战略合作协议,共同推动东山拥剑梭子蟹、鱿鱼等可持续渔业项目。

4. **参与完成 WWF 的水产品可持续性评估** 3月6日,和 WWF 共同举办了水产品可持续性评估结果专家研讨会,组织水产苗种、养殖、鱼病、饲料、捕捞、管理、认证等专家对评级结果进行第二轮复审。总体来说多数种类的可持续评级结果得到了专家的共同认可,对一些品种的评级也提出了专家修改意见。该项目自2015年与 WWF 开始合作,开发面向消费者的"水产品消费指南(Seafood Guide)",旨在帮助中国消费者在采购水产品时做出可持续的选择,推进负责任水产品消费,并促进渔业的可持续性发展。

5. **完善可持续水产品评价体系(iFISH)数据库** 与智渔可持续科技发展研究中心合作,对 iFISH 评价指标进行了改进。完成专家问卷的设计,专家数据库,并将问卷发至国内知名专家,收集反馈意见并对 iF-ISH 进行完善。

6. **参与完成《负责任水产品采购指南》** 联合中国连锁经营协会、智渔可持续科技发展研究中心等机构编写《负责任水产品采购指南》。该指南是2015年版《负责任水产品指导目录》的升级版,由中国连锁经营协会及联合国环境规划署进行开发管理,汇集国内外相关最新资讯和信息,系统全面地阐释可持续水产品定义、负责任采购关注点和零售商实现的路径,负责任水产品供应链重点信息跟踪,负责任水产品评价维度和参考指标等工具。通过指南,零售商将加强对可持续水产品、负责任采购与环境保护、食品安全的认知和联接,找到有效应对水产品经营过程中的风险挑战,

更好地促进零售业水产品经营的绿色转型升级。

7. **其他合作交流** 接待美国渔业协会、世界海洋原料组织(IFFO)、美国大豆出口协会(USSEC)、加拿大大西洋商会、澳大利亚海产贸易协会、世界渔业中心(worldfish)等来访,共同协商合作事宜。受加拿大魁北克省农业部邀请,赴加拿大魁北克省参观学习,深入了解魁北克渔业生产情况,为企业与加拿大魁北克企业的商贸合作打下基础。参加在俄罗斯圣彼得堡举办的全球渔业论坛并代表行业做中国水产品流通与加工现状及展望报告,参观同期举办的水产品博览会,了解俄罗斯渔业生产企业信息。加强与美国驻华使馆、厄瓜多尔驻华使馆、挪威驻华使馆、联合国粮食与农业组织、联合国工业发展组织(UNIDO)、美国国家航空咨询委员会(NACA)、国际鱼粉鱼油协会(IFFO)等政府组织或国际机构的联系。

【**支持特色之乡、会节活动,继续推进品牌建设**】 年度内共完成8个特色之乡的命名评审工作。依照协会《品牌推荐办法》的相关规定,为东山县顺发水产有限公司等5家企业出具驰名商标推荐函或行业排名证明材料。为推动罗非鱼产业各环节的持续、健康、协调发展,2017年继续发布中国罗非鱼加工贸易企业 Top10。

举办2017中国水产品品牌大会。会议秉承"实施渔业品牌战略,助推产业转型升级"的理念,以品牌塑造、品牌推广、市场对接、价值提升为主题,通过专家报告、专题对话、品牌故事会,集中展现渔业品牌建设最新成果,推动水产品消费升级,助力农业供给侧结构性改革,打造水产品品牌开放智慧的交流盛会。通过申报、推选、公众评选、组织专家评审、公示等程序,发布了80个"2017最具影响力水产品企业品牌"、8个"2017创新加工水产品"及20家"2017最具影响力水产品批发市场"等榜单。经过3年的培育,一年一届的品牌大会和相关评选工作已经成为协会亮点和独具特色的会议,受到广泛赞誉。

支持地方水产品品牌建设推介活动。联合洪湖市政府举办第四届洪湖清水螃蟹节,参与潜江小龙虾节、广东省阳西县"程村蚝"品牌建设推广会、大连富谷河豚品鉴会等,帮助各地发挥优势,展现特色,走出独特的品牌创建之路。

（中国水产流通与加工协会 陈丽纯）

休闲垂钓协会

2017年,休闲垂钓协会在农业部渔业渔政管理局

和全国水产技术推广总站的领导、支持下，围绕渔业转方式调结构和供给侧结构性改革，紧紧抓住国家重视休闲渔业发展的历史机遇，依照协会的宗旨和工作目标，团结带领全体理事和广大会员，做好以下几方面的工作。

1. 协会自身建设

（1）完成第二届全国会员代表大会工作。2017年11月3日在福建省厦门市召开了协会第二届会员代表大会，会员代表和来宾共200余人出席。大会审议通过了《第一届理事会工作报告》《第一届理事会财务报告》《休闲垂钓协会章程》《会费标准及收取办法》《会员管理办法》和协会关于变更名称的议案，会议选举产生了第二届理事会。召开了二届一次理事会议，选举产生了第二届理事会会长、28名副会长和秘书长；还聘任了协会荣誉会长、协会顾问委员会及主任、协会专家委员会及主任。理事会议还审议通过了《分支机构管理办法》《分支机构财务管理办法》《人工钓饵推荐产品标识使用和管理办法（试行）》等制度，审议通过了关于增补副会长和设立分支机构的议案。

（2）加强组织机构建设。2016年8月协会独立办公后，秘书处完善了各项规章制度，有序开展各项工作，业务范围不断扩大，合作渠道不断拓宽，分支机构和代表机构进一步发展壮大。工作重心从原来侧重于承担政府委托工作和组织垂钓赛事，扩大到水族观赏、造景艺术、钓场建设、休闲渔船与游钓艇、休闲食品、休闲渔业文化等全方位多领域发展，充分体现了协会章程中所涵盖的休闲渔业业务范围和特色。休闲渔业的产业发展和细化，对协会服务提出了更高的要求。2017年协会分别成立了筏钓分会、孔雀鱼分会、造景艺术分会、游钓艇分会、小龙虾生态养殖休闲美食分会、海洋牧场钓场建设分会，并已筹备异型鱼分会、斗鱼分会、七彩分会、三湖慈鲷分会、观赏虾分会、两栖爬行动物保护分会等。

2017年协会在北京、上海、湖北、四川和重庆设立了代表处，代表处的设立不仅是对协会工作强有力的补充和延伸，还增强了协会与地方的联系和互动。

（3）积极建立执裁队伍。为了尽快建立具备良好职业道德和专业素质的休闲垂钓裁判员队伍，协会制定了《裁判员管理办法》《（淡水）裁判员工作要求》等管理制度，并于2017年4月和11月分别开展了两期裁判员的培训，共培训裁判员122名。

2. 完成农业部渔业渔政管理局委托的工作 2017年，农业部为推进渔业转方式调结构和供给侧结构性改革，落实2016年全国休闲渔业现场会会议精神，开

展休闲渔业品牌培育活动，通过组织实施休闲渔业品牌培育的"四个一"工程，全面叫响休闲渔业品牌。协会承担了"四个一"工程中的"两个一"工程，即创建一批全国休闲渔业示范基地和创建认定一批有影响力的文化节庆赛事活动。为保证评选的严谨和公正，协会制定了渔业节庆赛事标准和创建休闲渔业示范基地标准以及评分细则，2017年评出国家级示范性渔业文化节庆（会展）25个，全国有影响力的休闲渔业赛事10个，全国休闲渔业示范基地100个。协会还参与了由农业部渔业渔政管理局主办的全国休闲渔业带头人和管理人才能力提升的培训工作。

2017年，为了更好地开展《人工钓饵》标准的推广和实施，制定了《人工钓饵推荐产品标识使用和管理办法》，并经协会二届一次理事会审议通过，申报工作的环节需求已在在逐项落实，使更多的企业使用协会推荐标识。

3. 创建休闲渔业品牌，组织各类休闲赛事 2017年协会命名了四川彭州市莲花湖为"中国彭州国际路亚休闲垂钓基地"、山东东营市鹊苑家庭农场有限公司为"中国东营鹊苑休闲垂钓基地"、浙江省玉环市为"中国休闲垂钓之都"等休闲渔业品牌。

为带动地方经济发展，宣传推广当地休闲垂钓环境，提高会员企业影响力，协会与地方政府或会员企业单位共同主办了多项活动，分别是2017CRAA中国·彭州莲花湖国际休闲垂钓赛和飞钓邀请赛、2017（霞浦）全国休闲矶钓大赛、2017"渔业互保杯"全国海钓大师积分赛、"岛战巨物"2017全国路亚岛钓挑战赛、2017"化氏杯"第四届中国临沂（沂河）休闲垂钓大赛暨"凯迪威沙发杯"家庭亲子摸鱼比赛、2017第三届中国（日照）海钓节和2017中国鱼乐嘉年华等活动。

为了发展协会会员，提高协会会员凝聚力，协会在北京、南昌、牡丹江、哈尔滨、太原、温州、延边、张家口尚义县、内蒙古磴口县等地方，与当地休闲渔业主管部门或地方协会共同举办了休闲垂钓协会垂钓大师会员俱乐部联赛。通过举办比赛，充实了协会会员队伍，提高了协会的号召力和影响力。

2017年协会和厦门新天国际会展有限公司共同主办了第二届休闲渔业高峰论坛和第十届中国（厦门）国际休闲渔业博览会，受到业内一致好评，已经成为休闲渔业的品牌；支持举办了平潭国际海洋旅游与休闲运动博览会、广州第十六届国际观赏鱼及水族器材展览会、济南锦鲤大赛和展览、大连海尚嘉年华游钓艇展、广州渔具展、宁波游艇展、沈阳孔雀鱼大赛等系列赛事，支持会员争办2019年孔雀鱼世界杯大赛的主办权等。

2017年5月,协会委托厦门代表处负责组队参加了在佛得角共和国举办的由荷兰钓鱼协会和美国纯钓集团共同组织的PENN国际海钓锦标赛,该赛事在世界近海垂钓系列锦标赛中属重量级活动,中国队在此次赛事中共钓获10尾马林鱼,获得了第三名。

（休闲垂钓协会）

农业部关于
进一步加强国内渔船管控
实施海洋渔业资源总量管理的通知

农渔发〔2017〕2 号

沿海各省、自治区、直辖市人民政府,国务院有关部门:

近年来,沿海各地按照党中央、国务院部署安排,通过采取伏季休渔、资源增殖、渔船渔具管理、减船转产等措施,大力加强海洋渔业资源养护,促进海洋渔业发展与资源保护相协调。但是,渔业资源利用方式粗放的问题仍未得到有效改善,捕捞能力仍然远超渔业资源可承受能力。借鉴国际渔业资源管理的通行做法,将渔船捕捞能力和渔获物捕捞量控制在合理范围内,提高海洋渔业资源利用和管理科学化、精细化水平,实现海洋渔业资源的规范有序利用,是国家生态文明建设的必然要求,也是实现海洋渔业可持续发展的根本措施。为贯彻落实《中共中央　国务院关于加快推进生态文明建设的意见》《中共中央　国务院关于印发〈生态文明体制改革总体方案〉的通知》和《国务院关于促进海洋渔业持续健康发展的若干意见》精神,经国务院同意,现就"十三五"期间进一步加强国内海洋渔船船数和功率数控制(以下简称"双控")、实施海洋渔业资源总量管理制度通知如下:

一、总体要求

(一)指导思想。全面贯彻党的十八大和十八届三中、四中、五中、六中全会精神,深入贯彻习近平总书记系列重要讲话精神和治国理政新理念新思想新战略,认真落实党中央、国务院决策部署,统筹推进"五位一体"总体布局和协调推进"四个全面"战略布局,牢固树立和贯彻落实创新、协调、绿色、开放、共享的发展理念,坚持深化改革和依法治渔两轮驱动,坚持渔船

投入和渔获产出双向控制,进一步完善海洋渔船"双控"制度和配套管理措施,实行渔业资源总量管理,努力提升海洋渔业管理水平,促进海洋渔业资源科学养护和合理利用,逐步建立起以投入控制为基础、产出控制为闸门的海洋渔业资源管理基本制度,实现海洋渔业持续健康发展。

(二)目标任务。

1. 海洋渔船"双控"目标

到 2020 年,全国压减海洋捕捞机动渔船 2 万艘、功率 150 万千瓦(基于 2015 年控制数),沿海各省(自治区、直辖市,以下简称沿海各省)年度压减数不得低于该省总压减任务的 10%,其中:国内海洋大中型捕捞渔船减船 8 303 艘、功率 1 350 829 千瓦;国内海洋小型捕捞渔船减船 11 697 艘、功率 149 171 千瓦(全国海洋捕捞渔船压减指标见附件 1,2020 年海洋大中型捕捞渔船控制指标见附件 2);港澳流动渔船(指持有香港、澳门特区船籍,并在广东省渔政渔港监督管理机构备案的渔船)船数和功率数保持不变,控制在 2 303 艘、功率 939 661 千瓦以内。

通过压减海洋捕捞渔船船数和功率总量,逐步实现海洋捕捞强度与资源可捕量相适应。

2. 海洋捕捞总产量控制目标

到 2020 年,国内海洋捕捞总产量减少到 1 000 万吨以内,与 2015 年相比沿海各省减幅均不得低于 23.6%,年度减幅原则上不低于 5%(海洋捕捞产量分省控制指标见附件 3)。

2020 年后,将根据海洋渔业资源评估情况和渔业生产实际,进一步确定调控目标,努力实现海洋捕捞总产量与海洋渔业资源承载能力相协调。

二、完善海洋渔船"双控"制度

(一)加强渔船源头管理。坚持并不断完善海洋渔船"双控"制度,重点压减老旧、木质渔船,特别是"双船底拖网、帆张网、三角虎网"等作业类型渔船,除淘汰旧船再建造和更新改造外,禁止新造、进口将在我

国管辖水域进行渔业生产的渔船。严格船网工具指标审批,加强渔船建造、检验、登记、捕捞许可证审核发放及购置、报废拆解等环节管理。所有渔船必须纳入全国渔船数据库统一管理,通过全国渔政指挥管理系统统一受理申请、审核审批及制发渔业船舶证书。各地要进一步加强对渔船修造特别是跨地区修造和渔船用柴油机及制造企业的监督管理,严禁随意更改渔船主尺度和主机功率、随意标注柴油机型号和标定功率,严禁审批制造"双船底拖网、帆张网、三角虎网"作业渔船。探索建立与捕捞渔船数量和养殖面积相匹配的捕捞辅助船总量控制制度以及养殖渔船监管制度,加强辅助船、养殖船、休闲船、远洋船和出口船的监督管理,禁止以上述渔船名义建造国内捕捞渔船。强化渔船属地管理,渔业船网工具指标申请、渔船登记和捕捞许可证申请应在渔船所有人户籍所在地或企业注册地进行。严禁异地挂靠和异地注册公司从事国内海洋捕捞生产,严禁在内陆地区登记注册国内海洋渔船。加强渔船交易管理,推进渔船交易服务中心建设,规范交易行为。

(二)创新渔船管理机制。加强渔船分类分级分区管理,实施差别化监管。实行以船长为标准的渔船分类方法,船长小于12米的为小型渔船,大于或等于12米且不满24米的为中型渔船,大于或等于24米的为大型渔船。强化渔船分级管理,海洋大中型捕捞渔船及其船网工具控制指标由农业部制定并下达;海洋小型渔船及其船网工具控制指标由各省(自治区、直辖市)人民政府依据其资源环境承载能力、现有开发强度以及渔民承受能力等制定,报农业部核准后下达。海洋大中型和小型渔船船网工具控制指标不能通过制造或更新改造等方式相互转换。

进一步完善捕捞作业分区管理制度,大中型渔船不得到机动渔船底拖网禁渔区线(以下简称"禁渔区线")内侧作业,不得跨海区管理界限(依据现行海区伏季休渔管理分界线)作业和买卖,因传统作业习惯到禁渔区线内侧作业的,由所在省(自治区、直辖市)渔业行政主管部门确定并报农业部备案。小型渔船应在禁渔区线内侧作业,不得跨省(自治区、直辖市)管辖水域作业和买卖,禁渔区线离海岸线不足12海里的,可由相关省(自治区、直辖市)按自海岸线向外12海里范围内核定为渔船作业区域。

(三)加强渔船渔具规范化管理。加强渔船渔港信息技术装备和管理系统建设,健全国家统一的渔船管理数据库,推广应用北斗导航、船舶自动识别、卫星通讯和射频识别等技术,组织开展信息技术应用及其配套法律法规的宣传、教育和实际操作培训,实施渔船渔港动态监控,加强渔船管理和执法信息互联互通,实现对渔船、渔港和船员的动态管理。建立健全渔船渔机标准体系,推进出台主要作业渔船主尺度、渔机标准,推出统一的标准化船型。强化渔船准航行与作业区域的衔接管理,严格依港管船,按船籍港实施渔船营运检验,对现有异地挂靠渔船按船籍港进行清理整治,对船舶技术状况达不到作业许可区域要求的,不得降低航行安全标准进行检验。严厉打击涉渔"三无"船舶,对依法没收的涉渔"三无"船舶,按照"可核查、不可逆"的原则,通过定点拆解、销毁、改作鱼礁等方式,统一集中处置。加大"船证不符"渔船清理整治力度,分类制定整改措施,严格渔船营运检验和执法监管。

制定全国海洋捕捞渔具准用目录,明确各类渔具最小网目尺寸,以及渔船携带渔具的数量、长度和灯光强度等标准,建立渔具渔法准入制度,完善渔具渔法审查认定机制和规范化程序。优化捕捞作业结构,合理调整渔船渔具规模,完善捕捞作业方式限制措施,逐步压减对资源和环境破坏性大的作业类型,引导渔民使用资源节约型、环境友好型的作业方式。继续深入开展违规渔具清理整治,坚决取缔农业部和各省(自治区、直辖市)公布的禁用渔具以及对资源破坏严重的"绝户网"。加强渔具选择性研究,大力推行选择性标准渔具,减少渔具对幼鱼和珍稀濒危水生野生动物的危害和影响。

(四)推进捕捞渔民减船转产。各地要落实好渔业油价补贴政策,进一步加大政策支持和地方财政投入,在中央财政减船补助标准5 000元/千瓦基础上,可适当提高标准,在完成目标任务基础上,进一步加大减船转产力度。加大减船上岸渔民就业培训力度,拓宽创业就业渠道,引导近海捕捞渔民因地制宜发展生态健康水产养殖和水产品流通加工、休闲渔业等渔业二、三产业及其他非渔产业。实施全民参保计划,按规定扶持退捕上岸渔民参加社会保险。

三、实施海洋渔业资源总量管理制度

(一)加强渔业资源监测评估。全面实施海洋渔业资源和产卵场调查、监测和评估,通过对渤海、黄海、东海和南海海域的系统调查,摸清我国海洋渔业资源的种类组成、洄游规律、分布区域,以及主要经济种类生物学特性和资源量、可捕量,为进一步科学制定海洋渔业资源总量控制目标和措施提供决策依据。加强渔业资源调查能力建设,完善全国渔业资源动态监测网络。加大资金投入力度,深入开展渔业资源生态保护研究,提高资源调查和动态监测水平。

（二）合理确定捕捞额度。沿海各省要按照统一部署、分级管理、逐级落实的原则，在海洋渔业资源监测评估基础上，综合考虑各相关因素，确定海洋捕捞分年度指标。自上而下细化到最小生产单位。省级海洋捕捞分年度指标，由各省（自治区、直辖市）渔业行政主管部门研究提出，报省级人民政府同意后实施，同时报农业部备案。

（三）加强捕捞生产监控。完善海洋捕捞生产统计指标体系，逐步与国际通用指标接轨。优化海洋捕捞生产统计方法，开展海洋捕捞生产抽样调查试点，并逐步扩大试点范围。实施海洋捕捞生产渔情动态监测，建立统一的信息采集和交换处理平台，开展大数据分析，及时准确反映海洋捕捞生产、渔民收入、成本效益和渔区经济发展动态。完善渔船渔捞日志填报和检查统计制度，逐步推进渔捞日志电子化。加强渔港、渔产品批发市场建设，实行渔获物定点上岸制度，建立上岸渔获物监督检查机制。

（四）探索开展分品种限额捕捞。积极探索海洋渔业资源利用管理新模式，选择部分特定渔业资源品种，开展限额捕捞管理，探索经验，逐步推广。自2017年开始，辽宁、山东、浙江、福建、广东等5省各确定一个市（县）或海域，选定捕捞品种开展限额捕捞管理。相关省渔业行政主管部门负责制定实施方案，报农业部同意后组织实施。到2020年，沿海各省应选择至少一个条件较为成熟的地区开展限额捕捞管理。具体办法由省级渔业行政主管部门制定并组织实施。

（五）完善渔业资源保护制度。加强对重要渔业资源的产卵场、索饵场、越冬场、洄游通道等栖息繁衍场所及繁殖期、幼鱼生长期等关键生长阶段的保护。坚持并不断完善海洋伏季休渔制度，进一步调整完善休渔范围和内容，延长休渔时间，减少休渔时间节点，做好不同海区休渔时间的衔接和协调，实行渔运船同步休渔，落实好船籍港休渔等相关配套制度，加强伏季休渔管理和执法。统筹推进水生生物保护区建设，明确相应的管理机构，不断改善管理和科研条件，努力提高保护区的管护能力和水平，形成以保护区为主体、覆盖重要水产种质资源，以及珍稀濒危水生野生动物的保护网络。加快建立重要经济鱼类最小可捕标准和幼鱼比例标准，严肃查处违反幼鱼比例捕捞和电毒炸鱼等违法行为。

（六）加强渔业资源增殖与生态环境保护。针对已经衰退的渔业资源品种和生态荒漠化严重的水域，大力开展水生生物资源增殖放流活动，坚持质量和数量并重，进一步扩大规模，确保增殖放流效果，推动水生生物增殖放流科学、规范、有序进行。加大生态型、

公益型海洋牧场建设力度，建设一批国家级和省级海洋牧场示范区，推动以海洋牧场为主要形式的区域性渔业资源养护。建立渔业资源损害赔偿补偿机制，工程建设对海洋渔业资源环境造成破坏的，建设单位应当按照有关法律规定，采取相应的保护和赔偿补偿措施。加强渔业水域生态环境监测，提高监测能力和监测水平，形成近海海湾、岛礁、滩涂、自然保护区、种质资源保护区及增养殖水域等重要海洋渔业水域环境监测网络体系。

四、提高海洋渔业资源管理的组织化程度和法治水平

（一）提高捕捞业组织化程度。鼓励创新捕捞业组织形式和经营方式，培育壮大专业渔村、渔业合作组织、协会、各类中介服务等基层服务和管理组织，赋予其在渔船证书办理、限额分配、入渔安排、船员培训、安全生产组织管理及资源费收缴、相关惠渔政策组织实施等方面一定权限，增强服务功能，充分发挥渔民群众参与捕捞业管理的基础作用。鼓励渔船公司化经营、法人化管理，增强渔船安全生产主体责任，提升渔船渔民安全管理水平。采取多种措施，促进大中型渔船加入渔业合作组织、协会或公司管理，小型渔船纳入村镇集中管理或加入渔业基层管理组织。

（二）健全渔业法律法规。加快修订渔业法及配套法规，修订完善渔业捕捞许可管理规定和渔业船舶标识管理规定，海洋大中型和小型渔船采用全国统一、差异明显的船舶标识予以区别，推进船舶电子标识和自动识别；建立归属清晰、权责明确、监管有效的渔业资源产权制度，将实施限额捕捞、加强渔船渔具管理、减船转产、渔获物定点上岸和交易监督管理、取缔涉渔"三无"船舶、查处海上涉渔违法违规行为、限制直接使用野生幼鱼投喂，以及建立渔船船东诚信管控机制等工作法律化、制度化。修订完善渔业船舶法定检验规则，大中型渔船必须配备北斗船位监控设备和船舶自动识别系统，研究出台渔船船位监控管理办法，确保其正常有效运行。

（三）提高渔业行政执法能力。全面实行执法人员持证上岗和资格管理，实施渔业行政执法人员全国统一资格考试，未经执法资格考试合格，不得授予执法资格，不得从事执法活动。强化渔业行政执法人员岗位培训。细化、量化渔业行政执法裁量标准，规范裁量范围、种类、幅度。建立渔业行政执法全过程记录制度，按照标准化、流程化、精细化要求对执法具体环节和有关程序作出具体规定，堵塞执法漏洞。完善行政执法权限协调机制，推进渔业行政执法异地协助。严

格执行重大行政执法决定法制审核制度,未经法制审核或审核未通过的,不得作出执法决定。健全渔业行政执法和刑事司法衔接机制,完善案件移送标准和程序,建立健全渔政执法机关、公安机关、检察机关、审判机关信息共享、案件通报、案件移送制度。

(四)加强渔业行政执法保障。落实行政执法责任制,加强执法监督和考核,坚决排除对执法活动的干预,防止和克服执法违法行为,惩治执法腐败现象。对妨碍渔政执法机关正常工作秩序、阻碍渔业行政执法人员依法履职的行为,坚决依法处理。严格执行罚缴分离和收支两条线管理,渔业行政执法职责所需经费由各级人民政府纳入本级政府预算,保证执法经费足额拨付。改善渔业行政执法装备条件,完善配备标准,加大执法装备配备方面的资金投入。强化高科技装备在渔业行政执法中的应用,提升精准监管能力。积极开展渔业文明执法窗口单位创建活动,打造中国渔政品牌形象。

五、工作要求

(一)加强组织领导。沿海各省要切实加强组织领导,建立政府统一领导、渔业行政主管部门牵头负责、相关职能部门协同配合的工作机制,明确职责分工。各地要将渔船控制目标、资源总量管理指标纳入当地政府和有关部门的约束性指标进行目标责任考核,制定实施方案,细化目标任务,逐级分解落实工作责任。省级实施方案报农业部备案。

(二)加大财政支持。各地要加大财政投入力度,不断优化支出结构,重点保障渔业资源调查评估与渔业水域生态环境监测、捕捞渔民减船转产、渔船渔具管理和限额捕捞制度实施、水生生物资源养护、渔业生产统计和信息监测、渔政执法监管等工作顺利开展。落实渔业油价补贴政策,统筹用好专项转移支付和一般性转移支付资金,重点支持渔民减船转产、渔船标准化更新改造、人工鱼礁建设、渔港航标建设、渔业资源养护、休禁渔补贴、转产转业培训、渔业渔政信息化、全国渔船动态管理系统建设、养殖设施水平提升等内容,使渔业资源得以休养生息和逐步恢复,提升渔业可持续发展水平。统筹谋划、积极争取,加大对渔政渔港、违法违规渔船扣押场所、水产种业、水生动物防疫、水生生物保护区、渔业科技创新能力建设等方面的支持力度,不断提高渔业设施装备现代化水平。

(三)强化监督落实。农业部对各省(自治区、直辖市)压减渔船、"双控"制度实施、总量管理、限额捕捞、伏季休渔等情况进行督促检查、专项考核并定期通报,对实施情况好的省份在政策和资金项目上予以倾斜;对实施方案和措施不落实、进展和效果不理想、没有按时完成目标任务的地区要及时进行提醒、通报和督办,情况严重的报告国务院。地方各级人民政府要制订考核评估办法,不断完善各项指标体系、监测体系和考核体系。省级人民政府要加强对市、县的监督检查,建立责任追究制度,确保各项措施落到实处,确保目标任务如期完成。

附件:1. 2015—2020 年全国海洋捕捞渔船压减指标

2. 2020 年海洋大中型捕捞渔船控制指标

3. 2020 年近海捕捞产量分省拟控制数

农业部

2017 年 1 月 12 日

附件1

2015—2020 年全国海洋捕捞渔船压减指标

地区	渔船压减任务		其　中			
			大中型渔船		小型渔船	
	船数(艘)	功率数(千瓦)	船数(艘)	功率数(千瓦)	船数(艘)	功率数(千瓦)
辽宁	2 473	105 610	907	88 860	1 566	16 750
天津	60	5 377	45	5 096	15	281
河北	665	41 758	422	38 550	243	3 208
山东	2 782	178 278	1 379	163 621	1403	14 657
江苏	845	73 846	630	70 740	215	3 106
上海	50	6 801	48	6 762	2	39
浙江	2 580	430 337	1 717	417 810	863	12 527

（续）

地区	渔船压减任务		其　中			
			大中型渔船		小型渔船	
	船数（艘）	功率数（千瓦）	船数（艘）	功率数（千瓦）	船数（艘）	功率数（千瓦）
福建	3 291	226 082	1 040	198 801	2 251	27 281
广东	4 782	245 250	1 463	207 634	3 319	37 616
广西	1 160	85 560	385	80 370	775	5 190
海南	1 312	101 101	268	72 585	1 044	28 516
合计	20 000	1 500 000	8 303	1 350 829	11 697	149 171

附件2

2020 年海洋大中型捕捞渔船控制指标

地区	2015 年控制数		2020 年控制数	
	船数（艘）	功率数（千瓦）	船数（艘）	功率数（千瓦）
辽宁	7 084	703 520	6 177	614 660
天津	373	43 644	328	38 547
河北	3 451	316 466	3 029	277 916
山东	10 355	1 292 888	8 976	1 129 267
江苏	4 274	550 932	3 644	480 192
上海	385	56 898	337	50 136
浙江	13 799	3 270 423	12 082	2 852 613
福建	6 771	1 561 978	5 731	1 363 177
广东	10 993	1 611 618	9 530	1 403 983
广西	3 145	660 845	2 760	580 475
海南	4 180	734 431	3 912	661 846
特定水域作业渔船	588	369 417	588	369 417
总计	65 398	11 173 058	57 095	9 822 229

备注：1. 大中型捕捞渔船不包括专业远洋渔船。

2. 国内海洋捕捞渔船经审批转为远洋渔业生产，保留其国内控制指标，但因渔船更新主机或对船体和结构进行重大改造，导致渔船主尺度、主机功率和作业类型发生变更的，取消其指标。

附件3

2020 年近海捕捞产量分省拟控制数

单位：吨

地区	2015 年捕捞产量	2020 年捕捞产量控制数
辽宁	1 107 857	846 514
天津	47 094	35 985
河北	250 447	191 367
山东	2 282 340	1 743 937
江苏	554 314	423 552
上海	16 997	12 987
浙江	3 366 966	2 572 700
福建	2 003 917	1 531 194
广东	1 489 126	1 137 842
广西	633 501	484 058
海南	1 334 725	1 019 864
总计	13 087 284	10 000 000

农业部办公厅关于印发
2017 年渔业渔政工作要点的通知

农办渔〔2017〕4 号

各省、自治区、直辖市及计划单列市渔业主管厅（局），新疆生产建设兵团水产局，农业部有关司局、派出机构及事业单位：

2016 年，全国渔业系统坚持问题导向和目标导向,牢牢抓住转方式调结构的主线,开拓创新,攻坚克难,渔业经济发展稳中向好,质量和效益同步提高,渔业转方式调结构迈出了坚实的步伐,实现了"十三五"渔业渔政发展的良好开局。预计全年水产品总产量将达6 900万吨,增幅开始回落;水产品产地监测合格率99.8%,市场监测合格率95.9%,达历年最好水平;水产品国际贸易由降转升,全年水产品进出口总额有望达到300亿美元;渔民人均纯收入将达1.69万元,同比增长8.37%;产业结构进一步优化,养捕产量比例达到75∶25,二、三产业产值比逐年提高;渔业资源和水域生态环境进一步向好。

2017年,全国渔业系统要全面贯彻落实党的十八大和十八届三中、四中、五中、六中全会及中央经济工作会议、中央农村工作会议、全国农业工作会议精神,深入贯彻习近平总书记关于"三农"工作的重要讲话精神,紧紧抓住转方式、调结构这条主线,咬定提质增效、减量增收、绿色发展、富裕渔民这一总目标不放松,坚持稳中求进工作总基调,持续深化渔业供给侧结构性改革,着力培育新动能、打造新业态、扶持新主体、拓宽新渠道,加快推进渔业转型升级,以优异成绩迎接党的十九大胜利召开。为此,我部制定了《2017年渔业渔政工作要点》,现印发你们,请结合工作实际,积极推进落实。

农业部办公厅

2017年1月22日

2017年渔业渔政工作要点

一、着力推进产业转型升级

(一)突出发展水产生态健康养殖。加快推进养殖水域滩涂规划编制工作,合理布局水产养殖生产。深入开展水产健康养殖示范创建活动,新创建农业部水产健康养殖示范场500个以上,新创建渔业健康养殖示范县10个以上。积极推广水产新品种,不断优化养殖品种结构。加快推进水产养殖减排减药,继续推动洞庭湖等重点流域水产养殖污染治理试点工作。加快池塘标准化改造,大力推广深水抗风浪养殖网箱、池塘循环水养殖等生态健康养殖新模式,组织实施好深水抗风浪养殖网箱推广项目。

(二)大力推进渔业一二三产业融合发展。贯彻落实全国休闲渔业现场会精神,着力培育休闲渔业业态,规范休闲渔船管理,大力推进"四个一"工程,开展休闲渔业示范创建,促进休闲渔业快速健康发展。引导水产品加工企业开展技术创新和调整产品结构。加

强水产品国际贸易的分析、预测和研判,积极培育水产品品牌,加大国内国际市场开拓力度。

(三)积极开展"三区一园"建设。积极参与现代农业产业园和国家现代农业示范区建设。积极推进将渔业及其衍生产业内容纳入各类现代农业示范园区建设。积极研究推进现代渔业示范区、渔业可持续发展试验示范区、特色水产品优势区和现代渔业产业园等"三区一园"建设。

二、着力推进以长江为重点的水生生物资源保护

(四)继续打好长江大保护的硬仗。组织实施好长江春季禁渔期制度,长江水生生物推进保护区全面禁捕,切实维护好禁渔秩序。推进出台《关于加强长江水生生物保护工作的意见》,大力加强各级各类水生生物保护区建设。开展长江渔业资源调查和生态环境监测评估。开展栖息地修复示范工程和长江航道生态修复示范工程。

(五)加大捕捞渔民转产转业力度。大力推进海洋捕捞渔民减船转产。推进长江流域全面开展捕捞渔民转产转业工作,重点开展长江各级各类水生生物保护区渔民转产转业。开展转产渔民职业技能培训,加强就业指导,防止转产渔民因缺少职业技能和就业渠道而重新从事捕捞业。

(六)全面实施海洋渔业资源总量管理制度。强化部署,大力宣传,层层落实海洋捕捞总产量指标和分年度指标,确保各省2017年海洋捕捞总产量年度减幅与2015年相比原则上不低于5%。继续组织实施近海渔业资源和近岸产卵场调查、监测和评估,组织辽宁、山东、浙江、福建、广东等省份选择部分区域或捕捞品种开展限额捕捞管理试点。

(七)落实新海洋伏季休渔制度。公布并实施新的海洋伏季休渔制度,广泛宣传,争取广大渔民及社会各界的理解、支持和配合。建立健全政府统一领导、渔业主管部门具体负责、有关部门密切配合的休渔管理机制,加强检查督导,确保各项休渔管理措施落到实处。加强执法监管,实施好举报奖励制度,将渔船伏休与油补挂钩,强化伏休违规处罚。研究休渔补贴问题,妥善解决好休渔期间渔民的生活问题,维护渔区社会稳定。

(八)开展幼鱼保护工作。组织制定更多的经济鱼类最小可捕标准和幼鱼标准,为开展渔港幼鱼比例检查和执法提供依据。积极推广配合饲料,引导养殖环节减少冰鲜幼杂鱼使用。积极协调、联合有关部门,加大对水产品批发市场、超市、鱼粉生产企业、餐馆等场所的检查执法力度,严厉打击幼杂鱼的非法经营。

(九)加强海洋牧场和水生生物保护区建设。组

织召开海洋牧场建设工作现场会,开展国家级海洋牧场示范区创建,制定全国海洋牧场建设规划,组织制定海洋牧场管理办法,实施好人工鱼礁建设项目,开展海洋牧场标准体系建设。继续组织划定水生生物自然保护区和水产种质资源保护区,提升管护水平。

(十)强化水生野生动物保护。做好《野生动物保护法》宣贯落实,引导社会各界广泛参与水生野生动物保护。继续组织实施《中华鲟拯救行动计划》和《长江江豚拯救行动计划》,制定并实施中华白海豚和斑海豹等重点保护物种的保护行动计划。继续做好CITES履约工作。

(十一)积极开展渔业资源增殖放流。继续组织重大增殖放流活动,做好6月6日全国统一放鱼日活动。继续强化增殖放流的规范管理,开展国家级水生生物增殖放流示范基地建设,加强苗种质量监管,科学合理选择放流品种和区域。

三、着力推进渔业"走出去"

(十二)提升远洋渔业发展水平。推动建立远洋渔业管理部际联席会议制度,建立健全企业和主要责任人员"黑名单"制度,加强远洋渔船检验工作。加快制(修)订《远洋渔业管理规定》和《远洋渔船检验管理办法》,制定远洋渔业发展规划。严控远洋渔船增量,稳定公海渔业捕捞,巩固提高过洋性渔业,积极开发南极海洋生物资源。积极推进建立政府间合作机制,加强国际合作及履约,坚决打击IUU渔业活动。启动开展"现代化远洋渔业明星企业"创建活动,支持远洋渔业基地建设和远洋渔船更新改造,鼓励自捕水产品运回。开展远洋渔业风险评估研究,促进远洋渔业在开放环境下更好发展。

(十三)积极维护发展周边和双多边渔业关系。做好中日、中韩、中越和中俄渔委会谈判与执行工作,积极推动落实中菲与中国东盟渔业合作。积极推进水产养殖"走出去",积极参与联合国和粮农组织有关公约、协定制定并落实,加大对外宣传力度,提升我负责任渔业大国形象。

四、着力抓好渔业安全监管

(十四)持续加强水产品质量安全。加强监管,力争全年产地水产品监测合格率保持在98%以上。启动养殖场普查,加强渔业投入品风险隐患排查、苗种监督抽查和海水贝类卫生监测风险隐患排查,全年安排10 000个左右的产地水产品检测任务。推进标准化生产,开展零用药等健康养殖模式的试验示范。按照《国务院食品安全办等五部门关于印发〈畜禽水产品

抗生素、禁用化合物及兽药残留超标专项整治行动方案〉的通知》要求开展整治行动。加强宣传与舆情监测,正面引导舆论,妥善做好应急处置。

(十五)持之以恒抓好渔业安全生产。组织召开全国渔业安全生产工作现场会,深入推进全国渔业安全生产大检查,强化安全培训,组织全国渔业突发事件应急演练,创建一批全国"平安渔业示范县",鼓励各地创建平安渔业示范乡、村、船,夯实基层基础建设。强化渔港安全监督工作,探索建立依港管船、依港管人制度,启动渔港认定公布工作和进出港签证制度改革。完善渔业船舶水上事故调查处理、统计、报告制度。严格渔船及船用产品检验监管,开展渔船安全技术状况及船用产品监督抽查。加快推进注册验船师制度。着力推进渔业保险,扩大渔业政策性保险的范围和覆盖面。加强渔业无线电管理。

(十六)推进水产苗种产地检疫确保水生生物安全。在江苏省开展水产苗种产地检疫试点。加强疫病监测和风险评估,组织实施《国家水生动物疫病监测计划》和水生动植物病情测报,开展水生动物防疫系统实验室检测能力测试,开展"无规定疫病苗种"建设试点,制定无规定疫病苗种场建设规范,开展主要病原微生物耐药性普查。

五、着力加强依法治渔

(十七)深入推进"绝户网"涉渔"三无"船舶清理整治行动。继续保持执法高压态势,严厉打击、坚决取缔国家和地方公布的禁用渔具以及网目尺寸严重违反国家标准的违规渔具。继续开展涉渔"三无"船舶清理整治专项行动,强化工作督导与考核。加强渔船源头管理,严格渔船修造监管,严厉打击擅自建造渔船、擅自提高渔船主机功率、擅自涂改遮挡渔船船名、伪造渔船相关证书等严重违法行为,采取措施防止渔船异地挂靠行为。严格渔船营运检验和执法监管,加大"船证不符"清理整治力度。

(十八)严格落实渔船"双控"制度。层层签订目标任务考核责任书,明确"十三五"期间减船目标和年度减船计划,确保各地到2017年年底完成任务不低于40%。积极实施好海洋捕捞减船转产和渔船更新改造项目。研究制定《渔业捕捞许可管理规定》等管理制度,加强渔船分级分区管理,强化渔船渔民组织化管理,深入推进内陆渔船"三证合一"改革,全面完成新版内陆渔业船舶证书换发工作。

(十九)组织开展重大渔政执法行动。加强伏季休渔管理渔政执法工作,联合中国海警局召开伏季休渔执法动员会,组织开展专项行动,强化休渔期间港口

监管和海上执法检查。继续在渤海湾、黄河、长江口、鄱阳湖、洞庭湖等渔业水域开展取缔违法捕捞专项执法行动。加强执法监管，加大对各类非法捕捉、杀害和利用水生野生保护动物行为的打击力度。组织开展水产品质量安全执法工作。

（二十）切实加强渔政队伍建设。贯彻落实全国渔政工作座谈会精神，加大渔政执法力度。深入落实渔业行政执法人员持证上岗和资格管理制度，全面实施渔业行政执法资格全国统一考试。深入抓好渔政执法培训工作，继续开展渔业文明执法窗口创建工作。

（二十一）加强渔业法制建设。争取《渔业法》修订工作2017年取得实质性突破。加强《渔业法》各配套法规规章的制修订，加大渔业法制保障力度。

六、着力强化保障支撑能力

（二十二）加强渔业科技支撑和推广示范。推动渔业科研重点研发计划启动实施，推进国家渔业产业科技创新联盟建设，加强现代渔业产业技术体系建设，支持渔业重点实验室和科研调查船建设。深化基层水产技术推广体系改革，不断提高水产技术推广服务能力和水平。大力推进稻渔综合种养，召开全国稻渔综合种养现场会，创建一批国家级稻渔综合种养示范区，推广示范一批先进技术模式。开展循环水养殖和零用药健康养殖等技术示范工作。进一步完善渔业标准，完成30项以上渔业国家行业标准审定。

（二十三）加强渔业设施装备建设。加强渔业基本建设项目管理，积极组织申报2017年水产种业、水生动物防疫、渔港标准化升级改造和整治维护项目，加强在建项目管理，开展项目监督检查。开展渔业领域PPP和专项建设基金的相关研究和产品研发，构建多元化、多渠道渔业投融资格局，促进加强渔业设施装备建设。

（二十四）大力推进渔业信息化。加强渔业信息化标准规范制修订。组织实施好海洋渔船通导与安全装备项目的建设和管理，推进"智慧渔船"和"智慧船检"建设，进一步完善中国渔政管理指挥系统功能模块，规范推进渔船渔港动态监控系统异地容灾备份中心建设，加强渔业信息系统数据资源整合和信息共享，着力开展渔业信息化应用示范基地（单位）创建工作。探索统计指标体系、统计方法改革，丰富统计监测内容，完成淡水捕捞抽样调查试点工作，开展海洋捕捞抽样调查试点，推动我国渔业统计指标体系与国际接轨。

七、着力推进富渔共享

（二十五）落实好渔业油补政策。统筹做好专项转移支付和一般性转移支付项目实施工作，结合全国及各地"十三五"渔业发展目标和任务，明确支持重点，切实加强管理，提高资金使用效率和效果，组织开展项目实施督导检查和油补政策调整调研。

（二十六）加强新型经营主体培育。对各类渔业新型经营主体进行摸底调查，总结发现一批好的典型，健全完善和全面落实培育新型经营主体的各项政策，让符合条件的渔民专业合作组织、生产经营大户、家庭渔场和产业联合体等新型经营主体承担各级财政项目，建立渔民与新型经营主体的多种形式的利益联结机制。

（二十七）积极开展产业扶贫。积极推进渔业产业扶贫，统筹兼顾转产转业、资源养护、民生保障各方面工作。围绕稻渔综合种养、冷水资源及低洼盐碱水开发等扶贫效果明显的项目，协调优势渔业科技力量，推动解决贫困地区渔业发展的关键技术问题，助推贫困地区脱贫解困。

八、着力加强行风建设

（二十八）狠抓落实强化作风。统筹谋划、周密部署、督促检查，围绕转方式调结构狠抓落实。发现和培育典型，通过科技示范、经营示范、工作示范，带动提高渔业生产、经营和管理水平。深入调研，强化部门联动、区域协作，围绕制约渔业发展的关键领域和重大问题加强政策创设。加强渔业宣传工作，正面引导社会舆论。加强渔业行业作风建设，加强行政审批、项目资金安排、渔政执法廉政监管。

农业部办公厅关于印发《2017年渔业扶贫及援疆援藏行动方案》的通知

农办渔〔2017〕19号

为贯彻落实中央脱贫攻坚战决策部署，按照《农业部等九部门关于印发贫困地区发展特色产业促进精准扶贫指导意见的通知》（农计发〔2016〕59号）和我部2017年扶贫开发及援疆援藏工作领导小组（扩大）会议要求，统筹推进2017年渔业扶贫及援疆援藏工作，我部研究制定了《2017年渔业扶贫及援疆援藏行动方案》，现印发给你单位，请遵照执行。

农业部办公厅
2017年3月17日

2017年渔业扶贫及援疆援藏行动方案

为深入贯彻党的十八届五中全会、中央扶贫开发工作会议和《中共中央　国务院关于打赢脱贫攻坚战的决定》精神,坚持精准扶贫、精准脱贫的基本方略,认真贯彻落实九部委联合印发的《贫困地区发展特色产业促进精准脱贫指导意见》和农业部2017年扶贫开发及援疆援藏工作领导小组(扩大)会议要求,进一步加大渔业扶贫工作力度,加快推进贫困地区渔业发展,切实打赢贫困渔民脱贫攻坚战,制定《2017年渔业扶贫及援疆援藏行动方案》。

一、总体思路

紧紧围绕《2017年农业部扶贫开发及援疆援藏工作要点》,以贯彻落实《农业部办公厅关于加大渔业扶贫力度打赢贫困渔民脱贫攻坚战的通知》要求为主线,以发展特色产业助力精准扶贫为途径,以武陵山区、大兴安岭南麓片区、环京津贫困地区、新疆和西藏等区域为重点,统筹协调渔业管理、科研、教学、推广等单位,充分发挥贫困地区资源、环境优势,通过上下联动和协调配合,以举办现场观摩、技术培训、试点示范和范例推广等为主要手段,推进实施稻渔综合种养、盐碱地渔农综合开发利用、冷水鱼等特色水产养殖、大水面增养殖、节水型水产养殖技术推广、渔民与渔船安全保障等六大重点行动,提升贫困地区渔业发展质量效益和竞争力,提高贫困渔民收入和综合保障水平,走出一条具有产业特色和地域特点、绿色健康可持续的渔业扶贫开发及援疆援藏道路。

二、重点任务

(一)武陵山区。以农业部定点扶贫地区湖南湘西、湖北恩施为重点,积极开展稻渔综合种养技术示范,打造适宜本区域推广的稻鱼、稻虾、稻蟹、稻鳖、稻鳅等技术模式。在本地区主要河流和大中型水库,开展渔业资源增殖放流活动。积极发展休闲渔业,促进一二三产业融合,带动当地农民脱贫致富。

(二)大兴安岭南麓片区。以内蒙古兴安盟锡林浩特水库灌区和全国水产技术推广总站中国水产学会(简称"总站学会")负责联系的黑龙江泰来为重点,开展稻鱼稻蟹技术示范。在嫩江流域重点湖泊水库等水域,发展生态净水渔业。以冬捕、稻田养蟹、特色水产品养殖为重点,发展休闲渔业和观光渔业。

(三)环京津贫困地区。以中国水产科学研究院(简称"水科院")和总站学会对口帮扶的河北易县和涿鹿为重点,开展渔业发展情况调研,指导编制当地渔业发展规划。在本地区的大中型湖泊水库,发展生态净水渔业,开展渔业增殖放流活动。根据当地的资源优势,开展冷水鱼养殖技术示范,推进优势特色水产品牌建设,发展休闲渔业,开拓京津市场。

(四)新疆和西藏地区。开展西藏重点水域渔业资源调查,为保护和合理开发西藏渔业资源提供依据。以保护当地特有冷水鱼和土著鱼类资源为重点,建设苗种繁育基地,开展增殖放流活动。加强新疆南疆地区水产种质资源保护场建设。充分利用新疆冷水鱼资源丰富的优势,加强养殖技术研究,发展冷水鱼产业,提高养殖和加工综合效益,培育新品牌,形成新的渔业经济增长点。

(五)其他地区。在云南红河哈尼族聚居区和黄河沿线盐碱水资源丰富的地区以及其他相关区域,挖掘渔业生产潜力,开发适宜的水产养殖品种及养殖技术,积极开展稻渔综合种养、盐碱地农渔综合利用、高效节水型养殖等技术示范,拓展渔业发展空间,发展休闲渔业,带动当地农民脱贫致富。在长江流域,积极推进捕捞渔民退渔上岸。

三、重点行动

(一)稻渔综合种养推进行动。召开全国稻渔综合种养现场会,组织贫困地区进行现场观摩〔农业部渔业渔政管理局(简称"渔业渔政局")负责,总站学会配合〕。实施稻渔综合种养工程,打造模式,举办培训,向稻田资源丰富的贫困地区推广(渔业渔政局负责,总站学会配合)。在湖南湘西,开展稻渔综合种养技术示范和培训(渔业渔政局、总站学会和水科院负责)。在内蒙古兴安盟和黑龙江泰来,开展稻渔综合种养技术示范(总站学会负责)。在云南红河地区,优化稻渔综合种养主导模式和配套关键技术,组织技术培训,利用哈尼梯田开展稻渔综合种养技术示范,带动哈尼族群众稳粮增效(总站学会、水科院负责)。在贵州、安徽等省贫困地区,开展稻渔综合种养技术指导与培训,制作哈尼-汉双语山区稻田种养技术指导光盘,指导哈尼族地区发展稻田种养(总站学会负责)。在贵州铜仁、遵义和陕西延安,推广稻田养蟹和河蟹养殖技术(上海海洋大学负责)。指导稻田资源丰富的贫困地区编制稻渔综合种养规划,因地制宜推广稻渔综合种养技术〔相关省、自治区、直辖市渔业部门(简称"相关省渔业部门")负责〕。

(二)盐碱地渔农综合利用行动。组织沿黄部分贫困地区赴盐碱地渔农综合开发利用优势区现场观摩(渔业渔政局负责,水科院配合)。选择盐碱地和次生盐渍化土地集中区域,通过挖塘台田,重点在甘肃景泰,开展水产养殖主导品种选择、模式研发和技术培训,打造水产养殖和大麦种植相结合的盐碱地渔农综合利用模式(水科院负责)。在内蒙古、宁夏、甘肃、青海、新疆等盐碱水域资源丰富地区,发展耐盐水生动植物品种养殖(相关省渔业部门负责)。

(三)冷水鱼及特色水产养殖行动。举办渔业援疆对接活动(渔业渔政局负责)。在湖北恩施,开展大鲵养殖技术示范与推广(总站学会负责)。在新疆额尔齐斯河推进鲟鱼及三倍体虹鳟、哲罗鲑等冷水鱼养殖,为新疆巴楚建设鱼类繁育和养殖设施提供技术支持(水科院负责)。开展鲟鱼、虹鳟鱼、裂腹鱼类等冷水和特色土著鱼类繁育与养殖技术研究(水科院负责)。启动开展西藏重点水域渔业资源调查(水科院负责)。在西藏日喀则,进一步完善亚东鲑养殖及加工技术,并进行推广(上海海洋大学负责)。在吉林、黑龙江、内蒙古、湖北、湖南、四川、贵州、云南、陕西、甘肃、青海、新疆、西藏等的贫困地区,因地制宜,开展冷水鱼和土著特色鱼类生态养殖行动(相关省渔业部门负责)。

(四)大水面增养殖行动。在湖北恩施和湖南湘西开展酉水河增殖放流活动,保护地方特有土著鱼类资源(渔业渔政局、农业部长江流域渔政监督管理办公室、相关省渔业部门负责)。根据贫困地区水生生物资源分布规律和产业发展特点,科学确定大水面增养殖业主导品种,组织开展贫困地区大水面增养殖业发展效果评估(总站学会负责)。在湖库资源丰富的贫困地区,积极开展增殖放流活动,积极发展生态净水渔业,有序发展环保型网箱养殖(相关省渔业部门负责)。向贫困地区和新疆提供增养殖苗种,支持贫困地区大水面增养殖业发展,支持北疆博斯腾湖、赛里木湖、乌伦古湖等和南疆水库发展特色鱼类大水面增殖(水科院、相关省渔业部门负责)。

(五)节水型水产养殖技术推广行动。在武陵山区开展高效循环水集装箱养殖技术示范和推广(渔业渔政局、水科院负责)。在新疆北疆地区,推广工厂化循环水养殖技术(水科院负责)。在新疆适宜区域,开展池塘养殖微孔增氧技术应用与示范(总站学会负责)。加快推进贫困地区池塘标准化改造,积极发展工厂化循环水养殖、池塘生态循环水养殖、鱼菜共生等节水减排技术,提高养殖综合效益(相关省渔业部门负责)。

(六)渔民与渔船安全保障行动。积极为湖北恩施等贫困地区培养渔业管理和渔船检验人才。增加贫困地区参加全国性船检培训班名额,帮助贫困地区船检培训解决师资问题。选择部分贫困地区(1~2个县),开展渔船标准船型的设计、选型,并加大推广力度。在贫困渔区(1~2个县)开展安全知识上渔船的宣传活动,现场咨询解答渔船方面知识和安全问答,发

放安全手册(农业部渔业船舶检验局负责)。

四、工作要求

(一)建立上下联动推进机制。牢固树立"全国一盘棋"思想,农业部部属单位、上海海洋大学和各省(自治区、直辖市)渔业部门建立协调工作机制,加强协调配合和上下联动,共同推动重点任务和重点行动的落实。各单位牵头负责的工作要制定实施工作方案,明确时间进度,全面完成各项工作任务。各地要在当地党委和政府的统一领导下,结合本地实际和产业扶贫要求,组织开展本地渔业扶贫重点行动,切实抓出成效。

(二)加大支持保障力度。推动业务工作与产业扶贫工作相结合,不断加大对渔业扶贫和援疆援藏工作支持力度,逐步构建有利于贫困地区渔业发展的政策扶持体系。中央预算内投资水产种业等基本建设项目,增殖放流、渔政管理、渔业物种资源保护等中央财政资金以及渔业柴油补贴政策调整资金,要向贫困地区倾斜。积极争取部内有关司局的项目和资金。各省(自治区、直辖市)渔业部门推动地方各类扶贫资金,加大对贫困地区渔业发展的支持力度。推动搭建渔业龙头企业与贫困地区对接帮扶平台,引导企业参与产业扶贫。

(三)强化科技推广和人才支撑。针对贫困地区渔业发展需求,开展水产养殖、加工、增殖放流等共性技术和关键技术研究、集成和示范。充分发挥科研、教学、推广等单位和国家现代农业产业技术体系渔业体系、地方渔业产业技术体系作用,加强对口帮扶,强化对贫困地区的水产养殖技术指导与服务,加大培训力度,培育新型职业渔民,扩大适用技术的推广范围,帮助贫困地区脱贫致富。

(四)及时总结推广优秀范例。农业部渔业渔政管理局将会同有关单位在全国范围内筛选一批可复制、可推广、服水土、接地气的产业扶贫案例,发挥典型引路作用,以点带面推动全国渔业扶贫工作开展。各省(自治区、直辖市)渔业部门也要及时总结贫困地区在科学确定特色产业、发挥经营主体带动作用、创新投入机制等方面的好做法、好经验,总结本地区的产业扶贫案例,并进行宣传推广。

(五)加大宣传推介力度。加强与主流媒体的沟通协调,在农业政务信息网、《农民日报》的重要版面报道渔业产业扶贫和援疆援藏典型案例和先进事迹。在《中国渔业报》《中国水产杂志》《中国渔船杂志》、全国渔业政务网开设专版,系统宣传渔业扶贫和援疆援藏工作进展。鼓励贫困地区利用各种博览会,展示

推介贫困地区渔业品牌建设成果,营造良好舆论氛围。

农业部办公厅
国家安全监管总局办公厅
关于继续组织开展全国平安渔业
示范县创建活动的通知

农办渔〔2017〕30 号

各省、自治区、直辖市渔业主管厅(局)、安全生产监督管理局,新疆生产建设兵团水产局、安全生产监督管理局:

为进一步加强渔业安全生产基层基础工作,构建渔业安全生产长效机制,农业部和国家安全监管总局决定继续组织开展"全国平安渔业示范县"创建活动,现将有关事项通知如下。

一、继续深入开展平安渔业示范县创建活动

自 2009 年农业部会同国家安全监管总局组织开展"文明渔港""平安渔业示范县"创建活动以来,共创建"全国平安渔业示范县"133 个、"全国文明渔港"53 个。通过"两个创建",安全生产责任制进一步落实,基层基础工作进一步加强,为推进"平安渔业"建设奠定了坚实基础。

各地渔业、安全监管部门要认真总结开展"两个创建"以来好的经验做法,按照相关要求,不断完善和深化创建活动,充分调动地方各级政府及其渔业、安全监管等部门的积极性,继续深入开展平安渔业示范县创建活动。针对当前渔业安全生产面临的形势和任务,切实加强领导,创新工作机制和工作方式,促进安全生产责任制的落实,加强制度建设和监督管理工作,加大对渔业安全基础设施建设投入力度,深入开展宣传教育和培训工作,提升渔业防灾减灾能力,构建渔业安全生产长效机制,有效减少渔业安全事故,保障渔业持续稳定健康发展。

二、周密组织,严格把关,认真做好考核推荐工作

(一)推荐范围。本次考核推荐范围为重点渔业县(包括县级市、区,下同),应具有以下特点:渔业是当地农村经济的重点产业,渔船数量多,从业人员多,渔业安全生产管理任务重(推荐单位的机动渔船拥有量不应少于 200 艘)。

(二)考核内容。具体考核内容及计分标准参见《农业部 国家安全监管总局关于开展"平安渔业示范县"创建活动的通知》(农渔发〔2010〕27 号)和本通知《全国平安渔业示范县考核表》(附件 1、附件 2)。

(三)考核推荐工作程序。考核推荐工作分为申报审核、初评推荐、复核公示三个环节。省级渔业行政主管部门和安全监管部门负责辖区内考核推荐工作,农业部和国家安全监管总局有关司局负责复核工作。考核以书面审查与实地考察相结合的方式进行。

1. 申报审核。2017 年 6 月 1 日至 7 月 31 日为申报、审核阶段。由县级人民政府自愿申报,市级渔业行政主管部门会同本级安全监管部门审核后,将申报材料报至本省(自治区、直辖市)渔业行政主管部门和安全监管部门。申报材料包括:全国平安渔业示范县申报表(附件 3)、全国平安渔业示范县考核表(附件 1、附件 2)和全国平安渔业示范县申报综合材料,包括渔业发展概况、渔业安全生产管理情况、对照创建内容和标准各项工作完成情况以及"平安渔业示范县"创建活动开展情况等。

2. 初评推荐。2017 年 8 月 1 日至 9 月 30 日为初评、推荐阶段。省级考核工作组根据各地申报情况,采取专家审核和实地考察等方式进行初评,提出推荐意见,9 月 30 日前连同申报材料一式两份报送至农业部和国家安全监管总局(相关材料请以光盘形式报送)。推荐单位必须为省级平安渔业示范县,且初评分数在 90 分以上。

"全国平安渔业示范县"的推荐数量根据各省(自治区、直辖市)的机动渔船数量确定(以 2016 年渔业统计年鉴数据为准)。沿海省(自治区、直辖市):机动渔船数量在 4 万艘以上的,推荐数量不超过 4 个;机动渔船数量在 1 万艘以上的,推荐数量不超过 2 个;其余不超过 1 个。内陆省(自治区、直辖市):机动渔船数量在 2 万艘以上的,推荐数量不超过 2 个;其余不超过 1 个。

3. 复核公示。2017 年 10 月 1 日至 12 月 30 日为复核、公示阶段。农业部和国家安全监管总局根据各地的推荐情况,组织有关人员进行复核,最终确定"全国平安渔业示范县"建议名单。建议名单将通过中国安全生产报、中国渔业报和中国渔业政务网在全国范围内进行公示。公示期满如无异议,公布名单并授予"全国平安渔业示范县"称号。

(四)关于已评出的"全国平安渔业示范县"。获评 2014—2015 年度"全国平安渔业示范县"的单位,由省(自治区、直辖市)渔业、安全监管部门按照考核标准进行复评,并提出复评意见报农业部、国家安全监管总局。经评审符合标准的,由农业部、国家安全监管总局重新公布,继续保留"全国平安渔业示范县"称号;对工作严重滑坡、群众意见大,或者出现较大以上安全

责任事故,已不符合标准的,将撤销"全国平安渔业示范县"称号。

三、有关工作要求

(一)切实加强组织领导。各级渔业、安全监管部门要积极向当地政府汇报,切实加强对"平安渔业示范县"创建活动的组织领导,将创建活动纳入工作考核内容。把创建活动作为全面提升渔业安全管理能力的重要手段,明确创建活动领导和工作机构,认真制定本地区创建活动工作方案,形成"政府领导、部门负责、分工协作、责任落实"的工作机制。

(二)深入开展创建活动。全面动员、广泛参与、深入创建、务求实效,进一步扩大参与度和影响面。按照创建活动总体要求,逐条逐项对照检查,从硬件和软件两个方面,找差距查不足,补短板改后,进一步夯实基础、强化管理、改善服务,切实落实创建活动各项要求。各地要通过全面开展创建活动,创建一批"省级平安渔业示范县",并在此基础上推荐参加"全国平安渔业示范县"考核。

(三)确保工作取得实效。在基层政府领导下,各有关部门加强基层基础工作,落实安全生产责任,确保创建活动实际成效。根据各地实际,积极开展"平安渔业示范乡、村、船"等相关创建活动,进一步创新活动内容和方式,全面提高渔业安全生产管理水平和防灾减灾能力的目标,确保"平安渔业示范县"创建活动取得实效。

联 系 人:徐丛政、孙千涵

联系电话:010 - 59192997,59192982,59192994(传真)

电子邮箱:yyjaqc@ agri. gov. cn

附件:1. 全国平安渔业示范县考核表(沿海)(略)
2. 全国平安渔业示范县考核表(内陆)(略)
3. 全国平安渔业示范县(区、市)申报表(略)

农业部办公厅
国家安全监管总局办公厅
2017 年 5 月 25 日

农业部办公厅关于进一步规范水生生物增殖放流工作的通知

农办渔〔2017〕49 号

各省、自治区、直辖市及计划单列市、新疆生产建设兵团渔业主管厅(局),中国水产科学研究院,全国水产技术推广总站:

近年来,在各级政府和有关部门的大力支持以及全社会的共同参与下,全国水生生物增殖放流事业快速发展,放流规模和参与程度不断扩大,产生了良好的生态、经济和社会效益。但在增殖放流苗种监管方面也存在供苗单位资质条件参差不齐和放流苗种种质不纯、存在质量安全隐患等问题,影响了增殖放流的整体效果,甚至对水域生物多样性和生态安全构成威胁。为保障放流苗种质量安全,推进增殖放流工作科学有序开展,根据《中国水生生物资源养护行动纲要》《水生生物增殖放流管理规定》等有关要求,现就进一步规范水生生物增殖放流工作通知如下:

一、健全增殖放流供苗单位的监管机制

(一)严格增殖放流供苗单位准入

县级以上渔业主管部门应当按照"公开、公平、公正"的原则,依法通过招标或者议标的方式采购用于放流的水生生物或者确定苗种生产单位。供苗单位招标应综合比较苗种生产单位资质、亲本情况、生产设施条件、技术保障能力等方面相关条件,支持省级渔业主管部门通过综合评价的方法统一招标确定经济物种苗种生产单位,建立定期定点供苗及常态化考核机制,保障放流苗种优质高效供应。加强中央财政增殖放流项目供苗单位资质审核,珍稀濒危物种苗种供应单位需在农业部公布的珍稀濒危水生动物增殖放流苗种供应单位中选择,经济物种苗种供应单位基本条件应符合《农业部办公厅关于进一步加强水生生物经济物种增殖放流苗种管理的通知》(农办渔〔2014〕55 号)有关要求。

(二)加强增殖放流苗种供应体系建设

各地应支持和鼓励渔业资源增殖站、科研院所及推广机构所属基地、省级以上水产原种场等相关单位参与增殖放流工作,发挥其示范引导作用,提高放流苗种供应能力和苗种质量。积极推动国家级和省级水生生物增殖放流苗种供应基地建设,加强增殖苗种繁育和野化训练设施升级改造,支持开展生态型、实验性、标志性放流,推进增殖放流科学化、规范化、专业化发展,健全完善增殖放流苗种供应体系,为增殖放流持续发展提供坚实保障。

(三)开展增殖放流供苗单位督导检查

县级以上渔业主管部门应将增殖放流管理制度和技术规范相关内容纳入专项培训计划,定期开展增殖放流项目实施单位及供苗单位人员培训,适时组织水产技术推广机构和有关专家对苗种供应单位苗种繁育、疫病防控和放流实施等相关工作进行技术指导。省级渔业

主管部门应加大增殖放流供苗单位苗种质量安全抽查力度,不定期组织有关机构对苗种种质、药残及疫病情况进行检测,并逐步将增殖放流供苗单位纳入国家或省级水产苗种药残抽检和水生动物疫病专项检测计划,推动建立增殖放流供苗单位常态化监管机制。

(四)建立增殖放流供苗单位约束机制

县级以上渔业主管部门应对区域内的中央财政增殖放流项目供苗单位进行全面登记和清理整顿,依托全国水生生物资源养护信息采集系统(以下简称"信息系统")完善本辖区内供苗单位信息库基础信息,建立统一的管理信息档案。建立增殖放流供苗单位黑名单制度(以下简称"黑名单"),列入黑名单的供苗单位不得承担增殖放流项目苗种供应任务,各级渔业主管部门也不得将其纳入增殖放流供苗单位招标范围。完善中央财政增殖放流项目供苗单位备案核查制度,县级以上渔业主管部门应于每年年底前通过信息系统上报中央财政增殖放流供苗单位相关信息,我部将组织审核和实施抽查,核查不合格的供苗单位将被列入黑名单,同时核查结果还将作为下一年度财政项目资金分配的重要依据。

二、加强增殖放流苗种种质监管

(一)科学选择增殖放流物种

各级渔业主管部门应高度重视增殖放流物种的选择,严格按照《水生生物增殖放流管理规定》开展放流活动。用于增殖放流的亲体、苗种等水生生物必须是本地种。严禁使用外来种、杂交种、选育种及其他不符合生态要求的水生物种进行增殖放流。中央财政增殖放流项目实施单位原则上应在《农业部关于做好"十三五"水生生物增殖放流工作的指导意见》(农渔发〔2016〕11号)所列物种范围内选择适合本地区放流物种,如确需放流不在其范围内的物种,需经省级渔业主管部门组织专家充分论证并报我部渔业渔政管理局备案。各地还要加强对社会大众的宣传教育,加强对宗教界放生活动的指导、协调和监督,切实规范各类放生行为,严禁不符合生态要求的物种进入天然水域。

(二)建立放流物种种质评估机制

鉴于我国内陆水域的鱼类、两栖类及爬行类都存在地理种群,为避免跨流域水系放流可能形成的潜在生态风险,增殖放流物种应遵循"哪里来哪里放"原则,即放流物种的亲本应来源于放流水域原产地天然水域、水产种质资源保护区或省级以上原种场保育的原种。各地应加强对供苗单位亲本来源的监管,建立适宜放流物种和放流水域科学评估机制,明确本地区可放流物种和可放流水域,并予以公布。

(三)加强增殖放流苗种种质检查

县级以上渔业主管部门应按照《农业部办公厅关于2014年度中央财政经济物种增殖放流苗种供应有关情况的通报》(农办渔〔2015〕52号)要求,严把放流苗种种质关口,从招投标方案制定、供苗单位资质审查、实地核查等多方面入手,加强放流苗种种质监管。特别是在放流苗种培育阶段,增殖放流项目实施单位应组织具有资质的水产科研或水产技术推广单位,在放流苗种亲体选择、种质鉴定等方面严格把关,加强对供苗单位亲本种质的检查。省级以上渔业主管部门应组织相关科研单位加强放流物种种质鉴定和遗传多样性检测应用技术研究,加快推动增殖放流苗种种质鉴定工作开展,为保障水域生态安全和生物多样性提供有力支撑。

三、强化增殖放流苗种质量监管

(一)规范增殖放流苗种质量检验程序

各级渔业主管部门统一组织的放流水产苗种必须进行疫病和药残检验,经检验合格后方可进行放流。增殖放流苗种药残检验按《农业部办公厅关于开展增殖放流经济水产苗种质量安全检验的通知》(农办渔〔2009〕52号)执行,苗种疫病检测参照《农业部关于印发〈鱼类产地检疫规程(试行)〉等3个规程的通知》(农渔发〔2011〕6号)执行。各级水生动物疫病防控机构或水产技术推广机构应积极配合渔业主管部门做好增殖放流疫病检测工作。放流苗种的检验检疫费用和具体支付方式由检测单位和苗种生产单位协商确定。

(二)强化增殖放流苗种质量监管

各地在组织增殖放流项目招标时,应将增殖放流苗种质量检验要求作为必要条款列入招标文件中,并在与中标单位签订合同时予以明确。苗种生产单位凭检测单位出具的疫病和药残检验合格报告申请参与增殖放流活动,经检验含有药残或不符合疫病检测合格标准的水产苗种,不得参与增殖放流等活动。项目实施单位应将增殖放流苗种疫病和药残正式检验报告归档保存两年以上。一年之内有两次及以上禁用药物检测呈阳性,或连续两年疫病检测不合格的,以及拒绝抽检或不接受监管的水产苗种生产单位应被列入黑名单。

(三)规范增殖放流苗种投放

强化增殖放流苗种投放监管,倡导科学文明的放流行为,禁止采用抛洒或"高空"倾倒的放流方式。加强增殖放流苗种投放技术指导,在增殖放流项目实施方案中明确放流苗种投放方式,并在专业技术人员指导下具体实施。具备条件的应按照《水生生物增殖放流技术规程》(SC/T 9401—2010)要求,采取更加科学合理的方式投放苗种,以降低放流苗种的应激反应和外界不利影响。支持科研机构和增殖放流苗种供应单位开展放流苗种野化训练试验,增加放流苗种野化暂养环节,增强放流苗种适应放流水域环境能力,切实提高放流苗种的成活率。

四、强化增殖放流苗种数量监管

（一）做好增殖放流苗种数量统计

增殖放流项目实施单位应将拟开展增殖放流活动基本信息,包括放流区域、时间、物种、数量、规格等,向社会公示,接受社会监督,特别是接受渔民群众的监督。增殖放流过程中,各实施单位要组织做好增殖放流苗种的规格测定、计数等工作,并填写增殖放流活动记录表,经各方代表签字确认后存档备查。县级以上渔业主管部门应于每年年底将辖区内本年度水生生物增殖放流基础数据汇总统计,并通过信息系统上报上级渔业主管部门。省级渔业主管部门应加强信息系统使用培训,确保增殖放流基础数据上报准确无误。

（二）开展增殖放流苗种数量核查

县级以上渔业主管部门应组织对增殖放流苗种实际数量开展抽查和现场核查,严厉打击虚报增殖放流苗种数量的行为,对于虚报数量或规格的苗种供应单位,应勒令其限期整改,拒不整改或整改不合格的列入增殖放流苗种供应单位黑名单。省级渔业主管部门应对下级单位报送的年度增殖放流基础数据进行审核,存在问题的数据应及时驳回并督促其认真核实,确保数据真实可靠。对伪造增殖放流相关统计数据的单位和相关人员,由上级单位予以通报批评,并调减资金安排规模,情节严重的应追究相关责任人的责任。

各地渔业主管部门要严格按照本通知要求,进一步规范增殖放流工作流程,加强增殖放流管理,确保增殖放流能够发挥应有的生态、经济和社会效益。我部将对各地上报的增殖放流工作总结及相关材料进行审核,适时对各地增殖放流工作开展情况进行督导检查,并将审核和督导检查结果作为下一年度中央财政增殖放流项目资金安排参考。

农业部办公厅
2017 年 7 月 10 日

农业部办公厅关于
开展休闲渔业品牌培育活动的通知
农办渔〔2017〕52 号

各省、自治区、直辖市及计划单列市渔业主管厅(局),新疆生产建设兵团水产局,各相关单位:

休闲渔业是我国现代渔业五大产业之一,是推进渔业转方式调结构的重要手段和供给侧结构性改革的重点领域。为落实《农业部关于推进农业供给侧结构性改革的实施意见》《农业部关于加快推进渔业转方式调结构的指导意见》《全国渔业发展第十三个五年规划(2016—2020 年)》及全国休闲渔业现场会精神,切实推动休闲渔业健康规范发展,我部决定从 2017 年起开展休闲渔业品牌培育活动。现将有关事项通知如下。

一、指导思想

贯彻落实中央 1 号文件、全国农业工作会议、全国渔业渔政工作会议及全国休闲渔业现场会精神,牢固树立五大发展理念,围绕推进渔业供给侧结构性改革和引领城乡居民健康生活方式的目标,坚持"政府引导、市场培育、需求导向、绿色发展"工作思路,坚持提高产业素质与促进融合发展并重、加强产业服务与强化管理制度并重、培育行业典型与推动全面发展并重,创新机制措施,完善管理制度,提升服务能力,全面叫响休闲渔业品牌,着力构建推动休闲渔业规范健康发展和促进渔业增效、渔民增收的长效机制。

二、工作目标

通过组织实施休闲渔业品牌培育的"四个一"工程,全面叫响休闲渔业品牌,提高品牌影响力,提升产业公共服务和持续发展能力,建立休闲渔业发展"可测、可看、可控"的产业经营体系,形成"统筹规划、系统开发、上下联动、点面结合"的休闲渔业品牌发展格局,努力把休闲渔业打造成为推进渔业提质增效、渔村美丽繁荣、渔民就业增收及满足城乡居民新型休闲消费需求的重要途径和手段,为健康中国建设和地方经济发展提供新动能。

三、重点任务

"十三五"期间,我部将继续推进休闲渔业基地建设,同时,着力组织实施休闲渔业品牌培育的"四个一"工程。

（一）创建认定一批最美渔村。以弘扬、保护、传承渔文化和推进渔业一二三产业融合发展为目标,集中打造、创建、认定一批"生态环境优美、休闲特色鲜明、渔业文化浓郁、渔村风情独特"的国家级最美渔村,推动渔业新业态健康发展。

（二）创建认定一批全国精品休闲渔业示范基地（休闲渔业主题公园）。以扩增旅游消费、推广健康生活方式为目标,重点在省级以上休闲渔业示范场所基础上,进一步将传统渔业与现代休闲、旅游、教育、科普等元素相融合,集中打造、创建、认定一批全国精品休闲渔业示范基地(休闲渔业主题公园)。

(三)创建认定一批有影响力的赛事节庆活动。以弘扬传承休闲渔业文化、传播社会正能量为主题,集中打造、创建、认定一批渔业产业特色鲜明、地域文化浓厚、引导示范效益显著的国家级示范性渔业文化节庆(会展)活动;以发展城乡居民健康生活方式为主题,突出渔业休闲、娱乐、怡情、健身等多元功能,集中打造、创建、认定一批专业性强、活动内容丰富、影响力大的休闲渔业赛事活动,持续提高活动影响力,助推地方经济发展。

(四)培育一批休闲渔业带头人和管理人才。在从事休闲渔业管理、生产、研发及推广、产业发展研究等相关活动的人员中,通过集中理论培训、现场实操、专家指导等一系列能力提升活动,培育、提升一批管理有创新、经营有办法、引导有方法、发展有成效的休闲渔业带头人和管理人才,为推动大众创业、万众创新,培育经济发展新动能提供人才支撑。

各品牌创建认定条件、申报表、评分表详见附件1~附件5。

四、数量和程序

(一)本年度创建认定数量。各省(自治区、直辖市)及计划单列市,新疆生产建设兵团(以下简称各省级单位):(1)最美渔村、全国精品休闲渔业示范基地(休闲渔业主题公园)、示范性休闲渔业文化节庆(会展)、有影响力的休闲渔业赛事单项创建数量不多于5个,全国认定数量单项不多于50个;(2)全国休闲渔业示范基地各省级单位创建数量不多于10个,全国认定数量不多于150个;(3)培育休闲渔业带头人和管理人才300人。

(二)创建申报程序。最美渔村、全国精品休闲渔业示范基地(休闲渔业主题公园)、示范性渔业文化节庆(会展)、有影响力的休闲渔业赛事、全国休闲渔业示范基地由符合条件的单位自行创建并自愿申报,完整填写相关申报表格,经县级渔业主管部门材料审查、市级渔业主管部门复核后报省级渔业主管部门审核。省级渔业主管部门应按照创建认定条件和评分表对各地申报材料严格审核和初评,经择优、按申报单位不少于30%的比例现场检查后,按规定数量报我部。申报材料应包括申报单位宣传片或者包含单位环境总体概况、举办活动情况的微视频,并附相关荣誉证书、资质证明文件。

相关申报材料电子版请于9月15日前报我部渔业渔政管理局。最美渔村、全国精品休闲渔业示范基地(休闲渔业主题公园)申报纸质材料及电子版同期报送至全国水产技术推广总站、中国水产学会(以下简称总站学会)。示范性渔业文化节庆(会展)、有影响力的休闲渔业赛事、全国休闲渔业示范基地申报材料同期报送至休闲垂钓协会。

(三)认定与管理。我部委托总站学会和休闲垂钓协会组织休闲渔业专家对各地上报材料进行综合审核和随机现场核查,形成各品牌典型单位初选名单。最美渔村、全国精品休闲渔业示范基地(休闲渔业主题公园)、示范性渔业文化节庆(会展)、有影响力的休闲渔业赛事在相关媒体进行网络投票并计算综合成绩后,对最终名单在中国渔业政务网上进行5个工作日的公示。全国休闲渔业示范基地由休闲垂钓协会根据专家评审结果直接认定。认定结果由我部发文确认。对获得相关品牌认定的单位,应按要求向我部报送相关数据和材料。

五、有关要求

(一)加强组织领导。各省(自治区、直辖市)渔业主管部门要高度重视休闲渔业品牌培育工作,加强组织领导和审核把关,创新机制、规范程序、严格过程,真正培育出一批管理过得硬、产品有保证、带动能力强、发展潜力大的休闲渔业发展典型,形成可借鉴、可复制、可推广的模式,带动全国休闲渔业发展。同时,各地要结合实际,因地制宜地开展本辖区的休闲渔业品牌培育活动,推动休闲渔业健康发展。

(二)加强政策扶持。各地要进一步优化渔业要素投入结构,统筹安排资金项目,大力支持休闲渔业发展,提高渔业全要素生产率。要将休闲渔业品牌发展典型的基础设施改造和能力提升纳入渔业规划和支持范围。要用好现有的渔业产业扶持政策,在具备条件的海洋牧场、渔港建设和维护整治、增殖放流、养殖标准化设施改造等项目建设中,统筹考虑休闲渔业设施建设和政策扶持。同时,要加大协调力度,主动加强与地方政府以及旅游、交通、体育、扶贫、金融等部门的沟通联系,帮助休闲渔业品牌创建单位落实农业优惠用水、用电、用地、融资政策,提升休闲渔业发展保障水平。

(三)加大宣传推介。我部将加强与国务院相关部门和媒体的协作,构筑休闲渔业专家服务和推介平台,加大休闲渔业品牌和发展典型的宣传推介力度。同时,委托总站学会、山东省水产技术推广总站、浙江省水产技术推广总站开展休闲渔业带头人和管理人才能力提升活动。各省级渔业主管部门要发挥自身优势和社会中介组织作用，充分利用传统媒体，积极应用微信、微博等新媒体，创新工作方式，完善工作机制，加强休闲渔业品牌和发展典型宣传，切实提高品牌权威性和影响力，营造推动休闲渔业发展的良好氛围。

（四）加强动态监管。我部委托总站学会建立全国休闲渔业品牌发展典型数据库。总站学会和休闲垂钓协会分别负责做好相关休闲渔业领域品牌培育和发展典型的动态管理工作。各地要加大对区域内休闲渔业品牌培育和发展典型的监督指导，加强动态管理。对于违反国家法律法规、严重危害消费者或者员工利益、引发重大安全生产或者食品安全事件，或者带动作用不明显、发展效果不显著、管理混乱无序、工作推进缓慢且责令整改后仍不合格的创建单位，要及时上报我部取消资格。

联系人及方式：

农业部渔业渔政管理局郭云峰、王莎，电话：(010)59192995(兼传真)，邮箱地址：yuqingchu@ agri. gov. cn

总站学会朱泽闻、李苗，电话：(010)59195484、59195486，邮箱地址：zzcyfzc@ 126. com，通信地址：北京市朝阳区麦子店街 22 号楼 103 室总站学会产业发展处

休闲垂钓协会王昊、边敏，电话：(010)59199622(兼传真)、59199623，邮箱地址：craamoa@ 163. com，通信地址：北京市朝阳区东三环南路 96 号农丰大厦 206 室休闲垂钓协会

附件：1. 最美渔村创建认定条件、申报表及评分表

2. 全国精品休闲渔业示范基地(休闲渔业主题公园)创建认定条件、申报表及评分表

3. 示范性渔业文化节庆(会展)创建认定条件、申报表及评分表

4. 有影响力的休闲渔业赛事创建认定条件、申报表及评分表

5. 全国休闲渔业示范基地创建认定条件(2017)、申报表及评分表

农业部办公厅
2017 年 8 月 2 日

农业部关于印发
《中华白海豚保护行动计划
(2017—2026 年)》的通知

为更好地保护、恢复我国中华白海豚种群，有效应对中华白海豚保护面临的新问题、新挑战，在全国范围内对中华白海豚保护管理工作进行统一部署，我部组织编制了《中华白海豚保护行动计划(2017—2026年)》(以下简称《行动计划》)。《行动计划》就2017—2026 年中华白海豚保护的指导思想、基本原则、行动目标提出了意见，制定了具体的保护行动措施，是下一阶段我国中华白海豚保护工作的指导性文件。现将《行动计划》印发给你们，请遵照执行。

农业部
2017 年 10 月 16 日

中华白海豚保护行动计划
(2017—2026 年)

前　言

中华白海豚是生活在西太平洋和东印度洋沿岸浅水区的一类小型海洋哺乳动物，是国家一级重点保护野生动物，1991 年被列入濒危野生动植物种国际贸易公约(CITES)附录Ⅰ，2008 年被世界自然保护联盟(IUCN)评估为近危物种(NT)，也被列入保护野生动物迁徙物种公约(CMS)附录Ⅱ。

中华白海豚是近岸海洋生态系统的旗舰物种和指示物种，位于近岸海域食物链的顶端，具有重要的生态、科研和文化价值。中华白海豚在闽粤一带被渔民尊称为"妈祖鱼"，1997 年被遴选为香港回归祖国的吉祥物。保护中华白海豚对于维护海洋生物多样性，实现人与自然和谐发展具有重要意义。

近年来，随着我国海洋经济的快速发展，海洋开发力度不断加大，围填海工程不断增多，中华白海豚栖息地不断缩小，种群数量不断减少，物种延续面临严峻挑战。按照党的十八大以来国家推进生态文明建设的战略部署和全面落实《中国水生生物资源养护行动纲要》及新修订的《中华人民共和国野生动物保护法》(以下简称"野生动物保护法")的有关要求，根据当前形势下保护中华白海豚物种的迫切需求，特制定本行动计划。

一、物种现状和保护的必要性

（一）物种现状

中华白海豚主要分布于西太平洋沿岸，从东印度洋、东南亚沿岸延伸一直向北到达中国的东南沿岸，据推测其总数在 6 000 头左右，而我国是全球最重要的中华白海豚栖息地，种群数量为 4 000～5 000 头。在我国，中华白海豚主要栖息于长江口以南的河口海域，

包括福建的三都澳、厦门湾、东山湾,台湾岛的西部海域,广东的韩江口、珠江口、漠阳江口、雷州半岛东部海域、海南三亚附近海域以及广西北部湾等,其中珠江口水域(包括香港澳门)数量最多,超过 2 000 头。受多种因素影响,目前我国中华白海豚生存面临着严峻威胁。

1. 栖息地不断萎缩,生态系统功能退化。近年来,我国东南沿海围填海面积不断加大,海洋海岸工程的数量和强度日益增加,这些区域大多是中华白海豚主要栖息地,造成中华白海豚栖息地萎缩和严重破碎化,同一区域内也呈现了斑块化分布现象。同时,大量的陆源排污、过度捕捞等对海洋的不合理利用进一步造成滨海湿地退化,海洋及海岸带物种及其栖息地不断丧失,海洋渔业资源减少,生态系统功能退化。

2. 水域污染加剧,意外死亡频发。近年来,中华白海豚搁浅死亡事件频发,仅 2012—2015 年搁浅死亡数量就超过 100 头。最近的研究表明,珠江口中华白海豚种群数量正以每年 2.5%的速率减少,照此速度,在未来 50 年内超过一半的个体将会消失。同时,研究人员在搁浅死亡的中华白海豚标本中检测出了持续性有机化合物以及汞、铅和砷等微量金属元素。有机化合物和微量金属元素在海豚体内有生物累积效应,且能通过母体传递给新生幼体,对海豚细胞的内分泌和 DNA 也有较强的损伤作用。频发的死亡搁浅事件及环境污染,导致中华白海豚种群数量快速减少、物种的濒危程度不断加剧。

3. 遗传多样性较低,种群生存风险较大。研究结果显示,由于我国中华白海豚栖息地严重片段化及种群数量持续减少,厦门、汕头和珠海的中华白海豚种群间没有发现任何个体交流的证据。我国中华白海豚线粒体控制区单倍型多样性较低,珠江口及厦门的中华白海豚种群在遗传上可能出现了分化现象。同时,不少种群年龄组成日趋老化导致种群结构越来越不合理。这些均表明了我国中华白海豚种群的生存能力较低,风险较大。

(二)保护工作的进展与主要问题

近年来,国家高度重视中华白海豚的保护工作,先后通过建立保护区、制订并实施相关保护法规和规划计划、开展调查监测和科学研究、加强宣传教育和国际合作等工作,深入推进中华白海豚物种保护,并取得了一定的成效。

1. 加强立法和重要栖息地保护工作。1989 年,中华白海豚被列为国家一级重点保护野生动物,1993 年经国务院批准,农业部发布了《中华人民共和国水生野生动物保护实施条例》,1994 年国务院发布了《中华人民共和国自然保护区条例》(以下简称《保护区条例》);1997 年农业部发布了《中华人民共和国水生动植物自然保护区管理办法》,并于 1995 年开始实施海洋伏季休渔制度;这些都对中华白海豚的保护起到了重要作用。同时,为保护中华白海豚物种及其栖息地,我国先后设立了 7 个中华白海豚自然保护区,其中包括厦门和珠江口 2 个国家级自然保护区,以及江门、汕头、湛江、潮州、饶平等 1 个省级和 4 个市(县)级的自然保护区。此外,广西合浦儒艮国家级自然保护区以及相关水产种质资源保护区、海洋特别保护区近年来也开始关注水域内中华白海豚的研究和保护工作。

2. 制定实施相关保护规划和计划。2006 年国务院发布了《中国水生生物资源养护行动纲要》(2006—2020),原国家环境保护总局发布了《全国生物物种资源保护与利用规划纲要》(2006—2020),明确了我国生物物种资源保护和利用的重点领域和优先行动。各地先后制定了中华白海豚保护相关规划和行动计划,并将其纳入地方经济和社会发展规划,认真组织实施。2011 年农业部组织实施了《广东中华白海豚保护行动(2012—2016)》,2016 年福建省人民政府批准并实施了《厦门珍稀海洋物种国家级自然保护区总体规划(2016—2025)》,这些举措都对加强重点水域的中华白海豚保护工作发挥了重要作用。

3. 初步建立协同保护工作机制。2014 年 4 月,厦门珍稀海洋物种国家级自然保护区、珠江口中华白海豚国家级自然保护区、广西合浦儒艮国家级自然保护区和广东江门中华白海豚省级自然保护区在汕头签署协议,成立了"中华白海豚保护联盟",构建和完善中华白海豚保护网络。福建省初步建立了厦门、漳州、泉州三地中华白海豚保护工作联动机制,并与金门县中华白海豚保护协会建立联络机制。中华白海豚保护工作机制逐步完善。

4. 开展相关调查监测和科学研究。福建、广东等省组织开展了中华白海豚的系统调查,建立了数据档案,出版了《中华白海豚及其他鲸豚》一书。厦门市自 2004 年以来组织开展了中华白海豚的生境监测,初步系统掌握了其栖息地的生态环境情况。我国加大对中华白海豚保护研究的投入,近 5 年来科研投入超过 5 000 万元。通过这些项目的实施,基本掌握了我国中华白海豚种群数量、分布、活动范围等基础信息,培养了一批中华白海豚研究力量,研究人员数量超过 200 人,相关研究成果在国际上产生一定的影响,为中华白海豚的长期保护打下了良好基础。

5.广泛开展国际合作,提升公众参与度。近年来,国内相关单位加强与相关国际知名高校、国际组织在鲸豚保护方面的合作与交流,与美国、英国、日本、东盟以及我国香港、澳门和台湾地区的相关高校和科研机构,全球环境基金、联合国开发计划署、联合国粮农组织、世界自然基金会、保护国际等国际组织开展一系列合作项目。全国水生野生动物保护分会与香港海洋公园保育基金会在2013年签订了5年保育合作协议,将中华白海豚保护作为保育基金支持的重要项目之一。此外,政府相关部门、各鲸豚保护区、相关研究机构、非政府组织等定期组织培训和宣传活动,增强了公众的保护意识,公众参与中华白海豚保护和救护的人次显著增加。大数据搜索的结果显示,媒体对于中华白海豚搁浅、救护的关注度也大幅提升。

中华白海豚保护工作虽然取得一定的成效,但中华白海豚种群面临的生存和风险压力仍然较大,保护工作还存在不少薄弱环节,面临的问题与挑战还十分严峻,主要体现在:

一是人类活动对中华白海豚的威胁和影响不断加大。如大量围填海、涉海工程、海上爆破、过度捕捞、航运以及污染等。研究人员通过长期的调查研究表明,人类活动和中华白海豚栖息地的减少存在显著关联性,并且人类活动对中华白海豚的影响具有距离效应,距离越近影响越大,其中海上爆破是造成中华白海豚直接致死的主要原因。此外,渔业资源减少、海洋污染也是造成中华白海豚种群衰退的重要原因。未来海洋经济将会加快发展,随着人类海洋开发活动尤其是涉海工程的不断增加,中华白海豚的栖息地将不断萎缩和破碎化,中华白海豚种群衰退的趋势较难遏制。

二是中华白海豚保护力度亟待加强。水生野生动物保护法律及政策体系尚不完善,新修订的《野生动物保护法》2017年1月已实施,但相关配套法规还在抓紧制定中。《中华人民共和国自然保护区条例》于1994年出台,目前亟待大范围修订。我国中华白海豚的基线信息尚未完整掌握。各级政府对中华白海豚保护重视不够、投入不足,中华白海豚的保护与管理尚缺乏可操作性的技术与规范,管护水平有待提升。公众参与程度还不高,全社会的中华白海豚保护意识还需进一步提升。

二、指导思想、基本原则和行动目标

(一)指导思想

按照党的十八大以来国家推进生态文明建设的战略部署,全面贯彻落实《野生动物保护法》《中国水生生物资源养护行动纲要》及《中国生物多样性保护战略与行动计划(2011—2030年)》的有关要求,以中华白海豚生境保护和种群恢复为目标,加强保护制度与机制创新,提升生态系统功能和物种保护能力,增强公众保护与参与意识,推动形成政府主导、科技支撑、公众参与、社会监督的中华白海豚保护体系,推进海洋生态文明建设,维护海洋生物多样性,促进人与自然和谐发展。

(二)基本原则

1.保护优先。在经济社会发展中统筹并优先考虑中华白海豚的保护,积极采取措施,对中华白海豚及其栖息地实施有效保护,保障我国中华白海豚种群生存的可持续。

2.科技先行。以科技为先导,全面掌握我国中华白海豚的生物学特性、种群数量结构、变化规律、栖息地选择、影响因素等基本信息,为有效保护和管理提供基础;以问题为导向,实施相应的精准保护技术、策略和措施,并保持前瞻性,实现我国中华白海豚的精准保护和高效保护。

3.协作共享。在农业部主导下,各级渔业主管部门、保护区管理机构、科研院所、大专院校、社会团体等各方通力合作,推动建立中华白海豚保护科技资源、管理信息、保护知识的共享平台。

4.公众参与。加强中华白海豚保护宣传教育,积极引导社会团体和基层群众的广泛参与,强化信息公开和舆论监督,建立全社会共同参与保护的有效机制。

(三)行动目标

1.近期目标。到2021年,重点区域中华白海豚种群的衰退趋势得到有效遏制。建立和完善我国中华白海豚的监测、评估、预警、救护和公众宣传工作体系,较为完整地掌握中华白海豚种群的现状、威胁以及未来变化趋势等基础信息;制定针对海洋工程和海上人类活动的中华白海豚保护和管理技术规范或指南;制定并实施我国中华白海豚重要分布区域的栖息地修复方案;新建或升级5个以上中华白海豚相关的保护区,70%的中华白海豚重要分布区域得到有效保护。

2.中远期目标。到2026年,我国中华白海豚得到切实保护,90%以上的中华白海豚重要分布区域得到有效保护,种群数量保持稳定或小幅回升,栖息地破碎化现象逐步得到有效缓解,种群结构日趋合理,可持续生存能力进一步提升。持续开展保护优先区域的中华白海豚种群调查与评估得到进一步落实,并实施有效监控。布局合理、功能完善的就地保护体系基本建成。迁地保护的研究取得重要进展，迁地保护系统准备就绪。保护中华白海豚成为社会公众的自觉行动，中华白海豚保护的国际影响力得到进一步提升。

三、主要任务

（一）加强制度创新，推动保护工作纳入相关规划

加强中华白海豚物种及其栖息地保护的顶层设计，加快完善中华白海豚保护的规划、标准及管护等制度体系建设，发布中华白海豚重要栖息地名录。推动重要栖息地所在地方政府加大对中华白海豚保护工作的重视程度，研究制定促进中华白海豚自然保护区及重要栖息地周边社区环境友好的产业发展政策，制定出台中华白海豚保护管理办法，争取将中华白海豚保护工作纳入国民经济和社会发展规划以及部门规划，组织编制地方中华白海豚保护行动计划，建立实施绩效评估监督机制。

（二）建立管理平台，完善保护工作协作机制

完善政府各相关部门、自然保护区管理机构间的保护管理工作协作机制，加强与重要栖息地所在地方政府的沟通协调，建立联席会议制度，协同推进中华白海豚的保护。构建全国中华白海豚保护管理信息平台，开展对中华白海豚保护区定期检查与评估，建立信息共享机制，实现各级渔业主管部门、自然保护区管理机构以及相关科研机构对中华白海豚相关信息和资源的共享。

（三）加强能力建设，提升保护管理工作水平

加快中华白海豚监测平台基础设施建设，提升重要区域的监控水平，及时掌握我国中华白海豚各分布区域的种群现状与变迁，并定期发布与更新。加强中华白海豚保护相关科研能力建设，建立学术交流平台与交流常态化机制，加强专业人才培养。关注国外鲸豚类保护相关科技发展，开展中华白海豚保护技术与管理方式的创新研究，着力提升中华白海豚的保护、监测和预警能力。

（四）加强就地保护，科学推进迁地保护

坚持以就地保护为主，迁地保护为辅，两者相互补充。合理布局和建设保护区，强化保护区能力与救护网络建设，建立保护区质量管理评估体系，加强管护与执法，不断提高保护区的管理质量。开展保护区外中华白海豚保护试点示范，并探索开展中华白海豚人工繁育研究，积极推进中华白海豚的迁地保护。

（五）适应新挑战，提高应对新威胁能力

加强中华白海豚致死机理和风险机制的研究，建立中华白海豚监测预警及风险管理机制，提高应急处置能力。要针对不同类型噪声污染、新型的化学污染物、更强的水域物理环境变化、受限的栖息空间、增加的海洋灾害与突发环境事件以及海洋疾病、减少的海洋渔业资源等对中华白海豚的影响进行分析，以适应海洋经济的快速发展。针对全球气候变化导致的海水温度和海平面不断上升，河口淡水流入越来越缺乏规律性等问题对中华白海豚带来的生存压力，加强科学研究和技术创新，适应新的挑战，维护中华白海豚栖息地生态系统稳定与健康，保障中华白海豚种群可持续生存与发展。

（六）加强国际交流与合作，提高公众参与意识

进一步深化国际交流与合作，引进国外鲸豚类保护先进技术和经验。开展多种形式的中华白海豚保护宣传教育活动，引导公众积极参与中华白海豚保护。加强中小学校中华白海豚科普教育，建立和完善中华白海豚保护公众监督、举报制度，完善公众参与机制。调动国内外各方力量参与中华白海豚保护的积极性，充分发挥民间公益性组织和慈善机构的作用，共同推进我国中华白海豚保护和可持续生存。

四、重点工作

根据中华白海豚保护的总体目标和任务，综合确定我国中华白海豚保护的6项重点工作和16项重要行动。

（一）建立健全保护体系与机制

1. 健全完善保护工作体系和协调机制

目标：促进我国中华白海豚保护管理相关部门间的协调与合作，建立中华白海豚保护工作有效协调机制，提升保护管理效率。

内容：在现有中华白海豚保护联盟基础上，建立在国家顶层设计及指导之下，涵盖相关地方管理机构的中华白海豚保护管理体系，公布中华白海豚重要栖息地名录，完善目前中华白海豚保护联盟框架、机制及工作内容，健全中华白海豚保护工作协调机制，建立事故应急处理协同机制，加强信息沟通，形成工作合力。

2. 实现保护常态化和制度化

目标：推动将中华白海豚保护纳入地方政府政策法规及经济社会发展规划，促进中华白海豚持续有效保护。

内容：相关渔业主管部门要推动中华白海豚重要栖息地所在地方政府制定并建立中华白海豚保护管理法规范围内的多部门联合保护的工作机制；推动相关部门在制定经济社会发展规划时将中华白海豚保护工作纳入并作为重要内容；制定相应的中华白海豚保护行动计划，建立保护行动实施的督察机制，保障保护行

动的有效执行。

优先项目:珍稀水生野生物种保护管理的原则和政策研究。以我国中华白海豚保护为基础,探讨在海洋经济快速发展以及人类涉海需求日益高涨情况下如何更好地实施珍稀水生野生物种保护,核心是人与自然如何和谐统一。研究各类利益相关方的权益,珍稀水生野生物种及其栖息地保护的价值,尤其要将我们后代的权益纳入考虑范围,探讨权责和利益的分配,建立真正的利益与信任伙伴关系。

3. 建立生态补偿与损害赔偿机制

目标:探索中华白海豚重要分布区的生态补偿与损害赔偿制度,对已有的生态补偿与损害赔偿机制进一步规范和完善。

内容:在我国现行生态补偿政策框架下,探索我国中华白海豚重要分布区或敏感区的生态补偿与损害赔偿的可行性。落实补偿与损害赔偿各利益相关方的责任,探索建立生态补偿与损害赔偿制度化的方法模式,并开展试点工作。

优先项目:中华白海豚生态补偿和损害赔偿技术规程及实施办法的制定。结合生态学、经济学以及社会学等学科的相关理论和研究方法,针对主要的海洋开发活动,建立相应的生态系统价值和损益评估方法与规程,进一步评估不同类型海洋开发活动所造成的生态损害,制定我国中华白海豚生态补偿和损害赔偿技术规范及实施办法。

(二)开展种群生态调查与监测

1. 完善中华白海豚种群基线信息库

目标:从整体上掌握我国中华白海豚的种群生态状况,明确重点保护区域,为高效管理及有效保护奠定基础。

内容:进一步了解我国中华白海豚种群的数量、分布、季节性变化、栖息时间、活动范围、行为学特征等种群生态状况;同时建立中华白海豚个体身份照片档案。分析并建立中华白海豚重要栖息地以及栖息地核心特征信息,进一步结合不同种群的核心分布区,提出重点保护区域,将有限的保护力量用于中华白海豚有效保护。

优先项目:中华白海豚种群生态信息库的构建。统筹自然保护区管理部门以及相关的研究机构,建立我国中华白海豚监测体系。在目前中华白海豚研究和保护行动所获基线信息的基础上,将我国中华白海豚种群分为4个区域,包括福建、广东潮州至阳江、广东湛江至海南、广西,通过船只现场调查,获取每个区域的种群数量、种群分布、季节性变化、栖息时间、活动范围、行为学特征等种群生态资料。同时,获取中华白海

豚的影像资料,建立项目区域的个体身份照片档案。在此基础上,对所获取的种群生态资料进行分类、整理、分析与集成,构建我国中华白海豚种群生态信息库,并持续调查、完善和发布。

2. 构建中华白海豚监测网络体系

目标:依托现有的中华白海豚监测力量,构建中华白海豚监测网络体系,开展系统性和长期性监测,实现数据共享。

内容:整合中华白海豚自然保护区管理单位以及相关科研教学机构,构建中华白海豚监测网络体系,以及整体性的中华白海豚种群及其栖息地监测方案与长效机制。建立监测数据共享机制,实现数据共享。同时,持续对我国中华白海豚种群的分布格局、变化趋势、保护现状及存在问题进行评估,定期发布综合评估报告。

优先项目:"中华白海豚管理决策平台"构建与逐步完善。建立基于网络信息技术的中华白海豚管理决策支持空间信息平台。同时,研究基于历史变迁的中华白海豚生存风险评估体系和技术,构建综合评估模型,持续对我国中华白海豚种群的分布格局、保护现状及存在问题、未来变化趋势进行评估,并将该评估模型整合至"中华白海豚管理决策平台",实现平台对信息的采集、传输、管理、存储、分析等功能,建成多功能集成的可视化管理决策平台。同时,规范集成现有的保护技术与措施,在实施的过程中,对平台逐步完善,保障决策的科学性和前瞻性。

(三)加强中华白海豚就地保护

1. 推进中华白海豚重要栖息地的有效保护

目标:扩大我国中华白海豚重点栖息地的保护区面积,加大保护力度。

内容:针对我国中华白海豚保护的优先区域,争取建立保护区或者提升保护区的级别,并在执行国家管理技术规范和标准的基础上提出保护区的具体管理要求,开展保护区规范化建设,完善管理设施,强化监管措施,定期开展自查工作,进一步提升管理水平。

优先项目:一是中华白海豚保护优先区域确定与保护区建设。根据我国中华白海豚种群生态信息库的数据以及种群评估模型,分析和建立中华白海豚关键栖息地以及栖息地的核心特征资料,进一步结合不同社群的核心分布区,提出重点保护区域、保护策略,特别是建议在广西北部湾以及粤西珠江口至阳江海陵岛水域建立保护区,提升雷州湾中华白海豚自然保护区的级别。

二是中华白海豚观豚准则的制定与实施。开展退渔观豚活动是一种有效的中华白海豚保护方式。一方

面可以通过控制捕捞，减少渔业资源损失，确保中华白海豚饵料生物正常生长，维护生物多样性；另一方面可相应减少中华白海豚受渔船拖网伤害的几率，减少作业船只污染，改善中华白海豚生存环境，同时也为转产转业渔民提供更多更好的就业机会和选择。项目通过研究观豚方式以及人为干扰的不利影响，确定观豚的安全区域与行业规范，并通过推广实施以及评估不断进行完善。

2.开展受损中华白海豚栖息地修复与功能提升

目标：在掌握中华白海豚栖息地选择特性的基础上，规划实施受损栖息地的生态修复，提升其生态功能。

内容：通过船只和海洋遥感等调查方式，获取中华白海豚栖息地生境及地理水文资料，结合种群生态信息，饵料资源状况，分析并建立中华白海豚关键栖息地以及栖息地的核心特征，提出并实施受损栖息地修复方案。同时，结合国家水生生物资源养护行动计划，有针对性地开展海洋牧场建设、增殖放流、人工鱼礁投放活动，严格执行禁渔区和禁渔期相关管理制度，提升栖息地的生态功能。

优先项目：一是中华白海豚饵料生物资源研究及资源修复方案制定和实施。利用搁浅死亡中华白海豚的样本，通过分析胃含物，结合同位素的方法研究中华白海豚的饵料生物类型。收集渔业资源的历史数据，采用渔民访谈和问卷调查的方式，获得渔民捕捞量、捕获种类及大小等相关数据，开展船只捕捞抽样调查以及到岸渔船的渔获量抽样调查，获取渔业资源现状；通过整合历史数据及现状调查数据，结合渔业生产方式转变，分析渔业生产方式对渔业资源的影响，获得渔业资源的历史变化规律。根据现状与变化趋势，结合中华白海豚主要饵料情况，制定并实施我国中华白海豚饵料生物资源修复方案。

二是中华白海豚栖息地选择分析与生态修复方案制定和实施。利用全球高程模型提取我国中华白海豚栖息海域水下高程资料，建立本地的海底地形结构。利用海洋水色资料库，提取海水表温、水表叶绿素浓度的季节及年平均组合。另外，利用大地卫星资料库，建立沿海水域海岸结构变迁的历史进程。在此基础上，结合栖息地的实地考察以及遥感数据资料库，通过不同的生态位与栖息地选择模型，找出我国各区域中华白海豚栖息环境特征。根据研究结果，进一步制定完善并实施《中华白海豚栖息地保护策略和生态修复技术规范》，并结合国家水生生物资源养护行动计划和各级地方政府相关生态修复和物种保护工程，实施栖息地的生态修复工作，并逐步完善。

3.制定中华白海豚保护技术规范

目标：制定具有可操作性的中华白海豚保护技术规范，示范集成研究成果和技术。

内容：针对目前我国中华白海豚面临的主要人类活动干扰，包括渔业捕捞、船舶航运、各种涉海工程等，研究噪声、填海、爆破、渔业资源量及类型变化等因素对中华白海豚生存和健康的影响，研究并评估各种栖息地修复技术、管理措施绩效情况，制定《中华白海豚保护技术规范》，逐步提升管理的精准性和高效性。

优先项目：一是船只航行对中华白海豚的影响与相应的保护技术规范制定。研究中华白海豚的发声特征、听觉能力等声学内容，并以背景噪音作为参照，采用宽频声学信号记录系统，在中华白海豚经常出没的近岸区域，对不同类型船舶在不同速度和不同距离下产生的水下噪声进行录制。结合行为学研究和观察以及国内外已有研究成果，评估各类船舶产生的水下噪声对中华白海豚的潜在影响，提出减缓噪声对中华白海豚及其栖息地不利影响的对策，包括确定针对不同类型船只的船速及中华白海豚保护安全距离，形成初步的技术规范并不断完善。

二是海上施工噪声对中华白海豚的影响与保护技术规范制定。针对我国海洋工程，包括港口、航道、桥梁、填海等工程所产生的典型噪声及其可能对中华白海豚的影响，开展相关研究，包括峰声压进而峰值声压级的检测，声暴露级、累积暴露级与等效连续声级的检测，噪声参数的描述和脉冲波形的分析和处理，噪声的衰减计算及声源级别估测，噪声对鲸豚类听觉的影响评估以及对其发生信号的掩蔽评估等。在此基础上界定安全指标和安全距离，形成相应的技术规范，同时提出施工阶段的减缓方案和具体保护技术措施，并根据新工艺逐步完善。

4.推进中华白海豚救护能力与网络建设

目标：实现我国中华白海豚救护的规范化，并构建救护网络，提升我国中华白海豚的救护能力。

内容：针对中华白海豚救护、运输及治疗暂养等工作不规范情况，集成现有以及国内外先进救护技术和经验，制定《中华白海豚救护技术规程》。同时，协调各级政府相关管理部门、保护区管理机构、科研院校、救护中心以及海洋馆等相关单位，成立中华白海豚的救护网络，健全救护工作联动机制。

优先项目：一是我国中华白海豚保护网络构建与运行。扩大中华白海豚保护联盟成员单位，纳入新建或重要分布区域相关管理机构以及国内主要鲸豚研究机构作为联盟成员，构建我国中华白海豚的保护网络，完善联盟运行机制。同时,依托保护联盟,制定我国中华白海豚的管理规范,优化各保护区的管理策略和方法,提升监控能力,制定并实施保护区管理跟踪评价方案,促进保护管理的有效性。

二是中华白海豚救护技术研究与救护网络构建、实施和完善。研究制定我国《中华白海豚救护技术规程》,实现我国中华白海豚及其他鲸豚救护的规范化,建立物种判定、年龄判定、性别判定、搁浅原因诊断、救护应急措施等标准化流程。同时,在已有中华白海豚保护网络的基础上,整合政府管理部门、保护区管理机构、研究机构以及海洋馆,完善我国中华白海豚的救护网络,建立联动机制和决策体系;加强救护的硬件建设,并在实践中不断完善,提升我国中华白海豚及其他鲸豚的活体救护能力。

(四)科学开展中华白海豚的迁地保护

1. 挖掘中华白海豚"潜在"栖息地

目标:挖掘我国中华白海豚的"潜在"栖息地,制定相应的保护策略与种群引导转移方案,提升种群在我国水域的持续生存能力。

内容:针对经济高速发展、栖息地压力难以减缓的情况,依据中华白海豚栖息地选择特征,并结合我国南部近岸水域的生态环境,寻找和挖掘我国中华白海豚种群的"潜在"栖息地,制定基于"潜在"栖息地的保护策略与引导转移方案,为我国中华白海豚的可持续保护做好充分准备并适时予以实施。

2. 加强人工种群构建探索与野生种群恢复

目标:开展中华白海豚人工繁育与人工种群构建工作,探索野生种群恢复的新途径。

内容:深入研究中华白海豚的生理、生化、免疫、发育等基础数据,会同相关水族企业开展海洋馆鲸豚的繁育工作,为人工繁殖打下基础。遴选确定中华白海豚人工繁育实验区,开展人工条件下中华白海豚的饲养与繁育技术研究,探索建立人工种群。

优先项目:中华白海豚基础生物学与人工繁育研究及示范。利用活体搁浅的中华白海豚以及海洋馆各种类型的鲸豚,并利用已经建立的海豚细胞系,研究中华海豚的生理、生化、免疫、发育以及病理、毒理等基础数据,为人工繁育与管理打下基础;与国内的海洋馆合作,开展中华白海豚人工繁育探索性研究和具体工作,积累鲸豚繁育生物学相关的理论与实践知识。在明确各地方小种群的生存能力及面临风险情况下,遴选和研究 1~2 个自然或半自然港湾、人工基地作为中华白海豚人工繁育实验区,开展人工种群的建立及人工条件下中华白海豚的饲养与繁育探索。

(五)加强相关领域科学研究

1. 构建我国中华白海豚样品资源库

目标:进一步充实我国中华白海豚搁浅死亡样品库,开展相应的诊断分析和基础研究工作,为管理保护提供基础支撑。

内容:对于搁浅死亡中华白海豚标本开展系统收集,建立样品资源库,并建立样品共享平台。进一步整合国内外科研力量,提出全面系统的研究计划和方案,开展相应的死亡原因诊断与基础生物学研究。同时,逐步开展我国中华白海豚的全基因组解析以及遗传资源库构建等工作。

优先项目:中华白海豚搁浅样品与遗传资源库构建和应用。对于死亡搁浅的标本,依托我国"中华白海豚保护网络",统一建立样品库,并建立标准化的解剖程序与致死原因诊断方案,对死亡原因进行科学分析;同时,整合我国鲸豚研究的力量,形成全面合理的研究方案,并根据各方的研究优势,对研究内容进行合理分配。利用中国沿岸海域搁浅死亡的中华白海豚样品,开展基础生理学研究,了解中华白海豚的生理学特征;开展基因组水平的遗传多样性分析与种质资源评价,揭示中华白海豚近岸分布与体色演化的分子机制,通过了解种群格局及其进化历史,提出保护管理单元,为科学地保护中国水域中华白海豚的遗传多样性提供依据。对死亡搁浅的标本进行重金属及有机化学污染物等分析,相关资料将用于不同水域中华白海豚种群的生存风险评估。

2. 加强海洋珍稀物种领域的科学研究

目标:提升科研水平和成果高度,促进我国中华白海豚保护能力建设,确立我国在保护生物学领域的国际地位。

内容:针对可能出现的新问题、新压力,结合科技发展实时情况,开展保护生物学新理论、新技术和新方法的研究;加强中华白海豚基础科研条件建设,合理配置使用科研资源,增强实验室的研究开发能力;加快研究成果和技术的推广应用,促进成果共享。

优先项目:中华白海豚监测新技术与保护生物学前沿领域研究与应用。随着科学技术的快速发展,海洋监测技术和能力日新月异,我国中华白海豚种群监测方面也需要与时俱进。因此,支持研究机构和管理部门合作,引进和研发我国中华白海豚的监测新技术和系统。加快开展利用航拍、水听器进行中华白海豚的监测等相关研究。同时,以我国中华白海豚为研究对象,以最佳保护为基础,以全球引领为目标,在当前大数据技术、学科交叉、分析技术等快速发展形势下,开展创新性的保护生物学前沿研究,并将成果进行总结推广,提升我国在海洋珍稀物种和生物多样性保护方面的能力和国际影响力。

3. 加强海洋珍稀物种保护领域的人才培养

目标:加快我国海洋珍稀物种保护领域的专业技术和管理人才培养,保障我国中华白海豚保护事业持续健康发展。

内容:采取有效措施,建立激励机制,进一步吸引优秀科技人才从事海洋珍稀物种保护研究,培养科技创新人才。发挥高等院校专业教育的优势,加强海洋珍稀物种保护专业教育和人才培养。大力开展保护管理和技术培训,提高保护区工作人员专业素养和业务能力,促进相关保护工作科学规范开展。

(六)推进保护宣传教育与公众参与

1. 加强宣传教育和公众参与

目标:建立经常性和普遍性的宣传机制,提高公众的中华白海豚保护意识,充分发挥公众在中华白海豚保护方面的作用。

内容:建立多种中华白海豚公共宣传机制,依托公共媒体与社区机构,开展公众中华白海豚教育与宣传活动。依托自然保护区和海洋馆,开展对游客的中华白海豚科普宣传。推动完善公众监督机制,探索中华白海豚宣传的新模式。

优先项目:开展中华白海豚保护宣传工程。研究制定我国中华白海豚保护宣传战略,提出宣传目标、任务和行动,构建我国中华白海豚的宣传网络和体系。依托现有媒体,宣传我国中华白海豚保护相关法律法规、政策措施、典型事例等;依托现有的社区广场、旅游景点设立中华白海豚保护宣传教育栏,开展张贴标语、图片展览、播放录像等中华白海豚保护宣传活动;利用每年的"全国水生野生动物保护科普宣传月""世界地球日""国际生物多样性日""世界环境日"等,开展中华白海豚保护宣传活动;依托自然保护区和海洋馆,开展游客教育,宣传生物多样性保护的重要意义。

2. 加强民间团体合作与国际交流

目标:完善中华白海豚保护的非政府组织参与机制,进一步提升国际交流合作水平。

内容:推动建立和完善与非政府组织、民间团体等组织的合作机制,组织开展中华白海豚保护交流论坛、科研项目及宣传活动。进一步加强与国际社会的交流合作,构建学习交流平台,传播我国中华白海豚保护方面所取得的成绩,提升我国海洋珍稀物种保护方面的公信力和国际影响。

优先项目:一是推动完善中华白海豚保护的多方参与机制。推动完善国际组织(包括全球环境基金会、联合国开发计划署、联合国环境保护署、联合国粮农组织等)、企业、非政府组织和公众参与中华白海豚保护的机制,增强参与能力,并定期组织开展一系列中华白海豚保护交流论坛、科研项目及宣传活动等。推动建立社会各方参与的中华白海豚保护联盟,发起和组织开展中华白海豚及生态环境保护主题活动。同时,针对中华白海豚分布区的相关工程,制定和实施相应的教育和培训课程计划,在 HSE(健康—安全—环保)的框架下将工程相关人员纳入中华白海豚的保护过程中,实施实时有效保护。

二是中华白海豚保护经验的总结与推广。根据我国中华白海豚保护行动的执行进展,制定评估计划,通过评估、总结和完善,努力形成我国中华白海豚保护相关的最佳实践经验,将成果通过国际项目平台(包括厦门海洋周、黄海大海洋生态系统项目、河口生物多样性保护项目等)、国际会议等进行推广。同时,积极组织开展国际会议和培训,宣传我国在中华白海豚保护方面的成就,提升我国在海洋珍稀物种保护方面的公信度和国际影响力。

五、保障措施

(一)加强组织领导,形成工作合力

各相关渔业主管部门要进一步重视中华白海豚保护工作,充分认识中华白海豚作为近岸海域生态系统的旗舰物种,对维护近岸海域生态系统健康及海洋生物多样性保护的重要意义。要按照国家统一部署,明确职责分工,加强协调配合,切实形成工作合力。建立健全中华白海豚行动计划实施的评估和监督机制,加强对各地实施行动计划的指导、督促和考核,定期发布考核结果。

(二)建立协同机制,加强执法监管

各相关渔业主管部门要积极协调其他有关职能部门,进一步提高中华白海豚调查、评估和监测预警能力,提升自然保护区的管护能力,加强队伍建设和人才培养,提高执法能力和水平。要组织开展中华白海豚保护行政监管与执法管理培训,加大对损害中华白海豚健康和安全的违法犯罪行为的打击力度。

(三)保障资金投入,强化能力建设

各相关渔业主管部门要加大对中华白海豚资源的保护力度,加强保护区的建设与管理。要主动沟通地方政府,推动生态补偿落实到位,并争取将相关经费纳入预算予以保障。要拓宽投入渠道,加大资金投入,引导社会资金参与中华白海豚保护,形成多元化投入机制。

(四)加快人才培养,增强科技支撑

加快我国海洋珍稀物种保护领域的专业技术和管

理人才培养,逐步建立配置科学、层次合理的中华白海豚保护管理和研究人才梯队,增强中华白海豚及栖息地保护的科技支撑,保障我国中华白海豚保护事业持续健康发展。积极参与国际交流与合作,加强对热点、难点、重点问题的合作研究以及国外先进科研成果的借鉴,提升保护的科技水平。

渔 业 经 济 统 计

一、经 济 核 算

（一）总产值

全国渔业经济总产值
（按当年价格计算）

单位:万元

指 标	2017 年	2016 年	2017 年比 2016 年增减（±）
渔业经济总产值	247 612 203.78	232 434 374.03	15 177 829.75
1.渔业	123 138 456.82	115 840 511.82	7 297 945.00
其中:海水养殖	33 073 954.05	30 246 198.27	2 827 755.78
淡水养殖	58 762 497.43	55 988 809.75	2 773 687.68
海洋捕捞	19 876 514.82	19 043 318.40	833 196.42
淡水捕捞	4 617 538.97	4 152 571.52	464 967.45
水产苗种	6 807 951.55	6 409 613.88	398 337.67
2.渔业工业和建筑业	56 666 171.57	54 105 357.17	2 560 814.40
其中:水产品加工	43 050 766.78	40 902 319.38	2 148 447.40
渔用机具制造	3 583 056.17	3 486 326.46	96 729.71
其中:渔船渔机修造	2 263 880.53	2 280 728.45	− 16 847.92
渔用绳网制造	1 200 587.16	1 112 559.32	88 027.84
渔用饲料	6 465 927.00	5 991 499.34	474 427.66
渔用药物	184 496.34	171 982.79	12 513.55
建筑业	2 351 750.53	2 556 433.61	− 204 683.08
其他	1 030 174.75	996 795.59	33 379.16
3.渔业流通和服务业	67 807 575.39	62 488 505.04	5 319 070.35
其中:水产流通	54 439 786.51	50 634 284.57	3 805 501.94
水产(仓储)运输	3 725 846.28	3 323 297.14	402 549.14
休闲渔业	7 644 100.37	6 645 355.89	998 744.48
其他	1 997 842.23	1 885 567.44	112 274.79

各地区渔业经济总产值、渔业产值
（按当年价格计算）

单位:万元

地 区	2017 年		2017 年比 2016 年增减(±)		渔业产值占农业产值比重(%)
	渔业经济总产值	其中:渔业产值	渔业经济总产值	其中:渔业产值	
全国总计	247 612 203.78	123 138 456.82	15 177 829.75	7 297 945.00	10.6
北　京	308 070.50	110 421.80	69 934.70	– 203.20	3.1
天　津	795 983.95	727 915.36	– 74 080.99	– 43 700.58	18.3
河　北	2 497 136.53	2 080 383.62	110 664.27	48 023.04	3.6
山　西	98 821.72	78 443.00	177.10	481.00	0.5
内 蒙 古	404 730.62	322 881.95	– 9 469.04	– 19 046.85	1.1
辽　宁	13 264 481.42	6 716 649.42	742 386.74	390 350.74	15.4
吉　林	1 300 078.90	431 760.70	– 34 706.03	14 690.22	2.0
黑 龙 江	1 195 131.62	1 026 405.73	78 434.72	58 983.33	1.8
上　海	713 701.69	599 971.59	79 437.61	79 662.01	20.0
江　苏	32 215 651.62	16 999 477.00	2 010 128.24	161 883.72	22.7
浙　江	22 852 935.00	9 999 593.00	914 466.00	812 875.00	31.7
安　徽	8 374 616.00	5 079 719.08	252 659.86	127 506.39	10.4
福　建	28 000 079.93	12 476 533.97	2 100 746.83	1 101 902.93	30.5
江　西	10 013 943.49	4 872 340.03	627 512.16	444 603.31	14.8
山　东	39 868 894.72	15 711 154.61	1 957 890.29	871 369.98	16.1
河　南	2 274 073.80	1 216 441.50	– 62 786.83	3 559.56	1.4
湖　北	25 062 578.00	11 853 853.00	881 748.00	454 555.00	17.8
湖　南	5 452 039.60	4 220 546.15	481 169.58	347 273.58	7.5
广　东	31 460 797.05	13 066 450.92	2 994 722.93	996 837.48	21.4
广　西	6 214 298.87	4 989 312.20	540 638.60	498 360.77	10.0
海　南	5 529 716.90	3 964 202.78	575 706.67	406 613.66	25.0
重　庆	1 504 290.00	1 059 724.00	136 182.05	99 373.44	5.0
四　川	4 074 910.70	2 575 699.68	333 048.88	171 078.25	3.4
贵　州	690 288.29	649 554.95	63 003.52	38 523.68	1.8
云　南	1 665 981.28	934 839.28	272 978.98	132 404.22	2.3
西　藏	4 451.06	3 271.36	– 47.82	839.48	0.2
陕　西	483 906.67	295 704.60	32 493.67	13 261.60	0.9
甘　肃	24 696.59	21 612.47	– 1 017.00	– 1 300.83	0.1
青　海	34 402.05	34 402.05	1 875.87	1 875.87	0.9
宁　夏	379 665.31	214 796.19	34 007.42	17 993.32	3.6
新　疆	292 259.90	244 804.83	9 993.77	9 385.88	0.7
中农发集团	559 590.00	559 590.00	57 929.00	57 929.00	

各地区渔业经济总产值(一)
(按当年价格计算)

单位:万元

地　区	总　　计	一、渔业产值			
		合　计	海水养殖	淡水养殖	海洋捕捞
全国总计	247 612 203.78	123 138 456.82	33 073 954.05	58 762 497.43	19 876 514.82
北　京	308 070.50	110 421.80		79 159.50	11 722.10
天　津	795 983.95	727 915.36	72 423.21	490 619.46	118 164.19
河　北	2 497 136.53	2 080 383.62	855 663.42	483 390.86	539 325.08
山　西	98 821.72	78 443.00		74 483.00	
内 蒙 古	404 730.62	322 881.95		257 594.74	
辽　宁	13 264 481.42	6 716 649.42	3 450 978.00	1 206 105.42	1 199 695.00
吉　林	1 300 078.90	431 760.70		378 815.67	
黑 龙 江	1 195 131.62	1 026 405.73		877 689.85	
上　海	713 701.69	599 971.59		341 475.30	237 328.59
江　苏	32 215 651.62	16 999 477.00	2 451 833.90	11 462 991.22	1 487 873.60
浙　江	22 852 935.00	9 999 593.00	2 065 531.00	3 162 114.00	4 373 294.00
安　徽	8 374 616.00	5 079 719.08		4 085 609.73	
福　建	28 000 079.93	12 476 533.97	6 980 918.40	1 498 357.94	3 403 960.60
江　西	10 013 943.49	4 872 340.03		3 997 383.18	
山　东	39 868 894.72	15 711 154.61	9 045 713.00	2 425 373.00	3 108 322.61
河　南	2 274 073.80	1 216 441.50		910 510.00	
湖　北	25 062 578.00	11 853 853.00		10 234 469.00	
湖　南	5 452 039.60	4 220 546.15		3 822 551.27	
广　东	31 460 797.05	13 066 450.92	5 308 912.90	5 710 845.50	1 586 257.60
广　西	6 214 298.87	4 989 312.20	1 730 070.49	1 631 376.28	1 215 054.51
海　南	5 529 716.90	3 964 202.78	1 111 909.73	554 237.13	2 035 926.94
重　庆	1 504 290.00	1 059 724.00		853 362.00	
四　川	4 074 910.70	2 575 699.68		2 189 448.37	
贵　州	690 288.29	649 554.95		538 291.42	
云　南	1 665 981.28	934 839.28		792 197.71	
西　藏	4 451.06	3 271.36		1 852.32	
陕　西	483 906.67	295 704.60		263 652.10	
甘　肃	24 696.59	21 612.47		20 904.00	
青　海	34 402.05	34 402.05		34 402.05	
宁　夏	379 665.31	214 796.19		185 793.47	
新　疆	292 259.90	244 804.83		197 441.94	
中农发集团	559 590.00	559 590.00			559 590.00

各地区渔业经济总产值（二）
（按当年价格计算）

单位：万元

地　　区	一、渔业产值（续）		二、渔业工业和建筑业		渔用机具制造
	淡水捕捞	水产苗种	合　计	水产品加工	小　计
全国总计	4 617 538.97	6 807 951.55	56 666 171.57	43 050 766.78	3 583 056.17
北　　京	5 191.00	14 349.20	13 648.69	4 839.52	
天　　津	16 915.50	29 793.00	9 542.00		
河　　北	80 246.89	121 757.37	253 948.27	226 061.78	9 697.60
山　　西	2 405.80	1 554.20	1 817.57		
内 蒙 古	55 400.08	9 887.13	19 612.10	19 612.10	
辽　　宁	65 662.00	794 209.00	3 188 311.00	2 629 020.00	122 458.00
吉　　林	38 429.23	14 515.80	564 288.00	562 833.00	215.00
黑 龙 江	102 304.15	46 411.73	47 282.93	24 585.26	
上　　海	5 126.00	16 041.70	97 097.10	97 097.10	
江　　苏	831 610.28	765 168.00	4 291 741.56	2 563 734.83	256 371.97
浙　　江	191 814.00	206 840.00	7 345 395.00	6 080 629.00	263 331.00
安　　徽	676 489.06	317 620.29	1 313 272.34	535 444.59	607 642.33
福　　建	137 293.06	456 003.97	10 527 422.90	9 048 853.00	677 859.00
江　　西	533 256.26	341 700.59	2 908 120.43	2 149 600.64	47 138.07
山　　东	180 226.00	951 520.00	13 692 668.64	10 769 249.31	1 465 599.22
河　　南	167 353.50	138 578.00	211 975.30	44 638.00	2 322.30
湖　　北	656 339.00	963 045.00	5 152 061.00	3 819 414.00	13 434.00
湖　　南	108 092.71	289 902.17	409 338.13	212 978.56	9 479.18
广　　东	155 106.70	305 328.22	3 969 253.19	2 331 226.48	70 898.24
广　　西	133 207.18	279 603.74	610 616.93	525 971.77	3 102.00
海　　南	25 618.77	236 510.21	1 356 710.52	1 250 461.94	28 237.66
重　　庆	94 715.00	111 647.00	101 316.00	7 071.00	1 883.00
四　　川	159 745.16	226 506.15	263 867.14	11 677.10	215.00
贵　　州	62 573.27	48 690.26	7 195.40	4 443.80	2 705.60
云　　南	84 816.57	57 825.00	220 729.00	125 093.00	345.00
西　　藏	1 419.04				
陕　　西	10 865.90	21 186.60	27 700.80	30.00	122.00
甘　　肃		708.47	21.00		
青　　海					
宁　　夏	441.87	28 560.85	41 017.62	1 624.00	
新　　疆	34 874.99	12 487.90	20 201.01	4 577.00	
中农发集团					

各地区渔业经济总产值(三)
(按当年价格计算)

单位:万元

地　区	二、渔业工业和建筑业(续)					
	渔用机具制造(续)		渔用饲料	渔用药物	建　筑	其　他
	渔船渔机修造	渔用绳网制造				
全国总计	2 263 880.53	1 200 587.16	6 465 927.00	184 496.34	2 351 750.53	1 030 174.75
北　京			8 619.17	190.00		
天　津			9 542.00			
河　北	7 318.00	1 392.60	15 399.00		2 076.00	713.89
山　西			446.27	1 371.30		
内 蒙 古						
辽　宁	95 127.00	18 571.00	190 025.00	10 200.00	176 784.00	59 824.00
吉　林	40.00	42.00	615.00	25.00	600.00	
黑 龙 江			21 206.95	580.80	900.24	9.68
上　海						
江　苏	141 122.61	101 819.19	1 135 240.04	71 757.72	165 896.35	98 740.65
浙　江	156 439.00	102 040.00	422 961.00	3 067.00	456 147.00	119 260.00
安　徽	9 712.51	597 929.82	105 608.24	1 947.68	9 169.22	53 460.28
福　建	621 795.00	54 237.00	561 573.00	1 733.00	55 727.00	181 677.90
江　西	26 391.07	20 747.00	486 598.00	15 031.18	171 070.67	38 681.87
山　东	1 131 752.00	258 360.00	222 262.11	7 927.00	789 430.00	438 201.00
河　南	21.30	2 301.00	157 871.00	4 175.00	2 383.00	586.00
湖　北	2 726.00	10 688.00	899 911.00	31 248.00	386 790.00	1 264.00
湖　南	6 738.57	2 740.61	155 399.25	15 382.84	9 812.30	6 286.00
广　东	41 580.62	18 948.70	1 446 198.44	9 063.82	89 403.68	22 462.53
广　西	2 574.00	520.30	77 134.70	1 673.23	2 463.00	272.23
海　南	17 894.25	8 182.94	70 331.27	2 351.34	2 516.07	2 812.24
重　庆	422.00	955.00	78 587.00	161.00	13 118.00	496.00
四　川	215.00		248 134.04	3 838.00		3.00
贵　州	1 736.60	969.00	30.00	16.00		
云　南	262.00	83.00	86 062.00	962.00	6 253.00	2 014.00
西　藏						
陕　西	13.00	60.00	12 623.50	559.30	11 190.00	3 176.00
甘　肃					21.00	
青　海						
宁　夏			39 393.62			
新　疆			14 155.40	1 235.13		233.48
中农发集团						

各地区渔业经济总产值(四)
(按当年价格计算)

单位:万元

地 区	三、渔业流通和服务业				
	合 计	水产流通	水产(仓储)运输	休闲渔业	其 他
全国总计	67 807 575.39	54 439 786.51	3 725 846.28	7 644 100.37	1 997 842.23
北 京	184 000.01	88 255.03	4 156.98	91 588.00	
天 津	58 526.59	4 779.24	4 286.35	32 515.00	16 946.00
河 北	162 804.64	60 659.39	18 362.00	71 873.08	11 910.17
山 西	18 561.15	13 043.95	658.50	4 848.70	10.00
内 蒙 古	62 236.57	28 187.10	4 471.96	29 577.51	
辽 宁	3 359 521.00	2 500 438.38	365 005.00	435 395.62	58 682.00
吉 林	304 030.20	124 849.20	7 123.00	170 815.00	1 243.00
黑 龙 江	121 442.96	62 896.77	5 169.12	51 919.26	1 457.81
上 海	16 633.00	2 328.00		14 305.00	
江 苏	10 924 433.06	9 165 736.01	408 564.52	982 164.80	367 967.73
浙 江	5 507 947.00	4 703 963.00	238 269.00	237 719.00	327 996.00
安 徽	1 981 624.58	1 521 356.51	112 484.25	328 988.29	18 795.53
福 建	4 996 123.06	4 429 808.92	222 374.13	87 367.15	256 572.86
江 西	2 233 483.03	1 866 038.60	87 099.13	243 103.30	37 242.00
山 东	10 465 071.47	6 158 358.13	1 329 950.80	2 279 998.46	696 764.08
河 南	845 657.00	672 183.27	79 170.00	92 287.43	2 016.30
湖 北	8 056 664.00	6 471 702.00	304 474.00	1 249 082.00	31 406.00
湖 南	822 155.32	566 764.99	33 087.36	212 414.67	9 888.30
广 东	14 425 092.94	13 800 394.25	183 609.41	352 619.19	88 470.09
广 西	614 369.74	500 360.71	70 780.98	26 092.39	17 135.66
海 南	208 803.60	157 333.08	15 667.72	11 960.00	23 842.80
重 庆	343 250.00	220 549.00	27 788.00	86 174.00	8 739.00
四 川	1 235 343.88	733 119.51	154 224.81	339 895.66	8 103.90
贵 州	33 537.94	9 793.79	5 041.51	18 491.64	211.00
云 南	510 413.00	376 276.00	23 035.00	103 949.00	7 153.00
西 藏	1 179.70	1 179.70			
陕 西	160 501.27	93 766.99	8 742.08	53 374.20	4 618.00
甘 肃	3 063.12	103.97	69.38	2 884.17	5.60
青 海					
宁 夏	123 851.50	93 157.84	11 396.01	18 700.25	597.40
新 疆	27 254.06	12 403.18	785.28	13 997.60	68.00
中农发集团					

（二）渔民家庭收支

全国渔民人均纯收入

单位:元

地 区	2017 年	2016 年	2017 年比 2016 年增减（±）	
			绝对量	幅度(%)
全国总计	18 452.78	16 904.20	1 548.58	9.16
北 京	18 729.56	18 180.73	548.83	3.02
天 津	25 378.11	24 088.93	1 289.18	5.35
河 北	15 151.18	14 024.64	1 127.18	8.04
山 西	8 490.40	7 814.59	675.81	8.65
内 蒙 古	12 586.40	12 149.94	436.46	3.59
辽 宁	18 337.26	17 693.36	643.90	3.64
吉 林	12 802.75	12 303.03	499.72	4.06
黑 龙 江	15 448.14	15 041.75	406.39	2.70
上 海	28 504.68	26 321.06	2 183.62	8.30
江 苏	24 752.57	22 777.27	1 975.30	8.67
浙 江	24 822.36	23 071.49	1 750.87	7.59
安 徽	16 887.20	15 158.22	1 728.98	11.41
福 建	19 583.63	17 851.00	1 732.63	9.71
江 西	13 789.18	13 291.39	497.79	3.75
山 东	20 769.87	18 827.95	1 941.92	10.31
河 南	13 732.51	12 791.37	941.14	7.36
湖 北	18 829.97	17 229.06	1 600.91	9.29
湖 南	16 113.28	16 028.11	85.17	0.53
广 东	16 962.79	14 486.19	2 476.60	17.10
广 西	21 953.80	20 431.97	1 521.83	7.45
海 南	15 262.61	14 740.31	522.30	3.54
重 庆	17 060.02	15 546.66	1 513.36	9.73
四 川	16 940.13	15 063.04	1 877.09	12.46
贵 州	14 015.02	13 591.99	423.03	3.11
云 南	15 223.40	12 422.30	2 801.10	22.55
西 藏				
陕 西	13 994.11	13 089.30	904.81	6.91
甘 肃	8 167.66	7 766.94	400.72	5.16
青 海	15 111.77	16 573.21	- 1 461.44	- 8.82
宁 夏	11 879.64	11 118.90	760.74	6.84
新 疆	16 913.40	15 752.27	1 161.13	7.37

各地区渔民家庭收支调查（一）

单位:元/人

地　区	一、家庭总收入	（一）家庭经营收入	其中:经营渔业	（二）工资性收入	其中:渔业	（三）财产性净收入	1.红利收入
全国总计	68 866.97	62 218.96	57 900.97	3 607.04	1 284.64	407.83	104.80
北　京	64 977.33	57 166.51	50 799.07	4 903.00	686.32	932.52	20.06
天　津	195 023.92	187 451.70	185 829.09	4 574.67	316.58	786.13	15.08
河　北	170 248.52	164 451.21	154 206.63	915.02	185.57	446.87	154.99
山　西	99 797.46	99 115.95	95 015.65	411.83	232.06	188.26	
内蒙古	47 111.53	43 565.28	31 992.39	1 531.56	167.26	291.45	
辽　宁	71 933.17	63 930.06	59 113.65	3 354.65	1 360.99	532.02	74.85
吉　林	32 922.95	31 931.37	24 272.10	656.85	48.05	90.71	
黑龙江	94 951.72	93 181.28	81 398.53	492.10	199.61	707.13	13.49
上　海	147 163.23	137 712.84	136 052.41	6 416.33	275.18	382.28	
江　苏	94 375.53	83 250.41	80 753.97	5 090.41	1 065.63	1 116.31	40.60
浙　江	73 103.03	58 612.33	55 645.90	9 568.88	4 536.59	410.98	281.50
安　徽	52 447.97	46 777.43	43 567.69	4 494.50	2 076.30	277.09	78.44
福　建	74 138.98	65 899.81	62 980.44	4 188.92	2 138.63	417.75	291.75
江　西	45 373.59	41 795.16	38 794.19	1 896.11	643.51	367.61	124.38
山　东	86 147.49	76 652.31	72 618.38	3 778.33	1 182.47	478.19	70.00
河　南	44 239.11	38 753.73	36 112.60	4 226.58	1 378.88	393.51	2.08
湖　北	46 542.77	40 307.36	36 503.20	4 079.94	893.52	265.40	43.31
湖　南	39 854.39	34 880.22	28 327.74	3 577.11	1 193.40	520.20	321.16
广　东	44 150.14	37 402.61	35 714.64	4 159.23	1 656.76	243.76	213.57
广　西	70 540.46	60 908.49	57 936.25	3 978.45	1 378.26	267.94	1.41
海　南	31 194.40	30 403.26	25 895.22	488.93	158.68	26.22	
重　庆	91 579.79	85 480.11	75 682.67	4 369.18	1 299.89	1 037.02	65.78
四　川	40 386.65	33 733.02	29 828.30	4 532.58	366.83	177.78	17.79
贵　州	23 196.94	19 765.30	14 956.78	2 573.86	1 177.60	35.80	
云　南	67 331.44	65 525.47	60 356.86	999.74	177.08	405.68	185.82
西　藏							
陕　西	233 684.21	233 223.68	233 026.32			32.89	
甘　肃	24 077.38	21 807.48	19 083.48	1 683.24	1 190.97	108.08	6.55
青　海	23 879.64	18 259.64	11 258.93	5 445.09	2 058.93	53.57	
宁　夏	103 395.40	100 882.11	99 373.71	1 889.29	1 126.15	59.08	4.92
新　疆	250 812.22	248 690.17	245 838.07	742.86	742.86	2.18	

各地区渔民家庭收支调查（二）

单位：元/人

地 区	一、家庭总收入（续）						二、家庭经营费用支出
	（三）财产性净收入（续）2.转让经营权租金收入	（四）转移性收入	1.社会救济或政策性生活补贴	2.其他转移性收入	（五）生产补贴（惠农补贴）	其中：渔业补贴	
全国总计	116.37	835.47	56.20	76.67	1 797.67	1 721.75	46 369.87
北 京	780.25	1 975.31		151.85			40 629.73
天 津	742.21	1 707.65	76.38		503.77	483.67	154 240.74
河 北	257.10	229.36	10.91	26.29	4 206.07	4 206.07	139 523.36
山 西	144.66	44.47		15.84	36.95	25.59	87 791.67
内 蒙 古	127.73	693.19	4.28	338.64	1 030.06	232.60	29 380.57
辽 宁	169.51	983.36	35.03	70.45	3 133.07	3 002.61	50 033.24
吉 林	70.92	67.41	15.95		176.62	10.61	17 616.72
黑 龙 江	599.23	205.65	1.93	6.65	365.57	132.76	72 394.89
上 海	80.84	1 514.01	25.90		1 137.77	1 137.77	103 669.65
江 苏	332.64	2 806.24	428.08	135.73	2 112.17	1 931.62	60 120.27
浙 江	26.55	781.69	107.48	123.70	3 729.14	3 650.56	41 201.30
安 徽	87.45	625.99	71.92	64.17	272.95	186.95	30 081.46
福 建	24.04	1 036.88	67.33	43.73	2 595.62	2 586.52	49 410.69
江 西	81.96	937.23	32.20	68.65	377.47	261.60	29 115.96
山 东	64.56	877.70	89.15	193.48	4 360.97	4 308.70	58 620.99
河 南	42.03	781.51	49.44	95.96	83.79	35.78	29 027.98
湖 北	90.81	1 715.79	40.31	88.82	174.28	42.03	25 686.65
湖 南	99.01	664.10	40.55	54.66	212.78	189.33	21 784.71
广 东	17.66	306.34	11.54	25.42	2 038.22	2 035.87	24 761.49
广 西	172.60	726.56	38.93	101.08	4 659.03	4 639.09	42 141.57
海 南		30.77	24.84	5.92	245.23	235.59	14 889.50
重 庆	28.83	506.92	6.45	51.70	186.56	152.89	61 263.36
四 川	29.53	1 740.59	55.02	181.41	202.68	133.89	20 961.06
贵 州		224.34			597.65	597.65	8 430.24
云 南	122.80	247.57	15.58	19.80	152.97	82.86	47 632.00
西 藏							
陕 西		427.63					209 109.21
甘 肃	9.17	453.69	23.98	3.06	24.89		13 161.69
青 海	53.57	121.34	18.75				5 839.29
宁 夏		564.92					88 773.94
新 疆		583.37	5.95	117.46	793.65	793.65	222 989.53

各地区渔民家庭收支调查(三)

单位:元/人

| 地 区 | 二、家庭经营费用支出(续) | | | | | 三、生产性固定资产折旧 | 其中:渔业固定资产折旧 |
	其中:经营渔业支出	(1)燃料及冰费用	(2)雇工费用	(3)饲料及苗种费用	(4)其他费用		
全国总计	44 931.49	8 539.08	9 413.07	24 752.39	2 226.93	2 803.41	2 442.11
北　京	40 401.56	6 124.59	4 290.12	29 460.54	526.30	2 410.70	1 966.78
天　津	153 726.80	10 082.50	5 685.58	134 439.43	3 519.30	1 557.69	1 517.49
河　北	138 308.42	18 500.94	51 464.86	60 281.26	8 061.35	7 115.09	7 059.44
山　西	87 167.30	6 369.15	10 504.43	63 429.39	6 864.33	2 115.62	2 093.63
内 蒙 古	24 044.23	2 512.78	2 305.22	18 183.47	1 042.76	4 181.08	1 267.10
辽　宁	48 162.69	12 630.35	13 126.79	20 430.23	1 975.32	2 408.07	2 193.98
吉　林	15 628.97	2 098.74	1 771.98	10 942.78	815.46	1 372.98	899.02
黑 龙 江	66 826.94	7 582.94	5 356.26	52 798.53	1 089.21	4 030.92	1 295.14
上　海	102 463.53	9 668.53	12 793.17	72 660.74	7 341.09	2 387.30	2 064.52
江　苏	59 242.04	7 395.54	15 133.67	34 229.65	2 483.18	4 645.91	4 532.96
浙　江	40 473.02	11 184.27	10 357.74	14 670.32	4 260.69	4 267.67	3 722.41
安　徽	28 781.62	1 592.86	4 632.69	21 222.93	1 333.14	1 031.58	876.86
福　建	48 196.07	12 065.82	9 086.93	24 431.01	2 612.31	4 407.13	4 287.34
江　西	27 747.75	1 856.37	1 812.78	22 430.13	1 648.47	407.44	344.86
山　东	57 316.56	18 064.45	21 730.23	14 069.28	3 452.60	5 437.04	4 754.45
河　南	28 515.49	2 178.79	1 061.20	24 724.64	550.87	1 075.55	604.43
湖　北	24 281.19	1 437.63	1 881.82	19 591.07	1 370.66	951.59	697.49
湖　南	19 786.39	2 009.11	1 735.08	15 153.44	888.77	1 127.00	763.57
广　东	23 617.99	11 241.66	6 469.69	5 219.79	686.84	2 312.76	2 185.34
广　西	41 557.72	23 701.41	4 601.90	12 252.64	1 001.77	5 275.82	5 141.74
海　南	12 286.17	2 102.00	879.89	8 686.50	617.78	1 042.30	993.77
重　庆	56 754.75	3 478.01	4 153.81	46 032.15	3 090.77	5 159.85	4 402.97
四　川	19 423.63	1 016.41	1 135.16	16 558.11	713.96	804.42	658.26
贵　州	8 007.55	732.15	943.80	5 899.73	431.87	577.33	521.04
云　南	45 548.18	1 728.02	1 855.30	40 777.57	1 187.29	951.45	785.17
西　藏							
陕　西	209 102.63	26 196.05	21 136.84	160 059.21	1 710.53	3 272.99	3 224.75
甘　肃	12 488.49	981.18	1 190.47	9 706.74	610.10	2 711.58	2 555.10
青　海	5 839.29	24.11	1 172.32	4 642.86		2 846.44	2 172.32
宁　夏	88 624.83	2 944.15	5 481.60	62 647.29	17 551.79	2 555.67	1 414.46
新　疆	222 977.62	10 767.32	13 866.39	192 219.69	6 124.22	6 221.50	6 219.38

各地区渔民家庭收支调查(四)

单位:元/人

地　区	四、税费支出	其中:渔业税费支出	五、转移性支出	六、纯收入	其中:渔业纯收入	七、可支配收入	八、生活消费支出
全国总计	2 080.16	2 017.87	1 140.78	18 452.78	31 912.93	17 277.43	9 263.95
北　京	3 207.34	3 182.15	1 556.27	18 729.56	5 934.91	17 173.29	15 589.87
天　津	13 847.39	13 633.82	1 546.77	25 378.11	17 751.23	23 831.34	15 183.14
河　北	8 458.90	8 455.42	1 413.54	15 151.18	4 774.99	13 737.64	14 050.50
山　西	1 399.77	1 394.89	1 039.85	8 490.40	4 617.49	7 450.55	7 370.36
内　蒙　古	963.48	900.94	1 177.46	12 586.40	6 179.97	11 408.94	10 538.38
辽　宁	1 154.59	993.91	1 477.68	18 337.26	12 126.67	16 859.58	9 546.77
吉　林	1 130.51	907.35	288.10	12 802.75	6 895.42	12 514.64	5 835.92
黑　龙　江	3 077.77	3 057.06	462.42	15 448.14	10 551.75	14 985.73	8 292.02
上　海	12 601.60	12 601.60	818.93	28 504.68	20 335.71	27 685.76	10 204.50
江　苏	4 856.79	4 735.72	1 993.60	24 752.57	15 240.50	22 758.97	11 120.39
浙　江	2 811.69	2 713.81	2 438.16	24 822.36	16 923.81	22 384.20	13 945.14
安　徽	4 447.72	4 423.91	946.77	16 887.20	11 748.55	15 940.43	8 908.39
福　建	737.53	731.27	784.87	19 583.63	14 490.91	18 798.76	9 904.66
江　西	2 061.00	1 982.61	899.43	13 789.18	9 624.08	12 889.76	6 657.67
山　东	1 319.59	1 297.13	1 443.51	20 769.87	14 741.42	19 326.36	10 505.60
河　南	403.07	398.33	582.61	13 732.51	8 009.02	13 149.90	7 570.59
湖　北	1 074.55	1 003.50	1 217.21	18 829.97	11 456.57	17 612.76	8 775.70
湖　南	829.40	697.94	1 040.27	16 113.28	8 462.56	15 073.01	8 799.23
广　东	113.11	113.11	963.63	16 962.79	13 490.84	15 999.16	7 837.11
广　西	1 169.27	1 153.57	1 004.48	21 953.80	16 100.58	20 949.32	9 283.76
海　南			268.84	15 262.61	13 009.54	14 993.77	9 007.71
重　庆	8 096.56	7 849.06	1 433.43	17 060.02	8 128.67	15 626.59	7 723.50
四　川	1 681.04	1 672.00	1 041.04	16 940.13	8 575.12	15 899.09	8 579.60
贵　州	174.36	173.24	112.17	14 015.02	8 030.22	13 902.85	4 011.70
云　南	3 524.58	3 387.45	1 307.08	15 223.40	10 896.00	13 916.32	7 927.64
西　藏							
陕　西	7 307.89	7 304.61		13 994.11	13 394.33	13 994.11	10 846.97
甘　肃	36.45	36.45	585.91	8 167.66	5 194.40	7 581.75	5 408.95
青　海	82.14			15 111.77	5 306.25	15 111.77	1 679.46
宁　夏	186.15	186.15	966.29	11 879.64	10 274.42	10 913.35	10 553.03
新　疆	4 687.80	4 676.37	2 990.99	16 913.40	13 501.21	13 922.41	16 829.35

二、生　产

（一）水产品总产量

全国水产品总产量

单位：吨

指　　标	2017 年	2016 年	2017 年比 2016 年增减（±）	
			绝对量	幅度（%）
全国总计	64 453 279	63 794 834	658 445	1.03
海水产品	33 217 376	33 012 620	204 756	0.62
淡水产品	31 235 903	30 782 214	453 689	1.47
养殖产量	49 059 903	47 931 960	1 127 943	2.35
海水养殖	20 006 973	19 153 079	853 894	4.46
淡水养殖	29 052 930	28 778 881	274 049	0.95
捕捞产量	15 393 376	15 862 874	− 469 498	− 2.96
海洋捕捞	11 124 203	11 872 029	− 747 826	− 6.30
远洋渔业	2 086 200	1 987 512	98 688	4.97
淡水捕捞	2 182 973	2 003 333	179 640	8.97
养殖产品中：鱼类	26 829 152	26 709 843	119 309	0.45
甲壳类	4 549 725	4 140 800	408 925	9.88
贝类	14 586 132	14 131 801	454 331	3.21
藻类	2 235 012	2 114 380	120 632	5.71
其他类	859 882	835 136	24 746	2.96
捕捞产品中：鱼类	9 267 921	9 660 358	− 392 437	− 4.06
甲壳类	2 365 290	2 468 447	− 103 157	− 4.18
贝类	694 737	699 192	− 4 455	− 0.64
藻类	20 349	23 510	− 3 161	− 13.45
头足类	616 558	648 348	− 31 790	− 4.90
其他类	342 321	375 507	− 33 186	− 8.84

各地区水产品产量(一)

单位:吨

地 区	2017 年							
	总产量	1. 养殖产品小计	a. 海水养殖	b. 淡水养殖	2. 捕捞产品小计	a. 海洋捕捞	b. 远洋渔业	c. 淡水捕捞
全国总计	64 453 279	49 059 903	20 006 973	29 052 930	15 393 376	11 124 203	2 086 200	2 182 973
北 京	45 098	33 082		33 082	12 016		9 000	3 016
天 津	323 321	278 370	9 172	269 198	44 951	27 517	11 900	5 534
河 北	1 164 600	833 333	529 158	304 175	331 267	234 049	48 200	49 018
山 西	53 047	50 905		50 905	2 142			2 142
内 蒙 古	156 181	127 827		127 827	28 354			28 354
辽 宁	4 794 374	3 911 374	3 081 374	830 000	883 000	552 000	285 400	45 600
吉 林	220 350	201 046		201 046	19 304			19 304
黑 龙 江	587 302	535 662		535 662	51 640			51 640
上 海	268 882	122 750		122 750	146 132	14 801	129 900	1 431
江 苏	5 075 922	4 211 765	930 759	3 281 006	864 157	530 322	26 200	307 635
浙 江	5 944 516	2 269 829	1 162 558	1 107 271	3 674 687	3 093 263	467 900	113 524
安 徽	2 179 632	1 901 124		1 901 124	278 508			278 508
福 建	7 445 737	5 205 404	4 453 172	752 232	2 240 333	1 743 208	428 200	68 925
江 西	2 505 549	2 279 506		2 279 506	226 043			226 043
山 东	8 680 030	6 415 409	5 190 836	1 224 573	2 264 621	1 749 591	431 300	83 730
河 南	946 730	835 250		835 250	111 480			111 480
湖 北	4 654 222	4 361 261		4 361 261	292 961			292 961
湖 南	2 415 312	2 320 384		2 320 384	94 928			94 928
广 东	8 335 387	6 725 954	3 029 070	3 696 884	1 609 433	1 441 363	47 700	120 370
广 西	3 207 683	2 483 420	1 299 352	1 184 068	724 263	610 758	8 900	104 605
海 南	1 807 899	667 273	321 522	345 751	1 140 626	1 127 331		13 295
重 庆	515 130	496 187		496 187	18 943			18 943
四 川	1 507 396	1 453 613		1 453 613	53 783			53 783
贵 州	254 782	243 262		243 262	11 520			11 520
云 南	631 182	575 233		575 233	55 949			55 949
西 藏	454	71		71	383			383
陕 西	163 030	155 830		155 830	7 200			7 200
甘 肃	15 441	15 441		15 441				
青 海	16 073	16 073		16 073				
宁 夏	180 889	180 460		180 460	429			429
新 疆	165 528	152 805		152 805	12 723			12 723
中农发集团	191 600				191 600		191 600	

各地区水产品产量(二)

单位:吨

地 区	2016 年							
	总产量	1. 养殖产品小计	a. 海水养殖	b. 淡水养殖	2. 捕捞产品小计	a. 海洋捕捞	b. 远洋渔业	c. 淡水捕捞
全国总计	63 794 834	47 931 960	19 153 079	28 778 881	15 862 874	11 872 029	1 987 512	2 003 333
北　京	54 288	37 423		37 423	16 865		13 514	3 351
天　津	326 624	270 702	11 334	259 368	55 922	36 403	13 217	6 302
河　北	1 194 099	840 772	511 372	329 400	353 327	247 836	47 591	57 900
山　西	52 209	51 138		51 138	1 071			1 071
内　蒙　古	158 298	128 995		128 995	29 303			29 303
辽　宁	4 799 595	3 915 700	3 085 500	830 200	883 895	553 000	285 495	45 400
吉　林	188 000	181 200		181 200	6 800			6 800
黑　龙　江	556 200	503 300		503 300	52 900			52 900
上　海	269 633	125 800		125 800	143 833	16 910	124 923	2 000
江　苏	5 082 179	4 207 989	904 173	3 303 816	874 190	548 142	20 100	305 948
浙　江	5 843 363	2 023 172	971 901	1 051 271	3 820 191	3 314 451	414 405	91 335
安　徽	2 141 800	1 862 600		1 862 600	279 200			279 200
福　建	7 111 323	4 871 671	4 159 869	711 802	2 239 652	1 882 107	290 445	67 100
江　西	2 417 617	2 194 139		2 194 139	223 478			223 478
山　东	8 899 622	6 391 610	5 127 840	1 263 770	2 508 012	1 884 600	529 512	93 900
河　南	947 600	895 500		895 500	52 100			52 100
湖　北	4 708 394	4 518 227		4 518 227	190 167			190 167
湖　南	2 383 888	2 288 600		2 288 600	95 288			95 288
广　东	8 182 894	6 551 546	2 905 208	3 646 338	1 631 348	1 464 998	45 150	121 200
广　西	3 074 737	2 324 509	1 196 180	1 128 329	750 228	643 000	5 728	101 500
海　南	1 921 289	627 607	279 702	347 905	1 293 682	1 280 582		13 100
重　庆	490 626	470 917		470 917	19 709			19 709
四　川	1 421 600	1 364 653		1 364 653	56 947			56 947
贵　州	246 500	234 900		234 900	11 600			11 600
云　南	601 487	548 206		548 206	53 281			53 281
西　藏	912	80		80	832			832
陕　西	159 000	151 780		151 780	7 220			7 220
甘　肃	15 333	15 333		15 333				
青　海	12 050	12 050		12 050				
宁　夏	174 591	174 175		174 175	416			416
新　疆	161 651	147 666		147 666	13 985			13 985
中农发集团	197 432				197 432		197 432	

各地区水产品产量（三）

单位：吨

地　区	2017 年比 2016 年增减（ ± ）							
	总产量	1. 养殖产品小计	a. 海水养殖	b. 淡水养殖	2. 捕捞产品小计	a. 海洋捕捞	b. 远洋渔业	c. 淡水捕捞
全国总计	658 445	1 127 943	853 894	274 049	−469 498	−747 826	98 688	179 640
北　京	−9 190	−4 341		−4 341	−4 849		−4 514	−335
天　津	−3 303	7 668	−2 162	9 830	−10 971	−8 886	−1 317	−768
河　北	−29 499	−7 439	17 786	−25 225	−22 060	−13 787	609	−8 882
山　西	838	−233		−233	1 071			1 071
内 蒙 古	−2 117	−1 168		−1 168	−949			−949
辽　宁	−5 221	−4 326	−4 126	−200	−895	−1 000	−95	200
吉　林	32 350	19 846		19 846	12 504			12 504
黑 龙 江	31 102	32 362		32 362	−1 260			−1 260
上　海	−751	−3 050		−3 050	2 299	−2 109	4 977	−569
江　苏	−6 257	3 776	26 586	−22 810	−10 033	−17 820	6 100	1 687
浙　江	101 153	246 657	190 657	56 000	−145 504	−221 188	53 495	22 189
安　徽	37 832	38 524		38 524	−692			−692
福　建	334 414	333 733	293 303	40 430	681	−138 899	137 755	1 825
江　西	87 932	85 367		85 367	2 565			2 565
山　东	−219 592	23 799	62 996	−39 197	−243 391	−135 009	−98 212	−10 170
河　南	−870	−60 250		−60 250	59 380			59 380
湖　北	−54 172	−156 966		−156 966	102 794			102 794
湖　南	31 424	31 784		31 784	−360			−360
广　东	152 493	174 408	123 862	50 546	−21 915	−23 635	2 550	−830
广　西	132 946	158 911	103 172	55 739	−25 965	−32 242	3 172	3 105
海　南	−113 390	39 666	41 820	−2 154	−153 056	−153 251		195
重　庆	24 504	25 270		25 270	−766			−766
四　川	85 796	88 960		88 960	−3 164			−3 164
贵　州	8 282	8 362		8 362	−80			−80
云　南	29 695	27 027		27 027	2 668			2 668
西　藏	−458	−9		−9	−449			−449
陕　西	4 030	4 050		4 050	−20			−20
甘　肃	108	108		108				
青　海	4 023	4 023		4 023				
宁　夏	6 298	6 285		6 285	13			13
新　疆	3 877	5 139		5 139	−1 262			−1 262
中农发集团	−5 832				−5 832		−5 832	

（二）水产养殖

全国水产养殖产量（按水域和养殖方式分）

单位：吨

指 标		2017 年	2016 年	2017 年比 2016 年增减（±）	
				绝对量	幅度（%）
总　计		49 059 903	47 931 960	1 127 943	2.35
1. 海水养殖		20 006 973	19 153 079	853 894	4.46
按水域分	海上	11 425 072	10 873 852	551 220	5.07
	滩涂	6 196 565	6 088 559	108 006	1.77
	其他	2 385 336	2 190 668	194 668	8.89
养殖方式中	池塘	2 665 160	2 296 196	368 964	16.07
	普通网箱	567 333	485 169	82 164	16.94
	深水网箱	135 032	117 085	17 947	15.33
	筏式	5 970 989	5 740 094	230 895	4.02
	吊笼	1 191 006	989 903	201 103	20.32
	底播	5 365 280	5 399 931	− 34 651	− 0.64
	工厂化	240 154	205 082	35 072	17.10
2. 淡水养殖		29 052 930	28 778 881	274 049	0.95
按水域分	池塘	21 222 191	20 964 868	257 323	1.23
	湖泊	1 332 501	1 477 606	− 145 105	− 9.82
	水库	3 216 712	3 329 324	− 112 612	− 3.38
	河沟	773 275	806 744	− 33 469	− 4.15
	其他	560 744	571 978	− 11 234	− 1.96
	稻田养成鱼	1 947 507	1 628 361	319 146	19.60
养殖方式中	围栏	290 820	454 148	− 163 328	− 35.96
	网箱	826 583	1 196 381	− 369 798	− 30.91
	工厂化	189 380	175 668	13 712	7.81

全国海水养殖产量(一)

单位:吨

指　标	2017 年	2016 年	2017 年比 2016 年增减(±)	
			绝对量	幅度(%)
海水养殖	20 006 973	19 153 079	853 894	4.46
1.鱼类	1 419 389	1 308 917	110 472	8.44
其中:鲈鱼	156 595	137 901	18 694	13.56
鲆鱼	106 237	117 580	- 11 343	- 9.65
大黄鱼	177 640	159 529	18 111	11.35
军曹鱼	43 657	37 065	6 592	17.78
鰤鱼	25 933	23 074	2 859	12.39
鲷鱼	81 107	72 181	8 926	12.37
美国红鱼	68 559	67 931	628	0.92
河鲀	24 403	22 993	1 410	6.13
石斑鱼	131 536	107 203	24 333	22.70
鲽鱼	13 655	13 329	326	2.45
2.甲壳类	1 631 185	1 504 168	127 017	8.44
其中:虾	1 345 154	1 221 515	123 639	10.12
其中:南美白对虾	1 080 791	966 819	113 972	11.79
斑节对虾	75 227	71 894	3 333	4.64
中国对虾	37 458	39 010	- 1 552	- 3.98
日本对虾	52 466	55 368	- 2 902	- 5.24
蟹	286 031	282 653	3 378	1.20
其中:梭子蟹	119 777	123 154	- 3 377	- 2.74
青蟹	151 976	146 189	5 787	3.96

全国海水养殖产量(二)

单位:吨

指　标	2017 年	2016 年	2017 年比 2016 年增减(±)	
			绝对量	幅度(%)
3.贝类	14 371 304	13 893 716	477 588	3.44
其中:牡蛎	4 879 422	4 660 434	218 988	4.70
鲍	148 539	134 741	13 798	10.24
螺	254 736	239 357	15 379	6.43
蚶	352 619	354 391	- 1 772	- 0.50
贻贝	927 609	862 829	64 780	7.51
江珧	16 503	17 191	- 688	- 4.00
扇贝	2 007 529	1 849 887	157 642	8.52
蛤	4 177 913	4 120 650	57 263	1.39
蛏	862 541	799 282	63 259	7.91
4.藻类	2 227 838	2 107 060	120 778	5.73
其中:海带	1 486 645	1 433 087	53 558	3.74
裙带菜	166 795	151 953	14 842	9.77
紫菜	173 305	131 285	42 020	32.01
江蓠	308 674	286 583	22 091	7.71
麒麟菜	5 629	5 114	515	10.07
石花菜				
羊栖菜	19 997	18 365	1 632	8.89
苔菜	340	354	- 14	- 3.95
5.其他类	357 257	339 218	18 039	5.32
其中:海参	219 907	202 951	16 956	8.35
海胆(千克)	9 708 159	10 039 605	- 331 446	- 3.30
海水珍珠(千克)	2 272	2 925	- 653	- 22.32
海蜇	82 280	79 342	2 938	3.70

全国淡水养殖产量

单位:吨

指　标	2017 年	2016 年	2017 年比 2016 年增减（±）	
			绝对量	幅度（%）
淡水养殖产量	29 052 930	28 778 881	274 049	0.95
1.鱼类	25 409 763	25 400 926	8 837	0.03
2.甲壳类	2 918 540	2 636 632	281 908	10.69
其中:虾	2 167 595	1 887 907	279 688	14.81
其中:罗氏沼虾	137 360	126 591	10 769	8.51
青虾	240 739	238 413	2 326	0.98
克氏原螯虾	1 129 708	827 107	302 601	36.59
南美白对虾	591 496	661 819	−70 323	−10.63
蟹（河蟹）	750 945	748 725	2 220	0.30
3.贝类	214 828	238 085	−23 257	−9.77
其中:河蚌	69 436	88 166	−18 730	−21.24
螺	98 894	100 884	−1 990	−1.97
蚬	21 746	21 823	−77	−0.35
4.藻类（螺旋藻）	7 174	7 320	−146	−1.99
5.其他类	502 625	495 918	6 707	1.35
其中:龟	45 798	44 326	1 472	3.32
鳖	322 102	331 694	−9 592	−2.89
蛙	91 653	85 572	6 081	7.11
珍珠（千克）	939 182	1 588 753	−649 571	−40.89
6.观赏鱼（万尾）	415 960	397 884	18 076	4.54

全国淡水养殖主要鱼类产量

单位:吨

指　标	2017 年	2016 年	2017 年比 2016 年增减（±）	
			绝对量	幅度（％）
青鱼	684 502	679 779	4 723	0.69
草鱼	5 345 641	5 286 580	59 061	1.12
鲢鱼	3 852 813	3 918 236	－ 65 423	－ 1.67
鳙鱼	3 097 952	3 114 939	－ 16 987	－ 0.55
鲤鱼	3 004 345	2 998 937	5 408	0.18
鲫鱼	2 817 989	2 725 841	92 148	3.38
鳊鱼	833 393	858 354	－ 24 961	－ 2.91
泥鳅	394 691	372 587	22 104	5.93
鲇鱼	382 306	392 902	－ 10 596	－ 2.70
鮰鱼	227 454	236 786	－ 9 332	－ 3.94
黄颡鱼	480 032	434 425	45 607	10.50
鲑鱼	3 089	3 106	－ 17	－ 0.55
鳟鱼	41 460	35 198	6 262	17.79
河鲀	6 283	5 044	1 239	24.56
短盖巨脂鲤	82 119	89 255	－ 7 136	－ 8.00
长吻鮠	21 331	24 823	－ 3 492	－ 14.07
黄鳝	358 295	387 730	－ 29 435	－ 7.59
鳜鱼	335 583	314 897	20 686	6.57
池沼公鱼	12 067	13 439	－ 1 372	－ 10.21
银鱼	20 699	21 088	－ 389	－ 1.84
鲈鱼	456 888	347 259	109 629	31.57
乌鳢	483 141	478 428	4 713	0.99
罗非鱼	1 584 680	1 560 145	24 535	1.57
鲟鱼	83 058	78 764	4 294	5.45
鳗鲡	217 263	210 995	6 268	2.97

各地区海水养殖产量（按品种分）（一）

单位：吨

地　　区	海水养殖产量	1. 鱼类	其　中					
			鲈鱼	鲆鱼	大黄鱼	军曹鱼	鲕鱼	鲷鱼
全国总计	20 006 973	1 419 389	156 595	106 237	177 640	43 657	25 933	81 107
天　津	9 172	2 155		844				
河　北	529 158	10 281	10	3 951				
辽　宁	3 081 374	71 340	7 219	47 411				5
上　海								
江　苏	930 759	82 919	1 562	6 409				89
浙　江	1 162 558	41 900	7 239	94	14 582	38		2 359
福　建	4 453 172	371 836	31 715	4 084	150 542	675	3 661	35 072
山　东	5 190 836	122 745	15 582	40 631				255
广　东	3 029 070	540 350	82 102	2 813	12 516	32 147	22 272	36 443
广　西	1 299 352	55 505	9 617			62		4 262
海　南	321 522	120 358	1 549			10 735		2 622

各地区海水养殖产量（按品种分）（二）

单位：吨

地　　区	1. 鱼类（续） 其中（续）				2. 甲壳类	(1) 虾	其　中	
	美国红鱼	河鲀	石斑鱼	鲽鱼			南美白对虾	斑节对虾
全国总计	68 559	24 403	131 536	13 655	1 631 185	1 345 154	1 080 791	75 227
天　津			347		7 017	7 017	6 967	
河　北		1 904		1 322	29 460	27 065	16 839	11
辽　宁		3 450			38 078	32 916	12 051	
上　海								
江　苏		183	10	2 337	116 374	80 038	21 248	8 664
浙　江	5 723		343	77	107 833	55 898	34 733	796
福　建	16 916	8 862	29 061	1 146	197 916	125 474	99 985	6 001
山　东	4 000	5 158	80	4 927	143 818	126 998	91 133	368
广　东	32 407	4 846	54 873	3 846	542 762	476 424	395 859	52 673
广　西	5 828		2 851		307 341	288 043	287 245	788
海　南	3 685		43 971		140 586	125 281	114 731	5 926

各地区海水养殖产量(按品种分)(三)

单位:吨

地　　区	2.甲壳类(续)					3.贝类
	(1)虾(续)		(2)蟹	其　中		
	其中(续)					
	中国对虾	日本对虾		梭子蟹	青蟹	
全国总计	37 458	52 466	286 031	119 777	151 976	14 371 304
天　津						
河　北	5 036	5 028	2 395	2 395		474 748
辽　宁	11 988	7 274	5 162	4 096		2 484 735
上　海						
江　苏	6 652	757	36 336	32 569	1 972	679 840
浙　江	861	2 235	51 935	25 779	26 083	934 345
福　建	5 150	9 869	72 442	31 288	35 109	2 817 252
山　东	7 771	20 778	16 820	14 712		4 140 201
广　东		6 515	66 338	8 938	55 036	1 861 066
广　西		10	19 298		19 298	933 703
海　南			15 305		14 478	45 414

各地区海水养殖产量(按品种分)(四)

单位:吨

地　　区	3.贝类(续)								
	其　中								
	牡蛎	鲍	螺	蚶	贻贝	江珧	扇贝	蛤	蛏
全国总计	4 879 422	148 539	254 736	352 619	927 609	16 503	2 007 529	4 177 913	862 541
天　津									
河　北			1 376	7 002	950		424 233	38 923	38
辽　宁	226 128	2 308		37 025	63 965		472 230	1 286 740	50 916
上　海									
江　苏	48 185		67 038	25 347	45 031		48	377 306	60 220
浙　江	195 871	299	12 394	159 847	172 914		750	83 195	305 481
福　建	1 788 061	123 387	6 120	53 394	96 264		8 586	375 986	268 324
山　东	910 685	13 411	16 586	2 548	447 006	60	984 217	1 437 528	163 942
广　东	1 116 515	9 039	102 038	59 300	89 633	16 443	111 887	304 050	12 081
广　西	589 875		43 046	3 779	11 846		2 661	263 276	1 539
海　南	4 102	95	6 138	4 377			2 917	10 909	

各地区海水养殖产量（按品种分）（五）

单位：吨

地　　区	4.藻类	其　中					
		海带	裙带菜	紫菜	江蓠	麒麟菜	石花菜
全国总计	2 227 838	1 486 645	166 795	173 305	308 674	5 629	
天　津							
河　北							
辽　宁	330 236	213 959	116 277				
上　海							
江　苏	42 254	300	4	41 860			
浙　江	74 009	16 964		42 632	40		
福　建	1 031 766	720 017		63 509	195 626		
山　东	659 286	531 330	49 514	14 931	48 394		
广　东	75 243	4 075	1 000	10 373	53 257	2 000	
广　西							
海　南	15 044				11 357	3 629	

各地区海水养殖产量（按品种分）（六）

单位：吨

地　　区	4.藻类（续）		5.其他	其　中			
	其中（续）			海参	海胆（千克）	海水珍珠（千克）	海蜇
	羊栖菜	苔菜					
全国总计	19 997	340	357 257	219 907	9 708 159	2 272	82 280
天　津							
河　北			14 669	9 262			3 943
辽　宁			156 985	82 796	2 500 000		68 269
上　海							
江　苏			9 372	351			5 331
浙　江	13 557	340	4 471	2			722
福　建	6 112		34 402	27 358			2 637
山　东			124 786	99 641	5 443 000		1 095
广　东	328		9 649	497	1 765 159	1 990	283
广　西			2 803			282	
海　南			120				

各地区海水养殖产量(按水域和养殖方式分)(一)

单位:吨

地 区	海水养殖产量	按养殖水域分			养殖方式中
		1.海上	2.滩涂	3.其他	1.池塘
全国总计	20 006 973	11 425 072	6 196 565	2 385 336	2 665 160
天 津	9 172			9 172	7 271
河 北	529 158	437 835	58 092	33 231	37 184
辽 宁	3 081 374	1 989 583	874 841	216 950	219 951
上 海					
江 苏	930 759	217 175	518 828	194 756	282 017
浙 江	1 162 558	443 124	373 367	346 067	334 291
福 建	4 453 172	2 922 034	1 175 746	355 392	344 149
山 东	5 190 836	3 696 031	1 291 573	203 232	356 494
广 东	3 029 070	1 140 636	1 228 302	660 132	656 559
广 西	1 299 352	471 239	532 769	295 344	229 790
海 南	321 522	107 415	143 047	71 060	197 454

各地区海水养殖产量(按水域和养殖方式分)(二)

单位:吨

地 区	养殖方式中(续)					
	2.普通网箱	3.深水网箱	4.筏式	5.吊笼	6.底播	7.工厂化
全国总计	567 333	135 032	5 970 989	1 191 006	5 365 280	240 154
天 津						1 901
河 北			424 718		30 895	11 135
辽 宁	5 377	3 280	934 155	60 887	1 425 183	46 158
上 海						
江 苏		80	117 419	1 600	466 149	15 049
浙 江	21 012	7 191	373 663	1 520	302 181	6 305
福 建	283 812	11 918	1 481 477	153 973	419 161	31 187
山 东	65 032	22 515	1 934 938	885 645	1 812 021	114 171
广 东	117 458	26 407	399 870	84 358	644 541	7 239
广 西	49 041	9 706	304 749	2 748	254 367	50
海 南	25 601	53 935		275	10 782	6 959

各地区淡水养殖产量（按品种分）（一）

单位：吨

地　　区	淡水养殖产量	1.鱼类	其　中				
			青鱼	草鱼	鲢鱼	鳙鱼	鲤鱼
全国总计	29 052 930	25 409 763	684 502	5 345 641	3 852 813	3 097 952	3 004 345
北　京	33 082	33 078	591	8 886	2 776	1 611	11 603
天　津	269 198	237 625		36 233	33 209	10 818	96 556
河　北	304 175	272 379	80	47 859	43 346	20 633	104 924
山　西	50 905	50 501	224	17 212	7 345	4 432	15 056
内　蒙　古	127 827	125 018		17 158	20 762	15 748	48 636
辽　宁	830 000	757 182	1 019	102 133	104 712	61 263	309 235
吉　林	201 046	198 415	1 589	19 711	50 681	38 193	46 999
黑　龙　江	535 662	528 723		43 822	102 252	43 783	193 117
上　海	122 750	97 112	4 751	25 996	13 581	9 032	737
江　苏	3 281 006	2 418 336	90 756	425 247	457 031	240 739	138 227
浙　江	1 107 271	839 046	59 081	100 538	147 726	109 071	35 383
安　徽	1 901 124	1 517 220	80 002	267 958	267 690	263 511	105 308
福　建	752 232	636 397	12 182	156 174	66 474	56 443	50 234
江　西	2 279 506	2 048 168	51 521	489 495	251 644	349 662	140 195
山　东	1 224 573	1 145 916	10 841	230 518	204 152	123 786	289 914
河　南	835 250	811 375	8 983	141 164	171 481	134 861	238 891
湖　北	4 361 261	3 471 918	210 023	899 387	531 333	431 885	142 777
湖　南	2 320 384	2 104 600	79 014	613 858	373 078	321 045	178 384
广　东	3 696 884	3 377 700	47 957	763 027	222 387	362 153	121 052
广　西	1 184 068	1 154 336	11 297	271 663	200 081	151 163	134 008
海　南	345 751	339 126	1 887	5 080	7 300	10 727	4 375
重　庆	496 187	489 416	2 194	110 216	105 067	47 496	40 446
四　川	1 453 613	1 433 315	1 987	257 133	305 124	166 034	184 160
贵　州	243 262	241 484	1 614	53 025	22 340	37 953	70 432
云　南	575 233	571 345	5 835	96 274	62 815	47 558	139 070
西　藏	71	71		2			15
陕　西	155 830	149 599	233	38 052	34 340	18 900	41 655
甘　肃	15 441	15 355	841	4 788	1 317	372	4 368
青　海	16 073	15 959		96	22		139
宁　夏	180 460	178 993		52 494	18 499	10 846	76 964
新　疆	152 805	150 055		50 442	24 248	8 234	41 485

各地区淡水养殖产量(按品种分)(二)

单位:吨

地　区	1. 鱼　类(续)						
	其　中(续)						
	鲫鱼	鳊鲂	泥鳅	鲇鱼	鮰鱼	黄颡鱼	鲑鱼
全国总计	2 817 989	833 393	394 691	382 306	227 454	480 032	3 089
北　京	1 763	909	59	298	164	2	
天　津	49 942	1 796	932	1 267	513	816	
河　北	27 096	810	3 165	304	133	1 564	3
山　西	1 465	75	1	149	31		7
内 蒙 古	16 667	669	837	1 826	1	90	
辽　宁	71 883	3 897	9 729	35 843	108	1 819	1 147
吉　林	24 718	1 693	2 290	3 075		1 893	178
黑 龙 江	107 574	602	8 084	6 787	27	3 794	
上　海	30 655	6 711	127		1 697	2 722	
江　苏	622 471	174 882	52 217	7 128	962	24 536	87
浙　江	103 307	34 833	18 957	1 333	1 157	79 029	71
安　徽	185 233	92 950	40 695	18 626	10 687	32 568	2
福　建	31 651	4 049	3 393	7 857	2 102	4 054	3
江　西	195 533	66 315	92 599	53 336	11 657	52 910	138
山　东	128 500	13 218	7 779	20 199	490	2 471	
河　南	54 504	11 348	11 105	12 502	12 544	2 339	
湖　北	398 368	253 359	45 518	20 204	26 571	136 531	
湖　南	212 207	98 606	17 844	28 301	38 741	30 273	
广　东	147 787	20 419	23 358	29 094	16 293	52 766	9
广　西	32 676	1 624	2 506	26 965	11 185	4 990	
海　南	853	409	116	893			
重　庆	108 800	6 132	16 100	8 839	7 211	8 310	73
四　川	187 787	33 709	32 788	80 276	67 698	32 743	634
贵　州	9 408	2 134	2 278	6 514	10 911	2 135	65
云　南	35 632	305	1 135	7 210	2 049	820	186
西　藏	2						28
陕　西	5 245	460	500	870	660	660	30
甘　肃	859	65	3	20	9		315
青　海	46						
宁　夏	12 880	204	514	2 369	3 516	3	
新　疆	12 477	1 210	62	221	337	194	113

各地区淡水养殖产量(按品种分)(三)

地　区	1.鱼　类(续)						
	其　中(续)						
	鳟鱼	河鲀	短盖巨脂鲤	长吻鮠	黄鳝	鳜鱼	池沼公鱼
全国总计	41 460	6 283	82 119	21 331	358 295	335 583	12 067
北　京	1 447		5				
天　津							
河　北	1 696		9		7	10	2 700
山　西	1 343						5
内　蒙　古	30					15	784
辽　宁	4 819					1 856	456
吉　林	318					313	4 463
黑　龙　江	582					1 594	12
上　海					3	23	
江　苏		3 491	7 010	19	5 297	26 994	18
浙　江	80			45	777	11 050	4
安　徽	6	34	3 575	101	40 957	40 390	
福　建	169	338	2 968	128	749	1 538	
江　西	245		8 388	700	83 511	56 720	
山　东	128		1 638		1 413	2 338	
河　南	322		464		2 856	385	25
湖　北		5	97	1 254	172 302	79 295	
湖　南	577		7	129	32 896	21 005	
广　东	19	2 415	33 383	4 911	2 425	88 321	2
广　西	232		22 766	580	1 216	138	
海　南			1 599		53		
重　庆	2 050		53	1 842	1 197	657	
四　川	1 953		15	9 949	11 600	2 174	
贵　州	792			1 632	312	65	
云　南	4 562		122	41	359	45	70
西　藏	8						
陕　西	1 010		16		365	445	
甘　肃	1 802						4
青　海	13 817						1 839
宁　夏	1					2	
新　疆	3 452		4			210	1 685

各地区淡水养殖产量（按品种分）（四）

单位：吨

地　区	1.鱼　类（续）						2.甲壳类
	其　中（续）						
	银鱼	鲈鱼	乌鳢	罗非鱼	鲟鱼	鳗鲡	
全国总计	20 699	456 888	483 141	1 584 680	83 058	217 263	2 918 540
北　京		5	10	1 093	1 856		
天　津		766		1 724			31 311
河　北	261	606	68	10 045	6 455		28 440
山　西	1	45	373	803	1 092		135
内　蒙　古	141	21	1 150	67			845
辽　宁	513	34	3 198	1 248	1 240		63 397
吉　林	1 169	36	963	2	131		2 628
黑　龙　江	1 681	10	294				6 870
上　海							25 055
江　苏	80	36 478	29 219	2 949	1 070	6 563	797 557
浙　江	253	42 694	42 192	2 093	5 674	3 390	129 144
安　徽	4 624	5 513	34 213	4 113	255	3 000	291 798
福　建		9 342	1 299	111 792	3 345	83 362	69 369
江　西	1 670	21 350	61 143	6 575	3 555	15 165	121 385
山　东	2 212	722	78 805	7 233	11 448		70 776
河　南	2 306	1 026	1 683	1 164	1 127		17 459
湖　北	2 635	9 952	31 598	3 657	4 871	845	820 645
湖　南	1 260	3 579	44 558	2 539	6 533	165	154 276
广　东	172	296 590	133 498	722 625	2 954	103 146	263 869
广　西	223	794	1 475	231 076	921	250	2 784
海　南				303 756		1 370	1 637
重　庆		1 937	6 758	5 139	1 957		3 619
四　川	512	17 471	9 826	2 602	8 054		8 897
贵　州	489	5 694	128	5 662	7 857		1 017
云　南	262	318	53	155 481	9 647	7	1 104
西　藏			16				
陕　西	66	112	168	389	1 954		287
甘　肃			1	7	535		63
青　海							114
宁　夏		569	24		64		1 437
新　疆	169	1 224	428	846	463		2 622

各地区淡水养殖产量（按品种分）（五）

单位：吨

地　　区	2. 甲壳类（续）					（2）蟹（河蟹）	3. 贝类	其　中
	（1）虾	其　中						河蚌
		罗氏沼虾	青虾	克氏原螯虾	南美白对虾			
全国总计	2 167 595	137 360	240 739	1 129 708	591 496	750 945	214 828	69 436
北　　京								
天　　津	30 414		245		30 169	897		
河　　北	24 824		973	11	23 840	3 616		
山　　西	80		3		70	55		
内　蒙　古	273	1	121		143	572		
辽　　宁	12 827				11 464	50 570	2	2
吉　　林	476		61			2 152	3	3
黑　龙　江	147		107		40	6 723		
上　　海	17 950	2 836	188	118	13 914	7 105		
江　　苏	451 690	70 650	113 879	115 354	151 622	345 867	35 313	6 997
浙　　江	120 890	17 292	23 254	3 478	75 855	8 254	9 112	2 672
安　　徽	191 941	2 234	49 394	137 686	2 304	99 857	51 379	27 996
福　　建	68 313	1 227	1 236	275	64 924	1 056	30 465	3 801
江　　西	102 657	518	27 126	74 387	626	18 728	42 227	12 455
山　　东	55 818	137	1 599	7 483	41 962	14 958	1 124	453
河　　南	15 446	780	2 010	11 904	666	2 013	176	123
湖　　北	652 020	1 624	14 193	631 621	4 582	168 625	4 767	2 847
湖　　南	148 137	1 145	3 418	135 719	5 793	6 139	18 392	8 180
广　　东	255 125	37 492	1 643	280	160 051	8 744	14 288	2 827
广　　西	2 330	959	648	278	22	454	2 792	345
海　　南	1 637				1 416		135	
重　　庆	3 024	138	45	2 528	262	595	79	1
四　　川	8 368	136	205	7 841	186	529	3 619	602
贵　　州	541	44	26	198	37	476	176	54
云　　南	918	130	327	441	17	186	714	78
西　　藏								
陕　　西	188		2		168	99		
甘　　肃	23				13	40		
青　　海						114		
宁　　夏	532			66	466	905		
新　　疆	1 006	17	36	40	884	1 616	65	

各地区淡水养殖产量(按品种分)(六)

单位:吨

地　　区	3.贝类(续)		4.藻类 (螺旋藻)	5.其他类	其　　中				6.观赏鱼 (万尾)
	其　中(续)								
	螺	蚬			龟	鳖	蛙	珍珠 (千克)	
全国总计	98 894	21 746	7 174	502 625	45 798	322 102	91 653	939 182	415 960
北　　京				4		4			52 726
天　　津				262		261			27 362
河　　北				3 356		3 256			6 466
山　　西				269		269			475
内　蒙　古			1 914	50					17
辽　　宁				9 419			9 419		31 254
吉　　林									30 332
黑　龙　江				69					
上　　海				583	81	464	38		42 311
江　　苏	23 645	4 587	1 120	28 680	1 636	24 039	1 543	144 822	86 234
浙　　江	3 918	189	115	129 854	13 471	106 550	5 094	804	8 429
安　　徽	22 193	1 190		40 727	5 721	30 155	3 362	353 211	14 084
福　　建	3 121	9 104	665	15 336	425	4 824	8 950	2 281	2 733
江　　西	25 050	3 528	2 704	65 022	6 901	28 688	27 470	318 147	10
山　　东	602	5		6 757	13	6 680	1		33 880
河　　南	43	10	172	6 068	94	5 939	35		25 150
湖　　北	1 648	272		63 931	8 024	48 983	6 924		818
湖　　南	8 804	141		43 116	2 083	21 819	14 990	119 917	1 169
广　　东	3 975	2 544	36	40 991	4 634	16 283	3 105		22 493
广　　西	2 217	172		24 156	2 307	18 853	484		18
海　　南				4 853	237	516	3 437		871
重　　庆	78			3 073	2	1 146	1 912		12 776
四　　川	2 785			7 782	153	2 460	4 422		5 932
贵　　州	114	4		585	8	23	144		100
云　　南	636		448	1 622	2	60	321		5 751
西　　藏									
陕　　西				5 944	6	775			3 985
甘　　肃				23		23			
青　　海									
宁　　夏				30		30			523
新　　疆	65			63		2	2		61

各地区淡水养殖产量（按水域和养殖方式分）（一）

单位：吨

地　　区	淡水养殖产量	按水域分			
		1. 池塘	2. 湖泊	3. 水库	4. 河沟
全国总计	29 052 930	21 222 191	1 332 501	3 216 712	773 275
北　　京	33 082	29 620			
天　　津	269 198	260 369		4 972	1 269
河　　北	304 175	241 293	4 198	52 421	1 892
山　　西	50 905	35 883	631	14 156	95
内　蒙　古	127 827	74 157	21 425	28 639	3 371
辽　　宁	830 000	637 382		108 417	5 507
吉　　林	201 046	84 594	28 045	78 821	560
黑　龙　江	535 662	373 855	50 500	67 598	25 272
上　　海	122 750	118 300	680		3 585
江　　苏	3 281 006	2 512 082	179 559	77 653	206 066
浙　　江	1 107 271	596 676	4 647	100 200	73 712
安　　徽	1 901 124	1 162 774	335 907	153 415	110 428
福　　建	752 232	517 581	4 269	153 732	36 487
江　　西	2 279 506	1 452 759	261 599	375 446	66 284
山　　东	1 224 573	934 517	54 705	202 943	10 521
河　　南	835 250	695 961	8 712	102 227	18 041
湖　　北	4 361 261	3 532 593	172 377	112 960	5 972
湖　　南	2 320 384	1 738 024	100 835	232 709	18 902
广　　东	3 696 884	3 357 127	25 696	244 854	13 868
广　　西	1 184 068	658 711		393 096	74 538
海　　南	345 751	324 502	1 024	14 135	242
重　　庆	496 187	452 756		34 232	1 022
四　　川	1 453 613	760 564	966	225 666	80 296
贵　　州	243 262	48 916	101	130 043	5 619
云　　南	575 233	287 053	5 125	227 179	4 474
西　　藏	71	71			
陕　　西	155 830	89 530	3 480	41 610	2 600
甘　　肃	15 441	11 415	86	2 645	10
青　　海	16 073	346	90	15 637	
宁　　夏	180 460	113 752	63 504	2 019	680
新　　疆	152 805	119 028	4 340	19 287	1 962

各地区淡水养殖产量(按水域和养殖方式分)(二)

单位:吨

地 区	按水域分(续)		养殖方式中		
	5. 其他	6. 稻田	1. 围栏	2. 网箱	3. 工厂化
全国总计	560 744	1 947 507	290 820	826 583	189 380
北 京	3 462				1 606
天 津	2 073	515			400
河 北	3 802	569	624	28 396	1 609
山 西		140	45	1 509	
内 蒙 古		235	1 336	413	182
辽 宁	31 593	47 101	1 342	49 518	807
吉 林	3 770	5 256	1 104	2 690	250
黑 龙 江	12 852	5 585	75	1 195	55
上 海		185			100
江 苏	117 015	188 631	33 939	59 808	17 860
浙 江	45 422	286 614	3 471	11 190	32 740
安 徽	36 253	102 347	174 058	73 686	9 628
福 建	27 475	12 688	1 172	20 917	51 727
江 西	41 853	81 565	26 109	66 924	14 941
山 东	19 657	2 230	28 495	35 264	22 842
河 南	2 873	7 436	3 828	38 759	2 873
湖 北	20 375	516 984			8 930
湖 南	39 696	190 218		67 025	6 570
广 东	52 419	2 920	2 534	4 046	1 453
广 西	37 794	19 929	6 890	144 449	262
海 南	5 848		254	580	60
重 庆		8 177	1 340	170	499
四 川	8 337	377 784		8 667	1 025
贵 州	16 957	41 626	767	65 652	1 292
云 南	3 334	48 068	1 015	104 033	9 738
西 藏					16
陕 西	18 450	160	2 422	25 065	532
甘 肃	1 284	1		195	596
青 海				13 814	
宁 夏		505			
新 疆	8 150	38		2 618	787

（三）国内捕捞

全国海洋捕捞产量

单位：吨

指　　标	2017 年	2016 年	2017 年比 2016 年增减（±）	
			绝对量	幅度（%）
海洋捕捞产量	11 124 203	11 872 029	－747 826	－6.30
1. 鱼类	7 652 163	8 208 458	－556 295	－6.78
2. 甲壳类	2 075 964	2 181 850	－105 886	－4.85
其中：虾	1 352 269	1 434 420	－82 151	－5.73
其中：毛虾	440 600	469 430	－28 830	－6.14
对虾	180 696	162 849	17 847	10.96
鹰爪虾	283 310	312 307	－28 997	－9.28
虾蛄	219 087	236 761	－17 674	－7.46
蟹	723 695	747 430	－23 735	－3.18
其中：梭子蟹	497 763	508 824	－11 061	－2.17
青蟹	79 491	86 809	－7 318	－8.43
蟳	34 750	32 542	2 208	6.79
3. 贝类	442 890	462 482	－19 592	－4.24
4. 藻类	19 976	23 133	－3 157	－13.65
5. 头足类	616 558	648 348	－31 790	－4.90
其中：乌贼	136 772	133 877	2 895	2.16
鱿鱼	320 199	349 762	－29 563	－8.45
章鱼	110 835	124 394	－13 559	－10.90
6. 其他类	316 652	347 758	－31 106	－8.94
其中：海蜇	168 538	183 617	－15 079	－8.21

全国海洋捕捞主要鱼类产量

单位:吨

指　　标	2017 年	2016 年	2017 年比 2016 年增减（±）	
			绝对量	幅度（%）
海鳗	340 504	375 618	- 35 114	- 9.35
鳓鱼	75 167	82 838	- 7 671	- 9.26
鳀鱼	703 655	816 161	- 112 506	- 13.78
沙丁鱼	119 275	139 441	- 20 166	- 14.46
鲱鱼	10 887	16 514	- 5 627	- 34.07
石斑鱼	117 204	125 485	- 8 281	- 6.60
鲷鱼	153 446	164 968	- 11 522	- 6.98
蓝圆鲹	535 188	575 815	- 40 627	- 7.06
白姑鱼	94 412	102 378	- 7 966	- 7.78
黄姑鱼	62 771	72 808	- 10 037	- 13.79
鮸鱼	58 794	69 372	- 10 578	- 15.25
大黄鱼	68 890	79 543	- 10 653	- 13.39
小黄鱼	290 732	296 321	- 5 589	- 1.89
梅童鱼	269 839	281 996	- 12 157	- 4.31
方头鱼	45 842	41 865	3 977	9.50
玉筋鱼	100 690	108 984	- 8 294	- 7.61
带鱼	1 012 329	1 037 879	- 25 550	- 2.46
金线鱼	374 572	439 716	- 65 144	- 14.82
梭鱼	134 800	143 969	- 9 169	- 6.37
鲐鱼	444 839	448 603	- 3 764	- 0.84
鲅鱼	355 564	359 472	- 3 908	- 1.09
金枪鱼	58 258	49 558	8 700	17.56
鲳鱼	329 547	330 376	- 829	- 0.25
马面鲀	157 443	169 296	- 11 853	- 7.00
竹筴鱼	37 510	38 661	- 1 151	- 2.98
鲻鱼	102 102	103 894	- 1 792	- 1.72

全国海洋捕捞产量(按海域、渔具分)

单位:吨

指　标		2017 年	2016 年	2017 年比 2016 年增减(±)	
				绝对量	幅度(％)
合　计		11 124 203	11 872 029	−747 826	−6.30
按捕捞海域分	渤海	698 002	735 124	− 37 122	− 5.05
	黄海	2 529 459	2 656 281	− 126 822	− 4.77
	东海	4 513 623	4 883 270	− 369 647	− 7.57
	南海	3 383 119	3 597 354	− 214 235	− 5.96
按捕捞渔具分	拖网	5 355 104	5 608 740	− 253 636	− 4.52
	围网	927 676	1 028 374	− 100 698	− 9.79
	刺网	2 420 958	2 591 242	− 170 284	− 6.57
	张网	1 286 275	1 414 727	− 128 452	− 9.08
	钓具	332 304	376 691	− 44 387	− 11.78
	其他渔具	801 886	852 255	− 50 369	− 5.91

全国淡水捕捞产量

单位:吨

指　标	2017 年	2016 年	2017 年比 2016 年增减(±)	
			绝对量	幅度(％)
淡水捕捞产量	2 182 973	2 003 333	179 640	8.97
1.鱼类	1 615 758	1 451 900	163 858	11.29
2.甲壳类	289 326	286 597	2 729	0.95
虾	244 671	238 634	6 037	2.53
蟹	44 655	47 963	− 3 308	− 6.90
3.贝类	251 847	236 710	15 137	6.39
4.藻类	373	377	− 4	− 1.06
5.其他类	25 669	27 749	− 2 080	− 7.50
其中:丰年虫	566	2 999	− 2 433	− 81.13

各地区海洋捕捞产量(按品种分)(一)

单位:吨

地 区	海洋捕捞产量	1.鱼类	其 中				
			海鳗	鳓鱼	鲲鱼	沙丁鱼	鲱鱼
全国总计	11 124 203	7 652 163	340 504	75 167	703 655	119 275	10 887
天 津	27 517	23 708			17 221		
河 北	234 049	138 450			52 529		
辽 宁	552 000	326 033	491	311	43 090	1 124	16
上 海	14 801	4 761	242	42			
江 苏	530 322	293 603	7 894	2 242	2 627	246	33
浙 江	3 093 263	2 116 197	80 049	11 777	74 627	10 744	1 909
福 建	1 743 208	1 268 922	61 994	11 876	71 672	7 368	3 818
山 东	1 749 591	1 214 121	19 429		403 486	5 330	
广 东	1 441 363	1 021 609	74 017	26 152	32 071	65 416	3 838
广 西	610 758	344 344	13 396	21 428		12 172	926
海 南	1 127 331	900 415	82 992	1 339	6 332	16 875	347

各地区海洋捕捞产量(按品种分)(二)

单位:吨

地 区	1.鱼类(续)							
	其中(续)							
	石斑鱼	鲷鱼	蓝圆鲹	白姑鱼	黄姑鱼	鮸鱼	大黄鱼	小黄鱼
全国总计	117 204	153 446	535 188	94 412	62 771	58 794	68 890	290 732
天 津								602
河 北					265	30	1 838	11 558
辽 宁	4 741	52		947	1 625	270	19 312	61 200
上 海					3		17	260
江 苏	16	89	17	3 512	7 291	1 956	383	28 775
浙 江	1 262	5 021	60 808	43 892	32 054	40 335	426	97 425
福 建	17 558	54 544	243 725	9 224	8 241	9 857	3 226	9 437
山 东		41		10 636	5 473	411	1 782	41 827
广 东	45 674	45 180	104 154	21 424	4 459	4 705	26 867	25 447
广 西	5 788	26 194	72 592	1 447	72	767		
海 南	42 165	22 325	53 892	3 330	3 288	463	15 039	14 201

各地区海洋捕捞产量（按品种分）（三）

单位：吨

地　区	1. 鱼类（续）							
	其中（续）							
	梅童鱼	方头鱼	玉筋鱼	带鱼	金线鱼	梭鱼	鲐鱼	鲅鱼
全国总计	269 839	45 842	100 690	1 012 329	374 572	134 800	444 839	355 564
天　津				110		363	937	1 096
河　北	267		173	2 324		12 009	7 357	11 821
辽　宁	3 944	155	3 405	6 760		12 924	20 311	38 131
上　海	102			270			5	159
江　苏	74 882	183	336	54 111		8 613	4 970	7 711
浙　江	164 558	16 725	29 562	391 385	3 592	5 461	188 393	83 297
福　建	20 172	4 224	16 494	142 366	9 175	15 750	118 817	41 898
山　东			33 955	67 883		23 270	45 186	139 146
广　东	3 168	8 535	1 945	157 615	86 713	24 960	32 222	27 871
广　西		44		30 197	34 221	10 169	13 133	2 158
海　南	2 746	15 976	14 820	159 308	240 871	21 281	13 508	2 276

各地区海洋捕捞产量（按品种分）（四）

单位：吨

地　区	1. 鱼类（续）					2. 甲壳类	（1）虾	其中
	其中（续）							毛虾
	金枪鱼	鲳鱼	马面鲀	竹筴鱼	鲻鱼			
全国总计	58 258	329 547	157 443	37 510	102 102	2 075 964	1 352 269	440 600
天　津						1 457	1 091	271
河　北		3 032	20		5 863	47 534	33 267	8 148
辽　宁	112	2 037	373	24	4 199	108 555	72 455	20 152
上　海	2	269		67		9 757	1 154	
江　苏		34 260	1 161		11 549	154 009	51 441	27 437
浙　江	6 128	94 131	24 904	2 112	15 696	794 931	565 717	181 383
福　建	2 515	58 360	41 692	10 946	24 568	313 557	183 051	56 928
山　东		23 331	1 761	7		207 349	174 172	64 619
广　东	28 156	68 307	43 164	4 891	19 085	234 570	151 714	41 328
广　西		11 646	28 124	420	8 313	126 900	71 400	29 340
海　南	21 345	34 174	16 244	19 043	12 829	77 345	46 807	10 994

各地区海洋捕捞产量(按品种分)(五)

单位:吨

地 区	2.甲壳类(续)						
	(1)虾(续)			(2)蟹	其 中		
	其中(续)				梭子蟹	青蟹	蟳
	对虾	鹰爪虾	虾蛄				
全国总计	180 696	283 310	219 087	723 695	497 763	79 491	34 750
天 津	20		510	366	270		
河 北	2 789	2 297	16 660	14 267	9 462	10	83
辽 宁	3 628	5 482	32 679	36 100	14 995	3 795	11 410
上 海	220	621		8 603	7 031		
江 苏	2 341	8 759	8 325	102 568	92 524	3 403	1 480
浙 江	24 192	176 585	49 613	229 214	176 276	3 513	7 843
福 建	27 167	42 255	34 515	130 506	87 432	15 581	5 542
山 东	13 642	21 465	41 729	33 177	23 838	72	2 303
广 东	63 700	13 560	25 436	82 856	43 469	31 674	3 270
广 西	18 114	8 313	7 344	55 500	30 314	11 387	2 116
海 南	24 883	3 973	2 276	30 538	12 152	10 056	703

各地区海洋捕捞产量(按品种分)(六)

单位:吨

地 区	3.贝类	4.藻类	5.头足类	其 中			6.其他类	其 中
				乌贼	鱿鱼	章鱼		海蜇
全国总计	442 890	19 976	616 558	136 772	320 199	110 835	316 652	168 538
天 津	1 617		534	5	463	66	201	201
河 北	19 786		9 740	1 581	1 650	5 117	18 539	10 624
辽 宁	50 880	237	27 796	2 700	16 086	4 653	38 499	8 867
上 海	2		272	48	55	169	9	
江 苏	41 933	1 229	14 936	2 202	8 093	3 635	24 612	14 742
浙 江	14 772	604	147 315	37 727	79 133	27 345	19 444	4 726
福 建	40 115	1 714	104 725	30 449	51 258	16 157	14 175	11 800
山 东	139 898	1 058	91 325	7 976	47 317	26 213	95 840	58 257
广 东	54 257	6 423	76 199	18 047	33 263	14 152	48 305	16 585
广 西	53 297		45 777	16 093	22 523	6 862	40 440	37 005
海 南	26 333	8 711	97 939	19 944	60 358	6 466	16 588	5 731

各地区海洋捕捞产量（按海域分）

单位：吨

地 区	海洋捕捞产量	按捕捞海域分			
		1. 渤海	2. 黄海	3. 东海	4. 南海
全国总计	11 124 203	698 002	2 529 459	4 513 623	3 383 119
天 津	27 517	6 493	21 024		
河 北	234 049	177 060	56 989		
辽 宁	552 000	214 317	332 109	5 574	
上 海	14 801			14 801	
江 苏	530 322	455	472 693	57 174	
浙 江	3 093 263		196 730	2 896 533	
福 建	1 743 208			1 539 541	203 667
山 东	1 749 591	299 677	1 449 914		
广 东	1 441 363				1 441 363
广 西	610 758				610 758
海 南	1 127 331				1 127 331

各地区海洋捕捞产量（按渔具分）

单位：吨

地 区	海洋捕捞产量	按捕捞渔具分					
		1. 拖网	2. 围网	3. 刺网	4. 张网	5. 钓具	6. 其他
全国总计	11 124 203	5 355 104	927 676	2 420 958	1 286 275	332 304	801 886
天 津	27 517	16 625	3 985	6 254	113		540
河 北	234 049	60 892	2 226	107 787	45 092		18 052
辽 宁	552 000	198 130	4 921	247 401	46 491	15 546	39 511
上 海	14 801	12 617		900	1 284		
江 苏	530 322	77 736	5 776	156 358	204 914	212	85 326
浙 江	3 093 263	1 869 665	181 715	294 971	534 097	38 577	174 238
福 建	1 743 208	670 599	268 362	272 669	295 445	40 305	195 828
山 东	1 749 591	1 146 358	30 607	324 785	114 089	12 905	120 847
广 东	1 441 363	736 851	133 828	423 585	7 027	87 167	52 905
广 西	610 758	398 821	57 818	76 414	179	6 838	70 688
海 南	1 127 331	166 810	238 438	509 834	37 544	130 754	43 951

各地区淡水捕捞产量(按品种分)

单位:吨

地 区	淡水捕捞产量	1.鱼类	2.甲壳类	虾	蟹	3.贝类	4.藻类	5.其他类	其中:丰年虫
全国总计	2 182 973	1 615 758	289 326	244 671	44 655	251 847	373	25 669	566
北 京	3 016	3 011	5	5					
天 津	5 534	4 607	343	283	60	181		403	26
河 北	49 018	41 346	4 757	4 025	732	2 610		305	
山 西	2 142	2 083	9	9				50	50
内 蒙 古	28 354	27 757	517	515	2			80	67
辽 宁	45 600	39 225	5 158	2 429	2 729	382		835	
吉 林	19 304	18 271	749	739	10	284			
黑 龙 江	51 640	51 078	111	111		439		12	
上 海	1 431	1 396	19	17	2			16	
江 苏	307 635	182 924	52 777	39 434	13 343	68 013	322	3 599	
浙 江	113 524	77 826	9 200	7 513	1 687	24 419	28	2 051	
安 徽	278 508	176 381	60 381	52 533	7 848	37 274		4 472	
福 建	68 925	46 968	5 130	4 034	1 096	16 057		770	
江 西	226 043	156 351	40 805	38 649	2 156	25 360	20	3 507	
山 东	83 730	69 057	10 687	6 636	4 051	3 599		387	
河 南	111 480	101 036	9 066	8 543	523	1 366		12	
湖 北	292 961	223 378	48 371	44 749	3 622	17 713		3 499	
湖 南	94 928	71 378	13 200	11 648	1 552	8 404		1 946	
广 东	120 370	75 774	11 117	8 276	2 841	32 562		917	8
广 西	104 605	86 871	6 863	5 732	1 131	9 606		1 265	
海 南	13 295	10 796	795	586	209	1 692		12	
重 庆	18 943	17 083	1 535	1 293	242	325			
四 川	53 783	49 655	3 471	3 181	290	510		147	
贵 州	11 520	10 248	1 153	1 048	105	73		46	
云 南	55 949	51 628	2 618	2 530	88	970	2	731	
西 藏	383	47						336	336
陕 西	7 200	6 889	110	100	10	8	1	192	
甘 肃									
青 海									
宁 夏	429	416	13		13				
新 疆	12 723	12 278	366	53	313			79	79

（四）远洋渔业

各地区远洋渔业

单位：吨、万元

地　　区	远洋捕捞产量	运回国内量	境外出售量	远洋渔业总产值	2017 年比 2016 年增减（±）			
					远洋捕捞产量	运回国内量	境外出售量	远洋渔业总产值
全 国 总 计	2 086 200	1 236 247	849 953	2 357 800	98 688	132 475	−33 787	402 419
北　　京	9 000	8 334	666	10 500	−4 514	−1 106	−3 408	−1 796
天　　津	11 900	8 726	3 174	10 400	−1 317	−1 587	270	−16
河　　北	48 200	2 762	45 438	13 300	609	−12 208	12 817	1 921
辽　　宁	285 400	104 136	181 264	271 200	−95	8 144	−8 239	26 542
上　　海	129 900	78 384	51 516	170 700	4 977	10 367	−5 390	36 881
江　　苏	26 200	14 332	11 868	27 200	6 100	354	5 746	6 529
浙　　江	467 900	443 339	24 561	568 600	53 495	85 673	−32 178	158 186
福　　建	428 200	219 929	208 271	328 200	137 755	55 394	82 361	116 155
山　　东	431 300	209 749	221 551	528 300	−98 212	−45 744	−52 468	−67 094
广　　东	47 700	20 924	26 776	90 800	2 550	5 853	−3 303	10 734
广　　西	8 900	269	8 631	10 400	3 172	217	2 955	4 529
海　　南								
中农发集团	191 600	125 363	66 237	328 200	−5 832	27 118	−32 950	109 848

各地区远洋渔业主要品种产量

单位：吨

地　　区	远洋捕捞产量	其　　中		
		金枪鱼	鱿鱼	竹筴鱼
全 国 总 计	2 086 200	343 541	519 721	17 406
北　　京	9 000	538	4 978	
天　　津	11 900	516	422	
河　　北	48 200		1 898	
辽　　宁	285 400	26 920	14 914	
上　　海	129 900	75 612	16 994	17 406
江　　苏	26 200		11 396	
浙　　江	467 900	87 976	308 107	
福　　建	428 200	34 635	14 754	
山　　东	431 300	50 381	98 018	
广　　东	47 700	20 171	1 233	
广　　西	8 900			
海　　南				
中农发集团	191 600	46 792	47 007	

三、生　产　要　素

（一）水产养殖面积

全国水产养殖面积（按水域和养殖方式分）

单位：公顷

指　　标		2017 年	2016 年	2017 年比 2016 年增减（ ± ）	
				绝对量	幅度（%）
总　　计		7 449 034	7 445 543	3 491	0.05
1. 海水养殖		2 084 076	2 098 103	− 14 027	− 0.67
按水域分	海上	1 102 887	1 102 421	466	0.04
	滩涂	658 275	652 720	5 555	0.85
	其他	322 914	342 962	− 20 048	− 5.85
养殖方式中	池塘	400 033	401 339	− 1 306	− 0.33
	普通网箱（米²）	48 881 971	48 213 713	668 258	1.39
	深水网箱（米³）	12 184 609	10 325 036	1 859 573	18.01
	筏式	346 942	323 576	23 366	7.22
	吊笼	118 681	114 011	4 670	4.10
	底播	875 712	878 472	− 2 760	− 0.31
	工厂化（米³）	31 051 119	26 585 771	4 465 348	16.80
2. 淡水养殖		5 364 958	5 347 440	17 518	0.33
按水域分	池塘	2 527 781	2 447 068	80 713	3.30
	湖泊	886 492	914 714	− 28 222	− 3.09
	水库	1 615 407	1 644 140	− 28 733	− 1.75
	河沟	213 735	220 014	− 6 279	− 2.85
	其他	121 543	121 504	39	0.03
	稻田养成鱼	1 682 689	1 484 001	198 688	13.39
养殖方式中	围栏（米²）	1 138 294 251	2 128 331 354	− 990 037 103	− 46.52
	网箱（米²）	69 810 644	135 931 244	− 66 120 600	− 48.64
	工厂化（米³）	39 899 956	34 881 209	5 018 747	14.39

全国海水养殖面积(按品种分)

单位:公顷

指　标	2017 年	2016 年	2017 年比 2016 年增减(±)	
			绝对量	幅度(%)
海水养殖	2 084 076	2 098 103	− 14 027	− 0.67
1. 鱼类	89 917	101 483	− 11 566	− 11.40
2. 甲壳类	299 053	305 816	− 6 763	− 2.21
其中:虾	245 409	252 286	− 6 877	− 2.73
其中:南美白对虾	165 833	168 505	− 2 672	− 1.59
斑节对虾	11 949	12 941	− 992	− 7.67
中国对虾	22 639	25 124	− 2 485	− 9.89
日本对虾	25 741	20 548	5 193	25.27
蟹	53 644	53 530	114	0.21
其中:梭子蟹	24 648	25 524	− 876	− 3.43
青蟹	22 734	22 849	− 115	− 0.50
3. 贝类	1 286 771	1 302 793	− 16 022	− 1.23
其中:牡蛎	138 462	137 116	1 346	0.98
鲍	14 393	13 798	595	4.31
螺	38 907	40 694	− 1 787	− 4.39
蚶	39 167	41 713	− 2 546	− 6.10
贻贝	49 039	46 018	3 021	6.56
江珧	676	916	− 240	− 26.20
扇贝	462 927	454 337	8 590	1.89
蛤	416 742	389 852	26 890	6.90
蛏	54 578	55 283	− 705	− 1.28
4. 藻类	145 263	133 414	11 849	8.88
其中:海带	44 236	42 345	1 891	4.47
裙带菜	6 431	6 820	− 389	− 5.70
紫菜	79 607	69 234	10 373	14.98
江蓠	8 810	8 909	− 99	− 1.11
麒麟菜	345	419	− 74	− 17.66
石花菜				
羊栖菜	1 095	1 099	− 4	− 0.36
苔菜	20	34	− 14	− 41.18
5. 其他类	263 072	254 597	8 475	3.33
其中:海参	219 163	211 160	8 003	3.79
海胆	14 366	14 029	337	2.40
海水珍珠	2 486	2 651	− 165	− 6.22
海蜇	16 272	14 378	1 894	13.17

各地区水产养殖面积（一）

单位:公顷

地　区	2017 年			
	总面积	海水养殖面积	淡水养殖面积	其中:池塘
全 国 总 计	7 449 034	2 084 076	5 364 958	2 527 781
北　京	2 928		2 928	2 869
天　津	33 345	3 206	30 139	27 261
河　北	153 484	107 583	45 901	22 324
山　西	10 748		10 748	2 422
内　蒙　古	137 105		137 105	19 085
辽　宁	878 700	698 400	180 300	36 401
吉　林	250 697		250 697	30 812
黑　龙　江	382 677		382 677	92 645
上　海	15 621		15 621	14 117
江　苏	632 151	192 390	439 761	297 719
浙　江	273 998	75 954	198 044	71 868
安　徽	477 177		477 177	183 607
福　建	241 921	155 739	86 182	34 918
江　西	412 784		412 784	161 030
山　东	833 586	610 377	223 209	110 429
河　南	146 620		146 620	111 952
湖　北	797 575		797 575	531 167
湖　南	417 478		417 478	240 463
广　东	473 771	161 690	312 081	232 031
广　西	181 966	47 022	134 944	59 247
海　南	61 101	31 715	29 386	20 296
重　庆	82 204		82 204	52 288
四　川	188 395		188 395	95 725
贵　州	35 177		35 177	5 918
云　南	93 493		93 493	22 937
西　藏	4		4	4
陕　西	42 900		42 900	10 211
甘　肃	6 500		6 500	1 394
青　海	17 400		17 400	139
宁　夏	35 097		35 097	15 053
新　疆	132 431		132 431	21 449

各地区水产养殖面积(二)

单位:公顷

地 区	2016 年			
	总面积	海水养殖面积	淡水养殖面积	其中:池塘
全 国 总 计	7 445 543	2 098 103	5 347 440	2 447 068
北　　　京	2 800		2 800	2 752
天　　　津	41 001	8 999	32 002	28 208
河　　　北	179 601	124 800	54 801	22 385
山　　　西	9 900		9 900	2 210
内　蒙　古	136 900		136 900	18 830
辽　　　宁	878 700	698 400	180 300	37 256
吉　　　林	181 300		181 300	29 350
黑　龙　江	375 400		375 400	88 173
上　　　海	16 300		16 300	14 747
江　　　苏	625 041	185 480	439 561	297 519
浙　　　江	280 901	78 701	202 200	71 371
安　　　徽	476 600		476 600	180 789
福　　　建	238 601	153 000	85 601	34 253
江　　　西	412 884		412 884	160 969
山　　　东	839 500	604 800	234 700	102 721
河　　　南	147 000		147 000	67 395
湖　　　北	853 064		853 064	521 083
湖　　　南	413 959		413 959	235 664
广　　　东	480 800	166 200	314 600	235 146
广　　　西	180 600	45 400	135 200	59 725
海　　　南	62 070	32 323	29 747	24 219
重　　　庆	80 141		80 141	50 225
四　　　川	181 100		181 100	90 960
贵　　　州	33 400		33 400	5 445
云　　　南	91 400		91 400	22 774
西　　　藏	5		5	5
陕　　　西	42 900		42 900	10 211
甘　　　肃	6 100		6 100	1 150
青　　　海	17 400		17 400	139
宁　　　夏	32 433		32 433	14 873
新　　　疆	127 742		127 742	16 521

各地区水产养殖面积(三)

单位:公顷

地　区	2017 年比 2016 年增减(±)			
	总面积	海水养殖面积	淡水养殖面积	其中:池塘
全 国 总 计	3 491	−14 027	17 518	80 713
北　　京	128		128	117
天　　津	−7 656	−5 793	−1 863	−947
河　　北	−26 117	−17 217	−8 900	−61
山　　西	848		848	212
内 蒙 古	205		205	255
辽　　宁				−855
吉　　林	69 397		69 397	1 462
黑 龙 江	7 277		7 277	4 472
上　　海	−679		−679	−630
江　　苏	7 110	6 910	200	200
浙　　江	−6 903	−2 747	−4 156	497
安　　徽	577		577	2 818
福　　建	3 320	2 739	581	665
江　　西	−100		−100	61
山　　东	−5 914	5 577	−11 491	7 708
河　　南	−380		−380	44 557
湖　　北	−55 489		−55 489	10 084
湖　　南	3 519		3 519	4 799
广　　东	−7 029	−4 510	−2 519	−3 115
广　　西	1 366	1 622	−256	−478
海　　南	−969	−608	−361	−3 923
重　　庆	2 063		2 063	2 063
四　　川	7 295		7 295	4 765
贵　　州	1 777		1 777	473
云　　南	2 093		2 093	163
西　　藏	−1		−1	−1
陕　　西				
甘　　肃	400		400	244
青　　海				
宁　　夏	2 664		2 664	180
新　　疆	4 689		4 689	4 928

各地区海水养殖面积(按品种分)(一)

单位:公顷

地 区	海水养殖面积	1.鱼类	2.甲壳类	虾	其 中			
					南美白对虾	斑节对虾	中国对虾	日本对虾
全国总计	2 084 076	89 917	299 053	245 409	165 833	11 949	22 639	25 741
天 津	3 206	74	3 132	3 132	3 132			
河 北	107 583	687	25 727	23 770	11 712		6 396	5 073
辽 宁	698 400	7 207	18 767	17 486	3 388		7 199	6 005
上 海								
江 苏	192 390	9 649	23 013	14 633	2 949	2 460	1 701	150
浙 江	75 954	3 101	24 522	10 089	7 065	191	106	431
福 建	155 739	14 722	23 020	14 325	9 136	1 493	1 031	2 261
山 东	610 377	8 498	88 689	80 995	60 216	443	4 611	11 003
广 东	161 690	27 255	62 641	53 642	41 675	6 656	1 595	809
广 西	47 022	1 265	18 850	17 785	17 683	93		9
海 南	31 715	17 459	10 692	9 552	8 877	613		

各地区海水养殖面积(按品种分)(二)

单位:公顷

地 区	2.甲壳类(续)			3.贝类	其 中				
	蟹	其 中			牡蛎	鲍	螺	蚶	贻贝
		梭子蟹	青蟹						
全国总计	53 644	24 648	22 734	1 286 771	138 462	14 393	38 907	39 167	49 039
天 津									
河 北	1 957	1 957		73 401			680	2 835	540
辽 宁	1 281	651		516 118	21 241	1 815		20 049	2 530
上 海									
江 苏	8 380	8 254	126	110 571	3 230	150	19 608	3 353	4 047
浙 江	14 433	2 785	9 594	32 635	3 920	41	2 477	6 198	1 626
福 建	8 695	4 172	4 225	73 633	34 505	5 430	462	3 124	1 569
山 东	7 694	6 257		386 559	34 953	6 259	7 498	574	34 913
广 东	8 999	572	6 684	65 136	25 686	685	5 540	2 540	3 634
广 西	1 065		1 065	25 929	14 622		2 597	198	180
海 南	1 140		1 040	2 789	305	13	45	296	

各地区海水养殖面积(按品种分)(三)

单位:公顷

地　　区	3.贝类(续)				4.藻类	其　中			
	其中(续)					海带	裙带菜	紫菜	江蓠
	江珧	扇贝	蛤	蛏					
全国总计	676	462 927	416 742	54 578	145 263	44 236	6 431	79 607	8 810
天　津									
河　北		51 179	14 948	13					
辽　宁		273 294	145 686	3 945	10 916	5 814	5 102		
上　海									
江　苏		106	71 157	4 391	47 775	520		47 255	
浙　江		74	5 021	12 673	15 329	865		13 709	4
福　建		231	13 733	13 103	41 059	18 529		15 178	5 765
山　东	64	131 678	142 430	18 573	27 098	18 397	1 313	2 978	1 299
广　东	612	5 821	16 011	1 780	2 365	111	16	487	1 334
广　西		184	6 310	100					
海　南		360	1 446		721				408

各地区海水养殖面积(按品种分)(四)

单位:公顷

地　　区	4.藻类(续)				5.其他	其　中			
	其中(续)					海参	海胆	海水珍珠	海蜇
	麒麟菜	石花菜	羊栖菜	苔菜					
全国总计	345		1 095	20	263 072	219 163	14 366	2 486	16 272
天　津									
河　北					7 768	7 718			25
辽　宁					145 392	123 820	6 489		13 544
上　海									
江　苏					1 382	637			701
浙　江			705	20	367	27			177
福　建			359		3 305	1 740			1 452
山　东					99 533	84 910	5 536		347
广　东	34		31		4 293	311	2 341	1 615	26
广　西					978			871	
海　南	311				54				

各地区海水养殖面积(按水域和养殖方式分)(一)

单位:公顷

地　区	海水养殖面积	按养殖水域分			养殖方式中	
		1.海上	2.滩涂	3.其他	1.池塘	2.普通网箱（米²）
全国总计	2 084 076	1 102 887	658 275	322 914	400 033	48 881 971
天　津	3 206			3 206	3 205	
河　北	107 583	57 813	28 177	21 593	21 250	
辽　宁	698 400	496 584	116 801	85 015	80 952	841 032
上　海						
江　苏	192 390	51 179	120 354	20 857	36 481	
浙　江	75 954	20 671	30 975	24 308	24 409	816 835
福　建	155 739	79 969	49 664	26 106	27 468	40 904 554
山　东	610 377	315 390	220 865	74 122	111 352	1 627 355
广　东	161 690	49 477	64 221	47 992	63 799	2 877 146
广　西	47 022	15 687	16 848	14 487	17 309	631 989
海　南	31 715	16 117	10 370	5 228	13 808	1 183 060

各地区海水养殖面积(按水域和养殖方式分)(二)

单位:公顷

地　区	养殖方式中(续)				
	3.深水网箱（米³）	4.筏式	5.吊笼	6.底播	7.工厂化（米³）
全国总计	12 184 609	346 942	118 681	875 712	31 051 119
天　津					225 820
河　北		51 854		16 600	3 342 330
辽　宁	534 974	53 028	9 938	468 315	2 888 668
上　海					
江　苏	10 500	50 633	300	90 915	699 046
浙　江	1 249 038	16 937	98	20 119	1 394 523
福　建	323 908	44 809	6 956	16 797	10 845 659
山　东	1 970 068	108 894	97 234	219 589	10 536 221
广　东	802 119	15 224	3 898	33 185	756 246
广　西	1 140 709	5 563	177	8 569	2 800
海　南	6 153 293		80	1 623	359 806

各地区淡水养殖面积(按水域和养殖方式分)(一)

单位:公顷

地 区	淡水养殖面积	按 水 域			
		1. 池塘	2. 湖泊	3. 水库	4. 河沟
全国总计	5 364 958	2 527 781	886 492	1 615 407	213 735
北 京	2 928	2 869			
天 津	30 139	27 261		2 336	359
河 北	45 901	22 324	1 603	20 864	786
山 西	10 748	2 422	1 151	7 156	19
内 蒙 古	137 105	19 085	46 229	66 054	5 737
辽 宁	180 300	36 401		85 028	6 278
吉 林	250 697	30 812	84 415	135 315	150
黑 龙 江	382 677	92 645	118 523	146 333	18 540
上 海	15 621	14 117	348		1 156
江 苏	439 761	297 719	67 227	16 515	45 490
浙 江	198 044	71 868	2 210	95 754	23 231
安 徽	477 177	183 607	163 821	77 537	42 580
福 建	86 182	34 918	727	44 368	4 273
江 西	412 784	161 030	95 267	138 632	14 494
山 东	223 209	110 429	9 902	95 621	4 373
河 南	146 620	111 952	3 350	24 080	7 231
湖 北	797 575	531 167	136 662	122 584	2 813
湖 南	417 478	240 463	60 508	114 604	910
广 东	312 081	232 031	3 812	66 893	1 454
广 西	134 944	59 247		68 276	5 498
海 南	29 386	20 296	199	8 700	33
重 庆	82 204	52 288		28 496	1 420
四 川	188 395	95 725	4 750	70 470	17 305
贵 州	35 177	5 918	99	23 877	2 805
云 南	93 493	22 937	8 937	59 871	1 229
西 藏	4	4			
陕 西	42 900	10 211	6 420	24 490	1 519
甘 肃	6 500	1 394	25	4 985	4
青 海	17 400	139	4 233	13 028	
宁 夏	35 097	15 053	17 540	2 030	474
新 疆	132 431	21 449	48 534	51 510	3 574

各地区淡水养殖面积(按水域和养殖方式分)(二)

单位:公顷

地 区	按水域(续)		养殖方式中		
	5. 其他	6. 稻田	1. 围栏 (米²)	2. 网箱 (米²)	3. 工厂化 (米³)
全国总计	121 543	1 682 689	1 138 294 251	69 810 644	39 899 956
北　京	59				354 566
天　津	183	2 784			155 235
河　北	324	1 483	2 240 000	4 099 120	1 203 665
山　西		267	9 900	62 754	
内 蒙 古		4 504	60 565 000	10 266	20 000
辽　宁	52 593	51 773	442 144	669 769	164 862
吉　林	5	25 278	217 272	62 300	36 300
黑 龙 江	6 636	33 345	1 420 000	103 000	1 200
上　海		62			27 380
江　苏	12 810	131 802	40 460 400	6 603 389	2 466 822
浙　江	4 981	73 134	4 425 643	1 028 665	7 965 102
安　徽	9 632	84 769	705 416 571	16 876 071	860 140
福　建	1 896	15 335	87 232	784 602	11 879 730
江　西	3 361	50 397	135 257 469	7 206 324	1 940 031
山　东	2 884	2 020	39 548 468	7 601 615	2 351 173
河　南	7	15 820	77 648 060	673 931	173 634
湖　北	4 349	334 890			2 688 000
湖　南	993	221 524		2 561 123	349 121
广　东	7 891	3 293	875 138	196 095	38 327
广　西	1 923	47 670	36 643 936	11 405 847	1 200
海　南	158		2 283	26 800	15 000
重　庆		33 719	13 721 500	10 000	35 490
四　川	145	309 643		601 510	639 400
贵　州	2 478	121 055	887 875	3 484 388	91 095
云　南	519	112 349	3 399 470	3 230 517	1 769 832
西　藏					144
陕　西	260	3 155	15 025 890	2 104 560	4 402 650
甘　肃	92	3		56 309	64 359
青　海				326 545	
宁　夏		1 757			
新　疆	7 364	858		25 144	205 498

（二）水产苗种

全国水产苗种数量

指　　标	计量单位	2017 年	2016 年	2017 年比 2016 年增减（±）	
				绝对量	幅度（%）
淡水鱼苗产量	**亿尾**	13 189	13 005	184	1.42
其中：罗非鱼	亿尾	222	241	−19	−7.77
淡水鱼种产量	吨	3 697 172	3 950 487	−253 315	−6.41
投放鱼种产量	吨	4 187 797	4 375 591	−187 794	−4.29
河蟹育苗量	千克	843 890	850 938	−7 048	−0.83
扣蟹	千克	58 328 556	53 510 765	4 817 791	9.00
稚鳖数量	万只	60 757	63 298	−2 541	−4.01
稚龟数量	万只	12 518	11 967	551	4.60
鳗苗捕捞量	千克	17 130	15 557	1 573	10.11
海水鱼苗产量	**万尾**	1 292 903	893 711	399 192	44.67
其中：大黄鱼	万尾	391 472	377 914	13 558	3.59
鲆鱼	万尾	38 743	52 364	−13 621	−26.01
虾类育苗量	亿尾	12 518	10 752	1 766	16.42
其中：南美白对虾	亿尾	9 552	8 028	1 523	18.97
贝类育苗量	万粒	248 406 382	238 849 481	9 556 902	4.00
其中：鲍鱼育苗量	万粒	741 643	713 935	27 708	3.88
海带育苗量	亿株	484	476	8	1.76
紫菜育苗量	亿贝壳	13	12		2.49
海参	亿头	528	631	−103	−16.33

各地区水产苗种数量（一）

地　　区	淡水鱼苗（亿尾）	其中：罗非鱼（亿尾）	淡水鱼种（吨）	投放鱼种（吨）	河蟹育苗（千克）	扣蟹（千克）
全国总计	13 189.37	222.37	3 697 172	4 187 797	843 890	58 328 556
北　京	15.91		6 549	6 133		
天　津	54.00		16 843	30 102	1 630	152 000
河　北	49.30	0.27	23 936	32 383	400	75 105
山　西	2.95	0.13	3 982	6 764		
内　蒙　古	3.25		9 622	14 356		
辽　宁	121.00	3.00	103 940	103 010	70 000	18 511 050
吉　林	12.76		12 542	18 803		72 139
黑　龙　江	13.00		46 366	54 418		
上　海	14.14		9 592	20 410		6 461 000
江　苏	631.90	0.11	309 695	452 094	761 230	8 983 243
浙　江	170.93	1.02	45 685	82 512	20	40 226
安　徽	450.51	0.62	308 945	385 951		14 002 171
福　建	33.56	8.74	17 427	39 519		
江　西	378.99	2.31	299 486	427 765		307 748
山　东	114.88	0.89	101 023	148 767	5 960	82 023
河　南	68.00		102 295	113 473		92 393
湖　北	1 165.17		1 113 338	1 074 731		9 160 648
湖　南	284.94		313 486	275 107		
广　东	8 484.87	104.52	321 853	175 361		
广　西	443.63	19.71	123 381	141 856		13
海　南	72.07	65.72	2 787	6 231		
重　庆	85.10	1.55	85 653	101 919		
四　川	265.49	0.66	174 179	243 666		
贵　州	75.05	0.05	15 629	30 608		70 608
云　南	107.32	12.47	64 925	135 631		46 269
西　藏	0.02		2	2		
陕　西	19.54	0.32	14 020	13 560		18 000
甘　肃	0.74	0.01	2 355	2 566		3 345
青　海	0.05			50		4 000
宁　夏	10.81		33 601	35 588		
新　疆	39.49	0.27	14 035	14 461	4 650	246 575

各地区水产苗种数量(二)

地　　区	稚鳖 (万只)	稚龟 (万只)	鳗苗捕捞 (千克)	海水鱼苗 (万尾)	其　中	
					大黄鱼(万尾)	鲆鱼(万尾)
全国总计	60 757.08	12 518.17	17 130	1 292 902.94	391 472.10	38 742.70
北　京	10.50	5.00				
天　津	108.00			2 050.00		1 290.00
河　北	1 276.50			3 891.00		2 152.00
山　西	200.00					
内　蒙　古						
辽　宁	2.00			3 086.00		2 820.00
吉　林						
黑　龙　江						
上　海	5.00	36.00	266			
江　苏	4 065.00	925.00	6 585	11 485.00	100.00	77.00
浙　江	11 874.00	679.00	2 835	23 052.00	15 575.00	
安　徽	5 529.19	893.11				
福　建	131.00	382.00	6 644	783 982.00	375 579.00	620.00
江　西	10 140.22	4 814.68				
山　东	2 186.00			82 887.00		31 442.00
河　南	1 745.00	13.00				
湖　北	7 072.00	2 653.00				
湖　南	2 651.60	1 005.13				
广　东	6 791.00	564.00	800	361 575.00	186.50	341.70
广　西	6 136.92	539.39		37.94	31.60	
海　南				20 857.00		
重　庆	66.80	1.10				
四　川	300.31	6.56				
贵　州	3.55	1.20				
云　南	0.08					
西　藏						
陕　西	462.00					
甘　肃	0.26					
青　海						
宁　夏						
新　疆	0.15					

各地区水产苗种数量(三)

地　　区	虾类育苗（亿尾）	其中:南美白对虾(亿尾)	贝类育苗（万粒）	其中:鲍鱼（万粒）	海带（亿株）	紫菜（亿贝壳）	海参（亿头）
全国总计	12 517.99	9 551.81	248 406 382	741 643	484.46	12.76	528.09
北　　京							
天　　津	247.20	233.70	5 000				
河　　北	336.45	313.60	924 000				7.83
山　　西							
内　蒙　古							
辽　　宁	173.00	106.00	7 291 528	13 628	6.00		209.00
吉　　林							
黑　龙　江							
上　　海							
江　　苏	249.26	224.47				4.67	
浙　　江	397.00	10.31	13 836 475			2.16	
安　　徽	92.50		83 882				
福　　建	2 529.68	2 030.94	157 859 679	598 678	285.46	5.88	0.20
江　　西	7.69		13 015				
山　　东	1 800.00	1 258.00	68 021 516	13 963	93.00		310.97
河　　南	1.72						
湖　　北	405.30		94				
湖　　南							
广　　东	4 100.00	3 200.00	255 032	115 054	100.00	0.05	0.09
广　　西	199.46	197.80	30 250	240			
海　　南	776.85	776.85	85 912	80			
重　　庆	1.30						
四　　川	0.09						
贵　　州							
云　　南	0.35	0.01					
西　　藏							
陕　　西							
甘　　肃	0.11	0.10					
青　　海							
宁　　夏							
新　　疆	1 200.03	1 200.03					

（三）年末渔船拥有量

全国渔船年末拥有量（一）

指标	2017年 艘	2017年 总吨	2017年 千瓦	2016年 艘	2016年 总吨	2016年 千瓦	2017年比2016年增减（±）艘	总吨	千瓦
渔船合计	946 160	10 823 609	21 089 027	1 011 071	10 984 782	22 368 100	-64 911	-161 173	-1 279 073
机动渔船合计	599 331	10 386 349	21 089 027	654 154	10 540 576	22 368 100	-54 823	-154 227	-1 279 073
1.生产渔船	575 317	9 272 333	18 795 639	627 067	9 472 956	20 207 647	-51 750	-200 623	-1 412 008
（1）捕捞渔船	391 389	8 541 931	16 696 031	426 008	8 685 271	17 894 941	-34 619	-143 340	-1 198 910
441千瓦（含）以上	2 689	1 333 504	2 272 791	2 554	1 229 588	2 152 306	135	103 916	120 485
44.1（含）~441千瓦	57 527	5 742 298	9 977 402	63 474	5 872 383	10 548 126	-5 947	-130 085	-570 724
44.1千瓦以下	331 173	1 466 129	4 445 838	359 980	1 583 300	5 194 509	-28 807	-117 171	-748 671
（2）养殖渔船	183 928	730 402	2 099 608	201 059	787 685	2 312 706	-17 131	-57 283	-213 098
2.辅助渔船	24 014	1 114 016	2 293 388	27 087	1 067 620	2 160 453	-3 073	46 396	132 935
（1）捕捞辅助船	20 345	960 822	1 621 650	23 604	929 301	1 542 247	-3 259	31 521	79 403
（2）渔业执法船	2 581	84 236	593 535	2 497	81 213	541 661	84	3 023	51 874
机动渔船按船长分 24米（含）以上	36 224	6 521 773	10 550 923	36 655	6 297 214	10 443 307	-431	224 559	107 616
12（含）~24米	78 642	2 141 587	4 594 103	84 315	2 314 263	4 997 827	-5 673	-172 676	-403 724
12米以下	484 149	1 721 604	5 934 581	532 985	1 909 995	6 942 570	-48 836	-188 391	-1 007 989
非机动渔船合计	346 829	437 260		356 917	444 206		-10 088	-6 946	

全国渔船年末拥有量（二）

指标	总数			海洋渔船			内陆渔船		
	艘	总吨	千瓦	艘	总吨	千瓦	艘	总吨	千瓦
渔船合计	946 160	10 823 609	21 089 027	250 234	8 996 883	16 806 553	695 926	1 826 726	4 282 474
机动渔船合计	599 331	10 386 349	21 089 027	244 712	8 986 677	16 806 553	354 619	1 399 672	4 282 474
1. 生产渔船	575 317	9 272 333	18 795 639	232 048	7 944 552	14 803 573	343 269	1 327 781	3 992 066
（1）捕捞渔船	391 389	8 541 931	16 696 031	166 349	7 649 188	13 782 628	225 040	892 743	2 913 403
441 千瓦（含）以上	2 689	1 333 504	2 272 791	2 595	1 333 258	2 272 491	94	246	300
44.1（含）~441 千瓦	57 527	5 742 298	9 977 402	54 256	5 637 302	9 731 899	3 271	104 996	245 503
44.1 千瓦以下	331 173	1 466 129	4 445 838	109 498	678 628	1 778 238	221 675	787 501	2 667 600
（2）养殖渔船	183 928	730 402	2 099 608	65 699	295 364	1 020 945	118 229	435 038	1 078 663
2. 辅助渔船	24 014	1 114 016	2 293 388	12 664	1 042 125	2 002 980	11 350	71 891	290 408
（1）捕捞辅助船	20 345	960 822	1 621 650	11 386	913 401	1 531 689	8 959	47 421	89 961
（2）渔业执法船	2 581	84 236	593 535	562	58 703	396 532	2 019	25 533	197 003
机动渔船按船长分 24 米（含）以上	36 224	6 521 773	10 550 923	35 608	6 491 053	10 504 603	616	30 720	46 320
12（含）~24 米	78 642	2 141 587	4 594 103	44 335	1 732 249	3 864 363	34 307	409 338	729 740
12 米以下	484 149	1 721 604	5 934 581	164 769	763 375	2 437 587	319 380	958 229	3 496 994
非机动渔船合计	346 829	437 260		5 522	10 206		341 307	427 054	

各地区机动渔船年末拥有量

地 区	2017 年			2016 年			2017 年比 2016 年增减（±）		
	艘	总吨	千瓦	艘	总吨	千瓦	艘	总吨	千瓦
全国总计	599 331	10 386 349	21 089 027	654 154	10 540 576	22 368 100	-54 823	-154 227	-1 279 073
北 京	34	10 252	14 621	30	10 244	14 166	4	8	455
天 津	3 122	38 309	93 440	3 411	38 789	99 877	-289	-480	-6 437
河 北	8 155	241 771	498 810	11 471	260 948	562 939	-3 316	-19 177	-64 129
山 西	194	338	2 765	236	429	3 221	-42	-91	-456
内 蒙 古	1 266	2 206	18 006	1 296	2 178	17 948	-30	28	58
辽 宁	34 136	739 946	1 527 946	37 000	779 302	1 571 980	-2 864	-39 356	-44 034
吉 林	4 619	7 201	82 973	4 445	6 933	80 837	174	268	2 136
黑 龙 江	11 664	21 544	119 636	11 924	16 510	113 881	-260	5 034	5 755
上 海	871	112 949	171 918	941	116 987	178 393	-70	-4 038	-6 475
江 苏	111 458	1 000 367	2 135 273	120 611	997 930	2 215 529	-9 153	2 437	-80 256
浙 江	34 043	3 002 425	4 508 048	39 710	3 034 077	4 668 378	-5 667	-31 652	-160 330
安 徽	23 278	197 806	356 567	27 258	247 620	415 622	-3 980	-49 814	-59 055
福 建	54 758	1 249 477	2 710 948	58 073	1 213 986	2 760 306	-3 315	35 491	-49 358
江 西	31 353	151 811	429 675	31 904	153 496	441 148	-551	-1 685	-11 473
山 东	65 894	1 223 532	2 531 593	69 782	1 242 363	2 591 289	-3 888	-18 831	-59 696
河 南	4 175	15 997	69 474	4 215	16 011	69 624	-40	-14	-150
湖 北	43 371	83 452	353 802	50 661	115 188	421 978	-7 290	-31 736	-68 176
湖 南	34 968	79 231	318 757	45 759	110 392	846 183	-10 791	-31 161	-527 426
广 东	58 232	1 021 245	2 328 333	60 593	973 149	2 442 331	-2 361	48 096	-113 998
广 西	25 028	485 506	881 529	25 436	475 401	885 087	-408	10 105	-3 558
海 南	25 026	505 002	1 389 831	25 998	531 571	1 418 151	-972	-26 569	-28 320
重 庆	5 498	16 334	69 014	5 540	16 087	68 966	-42	247	48
四 川	8 192	8 754	65 578	7 499	9 743	69 929	693	-989	-4 351
贵 州	4 903	7 802	75 554	5 280	8 314	78 596	-377	-512	-3 042
云 南	1 555	5 716	29 353	1 545	5 342	25 614	10	374	3 739
西 藏									
陕 西	814	3 732	11 836	911	4 987	15 077	-97	-1 255	-3 241
甘 肃	39	112	2 019	39	112	2 019			
青 海	1 127	1 198	13 789	1 127	1 198	13 789			
宁 夏	31	131	1 914	29	125	1 888	2	6	26
新 疆	1 206	4 244	21 050	1 104	3 569	17 937	102	675	3 113
中农发集团	321	147 959	254 975	326	147 595	255 417	-5	364	-442

各地区机动渔船年末拥有量(按船长分)

地 区	24 米(含)以上			12(含)~24 米			12 米以下		
	艘	总吨	千瓦	艘	总吨	千瓦	艘	总吨	千瓦
全国总计	36 224	6 521 773	10 550 923	78 642	2 141 587	4 594 103	484 149	1 721 604	5 934 581
北 京	14	10 146	12 867	8	87	1 040	12	19	714
天 津	76	21 064	31 982	354	12 857	31 126	2 692	4 388	30 332
河 北	1 021	122 604	180 760	2 734	83 847	207 189	4 400	35 320	110 861
山 西				9	22	201	185	316	2 564
内 蒙 古				19	521	1 464	1 247	1 685	16 542
辽 宁	2 590	335 797	677 933	8 610	309 878	566 696	22 936	94 271	283 317
吉 林	7	640	1 669	473	1 532	10 369	4 139	5 029	70 935
黑 龙 江	19	1 605	7 207	151	973	6 542	11 494	18 966	105 887
上 海	290	103 722	148 059	285	8 620	19 802	296	607	4 057
江 苏	3 271	321 181	568 854	15 532	256 214	448 260	92 655	422 972	1 118 159
浙 江	13 171	2 878 237	4 132 537	2 183	64 041	153 420	18 689	60 147	222 091
安 徽	179	11 269	4 303	3 786	109 607	136 636	19 313	76 930	215 628
福 建	4 604	896 648	1 640 868	5 670	206 243	532 174	44 484	146 586	537 906
江 西	8	418	1 561	7 871	68 381	162 624	23 454	82 972	265 393
山 东	5 546	843 578	1 403 738	6 314	170 068	422 414	54 034	209 886	705 441
河 南	9	540	1 323	180	1 706	5 566	3 986	13 751	62 585
湖 北	4	283	1 718	3 181	13 149	35 218	40 186	69 241	314 978
湖 南	78	1 058	412	3 456	20 838	36 935	31 434	57 335	281 410
广 东	3 179	490 189	930 554	10 175	373 642	863 926	44 878	157 414	533 853
广 西	857	173 109	237 530	1 809	212 153	304 470	22 362	100 244	339 529
海 南	977	162 325	312 928	4 178	216 010	606 858	19 871	126 667	470 045
重 庆	1	86	308	736	3 672	14 724	4 761	12 576	53 982
四 川	1	100	516	94	662	2 898	8 097	7 992	62 164
贵 州	7	108	824	475	1 560	8 278	4 125	5 568	59 017
云 南	3	163	996	146	1 614	3 991	1 406	3 939	24 366
西 藏									
陕 西	5	320	168	45	1 445	1 760	764	1 967	9 908
甘 肃				3	15	309	36	97	1 710
青 海							1 127	1 198	13 789
宁 夏							31	131	1 914
新 疆	2	108	400	149	746	5 146	1 055	3 390	15 504
中农发集团	305	146 475	250 908	16	1 484	4 067			

各地区机动渔船年末拥有量（生产渔船）

地　　区	生产渔船			捕捞渔船			养殖渔船		
	艘	总吨	千瓦	艘	总吨	千瓦	艘	总吨	千瓦
全国总计	575 317	9 272 333	18 795 639	391 389	8 541 931	16 696 031	183 928	730 402	2 099 608
北　京	14	10 146	12 867	14	10 146	12 867			
天　津	3 050	36 007	84 641	2 546	35 516	80 782	504	491	3 859
河　北	7 352	210 722	423 298	5 315	186 861	323 286	2 037	23 861	100 012
山　西	185	290	1 893	123	117	880	62	173	1 013
内 蒙 古	1 210	1 745	12 816	1 044	1 511	10 810	166	234	2 006
辽　宁	33 289	676 574	1 345 047	20 474	609 531	1 163 681	12 815	67 043	181 366
吉　林	4 528	6 056	76 419	2 809	3 439	43 945	1 719	2 617	32 474
黑 龙 江	11 542	19 075	104 860	7 909	14 508	72 986	3 633	4 567	31 874
上　海	809	99 490	140 261	809	99 490	140 261			
江　苏	104 075	944 270	1 988 239	52 693	650 200	1 402 496	51 382	294 070	585 743
浙　江	31 418	2 417 963	3 625 284	23 804	2 394 422	3 541 595	7 614	23 541	83 689
安　徽	22 559	186 516	334 641	19 465	139 160	299 534	3 094	47 356	35 107
福　建	52 110	1 094 902	2 405 905	29 286	1 034 666	2 162 205	22 824	60 236	243 700
江　西	31 188	150 382	415 824	23 810	124 432	342 646	7 378	25 950	73 178
山　东	65 256	1 144 651	2 382 487	47 941	1 076 554	2 101 316	17 315	68 097	281 171
河　南	4 091	15 379	63 059	1 950	4 770	32 639	2 141	10 609	30 420
湖　北	42 797	80 677	333 514	19 520	39 393	157 338	23 277	41 284	176 176
湖　南	34 782	77 796	303 532	16 720	53 053	201 069	18 062	24 743	102 463
广　东	53 662	939 343	2 056 437	48 774	917 536	1 992 923	4 888	21 807	63 514
广　西	24 012	476 257	835 789	23 104	474 204	820 271	908	2 053	15 518
海　南	24 828	492 871	1 354 447	24 664	491 419	1 348 188	164	1 452	6 259
重　庆	5 111	14 867	59 025	5 009	14 522	58 025	102	345	1 000
四　川	7 830	7 950	56 038	7 011	6 212	48 202	819	1 738	7 836
贵　州	4 777	6 907	65 549	3 381	4 417	44 265	1 396	2 490	21 284
云　南	1 428	5 130	18 748	967	2 899	12 834	461	2 231	5 914
西　藏									
陕　西	784	3 544	9 718	48	977	1 838	736	2 567	7 880
甘　肃	20	20	230				20	20	230
青　海	1 112	982	11 660	1 008	765	8 878	104	217	2 782
宁　夏	9	13	154				9	13	154
新　疆	1 168	3 849	18 282	870	3 252	15 296	298	597	2 986
中农发集团	321	147 959	254 975	321	147 959	254 975			

各地区海洋机动渔船年末拥有量

地　区	2017 年			2016 年			2017 年比 2016 年增减（±）		
	艘	总吨	千瓦	艘	总吨	千瓦	艘	总吨	千瓦
全国总计	244 712	8 986 677	16 806 553	261 158	8 952 016	17 220 225	− 16 446	34 661	− 413 672
北　京	14	10 146	12 867	14	10 146	12 610			257
天　津	647	35 566	67 584	649	36 247	70 174	− 2	− 681	− 2 590
河　北	6 698	238 407	466 478	7 844	252 683	509 698	− 1 146	− 14 276	− 43 220
辽　宁	31 893	733 242	1 501 057	34 844	772 653	1 545 834	− 2 951	− 39 411	− 44 777
上　海	400	108 402	158 397	447	112 290	164 472	− 47	− 3 888	− 6 075
江　苏	8 544	410 485	819 009	8 742	370 207	778 995	− 198	40 278	40 014
浙　江	25 537	2 976 624	4 405 645	27 116	2 996 334	4 531 826	− 1 579	− 19 710	− 126 181
福　建	51 375	1 245 075	2 687 259	54 654	1 209 730	2 736 779	− 3 279	35 345	− 49 520
山　东	38 410	1 121 795	2 157 445	42 120	1 121 455	2 237 168	− 3 710	340	− 79 723
广　东	46 394	987 984	2 220 799	48 780	935 875	2 293 955	− 2 386	52 109	− 73 156
广　西	9 486	466 106	665 446	9 658	455 380	665 611	− 172	10 726	− 165
海　南	24 993	504 886	1 389 592	25 964	531 421	1 417 686	− 971	− 26 535	− 28 094
中农发集团	321	147 959	254 975	326	147 595	255 417	− 5	364	− 442

各地区海洋机动渔船年末拥有量（按船长分）

地　区	24 米（含）以上			12（含）～24 米			12 米以下		
	艘	总吨	千瓦	艘	总吨	千瓦	艘	总吨	千瓦
全国总计	35 608	6 491 053	10 504 603	44 335	1 732 249	3 864 363	164 769	763 375	2 437 587
北　京	14	10 146	12 867						
天　津	76	21 064	31 982	354	12 857	31 126	217	1 645	4 476
河　北	1 020	122 523	180 290	2 724	83 783	206 698	2 954	32 101	79 490
辽　宁	2 584	334 843	676 487	8 554	309 133	562 333	20 755	89 266	262 237
上　海	281	103 193	146 446	110	5 161	11 758	9	48	193
江　苏	3 003	309 387	549 681	3 200	82 454	196 902	2 341	18 644	72 426
浙　江	13 166	2 877 645	4 131 292	1 995	61 619	145 858	10 376	37 360	128 495
福　建	4 604	896 623	1 640 868	5 629	205 972	531 381	41 142	142 480	515 010
山　东	5 546	843 578	1 403 738	6 134	169 848	420 941	26 730	108 369	332 766
广　东	3 179	490 189	930 554	9 808	372 603	847 726	33 407	125 192	442 519
广　西	853	173 062	236 562	1 633	211 325	298 715	7 000	81 719	130 169
海　南	977	162 325	312 928	4 178	216 010	606 858	19 838	126 551	469 806
中农发集团	305	146 475	250 908	16	1 484	4 067			

各地区海洋机动渔船年末拥有量(生产渔船)

地　　区	生产渔船			捕捞渔船			养殖渔船		
	艘	总吨	千瓦	艘	总吨	千瓦	艘	总吨	千瓦
全国总计	232 048	7 944 552	14 803 573	166 349	7 649 188	13 782 628	65 699	295 364	1 020 945
北　京	14	10 146	12 867	14	10 146	12 867			
天　津	594	33 335	59 458	484	33 175	58 078	110	160	1 380
河　北	5 930	207 691	393 879	4 113	184 518	297 334	1 817	23 173	96 545
辽　宁	31 113	670 879	1 325 376	18 552	604 895	1 148 054	12 561	65 984	177 322
上　海	372	95 660	131 171	372	95 660	131 171			
江　苏	8 313	389 320	753 784	6 648	346 920	647 453	1 665	42 400	106 331
浙　江	23 199	2 394 194	3 536 755	17 633	2 379 024	3 475 777	5 566	15 170	60 978
福　建	48 750	1 090 721	2 383 784	26 238	1 031 051	2 143 544	22 512	59 670	240 240
山　东	37 996	1 044 229	2 015 080	21 352	977 418	1 747 680	16 644	66 811	267 400
广　东	42 067	909 959	1 952 953	37 460	889 846	1 889 573	4 607	20 113	63 380
广　西	8 583	457 698	629 277	8 530	457 267	628 167	53	431	1 110
海　南	24 796	492 761	1 354 214	24 632	491 309	1 347 955	164	1 452	6 259
中农发集团	321	147 959	254 975	321	147 959	254 975			

各地区内陆机动渔船年末拥有量

地　　区	2017 年			2016 年			2017 年比 2016 年增减（±）		
	艘	总吨	千瓦	艘	总吨	千瓦	艘	总吨	千瓦
全国总计	354 619	1 399 672	4 282 474	392 996	1 588 560	5 147 875	−38 377	−188 888	−865 401
北　京	20	106	1 754	16	98	1 556	4	8	198
天　津	2 475	2 743	25 856	2 762	2 542	29 703	−287	201	−3 847
河　北	1 457	3 364	32 332	3 627	8 265	53 241	−2 170	−4 901	−20 909
山　西	194	338	2 765	236	429	3 221	−42	−91	−456
内　蒙　古	1 266	2 206	18 006	1 296	2 178	17 948	−30	28	58
辽　宁	2 243	6 704	26 889	2 156	6 649	26 146	87	55	743
吉　林	4 619	7 201	82 973	4 445	6 933	80 837	174	268	2 136
黑　龙　江	11 664	21 544	119 636	11 924	16 510	113 881	−260	5 034	5 755
上　海	471	4 547	13 521	494	4 697	13 921	−23	−150	−400
江　苏	102 914	589 882	1 316 264	111 869	627 723	1 436 534	−8 955	−37 841	−120 270
浙　江	8 506	25 801	102 403	12 594	37 743	136 552	−4 088	−11 942	−34 149
安　徽	23 278	197 806	356 567	27 258	247 620	415 622	−3 980	−49 814	−59 055
福　建	3 383	4 402	23 689	3 419	4 256	23 527	−36	146	162
江　西	31 353	151 811	429 675	31 904	153 496	441 148	−551	−1 685	−11 473
山　东	27 484	101 737	374 148	27 662	120 908	354 121	−178	−19 171	20 027
河　南	4 175	15 997	69 474	4 215	16 011	69 624	−40	−14	−150
湖　北	43 371	83 452	353 802	50 661	115 188	421 978	−7 290	−31 736	−68 176
湖　南	34 968	79 231	318 757	45 759	110 392	846 183	−10 791	−31 161	−527 426
广　东	11 838	33 261	107 534	11 813	37 274	148 376	25	−4 013	−40 842
广　西	15 542	19 400	216 083	15 778	20 021	219 476	−236	−621	−3 393
海　南	33	116	239	34	150	465	−1	−34	−226
重　庆	5 498	16 334	69 014	5 540	16 087	68 966	−42	247	48
四　川	8 192	8 754	65 578	7 499	9 743	69 929	693	−989	−4 351
贵　州	4 903	7 802	75 554	5 280	8 314	78 596	−377	−512	−3 042
云　南	1 555	5 716	29 353	1 545	5 342	25 614	10	374	3 739
西　藏									
陕　西	814	3 732	11 836	911	4 987	15 077	−97	−1 255	−3 241
甘　肃	39	112	2 019	39	112	2 019			
青　海	1 127	1 198	13 789	1 127	1 198	13 789			
宁　夏	31	131	1 914	29	125	1 888	2	6	26
新　疆	1 206	4 244	21 050	1 104	3 569	17 937	102	675	3 113

各地区内陆机动渔船年末拥有量(按船长分)

地 区	24 米(含)以上			12(含)~24 米			12 米以下		
	艘	总吨	千瓦	艘	总吨	千瓦	艘	总吨	千瓦
全国总计	616	30 720	46 320	34 307	409 338	729 740	319 380	958 229	3 496 994
北 京				8	87	1 040	12	19	714
天 津							2 475	2 743	25 856
河 北	1	81	470	10	64	491	1 446	3 219	31 371
山 西				9	22	201	185	316	2 564
内 蒙 古				19	521	1 464	1 247	1 685	16 542
辽 宁	6	954	1 446	56	745	4 363	2 181	5 005	21 080
吉 林	7	640	1 669	473	1 532	10 369	4 139	5 029	70 935
黑 龙 江	19	1 605	7 207	151	973	6 542	11 494	18 966	105 887
上 海	9	529	1 613	175	3 459	8 044	287	559	3 864
江 苏	268	11 794	19 173	12 332	173 760	251 358	90 314	404 328	1 045 733
浙 江	5	592	1 245	188	2 422	7 562	8 313	22 787	93 596
安 徽	179	11 269	4 303	3 786	109 607	136 636	19 313	76 930	215 628
福 建		25		41	271	793	3 342	4 106	22 896
江 西	8	418	1 561	7 871	68 381	162 624	23 454	82 972	265 393
山 东				180	220	1 473	27 304	101 517	372 675
河 南	9	540	1 323	180	1 706	5 566	3 986	13 751	62 585
湖 北	4	283	1 718	3 181	13 149	35 218	40 186	69 241	314 978
湖 南	78	1 058	412	3 456	20 838	36 935	31 434	57 335	281 410
广 东				367	1 039	16 200	11 471	32 222	91 334
广 西	4	47	968	176	828	5 755	15 362	18 525	209 360
海 南							33	116	239
重 庆	1	86	308	736	3 672	14 724	4 761	12 576	53 982
四 川	1	100	516	94	662	2 898	8 097	7 992	62 164
贵 州	7	108	824	475	1 560	8 278	4 125	5 568	59 017
云 南	3	163	996	146	1 614	3 991	1 406	3 939	24 366
西 藏									
陕 西	5	320	168	45	1 445	1 760	764	1 967	9 908
甘 肃				3	15	309	36	97	1 710
青 海							1 127	1 198	13 789
宁 夏							31	131	1 914
新 疆	2	108	400	149	746	5 146	1 055	3 390	15 504

各地区内陆机动渔船年末拥有量（生产渔船）

地 区	生产渔船			捕捞渔船			养殖渔船		
	艘	总吨	千瓦	艘	总吨	千瓦	艘	总吨	千瓦
全国总计	343 269	1 327 781	3 992 066	225 040	892 743	2 913 403	118 229	435 038	1 078 663
北 京									
天 津	2 456	2 672	25 183	2 062	2 341	22 704	394	331	2 479
河 北	1 422	3 031	29 419	1 202	2 343	25 952	220	688	3 467
山 西	185	290	1 893	123	117	880	62	173	1 013
内 蒙 古	1 210	1 745	12 816	1 044	1 511	10 810	166	234	2 006
辽 宁	2 176	5 695	19 671	1 922	4 636	15 627	254	1 059	4 044
吉 林	4 528	6 056	76 419	2 809	3 439	43 945	1 719	2 617	32 474
黑 龙 江	11 542	19 075	104 860	7 909	14 508	72 986	3 633	4 567	31 874
上 海	437	3 830	9 090	437	3 830	9 090			
江 苏	95 762	554 950	1 234 455	46 045	303 280	755 043	49 717	251 670	479 412
浙 江	8 219	23 769	88 529	6 171	15 398	65 818	2 048	8 371	22 711
安 徽	22 559	186 516	334 641	19 465	139 160	299 534	3 094	47 356	35 107
福 建	3 360	4 181	22 121	3 048	3 615	18 661	312	566	3 460
江 西	31 188	150 382	415 824	23 810	124 432	342 646	7 378	25 950	73 178
山 东	27 260	100 422	367 407	26 589	99 136	353 636	671	1 286	13 771
河 南	4 091	15 379	63 059	1 950	4 770	32 639	2 141	10 609	30 420
湖 北	42 797	80 677	333 514	19 520	39 393	157 338	23 277	41 284	176 176
湖 南	34 782	77 796	303 532	16 720	53 053	201 069	18 062	24 743	102 463
广 东	11 595	29 384	103 484	11 314	27 690	103 350	281	1 694	134
广 西	15 429	18 559	206 512	14 574	16 937	192 104	855	1 622	14 408
海 南	32	110	233	32	110	233			
重 庆	5 111	14 867	59 025	5 009	14 522	58 025	102	345	1 000
四 川	7 830	7 950	56 038	7 011	6 212	48 202	819	1 738	7 836
贵 州	4 777	6 907	65 549	3 381	4 417	44 265	1 396	2 490	21 284
云 南	1 428	5 130	18 748	967	2 899	12 834	461	2 231	5 914
西 藏									
陕 西	784	3 544	9 718	48	977	1 838	736	2 567	7 880
甘 肃	20	20	230				20	20	230
青 海	1 112	982	11 660	1 008	765	8 878	104	217	2 782
宁 夏	9	13	154				9	13	154
新 疆	1 168	3 849	18 282	870	3 252	15 296	298	597	2 986

各地区捕捞机动渔船年末拥有量(按功率分)

地 区	44.1 千瓦以下			44.1(含)~441 千瓦			441 千瓦(含)以上		
	艘	总吨	千瓦	艘	总吨	千瓦	艘	总吨	千瓦
全国总计	331 173	1 466 129	4 445 838	57 527	5 742 298	9 977 402	2 689	1 333 504	2 272 791
北 京				6	788	1 480	8	9 358	11 387
天 津	2 187	4 031	25 311	350	25 394	46 726	9	6 091	8 745
河 北	3 237	23 926	59 332	2 075	162 191	262 631	3	744	1 323
山 西	123	117	880						
内 蒙 古	1 042	1 241	10 442	2	270	368			
辽 宁	14 759	109 457	243 708	5 501	394 440	711 598	214	105 634	208 375
吉 林	2 782	3 377	42 467	27	62	1 478			
黑 龙 江	7 896	14 313	71 541	13	195	1 445			
上 海	405	2 521	6 277	348	35 151	58 898	56	61 818	75 086
江 苏	47 106	294 568	717 991	5 570	350 032	676 113	17	5 600	8 392
浙 江	11 828	46 920	153 986	11 406	1 993 458	2 893 020	570	354 044	494 589
安 徽	18 148	87 089	209 851	1 317	52 071	89 683			
福 建	21 099	77 306	260 472	7 663	729 663	1 414 608	524	227 697	487 125
江 西	23 805	124 365	342 228	5	67	418			
山 东	39 935	210 299	568 095	7 721	694 911	1 207 088	285	171 344	326 133
河 南	1 917	4 671	30 999	33	99	1 640			
湖 北	19 506	39 315	154 309	14	78	3 029			
湖 南	16 720	53 053	201 069						
广 东	39 668	164 252	475 726	8 582	590 162	1 219 359	524	163 122	297 838
广 西	20 812	47 818	236 652	2 224	401 432	546 981	68	24 954	36 638
海 南	19 934	125 093	449 725	4 584	303 669	820 266	146	62 657	78 197
重 庆	5 004	14 493	57 775	5	29	250			
四 川	7 006	6 190	47 954	5	22	248			
贵 州	3 379	4 409	44 094	2	8	171			
云 南	967	2 899	12 834						
西 藏									
陕 西	45	788	1 618	3	189	220			
甘 肃									
青 海	1 008	765	8 878						
宁 夏									
新 疆	855	2 853	11 624	15	399	3 672			
中农发集团				56	7 518	16 012	265	140 441	238 963

各地区海洋捕捞机动渔船基本情况

地 区	合 计		1. 国内海洋捕捞		2. 纳入双控管理渔船数		3. 远洋渔船	
	艘	千瓦	艘	千瓦	艘	千瓦	艘	千瓦
全国总计	166 349	13 782 628	163 858	11 230 839	141 321	11 405 506	2 491	2 551 789
北 京	14	12 867					14	12 867
天 津	484	58 078	468	49 242	483	46 990	16	8 836
河 北	4 113	297 334	4 095	276 768	4 401	328 665	18	20 566
辽 宁	18 552	1 148 054	18 221	857 703	17 566	823 356	331	290 351
上 海	372	131 171	302	19 469	380	56 723	70	111 702
江 苏	6 648	647 453	6 595	630 917	4 513	530 539	53	16 536
浙 江	17 633	3 475 777	17 090	2 864 955	18 080	3 110 654	543	610 822
福 建	26 238	2 143 544	25 744	1 600 446	15 921	1 686 166	494	543 098
山 东	21 352	1 747 680	20 900	1 215 561	18 718	1 364 150	452	532 119
广 东	37 460	1 889 573	37 295	1 764 039	32 713	1 791 984	165	125 534
广 西	8 530	628 167	8 509	603 784	8 670	704 867	21	24 383
海 南	24 632	1 347 955	24 632	1 347 955	19 876	961 412		
中农发集团	321*	254 975	7				314	254 975

*:其中含 7 艘未作业渔船。

各地区海洋捕捞机动渔船年末拥有量（按功率分）

地 区	44.1 千瓦以下			44.1(含)~441 千瓦			441 千瓦(含)以上		
	艘	总吨	千瓦	艘	总吨	千瓦	艘	总吨	千瓦
全国总计	109 498	678 628	1 778 238	54 256	5 637 302	9 731 899	2 595	1 333 258	2 272 491
北 京				6	788	1 480	8	9 358	11 387
天 津	125	1 690	2 607	350	25 394	46 726	9	6 091	8 745
河 北	2 055	21 583	33 380	2 055	162 191	262 631	3	744	1 323
辽 宁	12 847	105 646	229 069	5 491	393 615	710 610	214	105 634	208 375
上 海	32	237	917	284	33 605	55 168	56	61 818	75 086
江 苏	2 615	34 231	85 956	4 016	307 089	553 105	17	5 600	8 392
浙 江	5 660	32 000	88 414	11 403	1 992 980	2 892 774	570	354 044	494 589
福 建	18 052	73 701	241 914	7 662	729 653	1 414 505	524	227 697	487 125
山 东	13 348	111 241	214 716	7 719	694 833	1 206 831	285	171 344	326 133
广 东	28 624	142 435	387 225	8 406	584 535	1 204 810	430	162 876	297 538
广 西	6 238	30 881	44 548	2 224	401 432	546 981	68	24 954	36 638
海 南	19 902	124 983	449 492	4 584	303 669	820 266	146	62 657	78 197
中农发集团				56	7 518	16 012	265	140 441	238 963

各地区海洋捕捞机动渔船年末拥有量（按作业类型分）（一）

地　区	拖　网			围　网			刺　网		
	艘	总吨	千瓦	艘	总吨	千瓦	艘	总吨	千瓦
全国总计	31 437	3 559 919	6 255 340	8 049	803 915	1 297 698	90 375	1 908 711	3 843 325
北　京									
天　津	27	6 431	10 237	6	3 231	2 376	422	15 103	31 886
河　北	226	39 899	65 056	7	3 759	2 368	3 879	140 845	229 894
辽　宁	3 748	262 564	477 576	509	4 166	5 697	10 503	272 345	517 808
上　海	274	69 434	90 710	8	12 039	21 024	12	1 121	2 194
江　苏	1 138	53 503	113 123	71	4 796	4 543	3 240	230 212	407 432
浙　江	6 781	1 179 117	1 837 577	471	141 229	185 242	5 514	360 141	513 024
福　建	3 539	422 513	882 558	1 426	251 233	382 322	10 910	166 868	425 197
山　东	7 099	628 068	1 139 411	177	50 763	98 681	10 121	156 310	298 402
广　东	4 770	390 417	831 901	1 299	108 421	174 239	26 238	307 239	678 327
广　西	2 013	306 462	408 600	793	83 101	104 405	5 186	60 050	103 839
海　南	1 662	129 563	261 128	3 210	109 076	265 248	14 346	198 333	634 882
中农发集团	160	71 948	137 463	72	32 101	51 553	4	144	440

各地区海洋捕捞机动渔船年末拥有量（按作业类型分）（二）

地　区	张　网			钓　业			其　他		
	艘	总吨	千瓦	艘	总吨	千瓦	艘	总吨	千瓦
全国总计	15 274	394 159	696 218	9 600	724 096	1 138 703	11 614	258 388	551 344
北　京	6	788	1 480	8	9 358	11 387			
天　津	12	2 010	3 914	9	6 091	8 745	8	309	920
河　北							1	15	16
辽　宁	2 032	18 447	50 591	1 036	41 314	74 544	724	6 059	21 838
上　海	67	1 281	3 915	11	11 785	13 328			
江　苏	1 868	52 645	107 959	6	290	1 044	325	5 474	13 352
浙　江	2 848	243 719	331 607	869	346 551	468 141	1 150	108 267	140 186
福　建	4 078	49 559	118 899	1 410	57 766	101 523	4 875	83 112	233 045
山　东	2 595	12 696	32 414	1 235	126 753	174 092	125	2 828	4 680
广　东	308	1 577	4 568	1 881	48 269	117 036	2 964	33 923	83 502
广　西				298	1 141	5	240	6 513	11 318
海　南	1 452	10 537	39 111	2 760	31 912	105 099	1 202	11 888	42 487
中农发集团	8	900	1 760	77	42 866	63 759			

各地区内陆捕捞机动渔船年末拥有量（按功率分）

地　　区	44.1 千瓦以下			44.1（含）~441 千瓦			441 千瓦（含）以上		
	艘	总吨	千瓦	艘	总吨	千瓦	艘	总吨	千瓦
全国总计	221 675	787 501	2 667 600	3 271	104 996	245 503	94	246	300
北　京									
天　津	2 062	2 341	22 704						
河　北	1 182	2 343	25 952	20					
山　西	123	117	880						
内　蒙　古	1 042	1 241	10 442	2	270	368			
辽　宁	1 912	3 811	14 639	10	825	988			
吉　林	2 782	3 377	42 467	27	62	1 478			
黑　龙　江	7 896	14 313	71 541	13	195	1 445			
上　海	373	2 284	5 360	64	1 546	3 730			
江　苏	44 491	260 337	632 035	1 554	42 943	123 008			
浙　江	6 168	14 920	65 572	3	478	246			
安　徽	18 148	87 089	209 851	1 317	52 071	89 683			
福　建	3 047	3 605	18 558	1	10	103			
江　西	23 805	124 365	342 228	5	67	418			
山　东	26 587	99 058	353 379	2	78	257			
河　南	1 917	4 671	30 999	33	99	1 640			
湖　北	19 506	39 315	154 309	14	78	3 029			
湖　南	16 720	53 053	201 069						
广　东	11 044	21 817	88 501	176	5 627	14 549	94	246	300
广　西	14 574	16 937	192 104						
海　南	32	110	233						
重　庆	5 004	14 493	57 775	5	29	250			
四　川	7 006	6 190	47 954	5	22	248			
贵　州	3 379	4 409	44 094	2	8	171			
云　南	967	2 899	12 834						
西　藏									
陕　西	45	788	1 618	3	189	220			
甘　肃									
青　海	1 008	765	8 878						
宁　夏									
新　疆	855	2 853	11 624	15	399	3 672			

各地区远洋渔船年末拥有量

地 区	2017 年		2016 年		2017 年比 2016 年增减（±）	
	艘	千瓦	艘	千瓦	艘	千瓦
全国总计	2 491	2 551 789	2 571	2 404 162	−80	147 627
北　京	14	12 867	14	12 610		257
天　津	16	8 836	20	11 702	−4	−2 866
河　北	18	20 566	16	17 624	2	2 942
辽　宁	331	290 351	381	343 170	−50	−52 819
上　海	70	111 702	82	105 392	−12	6 310
江　苏	53	16 536	49	15 160	4	1 376
浙　江	543	610 822	550	501 378	−7	109 444
福　建	494	543 098	505	502 583	−11	40 515
山　东	452	532 119	440	513 364	12	18 755
广　东	165	125 534	177	113 233	−12	12 301
广　西	21	24 383	13	12 529	8	11 854
海　南						
中农发集团	314	254 975	324	255 417	−10	−442

各地区辅助渔船年末拥有量

地　区	合　计			其　中					
				捕捞辅助船			渔业执法船		
	艘	总吨	千瓦	艘	总吨	千瓦	艘	总吨	千瓦
全国总计	24 014	1 114 016	2 293 388	20 345	960 822	1 621 650	2 581	84 236	593 535
北　京	20	106	1 754				20	106	1 754
天　津	72	2 302	8 799	53	2 255	8 226	12	47	573
河　北	803	31 049	75 512	734	28 945	66 556	47	1 953	8 738
山　西	9	48	872				9	48	872
内　蒙　古	56	461	5 190	11	7	368	45	454	4 822
辽　宁	847	63 372	182 899	720	52 368	117 404	122	11 004	65 495
吉　林	91	1 145	6 554	21	27	128	59	1 090	6 156
黑　龙　江	122	2 469	14 776	4	13	139	97	2 236	13 972
上　海	62	13 459	31 657	10	1 065	1 632	52	12 394	30 025
江　苏	7 383	56 097	147 034	7 154	49 063	101 762	229	7 034	45 272
浙　江	2 625	584 462	882 764	2 333	518 666	747 876	175	13 485	103 791
安　徽	719	11 290	21 926	600	9 608	10 691	119	1 682	11 235
福　建	2 648	154 575	305 043	2 075	136 745	233 345	72	4 672	41 025
江　西	165	1 429	13 851	59	114	753	106	1 315	13 098
山　东	638	78 881	149 106	337	69 411	88 582	140	8 924	55 692
河　南	84	618	6 415				84	618	6 415
湖　北	574	2 775	20 288	373	743	2 460	201	2 032	17 828
湖　南	186	1 435	15 225				186	1 435	15 225
广　东	4 570	81 902	271 896	4 262	74 578	201 908	189	4 950	61 993
广　西	1 016	9 249	45 740	877	4 516	11 369	137	4 723	34 206
海　南	198	12 131	35 384	166	11 429	23 936	32	702	11 448
重　庆	387	1 467	9 989	333	854	2 626	54	613	7 363
四　川	362	804	9 540	176	160	1 188	84	546	7 484
贵　州	126	895	10 005	14	20	268	104	863	9 488
云　南	127	586	10 605	25	80	244	90	473	9 798
西　藏									
陕　西	30	188	2 118	3	1	20	27	170	2 098
甘　肃	19	92	1 789				19	92	1 789
青　海	15	216	2 129				15	216	2 129
宁　夏	22	118	1 760				22	118	1 760
新　疆	38	395	2 768	5	154	169	33	241	1 991

各地区海洋辅助渔船年末拥有量

地　　区	合　计			其　中					
				捕捞辅助船			渔业执法船		
	艘	总吨	千瓦	艘	总吨	千瓦	艘	总吨	千瓦
全国总计	12 664	1 042 125	2 002 980	11 386	913 401	1 531 689	562	58 703	396 532
北　京									
天　津	53	2 231	8 126	53	2 231	8 126			
河　北	768	30 716	72 599	729	28 935	66 360	17	1 730	6 121
辽　宁	780	62 363	175 681	683	52 020	114 372	97	10 343	61 309
上　海	28	12 742	27 226	7	910	1 362	21	11 832	25 864
江　苏	231	21 165	65 225	204	17 234	38 251	27	3 931	26 974
浙　江	2 338	582 430	868 890	2 189	518 298	745 551	71	12 099	92 863
福　建	2 625	154 354	303 475	2 072	136 728	233 317	54	4 590	39 497
山　东	414	77 566	142 365	335	69 411	88 582	76	7 985	53 544
广　东	4 327	78 025	267 846	4 090	71 724	201 272	123	3 936	53 579
广　西	903	8 408	36 169	859	4 487	10 566	44	1 555	25 333
海　南	197	12 125	35 378	165	11 423	23 930	32	702	11 448

各地区内陆辅助渔船年末拥有量

地　区	合　计			其　中					
				捕捞辅助船			渔业执法船		
	艘	总吨	千瓦	艘	总吨	千瓦	艘	总吨	千瓦
全国总计	11 350	71 891	290 408	8 959	47 421	89 961	2 019	25 533	197 003
北　京	20	106	1 754				20	106	1 754
天　津	19	71	673		24	100	12	47	573
河　北	35	333	2 913	5	10	196	30	223	2 617
山　西	9	48	872				9	48	872
内　蒙　古	56	461	5 190	11	7	368	45	454	4 822
辽　宁	67	1 009	7 218	37	348	3 032	25	661	4 186
吉　林	91	1 145	6 554	21	27	128	59	1 090	6 156
黑　龙　江	122	2 469	14 776	4	13	139	97	2 236	13 972
上　海	34	717	4 431	3	155	270	31	562	4 161
江　苏	7 152	34 932	81 809	6 950	31 829	63 511	202	3 103	18 298
浙　江	287	2 032	13 874	144	368	2 325	104	1 386	10 928
安　徽	719	11 290	21 926	600	9 608	10 691	119	1 682	11 235
福　建	23	221	1 568	3	17	28	18	82	1 528
江　西	165	1 429	13 851	59	114	753	106	1 315	13 098
山　东	224	1 315	6 741	2			64	939	2 148
河　南	84	618	6 415				84	618	6 415
湖　北	574	2 775	20 288	373	743	2 460	201	2 032	17 828
湖　南	186	1 435	15 225				186	1 435	15 225
广　东	243	3 877	4 050	172	2 854	636	66	1 014	8 414
广　西	113	841	9 571	18	29	803	93	3 168	8 873
海　南	1	6	6	1	6	6			
重　庆	387	1 467	9 989	333	854	2 626	54	613	7 363
四　川	362	804	9 540	176	160	1 188	84	546	7 484
贵　州	126	895	10 005	14	20	268	104	863	9 488
云　南	127	586	10 605	25	80	244	90	473	9 798
西　藏									
陕　西	30	188	2 118	3	1	20	27	170	2 098
甘　肃	19	92	1 789				19	92	1 789
青　海	15	216	2 129				15	216	2 129
宁　夏	22	118	1 760				22	118	1 760
新　疆	38	395	2 768	5	154	169	33	241	1 991

各地区非机动渔船年末拥有量

地　区	合　计		海洋渔业非机动渔船		内陆渔业非机动渔船	
	艘	总吨	艘	总吨	艘	总吨
全国总计	346 829	437 260	5 522	10 206	341 307	427 054
北　京	384	384			384	384
天　津	1 154	563			1 154	563
河　北	3 255	2 778			3 255	2 778
山　西	41	34			41	34
内　蒙　古	229	188			229	188
辽　宁	2 385	3 071	324	347	2 061	2 724
吉　林	2 606	1 581			2 606	1 581
黑　龙　江	2 046	1 211			2 046	1 211
上　海	72	53			72	53
江　苏	117 407	230 206	204	429	117 203	229 777
浙　江	17 820	24 443	543	646	17 277	23 797
安　徽	19 403	35 410			19 403	35 410
福　建	2 164	2 149	2 044	2 054	120	95
江　西	22 509	22 369			22 509	22 369
山　东	32 393	16 656	10	5	32 383	16 651
河　南	5 611	4 987			5 611	4 987
湖　北	63 829	54 954			63 829	54 954
湖　南	37 589	19 886			37 589	19 886
广　东	2 832	6 905	2 311	6 559	521	346
广　西	321	187			321	187
海　南	86	168	86	166		2
重　庆	622	575			622	575
四　川	3 136	1 972			3 136	1 972
贵　州	548	377			548	377
云　南	7 376	5 233			7 376	5 233
西　藏						
陕　西	551	480			551	480
甘　肃	29	29			29	29
青　海	40	40			40	40
宁　夏	171	257			171	257
新　疆	220	114			220	114

（四）基础设施

各地区渔业基础设施情况

单位:个

地　　区	国家级水产原良种场	渔港合计	沿海中心渔港	沿海一级渔港	内陆重点渔港	国家级水产种质资源保护区	国家级水生野生动植物自然保护区
全　国　总　计	84	180	66	82	32	535	25
北　　　　京	3						
天　　　　津	2						
河　　　　北	4	8	3	4	1	19	
山　　　　西	1					2	
内　蒙　古	1	1			1	9	
辽　　　　宁	1	10	3	6	1	7	1
吉　　　　林	1	2			2	28	1
黑　龙　江	1	3			3	25	
上　　　　海	1	1		1			
江　　　　苏	7	12	6	5	1	35	
浙　　　　江	6	22	9	13		5	
安　　　　徽	2	3			3	28	
福　　　　建	1	22	8	13	1	11	1
江　　　　西	4	2			2	25	
山　　　　东	14	21	11	9	1	44	
河　　　　南						18	
湖　　　　北	12	4			4	66	3
湖　　　　南	4	4			4	36	1
广　　　　东	5	19	8	11		17	5
广　　　　西	2	9	4	4	1	3	
海　　　　南	1	10	6	4		2	1
重　　　　庆	1	2			2	2	1
四　　　　川	2	3			3	30	2
贵　　　　州		1			1	24	1
云　　　　南						15	1
西　　　　藏						5	
陕　　　　西	1					19	5
甘　　　　肃	1					21	2
青　　　　海	1					13	
宁　　　　夏						5	
新　　　　疆		1			1	12	
大　　　　连	3	9	3	6			
青　　　　岛	1	6	3	3			
宁　　　　波	1	4	1	3			
厦　　　　门		1	1				
深　　　　圳							
跨省份保护区						9	

（五）渔业人口

全国渔业人口与从业人员

指　标	计量单位	2017 年	2016 年	2017 年比2016 年增减（±）	其中:海洋渔业		
					2017 年	2016 年	2017 年比2016 年增减（±）
1. 渔业乡	个	758	756	2	391	388	3
2. 渔业村	个	8 277	8 416	– 139	3 663	3 653	10
3. 渔业户	户	4 860 410	4 954 752	– 94 342	1 417 718	1 439 467	– 21 749
4. 渔业人口	人	19 318 522	19 734 145	– 415 623	5 558 764	5 652 353	– 93 589
其中:传统渔民	人	6 521 381	6 611 061	– 89 680	2 951 161	3 008 629	– 57 468
5. 渔业从业人员	人	13 593 913	13 816 914	– 223 001	3 776 371	3 758 761	17 610
（1）专业从业人员	人	7 450 352	7 565 869	– 115 517	2 295 780	2 273 538	22 242
其中:女性	人	1 458 403	1 556 492	– 98 089	338 823	355 239	– 16 416
其中:捕捞	人	1 678 360	1 726 643	– 48 283	990 325	1 002 122	– 11 797
养殖	人	4 901 871	5 021 686	– 119 815	910 333	916 408	– 6 075
其他	人	870 121	817 540	52 581	395 122	355 008	40 114
（2）兼业从业人员	人	4 584 230	4 671 973	– 87 743	911 033	918 835	– 7 802
（3）临时从业人员	人	1 559 331	1 579 072	– 19 741	569 558	566 388	3 170

各地区渔业人口与从业人员(一)

地　　区	1.渔业乡（个）	2.渔业村（个）	3.渔业户（户）	4.渔业人口（人）		5.渔业从业人员（人）
				小　计	其中:传统渔民	
全国总计	758	8 277	4 860 410	19 318 522	6 521 381	13 593 913
北　京	9	35	2 618	10 055	2 199	9 721
天　津		5	13 657	46 990	14 382	32 826
河　北	38	228	62 708	270 042	154 644	217 703
山　西			1 287	5 944	69	5 661
内 蒙 古	4	31	8 310	44 217	6 083	31 208
辽　宁	135	663	180 967	698 243	397 958	529 930
吉　林	1	4	22 154	84 101	965	69 654
黑 龙 江			50 978	190 105	152 084	128 794
上　海		18	8 079	25 206	8 307	19 268
江　苏	39	428	323 610	1 347 633	435 720	1 087 225
浙　江	84	781	310 649	1 036 252	394 714	714 416
安　徽	12	183	188 796	795 059	290 080	629 296
福　建	54	600	418 274	1 709 984	892 746	935 681
江　西	20	333	323 328	1 474 608	324 751	908 863
山　东	93	1 346	458 519	1 710 704	644 636	1 450 222
河　南	25	381	139 424	533 542	25 187	432 787
湖　北	59	876	507 701	1 696 154	738 867	1 253 872
湖　南	5	293	282 644	1 267 462	173 121	925 948
广　东	99	1 045	509 365	2 277 404	994 581	1 242 203
广　西	15	207	232 214	1 029 740	320 024	815 221
海　南	28	395	81 286	414 101	212 313	246 267
重　庆		9	134 055	454 844	10 924	347 754
四　川	36	169	470 577	1 624 822	215 541	1 132 060
贵　州		1	32 851	137 377	10 698	74 652
云　南		5	67 106	305 446	80 976	251 068
西　藏		1	45	98	17	63
陕　西	2	238	20 121	81 005	14 500	55 082
甘　肃			2 042	9 515	772	8 454
青　海			106	3 750		3 504
宁　夏			2 999	14 299		15 301
新　疆		2	3 940	19 820	4 522	19 209

各地区渔业人口与从业人员(二)

地 区	5.渔业从业人员(续)					(2)兼业 从业人员	(3)临时 从业人员
	(1)专业从业人员						
	小 计	其中:女性	a.捕捞	b.养殖	c.其他		
全国总计	7 450 352	1 458 403	1 678 360	4 901 871	870 121	4 584 230	1 559 331
北 京	6 272	2 002	997	4 389	886	2 639	810
天 津	17 215	225	4 297	11 915	1 003	9 633	5 978
河 北	106 424	20 767	40 380	49 889	16 155	45 479	65 800
山 西	3 083	526	341	2 480	262	1 552	1 026
内 蒙 古	17 329	4 034	5 456	10 107	1 766	11 097	2 782
辽 宁	349 953	47 176	126 878	194 669	28 406	110 609	69 368
吉 林	18 883	2 733	3 649	13 815	1 419	44 144	6 627
黑 龙 江	85 378	25 614	19 862	56 578	8 938	36 578	6 838
上 海	15 277	948	4 700	9 765	812	3 291	700
江 苏	652 460	151 933	155 876	456 413	40 171	304 756	130 009
浙 江	455 990	81 468	157 317	194 895	103 778	160 472	97 954
安 徽	308 051	78 011	56 025	221 570	30 456	243 460	77 785
福 建	566 948	87 798	189 866	300 474	76 608	291 088	77 645
江 西	419 255	81 429	57 948	303 571	57 736	378 585	111 023
山 东	741 787	139 576	208 208	354 231	179 348	359 454	348 981
河 南	199 431	47 865	25 936	151 210	22 285	196 919	36 437
湖 北	854 691	212 847	78 912	712 065	63 714	285 099	114 082
湖 南	461 210	101 414	51 401	376 430	33 379	411 062	53 676
广 东	813 935	134 878	250 698	500 009	63 228	356 964	71 304
广 西	412 644	52 547	68 413	305 004	39 227	317 144	85 433
海 南	197 692	30 060	107 646	63 244	26 802	40 251	8 324
重 庆	178 093	60 890	12 037	153 230	12 826	121 776	47 885
四 川	379 897	63 822	21 821	310 240	47 836	678 200	73 963
贵 州	34 816	5 352	8 977	21 205	4 634	32 545	7 291
云 南	94 433	17 235	14 998	74 941	4 494	109 801	46 834
西 藏	35		35			23	5
陕 西	32 164	3 520	1 250	28 658	2 256	18 568	4 350
甘 肃	3 709	631	306	3 108	295	3 349	1 396
青 海	2 523	227	2 124	349	50	931	50
宁 夏	8 299	1 520	546	7 364	389	4 385	2 617
新 疆	12 475	1 355	1 460	10 053	962	4 376	2 358

各地区海洋渔业人口与从业人员（一）

地　　区	1.渔业乡（个）	2.渔业村（个）	3.渔业户（户）	4.渔业人口（人）		5.渔业从业人员（人）
				小　　计	其中：传统渔民	
全国总计	391	3 663	1 417 718	5 558 764	2 951 161	3 776 371
北　　京						
天　　津		5	2 720	7 890	4 409	3 991
河　　北	12	73	36 248	144 146	111 256	136 454
山　　西						
内 蒙 古						
辽　　宁	86	369	128 137	507 825	308 419	356 090
吉　　林						
黑 龙 江						
上　　海		4	1 735	5 241	2 489	3 985
江　　苏	11	95	40 048	234 849	94 390	169 248
浙　　江	77	600	216 283	657 013	288 182	376 128
安　　徽						
福　　建	53	578	346 436	1 395 072	803 082	746 140
江　　西						
山　　东	60	857	290 643	917 765	373 080	1 025 699
河　　南						
湖　　北						
湖　　南						
广　　东	65	632	224 735	1 062 374	694 042	507 990
广　　西	5	110	64 930	309 356	87 475	259 934
海　　南	22	340	65 803	317 233	184 337	190 712
重　　庆						
四　　川						
贵　　州						
云　　南						
西　　藏						
陕　　西						
甘　　肃						
青　　海						
宁　　夏						
新　　疆						

各地区海洋渔业人口与从业人员(二)

单位:人

地 区	5.渔业从业人员(续)					(2)兼业从业人员	(3)临时从业人员
	(1)专业从业人员						
	小 计	其中:女性	a.捕捞	b.养殖	c.其他		
全国总计	2 295 780	338 823	990 325	910 333	395 122	911 033	569 558
北 京							
天 津	3 071	130	1 364	810	897	830	90
河 北	66 406	2 995	27 622	26 253	12 531	13 339	56 709
山 西							
内 蒙 古							
辽 宁	242 483	35 354	110 623	108 507	23 353	63 645	49 962
吉 林							
黑 龙 江							
上 海	3 769	109	3 489		280	57	159
江 苏	98 526	24 292	52 132	38 550	7 844	54 803	15 919
浙 江	265 773	36 195	133 365	60 968	71 440	56 231	54 124
安 徽							
福 建	469 554	74 823	177 662	224 571	67 321	208 712	67 874
江 西							
山 东	442 377	80 649	133 955	168 398	140 024	315 571	267 751
河 南							
湖 北							
湖 南							
广 东	372 934	49 402	218 062	116 473	38 399	107 031	28 025
广 西	175 659	13 048	37 999	127 099	10 561	61 828	22 447
海 南	155 228	21 826	94 052	38 704	22 472	28 986	6 498
重 庆							
四 川							
贵 州							
云 南							
西 藏							
陕 西							
甘 肃							
青 海							
宁 夏							
新 疆							

四、加 工 与 贸 易

（一）水产品加工

全国水产加工情况

指　　标	计量单位	2017 年	2016 年	2017 年比 2016 年增减（±）	
				绝对量	幅度（%）
1. 水产加工企业	个	9 674	9 694	− 20	− 0.21
水产品加工能力	吨/年	29 262 317	28 491 124	771 193	2.71
其中：规模以上加工企业	个	2 636	2 714	− 78	− 2.87
2. 水产冷库	座	8 237	8 595	− 358	− 4.17
冻结能力	吨/日	937 190	946 875	− 9 685	− 1.02
冷藏能力	吨/次	4 657 017	4 583 690	73 327	1.60
制冰能力	吨/日	234 129	253 993	− 19 864	− 7.82
3. 水产加工品总量	吨	21 962 522	21 654 407	308 115	1.42
淡水加工产品	吨	4 081 875	3 903 668	178 207	4.57
海水加工产品	吨	17 880 647	17 750 739	129 908	0.73
（1）水产冷冻品	吨	14 873 451	14 049 146	824 305	5.87
其中：冷冻品	吨	7 300 544	7 033 530	267 014	3.80
冷冻加工品	吨	7 572 907	7 015 616	557 291	7.94
（2）鱼糜制品及干腌制品	吨	3 252 542	3 235 165	17 377	0.54
其中：鱼糜制品	吨	1 541 893	1 553 620	− 11 727	− 0.75
干腌制品	吨	1 710 649	1 681 545	29 104	1.73
（3）藻类加工品	吨	1 100 541	1 060 316	40 225	3.79
（4）罐制品	吨	419 973	451 198	− 31 225	− 6.92
（5）水产饲料（鱼粉）	吨	639 165	705 525	− 66 360	− 9.41
（6）鱼油制品	吨	67 564	69 289	− 1 725	− 2.49
（7）其他水产加工品	吨	1 609 286	2 083 768	− 474 482	− 22.77
其中：助剂和添加剂	吨	105 406	97 070	8 336	8.59
珍珠	千克	180 829	244 527	− 63 698	− 26.05
4. 用于加工的水产品总量	吨	26 800 176	26 357 579	442 597	1.68
其中：淡水产品	吨	5 734 971	5 693 896	41 075	0.72
海水产品	吨	21 065 205	20 663 683	401 522	1.94
5. 部分水产品年加工量	吨	1 657 675	1 519 032	138 643	9.13
其中：对虾	吨	520 100	512 322	7 778	1.52
克氏原螯虾	吨	309 407	192 132	117 275	61.04
罗非鱼	吨	667 549	640 317	27 232	4.25
鳗鱼	吨	118 701	117 410	1 291	1.10
斑点叉尾鮰	吨	41 918	56 851	− 14 933	− 26.27

各地区水产加工品总量

单位:吨

| 地 区 | 2017 年 | | 2016 年 | | 2017 年比 2016 年增减(±) | | | |
| | | | | | 绝对量 | | 幅度(%) | |
	水产加工品总量	其中:淡水加工产品	水产加工品总量	其中:淡水加工产品	水产加工品总量	其中:淡水加工产品	水产加工品总量	其中:淡水加工产品
全国总计	21 962 522	4 081 875	21 654 407	3 903 668	308 115	178 207	1.42	4.57
北　京	2 073	1 675	5 397	1 716	− 3 324	− 41	− 61.59	− 2.39
天　津	510		1 010	500	− 500	− 500	− 49.50	
河　北	88 247	14 024	86 050	13 777	2 197	247	2.55	1.79
山　西								
内　蒙　古	8 090	8 090	8 458	8 458	− 368	− 368	− 4.35	− 4.35
辽　宁	2 448 498	36 585	2 442 743	38 532	5 755	− 1 947	0.24	− 5.05
吉　林	237 716	1 776	220 807	1 867	16 909	− 91	7.66	− 4.87
黑　龙　江	7 625	7 625	6 175	6 175	1 450	1 450	23.48	23.48
上　海	12 384	9 835	15 890	13 500	− 3 506	− 3 665	− 22.06	− 27.15
江　苏	1 640 182	882 296	1 604 668	863 260	35 514	19 036	2.21	2.21
浙　江	2 083 654	85 594	2 157 127	100 044	− 73 473	− 14 450	− 3.41	− 14.44
安　徽	259 472	254 829	262 329	251 874	− 2 857	2 955	− 1.09	1.17
福　建	3 677 613	165 468	3 511 620	152 804	165 993	12 664	4.73	8.29
江　西	379 075	379 075	373 013	373 013	6 062	6 062	1.63	1.63
山　东	6 993 534	121 058	6 983 205	110 382	10 329	10 676	0.15	9.67
河　南	20 167	20 167	22 367	22 367	− 2 200	− 2 200	− 9.84	− 9.84
湖　北	1 143 318	1 143 318	1 037 535	1 037 535	105 783	105 783	10.20	10.20
湖　南	137 990	137 990	142 334	142 334	− 4 344	− 4 344	− 3.05	− 3.05
广　东	1 526 477	377 776	1 498 846	363 484	27 631	14 292	1.84	3.93
广　西	718 223	141 532	724 993	150 286	− 6 770	− 8 754	− 0.93	− 5.82
海　南	484 518	200 006	486 512	188 432	− 1 994	11 574	− 0.41	6.14
重　庆	1 098	1 098	895	895	203	203	22.68	22.68
四　川	5 130	5 130	5 120	5 120	10	10	0.20	0.20
贵　州	1 406	1 406	1 364	1 364	42	42	3.08	3.08
云　南	73 996	73 996	47 083	47 083	26 913	26 913	57.16	57.16
西　藏								
陕　西	1 090	1 090	985	985	105	105	10.66	10.66
甘　肃								
青　海	3 000	3 000	3 000	3 000				
宁　夏	116	116	165	165	− 49	− 49	− 29.70	− 29.70
新　疆	7 320	7 320	4 716	4 716	2 604	2 604	55.22	55.22

各地区水产加工品总量（按品种分）（一）

单位:吨

地 区	水产加工品总量	淡水加工品	海水加工品	1. 水产冷冻品	冷冻品	冷冻加工品
全国总计	21 962 522	4 081 875	17 880 647	14 873 451	7 300 544	7 572 907
北　京	2 073	1 675	398	1 998	1 600	398
天　津	510		510	510	510	
河　北	88 247	14 024	74 223	69 090	33 628	35 462
山　西						
内　蒙　古	8 090	8 090		4 647	4 446	201
辽　宁	2 448 498	36 585	2 411 913	1 781 172	626 384	1 154 788
吉　林	237 716	1 776	235 940	219 627	133 392	86 235
黑　龙　江	7 625	7 625		4 400	4 400	
上　海	12 384	9 835	2 549	12 384	3 559	8 825
江　苏	1 640 182	882 296	757 886	634 274	411 571	222 703
浙　江	2 083 654	85 594	1 998 060	1 552 338	1 093 373	458 965
安　徽	259 472	254 829	4 643	176 205	59 630	116 575
福　建	3 677 613	165 468	3 512 145	2 027 333	1 009 139	1 018 194
江　西	379 075	379 075		132 172	62 606	69 566
山　东	6 993 534	121 058	6 872 476	5 396 116	2 720 230	2 675 886
河　南	20 167	20 167		18 179	6 095	12 084
湖　北	1 143 318	1 143 318		540 232	229 734	310 498
湖　南	137 990	137 990		74 875	50 999	23 876
广　东	1 526 477	377 776	1 148 701	1 095 538	424 469	671 069
广　西	718 223	141 532	576 691	629 312	161 578	467 734
海　南	484 518	200 006	284 512	428 773	223 788	204 985
重　庆	1 098	1 098		261	200	61
四　川	5 130	5 130		3 713	520	3 193
贵　州	1 406	1 406		610	500	110
云　南	73 996	73 996		60 647	29 233	31 414
西　藏						
陕　西	1 090	1 090		1 090	1 090	
甘　肃						
青　海	3 000	3 000		3 000	3 000	
宁　夏	116	116				
新　疆	7 320	7 320		4 955	4 870	85

各地区水产加工品总量(按品种分)(二)

单位:吨

地 区	2.鱼糜制品及干腌制品	鱼糜制品	干腌制品	3.藻类加工品	4.罐制品	5.鱼粉
全国总计	3 252 542	1 541 893	1 710 649	1 100 541	419 973	639 165
北 京						75
天 津						
河 北	3 960		3 960		10 287	3 929
山 西						
内 蒙 古	1 414		1 414	1 914	115	
辽 宁	172 793	60 017	112 776	238 063	20 157	80 540
吉 林	17 949	4 060	13 889		140	
黑 龙 江	2 967	107	2 860		108	
上 海						
江 苏	67 293	24 198	43 095	24 983	62 088	1 641
浙 江	220 204	92 620	127 584	29 194	46 224	189 835
安 徽	62 456	45 296	17 160		5 500	15 293
福 建	874 281	461 025	413 256	436 339	78 176	17 225
江 西	215 767	77 489	138 278	1 434	13 902	
山 东	739 450	347 569	391 881	362 924	121 128	206 241
河 南	1 765	632	1 133	223		
湖 北	579 139	289 058	290 081		15 565	2 020
湖 南	57 925	20 063	37 862		3 277	326
广 东	182 182	96 066	86 116	4 841	41 594	85 094
广 西	32 822	15 134	17 688		671	586
海 南	11 665	5 062	6 603			30 000
重 庆	816	550	266		21	
四 川	1 393	1 216	177		8	
贵 州	796	68	728			
云 南	5 160	1 663	3 497	616	536	4 720
西 藏						
陕 西						
甘 肃						
青 海						
宁 夏					116	
新 疆	345		345	10	360	1 640

各地区水产加工品总量(按品种分)(三)

单位:吨

地 区	6.鱼油制品	7.其他水产加工品	其 中	
			助剂和添加剂	珍珠(千克)
全国总计	67 564	1 609 286	105 406	180 829
北 京				
天 津				
河 北	106	875		
山 西				
内 蒙 古				
辽 宁	3 555	152 218		
吉 林				
黑 龙 江		150		
上 海				
江 苏	11	849 892	15	36 000
浙 江	4 010	41 849	4 600	1 232
安 徽		18		18 000
福 建	3 005	241 254	44 397	
江 西		15 800		129
山 东	54 513	113 162	51 060	
河 南				
湖 北		6 362	626	
湖 南	5	1 582	200	119 000
广 东	46	117 182		6 468
广 西		54 832	4 498	
海 南		14 080		
重 庆				
四 川		16		
贵 州				
云 南	2 313	4		
西 藏				
陕 西				
甘 肃				
青 海				
宁 夏				
新 疆		10	10	

各地区用于加工的水产品量

单位:吨

地　　区	用于加工的水产品量	淡水产品	海水产品
全国总计	26 800 176	5 734 971	21 065 205
北　　京	2 273	1 875	398
天　　津	510		510
河　　北	198 429	11 397	187 032
山　　西			
内　蒙　古	11 473	11 473	
辽　　宁	3 664 057	47 670	3 616 387
吉　　林	267 552	1 877	265 675
黑　龙　江	15 688	15 688	
上　　海	13 625	9 910	3 715
江　　苏	1 627 320	789 654	837 666
浙　　江	2 394 263	99 214	2 295 049
安　　徽	308 554	302 519	6 035
福　　建	4 216 650	186 778	4 029 872
江　　西	720 208	720 208	
山　　东	7 829 381	98 920	7 730 461
河　　南	34 134	34 134	
湖　　北	2 028 838	2 028 838	
湖　　南	146 466	146 466	
广　　东	1 853 338	543 408	1 309 930
广　　西	759 219	190 160	569 059
海　　南	563 955	350 539	213 416
重　　庆	2 834	2 834	
四　　川	5 562	5 562	
贵　　州	1 907	1 907	
云　　南	120 254	120 254	
西　　藏			
陕　　西	990	990	
甘　　肃			
青　　海	4 000	4 000	
宁　　夏	251	251	
新　　疆	8 445	8 445	

各地区水产品加工企业、冷库基本情况

地　　区	水产品加工企业			水产品冷库			
	小计 （个）	水产品加工 能力(吨/年)	其中：规模 以上加工 企业(个)	数量 （座）	冻结能力 （吨/日）	冷藏能力 （吨/次）	制冰能力 （吨/日）
全国总计	9 674	29 262 317	2 636	8 237	937 190	4 657 017	234 129
北　京	2	2 200	1	11	29	27 334	2
天　津	3	500		3	190	180	40
河　北	252	430 558	27	220	6 117	79 231	4 713
山　西							
内　蒙　古	29	7 600	22	30	340	2 234	227
辽　宁	904	3 083 332	369	627	60 875	522 174	19 155
吉　林	104	307 095	39	50	190 374	191 780	115
黑　龙　江	34	5 900		20	165	1 630	170
上　海	11	21 960	2	32	576	5 167	214
江　苏	1 065	2 013 720	334	1 151	39 791	208 605	24 782
浙　江	2 019	2 603 607	276	1 308	76 957	811 616	29 093
安　徽	148	287 619	71	421	14 555	62 466	1 481
福　建	1 182	4 984 680	400	780	79 451	434 324	20 948
江　西	188	271 106	50	192	2 226	18 013	2 979
山　东	1 754	8 884 117	575	1 933	322 205	1 554 559	55 272
河　南	58	59 850	11	48	1 095	10 124	688
湖　北	243	1 852 667	118	370	86 114	116 651	7 568
湖　南	147	328 862	55	172	7 282	109 316	2 539
广　东	1 046	2 338 432	163	539	22 429	352 747	37 908
广　西	178	1 057 542	57	49	1 861	96 647	3 193
海　南	204	453 263	35	150	5 619	32 924	22 341
重　庆	9	4 345	5	34	12 870	5 462	47
四　川	11	33 540	6	12	960	2 449	513
贵　州	20	844		8	32	99	22
云　南	46	197 998	13	31	623	4 816	86
西　藏							
陕　西	1	10		3	27	35	3
甘　肃							
青　海	2	4 000	2	3			10
宁　夏	1	10 000	1	5	500	800	
新　疆	13	16 970	4	35	3 927	5 634	20

(二)水产品贸易

各地区水产品进出口贸易情况

单位:万美元,吨

| 地 区 | 2017 年进出口 | | 2016 年进出口 | | 2017 年比 2016 年增减(±) | | | |
| | | | | | 绝对量 | | 幅度(%) | |
	金额	数量	金额	数量	金额	数量	金额	数量
全国总计	3 249 598.23	9 236 469	3 011 198.84	8 279 116	238 399.38	957 356	7.92	11.56
北 京	46 445.50	104 577	31 983.18	54 552	14 462.32	50 025	45.22	91.70
天 津	19 893.88	45 176	24 548.71	53 883	-4 654.84	-8 707	-18.96	-16.16
河 北	27 963.39	47 082	36 187.16	59 113	-8 223.77	-12 031	-22.73	-20.35
山 西	158.06	611	78.64	382	79.42	229	100.99	59.92
内 蒙 古	19.50	33	11.96	30	7.54	3	63.06	10.30
辽 宁	511 751.04	2 121 425	459 257.68	1 780 275	52 493.36	341 150	11.43	19.16
吉 林	40 833.19	165 382	35 422.62	160 956	5 410.57	4 426	15.27	2.75
黑 龙 江	919.70	2 518	989.37	4 916	-69.67	-2 398	-7.04	-48.77
上 海	183 166.94	431 790	139 523.90	246 193	43 643.04	185 597	31.28	75.39
江 苏	57 897.29	114 009	46 058.46	93 047	11 838.83	20 963	25.70	22.53
浙 江	232 042.72	655 920	216 894.62	660 055	15 148.11	-4 135	6.98	-0.63
安 徽	5 455.82	12 645	5 952.85	13 869	-497.03	-1 225	-8.35	-8.83
福 建	682 617.14	1 553 050	665 702.54	1 431 791	16 914.60	121 259	2.54	8.47
江 西	19 086.48	8 039	24 502.57	21 421	-5 416.08	-13 381	-22.10	-62.47
山 东	759 403.78	2 246 165	715 975.01	2 269 254	43 428.77	-23 088	6.07	-1.02
河 南	3 401.67	9 232	2 820.43	5 291	581.24	3 941	20.61	74.49
湖 北	19 250.49	25 216	24 078.24	25 719	-4 827.75	-503	-20.05	-1.95
湖 南	8 294.31	10 237	3 332.19	4 463	4 962.12	5 773	148.91	129.35
广 东	524 800.59	1 369 170	463 629.05	1 083 133	61 171.54	286 038	13.19	26.41
广 西	37 274.63	110 168	48 307.43	126 908	-11 032.80	-16 739	-22.84	-13.19
海 南	51 071.18	148 921	48 993.79	133 638	2 077.39	15 283	4.24	11.44
重 庆	3 539.53	19 856	4 714.64	25 362	-1 175.11	-5 506	-24.92	-21.71
四 川	7 969.53	20 964	4 998.90	9 077	2 970.63	11 887	59.43	130.96
贵 州	39.28	98	58.67	53	-19.39	45	-33.05	83.95
云 南	5 147.68	9 480	5 293.42	11 928	-145.73	-2 448	-2.75	-20.52
陕 西	171.39	186	403.30	489	-231.91	-303	-57.50	-61.89
甘 肃	0.81		4.21	3	-3.39	-3	-80.65	-99.64
青 海	0.80		91.63	138	-90.83	-138	-99.13	-99.99
宁 夏	57.68	230	54.89	267	2.79	-37	5.09	-13.99
新 疆	924.24	4 289	1 328.81	2 910	-404.57	1 379	-30.45	47.40

各地区水产品出口贸易情况

单位:万美元,吨

地 区	2017 年出口		2016 年出口		2017 年比 2016 年增减(±)			
					绝对量		幅度(%)	
	金额	数量	金额	数量	金额	数量	金额	数量
全国总计	2 115 009.27	4 339 377	2 073 779.14	4 237 614	41 230.13	101 765	1.99	2.40
北 京	278.95	255	681.59	129	-402.64	126	-59.07	97.63
天 津	3 592.06	5 270	4 447.75	6 808	-855.69	-1 538	-19.24	-22.60
河 北	25 694.55	37 456	33 354.52	47 997	-7 659.97	-10 540	-22.97	-21.96
山 西	24.27	32			24.27	32		
内 蒙 古			0.45	1	-0.45	-1		
辽 宁	296 262.36	855 858	271 834.77	733 974	24 427.60	121 884	8.99	16.61
吉 林	16 327.19	44 043	15 021.43	48 331	1 305.76	-4 287	8.69	-8.87
黑 龙 江	232.84	433	209.64	520	23.20	-86	11.07	-16.63
上 海	10 605.05	8 191	8 416.12	8 189	2 188.93	1	26.01	0.02
江 苏	37 271.22	48 347	35 127.16	50 594	2 144.06	-2 247	6.10	-4.44
浙 江	185 685.22	500 441	185 285.31	511 841	399.91	-11 401	0.22	-2.23
安 徽	4 165.94	3 578	4 207.17	3 863	-41.23	-284	-0.98	-7.36
福 建	582 200.89	936 628	585 445.51	932 724	-3 244.62	3 904	-0.55	0.42
江 西	18 051.97	7 144	20 798.78	8 408	-2 746.81	-1 263	-13.21	-15.02
山 东	487 916.31	1 094 288	468 532.43	1 113 800	19 383.88	-19 511	4.14	-1.75
河 南	407.80	272	452.26	429	-44.46	-157	-9.83	-36.63
湖 北	17 197.58	16 831	22 891.53	21 488	-5 693.96	-4 657	-24.87	-21.67
湖 南	3 104.57	1 785	3 168.01	3 624	-63.43	-1 839	-2.00	-50.74
广 东	343 606.22	574 075	322 737.34	534 246	20 868.88	39 828	6.47	7.46
广 西	29 776.73	53 019	40 487.00	72 080	-10 710.27	-19 061	-26.45	-26.44
海 南	47 597.41	146 126	45 947.70	130 639	1 649.71	15 487	3.59	11.85
重 庆	0.08		0.42	33	-0.34	-33	-81.51	-99.78
四 川	2 982.07	1 586	2 075.95	1 186	906.11	400	43.65	33.73
贵 州	24.43	98	6.94	16	17.49	82	252.14	507.64
云 南	1 815.68	3 480	2 336.89	6 361	-521.21	-2 882	-22.30	-45.30
陕 西	0.85		9.99	5	-9.14	-5	-91.53	-91.64
甘 肃			1.90	3	-1.90	-3		
青 海			85.26	138	-85.26	-138		
宁 夏	13.77	11	2.57	1	11.21	10	436.99	1 688.31
新 疆	173.25	130	212.74	186	-39.49	-56	-18.56	-29.97

各地区水产品进口贸易情况

单位:万美元,吨

地　区	2017 年进口		2016 年进口		2017 年比 2016 年增减(±)			
					绝对量		幅度(％)	
	金额	数量	金额	数量	金额	数量	金额	数量
全国总计	1 134 588.96	4 897 090	937 419.71	4 041 502	197 169.25	855 592	21.03	21.17
北　京	46 166.55	104 321	31 301.60	54 423	14 864.96	49 899	47.49	91.69
天　津	16 301.82	39 905	20 100.97	47 074	- 3 799.15	- 7 169	- 18.90	- 15.23
河　北	2 268.84	9 626	2 832.64	11 117	- 563.80	- 1 491	- 19.90	- 13.41
山　西	133.78	579	78.64	382	55.14	197	70.12	51.62
内 蒙 古	19.50	33	11.51	29	8.00	4	69.49	12.18
辽　宁	215 488.68	1 265 566	187 422.92	1 046 301	28 065.76	219 266	14.97	20.96
吉　林	24 506.00	121 339	20 401.19	112 626	4 104.81	8 714	20.12	7.74
黑 龙 江	686.86	2 085	779.73	4 396	- 92.87	- 2 311	- 11.91	- 52.57
上　海	172 561.90	423 599	131 107.78	238 004	41 454.11	185 595	31.62	77.98
江　苏	20 626.07	65 663	10 931.30	42 453	9 694.77	23 210	88.69	54.67
浙　江	46 357.50	155 479	31 609.30	148 213	14 748.20	7 266	46.66	4.90
安　徽	1 289.87	9 066	1 745.67	10 007	- 455.80	- 940	- 26.11	- 9.40
福　建	100 416.25	616 423	80 257.03	499 067	20 159.22	117 355	25.12	23.51
江　西	1 034.51	895	3 703.79	13 013	- 2 669.27	- 12 118	- 72.07	- 93.12
山　东	271 487.46	1 151 877	247 442.58	1 155 454	24 044.89	- 3 577	9.72	- 0.31
河　南	2 993.87	8 960	2 368.17	4 862	625.70	4 098	26.42	84.30
湖　北	2 052.91	8 385	1 186.71	4 231	866.20	4 155	72.99	98.21
湖　南	5 189.73	8 451	164.18	839	5 025.55	7 612	3 061.03	907.34
广　东	181 194.37	795 096	140 891.71	548 886	40 302.65	246 209	28.61	44.86
广　西	7 497.90	57 149	7 820.43	54 828	- 322.53	2 321	- 4.12	4.23
海　南	3 473.77	2 794	3 046.08	2 998	427.68	- 204	14.04	- 6.80
重　庆	3 539.45	19 856	4 714.22	25 329	- 1 174.77	- 5 473	- 24.92	- 21.61
四　川	4 987.46	19 378	2 922.95	7 891	2 064.51	11 487	70.63	145.58
贵　州	14.85		51.73	37	- 36.88	- 37	- 71.29	- 99.41
云　南	3 332.00	6 001	2 956.53	5 567	375.47	434	12.70	7.79
陕　西	170.54	186	393.30	484	- 222.76	- 298	- 56.64	- 61.57
甘　肃	0.81		2.31		- 1.49		- 64.67	- 54.55
青　海	0.80		6.37		- 5.57		- 87.44	- 85.71
宁　夏	43.91	219	52.32	267	- 8.42	- 47	- 16.09	- 17.75
新　疆	750.99	4 159	1 116.06	2 724	- 365.08	1 435	- 32.71	52.67

五、渔 政 管 理

各地区渔政管理机构情况（按机构性质分）

单位:个

地　区	渔业执法机构个数	行政单位	参照公务员管理单位	事业单位
全国总计	2 679	448	593	1 638
部　直　属	2	1	1	
北　京	15	8	3	4
天　津	13	7	3	3
河　北	121	27	5	89
山　西	12	5		7
内　蒙　古	93	20	29	44
辽　宁	137	14	26	97
吉　林	58	9	9	40
黑　龙　江	87	36	27	24
上　海	20		10	10
江　苏	107	6	40	61
浙　江	122	8	67	47
安　徽	123	20	9	94
福　建	101	11	45	45
江　西	138	13	26	99
山　东	137	7	26	104
河　南	105	18	6	81
湖　北	125	6	23	96
湖　南	114	14	8	92
广　东	119	87	16	16
广　西	111	7	78	26
海　南	19	4	4	11
重　庆	58	4	27	27
四　川	197	29	39	129
贵　州	66	22	1	43
云　南	136	13	7	116
西　藏	8	8		
陕　西	115	11	13	91
甘　肃	91	5	6	80
青　海	32	3	15	14
宁　夏	20	13		7
新　疆	63	10	23	30
新　疆　兵　团	14	2	1	11

各地区渔政管理机构情况(按执法业务类型分)

单位:个

地　　区	渔政	渔监	船检	渔政渔监船检综合执法	渔政与农业执法单位合署	渔政与水产研究或推广单位合署	渔政与渔业生产单位合署
全国总计	1 155	29	26	959	136	329	45
部　直　属	1		1				
北　　京	13				2		
天　　津	7	1		5			
河　　北	64	4		29	13	11	
山　　西	9			2		1	
内　蒙　古	39			22	4	28	
辽　　宁	60	11	13	30	1	20	2
吉　　林	10			44		4	
黑　龙　江	26	1	1	43	2	12	2
上　　海	12	1			7		
江　　苏	34	3		64	6		
浙　　江	36		8	69	5	3	1
安　　徽	38		2	70	4	7	2
福　　建	24	1		60	5	10	1
江　　西	60			25	23	27	3
山　　东	57	2		63	2	13	
河　　南	54	1		33		16	1
湖　　北	26			90	7	1	1
湖　　南	82			23	1	2	6
广　　东	35			83	1		
广　　西	33	2	1	56	2	13	4
海　　南	13			6			
重　　庆	20	1		24	11	2	
四　　川	105			45	20	25	2
贵　　州	13	1		37		14	1
云　　南	44			17	4	59	12
西　　藏	8						
陕　　西	54			12	1	42	6
甘　　肃	65			1	6	19	
青　　海	18			5	8		1
宁　　夏	20						
新　　疆	61			1	1		
新　疆　兵　团	14						

各地区渔政管理人员情况

单位:个

地　区	现有人数合计	按教育水平分				持渔业行政执法证人数
		大学本科以上	大学本科	大学专科	大学专科以下	
全国总计	38 364	877	12 567	16 060	8 860	27 385
部 直 属	50	17	31	2		
北　京	291	23	196	62	10	247
天　津	220	6	115	66	33	144
河　北	1 503	9	495	678	321	1 123
山　西	478	1	124	221	132	285
内 蒙 古	1 244	21	448	549	226	822
辽　宁	2 565	122	999	1 054	390	2 040
吉　林	709	14	226	313	156	627
黑 龙 江	1 130	14	374	551	191	740
上　海	670	64	421	159	26	251
江　苏	2 247	87	776	898	486	1 873
浙　江	2 203	68	822	905	408	1 868
安　徽	1 357	10	363	674	310	903
福　建	1 357	40	532	367	418	832
江　西	1 213	29	322	483	379	994
山　东	3 066	56	1 079	1 161	770	2 409
河　南	1 731	12	308	863	548	1 120
湖　北	2 056	50	439	1 113	454	1 565
湖　南	1 626	13	408	815	390	1 417
广　东	2 847	55	1 071	950	771	2 003
广　西	1 060	23	381	444	212	650
海　南	889	16	184	389	300	532
重　庆	521	22	242	210	47	327
四　川	1 793	34	528	840	391	1 270
贵　州	484	9	136	283	56	373
云　南	1 282	15	374	550	343	676
西　藏	29	1	13	10	5	19
陕　西	1 812	10	396	614	792	1 060
甘　肃	940	12	369	400	159	399
青　海	275	3	75	140	57	250
宁　夏	169	10	114	39	6	155
新　疆	506	11	175	247	73	380
新 疆 兵 团	41		31	10		31

六、科 技 与 推 广

（一）科技

全国渔业科技基本情况

一、渔业科研机构个数（个）	98	其他	47 881
二、渔业科研机构从业人员（人）	6 233	非政府资金	246 387
1.科技活动人员	5 178	其中:技术性收入	221 512
按职称分:高级职称	1 743	2.生产经营收入	97 658
中级职称	1 859	3.其他收入	197 268
初级职称及其他	1 576	四、科研机构固定资产情况（千元）	
按学历分:研究生	2 202	年末固定资产合计	4 085 933
大学	1 896	五、科技著述和专利申请情况	
大专	641	发表科技论文（篇）	2 852
其他	439	其中:国外发表	787
2.生产经营活动人员	283	出版科技著作（种）	79
3.其他人员	772	专利受理数（件）	728
三、本年度收入（千元）	2 991 005	专利授权（件）	560
1.科技活动收入	2 696 079	其中:发明专利	221
政府资金	2 449 692	国外授权	1
财政拨款	1 735 882	拥有发明专利总数（件）	1 686
承担政府项目	665 929		

（二）技术推广

各地区水产技术推广机构情况（按层级分）

单位：个

地 区	数量	专业站	综合站	省级站 专业站	省级站 综合站	市级站 专业站	市级站 综合站	县级站 专业站	县级站 综合站	区域站 专业站	区域站 综合站	乡级站 专业站	乡级站 综合站
全国总计	12 305	2 686	9 619	35	1	243	56	1 437	567	86	109	885	8 886
北　京	14	9	5	1				8	5				
天　津	50	12	38	1				11	1				37
河　北	245	85	160	1		11		66	79	7	65		16
黑　龙　江	518	139	379	1		10		52	5			76	374
山　西	91	43	48	1		10		27	10			5	38
内　蒙　古	85	54	31			8	4	45	27				
辽　宁	379	110	269	1		13		47	13	14	4	35	252
吉　林	628	57	571	1		9		47	1		4		566
山　东	1 188	412	776	1		15	1	113	18			283	757
上　海	57	16	41	1				8	1			7	40
江　苏	962	128	834	1		13		73	10	12		29	824
浙　江	459	89	370	1		10		63	10	4	3	11	357
安　徽	535	112	423	1		12	3	59	22	10		30	398
福　建	789	155	634	1		8	1	69	5		2	77	626
江　西	791	131	660	1		8		77	14	7		38	646
河　南	432	97	335	1		15	3	81	52		2		278
湖　北	528	239	289	1		8	2	52	8	5		173	279
湖　南	411	77	334		1	4		19	15	1	9	53	309
广　东	898	126	772	1		17	3	70	30	25		13	739
广　西	850	89	761	1		13	1	61	33			14	727
海　南	26	9	17	1		3	1	5	2				14
重　庆	228	22	206	1				21	17				189
四　川	1 302	103	1 199	1		11	7	74	50	1	20	16	1 122
贵　州	270	66	204	1		7	2	58	36				166
云　南	184	121	63	1		14	2	106	14				47
西　藏													
陕　西	97	76	21			9	2	66	19				
甘　肃	75	35	40	1		7	6	26	34			1	
青　海	10	1	9	1			1		8				
宁　夏	37	6	31	1		1	4	4	13				14
新　疆	30	18	12	1		6	2	11	10				
大　连	32	26	6	1				6				19	6
青　岛	57	7	50	1				6	1				49
宁　波	23	11	12	1				5	1			5	11
深　圳	1	1		1									
厦　门	9	2	7	1				1	2				5
新疆兵团	14	2	12	1		1	11		1				

各地区水产技术推广机构情况（按机构性质分）（一）

单位:个

地　　区	行政单位					
	合　计	省级站	市级站	县级站	区域站	乡级站
全国总计	121	1	10	47	1	62
北　　京						
天　　津						
河　　北	4			4		
黑　龙　江						
山　　西						
内　蒙　古						
辽　　宁	3			3		
吉　　林						
山　　东	5			5		
上　　海						
江　　苏						
浙　　江	18					18
安　　徽	2			2		
福　　建						
江　　西	2			2		
河　　南	29			10	1	18
湖　　北						
湖　　南	3			3		
广　　东	1					1
广　　西						
海　　南	16		1	1		14
重　　庆	1			1		
四　　川	17	1	7	9		
贵　　州	2			2		
云　　南	2		1	1		
西　　藏						
陕　　西						
甘　　肃	3			3		
青　　海	1		1			
宁　　夏						
新　　疆	1			1		
大　　连						
青　　岛						
宁　　波	11					11
深　　圳						
厦　　门						
新疆兵团						

各地区水产技术推广机构情况（按机构性质分）（二）

单位:个

地　区	合　计	事业单位					
		全额拨款					
		小　计	省级站	市级站	县级站	区域站	乡级站
全国总计	12 184	11 196	34	275	1 827	177	8 883
北　京	14	14	1		13		
天　津	50	20	1		12		7
河　北	241	203	1	10	122	56	14
黑　龙　江	518	512	1	9	53		449
山　西	91	85	1	8	34		42
内　蒙　古	85	79	1	12	66		
辽　宁	376	350	1	12	57	18	262
吉　林	628	627	1	9	48	4	565
山　东	1 183	1 104	1	15	118		970
上　海	57	56	1		9		46
江　苏	962	825	1	13	75	12	724
浙　江	441	436	1	10	71	7	347
安　徽	533	504	1	15	75	10	403
福　建	789	787	1	9	73	2	702
江　西	789	648	1	8	89	7	543
河　南	403	353	1	16	105	1	230
湖　北	528	311	1	9	33	5	263
湖　南	408	335	1	3	29	10	292
广　东	897	769	1	17	83	24	644
广　西	850	850	1	14	94		741
海　南	10	8		3	5		
重　庆	227	226	1		36		189
四　川	1 285	1 284		11	114	21	1 138
贵　州	268	267	1	9	91		166
云　南	182	181	1	15	118		47
西　藏							
陕　西	97	94	1	11	82		
甘　肃	72	71	1	12	57		1
青　海	9	9	1		8		
宁　夏	37	37	1	5	17		14
新　疆	29	27	1	8	18		
大　连	32	32	1		6		25
青　岛	57	56	1		6		49
宁　波	12	12	1		6		5
深　圳	1	1	1				
厦　门	9	9	1		3		5
新疆兵团	14	14	1	12	1		

各地区水产技术推广机构性质(按机构性质分)(三)

单位:个

地　　区	差额拨款						自收自支					
	小计	省级站	市级站	县级站	区域站	乡级站	小计	省级站	市级站	县级站	区域站	乡级站
全国总计	821	1	9	82	4	725	167		5	48	13	101
北　　京												
天　　津	1					1	29					29
河　　北	22		1	17	4		16			2	12	2
黑　龙　江	5		1	4			1					1
山　　西	3		1	1		1	3	1		2		
内　蒙　古	6			6								
辽　　宁	21					21	5		1			4
吉　　林							1					1
山　　东	57		1	7		49	22			1		21
上　　海	1					1						
江　　苏	129			5		124	8			3		5
浙　　江	3					3	2			2		
安　　徽	3			2		1	26			2		24
福　　建	2			1		1						
江　　西	141					141						
河　　南	42		1	11		30	8		1	7		
湖　　北	204		1	19		184	13			8		5
湖　　南	69		1	1		67	4			1		3
广　　东	103		1	1		101	25		2	16	1	6
广　　西												
海　　南	1	1					1			1		
重　　庆							1			1		
四　　川	1			1								
贵　　州	1			1								
云　　南							1			1		
西　　藏												
陕　　西	3			3								
甘　　肃	1		1									
青　　海												
宁　　夏												
新　　疆	1			1			1			1		
大　　连												
青　　岛	1			1								
宁　　波												
深　　圳												
厦　　门												
新疆兵团												

各地区水产技术推广经费情况（人员经费）

单位：万元

地　　区	总　　计	人员经费					
		合　　计	省级站	市级站	县级站	区域站	乡级站
全国总计	314 529.47	227 371.26	20 786.14	45 181.95	84 434.46	2 470.12	74 498.59
北　　京	6 489.95	3 739.07	1 555.20		2 183.87		
天　　津	5 122.00	3 774.26	476.60		2 729.26		568.40
河　　北	6 884.92	5 104.49	509.14	1 855.25	2 234.61	476.19	29.30
黑 龙 江	5 153.79	3 883.10	162.20	588.94	2 237.26		894.70
山　　西	1 973.11	1 575.67	194.21	376.20	728.46	66.00	210.80
内 蒙 古	10 098.52	8 968.41	1 106.00	2 940.41	4 922.00		
辽　　宁	7 028.93	4 478.69	427.94	1 192.64	1 249.24	96.39	1 512.48
吉　　林	10 979.45	8 659.68	425.59	1 434.83	1 643.36	80.40	5 075.50
山　　东	22 145.01	18 544.24	449.32	2 377.55	6 704.79		9 012.58
上　　海	13 080.86	8 283.29	3 875.83		3 380.66		1 026.80
江　　苏	29 865.93	21 335.83	913.58	3 302.51	6 279.15	109.00	10 731.59
浙　　江	18 792.41	11 559.70	333.17	1 589.45	5 156.38	178.80	4 301.90
安　　徽	9 035.16	7 515.23	251.95	1 393.48	2 996.28	138.90	2 734.62
福　　建	10 762.71	7 500.18	485.00	1 229.85	2 494.80	12.00	3 278.53
江　　西	6 780.62	5 747.13	374.86	200.62	2 092.28	54.65	3 024.72
河　　南	7 656.80	5 610.47	473.00	1 717.71	2 227.16	16.00	1 176.60
湖　　北	9 811.00	8 292.53	441.00	1 720.78	2 743.14	58.50	3 329.11
湖　　南	5 110.17	4 050.50	271.19	589.93	917.08	20.00	2 252.30
广　　东	31 622.10	23 241.32	280.00	12 550.34	3 416.07	333.09	6 661.82
广　　西	13 441.69	10 566.58	249.90	1 421.55	2 374.84		6 520.29
海　　南	1 478.93	776.23	120.00	224.23	37.60		394.40
重　　庆	8 692.34	3 367.88	611.39		1 709.89		1 046.60
四　　川	15 505.79	11 323.00	50.00	1 129.75	3 759.14	830.20	5 553.91
贵　　州	7 085.01	5 232.07	145.51	414.48	2 178.53		2 493.55
云　　南	12 780.69	9 590.17	293.45	2 023.06	6 765.73		507.93
西　　藏							
陕　　西	9 756.41	8 047.44	673.44	1 613.24	5 760.76		
甘　　肃	5 926.61	4 507.64	786.47	1 512.51	2 203.66		5.00
青　　海	1 332.03	683.08	350.92	28.80	303.36		
宁　　夏	3 005.04	1 589.22	362.83	426.16	718.23		82.00
新　　疆	2 825.48	2 025.49	898.19	674.90	452.40		
大　　连	2 812.37	1 660.44	525.04		637.40		498.00
青　　岛	2 639.27	2 279.22		400.09	428.97		1 450.16
宁　　波	3 997.90	2 054.80	1 277.40		677.40		100.00
深　　圳	2 309.78	1 302.95	1 302.95				
厦　　门	2 042.60	143.00		40.00	78.00		25.00
新疆兵团	504.09	358.26	132.87	212.69	12.70		

各地区水产技术推广经费情况（公共经费）

地　区	公共经费					
	合　计	省级站	市级站	县级站	区域站	乡级站
全国总计	20 985.31	3 101.56	4 121.30	7 922.21	334.75	5 505.49
北　京	386.64	180.12		206.52		
天　津	200.04	79.00		113.94		7.10
河　北	503.99	35.55	171.41	196.13	93.90	7.00
黑 龙 江	361.93	75.60	71.90	188.93		25.50
山　西	62.93	7.04	20.55	21.34	6.00	8.00
内 蒙 古	507.08	75.30	219.11	212.67		
辽　宁	358.48	89.80	133.66	84.77	8.37	41.88
吉　林	367.22	60.96	171.21	135.05		
山　东	1 149.52	49.00	167.77	371.95		560.80
上　海	1 120.99	604.76		394.23		122.00
江　苏	2 323.66	87.00	459.11	764.82	8.40	1 004.33
浙　江	1 856.72	469.55	190.50	872.47		324.20
安　徽	673.67	11.25	200.22	311.69	13.20	137.31
福　建	642.02	39.00	131.09	274.47	0.70	196.76
江　西	559.77	24.99	24.98	195.55	2.00	312.25
河　南	420.60	38.00	155.23	186.37		41.00
湖　北	671.76	14.00	116.30	214.93	0.60	325.93
湖　南	486.35	13.50	53.83	192.72	1.20	225.10
广　东	2 024.12	409.50	452.06	412.41	9.96	740.19
广　西	745.96	27.64	115.52	229.10		373.70
海　南	197.70		164.20	21.00		12.50
重　庆	605.79	86.52		427.07		92.20
四　川	1 553.55	10.00	167.97	505.08	190.42	680.08
贵　州	340.18	12.00	25.89	195.35		106.94
云　南	562.65	26.80	182.35	324.23		29.27
西　藏						
陕　西	552.78	92.44	154.92	305.42		
甘　肃	379.91	62.00	146.11	171.80		
青　海	47.35	30.15	2.00	15.20		
宁　夏	151.47	57.74	24.54	66.44		2.75
新　疆	238.07	76.37	101.20	60.50		
大　连	152.17	56.67		56.10		39.40
青　岛	152.83		88.57	32.96		31.30
宁　波	184.60	82.50		69.10		33.00
深　圳	93.98	93.98				
厦　门	289.60		180.00	84.60		25.00
新疆兵团	59.23	22.83	29.10	7.30		

各地区水产技术推广经费情况（项目经费）

单位:万元

地　区	项目经费					
	合　计	省级站	市级站	县级站	区域站	乡级站
全国总计	66 172.90	19 571.84	15 425.52	28 793.05	253.49	2 129.00
北　京	2 364.24	1 514.92		849.32		
天　津	1 147.70	1 012.70		135.00		
河　北	1 276.44	588.53	520.11	112.30	55.50	
黑 龙 江	908.76	510.30	57.57	340.89		
山　西	334.51	114.01	15.50	147.00	58.00	
内 蒙 古	623.03	70.00	287.82	265.21		
辽　宁	2 191.76	498.80	755.71	846.80	76.49	13.96
吉　林	1 952.55	477.24	545.31	930.00		
山　东	2 451.25	142.00	219.30	1 954.35		135.60
上　海	3 676.58	2 282.00		1 392.43		2.15
江　苏	6 206.44	560.00	2 144.67	3 194.88		306.89
浙　江	5 375.99	1 672.49	895.86	2 648.04		159.60
安　徽	846.26	124.99	272.36	403.91		45.00
福　建	2 620.51	622.00	525.93	1 437.58		35.00
江　西	473.72	253.20	30.00	187.52		3.00
河　南	1 625.73	265.00	284.43	1 076.30		
湖　北	846.71	100.00	296.91	401.55		48.25
湖　南	573.32	117.71	166.61	258.00		31.00
广　东	6 356.66	343.90	3 990.65	1 165.94	20.00	836.17
广　西	2 129.15	365.08	749.49	1 006.40		8.18
海　南	505.00	378.00	110.00	17.00		
重　庆	4 718.67	2 003.20		2 715.47		
四　川	2 629.24	52.00	512.22	1 530.32	43.50	491.20
贵　州	1 512.76	847.50	85.66	579.60		
云　南	2 627.87	182.06	502.11	1 930.70		13.00
西　藏						
陕　西	1 156.19	22.00	256.00	878.19		
甘　肃	1 039.06	235.10	677.46	126.50		
青　海	601.60	596.60		5.00		
宁　夏	1 264.35	194.00	896.90	173.45		
新　疆	561.92	381.30	84.72	95.90		
大　连	999.76	520.86		478.90		
青　岛	207.22		174.22	33.00		
宁　波	1 758.50	1 552.90		205.60		
深　圳	912.85	912.85				
厦　门	1 610.00		360.00	1 250.00		
新疆兵团	86.60	58.60	8.00	20.00		

各地区水产技术推广人员编制情况（按层级分）

单位:人

地　　区	编制人数					
	合　　计	省级站	市级站	县级站	区域站	乡级站
全国总计	34 633	1 455	3 626	12 891	613	16 048
北　　京	214	76		138		
天　　津	248	25		115		108
河　　北	1 090	37	164	714	149	26
黑　龙　江	1 109	26	87	418		578
山　　西	418	16	108	199		95
内　蒙　古	977	61	300	616		
辽　　宁	998	32	149	270	50	497
吉　　林	1 568	32	143	327	16	1 050
山　　东	3 098	21	211	1 106		1 760
上　　海	531	235		171		125
江　　苏	2 816	52	192	661	30	1 881
浙　　江	1 006	31	83	435	25	432
安　　徽	1 251	15	156	476	36	568
福　　建	1 512	33	126	404	2	947
江　　西	1 777	20	48	532	32	1 145
河　　南	1 310	38	209	769	1	293
湖　　北	1 421	30	138	499	5	749
湖　　南	1 305	16	51	185	43	1 010
广　　东	2 392	50	308	612	88	1 334
广　　西	2 089	18	110	470		1 491
海　　南	75	8	17	32		18
重　　庆	555	38		250		267
四　　川	1 731	5	215	553	136	822
贵　　州	1 126	12	86	515		513
云　　南	1 084	23	205	797		59
西　　藏						
陕　　西	1 139	109	183	847		
甘　　肃	609	120	158	326		5
青　　海	57	20	3	34		
宁　　夏	246	32	50	149		15
新　　疆	256	76	91	89		
大　　连	129	35		52		42
青　　岛	282	20		65		197
宁　　波	125	48		56		21
深　　圳	35	35				
厦　　门	5			5		
新疆兵团	49	10	35	4		

各地区水产技术推广实有人员情况（按层级分）

地　区	实有人数					
	合　计	省级站	市级站	县级站	区域站	乡级站
全国总计	33 196	1 251	3 491	12 498	517	15 439
北　京	179	73		106		
天　津	255	21		138		96
河　北	921	36	161	554	157	13
黑　龙　江	1 001	19	62	422		498
山　西	374	16	94	202		62
内　蒙　古	919	63	274	582		
辽　宁	952	30	146	271	47	458
吉　林	1 537	30	135	306	16	1 050
山　东	3 121	21	250	1 066		1 784
上　海	394	145		146		103
江　苏	2 597	48	168	621	29	1 731
浙　江	1 060	52	89	424	23	472
安　徽	1 064	12	118	469	33	432
福　建	1 133	27	122	367	2	615
江　西	1 502	16	44	391	20	1 031
河　南	1 335	32	220	787	3	293
湖　北	1 614	28	127	604	14	841
湖　南	1 566	16	84	195	28	1 243
广　东	2 323	43	281	555	79	1 365
广　西	1 840	14	108	429		1 289
海　南	95	17	34	31		13
重　庆	507	38		202		267
四　川	1 707	5	195	459	66	982
贵　州	956	10	72	423		451
云　南	1 026	20	191	766		49
西　藏						
陕　西	1 474	64	210	1 200		
甘　肃	615	86	151	377		1
青　海	55	20	3	32		
宁　夏	225	31	45	136		13
新　疆	227	63	86	78		
大　连	129	35		52		42
青　岛	291	18		49		224
宁　波	125	55		49		21
深　圳	37	37				
厦　门	6			6		
新疆兵团	34	10	21	3		

各地区水产技术推广实有人员情况（按技术职称和文化程度分）

单位：人

地　　区	技术职称					文化程度					
	正高级	副高级	中级	初级	其他	博士	硕士	本科	大专	中专	其他
全国总计	450	2 765	9 897	10 515	9 569	76	1 191	9 215	12 576	6 195	3 943
北　　京	4	22	40	45	68	3	32	87	31	9	17
天　　津	6	39	46	55	109	1	7	137	34	16	60
河　　北	37	102	288	240	254	1	18	364	276	158	104
黑　龙　江	20	129	398	291	163	1	14	329	494	135	28
山　　西	2	21	113	148	90		3	122	139	77	33
内　蒙　古	15	130	234	168	372		22	334	388	91	84
辽　　宁	30	60	344	301	217		42	313	414	146	37
吉　　林	23	128	540	558	288	1	42	290	603	389	212
山　　东	25	193	917	1 101	885	6	109	895	1 205	579	327
上　　海	14	58	110	149	63	10	70	161	88	37	28
江　　苏	68	273	999	831	426	9	144	643	1 098	436	267
浙　　江	33	127	388	306	206	6	113	496	284	96	65
安　　徽	18	136	449	294	167		29	311	476	180	68
福　　建	9	158	330	384	252	3	58	398	377	219	78
江　　西	13	67	391	485	546		27	315	502	389	269
河　　南	10	87	357	395	486	1	24	324	505	255	226
湖　　北	5	43	319	586	661	2	16	177	565	515	339
湖　　南	1	25	322	762	456	1	15	131	409	612	398
广　　东	28	109	377	609	1 200	19	85	589	695	494	441
广　　西	12	37	644	834	313		22	379	994	329	116
海　　南		8	11	23	53	5	7	19	24	15	25
重　　庆	6	46	194	163	98	1	33	156	168	116	33
四　　川	8	95	553	600	451		54	479	797	277	100
贵　　州	2	109	451	253	141		28	299	532	73	24
云　　南	8	275	376	188	179		22	380	447	120	57
西　　藏											
陕　　西	7	57	233	276	901		6	300	498	275	395
甘　　肃	8	62	149	130	266		21	241	221	74	58
青　　海	1	9	18	8	19		2	25	22	4	2
宁　　夏	12	64	74	49	26		6	151	48	15	5
新　　疆	6	24	51	64	82	1	28	104	66	14	14
大　　连	3	10	41	46	29		29	59	32	7	2
青　　岛	1	13	74	129	74	1	25	96	107	38	24
宁　　波	12	36	33	29	15	4	27	65	23	3	3
深　　圳	1	3	13	9	11		8	19	6		4
厦　　门		2	3	1				4	2		
新疆兵团	2	8	17	5	2		3	23	6	2	

各地区水产技术推广实有人员情况（按性别和年龄分）

单位：人

地　　区	性　　别		年龄结构		
	男　　性	女　　性	35 岁及以下	36～49 岁	50 岁以上
全国总计	24 334	8 862	6 165	18 058	8 973
北　京	93	86	54	78	47
天　津	169	86	61	129	65
河　北	579	342	208	454	259
黑 龙 江	694	307	144	563	294
山　西	255	119	47	257	70
内 蒙 古	589	330	131	402	386
辽　宁	680	272	174	528	250
吉　林	1 159	378	155	897	485
山　东	2 201	920	613	1 838	670
上　海	291	103	126	119	149
江　苏	1 975	622	374	1 270	953
浙　江	865	195	309	380	371
安　徽	819	245	105	667	292
福　建	873	260	263	551	319
江　西	1 243	259	261	749	492
河　南	907	428	236	824	275
湖　北	1 199	415	184	896	534
湖　南	1 302	264	185	986	395
广　东	1 806	517	638	1 183	502
广　西	1 412	428	378	1 115	347
海　南	71	24	22	45	28
重　庆	380	127	119	261	127
四　川	1 301	406	367	933	407
贵　州	623	333	222	516	218
云　南	708	318	158	590	278
西　藏					
陕　西	929	545	267	909	298
甘　肃	425	190	134	325	156
青　海	32	23	6	36	13
宁　夏	149	76	21	130	74
新　疆	147	80	73	113	41
大　连	100	29	40	56	33
青　岛	214	77	43	166	82
宁　波	96	29	30	56	39
深　圳	26	11	8	18	11
厦　门	1	5	2	2	2
新疆兵团	21	13	7	16	11

各地区水产技术推广机构自有试验示范基地情况

单位:个,公顷

地 区	合 计		省级站		市级站		县级站		区域站		乡级站	
	数量	养殖面积	数量	养殖面积	数量	养殖面积	数量	养殖面积	数量	养殖面积	数量	养殖面积
全国总计	640	11 851.58	31	876.27	96	2 034.31	366	7 251.00	10	50.00	137	1 640.00
北 京	4	24.36	2	19.33			2	5.03				
天 津	3	66.67					3	66.67				
河 北	11	56.80	2	7.70	1	0.50	3	18.60	5	30.00		
黑 龙 江	9	215.00	1	16.00	4	19.00	4	180.00				
山 西	12	195.50			2	24.00	10	171.50				
内 蒙 古	9	366.00	1	20.00	3	232.00	5	114.00				
辽 宁	9	73.25			5	24.60	4	48.65				
吉 林	8	112.00			1	2.00	7	110.00				
山 东	16	783.60			3	204.13	13	579.47				
上 海	10	142.70	3	79.80			5	49.90			2	13.00
江 苏	28	1 437.89	1	35.00	6	251.00	9	407.89			12	744.00
浙 江	11	126.40	2	22.40			9	104.00				
安 徽	5	58.00					5	58.00				
福 建	14	105.97			1	17.00	13	88.97				
江 西	43	323.00	1	7.00			12	102.00			30	214.00
河 南	40	513.40			6	32.74	24	228.66			10	252.00
湖 北	86	4 209.07			5	759.40	38	3 347.67			43	102.00
湖 南	16	248.56			4	96.56	9	72.00			3	80.00
广 东	134	1 173.15	1	2.00	20	187.45	76	748.70			37	235.00
广 西	10	28.54			2	15.67	8	12.87				
海 南	5	20.00	3		1	10.00	1	10.00				
重 庆	6	34.70					6	34.70				
四 川	41	301.22	1	29.00	3	24.04	32	228.18	5	20.00		
贵 州	13	50.64			3	5.00	10	45.64				
云 南	38	167.10	1	6.00	4	18.80	33	142.30				
西 藏												
陕 西	18	197.63	3	113.00	2	14.63	13	70.00				
甘 肃	9	106.32	3	100.00	3	3.32	3	3.00				
青 海	1	0.37	1	0.37								
宁 夏												
新 疆	20	354.07	1	146.67	13	20.80	6	186.60				
大 连												
青 岛												
宁 波	1	3.50	1	3.50								
深 圳	2	245.00	2	245.00								
厦 门	1	2.00					1	2.00				
新疆兵团	7	109.17	1	23.50	4	71.67	2	14.00				

各地区水产技术推广机构合作试验示范基地情况

单位:个,公顷

地 区	合 计		省级站		市级站		县级站		区域站		乡级站	
	数量	养殖面积	数量	养殖面积	数量	养殖面积	数量	养殖面积	数量	养殖面积	数量	养殖面积
全国总计	2 518	111 823.09	71	10 086.53	289	7 708.38	1 555	77 521.57	13	103.30	590	16 403.31
北　京	8	17.00					8	17.00				
天　津	8	653.00					8	653.00				
河　北	81	1 846.84	16	286.80	22	1 103.00	42	457.04	1			
黑龙江	5	460.00					5	460.00				
山　西	16	96.27			4	6.77	12	89.50				
内蒙古	10	496.30	1	15.00	1	3.00	8	478.30				
辽　宁	80	2 303.54			16	722.10	58	1 480.44	4	53.00	2	48.00
吉　林	80	4 800.00	2	200.00	6	300.00	72	4 300.00				
山　东	239	13 035.40			19	461.00	200	10 552.19			20	2 022.21
上　海	34	707.33	18	476.73			16	230.60				
江　苏	83	1 642.57			3	22.00	32	965.97			48	654.60
浙　江	138	3 132.33	3		15	54.00	104	2 954.83	3	35.30	13	88.20
安　徽	132	6 576.90			16	465.20	81	4 773.10			35	1 338.60
福　建	124	2 067.24	11	15.00	7	21.33	101	2 025.91			5	5.00
江　西	195	14 521.60			14	147.50	79	7 799.10	5	15.00	97	6 560.00
河　南	82	5 216.71	1	15.00	17	316.08	63	4 879.63			1	6.00
湖　北	268	22 484.90			58	987.00	126	17 826.90			84	3 671.00
湖　南	173	12 171.67	4	8 500.00	1	3.37	52	2 648.30			116	1 020.00
广　东	241	2 658.67	5	350.00	41	1 009.30	132	1 074.37			63	225.00
广　西	54	1 443.76			21	375.13	31	831.93			2	236.70
海　南	4	32.00			3	21.00	1	11.00				
重　庆	72	950.90	1	8.00			58	793.90			13	149.00
四　川	184	3 540.86	3	20.00	1	50.00	94	3 111.86			86	359.00
贵　州	37	399.00					37	399.00				
云　南	42	3 131.80			5	2.40	32	3 109.40			5	20.00
西　藏												
陕　西	45	1 282.40			8	639.20	37	643.20				
甘　肃	24	198.97			5	18.00	19	180.97				
青　海	1	1.06					1	1.06				
宁　夏	9	1 939.00			4	928.00	5	1 011.00				
新　疆	16	419.07	6	200.00	2	53.00	8	166.07				
大　连	13	408.00					13	408.00				
青　岛	8	3 080.00					8	3 080.00				
宁　波	11	102.70					11	102.70				
深　圳												
厦　门												
新疆兵团	1	5.30					1	5.30				

各地区水产技术推广机构房屋条件情况（一）

单位:米²

地　　区	办公用房面积					
	合　计	省级站	市级站	县级站	区域站	乡级站
全国总计	467 254	43 577	68 220	160 637	3 687	191 133
北　　京	4 370	375		3 995		
天　　津	2 357	210		824		1 323
河　　北	7 896	700	2 045	4 492	659	
黑　龙　江	2 529	142	341	2 046		
山　　西	3 176	115	2 069	992		
内　蒙　古	12 508	650	4 155	7 704		
辽　　宁	26 231	2 557	2 809	3 822	363	16 681
吉　　林	14 598	1 326	3 457	3 080	155	6 580
山　　东	28 030	635	1 827	12 309		13 260
上　　海	11 584	5 336		5 243		1 005
江　　苏	42 178	235	4 432	8 888		28 623
浙　　江	20 432	6 383	2 149	6 000	520	5 380
安　　徽	14 804	176	2 128	5 460	120	6 920
福　　建	22 076	3 368	5 566	3 741	18	9 382
江　　西	22 087	2 470	418	4 785	160	14 254
河　　南	11 382	300	2 069	6 938	35	2 040
湖　　北	31 317	571	4 750	15 338		10 659
湖　　南	21 607	200	2 469	1 918	540	16 480
广　　东	26 566	500	4 492	6 882	122	14 570
广　　西	38 628	2 400	906	3 413		31 909
海　　南	592	180	310	102		
重　　庆	6 445	1 178		4 022		1 245
四　　川	18 734	60	3 084	8 791	995	5 803
贵　　州	7 020	300	2 347	3 156		1 216
云　　南	20 727	462	4 532	14 059		1 673
西　　藏						
陕　　西	18 227	899	4 561	12 767		
甘　　肃	6 214	858	2 648	2 437		271
青　　海	2 184	1 680	50	454		
宁　　夏	2 577	660	738	1 090		89
新　　疆	6 847	2 300	2 739	1 808		
大　　连	1 934	700		1 184		50
青　　岛	2 183		450	233		1 500
宁　　波	3 497	2 476		801		220
深　　圳	3 000	3 000				
厦　　门	2 027		245	1 782		
新疆兵团	690	175	434	81		

各地区水产技术推广机构房屋条件情况(二)

地 区	培训教室					
	合 计	省级站	市级站	县级站	区域站	乡级站
全国总计	1 311	36	69	464	20	722
北 京	6	3		3		
天 津	5	1		4		
河 北	15			9	6	
黑 龙 江						
山 西	5		3	2		
内 蒙 古	3	1		2		
辽 宁	9	1		4	4	
吉 林	2	1	1			
山 东	67		2	28		37
上 海	17	5		5		7
江 苏	170	1	5	17		147
浙 江	95	3	3	29	1	59
安 徽	90	1	1	15		73
福 建	104		3	25		76
江 西	102	1		23		78
河 南	33		5	28		
湖 北	86		8	25		53
湖 南	72	1	2	21		48
广 东	95	1	17	33		44
广 西	74	1	2	18		53
海 南	1		1			
重 庆	28	1		8		19
四 川	70	2	3	28	9	28
贵 州	6			6		
云 南	10	1	3	6		
西 藏						
陕 西	33	2	3	28		
甘 肃	5		3	2		
青 海	2	1		1		
宁 夏	6	1		5		
新 疆	85	1	3	81		
大 连	2			2		
青 岛						
宁 波	9	5		4		
深 圳						
厦 门	1			1		
新疆兵团	3	1	1	1		

各地区水产技术推广机构房屋条件情况(三)

单位:米²

地 区	培训教室面积					
	合 计	省级站	市级站	县级站	区域站	乡级站
全国总计	97 505	8 965	5 078	29 718	750	52 994
北　京	422	182		240		
天　津	366	30		336		
河　北	300			250	50	
黑 龙 江						
山　西	268		174	94		
内 蒙 古	547	355		192		
辽　宁	673	60		263	350	
吉　林	80	30	50			
山　东	8 831		115	3 246		5 470
上　海	1 987	1 062		365		560
江　苏	10 813	96	480	1 080		9 157
浙　江	13 897	4 718	550	2 854	80	5 695
安　徽	7 037	50	30	1 387		5 570
福　建	10 063		285	2 658		7 120
江　西	7 278	400		2 339		4 539
河　南	2 376		224	2 152		
湖　北	6 642		738	1 874		4 030
湖　南	4 349	70	103	1 766		2 410
广　东	7 420	200	1 382	2 053		3 785
广　西	4 389	270	53	1 488		2 578
海　南	50		50			
重　庆	1 699	80		659		960
四　川	3 162	20	170	1 582	270	1 120
贵　州	490			490		
云　南	614	120	134	360		
西　藏						
陕　西	1 117	120	165	832		
甘　肃	205		135	70		
青　海	290	200		90		
宁　夏	332	75		257		
新　疆	545	125	180	240		
大　连	70			70		
青　岛						
宁　波	846	576		270		
深　圳						
厦　门	80			80		
新疆兵团	267	126	60	81		

各地区水产技术推广机构房屋条件情况(四)

单位:个

地 区	实验室数量					
	合 计	省级站	市级站	县级站	区域站	乡级站
全国总计	1 925	106	298	1 191	29	301
北　京	9	2		7		
天　津	42	5		17		20
河　北	28	1	6	16	5	
黑 龙 江	22	1		21		
山　西	9		5	4		
内 蒙 古	13	1	4	8		
辽　宁	36	1	7	24	4	
吉　林	48	1	6	41		
山　东	56	1	8	45		2
上　海	54	42		11		1
江　苏	229	2	16	56	6	149
浙　江	68		9	41		18
安　徽	105	14	8	38	4	41
福　建	68	1	8	59		
江　西	115	1	1	93	1	19
河　南	43		10	33		
湖　北	92	1	10	80		1
湖　南	32	1	11	20		
广　东	156	1	23	86		46
广　西	65	6	11	45		3
海　南	21	1	10	10		
重　庆	19	1		18		
四　川	90		3	78	9	
贵　州	12		1	11		
云　南	26	1	6	19		
西　藏						
陕　西	398	11	120	267		
甘　肃	6	1	3	2		
青　海	6	1		5		
宁　夏	10	1	3	6		
新　疆	17	2	3	12		
大　连	7	1		6		
青　岛	6		2	3		1
宁　波	7	2		5		
深　圳	1	1				
厦　门	4		1	3		
新疆兵团	5	1	3	1		

各地区水产技术推广机构房屋条件情况（五）

单位：米²

地　　区	实验室面积					
	合　计	省级站	市级站	县级站	区域站	乡级站
全国总计	165 668	31 199	25 864	94 383	845	13 377
北　　京	4 862	3 528		1 334		
天　　津	1 432	140		692		600
河　　北	3 866	1 600	153	2 083	30	
黑 龙 江	943	628		315		
山　　西	1 694		810	884		
内 蒙 古	1 914	1 350	230	334		
辽　　宁	5 885	1 260	1 835	2 690	100	
吉　　林	2 627	200	1 287	1 140		
山　　东	9 875	80	2 627	7 096		72
上　　海	1 831	1 122		694		15
江　　苏	17 116	817	2 893	8 569	120	4 717
浙　　江	16 894	6 241	2 014	8 170		469
安　　徽	11 078	1 080	290	8 203	445	1 060
福　　建	6 375	203	872	5 300		
江　　西	7 624	990	16	6 006	60	552
河　　南	3 679	900	467	2 312		
湖　　北	8 432	30	1 004	7 378		20
湖　　南	3 740	600	944	2 196		
广　　东	17 036	120	3 342	7 984		5 590
广　　西	6 348	270	695	5 141		242
海　　南	1 782	840	444	498		
重　　庆	3 600	915		2 685		
四　　川	4 250		2 505	1 655	90	
贵　　州	1 794		28	1 766		
云　　南	1 922	231	264	1 427		
西　　藏						
陕　　西	2 167	300	718	1 148		
甘　　肃	785	429	221	135		
青　　海	924	700		224		
宁　　夏	2 356	1 200	427	729		
新　　疆	2 653	1 200	765	688		
大　　连	5 002	2 340		2 662		
青　　岛	1 355		550	765		40
宁　　波	2 037	1 369		668		
深　　圳	372	372				
厦　　门	1 050		300	750		
新疆兵团	369	144	163	62		

各地区水产技术推广机构房屋条件情况（六）

单位：万元

地　　区	实验室设备原值					
	合　计	省级站	市级站	县级站	区域站	乡级站
全国总计	114 741.4	41 327.7	20 858.1	47 331.1	304.0	4 920.6
北　　京	5 288.3	3 776.8		1 511.4		
天　　津	530.5	160.0		320.5		50.0
河　　北	3 343.3	1 800.0	701.1	782.2	60.0	
黑　龙　江	810.0	600.0		210.0		
山　　西	384.0		216.6	167.4		
内　蒙　古	1 101.2	938.0	51.8	111.5		
辽　　宁	3 765.7	1 400.0	1 160.8	1 195.9	9.0	
吉　　林	1 525.5	150.0	830.0	545.5		
山　　东	5 947.0	550.0	1 470.5	3 926.6		
上　　海	1 921.2	1 243.0		677.9		0.3
江　　苏	9 840.7	1 050.0	1 397.5	5 966.2	7.0	1 420.0
浙　　江	12 265.9	6 000.0	1 084.6	4 860.3		321.0
安　　徽	3 716.8	641.2	187.9	2 566.8	128.0	193.0
福　　建	5 060.1	255.0	2 758.9	2 046.2		
江　　西	3 911.9	800.0	8.0	2 938.9	90.0	75.0
河　　南	2 545.3	1 000.0	90.4	1 454.9		
湖　　北	2 691.9	20.0	356.5	2 315.4		
湖　　南	2 780.3	700.0	279.3	1 801.0		
广　　东	10 553.6	480.0	3 901.2	3 377.2		2 795.3
广　　西	3 093.6	58.8	834.0	2 144.8		56.0
海　　南	11 093.6	10 003.0	864.5	226.1		
重　　庆	1 938.6	1 062.0		876.6		
四　　川	1 978.4		1 067.0	901.4	10.0	
贵　　州	644.0		26.0	618.0		
云　　南	748.0	65.1	138.4	544.5		
西　　藏						
陕　　西	1 218.0	187.1	487.2	543.7		
甘　　肃	446.0	300.0	113.5	32.5		
青　　海	1 265.4	1 238.4		27.0		
宁　　夏	1 089.6	450.0	198.6	441.0		
新　　疆	1 328.3	714.2	174.1	440.0		
大　　连	5 217.2	3 200.0		2 017.2		
青　　岛	1 274.4		1 000.0	264.4		10.0
宁　　波	2 351.3	1 751.0		600.3		
深　　圳	532.0	532.0				
厦　　门	2 181.0		1 305.0	876.0		
新疆兵团	359.2	202.2	155.0	2.0		

各地区水产技术推广机构信息平台情况

地　　区	网站（个）	手机平台（户）	电话热线（条）	技术简报（个）
全国总计	701	4 821	41 045	2 161
北　　京	1	8	12	7
天　　津	1	28	1 639	1
河　　北	16	32	111	17
黑　龙　江			4 650	
山　　西	6	48	1 254	6
内　蒙　古	8	52	210	13
辽　　宁	5	104	83	48
吉　　林	5	677	716	33
山　　东	62	807	10 970	104
上　　海	3	21	41	10
江　　苏	64	446	741	159
浙　　江	61	162	319	34
安　　徽	55	204	670	93
福　　建	27	108	748	71
江　　西	40	223	1 439	37
河　　南	20	174	2 075	234
湖　　北	21	107	234	337
湖　　南	12	326	1 360	48
广　　东	42	144	1 778	40
广　　西	4	186	395	51
海　　南	3	31	58	31
重　　庆	6	90	90	57
四　　川	9	215	1 772	221
贵　　州	86	148	7 927	362
云　　南	114	239	193	80
西　　藏				
陕　　西	8	128	981	11
甘　　肃	2	14	191	13
青　　海	1	22	183	7
宁　　夏	7	28	39	24
新　　疆	2	7	89	2
大　　连	3	4	21	5
青　　岛	3	22	27	1
宁　　波	3	7	9	4
深　　圳	1	1	1	
厦　　门				
新疆兵团		8	19	

各地区水产技术推广履职成效情况（一）

地　　区	示范关键技术（个）	检验检测（批次）	指导面积（公顷）	服务对象		
				农户（户）	企业（个）	合作组织（个）
全国总计	4 304	190 836	3 654 456.8	1 226 241	20 526	22 524
北　　京	25	28 000	10 842.2	936	41	13
天　　津	37	6 694	24 259.6	7 474	183	123
河　　北	102	7 548	95 447.9	11 826	533	187
黑　龙　江	219	460	20 114.9	43 909	241	341
山　　西	28	285	3 357.8	721	45	102
内　蒙　古	30	635	86 078.4	3 545	149	163
辽　　宁	115	8 200	73 688.0	6 829	634	126
吉　　林	115	2 370	97 800.0	4 878	249	739
山　　东	392	5 573	456 090.1	59 823	1 450	1 082
上　　海	35	2 231	11 856.9	5 521	47	322
江　　苏	358	27 845	506 552.2	134 779	2 140	2 975
浙　　江	338	6 926	173 005.2	38 120	1 548	1 032
安　　徽	279	3 069	382 149.7	33 959	1 458	1 558
福　　建	176	7 731	93 281.9	28 452	1 700	927
江　　西	166	1 890	214 253.0	53 626	1 166	1 464
河　　南	166	1 735	145 441.9	54 808	270	774
湖　　北	419	9 199	493 528.3	155 505	1 268	3 752
湖　　南	110	3 541	114 050.0	38 763	767	607
广　　东	152	24 284	124 873.9	67 258	1 355	518
广　　西	203	6 804	98 907.5	83 991	1 203	1 355
海　　南	7	775	10 137.0	5 054	229	70
重　　庆	83	1 649	48 255.4	130 749	988	559
四　　川	190	4 366	86 130.6	73 404	682	1 796
贵　　州	76	951	51 790.8	127 402	666	478
云　　南	138	929	66 866.6	36 131	316	287
西　　藏						
陕　　西	82	6 830	21 311.7	6 294	460	483
甘　　肃	75	159	4 051.6	2 398	217	233
青　　海	3	175	83.9	9	10	47
宁　　夏	74	1 058	47 333.3	1 994	61	150
新　　疆	22	726	28 643.9	1 303	108	114
大　　连	13	3 450	3 800.0	233	45	4
青　　岛	16	280	21 937.0	1 682	138	76
宁　　波	43	13 955	20 057.0	4 181	103	39
深　　圳	1	113	300.0	25	23	5
厦　　门	1	300	2.0	120	8	
新疆兵团	15	100	18 176.6	539	25	23

各地区水产技术推广履职成效情况（二）

地　区	渔民技术培训		推广人员培训		公共信息服务		
	期数（期）	人数（人次）	业务培训（人次）	学历教育（人次）	信息覆盖用户（户）	发布公共信息（条）	发放技术资料（份）
全国总计	15 894	1 072 137	58 772	3 246	1 345 306	6 994 613	5 610 341
北　京	62	2 951	432		1 525	35 965	18 814
天　津	89	4 495	618	100	6 926	1 959	10 860
河　北	273	16 516	943	108	3 925	5 122	42 950
黑 龙 江	366	21 957	1 762	141	135 395	5 597	97 744
山　西	66	2 281	575	3	752	1 884	20 102
内 蒙 古	153	7 563	935	88	1 886	12 937	28 062
辽　宁	176	10 145	1 565	39	7 398	90 086	69 969
吉　林	164	7 280	2 494	60	16 228	40 900	27 200
山　东	1 501	95 312	4 855	413	157 161	50 865	617 058
上　海	220	10 608	804	10	4 221	635	42 466
江　苏	2 845	186 376	7 965	189	128 328	430 377	813 332
浙　江	754	44 394	4 945	260	53 420	135 764	97 353
安　徽	667	53 902	3 336	227	69 192	96 834	228 868
福　建	435	20 578	2 936	83	101 730	2 834 605	121 334
江　西	645	37 242	772	128	35 962	53 579	227 817
河　南	555	58 096	1 254	220	28 564	167 499	474 893
湖　北	1 395	130 379	2 252	120	282 752	705 582	670 105
湖　南	654	38 467	1 744	216	37 565	181 327	183 888
广　东	765	57 579	3 336	149	63 640	1 048 039	208 426
广　西	700	47 538	4 432	216	82 409	178 287	225 563
海　南	88	7 736	111	5	2 556	2 068	17 171
重　庆	376	17 580	992	92	24 553	605 361	142 896
四　川	933	77 683	2 448	76	44 412	100 538	610 753
贵　州	395	28 266	2 984	41	13 062	39 393	153 054
云　南	739	44 970	1 145	24	22 042	26 082	151 829
西　藏							
陕　西	196	10 307	1 078	96	4 481	34 825	146 716
甘　肃	221	7 012	862	79	1 140	1 111	68 859
青　海	29	895	75	6	413	5 500	4 545
宁　夏	208	9 278	435	13	2 966	17 263	35 540
新　疆	47	1 510	102	12	2 325	216	14 830
大　连	37	1 561	87	9	863	10 579	4 565
青　岛	32	2 434	54	8	1 834	7 754	12 000
宁　波	81	5 091	380		4 162	40 635	9 333
深　圳	7	2 522	35		375	13 326	5 865
厦　门	6	1 000	24	15	600	12 000	4 000
新疆兵团	14	633	5		543	119	1 581

各地区水产技术推广机构技术成果

地　　区	技术成果数量（个）	审定新品种（个）	获奖情况（个）				获得专利（项）	发表论文（篇）	制定标准/规范（个）	出版图书（本）
			国家级	省部级	市厅级	县级				
全国总计	191	11	14	83	105	84	133	1 480	254	80
北　　京	5							36		2
天　　津	3				2		8	11		
河　　北	4			2	2		3	39	9	6
黑　龙　江				1	4			111		
山　　西									8	
内　蒙　古	3			1				18	6	
辽　　宁	18			2	3		1	28	7	1
吉　　林			2	20				17	3	
山　　东	8			1	13		7	48	5	
上　　海	11			1			13	49		3
江　　苏	7			7	23	1	6	205	51	3
浙　　江	24			5	3	15	1	63	20	5
安　　徽	6			5		1	9	75	8	2
福　　建	10			4	1		3	72	15	3
江　　西	8			3	16		2	52	6	3
河　　南	5				7	19		78		5
湖　　北	11	1	5	4	1	2	3	42	29	8
湖　　南	16	4		3	10	19		116	22	20
广　　东	14	2	1	3	12		3	50	17	1
广　　西	2			2	1		6	45	10	2
海　　南	2						1	7	1	2
重　　庆	1			1		18	4	52	9	3
四　　川	1			4			3	13	3	2
贵　　州	3		2	9	2	2	48	64	7	
云　　南	1			1	1	1		56	6	5
西　　藏										
陕　　西	2	3	2		2	3		30	1	
甘　　肃	1				1		3	33	1	1
青　　海								2		
宁　　夏	2		2	3	1			15	4	3
新　　疆				1			3	20	1	
大　　连	4						2	7	1	
青　　岛					1			2	1	
宁　　波	15				1		4	18	2	
深　　圳								5		
厦　　门	1	1			1					
新疆兵团	3							1	1	

七、灾 害

各地区渔业灾情造成的经济损失（一）

单位:万元

地 区	1. 水产品损失					
	小 计	台风、洪涝	病 害	干 旱	污 染	其 他
全国总计	1 466 256.06	847 800.52	340 508.60	78 413.55	59 202.21	140 331.18
北 京	1 127.00		1 127.00			
天 津	1 018.00		1 018.00			
河 北	20 856.70	953.00	3 403.90	4.80	1 300.00	15 195.00
山 西	20.00		3.00	17.00		
内 蒙 古	829.00		38.00	745.00		46.00
辽 宁	22 311.00	9 396.00	665.00	5 250.00	7 000.00	
吉 林	3 843.00	3 117.00		726.00		
黑 龙 江	1 294.00	1 294.00				
上 海	2 244.20	365.00	1 680.00		199.20	
江 苏	132 894.00	38 560.00	47 312.00	8 237.00	6 682.00	32 103.00
浙 江	50 692.00	16 810.00	31 242.00	1 011.00	1 277.00	352.00
安 徽	80 651.34	41 728.93	19 366.44	9 093.01	9 186.48	1 276.48
福 建	46 103.00	21 164.00	11 537.00	1 478.00	10 030.00	1 894.00
江 西	184 226.20	99 785.36	63 151.40	10 404.99	3 801.12	7 083.33
山 东	74 040.00	11 074.00	19 959.00	15 014.00	13 549.00	14 444.00
河 南	6 726.00	2 365.00	3 347.00		731.00	283.00
湖 北	148 436.00	114 187.00	22 196.00	10 007.00	717.00	1 329.00
湖 南	386 626.00	367 512.00	5 804.00	11 752.00	454.00	1 104.00
广 东	178 170.29	77 852.71	37 477.75	787.90	3 321.38	58 730.55
广 西	27 560.17	17 387.93	6 767.34	129.70	108.20	3 167.00
海 南	59 352.20	4 228.80	54 768.40		52.00	303.00
重 庆	5 357.00	2 145.00	1 392.00	171.00	176.00	1 473.00
四 川	8 043.50	3 752.00	3 601.10	378.80	52.30	259.30
贵 州	8 451.71	7 330.24	293.50	799.95	1.00	27.02
云 南	11 968.55	5 596.80	3 260.05	1 700.00	432.10	979.60
西 藏						
陕 西	1 775.00	1 120.00	65.00	320.00	20.00	250.00
甘 肃	444.50	20.75	417.52	2.90	1.43	1.90
青 海						
宁 夏	163.20		163.20			
新 疆	1 032.50	55.00	453.00	383.50	111.00	30.00

各地区渔业灾情造成的经济损失(二)

单位:万元

地 区	2.(台风、洪涝)损毁渔业设施							
	小 计	池 塘	网箱(鱼排)	围 栏	沉 船	船 损	堤 坝	泵 站
全国总计	269 310.85	138 879.05	35 374.67	4 609.96	2 969.48	4 736.32	21 052.14	5 930.90
北 京								
天 津								
河 北	52.00	50.00						
山 西								
内 蒙 古								
辽 宁	2 655.00	1 530.00			30.00		385.00	
吉 林	1 060.00	1 000.00						
黑 龙 江	108.00	108.00						
上 海	92.00					17.00		
江 苏	6 303.00	2 407.00	170.00	722.00	1.00	1.00	47.00	85.00
浙 江	3 743.00	1 354.00	372.00	130.00	312.00	187.00	442.00	
安 徽	13 877.35	7 250.21	1 880.42	2 933.16		23.68	887.52	25.00
福 建	10 843.00	3 289.00	4 313.00		550.00	935.00	170.00	
江 西	28 935.85	18 052.14	2 306.75	408.00	30.68	152.64	4 133.20	42.90
山 东	3 229.00	1 834.00	320.00	5.00		104.00	250.00	2.00
河 南	357.00	250.00	60.00	27.00			20.00	
湖 北	27 627.00	17 270.00			10.00	106.00	2 794.00	349.00
湖 南	71 922.00	36 219.00	2 600.00		163.00	964.00	9 613.00	251.00
广 东	63 012.43	39 192.48	3 014.00	65.00	1 631.00	1 396.00	1 554.72	4 655.00
广 西	4 023.89	1 130.60	738.40	9.80	5.00		165.29	
海 南	22 962.80	3 831.00	18 030.00		232.80	815.00		
重 庆	1 025.00	828.00		5.00	4.00	9.00	172.00	
四 川	1 807.10	1 583.10					3.00	
贵 州	2 282.60	758.00	380.80	25.00		1.00	14.00	
云 南	2 523.10	824.10	1 006.90				157.50	521.00
西 藏								
陕 西	813.00	78.00	180.00	280.00		25.00	230.00	
甘 肃	54.33	40.42					13.91	
青 海								
宁 夏								
新 疆	2.40		2.40					

各地区渔业灾情造成的经济损失（三）

单位:万元

地　　区	2.（台风、洪涝）损毁渔业设施（续）							直接经济损失合计
	涵　闸	码　头	护　岸	防波堤	工厂化养殖	苗种繁育场	其　他	
全国总计	3 602.20	4 660.60	4 542.98	6 209.70	9 958.00	7 091.00	19 693.85	1 735 566.91
北　京								1 127.00
天　津								1 018.00
河　北			2.00					20 908.70
山　西								20.00
内　蒙　古								829.00
辽　宁		100.00	150.00		10.00		450.00	24 966.00
吉　林					60.00			4 903.00
黑　龙　江								1 402.00
上　海							75.00	2 336.20
江　苏	47.00	3.00	8.00	15.00	1 442.00	275.00	1 080.00	139 197.00
浙　江		480.00	194.00	149.00	3.00	20.00	100.00	54 435.00
安　徽	37.00		134.00				51.00	94 528.69
福　建	12.00	60.00	50.00	221.00	56.00	371.00	816.00	56 946.00
江　西	168.20	62.60	361.98	309.00	313.00	680.00	1 914.76	213 162.05
山　东	303.00	2.00			33.00	376.00		77 269.00
河　南								7 083.00
湖　北	277.00	300.00	555.00	5.00	201.00	494.00	5 266.00	176 063.00
湖　南	350.00	2 497.00	2 460.00	323.00	7 290.00	4 515.00	4 677.00	458 548.00
广　东	2 401.00	1 156.00	628.00	4 617.00			35.50	2 666.73	241 182.72
广　西				542.70			86.50	1 345.60	31 584.06
海　南							54.00	82 315.00
重　庆	2.00						5.00	6 382.00
四　川						1.00	220.00	9 850.60
贵　州				28.00	550.00	186.00	339.80	10 734.31
云　南	5.00						8.60	14 491.65
西　藏								
陕　西							20.00	2 588.00
甘　肃								498.83
青　海								
宁　夏								163.20
新　疆								1 034.90

各地区渔业灾情造成的数量损失(一)

地 区	1. 受灾养殖面积(公顷)						2. 水产品损失(吨)		
	小 计	台风、洪涝	病 害	干 旱	污 染	其 他	小 计	台风、洪涝	病 害
全国总计	719 601	377 999	159 281	123 600	18 818	39 903	956 864	598 447	205 683
北 京	550		550				337		337
天 津	930		930				830		830
河 北	3 275	372	1 362	2	168	1 371	6 116	2 967	1 311
山 西	9		5	4			8		2
内 蒙 古	1 700		3	1 365		332	436		10
辽 宁	50 261	1 787	108	46 666	1 700		9 814	7 049	515
吉 林	37 360	3 711		33 649			3 787	3 182	
黑 龙 江	36	36					1 077	1 077	
上 海	645	24	598		23		1 150	87	1 027
江 苏	61 401	17 604	25 418	6 019	5 200	7 160	53 545	15 555	23 335
浙 江	16 365	5 632	8 878	1 071	249	535	35 395	23 938	10 150
安 徽	59 830	33 905	13 950	6 441	3 439	2 095	64 451	33 088	15 675
福 建	7 250	2 919	1 495	492	2 270	74	54 236	27 887	8 091
江 西	115 286	59 736	47 126	5 293	1 198	1 933	183 594	101 988	62 299
山 东	24 047	1 621	7 883	7 254	1 701	5 588	61 444	10 216	19 536
河 南	5 041	1 338	2 899		478	326	7 607	2 675	3 827
湖 北	59 089	42 285	14 595	1 363	485	361	127 054	100 408	14 871
湖 南	146 992	120 804	14 466	11 048	84	590	184 015	171 846	4 388
广 东	72 923	43 229	10 426	261	1 258	17 749	113 277	70 473	26 394
广 西	35 669	30 403	3 396	529	161	1 180	19 482	10 244	5 457
海 南	794	649	95		35	15	4 939	3 592	440
重 庆	2 169	670	1 093	110	33	263	4 394	1 834	1 526
四 川	2 758	1 229	1 176	243	8	102	5 018	2 026	2 631
贵 州	7 826	7 285	42	489	1	9	3 158	2 685	137
云 南	3 915	2 086	1 071	499	66	193	8 860	4 611	2 032
西 藏									
陕 西	990	660	180	120	10	20	1 526	960	180
甘 肃	89	10	73	4	1	1	160	13	141
青 海									
宁 夏	353		353				159		159
新 疆	2 048	4	1 110	678	250	6	995	46	382

各地区渔业灾情造成的数量损失(二)

地　　区	2.水产品损失(吨)(续)			3.(台风、洪涝)损毁渔业设施					
	干　旱	污　染	其　他	池塘（公顷）	网箱(鱼排)（箱）	围栏（千米）	沉船（艘）	船损（艘）	堤坝（米）
全国总计	67 469	47 297	37 968	87 854	80 674	11 071	164	1 221	522 832
北　　京									
天　　津									
河　　北	4	540	1 294	22					
山　　西	6								
内　蒙　古	378		48						
辽　　宁	1 750	500		245			1	1	420
吉　　林	605			262					
黑　龙　江				36					
上　　海		36						3	
江　　苏	5 191	6 623	2 841	1 941		3 678	1	5	3 282
浙　　江	693	236	378	597	458	2	2	81	12 032
安　　徽	7 662	6 825	1 201	3 949	15 955	3 120		20	11 935
福　　建	1 548	15 768	942	675	4 674		17	99	350
江　　西	10 590	4 014	4 703	4 974	8 955	1 146	22	133	30 138
山　　东	19 716	8 330	3 646	652	293	1		32	460
河　　南		812	293	70	500	2 000			200
湖　　北	9 844	466	1 465	15 961			8	124	271 760
湖　　南	6 286	118	1 377	48 190	20 160		84	567	172 333
广　　东	411	1 662	14 337	6 943	11 157	1 109	19	94	5 831
广　　西	151	78	3 552	1 499	1 656	4	4		9 139
海　　南		603	304	556	3 826		1	47	
重　　庆	225	253	556	115		1	5	9	1 256
四　　川	178	5	178	758					20
贵　　州	334		2	261	795				2 000
云　　南	1 247	272	698	84	11 792				1 116
西　　藏									
陕　　西	256	10	120	60	450	10		6	560
甘　　肃	4	1	1	4					
青　　海									
宁　　夏									
新　　疆	390	145	32		3				

各地区渔业灾情造成的数量损失(三)

地　区	3.(台风、洪涝)损毁渔业设施(续)							4.人员损失(人)			
	泵站 (座)	涵闸 (座)	码头 (米)	护岸 (米)	防波堤 (米)	工厂化 养殖(座)	苗种繁 育场(个)	小计	失踪	死亡	重伤
全国总计	5 682	2 394	6 236	105 922	25 759	31	125	58	26	25	7
北　京											
天　津											
河　北					1 000						
山　西											
内 蒙 古											
辽　宁			500	2 000		1		33	24	9	
吉　林											
黑 龙 江											
上　海								2		1	1
江　苏		2	6	806	82						
浙　江	1		418	1 715	343	1	6	12	2	5	5
安　徽	1	7		5 020			9				
福　建		1	70	80	476	2	11	6		5	1
江　西	2	43	908	36 488	3 519	8	7				
山　东		2	3	302		2					
河　南											
湖　北		367	320	20 990	523	3	19				
湖　南	982	55	3 306	35 493	1 085	12	56				
广　东	4 691	1 911	705	2 028	5 531	1	11				
广　西					13 180		3				
海　南								5		5	
重　庆		3									
四　川							1				
贵　州					1 020	1	2				
云　南	3	3									
西　藏											
陕　西	2										
甘　肃											
青　海											
宁　夏											
新　疆											

八、附　录

附录一

水产品产量数据调整说明

1. 根据第二次农业普查结果调整水产品产量数据说明

第二次全国农业普查结束后，按照国家统计局要求，原农业部对2006年渔业统计数据进行了调整。调整以农业普查水产养殖面积调查结果为依据，以各省（自治区、直辖市）2006年的养殖单产水平、养殖结构为参考依据，综合测算各省（自治区、直辖市）水产品产量调减比例，核定2006年水产品产量；并以此为基数，参考渔业统计年报中各年度间的产量调整比例，对1997—2005年的水产品产量数据进行了相应调整。

2. 根据第三次农业普查结果调整水产品产量数据说明

第三次全国农业普查结束后，农业农村部联合国家统计局对2016年渔业统计数据进行了调整。调整以农业普查结果为依据，对各省（自治区、直辖市）2016年水产养殖面积进行适当核定修正，并以各省（自治区、直辖市）2016年水产养殖面积、从业人员、水产苗种等指标数据为参考依据，综合测算核定各省（自治区、直辖市）2016年水产品产量；并以此为基数，参考渔业统计年报中各年度间的产量调整比例，对2012—2015年的水产品产量数据进行了相应调整。

附录二

调整后历年产量对照表

单位:万吨

年 份	调整前	调整后	其 中				
			海洋捕捞	远洋渔业	海水养殖	淡水捕捞	淡水养殖
1986	935.76	935.76	430.22	1.99	150.08	58.32	295.15
1987	1 091.93	1 091.93	479.91	6.39	192.61	64.61	348.41
1988	1 225.32	1 225.32	504.66	9.64	249.29	71.98	389.75
1989	1 332.58	1 332.58	548.33	10.71	275.73	80.78	417.03
1990	1 427.26	1 427.26	594.40	17.09	284.22	85.64	445.91
1991	1 572.99	1 572.99	644.35	32.35	333.31	100.39	462.59
1992	1 824.46	1 824.46	720.84	46.43	424.31	99.09	533.79
1993	2 152.31	2 152.31	795.53	56.22	540.23	112.07	648.26
1994	2 515.69	2 515.69	925.61	68.83	604.80	126.79	789.66
1995	2 953.04	2 953.04	1 054.07	85.68	721.51	151.02	940.76
1996	3 280.72	3 280.72	1 152.99	92.65	765.89	175.43	1 093.76
1997	3 601.78	3 118.59	1 092.73	103.70	691.66	163.45	1 067.04
1998	3 906.65	3 382.66	1 201.25	91.31	751.99	197.51	1 140.60
1999	4 122.43	3 570.15	1 203.46	89.91	851.89	197.95	1 226.94
2000	4 278.99	3 706.23	1 189.43	86.52	927.96	193.44	1 308.88
2001	4 382.09	3 795.92	1 155.64	88.49	989.38	186.23	1 376.20
2002	4 565.18	3 954.86	1 128.34	109.64	1 060.47	194.71	1 461.69
2003	4 706.11	4 077.02	1 121.20	115.77	1 095.86	213.28	1 530.92
2004	4 901.77	4 246.57	1 108.08	145.11	1 151.29	209.60	1 632.49
2005	5 101.65	4 419.86	1 111.28	143.81	1 210.81	220.97	1 733.00
2006	5 290.40	4 583.60	1 136.40	109.07	1 264.16	220.38	1 853.59
2007	4 747.52	4 747.52	1 136.03	107.52	1 307.34	225.64	1 970.99
2008	4 895.59	4 895.59	1 149.63	108.33	1 340.32	224.82	2 072.49
2009	5 116.40	5 116.40	1 178.61	97.72	1 405.22	218.39	2 216.46
2010	5 373.00	5 373.00	1 203.59	111.64	1 482.30	228.94	2 346.53
2011	5 603.21	5 603.21	1 241.94	114.78	1 551.33	223.23	2 471.93
2012	5 907.68	5 502.14	1 190.02	124.40	1 575.20	204.02	2 408.51
2013	6 172.00	5 744.22	1 191.99	135.70	1 664.65	204.17	2 547.69
2014	6 461.52	6 001.92	1 200.18	203.68	1 732.40	202.49	2 663.17
2015	6 699.64	6 210.97	1 216.81	218.93	1 796.56	199.34	2 779.34
2016	6 901.25	6 379.48	1 187.20	198.75	1 915.31	200.33	2 877.89

注:根据第二次全国农业普查结果调整了1997—2006年产量,根据第三次全国农业普查结果调整了2012—2016年产量。

附录三 按照第三次农业普查结果调整后2016年各地区水产品产量

各地区水产品产量

单位:吨

地 区	2016 年							
	总产量	1. 养殖产品小计	海水养殖	淡水养殖	2. 捕捞产品小计	海洋捕捞	远洋渔业	淡水捕捞
全国总计	63 794 834	47 931 960	19 153 079	28 778 881	15 862 874	11 872 029	1 987 512	2 003 333
北 京	54 288	37 423		37 423	16 865		13 514	3 351
天 津	326 624	270 702	11 334	259 368	55 922	36 403	13 217	6 302
河 北	1 194 099	840 772	511 372	329 400	353 327	247 836	47 591	57 900
山 西	52 209	51 138		51 138	1 071			1 071
内 蒙 古	158 298	128 995		128 995	29 303			29 303
辽 宁	4 799 595	3 915 700	3 085 500	830 200	883 895	553 000	285 495	45 400
吉 林	188 000	181 200		181 200	6 800			6 800
黑 龙 江	556 200	503 300		503 300	52 900			52 900
上 海	269 633	125 800		125 800	143 833	16 910	124 923	2 000
江 苏	5 082 179	4 207 989	904 173	3 303 816	874 190	548 142	20 100	305 948
浙 江	5 843 363	2 023 172	971 901	1 051 271	3 820 191	3 314 451	414 405	91 335
安 徽	2 141 800	1 862 600		1 862 600	279 200			279 200
福 建	7 111 323	4 871 671	4 159 869	711 802	2 239 652	1 882 107	290 445	67 100
江 西	2 417 617	2 194 139		2 194 139	223 478			223 478
山 东	8 899 622	6 391 610	5 127 840	1 263 770	2 508 012	1 884 600	529 512	93 900
河 南	947 600	895 500		895 500	52 100			52 100
湖 北	4 708 394	4 518 227		4 518 227	190 167			190 167
湖 南	2 383 888	2 288 600		2 288 600	95 288			95 288
广 东	8 182 894	6 551 546	2 905 208	3 646 338	1 631 348	1 464 998	45 150	121 200
广 西	3 074 737	2 324 509	1 196 180	1 128 329	750 228	643 000	5 728	101 500
海 南	1 921 289	627 607	279 702	347 905	1 293 682	1 280 582		13 100
重 庆	490 626	470 917		470 917	19 709			19 709
四 川	1 421 600	1 364 653		1 364 653	56 947			56 947
贵 州	246 500	234 900		234 900	11 600			11 600
云 南	601 487	548 206		548 206	53 281			53 281
西 藏	912	80		80	832			832
陕 西	159 000	151 780		151 780	7 220			7 220
甘 肃	15 333	15 333		15 333				
青 海	12 050	12 050		12 050				
宁 夏	174 591	174 175		174 175	416			416
新 疆	161 651	147 666		147 666	13 985			13 985
中农发集团	197 432				197 432		197 432	

各地区海水养殖产量（按品种分）（一）

单位：吨

地 区	海水养殖产量	1. 鱼类	其 中					
			鲈鱼	鲆鱼	大黄鱼	军曹鱼	鲕鱼	鲷鱼
全国总计	19 153 079	1 308 917	137 901	117 580	159 529	37 065	23 074	72 181
天 津	11 334	2 836	23	1 094				
河 北	511 372	8 827		3 537				
辽 宁	3 085 500	71 680	7 351	44 865			199	5
上 海								
江 苏	904 173	84 295	1 586	6 692				135
浙 江	971 901	36 723	8 053	104	8 760	48	46	2 935
福 建	4 159 869	343 085	28 978	4 426	140 960	262	3 543	32 541
山 东	5 127 840	131 721	12 815	53 929				1 258
广 东	2 905 208	477 989	69 615	2 933	9 809	28 163	18 551	28 482
广 西	1 196 180	49 041	6 323			58		4 052
海 南	279 702	102 720	3 157			8 534	735	2 773

各地区海水养殖产量（按品种分）（二）

单位：吨

地 区	1. 鱼类（续）				2. 甲壳类	（1）虾	其 中	
	其中（续）						南美白对虾	斑节对虾
	美国红鱼	河鲀	石斑鱼	鲽鱼				
全国总计	67 931	22 993	107 203	13 329	1 504 168	1 221 515	966 819	71 894
天 津	50	60	755		8 498	8 498	8 468	
河 北		1 785		770	27 873	25 269	14 880	
辽 宁		3 684			37 634	32 741	11 493	
上 海								
江 苏		180	20	2 447	115 435	78 913	20 904	8 449
浙 江	7 605		479	75	96 715	50 463	32 603	741
福 建	17 559	8 307	27 737	1 205	184 228	113 033	86 461	5 936
山 东	3 536	4 567		5 023	148 807	123 582	83 170	970
广 东	29 233	4 410	45 203	3 809	489 908	428 518	365 047	50 770
广 西	5 360		2 163		268 719	251 588	250 509	1 064
海 南	4 588		30 846		126 351	108 910	93 284	3 964

各地区海水养殖产量（按品种分）（三）

单位：吨

地　　区	2. 甲壳类（续）						3. 贝类
	(1) 虾（续）		(2) 蟹	其　中			
	其中（续）						
	中国对虾	日本对虾		梭子蟹	青蟹		
全国总计	39 010	55 368	282 653	123 154	146 189		13 893 716
天　津							
河　北	5 033	4 886	2 604	2 564			459 272
辽　宁	13 451	6 464	4 893	4 376			2 505 122
上　海							
江　苏	6 398	778	36 522	32 731	1 990		668 553
浙　江	512	724	46 252	18 969	25 354		783 761
福　建	4 530	11 335	71 195	31 586	33 763		2 658 820
山　东	9 086	25 429	25 225	23 774			4 052 422
广　东		5 737	61 390	9 154	51 664		1 854 509
广　西		15	17 131		17 131		875 814
海　南			17 441		16 287		35 443

各地区海水养殖产量（按品种分）（四）

单位：吨

地　　区	3. 贝类（续）								
	其　中								
	牡蛎	鲍	螺	蚶	贻贝	江珧	扇贝	蛤	蛏
全国总计	4 660 434	134 741	239 357	354 391	862 829	17 191	1 849 887	4 120 650	799 282
天　津									
河　北			1 576	27 212	1 643		389 520	37 319	
辽　宁	222 262	2 413		45 440	66 187		436 681	1 280 763	48 116
上　海									
江　苏	51 679		67 054	28 052	46 305		11	361 683	56 572
浙　江	164 616	161	11 142	146 287	123 743		683	68 570	265 082
福　建	1 680 378	108 342	4 623	53 159	93 567		8 615	366 391	254 473
山　东	872 797	15 399	17 534	2 096	444 225	80	911 159	1 441 138	161 799
广　东	1 131 271	8 305	85 942	44 822	75 502	17 111	97 792	296 468	11 911
广　西	533 775		41 943	3 301	11 657		2 479	258 468	1 329
海　南	3 656	121	9 543	4 022			2 947	9 850	

各地区海水养殖产量(按品种分)(五)

单位:吨

地 区	4.藻类	其 中					
		海带	裙带菜	紫菜	江蓠	麒麟菜	石花菜
全国总计	2 107 060	1 433 087	151 953	131 285	286 583	5 114	
天 津							
河 北							
辽 宁	323 754	217 491	106 263				
上 海							
江 苏	28 801	300	4	28 405			
浙 江	50 808	9 897		30 730	606		
福 建	942 340	667 241	696	63 921	166 666		
山 东	673 036	533 439	43 961	972	51 996		
广 东	73 228	4 719	1 029	7 257	55 501	2 000	
广 西							
海 南	15 093				11 814	3 114	

各地区海水养殖产量(按品种分)(六)

单位:吨

地 区	4.藻类(续)		5.其他	其 中			
	其 中(续)			海参	海胆 (千克)	海水珍珠 (千克)	海蜇
	羊栖菜	苔菜					
全国总计	18 365	354	339 218	202 951	10 039 605	2 925	79 342
天 津							
河 北			15 400	10 172			4 051
辽 宁			147 310	73 713	2 665 259		68 304
上 海							
江 苏			7 089	708			2 661
浙 江	8 838	354	3 894	67			978
福 建	5 302		31 396	25 225			2 017
山 东	4 000		121 854	92 843	5 161 000		1 058
广 东	225		9 574	223	2 213 346	2 500	273
广 西			2 606			425	
海 南			95				

各地区海水养殖产量(按水域和养殖方式分)(一)

单位:吨

地 区	海水养殖产量	按养殖水域分			养殖方式中
		1.海上	2.滩涂	3.其他	1.池塘
全国总计	19 153 079	10 873 852	6 088 559	2 190 668	2 296 196
天 津	11 334			11 334	9 109
河 北	511 372	420 619	61 290	29 463	40 083
辽 宁	3 085 500	1 984 945	898 686	201 869	208 318
上 海					
江 苏	904 173	215 254	493 759	195 160	281 224
浙 江	971 901	348 935	352 593	270 373	223 934
福 建	4 159 869	2 750 126	1 094 025	315 718	311 502
山 东	5 127 840	3 601 264	1 327 796	198 780	227 364
广 东	2 905 208	1 062 060	1 225 723	617 425	588 438
广 西	1 196 180	407 556	512 524	276 100	222 963
海 南	279 702	83 093	122 163	74 446	183 261

各地区海水养殖产量(按水域和养殖方式分)(二)

单位:吨

地 区	养殖方式中(续)					
	2.普通网箱	3.深水网箱	4.筏式	5.吊笼	6.底播	7.工厂化
全国总计	485 169	117 085	5 740 094	989 903	5 399 931	205 082
天 津						2 225
河 北			406 844		29 606	11 365
辽 宁	4 739	3 262	939 857	61 791	1 445 278	45 060
上 海						
江 苏		170	107 458	1 414	454 737	14 983
浙 江	22 402	5 319	285 018	4 635	274 613	3 951
福 建	244 649	10 253	1 306 759	159 665	389 968	24 517
山 东	46 085	22 799	2 051 252	671 195	1 910 467	88 938
广 东	108 935	19 193	375 317	88 346	637 381	5 905
广 西	32 417	8 291	267 589	2 567	248 042	45
海 南	25 942	47 798		290	9 839	8 093

各地区淡水养殖产量(按品种分)(一)

单位:吨

地 区	淡水养殖产量	1.鱼类	其 中				
			青鱼	草鱼	鲢鱼	鳙鱼	鲤鱼
全国总计	28 778 881	25 400 926	679 779	5 286 580	3 918 236	3 114 939	2 998 937
北 京	37 423	37 178	437	9 405	3 370	1 868	13 660
天 津	259 368	222 615		24 194	31 929	11 169	98 568
河 北	329 400	298 314	86	59 248	45 769	27 928	107 187
山 西	51 138	50 694	214	16 586	7 329	4 395	15 643
内 蒙 古	128 995	126 463		16 802	20 939	16 278	49 357
辽 宁	830 200	737 716	1 235	102 544	110 839	62 531	282 654
吉 林	181 200	178 921	1 350	17 693	46 283	34 078	43 454
黑 龙 江	503 300	497 291		40 281	102 916	44 107	199 785
上 海	125 800	99 276	4 593	14 474	12 218	9 031	576
江 苏	3 303 816	2 461 607	88 595	429 446	468 112	244 855	150 280
浙 江	1 051 271	770 375	52 452	95 417	139 701	104 359	33 532
安 徽	1 862 600	1 514 626	81 038	263 944	271 176	270 713	102 962
福 建	711 802	602 566	11 352	146 933	63 104	54 557	49 033
江 西	2 194 139	1 984 066	49 376	462 108	244 906	337 428	137 805
山 东	1 263 770	1 180 200	11 260	226 001	208 801	125 812	307 054
河 南	895 500	872 951	9 028	139 965	211 602	147 646	250 421
湖 北	4 518 227	3 770 893	212 286	918 312	554 064	435 179	166 524
湖 南	2 288 600	2 150 296	81 477	650 723	399 176	348 124	166 567
广 东	3 646 338	3 318 979	50 675	754 100	222 234	358 521	123 168
广 西	1 128 329	1 100 141	11 086	258 210	191 245	144 088	127 469
海 南	347 905	340 967	1 726	7 355	6 838	11 347	5 376
重 庆	470 917	466 011	1 884	101 537	105 593	44 359	37 204
四 川	1 364 653	1 349 458	1 960	240 882	291 230	157 268	171 143
贵 州	234 900	232 711	1 479	56 997	22 187	34 050	62 982
云 南	548 206	545 182	5 133	91 258	59 422	45 330	133 120
西 藏	80	80		2	4		20
陕 西	151 780	145 702	235	37 683	34 447	18 865	41 522
甘 肃	15 333	15 266	822	4 739	1 335	361	4 439
青 海	12 050	11 883		50	56		
宁 夏	174 175	172 743		49 946	18 007	10 332	75 973
新 疆	147 666	145 755		49 745	23 404	10 360	41 459

各地区淡水养殖产量(按品种分)(二)

单位:吨

地　　区	1. 鱼类(续)						
	其　　中(续)						
	鲫鱼	鳊鲂	泥鳅	鲇鱼	鮰鱼	黄颡鱼	鲑鱼
全国总计	2 725 841	858 354	372 587	392 902	236 786	434 425	3 106
北　　京	2 019	961	44	88	66	19	
天　　津	46 018	1 501	840	1 314	423	582	
河　　北	30 088	490	2 828	231	143	81	3
山　　西	1 432	174	13	265	13		5
内　蒙　古	17 030	798	798	1 804	5	97	
辽　　宁	75 223	4 476	15 653	38 915	206	2 128	1 109
吉　　林	20 911	1 752	1 629	2 642		1 277	133
黑　龙　江	80 100	715	3 229	4 533	24	2 308	
上　　海	42 400	3 290	58	22	1 471	819	
江　　苏	627 628	177 122	53 811	7 817	1 050	25 402	67
浙　　江	96 389	31 959	11 655	2 076	1 059	65 568	50
安　　徽	181 106	90 879	39 789	18 211	12 938	31 842	8
福　　建	29 652	3 878	3 156	7 640	1 987	3 982	27
江　　西	190 694	65 048	86 816	52 032	13 865	51 067	221
山　　东	129 282	13 988	7 594	22 519	390	2 510	
河　　南	52 155	12 022	11 651	12 914	11 088	2 060	
湖　　北	412 345	282 377	41 049	24 690	26 992	130 648	
湖　　南	174 974	94 321	17 131	30 717	41 012	28 425	
广　　东	138 221	26 719	23 020	32 357	18 606	42 300	
广　　西	31 040	1 517	2 427	26 192	10 190	4 500	
海　　南	1 204		282	1 288			
重　　庆	103 220	5 941	15 480	8 525	7 006	7 265	74
四　　川	168 400	34 013	30 004	79 566	69 680	27 928	464
贵　　州	8 269	2 116	1 778	6 529	13 983	2 017	105
云　　南	35 403	829	991	6 967	1 656	575	356
西　　藏	2						30
陕　　西	5 024	451	502	865	654	666	25
甘　　肃	847	66	3	20	7		334
青　　海	22						
宁　　夏	13 149	239	316	1 876	2 014	5	
新　　疆	11 594	712	40	287	258	354	95

各地区淡水养殖产量(按品种分)(三)

单位:吨

地 区	1.鱼类(续)						
	其 中(续)						
	鳟鱼	河鲀	短盖巨脂鲤	长吻鮠	黄鳝	鳜鱼	池沼公鱼
全国总计	35 198	5 044	89 255	24 823	387 730	314 897	13 439
北 京	1 465		16				
天 津							
河 北	1 675		37		8	9	5 061
山 西	1 386						5
内 蒙 古	85					2	727
辽 宁	4 770					1 899	410
吉 林	254					276	5 251
黑 龙 江	356					554	2
上 海					3	25	
江 苏		3 409	8 293	17	5 533	27 135	19
浙 江	71		84	3 647	849	12 487	4
安 徽	6	43	3 496	105	41 445	39 491	
福 建	236	491	3 160	122	710	1 491	
江 西	234		18 447	675	81 084	54 838	
山 东	225		1 472		1 390	2 415	
河 南	322		1 065		2 788	455	24
湖 北		6	68	2 059	201 877	68 636	
湖 南	553		7	138	33 537	21 076	
广 东		1 094	27 733	4 640	3 523	80 198	
广 西	216		23 663	576	1 205	134	
海 南			1 513		51		
重 庆	1 394		44	1 597	1 053	608	
四 川	1 571		15	9 596	11 760	2 626	
贵 州	1 100	1		1 534	243	33	36
云 南	4 115		117	117	311	18	70
西 藏	22						
陕 西	1 002		15		360	442	
甘 肃	1 755						4
青 海	10 055						1 700
宁 夏						33	
新 疆	2 330		10			16	126

各地区淡水养殖产量(按品种分)(四)

单位:吨

地　　区	1.鱼类(续)						2.甲壳类
	其　中(续)						
	银鱼	鲈鱼	乌鳢	罗非鱼	鲟鱼	鳗鲡	
全国总计	21 088	347 259	478 428	1 560 145	78 764	210 995	2 636 632
北　京		5	14	1 189	2 552		14
天　津		763		1 919			36 499
河　北	161	247	129	10 757	5 646		27 592
山　西	66	20	400	754	906		119
内　蒙　古	140		1 135	73			698
辽　宁	544	78	3 000	1 602	1 190		83 386
吉　林	1 123	37	756	1	18		2 276
黑　龙　江	1 367	9	125	18			5 964
上　海		96					26 044
江　苏	71	35 528	30 122	3 431	1 064	6 300	772 838
浙　江	2	29 056	46 895	1 950	5 807	4 171	124 874
安　徽	4 521	5 390	33 203	4 021	249	3 181	257 921
福　建		8 570	1 816	108 669	3 421	73 324	63 246
江　西	1 642	20 408	60 050	6 136	3 184	15 447	103 410
山　东	2 192	520	90 342	7 901	11 642		74 992
河　南	2 529	615	1 935	1 141	1 264		15 731
湖　北	2 732	4 385	39 809	3 930	6 075	836	664 599
湖　南	1 325	3 085	48 340	2 615	6 813	160	77 557
广　东	199	216 445	102 562	715 039	2 390	105 803	281 624
广　西	422	508	1 762	223 068	859	176	2 653
海　南				301 896		1 564	1 515
重　庆		1 956	6 015	4 978	1 963		2 656
四　川	892	12 388	9 382	4 190	5 950		4 886
贵　州	202	5 481	245	5 507	5 811	26	1 142
云　南	452	148	53	148 145	8 624	7	633
西　藏							
陕　西	67	110	164	388	1 914		276
甘　肃		1	8	518			48
青　海							167
宁　夏		311	27		438		1 412
新　疆	439	1 100	146	819	466		1 860

各地区淡水养殖产量（按品种分）（五）

单位：吨

地　　区	2. 甲壳类（续）					(2)蟹（河蟹）	3. 贝类	其　中 河蚌
	(1)虾	其　中						
		罗氏沼虾	青虾	克氏原螯虾	南美白对虾			
全国总计	1 887 907	126 591	238 413	827 107	661 819	748 725	238 085	88 166
北　　京	8				8	6		
天　　津	35 584		221		35 363	915		
河　　北	23 981		923	10	23 045	3 611		
山　　西	71		1	3	67	48		
内　蒙　古	193		115		63	505		
辽　　宁	12 855				12 410	70 531	2	2
吉　　林	537		38			1 739	3	3
黑　龙　江	40				40	5 924		
上　　海	18 780	2 962	232	90	14 026	7 264		
江　　苏	431 803	69 101	116 633	92 984	152 869	341 035	38 427	8 066
浙　　江	117 240	15 230	22 945	3 327	74 797	7 634	10 414	4 141
安　　徽	160 289	2 282	48 294	107 144	2 252	97 632	50 234	27 373
福　　建	62 246	1 190	1 290	201	58 973	1 000	29 983	3 492
江　　西	85 746	468	26 086	58 582	609	17 664	42 340	12 633
山　　东	58 683	257	1 607	2 635	42 203	16 309	1 585	835
河　　南	13 671	774	2 026	10 182	687	2 060	174	121
湖　　北	507 371	1 402	11 755	489 177	5 037	157 228	21 782	18 848
湖　　南	71 028	1 267	3 611	56 304	5 609	6 529	20 477	8 957
广　　东	275 235	30 219	1 525	110	230 928	6 389	15 475	2 590
广　　西	2 238	961	612	236	20	415	2 543	332
海　　南	1 515				1 359		135	
重　　庆	2 162	134	45	1 811	170	494	76	1
四　　川	4 370	108	179	3 915	78	516	3 736	633
贵　　州	482	135	99	238	10	660	125	59
云　　南	506	101	123	147	12	127	527	80
西　　藏								
陕　　西	178		2		161	98		
甘　　肃	12				2	36		
青　　海						167		
宁　　夏	332		2	7	323	1 080		
新　　疆	751		49	4	698	1 109	47	

各地区淡水养殖产量（按品种分）（六）

单位:吨

地区	3.贝类(续) 其中(续) 螺	蚬	4.藻类(螺旋藻)	5.其他类	其中 龟	鳖	蛙	珍珠(千克)	6.观赏鱼(万尾)
全国总计	100 884	21 823	7 320	495 918	44 326	331 694	85 572	1 588 753	397 884
北　京				231	218	13			36 827
天　津				254	3	251			33 055
河　北				3 494		3 381			6 109
山　西				325		325			293
内 蒙 古			1 793	41					13
辽　宁				9 096			9 065		31 173
吉　林									30 015
黑 龙 江				45					
上　海				480	81	360	38		44 223
江　苏	25 298	4 961	1 092	29 852	1 669	24 386	1 660	181 112	85 689
浙　江	3 582	177	85	145 523	15 099	120 214	6 186	849	8 413
安　徽	21 698	1 163		39 819	5 592	29 471	3 553	345 343	7 100
福　建	2 446	8 531	753	15 254	457	5 488	7 866	3 041	2 440
江　西	25 149	3 547	2 971	61 352	6 237	27 108	26 137	861 242	9
山　东	658	35		6 993		6 993			32 988
河　南	43	10	170	6 474	74	6 292	108		25 220
湖　北	2 584	350		60 953	6 283	50 253	4 417		763
湖　南	10 341	281		40 270	2 061	21 578	12 353	197 166	502
广　东	3 463	2 597	18	30 242	3 184	12 895	4 130		21 986
广　西	1 971	170	61	22 931	2 139	18 074	515		16
海　南	135		15	5 273	282	602	3 567		1 000
重　庆	75			2 174	3	938	1 182		12 748
四　川	2 882			6 573	111	2 225	4 065		7 254
贵　州	65	1		922	808	13	100		505
云　南	447		362	1 502	19	23	627		5 353
西　藏									
陕　西				5 802	6	771			3 747
甘　肃				19		19			
青　海									
宁　夏				20		20			425
新　疆	47			4		1	3		18

各地区淡水养殖产量(按水域和养殖方式分)(一)

单位:吨

地　　区	淡水养殖产量	按水域分			
		1. 池塘	2. 湖泊	3. 水库	4. 河沟
全国总计	28 778 881	20 964 868	1 477 606	3 329 324	806 744
北　　京	37 423	33 308			
天　　津	259 368	249 833		4 654	1 540
河　　北	329 400	240 029	4 514	76 386	4 382
山　　西	51 138	34 632	696	15 567	103
内 蒙 古	128 995	73 890	22 579	28 652	3 380
辽　　宁	830 200	617 175	8	108 051	7 069
吉　　林	181 200	77 425	25 480	71 764	512
黑 龙 江	503 300	352 430	47 380	65 333	22 244
上　　海	125 800	121 576	230		3 828
江　　苏	3 303 816	2 511 271	187 172	78 619	219 101
浙　　江	1 051 271	479 770	5 131	92 433	76 610
安　　徽	1 862 600	1 135 195	330 081	151 286	109 169
福　　建	711 802	488 005	4 102	149 504	34 508
江　　西	2 194 139	1 385 805	255 444	380 046	65 189
山　　东	1 263 770	947 342	64 551	207 412	14 618
河　　南	895 500	693 579	9 060	167 893	20 487
湖　　北	4 518 227	3 695 562	316 762	189 067	14 197
湖　　南	2 288 600	1 757 915	119 237	244 407	24 832
广　　东	3 646 338	3 329 879	11 371	237 136	13 397
广　　西	1 128 329	628 841		375 235	71 444
海　　南	347 905	337 415	702	5 476	301
重　　庆	470 917	427 414		34 232	1 022
四　　川	1 364 653	697 246	993	229 956	76 446
贵　　州	234 900	44 873	368	130 617	5 170
云　　南	548 206	281 251	5 647	206 168	10 936
西　　藏	80	80			
陕　　西	151 780	88 800	3 070	40 100	2 500
甘　　肃	15 333	11 319	84	2 603	10
青　　海	12 050	149	154	11 747	
宁　　夏	174 175	109 760	61 493	1 853	698
新　　疆	147 666	113 099	1 297	23 127	3 051

各地区淡水养殖产量(按水域和养殖方式分)(二)

单位:吨

地　区	按水域分(续)		养殖方式中		
	5.其他	6.稻田	1.围栏	2.网箱	3.工厂化
全国总计	571 978	1 628 361	454 148	1 196 381	175 668
北　京	4 115				1 618
天　津	2 920	421			950
河　北	3 840	249	836	51 873	1 544
山　西		140	45	1 524	
内　蒙　古		494	1 242	612	225
辽　宁	44 768	53 129	1 292	47 923	1 236
吉　林	3 608	2 411	1 019	2 394	220
黑　龙　江	11 255	4 658	188	1 645	50
上　海		166			80
江　苏	117 944	189 709	39 608	68 951	16 009
浙　江	53 396	343 931	6 211	18 028	42 768
安　徽	36 596	100 273	202 303	81 726	9 278
福　建	23 380	12 303	1 166	19 352	40 493
江　西	39 253	68 402	27 775	69 068	13 505
山　东	27 786	2 061	33 520	53 496	24 577
河　南	2 822	1 659	5 210	55 246	2 822
湖　北	13 047	289 592	87 534	187 639	3 107
湖　南	44 000	98 209	30 739	119 963	2 018
广　东	52 255	2 300	736	6 983	616
广　西	34 480	18 329	8 320	145 908	
海　南	4 011		299	620	62
重　庆		8 249	1 340	443	668
四　川	9 159	350 853		31 594	1 003
贵　州	16 378	37 494	1 377	98 562	1 943
云　南	1 465	42 739	1 000	97 644	9 431
西　藏					
陕　西	17 150	160	2 388	23 658	525
甘　肃	1 316	1		216	586
青　海				10 047	
宁　夏		371			
新　疆	7 034	58		1 266	334

各地区海洋捕捞产量(按品种分)(一)

单位:吨

地 区	海洋捕捞产量	1.鱼类	其 中				
			海鳗	鳓鱼	鲲鱼	沙丁鱼	鲱鱼
全国总计	11 872 029	8 208 458	375 618	82 838	816 161	139 441	16 514
天 津	36 403	33 202			27 165		
河 北	247 836	147 134			58 462		
辽 宁	553 000	330 280	459	268	51 359	2 698	7
上 海	16 910	6 059	203	63			
江 苏	548 142	298 897	7 918	2 443	2 643	244	32
浙 江	3 314 451	2 228 327	79 722	13 360	78 275	13 749	3 114
福 建	1 882 107	1 375 947	66 235	12 822	76 277	11 911	3 764
山 东	1 884 600	1 319 886	19 474		471 053	5 709	
广 东	1 464 998	1 051 909	90 888	27 167	32 978	67 241	4 455
广 西	643 000	358 505	14 001	22 746		12 856	961
海 南	1 280 582	1 058 312	96 718	3 969	17 949	25 033	4 181

各地区海洋捕捞产量(按品种分)(二)

单位:吨

地 区	1.鱼类(续)							
	其 中(续)							
	石斑鱼	鲷鱼	蓝圆鲹	白姑鱼	黄姑鱼	鮸鱼	大黄鱼	小黄鱼
全国总计	125 485	164 968	575 815	102 378	72 808	69 372	79 543	296 321
天 津								2 567
河 北	10				298	30	1 071	11 806
辽 宁	1 577	11		575	1 622	300	24 315	60 412
上 海					36	30	58	173
江 苏	17	103	18	4 048	8 075	2 520	459	29 637
浙 江	1 386	4 800	81 910	47 351	35 945	42 817	506	98 237
福 建	17 798	56 475	255 431	10 068	8 407	9 751	3 284	8 910
山 东		41		10 741	5 794		576	1 954	44 377
广 东	45 846	48 913	102 431	22 996	5 785	6 322	32 912	26 008
广 西	6 025	27 114	73 730	1 452	74	816		
海 南	52 826	27 511	62 295	5 147	6 772	6 210	14 984	14 194

各地区海洋捕捞产量（按品种分）（三）

单位：吨

地　　区	1. 鱼类（续）							
	其　中（续）							
	梅童鱼	方头鱼	玉筋鱼	带鱼	金线鱼	梭鱼	鲉鱼	鲅鱼
全国总计	281 996	41 865	108 984	1 037 879	439 716	143 969	448 603	359 472
天　津				221		210	930	367
河　北	301		180	2 577		12 708	8 264	14 411
辽　宁	3 371	39	3 438	6 514	28	12 161	19 269	37 156
上　海	111			272			5	157
江　苏	75 140	194	337	55 890		9 151	5 029	8 357
浙　江	176 388	15 294	30 661	409 118	3 574	6 200	178 252	76 336
福　建	20 064	4 448	18 826	151 476	9 772	16 569	129 078	49 993
山　东			37 499	51 442		28 073	45 169	138 502
广　东	3 838	9 040	2 629	153 815	89 260	26 436	33 396	26 371
广　西		45		31 296	35 485	10 618	13 627	2 185
海　南	2 783	12 805	15 414	175 258	301 597	21 843	15 584	5 637

各地区海洋捕捞产量（按品种分）（四）

单位：吨

地　　区	1. 鱼类（续）					2. 甲壳类	（1）虾	其中
	其　中（续）							
	金枪鱼	鲳鱼	马面鲀	竹筴鱼	鲻鱼			毛虾
全国总计	49 558	330 376	169 296	38 661	103 894	2 181 850	1 434 420	469 430
天　津						1 115	774	62
河　北		3 432	25		6 811	49 078	34 122	8 832
辽　宁	102	2 186	377	27	5 002	100 180	68 801	16 933
上　海	2	170		67		10 692	1 366	
江　苏		33 384	1 169		11 607	158 405	52 609	27 423
浙　江	5 468	90 253	23 651	2 069	22 842	879 065	638 470	208 868
福　建	2 616	61 330	45 267	11 145	20 810	328 232	189 639	58 042
山　东		18 039	2 125	7		209 180	178 067	62 753
广　东	20 871	68 022	46 319	5 098	14 467	239 170	157 460	43 319
广　西		12 049	29 457	420	8 533	130 810	73 699	29 772
海　南	20 499	41 511	20 906	19 828	13 822	75 923	39 413	13 426

各地区海洋捕捞产量（按品种分）（五）

单位：吨

地 区	2. 甲壳类（续）						
	（1）虾（续）			（2）蟹	其 中		
	其中（续）						
	对虾	鹰爪虾	虾蛄		梭子蟹	青蟹	蟳
全国总计	162 849	312 307	236 761	747 430	508 824	86 809	32 542
天 津	45		462	341	212		
河 北	2 517	2 363	17 161	14 956	10 272	10	429
辽 宁	3 585	4 911	32 616	31 379	12 221	2 868	8 250
上 海	224	743		9 326	8 228		
江 苏	2 499	9 337	8 742	105 796	95 761	1 949	2 865
浙 江	22 819	200 884	59 382	240 595	181 014	4 701	6 169
福 建	27 204	44 925	35 336	138 593	92 595	15 773	6 241
山 东	10 827	21 483	44 446	31 113	22 229	260	2 532
广 东	56 869	14 461	29 047	81 710	44 517	29 582	3 341
广 西	19 338	8 456	7 480	57 111	31 091	11 462	2 032
海 南	16 922	4 744	2 089	36 510	10 684	20 204	683

各地区海洋捕捞产量（按品种分）（六）

单位：吨

地 区	3. 贝类	4. 藻类	5. 头足类	其 中			6. 其他类	其 中
				乌贼	鱿鱼	章鱼		海蜇
全国总计	462 482	23 133	648 348	133 877	349 762	124 394	347 758	183 617
天 津	1 627		266	21	150	95	193	193
河 北	20 774		10 827	1 519	1 714	6 002	20 023	12 238
辽 宁	49 916	153	27 278	2 842	16 948	3 819	45 193	10 753
上 海	4		107	27	58	22	48	39
江 苏	47 296	1 273	15 601	2 115	8 550	4 324	26 670	15 637
浙 江	17 215	1 840	159 243	31 184	84 213	37 229	28 761	6 864
福 建	47 343	1 919	113 579	32 060	57 934	16 271	15 087	11 862
山 东	142 014	1 341	104 427	8 088	62 286	26 966	107 752	67 057
广 东	52 824	7 180	75 554	18 965	31 314	14 858	38 361	15 359
广 西	57 831		49 920	17 536	24 843	7 319	45 934	37 999
海 南	25 638	9 427	91 546	19 520	61 752	7 489	19 736	5 616

各地区海洋捕捞产量(按海域分)

单位:吨

地　　区	海洋捕捞产量	按捕捞海域分			
		1.渤海	2.黄海	3.东海	4.南海
全国总计	11 872 029	735 124	2 656 281	4 883 270	3 597 354
天　　津	36 403	7 034	29 369		
河　　北	247 836	186 331	61 505		
辽　　宁	553 000	218 005	328 859	6 136	
上　　海	16 910			16 910	
江　　苏	548 142	463	486 533	61 146	
浙　　江	3 314 451		188 706	3 123 835	1 910
福　　建	1 882 107			1 675 243	206 864
山　　东	1 884 600	323 291	1 561 309		
广　　东	1 464 998				1 464 998
广　　西	643 000				643 000
海　　南	1 280 582				1 280 582

各地区海洋捕捞产量(按渔具分)

单位:吨

地　　区	海洋捕捞产量	按捕捞渔具分					
		1.拖网	2.围网	3.刺网	4.张网	5.钓具	6.其他
全国总计	11 872 029	5 608 740	1 028 374	2 591 242	1 414 727	376 691	852 255
天　　津	36 403	24 304	6 067	4 959	103		970
河　　北	247 836	67 611	2 493	110 641	47 561		19 530
辽　　宁	553 000	203 448	1 646	251 390	49 030	9 142	38 344
上　　海	16 910	14 157		1 000	1 753		
江　　苏	548 142	78 717	5 724	163 291	211 268	211	88 931
浙　　江	3 314 451	2 008 609	210 200	304 704	585 548	37 214	168 176
福　　建	1 882 107	718 590	287 630	293 696	319 582	40 776	221 833
山　　东	1 884 600	1 149 574	30 203	342 048	156 517	61 447	144 811
广　　东	1 464 998	741 761	141 585	429 160	7 958	89 658	54 876
广　　西	643 000	419 458	61 229	82 753	180	7 080	72 300
海　　南	1 280 582	182 511	281 597	607 600	35 227	131 163	42 484

各地区淡水捕捞产量(按品种分)

单位:吨

地 区	淡水捕捞产量	1.鱼类	2.甲壳类	虾	蟹	3.贝类	4.藻类	5.其他类	其中:丰年虫
全国总计	2 003 333	1 451 900	286 597	238 634	47 963	236 710	377	27 749	2 999
北 京	3 351	3 341	10		10				
天 津	6 302	5 096	413	329	84	294		499	19
河 北	57 900	47 985	5 267	4 200	1 067	3 681		967	
山 西	1 071	1 012	9	9				50	50
内 蒙 古	29 303	28 683	542	540	2			78	68
辽 宁	45 400	38 051	6 065	2 039	4 026	362		922	
吉 林	6 800	6 482	187	183	4	131			
黑 龙 江	52 900	52 352	160	160		377		11	
上 海	2 000	1 958	21	18	3			21	
江 苏	305 948	177 478	55 216	41 199	14 017	69 440	321	3 493	
浙 江	91 335	61 375	7 780	6 167	1 613	20 381	31	1 768	
安 徽	279 200	176 685	59 753	52 007	7 746	37 811		4 951	
福 建	67 100	45 878	5 071	3 925	1 146	15 296	3	852	
江 西	223 478	154 441	39 915	37 980	1 935	25 699	20	3 403	
山 东	93 900	79 800	9 347	6 116	3 231	4 382		371	34
河 南	52 100	42 065	8 720	8 187	533	1 255		60	
湖 北	190 167	134 013	44 003	39 208	4 795	9 016		3 135	
湖 南	95 288	75 651	13 434	11 811	1 623	4 917		1 286	
广 东	121 200	77 836	12 140	8 772	3 368	30 339		885	
广 西	101 500	84 234	6 647	5 550	1 097	9 373		1 246	
海 南	13 100	10 075	1 154	792	362	1 780		91	
重 庆	19 709	17 858	1 502	1 237	265	349			
四 川	56 947	52 247	3 886	3 422	464	619		195	
贵 州	11 600	10 003	1 460	1 354	106	98		39	6
云 南	53 281	48 349	3 418	3 289	129	1 105	1	408	
西 藏	832	86						746	746
陕 西	7 220	6 895	123	112	11	5	1	196	
甘 肃									
青 海									
宁 夏	416	403	13		13				
新 疆	13 985	11 568	341	28	313			2 076	2 076

各地区远洋渔业

单位:吨、万元

地 区	远洋捕捞产量	运回国内量	境外出售量	远洋渔业总产值	2016 年比 2015 年增减(±)			
					远洋捕捞产量	运回国内量	境外出售量	远洋渔业总产值
全国总计	1 987 512	1 103 772	883 740	1 955 381	−204 488	−302 386	97 898	−109 619
北 京	13 514	9 440	4 074	12 296	−3 486	−6 060	2 574	−704
天 津	13 217	10 313	2 904	10 416	−4 783	−2 387	−2 396	−3 584
河 北	47 591	14 970	32 621	11 379	43 591	14 460	29 131	8 379
辽 宁	285 495	95 992	189 503	244 658	15 495	6 208	9 287	−23 342
上 海	124 923	68 017	56 906	133 819	−28 077	−20 283	−7 794	−29 181
江 苏	20 100	13 978	6 122	20 671	−13 900	−9 122	−4 778	−9 329
浙 江	414 405	357 666	56 739	410 414	−155 595	−174 034	18 439	−11 586
福 建	290 445	164 535	125 910	212 045	−27 555	20 871	−48 426	−102 955
山 东	529 512	255 493	274 019	595 394	60 512	−37 107	97 619	86 394
广 东	45 150	15 071	30 079	80 066	−9 850	−629	−9 221	−15 934
广 西	5 728	52	5 676	5 871	2 728	52	2 676	1 871
海 南								
中农发集团	197 432	98 245	99 187	218 352	−83 568	−94 355	10 787	−9 648

各地区远洋渔业主要品种产量

单位:吨

地 区	远洋捕捞产量	其 中		
		金枪鱼	鱿鱼	竹筴鱼
全 国 总 计	1 987 512	336 007	447 107	21 800
北 京	13 514	385	32 851	
天 津	13 217	740	125	
河 北	47 591			
辽 宁	285 495	24 976	14 340	
上 海	124 923	64 914	4 769	21 800
江 苏	20 100		8 600	
浙 江	414 405	93 574	250 769	
福 建	290 445	25 022	4 122	
山 东	529 512	63 219	106 253	
广 东	45 150	18 040		
广 西	5 728	1 090		
海 南				
中农发集团	197 432	44 047	25 278	

附录四 按照第三次农业普查结果调整后 2016 年各地区水产养殖面积

各地区海水养殖面积(按品种分)(一)

单位:公顷

地 区	海水养殖面积	1.鱼类	2.甲壳类	(1)虾	其 中			
					南美白对虾	斑节对虾	中国对虾	日本对虾
全国总计	2 098 103	101 483	305 816	252 286	168 505	12 941	25 124	20 548
天 津	8 999	242	8 757	8 757	8 757			
河 北	124 800	10 086	26 795	25 673	12 321		7 871	4 559
辽 宁	698 400	7 330	18 001	17 107	3 115		10 532	2 871
上 海								
江 苏	185 480	9 779	23 723	15 227	3 287	2 521	1 777	151
浙 江	78 701	2 688	25 929	11 183	7 934	186	164	397
福 建	153 000	14 294	23 899	14 527	8 984	1 445	1 024	2 645
山 东	604 800	9 647	91 837	83 149	60 273	1 620	3 756	9 048
广 东	166 200	26 891	59 046	51 207	39 302	6 642		866
广 西	45 400	1 042	18 765	17 695	17 484	100		11
海 南	32 323	19 484	9 064	7 761	7 048	427		

各地区海水养殖面积(按品种分)(二)

单位:公顷

地 区	2.甲壳类(续)			3.贝类	其 中				
	(2)蟹	其 中			牡蛎	鲍	螺	蚶	贻贝
		梭子蟹	青蟹						
全国总计	53 530	25 524	22 849	1 302 793	137 116	13 798	40 694	41 713	46 018
天 津									
河 北	1 122	1 122		79 931			964	7 602	640
辽 宁	894	651		523 616	19 675	1 878		16 789	2 507
上 海									
江 苏	8 496	8 367	126	109 417	3 901		18 933	3 355	4 392
浙 江	14 746	3 077	9 481	35 894	4 069	45	2 621	7 490	1 412
福 建	9 372	4 667	4 399	72 216	34 098	4 948	429	3 155	1 395
山 东	8 688	7 381		381 433	33 509	6 291	9 697	361	32 233
广 东	7 839	259	6 650	72 999	27 543	618	5 273	2 447	3 257
广 西	1 070		1 070	24 358	14 026		2 604	198	182
海 南	1 303		1 123	2 929	295	18	173	316	

各地区海水养殖面积（按品种分）（三）

单位：公顷

地　　区	3.贝类（续）				4.藻类	其　　中			
	其　中（续）					海带	裙带菜	紫菜	江蓠
	江珧	扇贝	蛤	蛏					
全国总计	916	454 337	389 852	55 283	133 414	42 345	6 820	69 234	8 909
天　　津									
河　　北		50 488	14 590						
辽　　宁		270 889	132 140	4 634	11 369	6 023	5 346		
上　　海									
江　　苏		2	70 864	3 803	41 616	550		41 066	
浙　　江		74	5 523	13 757	13 662	741		12 134	35
福　　建		230	13 698	12 791	39 536	17 345	11	14 908	5 851
山　　东	75	126 190	128 785	17 952	24 009	17 605	1 455	491	1 192
广　　东	841	5 916	17 403	2 246	2 426	81	8	635	1 420
广　　西		186	5 366	100					
海　　南		362	1 483		796				411

各地区海水养殖面积（按品种分）（四）

单位：公顷

地　　区	4.藻类（续）				5.其他	其　　中			
	其　　中（续）					海参	海胆	海水珍珠	海蜇
	麒麟菜	石花菜	羊栖菜	苔菜					
全国总计	419		1 099	34	254 597	211 160	14 029	2 651	14 378
天　　津									
河　　北					7 988	7 923			25
辽　　宁					138 084	116 983	6 484		12 192
上　　海									
江　　苏					945	773			128
浙　　江			680	34	528	8			354
福　　建			316		3 055	1 634			1 310
山　　东			72		97 874	83 597	5 216		347
广　　东	34		31		4 838	242	2 329	1 783	22
广　　西					1 235			868	
海　　南	385				50				

各地区海水养殖面积(按水域和养殖方式分类)(一)

单位:公顷

地 区	海水养殖面积	按养殖水域分			养殖方式中	
		1.海上	2.滩涂	3.其他	1.池塘	2.普通网箱(米²)
全国总计	2 098 103	1 102 421	652 720	342 962	401 339	48 213 713
天 津	8 999			8 999	8 999	
河 北	124 800	62 417	35 212	27 171	24 772	
辽 宁	698 400	491 259	122 045	85 096	79 506	799 589
上 海						
江 苏	185 480	45 314	119 041	21 125	36 850	
浙 江	78 701	19 205	33 474	26 022	24 580	692 334
福 建	153 000	79 457	48 824	24 719	27 118	39 271 038
山 东	604 800	320 173	206 084	78 543	104 306	1 353 450
广 东	166 200	51 493	63 960	50 747	64 237	4 146 095
广 西	45 400	15 215	15 678	14 507	17 288	536 760
海 南	32 323	17 888	8 402	6 033	13 683	1 414 447

各地区海水养殖面积(按水域和养殖方式分类)(二)

单位:公顷

地 区	养殖方式中(续)				
	3.深水网箱(米³)	4.筏式	5.吊笼	6.底播	7.工厂化(米³)
全国总计	10 325 036	323 576	114 011	878 472	26 585 771
天 津					316 220
河 北		56 052		16 576	3 156 500
辽 宁	487 116	55 949	7 651	475 433	2 814 179
上 海					
江 苏	14 000	37 506	300	87 100	756 946
浙 江	908 179	16 171	121	21 246	1 272 655
福 建	311 761	39 994	7 547	16 434	8 374 058
山 东	1 721 908	99 288	93 535	217 782	8 903 029
广 东	782 558	13 159	4 307	33 960	528 676
广 西	1 209 834	5 457	170	8 582	2 800
海 南	4 889 680		380	1 359	460 708

各地区淡水养殖面积(按水域和养殖方式分)(一)

单位:公顷

地　　区	淡水养殖面积	按　水　域			
		1.池塘	2.湖泊	3.水库	4.河沟
全国总计	5 347 440	2 447 068	914 714	1 644 140	220 014
北　　京	2 800	2 752			
天　　津	32 002	28 208		2 814	440
河　　北	54 801	22 385	1 674	29 270	1 147
山　　西	9 900	2 210	1 049	6 623	18
内　蒙　古	136 900	18 830	47 870	64 495	5 705
辽　　宁	180 300	37 256	8	84 307	5 553
吉　　林	181 300	29 350	57 856	93 940	150
黑　龙　江	375 400	88 173	112 883	147 180	20 541
上　　海	16 300	14 747	348		1 205
江　　苏	439 561	297 519	67 227	16 515	45 490
浙　　江	202 200	71 371	2 408	95 235	28 256
安　　徽	476 600	180 789	164 677	78 469	43 042
福　　建	85 601	34 253	752	44 439	4 243
江　　西	412 884	160 969	94 931	139 443	14 394
山　　东	234 700	102 721	19 245	103 094	4 942
河　　南	147 000	67 395	1 782	72 835	4 981
湖　　北	853 064	521 083	190 106	135 004	4 403
湖　　南	413 959	235 664	60 374	116 069	872
广　　东	314 600	235 146	2 622	67 777	1 521
广　　西	135 200	59 725		68 153	5 438
海　　南	29 747	24 219	187	5 123	42
重　　庆	80 141	50 225		28 496	1 420
四　　川	181 100	90 960	4 611	68 553	16 824
贵　　州	33 400	5 445	252	22 672	2 584
云　　南	91 400	22 774	8 735	58 232	1 232
西　　藏	5	5			
陕　　西	42 900	10 211	6 419	24 491	1 519
甘　　肃	6 100	1 150	45	4 819	4
青　　海	17 400	139	4 233	13 028	
宁　　夏	32 433	14 873	15 886	1 200	474
新　　疆	127 742	16 521	48 534	51 864	3 574

各地区淡水养殖面积(按水域和养殖方式分)(二)

单位:公顷

地 区	按水域(续)		养殖方式中		
	5. 其他	6. 稻田	1. 围栏 (米²)	2. 网箱 (米²)	3. 工厂化 (米³)
全国总计	121 504	1 484 001	2 128 331 354	135 931 244	34 881 209
北 京	48				379 586
天 津	540	2 783			224 435
河 北	325	1 100	1 750 875	7 191 361	1 335 268
山 西		266	9 900	58 640	
内 蒙 古		4 185	61 565 000	13 458	21 468
辽 宁	53 176	60 588	429 984	655 395	157 685
吉 林	4	12 564	135 180	52 650	25 800
黑 龙 江	6 623	23 593	2 266 667	113 092	1 200
上 海		43			26 000
江 苏	12 810	110 758	46 823 262	6 603 389	2 228 257
浙 江	4 930	77 164	5 785 272	2 201 370	6 793 841
安 徽	9 623	64 661	1 166 556 589	17 653 889	915 503
福 建	1 914	15 600	87 220	734 848	9 993 667
江 西	3 147	34 972	130 286 135	7 300 627	1 978 324
山 东	4 698	1 819	57 802 738	8 790 153	3 029 007
河 南	7	1 289	69 802 130	4 925 954	179 974
湖 北	2 468	253 863	395 707 755	52 364 000	392 000
湖 南	980	181 934	79 238 952	8 642 460	273 920
广 东	7 534	3 038	796 325	321 367	27 556
广 西	1 884	46 344	55 171 568	7 344 682	1 200
海 南	176		2 600	28 332	15 000
重 庆		34 271	30 250 000	14 086	37 016
四 川	152	308 529		778 918	601 600
贵 州	2 447	125 550	6 223 905	5 223 969	99 050
云 南	427	112 544	2 744 639	2 479 908	1 747 837
西 藏					
陕 西	260	3 155	14 894 658	2 028 341	4 315 650
甘 肃	82	2		61 197	66 219
青 海				324 707	
宁 夏		2 890			
新 疆	7 249	496		24 451	14 146

领 导 讲 话

农业部副部长于康震
在全国渔业渔政工作会议上的讲话
(2017 年 1 月 12 日)

同志们:

上个月中央召开了经济工作会议、农村工作会议,农业部召开了全国农业工作会议。紧接着,农业部决定在春节前召开全国渔业渔政工作会议,任务就是尽快贯彻落实上述会议精神,总结 2016 年渔业渔政工作,部署 2017 年工作任务,继续推进渔业供给侧结构性改革,加快转方式调结构步伐,促进渔业转型升级。下面,我讲三点意见。

一、2016 年渔业渔政工作成效显著

2016 年是"十三五"规划的第一年,也是加快推进渔业转方式调结构促转型的元年,渔业经济发展实现了稳中向好,质量和效益同步提高,渔民收入保持较快增长。水产品量价齐升,预计全年水产品总产量 6 900 万吨,同比增长 3%,增幅下降 0.7 个百分点;水产品综合平均价格 23.1 元/千克,同比上涨 5.3%。水产品产地监测合格率 99.8%,同比提高 0.2 个百分点;市场监测合格率 95.9%,同比提高 0.4 个百分点,达历年最好水平。养殖捕捞产量比例达到 76.7∶23.3。1~11 月水产品进出口总量 754.5 万吨、总额 272.7 亿美元,同比分别增长 3.6% 和 4.0%,贸易顺差 102 亿美元。预计全年渔民人均纯收入 16 900 元,同比增长8.4%。

一年来,全国渔业系统牢牢抓住转方式调结构的主线,坚决落实"四调优""四转变""打好六场硬仗"的要求,开拓创新、埋头苦干,成绩突出、可圈可点。

一是规划引领和政策落实有新成果。强化顶层设计,制定了《全国渔业发展第十三个五年规划》《"十三

五"渔业科技发展规划》《全国沿海渔港建设规划(2016—2025 年)》等,指导"十三五"渔业渔政发展。修订印发了养殖水域滩涂规划编制工作规范和大纲,明确提出了禁养区、限养区和养殖区划定要求,促进优化养殖区域布局。落实渔业油价补贴专项转移支付项目,协调财政部安排下达资金 79.98 亿元,各省份也制定了五年实施方案,重点支持减船转产、资源养护等方面,为渔业转方式调结构提供了资金保障。以船为家渔民上岸安居工程顺利收尾,工程完工率达到97.2%,7.1 万户以船为家渔民实现岸上安居梦。

二是渔业产业转型有新进展。水产养殖转方式深入推进,新创建渔业健康养殖示范县 12 个、水产健康养殖示范场 731 个,支持 11 个沿海省份推广深水抗风浪网箱养殖,中央及各地投入资金 45.5 亿元改造池塘20.9 万公顷。启动洞庭湖区水产养殖污染治理试点,拆除网箱 21.8 万平方米,清理矮围网围 3 400 公顷,浙江、湖北、福建等地也积极开展水域滩涂养殖环境治理。稻渔综合种养迅猛发展,种养面积 150 万公顷,比2015 年翻了一番。远洋渔业管控力度加大,对违法违规行为进行严厉打击,暂停了中水烟渔公司等 3 家企业远洋渔业企业资格,扣减了 213 艘远洋渔船油补资金,查处一起外国渔船非法转载南极犬牙鱼案件并及时通报国际组织。休闲渔业蓬勃发展,休闲渔业主体达到 3.8 万家,举办有影响的休闲渔业活动 260 多个,接待游客超过 1.2 亿人次,产值超过 500 亿元,打造了全国休闲渔业示范基地、渔夫垂钓、水乡渔村等休闲渔业品牌。渔业信息化建设全面部署,农业部印发了《关于促进渔业信息化建设的意见》,明确了渔业信息化发展的方向、目标和重点。

三是资源生态保护有新举措。研究制定了海洋捕捞渔船"双控"和海洋渔业资源总量管理制度,国务院已批准同意,近期即将公布。长江流域大保护的硬仗拉开序幕,实施《中华鲟拯救行动计划》,开展长江江豚迁地保护。研究起草《关于加强长江水生生物保护工作的意见》并报国务院。启动了赤水河贵州段渔民

转产转业试点,研究推进长江渔民"退捕上岸"。休渔禁渔制度进一步调整完善。长江流域禁渔时间由3个月延长为4个月,目前农业部正在研究调整海洋伏季休渔政策,拟延长休渔时间,扩大休渔范围。增殖放流活动大规模开展,继续举办6月6日全国放鱼日活动,全国共投入增殖放流资金9.5亿元,放流重要水生生物苗种和珍贵濒危物种389.5亿尾(粒、只)。

四是渔政执法和安全监管取得新进步。继续深入开展"绝户网"和涉渔"三无"船舶清理整治行动,到2016年底,沿海各地累计取缔2.1万艘涉渔"三无"船舶,全国共清理违规渔具近90万张(顶)。推动最高人民法院出台了《关于审理发生在我国管辖海域相关案件若干问题的规定》。强化渔政队伍建设,启动了渔业行政执法人员资格统一考试试点。深入开展"平安渔业"创建,组织开展了"2016全国渔业安全生产大检查"活动,及时处置渔船海上险情和涉外涉台事件,全力做好华南寒潮、长江中下游洪涝灾害抗灾复产工作,安全生产形势总体平稳。

五是涉外及周边渔业合作有新拓展。积极推进与有关国家渔业合作。稳控周边渔业形势,妥善应对周边渔业纠纷,顺利完成中日、中韩、中越、中俄渔业谈判,全力维护我渔业渔民利益。

此外,农业部和国家食品药品监督管理总局联合发布了《关于有条件放开养殖红鳍东方鲀和暗纹东方鲀加工经营的通知》,明确养殖河鲀有条件放开市场经营,这是自20世纪90年代初开展河鲀养殖以来国家政策上的一项重大突破。

总的看,"十三五"渔业发展实现良好开局,渔业转方式调结构迈出了坚实的步伐,取得初步成效,成绩来之不易。在此,我代表农业部,向关心支持渔业渔政工作的各部门表示诚挚的谢意!向渔业渔政系统干部职工和渔民群众表示亲切的问候!

二、正确认识当前渔业发展面临的形势和任务

自2016年3月全国渔业渔政工作会全面部署推进渔业转方式调结构、8月召开转方式调结构现场会以后,转方式调结构的理念、要求和目标任务已经明确,渔业发展出现了许多积极变化。同时也要看到,各地渔业发展条件、发展阶段差异较大,原有模式的发展惯性依然存在,渔业转方式调结构、深化供给侧结构性改革任重道远。

一是注重数量增长的惯性思维还很严重,减量压力巨大。一些地方仍然将注意力集中在产量增长上。据各省份上报的数据,2016年1~11月,全国海洋捕捞产量1 333万吨,同比增长1.4%。多数省份捕捞产量上涨,有的省份涨幅还比较大,其中浙江省增量就占全国的60%。从渔获物构成上看,低值、幼杂鱼增多,优质海产品比例降低。2016年产量的惯性增长,更增加了"十三五"海洋渔业资源总量管理和水产品总产量控制目标实现的难度。

二是水产品质量安全存在隐患,媒体高度关注。尽管水产品质量总体上是安全的,工作成效明显,但部分水域外来污染较重,违规用药散养户和流通环节仍然存在,基层监管能力薄弱,市场准入和可追溯体系等倒逼机制尚不完善,水产品质量还存在不少安全隐患,鳜鱼、乌鳢市场监测合格率偏低,孔雀石绿、硝基呋喃残留超标还比较突出。水产品质量安全成为新媒体关注和炒作的热点,前段时间北京超市活鱼下架事件和天津养殖户不吃自养鱼的报道引发一系列炒作,中央领导作出批示,国务院还要为此专门发文件。这也警示我们,一方面要进一步加强水产品质量安全监管工作,另一方面还要做好舆情监测和应对。

三是渔业资源环境持续恶化,水生野生动物保护亟待加强。陆源污染、拦河筑坝、围湖造田、交通航运和海洋工程建设等社会经济活动,对水生生物产卵场、索饵场、越冬场和洄游通道造成严重污染和破坏,鱼类栖息地丧失,水生生物资源持续衰退。白鳍豚、白鲟、鲥鱼已功能性灭绝,中华鲟、江豚等极度濒危。广东徐闻宰杀棱皮龟的视频在网上被炒得沸沸扬扬。2016年7月,湖北清江水库紧急泄洪,致使大量养殖鲟鱼逃逸,对脆弱的长江生态系统而言无疑是雪上加霜。

四是渔船管理难度加大,涉外渔业事件多发。涉渔"三无"船舶屡禁不止,非法捕鱼时有发生,成为渔船管理的难点和顽症,更是渔业安全生产和涉外渔业事件的重大隐患。受国际经济形势变化和地缘政治影响,2016年发生多起他国抓扣我渔民的涉外渔业纠纷事件,韩国甚至动用武力对我渔船暴力执法。个别国家借机炒作夸大我渔民违法行为,并对我抹黑指责,严重影响我对外形象和外交大局。

五是渔业安全生产管理形势不容乐观。2016年全国渔业船舶水上事故总体情况较2015年有所增长,特别是重大商渔船碰撞事故多发,渔民生命财产遭受严重损失。虽然我们采取了一系列措施,但是全年渔业船舶水上事故和死亡失踪人数仍然双双增加。2016年5月上中旬连续发生多起较大以上事故,造成60多名渔民死亡失踪,值得我们深刻反思。

此外,渔区和谐稳定、渔民合法权益保护等,也需要引起足够的重视。这些问题是发展中的阵痛,是成长中的烦恼,也是实现渔业转型升级不可回避的问题,必须高度重视,下定决心,下大力气,加快解决。当然更要看到,当前有利于渔业发展的积极因素也在不断积累。党中央、国务院更加重视渔业,习近平总书记就渔业问题多次作出重要指示和批示,汪洋副总理对推进渔业供给侧结构性改革、实现绿色发展也提出明确要求。国家大力推进海洋强国战略和"一带一路"建设,印发长江经济带发展规划纲要,为渔业发展和生态保护提供了新机遇。我国水产品市场供应充足,为推进渔业供给侧结构性改革提供了坚实支撑。

三、2017 年渔业渔政工作的思路和要求

2017 年是加快推进渔业转方式调结构、深化供给侧结构性改革的关键一年,也是实施"十三五"规划的重要一年,渔业渔政工作总的思路是:全面贯彻党的十八大和十八届三中、四中、五中、六中全会及中央经济工作会议、中央农村工作会议、全国农业工作会议精神,深入贯彻习近平总书记关于"三农"工作的重要讲话精神,紧紧抓住转方式、调结构主线,咬定提质增效、减量增收、绿色发展、富裕渔民总目标,坚持稳中求进、进中求好工作总基调,持续深化渔业供给侧结构性改革,着力培育新动能、打造新业态、扶持新主体、拓宽新渠道,加快推进渔业转型升级。

下午张显良同志还将对 2017 年的渔业渔政工作进行具体安排。这里我从宏观上强调几点。

（一）持续推进渔业绿色可持续发展

渔业是资源高度依赖型产业,必须坚持生态优先理念,走绿色可持续发展道路。

一要贯彻实施海洋渔业资源总量管理制度。制定和实施海洋渔业资源总量管理制度,是党中央、国务院《生态文明体制改革总体方案》和中央全面深化改革领导小组提出的明确要求,是渔业资源管理的一次里程碑意义的重大改革。基本思路是在进一步强化"双控"的基础上,通过加强对渔获物产出控制,逐步建立起以投入控制为基础、产出控制为总闸门,投入和产出兼顾的海洋渔业资源管理基本制度,实现海洋渔业持续健康发展。"十三五"期间的核心目标有两个:一是压减海洋捕捞机动渔船 2 万艘、功率 150 万千瓦,二是国内海洋捕捞实行负增长政策,总产量减少到 1 000 万吨以内。从 2017 年算起,只有 4 年的时间,任务非常重。农业部已经根据国务院的要求制订了实施方案,细化了各省份的指标任务,各地必须要提高认识,狠抓落实,加强督导,坚决贯彻中央的决策部署,确保完成减船任务和捕捞总产量控制目标。

二要突出抓好长江水生生物资源和生态环境大保护。长江是我们的母亲河,习近平总书记对长江大保护多次作出指示。农业部积极贯彻落实总书记的指示精神,将长江水生生物资源和生态环境大保护作为全部工作的重中之重,研究制定了《关于加强长江水生生物保护工作的意见》,已联合国家发改委和环保部上报国务院。2017 年,要全力推进文件出台,并抓好宣贯落实。同时,要加快落实长江各级各类水生生物保护区率先全面禁捕,推进长江渔民退捕上岸、转产转业,"十三五"期间实现长江干流和重要支流全面禁捕,并推进通江湖泊及其他重要水域实行禁渔和限额捕捞相结合的管理制度。要以中华鲟、江豚等珍稀特有物种为重点,开展就地和迁地保护,建立基因保存库,推进长江珍贵濒危水生野生动物的保护工作。另外,要尽快开展长江流域水生生物资源普查,摸清资源状况,着手建立水生生物资源监测体系和资产评估体系。

三是高度重视并做好伏季休渔制度调整工作。伏季休渔制度是海洋渔业资源保护的一项基本制度,随着海洋渔业资源的持续衰退,对伏季休渔制度进行调整完善越来越迫切,延长休渔时间、强化伏季休渔管理、加强渔业资源保护是必然趋势。农业部高度重视,研究提出了伏季休渔制度调整方案,先后三次征求地方渔业主管部门意见,并在互联网上公开征求意见。对各方面的意见我们进行了反复研究,大的原则是保护优先、适当延长、考虑差异。伏季休渔制度调整是当务之急的大事,方案一旦确定,各地必须坚决贯彻执行。同时,渔政部门要加大执法监管力度,凡在伏季休渔期间违法违规作业的渔船,一经发现,扣除油补,情节严重的要吊销许可证,甚至移送司法机关处理。同时,在油补资金减少的情况下延长休渔时间,短期内可能对渔民生产生活产生影响。各地务必高度重视,广泛宣传,制定预案,提前部署,积极争取各级政府给予休渔渔民适当生活补助,严格加强休渔监管,看好自家门,管好自家人,谁的孩子谁抱走,确保新制度的顺利实施和渔区稳定,切实做到守土有责、保一方平安。农业部将会同有关部门,加强对伏季休渔执行情况的督导检查。

四是加强海洋牧场建设和管理。海洋牧场建设是保护和增殖渔业资源、修复水域生态环境的重要举措,国务院领导高度重视。目前农业部已经建设两批 42 个国家级海洋牧场示范区,还将把海洋牧场作为"十三五"生态保护的建设重点,计划到 2020 年建成 100 个左右国家级海洋牧场示范区,各地也要根据实际情况积极开展海洋牧场建设。但是,海洋牧场建设毕竟是向海里投放石块、礁体,对海流、海底都将产生一定的影响,如果管理不到位,还可能会破坏资源,必须科学规划和论证,建立标准,加强管理,以保证海洋牧场

健康发展。2017年农业部将专门召开全国海洋牧场建设现场会,推动海洋牧场的建设和管理。

五是推进水产养殖业绿色发展。近年来局部区域的水产养殖污染引起社会关注,这个问题要客观看待。一方面,高密度池塘养殖、高强度的近海和水库网箱养殖以及冰鲜杂鱼投喂,确实对局部水体和资源保护造成一定影响;另一方面,近海的贝藻类养殖、池塘和大水面滤食性鱼类养殖对净化水域环境发挥着积极作用。其实水产养殖也是污染的受害者,陆源污染对养殖水域造成很大影响,对水产品质量带来很大隐患。近期,农业部印发的《养殖水域滩涂规划编制工作规范》和《编制大纲》,就是为了明确禁养区、限养区和养殖区,告诉大家哪些地方可以养、哪些地方不能养、哪些地方要少养,从布局上解决养殖污染和质量安全问题。各地渔业行政主管部门要高度重视,切实把编制规划工作作为事关渔业管理全局、事关渔业发展长远、事关渔业改革当下的一项全局性、战略性、基础性任务抓紧抓好。同时,还要积极开展水产绿色生态健康养殖,引导养殖生产者自觉减排养殖污水、减少养殖用药、减少养殖密度、减少冰鲜杂鱼直接投喂,发展环境友好型水产养殖。

(二)持续推进渔业安全发展

渔业安全是一个老生常谈但必须谈的问题,必须抓紧抓细、常抓不懈,牢固树立底线意识、红线意识,促进渔业安全发展。

一要坚持不懈抓好渔业生产安全。近年来,由于气候变化、航运繁忙等因素影响,渔业安全生产的形势更加复杂。尽管国家对事故统计指标制度进行了改革,取消了以往对各地下达考核指标的做法,但是渔业安全生产事关渔民生命财产安全和渔区稳定,必须按照"党政同责、一岗双责、失职追责"和"管行业必须管安全,管业务必须管安全,管生产经营必须管安全"的要求,落实企业、船东、船长的安全生产主体责任,进一步强化安全生产属地管理责任和主管部门的行业监管责任,加强渔民安全教育培训,强化渔船检验、安全设施装备配备,加大安全督查检查力度,坚决遏制渔业安全事故多发态势。

二要坚持不懈抓好水产品质量安全监管。水产品质量安全事关渔业行业健康发展,事关人民生命健康,容不得半点疏忽。近期,国务院将对水产品安全监管工作进行专门部署,强化属地管理责任,坚持源头严防、过程严管、风险严控,全面强化水产品安全管理责任。各级渔业部门务必高度重视,不仅要在"产出来"方面下功夫,还要在"管出来"方面下功夫,加强监测与执法,针对问题突出的品种和区域持续用力。同时,

要加强正面宣传、舆情监测和引导应对,既保障不发生重大水产品质量安全事件,也要及时消除不实传言的负面影响。

三要切实抓好水产养殖生物安全。随着水产养殖业向集约化、规模化方向发展,水产苗种大范围流通,水产养殖病害增多。每年由水生动物疫病引起的直接和间接损失高达300亿元,对养殖生产影响巨大。虽然到目前还没发现人鱼共患疾病,但是水生动物安全问题却实实在在摆在我们面前。对此,要加强水生动物疫病监测和防控,做好突发疫病的应急处置,还要特别重视水产苗种产地检疫。苗种是养殖的基础,也是控制疫病传播的源头。渔业主管部门要切实抓好苗种检疫,履行好监管职责。农业部已决定在江苏省开展试点,从主要养殖品种、主要疫病的检疫着手开展苗种产地检疫,同时组织开展水生动物官方兽医资格认定工作,有条件的省份也要积极开始试点。通过试点,完善机构,锻炼队伍,形成制度,取得试点经验之后,再逐步推广,兽医部门要予以大力支持。

(三)持续推进捕捞业规范有序发展

这些年我们在捕捞业管理上花了大量的精力,但还是没能走出鱼越捕越小、资源越捕越少的怪圈,"三无"船越来越多,还跑到公海和他国管辖海域非法作业,促进捕捞业规范有序发展任务艰巨,十分紧迫。

一要促进远洋渔业规范有序发展。当前远洋渔业已经达到较大的规模,今后的工作重心不是一味扩大规模,而是促进转型升级、调整优化。要以建立负责任远洋渔业强国为目标,加快转变发展方式,稳定船队规模,强化规范管理,加强国际合作,提升国际形象,实现在开放环境下更好的发展。重点是优先发展有政府间合作的项目,支持有规模、有实力的远洋渔业企业,鼓励企业兼并重组,提高远洋渔业装备水平,建立全产业链综合基地,促进做大做强。对所有的远洋渔业企业奖罚分明,建立健全责任企业"黑名单"制度,对遵纪守法的企业予以奖励,对违法违规企业从严从重处罚。

二是加强国内捕捞渔船管控。渔船是现阶段我国渔业管理的重点和难点,靠传统的办法已很难取得好的效果,要进一步改革和加强。目前,"十三五"国内海洋渔船管控改革方案已报国务院同意,近日将下发各地和有关部门贯彻实施。总的思路是坚持并进一步完善海洋渔船"双控"制度,实行渔船分类分级分区管理,根据渔船大小和作业区域实行差别化管理,中央重点管控禁渔区线外侧大中型渔船,将禁渔区线内侧小型渔船"双控"政策制定权限下放到地方,由各地依据资源环境和生产情况制定更为严格的监管措施,强化地方渔船和捕捞强度控制职责。探索建立与捕捞渔船

数量相匹配的捕捞辅助船总量控制制度,严格限制近海捕捞辅助船规模,并逐步禁止渔获物转载。推进渔船渔民组织化管理,实现管理重心下移。强化依港管船管人管渔获。渔港是渔船的"家",落实依港管船管人管渔获措施,逐步推行渔获物定点上岸制度,强化港口检查执法,实施监管关口前移,坚决不让带"病"渔船出海、不让违规渔船起航、不让非法捕捞渔获上岸。

三是加强渔政管理。中国渔政是一支历史悠久的行政执法队伍,实现规范有序发展迫切需要强化渔政执法。当前,渔政执法最大的任务是贯彻落实中央领导的指示精神,持续开展涉渔"三无"船舶及"绝户网"清理整治工作,坚决遏制使用违规渔具和非法捕捞行为,切实保护渔业资源,维护正常的渔业生产秩序。同时,要加强长江流域大保护、涉外渔业、休渔禁渔、渔业安全生产、水产品质量、珍贵濒危水生生物保护等渔政执法监管。要突出完善法律制度、执法专业手段和执法方式,强化渔政执法效能建设。全面实施渔业行政执法人员执法资格统一考试,提升队伍法治观念和法治素养,强化渔政队伍建设。

(四)持续推进渔业开放发展

在大农业中渔业是最早走出去的产业,要继续实施"一带一路""走出去"战略,充分利用"两种资源、两个市场",进一步提高国际竞争力,开拓发展空间,持续推进渔业开放发展。

一要推动水产养殖业走出去。水产养殖是我国渔业发展的优势,也是世界渔业的发展方向。在天然渔业资源全球范围内衰退的大背景下,越来越多的国家和组织将发展的目光锁定在水产养殖业上。近些年来,在渔业"走出去"的过程中,很多国家和地区希望与我国开展养殖领域的合作。要顺应世界渔业发展的新趋势,在以往养殖技术、人才输出的基础上,加快推进水产养殖产业"走出去",带动养殖装备、苗种、饲料等的出口。

二要积极参与南极磷虾资源开发和管护。要遵循南极国际养护和管理制度规定,加快专业磷虾渔船建造,推进磷虾捕捞加工装备升级,加强磷虾产业科研创新,推进极地渔业资源调查船建设。同时,积极参与南极生物资源养护,为合理利用南极磷虾资源营造良好环境。

三要加强双多边渔业合作。进一步加强双边特别是周边渔业合作,做好中日、中韩、中越和中俄渔委会谈判与执行工作,稳定周边渔业水域秩序,维护我传统渔业权益。积极推动落实中菲及中国与东盟国家渔业合作,促进周边渔业合作取得新进展。进一步加强多边渔业合作,积极参与国际和区域渔业管理事务,发挥我国在国际渔业治理体系和规则制定中应有的作用,提高我在国际渔业事务中的话语权和影响力,推动全球渔业可持续发展。目前国际社会对打击 IUU 高度关注,我们要积极参与,既维护我渔业权益,又体现我负责任渔业大国形象。

(五)持续推进渔业创新发展

创新是推进供给侧结构性改革的第一动力。通过改革与创新,使要素投入实现最优配置,提高供给结构对需求变化的适应性和灵活性,提升发展质量。

一是观念创新。观念决定行动,观念不创新、不改变,就会因循守旧、故步自封。要全面领会"减量增收"的精神实质,摒弃以产量论英雄的老观念,坚持生态优先、效益为本,更加关注环境保护,关注发展的质量和效益,推进绿色可持续发展。要运用信息化的思维理念,促进信息化与传统工作、传统产业融合,推进"互联网＋现代渔业",以信息化手段创新渔业生产、经营、管理和服务。

二是科技创新。转方式调结构主要靠科技,充分发挥科技的支撑和引领作用。要着力提升渔业科技自主创新能力,健全以企业为主体、市场为导向、产学研相结合的技术创新体系,建立研发平台和企业技术创新联盟。以主导品种和主导产业为重点,加强现代种业、疫病防控、健康养殖、水产品加工流通、装备升级、质量安全等方面的技术攻关。加强先进适用科技成果的转化应用,构建以水产技术推广机构为主导、科研院所和产业技术体系为支撑、各类经营主体广泛参与的"一主多元"新型水产技术推广体系,提高成果转化效率。

三是经营体系创新。创新渔业组织形式和经营方式,培育壮大专业渔村、渔业合作组织、协会等基层服务和管理组织,赋予其一定的管理权限,强化渔民自我管理自我服务,发挥渔民群众参与管理的基础作用。加快培育家庭渔场、渔民合作社、渔业产业化龙头企业等新型渔业经营主体,建立新型经营主体支持政策体系,扩大新型经营主体承担渔业项目规模,总结和推广"龙头企业＋中介服务组织＋基地＋农户"等产业化经营模式,密切不同主体之间的利益联结机制,提升组织化水平。

(六)持续推进富渔共享发展

渔业发展的根本目的是增效和增收,实现富裕渔民,让渔民群众共享改革发展的成果。

一要加强渔业基础设施建设。先进的物质装备和良好的基础设施既是渔业现代化的重要标志,又是渔业提质增效、转型升级的重要物质基础。要加强渔港建设和维护,以渔港建设带动渔区小城镇和渔村发展,打造一批集生产服务、流通加工、休闲旅游为一体的渔港经济区。加强渔船、渔机标准化建设，积极推动渔船及装备的升级换代，加快提升水产养殖业装备水平。

二要推进三产融合发展。一二三产业融合是提升发展质量效益的必由之路。要将休闲渔业作为渔业供给侧结构性改革的重要领域和转方式调结构的重要抓手，积极开展试点示范，大力发展休闲垂钓、水族观赏、渔事体验、渔文化旅游等新型业态，创建休闲渔业品牌，加强休闲渔船、钓饵安全等关键问题的规范管理，全面提升休闲渔业发展水平。要依托资源、区位和技术优势，加快培育现代水产加工园区和冷链物流体系，鼓励发展各种新型营销方式，努力开拓国内国际市场，以市场为导向带动加工增值、流通增效、延长产业链、提高价值链。

三要积极参与扶贫攻坚。农村贫困人口脱贫是"十三五"期间必须打赢的攻坚战。渔业要在这场战役中主动发挥作用，特别是在革命老区、民族地区、边疆地区、集中连片贫困地区，要结合当地资源优势，因地制宜发展特色生态渔业和稻渔综合种养，开展产业扶贫。要注重与休闲渔业、水产品加工业相结合，培育渔业特色产业，促进渔民增收。

四要着力维护渔区稳定。渔区稳定至关重要，要高度重视，作为头等大事来抓。当前，各级渔业部门都要特别关注油补政策和伏休政策调整，以及长江禁捕和部分地方以保护环境为由突击性地拆除网箱、网围养殖，正确处理好各项政策调整、改革举措推进和渔民群众合法权益维护的关系，加强政策宣传解读，广泛收集民意，积极引导疏导，有效防范和应对各种不稳定情况的生发。要加快推进渔业补贴政策的改革，积极推进养殖保险，加大对水域滩涂占用补偿和涉渔工程生态补偿力度，加强渔民合法捕捞权和养殖权的政策保障，推动建立休渔期渔民生活补贴制度，加大转产转业政策扶持，千方百计保障渔民合法权益。

最后，我再强调一下渔业系统建设。"十三五"渔业系列规划已经出台，转方式调结构工作已经全面部署，贯彻落实是重中之重。要狠抓落实，对全局性、基础性工作要统筹谋划、周密部署，发扬"钉钉子"精神，敢于碰硬、敢打硬仗，抓铁有痕、踏石留印，狠抓督促检查，狠抓责任落实，做到事事有结果、件件有回音。要加强政策创设，坚持深入实际、深入基层、深入群众，了解基层工作、倾听渔民心声，围绕制约渔业发展的关键领域和重大问题，深入开展专题调研和理论分析，提出政策建议。要加强协作配合，渔业渔政工作面广线长，渔政执法、涉外管理、资源养护等工作涉及多个部门、多个区域，要加强部门联动、区域协作，强化全国一盘棋意识，形成合力。要加强廉政建设，强化权力运行监督，加强行政审批、项目资金安排、渔政执法监管，使渔业渔政干部做到不踩红线、不触底线，清清白白做事，干干净净做人。

同志们，让我们紧密团结在以习近平同志为核心的党中央周围，不忘初心、继续前行，加快推进渔业转方式调结构，深化渔业供给侧结构性改革，为经济社会发展做出新的更大的贡献，以优异成绩迎接党的十九大胜利召开！

农业部副部长于康震
在 2017 年海洋伏季休渔专项执法
行动启动会上的讲话

(2017 年 5 月 1 日)

同志们：

今天是我们新的海洋伏季休渔制度规定的全国沿海统一开始休渔的日子，休渔开始，就意味着休渔的执法也要同步启动。今天又是"五一"劳动节，我代表农业部党组，向在座的各位以及你们所代表的渔政、海警以及边防、工商战线的同志们说一声，劳动节快乐！在节日期间还要坚守在岗位上，你们辛苦了！同时，也向今天来参加我们启动会的中央和国家有关部门、浙江省及宁波市、还有几位特邀的全国重点渔业地市的领导同志，表示感谢，感谢你们对渔业工作的关心，对渔业执法工作的支持！

今天，农业部和中国海警局联合召开 2017 年海洋伏季休渔专项执法行动启动会，对执法工作进行部署动员。其实在会前，部署动员的工作已经开展起来了；海警局及各分局都召开了专门的部署会；各省渔政部门都制作了执法宣传的短片并进行了广泛宣传动员。刚才，与会的各位代表又作了很好的发言。看得出来，2017 年的伏季休渔的执法工作已经得到了地方党委政府的高度重视，农业部和中国海警局两个部门关于伏休执法工作的部署要求在基层一线都得到了较好的贯彻落实。这也让我们对 2017 年休渔工作取得全面胜利增强了信心。会议开始的时候，孙景森副省长做了热情的致辞，刚才，陈毅德副局长代表中国海警局做了工作动员。我们要贯彻落实好，下面，我代表农业部就开展好此次专项执法行动，讲三点意见。

一、调整海洋伏季休渔制度是渔业转方式、调结构，实现转型升级的必然选择

伏季休渔是目前我国最重要、最有影响力的渔业

资源养护管理制度。实施20多年来，在保护资源、稳定生产，树立我国负责任国家形象方面都发挥了重要作用。但近年来资源监测发现，我国海域主要经济鱼类的产卵期在逐渐提前，原先制度规定的休渔时间就有些不相适应了。加上原来不同海区、不同作业类型的渔船差异化休渔的方式，使得管理成本高、效率低，这些问题日渐突出，调整完善休渔制度的呼声也越来越高。2016年，浙江省王辉忠、黄旭明两位省领导，联名给农业部部长韩长赋写信，提出了调整伏季休渔制度的建议。

这些呼声和建议，可以说与农业部党组谋划当前渔业发展的思考不谋而合。当前，我国渔业已进入转型升级的发展阶段，核心任务是补短板、强效能，推进渔业转方式、调结构。当前渔业的最大短板、最突出的问题就是资源问题。农业部部长韩长赋对此高度重视，多次就加强海洋渔业资源养护、打击"三无"船、"绝户网"等工作都提出了明确的要求。这次对伏季休渔制度的调整，不仅仅是对一项制度具体内容的调整完善，更多是体现了发展理念、发展思路的调整和完善。2016年以来，农业部先后采取了一些有针对性的措施，打出了强化海洋渔业资源保护的政策"组合拳"，优化调整海洋伏季休渔制度，就是组合拳中其中的"一拳"（另外两项是渔船"双控"和海洋渔业资源总量管理）。在多次广泛征求意见和研究论证之后，农业部最终决定，以统筹兼顾资源保护和社会稳定为原则，以相对统一和适度延长为目标，将除钓具外的所有作业方式均纳入休渔范围，将各海区和主要作业方式休渔时间统一到5月1日开始并相应延长一个月。

二、协调联动、突出重点，确保伏季休渔执法取得实效

2017年的伏季休渔执法与以往相比有很大不同。一是制度本身进行了重大调整，要求我们在思想上要达到的完全统一，做到全国一盘棋。二是2017年以来我周边海域，尤其是黄海方向形势复杂，涉外渔业管控难度加大。三是连续两年多的集中打击整治涉渔"三无"船舶，形成了高压态势，压缩了"三无"船的生存空间。但从2017年多起渔业案件情况看，"三无"船铤而走险、违法违规行为又有抬头趋势。因此，2017年伏季休渔期间发生违法违规案件的可能性比以往都要大，执法的任务也更加艰巨。对于这一点，同志们要有清醒的认识。可以说，新的伏季休渔制度能否贯彻实施好，能否取得预期成效，取决于这次伏季休渔专项执法行动。因此，2017年伏季休渔专项执法要突出问题导向，坚持"三联动"、突出"三重点"。

"三联动"，就是要做到执法部门联动、陆上海上联动、线内线外联动。执法部门联动，就是要在党委政府统一领导下，强化渔政、海警、边防、工商等部门之间的联动，由单部门各自执法变为多部门联动执法，真正做到步调一致、齐抓共管；陆上海上联动，就是根据伏季休渔执法的特点，同步抓好渔民、渔船、渔港、海上管理和执法工作，真正做到休渔执法的全链条和全覆盖；线内线外联动，就是妥善处理好海上执法的衔接，不能因为渔政、海警之间存在一条分工界线，就给不法分子以可乘之机，线内线外来回跑逃避检查和执法。

"三重点"，就是突出重点区域、重点时段和重点对象来加强执法。

重点区域，就是渔港和渔场。渔港执法要着重强调船籍港休渔，严格限制异地休渔。确实因故不能回船籍港休渔的，要实施好最严格的监管和报备制度。同一省内异地休渔的，要通报船籍港所在地渔业部门后，向省级渔业部门报备；外省渔船异地休渔的，要通报船籍港所在省渔业部门后，向农业部报备。所有异地休渔的渔船都要拉出名单，一条船也不能漏。所有异地休渔渔船出的问题，都由实际停靠渔港所在地的渔业部门负责。除了正规渔港，还要加强临时停靠点的执法巡查，严肃查处私自停靠、脱离监管的行为。渔场是另一个监管重点，要切断往返通道，严厉打击伏季休渔期间渔船私自出海和辅助船海上转载行为。

重点时段，就是一头一尾和特许捕捞实施期三个时段。一是伏季休渔初期，重点是检查辖区内渔船回港情况，落实船进港、人上岸、网入库、证集中。二是伏季休渔后期，要严防提前出海和先开渔的渔船跨区作业，特别要加强北纬35°线、26.5°线、闽粤交界线这三条线的巡航执法。三是特许捕捞实施期，要切实加强特许捕捞渔船管理，防止滥竽充数、浑水摸鱼。这里还要强调一下，特许捕捞只是休渔政策的一个例外，对这个例外的把关只能严不能松，各地一定要制定并执行好更加严格的执法管控措施。

重点对象，就是要在全面加强监管的基础上，重点管好辅助船、特许捕捞和特殊作业方式船、涉渔"三无"船舶以及有多次违反伏季休渔规定"作案记录"船等几类重点船舶。为捕捞生产服务的辅助船，2017年首次纳入休渔范围，要通过严格执法使这项新规定的落实一步到位，从一开始就不让其产生任何幻想。特许捕捞和特殊作业方式船，在休渔时间上与其他渔船有所不同。这两类船的监管，一定要严格把关，既不能让其他船"借光""钻空"，也不能允许这两类船出现审批任务之外的生产行为。涉渔"三无"船舶的清理取缔一直是个难题，但伏季休渔给我们提供了一个非常好的时机，非常好的契机。私自出海，那么在海上的目标就会很突出,海上执法就要见一个抓一个;回港休渔,正好可以通过加强排查来加以甄别,我们渔政、船检部门的同志,要练就一付火眼金睛,这个时候千万不能眼里揉沙子,或是睁一只眼闭一只眼。对于涉渔"三无"船舶,一经发现、证据确凿的一律按规定予以没收、拆解,涉嫌刑事犯罪的,一律移交有关机关处理。对这方面的要求,2015 年中央的有关文件已经说得很清楚了,各地务必要严格执行。

除了上述几类渔船外,我还要特别强调一下伏季休渔期间到他国专属经济区作业渔船管理问题。以到韩国入渔为例,调整后的伏休时间,与《中韩渔业协定》确定的入渔时间存在交叉,尤其是在伏休开始阶段,管控不好很容易造成对休渔制度的冲击。为此,农业部专门召集有关省对入渔、休渔工作进行部署安排。我渔船可以按《中韩渔业协定》入渔,但在管理上必须要严格管控,在具体措施上,可参照特许捕捞渔船管理要求,以更严格的标准加以管理。中日、中越协定入渔的问题也要同等关注、同样要求,坚决杜绝重大违规行为破坏我正常休渔秩序,确保周边海上秩序安全稳定。

三、真抓实干确保伏季休渔专项执法行动取得实效

一要坚持统一领导,完善协作机制。在党委、政府统一领导下,渔政、海警、公安边防、工商等各部门要加强沟通、配合协作,形成统一领导、各司其职、协调联动的工作局面,共同落实好各项执法工作。渔政要积极主动配合好海警部门的工作。

二要坚持依靠群众,提高执法效果。要充分发挥人民群众维护伏休秩序,维护渔民合法权益的积极性,鼓励社会各界积极提供信息,举报违反伏季休渔的行为,协助办理违规案件。同时,要妥善安排好受伏季休渔影响的渔民的工作、生活,并提供必要的帮助。

三要坚持依法行政,严明纪律要求。要按照严格规范公正文明执法的要求开展执法活动,全面实施"双随机、一公开"和执法全过程记录制度。各级渔业渔政部门的任何人,无论是领导还是普通工作人员,一律不得参与捕捞经营活动,不得为非法捕捞者充当"保护伞",不得向非法捕捞者通风报信,一经发现,要坚决予以查处,决不姑息。

四要坚持正确的舆论导向,营造良好的社会氛围。要通过舆论宣传工作,为专项执法行动营造良好的社会环境和工作条件。要加大违反伏季休渔大案要案的曝光力度,宣传专项执法行动的工作进展和工作成果,表明我们的态度和决心。

同志们,海洋伏季休渔是我国海洋渔业资源管理的一项重大制度,这次做出调整,可以说从中央到渔民群众、从国内到国际社会都高度关注。调整完善后的新制度能否取得预期效果,关键在执法。再过一会儿,2017 年的伏季休渔就将开始,休渔执法专项行动也将同时拉开序幕。各级渔业渔政部门的同志,一定要牢记使命、履职尽责、扎实工作,确保成效。今日出征,九月凯旋,预祝伏季休渔专项执法行动取得圆满成功,以和谐、稳定的海上渔业秩序迎接党的十九大的胜利召开!

谢谢大家!

农业部副部长于康震在全国稻渔综合种养现场会上的讲话

(2017 年 6 月 20 日)

同志们:

这次会议是经农业部常务会议研究决定召开的,是在全国上下深入推进农业供给侧结构性改革,加快培育农业农村发展新动能,推进农业绿色发展的大背景下召开的,充分体现了部党组对稻渔综合种养工作的高度重视。这次会议的主要任务是总结近年来稻渔综合种养工作成效,交流各地经验,分析形势和任务,部署今后一段时期的工作,推动全国稻渔综合种养工作迈上新台阶。上午,大家现场参观考察了潜江稻渔综合种养基地、小龙虾生态城、加工生产线、良种繁育中心和教育培训机构等稻渔综合种养一二三产业融合发展成果,我看了后,感觉很振奋,很有信心。刚才,又听取了湖北等六省份和全国水产技术推广总站、中国水产科学研究院淡水渔业研究中心的情况介绍,讲得都很好,听了很受鼓舞、很受启发,值得各地借鉴学习。下面,我讲三点意见。

一、全面总结,充分肯定新阶段稻渔综合种养工作取得的成功经验和突出成效

稻田养鱼在我国有悠久历史,传统稻田养鱼重点是解决"吃鱼难"问题,过去,不少地方主要依靠稻田养鱼解决吃鱼问题,贵州省稻田养殖产量曾占全省水产品产量的 66.2%,广西三江侗族自治县稻田鱼产量曾占全县水产品总量的 86%。经过 30 多年的发展,我国已经彻底解决了"吃鱼难"问题,"稻田养鱼"也推进到了"稻渔综合种养"的新阶段,"稳粮增收,渔稻互促,绿色生态"是这一新阶段的突出特征。稻渔综合种养是 2000 年以后发展起来的一种新型稻

田养殖技术模式，该模式充分利用生物共生原理，种植和养殖相互促进，在保证水稻不减产的前提下，能显著增加稻田综合效益。进入21世纪以来，我们高度重视稻渔综合种养发展，在政策推动和技术研示范带动上开展了大量工作，各地也积极开展了大量实践探索，稻渔综合种养规模和技术都有了很大发展，据统计，2016年全国稻田养殖面积达到150万公顷，水产品产量155万吨，带动农民增收300多亿元，发展成效十分显著。

（一）坚持政策推动，稻渔综合种养政策创设取得突破。毋庸讳言，过去各方面对稻田养鱼认识并不一致，主要是担心稻田开沟挖函毁坏稻田，影响机耕作业和水稻产量。经过多年不断的试验示范、推广总结，稻渔综合种养逐步被农户所接受，亦逐步为各方面所认可，"稻渔综合种养"终于被写入党中央、国务院和部委有关文件和规划，政策创设取得了突破性成果。《国务院办公厅关于加快转变农业发展方式的意见》（国办发〔2015〕59号）提出"把稻田综合种养，作为发展生态循环农业的重要内容"。2017年中央1号文件《关于深入推进农业供给侧结构性改革，加快培育农业农村发展新动能的若干意见》提出"推进稻田综合种养"。2015年农业部等八部委印发的《全国农业可持续发展规划（2015—2030年）》《全国渔业发展第十三个五年规划》《农业部关于进一步调整优化农业结构的指导意见》以及2016年印发的《农业部关于加快推进渔业转方式调结构的指导意见》《全国农业现代化规划（2016—2020年）》等均对稻渔综合种养提出了明确要求，这些成果来之不易。各地也抓住有利时机，出台了专门的稻渔综合种养扶持政策，如浙江省海洋与渔业局和农业厅联合组织实施了"养鱼稳粮工程"，推动稻渔综合种养发展；湖北省政府制定了《稻渔综合种养发展规划》，每年拿出3 000万元用于支持稻渔综合种养，投资1亿元，支持小龙虾良种基地建设；宁夏将稻蟹生态种养作为自治区主席一号工程加以推进，累计安排4 000万元；四川省将稻渔综合种养与现代农业示范区建设、农田水利设施改造项目实施结合，每亩补助500元左右，实行重点推进；广西2017年计划投入5 000万元，建设50个以上的稻渔综合种养示范基地。这些政策为稻渔综合种养发展创造了良好条件，有力地促进了稻渔综合种养的发展。

（二）坚持创新驱动，稻渔综合种养高效技术模式初步建立。近年来，农业部在稻渔综合种养上坚持创新先行，加大对稻渔综合种养科技投入，2012年投入1 458万元，启动实施了"稻渔耦合养殖技术研究与示范"，围绕稻渔共生系统作用原理和调控技术，开展了大量研究工作，示范推广了适宜不同地区的多种稻渔综合种养技术模式，提高了稻渔综合种养的发展水平。中国水产科学研究院开展了"渔稻复合生态种养技术研究"。"十三五"现代农业产业技术体系渔业体系也针对稻渔综合种养设置了有针对性的研究任务。各地在稻渔综合种养创新和技术示范方面也开展了大量工作，创造出诸如辽宁盘锦"大垄双行"稻田养蟹模式、湖北潜江"稻虾连作＋共作"模式、浙江德清"稻鳖共生"、广西"稻虾共作＋再生稻"等先进技术模式。全国渔业科技入户首席专家、已故上海海洋大学王武教授连续多年在辽宁、宁夏推广稻田养蟹技术，总结出"1＋1＝5"新理论，即"水稻＋水产＝粮食安全＋食品安全＋生态安全＋农民增收＋企业增效"。经过多年不断的试验示范，稻渔综合种养取得了丰硕成果。农业部组织制定的行业标准《稻渔综合种养技术通则》提交本次会议参阅，即将发布实施。2016年全国水产技术推广总站牵头成立了稻渔综合种养产业技术联盟，吸纳了众多科研、推广、企业共同参与稻渔综合种养科技创新工作。

（三）坚持示范带动，稻渔综合种养呈星火燎原之势。从2005年起，稻渔综合种养被纳入农业科技入户工程，实行一个示范户带动20个农户发展的模式，效果很好。从2007年起，农业部将稻渔综合种养技术连续纳入农业部主推技术。2012年、2013年，农业部每年安排200万元，在全国10多个省份开展稻渔综合种养技术示范，先后总结示范推广了5大类19种典型稻渔综合种养技术模式，建立稻渔综合种养核心示范区87个，辐射带动面积近53万公顷，培育核心示范户1 800多户，合作经济组织200多个，稻米品牌30多个，水产品牌20多个。2015年农业综合开发农业部专项项目资金安排4 800万元，建设了16个稻渔综合种养规模化示范基地。目前稻渔综合种养在各地已形成加速发展之势。湖北提出2017年在近27万公顷的高起点上再发展4万公顷；湖南提出新发展6.7万公顷；安徽组织实施稻渔综合种养双千工程，力争到2020年，建设稻渔综合种养百亩示范点2 000个、千亩示范片200个；宁夏将稻渔工程和休闲观光相结合，高标准打造了青铜峡、贺兰2个稻渔立体综合种养样板基地。在典型示范带动下，各地农户积极性高涨，出现了大干快上的良好局面。

（四）坚持龙头拉动，稻渔综合种养产业化经营水平不断提高。多年来，在稻渔综合种养产业发展上，农业部高度重视龙头企业等新型经营主体的拉动作用，积极培育和支持稻渔综合种养龙头企业发展，鼓励示范区龙头企业牵头成立专业经济合作组织,拉动稻渔综合种养苗种、农资、种植、养殖、加工、销售等全产业链发展,有效提升了稻渔综合种养价值链,延伸了产业链,带动了规模化发展,产业化经营。通过利益联结机制,把分散农户组织起来,使龙头企业和农民形成命运共同体,有效拉动当地经济发展,带动农民脱贫致富。据统计,目前全国稻渔综合种养合作经济组织1 000多个,稻米品牌近100个,水产品牌80多个。各地涌现了一批带动性好、拉动力强的龙头企业,如湖北华山公司、莱克现代农业科技发展有限公司、浙江清溪鳖业有限公司、辽宁光合蟹业有限公司、安徽富皇三珍等龙头企业,四川、宁夏、福建、吉林等地也有一批优秀的龙头企业,有效地提高了稻渔综合种养标准化、规模化、产业化、品牌化发展水平。

(五)坚持产业联动,稻渔综合种养成为三产融合发展的新舞台。开展稻渔综合种养技术示范之初,农业部就根据专家建议,积极鼓励三产融合发展,充分发挥稻渔综合种养"接二连三"的作用,鼓励稻米和水产品加工业以及餐饮、旅游业的发展。上午大家现场参观的潜江莱克公司,不仅建设了数万亩高标准集中连片的稻虾养殖基地,还大力发展小龙虾加工,带动产品出口。华山公司利用小龙虾副产物生产壳聚糖、氨基葡萄糖等精深加工产品,极大地提高了小龙虾的附加值。潜江兴办的小龙虾美食城,生意十分火爆,带动了休闲旅游产业的发展。一只小龙虾,产值百亿元,虽是小产品、却是大产业。云南红河州利用哈尼梯田开展稻渔综合种养,并与旅游相结合,每年吸引大量游客,来当地参观品尝稻渔产品,领略稻渔文化。稻渔产业的发展,不仅为当地农民增了收,脱了贫,还保住了哈尼梯田这一珍贵的世界文化遗产。广东省连南瑶族自治县利用"旅游+稻田养鱼"模式推广旅游和稻田养鱼,连续三年举办了稻田鱼节,带动了旅游业的发展,有效地促进了农村脱贫和经济文化事业的全面发展。

成绩来之不易,是各级政府和各有关部门大力支持的结果,也是各级渔业部门、广大科研教学推广机构长期努力的结果。今天借此机会,我代表农业部向长久以来支持稻渔综合种养发展的各级政府、各有关部门、广大科研教学推广机构,向为稻渔综合种养发展做出贡献的专家学者、媒体的朋友们表示衷心的感谢。

成绩有目共睹,着实令人高兴。但还必须清醒地看到,我国稻渔综合种养还处在大发展的初起阶段,各地发展很不平衡,新技术、新模式覆盖率低,一二三产融合度不够高,产业基础薄弱,科技支撑能力不强,种植养殖、农机农艺结合不够,产业化经营规模偏小、扶持政策时有时无。这些问题亟待我们去研究解决。

二、明确思路,深刻理解和把握稻渔综合种养的重大意义和总体要求

目前,国家重视粮食生产但种粮效益较低、农民种粮积极性不高;国家重视农民收入增长,重视产业扶贫,但农民增收渠道日趋狭窄,增收难度日趋加大;国家和民众重视农业绿色发展、生态环保和农产品质量安全,但农业生产中化肥农药使用量仍居高不下,稻渔综合种养正是在这类问题存在的背景下,依靠国家的支持、群众的智慧逐步发展壮大起来的,顺应了时代要求,既为渔业发展、渔民增收、三产融合、供给侧结构性改革打开了新的空间,也为解决当前三农突出问题找到了一条有效的途径,意义十分重大。稻渔综合种养被农民誉为"小粮仓、小水库、小肥料厂、小银行",形象地说明了稻渔综合种养在稳粮、节水、生态和增收等方面的作用,这也是稻渔综合种养得以发展壮大的原生动力和根本原因。我们要深刻认识发展稻渔综合种养的重大意义,抓住当前发展稻渔综合种养的有利时机,明确思路,乘势而上,推动稻渔综合种养上规模、上水平、创品牌、增效益,实现新的发展。

(一)"稳粮增收"是稻渔综合种养发展的根本前提。习近平总书记强调"中国人的饭碗任何时候都要牢牢端在自己手上。我们的饭碗应该主要装中国粮"。我们要深刻学习领会总书记的要求,深刻理解粮食安全对于我们一个13亿人口大国的极端重要性。水稻是我国主要粮食作物,全国约65%的人口以稻米为主食,因此,发展稻渔综合种养首先要保障"米袋子"不减量,必须确保水稻不减产,同时还要提高农民种粮积极性,保障农民的"钱夹子"。为此就必须发展适销对路、附加值高的"菜篮子"产品,这是稻渔综合种养健康发展的根本前提。研究和实践表明,稻渔综合种养新技术模式,完全能够实现水稻不减产甚至增产,综合效益提高,实现"一水两用、一田双收"。各级渔业部门必须保持清醒的认识,坚决抵制稻田挖塘等非粮化行为,严格控制边沟、鱼凼面积不超过10%的比例。有的地方沟面积过大,影响了粮食生产,我们不仅不提倡,还要坚决纠正,大力推进稻渔综合种养新技术模式,把稻渔综合种养作为破解国家"要粮"与农民"要钱"的矛盾的金钥匙。各地在发展稻渔综合种养的过程中要始终坚持"稳粮增收"这一根本前提,坚持不与人争粮,不与粮争地,始终坚持"养鱼是配角,增收是手段,稳粮是目标"这个根本要求,确保实现稳粮与增

收双赢。

（二）"生态安全"是稻渔综合种养发展的基本要求。习近平总书记在中央政治局第 41 次集体学习时指出"推动形成绿色发展方式和生活方式是贯彻新发展理念的必然要求，必须把生态文明建设摆在全局工作的突出地位"，农业部党组高度重视绿色发展，拟专门出台农业绿色发展的指导意见，实施农业面源污染治理攻坚战行动计划，提出了"一控两减三基本"的工作目标。"生态安全，绿色发展，环境友好"始终是稻渔综合种养的基本要求，也是稻渔综合种养的内在属性。稻渔综合种养充分挖掘生物共生互促原理，可有效减少化肥和农药使用，减少面源污染，促进生态改善，同时实现一水多用，是实现"一控两减"的重要方式。根据农业部示范点测产验收结果，19 个示范点中，最少的示范点减少化肥用量 21%，最高的示范点减少 80%；农药用量最低减少 30%，最高减少 50.7%。根据上海海洋大学、浙江大学等技术依托单位研究结果，稻渔综合种养平均可减少化肥使用量 60% 以上，减少农药使用量 50% 以上。据湖北省农业科学院研究，"稻虾共作"模式较常规种稻模式土壤耕层增加 5 ~ 10 厘米，耕层中土壤有机质和全氮含量均有升高趋势，温室气体甲烷排放降低了 7.3% ~ 27.2%，二氧化碳降低了 5.9% ~ 12.5%。研究还表明稻田中鱼虾等能大量摄食稻田中蚊子幼虫和钉螺等，可有效减少疟疾和血吸虫病等重大传染病发生。我们要坚持把"生态安全"作为基本要求贯穿稻渔综合种养发展全过程，坚决摒弃那些不利于生态安全的发展模式。

（三）"质量安全"是稻渔综合种养发展的首要目标。质量安全问题受到党中央、国务院高度重视，2013 年以来，习近平总书记先后对质量安全作了 4 次重要批示，要求把质量安全作为党和政府的一项重大政治任务，李克强总理也多次强调质量安全是天大的事，要以"零容忍"的举措惩治违法犯罪。稻渔综合种养模式由于稻渔共生互促作用，水稻和水生动物很少发病，因而用药大幅减少，能有效保障质量安全。但这绝不是说，我们可以高枕无忧，没有问题。2016 年稻渔综合种养水产品监测中，9.4% 的水产品样品中有一定量的农药检出，但尚未超标，需要引起我们高度重视。要加强养殖与农艺技术的结合，科学防治病虫害，掌握适宜的防治时机，能用物理防治、生物防治的就尽量不用化学防治；必须用化防的要选用低毒低残留农药品种，同时要降低稻田水位，避开养殖渔沟。要加快推进水稻种植、水产养殖、加工、销售等全过程信息化，建立可追溯体系，确保产品质量和安全。当前我国农产品供给大路货多，优质品牌产品还不多，与城乡居民消费结

构升级的要求不相适应。推进稻渔综合种养发展，就是要增加优质安全稻米和特色水产品供给。各地一定要高度重视稻渔产品质量安全，按照总书记"四个最严"的要求，加强稻渔产品质量安全管理，始终把"质量安全"作为稻渔综合种养发展的首要目标，抓紧抓实抓好。

（四）"三产融合"是稻渔综合种养发展的主要方向。一二三产融合是拓宽农民增收渠道、构建现代农业产业体系的重要举措，是加快转变农业发展方式、探索中国特色农业现代化道路的必然要求。稻渔综合种养产业链长，价值链高，具有带动一二三产业融合发展的巨大优势，在一些地方，稻渔综合种养与旅游、教育、文化、健康养老等产业深度融合，已经展现了三产融合发展的良好势头。要充分发挥行业协会自律、教育培训和品牌营销作用，开展标准制订、商业模式推介等工作。要充分发挥产业化龙头企业在资金、管理、稻渔产品加工、品牌创建、网络销售、质量控制等方面的优势，把千家万户与消费市场紧密联系起来，帮助农户解决产品销售、技术服务、产品增值等难题，使农户成为第一车间，企业成为拓展二三产业、延长产业链的骨干中坚力量。鼓励龙头企业、农民合作社、涉农院校和科研院所成立产业联盟，支持联盟成员通过共同研发、科技成果产业化、融资拆借、共有品牌、统一营销等方式，实现信息互通、优势互补。

（五）"产业扶贫"是稻渔综合种养发展的重要功能。习近平总书记强调"产业扶贫至关重要，发展产业是实现脱贫的根本之策"。稻渔综合种养产业简单易行，从南到北具有广泛适应性，一些贫困地区稻田资源丰富，非常适宜把稻渔综合种养作为产业扶贫的有效手段。目前，一些地区开展了大量的以稻渔综合种养为手段的产业精准扶贫工作，取得了不错的成效。连南瑶族自治县是广东省 16 个重点扶贫县之一，该县在省渔业部门支持下，建设稻田养鱼示范园区 200 多公顷，覆盖 2 镇 5 村，惠及农户近 3 000 户，辐射带动近 2 万农户脱贫致富。时任广东省委书记的汪洋同志先后 5 次到连南调研，对该地区稻渔综合种养产业扶贫给予充分肯定。云南把稻渔综合种养作为产业精准扶贫的重要抓手，在德宏州、红河州扶持发展稻渔综合种养，成效明显，亩产值近 2 000 元，带动大批农民脱贫致富。目前，不少地方已因地制宜发展了一些有效的稻渔综合种养产业扶贫模式。

三、真抓实干，进一步推进全国稻渔综合种养大发展

习近平总书记指出"促进农民增收，难点在粮食主产区和种粮农民。在政策上，既要考虑如何保证粮

食产量,也要考虑如何提高粮食生产效益、增加农民种粮收入,实现农民生产粮食和增加收入齐头并进,不让种粮农民在经济上吃亏",稻渔综合种养正是落实总书记要求的重要举措。我国现有稻田3 000万公顷,据专家估算,其中适合稻渔综合种养的面积保守估计至少占15%,约450万公顷,具有很大的发展潜力。以此估算,稻渔综合种养每年可稳定提供3 375万吨优质稻谷,675万吨优质水产品,按每亩增加1 000元收益,每年可为渔农民增收675亿元。可以说,扶持稻渔综合种养经济上划算,政治上得民心,值得下大气力加以推进和扶持。

(一)加强组织领导,完善稻渔综合种养政策支持体系。稻渔综合种养能够形成今天这样好的局面,得之以天时地利人和。在以粮为纲的年代,稻田养鱼曾经被当作资本主义尾巴割掉了。改革开放以后虽有恢复性发展,但始终没有得到应有的重视,在很长一段时期处于无声沉寂的低潮。现在中央政策层面已得到肯定和认可,但在有的地方稻渔综合种养还属于禁区,而且各种扶持资金时有时无,缺乏稳定的来源。这些问题归根结底是因为没有把稻渔综合种养作为一个产业来整体谋划。各级渔业部门要高度重视,统筹协调,切实把稻渔综合种养政策作为一个重要课题来系统研究和谋划,作为渔业转方式调结构和绿色发展的重要内容来推进和部署,争取增量、调整存量,争取对稻渔综合种养的全方位支持,建立健全政策支持体系和扶持机制。部里从2017年开始大幅度调整各类专项资金,重点支持建设"五区一园四平台",其中创建现代农业产业园,每个可补至1亿元。首批11个项目中,我们潜江市就榜上有名。各省农业厅主导此类项目,大家要争取将稻渔综合种养内容纳入其中。另一方面,我们也要不等不靠,发挥政府部门的组织协调优势,运用市场机制,吸引社会资本参与,调动各类投资主体的积极性,共同推动稻渔综合种养新型产业的发展。

(二)注重科技创新,力求稻渔综合种养重大关键技术取得突破。尽管我们对稻渔综合种养理论和技术开展了一些研究,也取得了一些成绩,但总体而言,研究还很不够,稻渔综合种养是一个大产业,稻渔系统是一个独特性的生态系统,既属于农田生态系统,也属于湿地生态系统,仍有很多问题需要我们去认识,去研究,有关科研教学推广机构要进一步集中力量,瞄准稻渔综合种养前沿和关键共性技术,开展联合攻关,力争在稻渔综合种养关键技术环节上取得新的突破,努力提高稻渔资源利用率、土地产出率和劳动生产率。在研究思路上,要树立系统性、一体化理念,克服种养脱节的问题,集成种养配套全程技术模式。在研究方向

上,要以稻渔共生理论为重要研究方向,重点研究稻渔生态系统问题,坚持生产发展和生态友好的思路,不以牺牲环境为代价,保障生产促进生态改善,生态改善促进生产发展,形成良性循环。在研究重点上,要重点开展农技农艺配套技术研究与示范,特别是种养全程机械化技术研究与示范,促进信息化物联网技术在稻渔综合种养中的应用,开展质量安全保障技术研究,还要重视良种选育培育、疾病的防治,在这些关键技术上力求取得新的突破。

(三)培育新型主体,提高稻渔综合种养组织化程度。"标准化生产、品牌化经营"是农业供给侧结构性改革的重要内容,是渔业转方式调结构的重点方向,必须通过培育新型经营主体,提高组织化程度来实现稻渔综合种养产业的标准化、品牌化。传统稻田养殖以散养户为主,已不能适应新时期现代农业发展需要。要针对目前稻渔综合种养经营分散、组织化程度不高的现状,采取切实措施培育稻渔综合种养专业大户、家庭农场、农民合作社、农业企业等新型经营主体,做大产业规模,推进产业标准化生产,实现品牌化经营,形成区域性的优势产业。扶持一批龙头企业,发挥辐射带动作用,加快形成集约化、专业化、组织化、社会化相结合的稻渔综合种养经营体系,提升标准化生产和经营管理水平,加大科技创新,优化产品结构,强化品牌建设,提升农产品质量安全水平和市场竞争力。各地要引导新型农业经营主体多路径提升规模经营水平,鼓励农民按照依法自愿有偿原则,通过流转土地经营权,提升土地适度规模经营水平,带动普通农户连片开发经营,大力发展社会化全程化服务,提升农业服务规模水平。

(四)强化示范带动,推动稻渔综合种养规模和水平不断提高。实践表明,典型示范带动是"三农"工作的有效方式,在我国农民整体素质不高的情况下,通过典型示范带动可以起到事半功倍的作用,具有非常重要的作用。调查表明,"学身边人身边事"仍是农民获得技术和信息的重要渠道,他们信服的是"眼见为实"。通过典型示范引导发展,也是农业部多年来在稻渔综合种养方面行之有效的措施。前几年示范推广项目,尽管我们示范的面积不足1万公顷,但却辐射带动发展了50多万公顷,发挥了项目的乘数效应。据专家估算,目前我国150万公顷稻田养殖面积中采用稻渔综合种养新技术模式不到50%。下一步,要继续抓好示范推广工作,希望全国上下联动,在全国示范推广一批先进技术模式,使技术模式不断熟化和优化,同时,示范推广也要转型升级,要突出示范标准化、规模化、产业化、品牌化的发展模式,示范种、养、加、销等一

体化的产业发展形态。从 2017 年起,农业部将用三年时间创建 100 个国家级稻渔综合种养示范区。力争通过这些措施,推动稻渔综合种养面积达到 200 万公顷以上。

（五）做好宣传引导,为稻渔综合种养发展创造良好氛围。新闻宣传可以起到激励鼓舞作用,好的宣传可以使公众了解并支持,为我们的工作开展创造良好的社会氛围。稻渔综合种养是绿色发展的典型模式,受到主产区政府和社会一致认可,但在全社会的认知度还有待继续提高,需要我们重视宣传引导工作。要充分发挥传统媒体和各类新媒体的作用,广泛宣传稻渔综合种养对稳粮增收的重要作用,对促进生态安全的重要作用,对促进农产品质量安全的重要作用,广泛宣传稻渔综合种养的优质农产品。还要大力宣传各地涌现出来的好模式、好典型、好经验和好做法,营造良好的社会舆论氛围。渔业局对前一阶段有关媒体发表的宣传材料进行了整理,供大家参考。我想借此机会对媒体朋友们的支持表示衷心的感谢,也希望媒体的朋友们继续为稻渔综合种养的发展鼓与呼。希望各地进一步加强宣传力度。我有个提议,大家回去后要向省领导汇报会议精神,要争取省领导对稻渔综合种养批示一次,稻渔综合种养在主要省级电视媒体露面一次、在主要省级报纸报道一次,互联网等新媒体就稻渔综合种养宣传狂欢一次,我想这会极大地促进我们的工作,也有利于我们争取支持,更是对全社会的一次稻渔综合种养大科普。

同志们,21 世纪以来稻渔综合种养工作取得了显著成效,但仍有很大开发潜力,从资源和需求来看,稻渔综合种养都处于大有可为的阶段,我们要牢固树立新的发展理念,以农业供给侧结构性改革为主线,以绿色发展为导向,以体制改革和机制创新为动力,走出一条产出高效、产品安全、资源节约、环境友好的稻渔综合种养产业发展道路。

谢谢大家!

农业部副部长于康震在贯彻落实"十三五"海洋渔船"双控"制度暨限额捕捞试点座谈会上的讲话

（2017 年 11 月 27 日）

同志们:

在全国上下深入学习贯彻党的十九大精神之际,

我们召开这次会议,研究部署进一步加快推进"十三五"渔船"双控"和海洋渔业资源总量管理制度贯彻落实工作,非常必要,也十分重要。此次会议是继上半年农业部三项渔业制度改革新闻发布会和与各省（自治区、直辖市）渔业主管部门签订责任书后,第三次召开专题会议研究部署渔船和渔业资源管理工作。主要任务是学习贯彻党的十九大精神,明确今后一个时期渔业特别是捕捞业发展的方向和思路,调度各地贯彻落实工作进展情况,进一步统一思想、明确任务、压实责任,确保渔船"双控"和海洋渔业资源总量管理制度落到实处。刚才,各地汇报了相关工作进展情况,浙江、山东两个限额捕捞试点省做了交流发言,大家讲得都很好,听了以后很受启发,下午代表们还要参加限额捕捞国际研讨会,希望大家充分利用这次机会进行很好的交流,取长补短,相互学习借鉴。下面,我讲三点意见。

一、高度重视、迅速行动,切实加强渔船"双控",实施海洋渔业资源总量管理取得初步成效

为贯彻落实《中共中央 国务院关于加快推进生态文明建设的意见》《中共中央 国务院关于印发〈生态文明体制改革总体方案〉的通知》和《国务院关于促进海洋渔业持续健康发展的若干意见》精神,加大渔业资源保护力度,促进渔业可持续发展,2017 年初,经国务院同意,农业部印发了《关于进一步加强国内渔船管控实施海洋渔业资源总量管理的通知》(以下简称《通知》),出台了"十三五"海洋渔船"双控"制度、海洋渔业资源总量管理和调整完善伏季休渔制度三项重大改革措施。为确保政策贯彻落实,1 月 20 日,农业部召开新闻发布会,3 月 13 日,与沿海省（自治区、直辖市）渔业主管部门签订了《加强国内海洋渔船控制与管理责任书》和《落实海洋渔业资源总量管理制度责任书》,立下军令状,进一步明确了渔船"双控"和海洋渔业资源总量控制目标任务、路线图、时间表。各地积极响应,迅速行动,纷纷召开会议,对"十三五"渔船"双控"制度、实施海洋渔业资源总量管理进行动员部署,积极推进各项工作,进展总体是好的,已取得初步成效。

（一）加强组织领导,分解压实目标责任。农业部《通知》下发以来,沿海各地高度重视,研究制定贯彻实施方案。目前,除了山东、天津、海南外,辽宁、河北、上海、江苏、浙江、福建、广东、广西等地实施方案已由省（自治区、直辖市）政府直接印发或经省级政府同意印发。各地坚持问题导向、目标要求,针对捕捞强度过

大、渔业资源衰退等问题,制定综合管控措施。与此同时,各省(自治区、直辖市)根据农业部确定的目标任务,与辖区内各市县政府和渔业主管部门签订国内海洋渔船控制与管理、海洋渔业资源总量管理两个责任书,建立了政府统一领导、渔业主管部门牵头负责、相关职能部门协同配合的工作机制,明确职责分工,并将渔船控制目标、资源总量管理指标纳入当地政府和有关部门的约束性指标进行目标责任考核,把压减渔船和捕捞减量两大目标任务分解落到实处。与各地做法相似,农业部也将这两大目标任务作为2017年绩效管理的重要指标,甚至作为否决性的指标予以考核。

(二)强化政策支持,大力推动渔民减船转产。加大捕捞渔民减船转产既是渔业转方式调结构的一项重要任务,也是确保"十三五"海洋渔船"双控"目标实现的一项重要措施。为此,各地高度重视,将其作为当前渔业工作的重中之重,制订实施方案,做好宣传组织工作。协调地方财政,统筹用好地方转移支付资金,在中央财政补助标准的基础上,予以500～3 000元/千瓦不等的配套补助。同时充分运用经济杠杆,采取逐年递减、早减多补、晚减少补甚至不补的政策措施,实行多套组合拳,极大地调动各地渔民减船的积极性。辽宁省大连市积极争取地方财政支持,落实了2.5亿元配套资金,对超过农业部下达的减船转产计划的,市级财政予以兜底补助。浙江省宁波市为加快减船进度,由市级财政垫付资金,确保了减船项目的顺利进行。据统计,目前沿海各省(自治区、直辖市)已完成减船拆解并注销船舶证书的渔船已达5 523艘,压减功率42万千瓦,还有一批渔船已列入减船计划并签署协议,年底前可完成拆解任务,预计"十三五"实现压减海洋捕捞能力15%的目标能够完成,而且有望提前完成。

(三)加大执法力度,深入开展涉渔"三无"船舶和"绝户网"整治。涉渔"三无"船舶和"绝户网"蔓延,破坏了渔业资源,扰乱渔业生产秩序,影响渔船"双控"制度实施,也是引发涉外事件的主要原因,习近平总书记多次做出批示。对此农业部高度重视,继2015年4月在浙江象山召开全国清理整治"绝户网"和涉渔"三无"船舶工作现场会后,农业部又多次召开推进会,切实加强督导检查,推动建立以中央海权办牵头的工作机制,取得了较好效果,得到中央领导的充分肯定。2017年以来,农业部和各地进一步加大清理整治工作力度,组织"中国渔政亮剑2017"系列专项执法行动,全国清理拆解涉渔"三无"船舶4 285艘,违规渔具40余万张(顶)。据了解,2017年年底前还将有一批涉渔"三无"船舶和违规渔具被拆解销毁。同时积极

推进行政与司法衔接,仅伏季休渔期间移送司法机关渔业案件340余起,对违法行为起到了极大的震慑作用,力度之大前所未有。浙江省全面推行"滩长制",建立了严格的考核、监督、问责机制,工作实绩与用海指标、涉海项目和涉渔资金挂钩。浙江省的经验非常好,农业部渔业渔政管理局从2018年开始两大目标任务完成情况也要与涉渔资金挂钩。辽宁省组织"辽海平安"专项整治行动,加大对涉渔"三无"船舶打击力度,2017年以来共取缔拆解涉渔船舶908艘。一些地方购置无人机和海洋工程船用于渔政执法,对违规渔具和非法作业进行监控处置,提高了执法效果。

(四)健全配套措施,切实强化渔船源头治理。农业部制定出台了渔船标准船型评价办法和渔船修造企业技术评价办法,切实加强渔船源头监管,组织各地开展"船证不符"和异地挂靠渔船整治,开展主机型谱和船用产品督查。辽宁先后三次出台"船证不符"专项整治文件,对全省1.6万多艘海洋渔船进行勘验,对1.1万多艘"船证不符"渔船进行了处罚整治,得到时任省委书记李希的重要批示。江苏省联合工商、经信等部门对渔船修造企业进行全面排查,建立健全县(市、区)、乡(镇)、村(社)以及企业四级监管责任体系,定期开展巡查,坚决堵住新增涉渔"三无"船舶的口子。各省(自治区、直辖市)根据农业部要求出台相关政策,加强渔业辅助船和养殖船管理,加强"异地挂靠"渔船清理和监管,强化了船籍港检验管理,取得了较好效果。

(五)采取切实措施,强化渔业资源养护措施。2017年农业部在深入调研基础上,对伏季休渔制度进行调整,统一并延长了休渔时间、扩大了休渔范围,被媒体称之为"史上最严"休渔制度。农业部和各地渔业部门利用各种方式广泛宣传,深入渔港渔村进行政策解读,切实加强执法监督,实施"史上最严"休渔管理,确保了新休渔制度实施。从开捕后资源情况看,资源结构有所改善,资源数量明显增加,得到社会各界和渔民群众好评。为加强海洋幼鱼资源保护,农业部出台海洋经济鱼类可捕规格标准,浙江省人大出台了幼鱼保护相关决定,规定了渔获物幼鱼比例和主要海洋经济品种可捕标准,组织实施"幼鱼保护攻坚战"和"禁用渔具剿灭战",严厉打击捕捞、交易、加工、运输幼鱼等违法行为。一些地方对查获的使用违规渔具渔法非法捕捞的人员,协调检察院发出生态环境修复建议书,由其购买鱼苗进行增殖放流,取得了良好的社会效果。同时,农业部和各地积极推进海洋牧场建设,加大渔业资源增殖放流规模,为控制捕捞强度、推进渔民减船转产创造了良好生态环境。

（六）探索实现路径，启动总量管理和限额捕捞试点。海洋渔业资源总量管理制度是根据中央生态文明建设总体部署和要求确定的一项任务，农业部细化分解了目标任务，与各地签订了责任书，同时在研究我国渔业管理实际、学习借鉴国际渔业管理经验的基础上，启动了限额捕捞试点，积极探索海洋渔业资源总量管理的实现路径。为了确保试点工作的顺利实施，农业部组织专题研究，召开国际研讨会。浙江、山东两省作为第一批试点省份，不等不靠，先行先试，分别在台州市和东营市开展浙北渔场梭子蟹和莱州湾海蜇限额捕捞试点，制定了试点工作方案，成立试点工作领导小组，落实各部门职责和任务，开展资源监测，确定可捕捞量，开发渔获物统计上报软件，加强试点渔船监管，建立渔捞日志、渔获物通报、辅助船管理、定点交易、违规奖惩等制度，推进渔业组织化程度，充分发挥渔民协会在试点工作中的作用，取得良好效果。浙江省还首次在试点渔船上派驻观察员，开启了我国国内渔船派驻观察员的先河。目前，山东省莱州湾海蜇限额捕捞试点已结束，浙江省浙北渔场梭子蟹试点正在进行，相关管理制度和措施得到顺利实施，福建和辽宁前期研究也已启动，形成了初步方案，计划2018年正式启动试点。

总的看，"十三五"渔船"双控"和海洋渔业资源总量管理工作开局良好，渔船管控和海洋渔业资源总量管理的社会氛围已经初步形成或者正在形成，相关政策和制度得到逐步实施，同时各地积极推动渔业转方式调结构，大力推进减船转产，引导捕捞渔民转产转业，为构建中国特色的海洋渔业资源管理新体系和海洋捕捞管理新秩序迈出了坚实步伐。预计2017年年底与"十二五"末相比，海洋渔船船数可压减6%，功率可压减5%。2017年1～10月全国海洋捕捞产量955.4万吨，比2016年同期减少84.4万吨，同比降低8.12%。

以上成绩来之不易，我代表农业部，向关心支持渔业工作的有关部门表示诚挚的谢意！向各级渔业管理部门广大干部职工表示衷心的感谢！向渔民群众的支持理解表示衷心的感谢！

在肯定成绩的同时，也应该看到，目前相关工作还存在不平衡、不到位的问题。近期农业部组织了8个督查组，赴沿海和内陆重点省（自治区、直辖市）开展渔业渔政重点工作综合督查，督查中发现一些省份和地方工作重视程度不够，政策宣传不深入，工作推进不力，存在等待观望思想，年度减船任务没有完成。一些地方对涉渔"三无"船舶和"绝户网"清理整治存在畏难情绪，工作流于表面，有的甚至处于停滞状态。另外，根据农业部与沿海各省（自治区、直辖市）渔业部门签订的责任书要求，7月底前应由各省级人民政府制定发布实施方案报农业部备案，但到目前为止，仍有个别省份还没有完成。

二、统一思想，提高认识，增强加快推进渔船"双控"和海洋渔业资源总量管理的责任感和紧迫感

党的十九大作出了中国特色社会主义进入新时代、我国社会主要矛盾已经转化为人民日益增长的美好生活需要和不平衡不充分的发展之间矛盾等重大政治论断，提出了新时代坚持和发展中国特色社会主义基本方略，确定了决胜全面建成小康社会，开启全面建设社会主义现代化国家新征程的目标，这为今后一个时期渔业渔政工作指明了航向。我们要认真学习，深刻领会，自觉把思想行动统一到中央要求上来。

（一）深刻认识贯彻落实渔船"双控"制度，实施海洋渔业资源总量管理的艰巨性紧迫性

渔业是大农业中最先放开的产业，改革开放以来，我国渔业快速发展，为繁荣农村经济、满足市场供应、促进农民增收做出了重要贡献。从目前渔业各项指标看，我国已经是名副其实的渔业大国，水产品总产量占全球的三分之一，人均水产品消费量是世界平均水平的两倍以上，水产品贸易世界第一，是农业三大行业中唯一一个实现贸易顺差的行业。但我们还不是渔业强国，发展素质还不强、质量效益还不高、可持续性还不够、管理能力和水平还比较弱，特别是捕捞强度居高不下，非法捕捞屡禁不止，海洋渔业资源衰退问题仍在持续，渔业发展不平衡不充分的问题十分突出，主要表现在以下几个方面：

一是水产品供给的数量与质量不平衡，质量发展不充分。2016年我国水产品总产量6 900万吨，连续26年居世界首位，但与水产品产量世界第一相比，产业素质还不够强，质量安全也有待进一步提高。二是渔业产业的规模和效益不平衡，效益实现不充分。我国渔船数量和养殖面积世界第一，产业规模大，但效益不高，与发达国家有很大差距，以上这两条决定了我国是渔业大国而不是渔业强国。三是渔业生产发展和生态保护不平衡，生态保护不充分。渔业是资源性产业，目前我国渔业发展主要还是靠拼规模、拼资源、拼产量，发展方式还比较粗放，对渔业资源和生态环境造成较大影响，生态保护的任务十分艰巨。四是两个市场两种资源的利用不平衡，国际市场和资源的利用不充分。虽然我国已跻身世界远洋渔业大国，水产品进出口贸易量和贸易额也居世界第一，但与我国渔业总体

规模相比所占份额还较小,贸易顺差也仅有100多亿美元,远洋渔业发展质量也亟待提高。五是从事渔业生产的各类经营主体与新型经营主体不平衡,新型经营主体发展不充分。渔业生产经营方式仍是家庭经营为主,渔业组织化程度不高,新型渔业经营主体培育亟待加强。六是城乡居民收入不平衡,渔民增收渠道拓展不充分。虽然渔民人均纯收入高于农民,但投入大,风险高,渔民增收的速度有所放缓,特别是在强化生态环境和渔业资源养护、实施投入产出控制的背景下,渔民的增收渠道越来越窄。七是城乡资源配置不平衡,渔民权益享受不充分。渔民没有土地,水域滩涂是其赖以生存的生产资料,随着经济和城市建设发展,占用渔业水域滩涂的现象十分普遍,且得不到相应补偿,相比城镇居民甚至农民,渔村的资源配置和渔民权益享受更不充分。八是渔业资源总量管理与捕捞投入产出控制不平衡,投入产出控制不充分。为切实加强海洋渔业资源保护,国家实施渔业资源总量管理制度,在实现方式上采取投入和产出双向控制,在投入控制上我国实施了渔船"双控"制度和减船转产政策,实施了"史上最严"的伏季休渔制度,取得了一定成效,但也存在一些问题,减船转产难度大,捕捞强度仍远远大于资源的可承载能力。同时,相比投入控制,产出控制措施无力乏力,产出控制更不充分。九是渔业快速发展与依法治渔不平衡,依法治渔不充分。经过努力,清理整治涉渔"三无"船舶和"绝户网"等违法行为取得了初步成效。但由于涉及面广,情况复杂,从前期摸排情况看,涉渔"三无"船舶和"绝户网"的数量还不少,网目尺寸不符合标准的现象还比较普遍,清理整治工作已进入深水区、攻坚期,进一步清理取缔难度很大。十是渔业发展与行业管理不平衡,行业管理不充分。渔业快速发展变化翻天覆地,但是渔业管理没有跟上,特别是渔业管理的制度有待进一步完善,体制机制有待进一步理顺,渔政执法队伍的能力建设有待进一步加强。

渔业发展不平衡、不充分的问题,背景复杂、由来已久,既有主观原因,也有客观因素,既有制度因素,也有执法问题,许多问题与我国经济社会发展紧密相关,成为渔业持续健康发展、实现渔业转型升级的制约因素。当前,中国特色社会主义进入新时代,我国渔业发展的主要矛盾已经转化为人民对优质安全水产品和优美水域生态环境的需求,与水产品供给结构性矛盾突出和渔业对资源环境过度利用之间的矛盾。面临新形势和新任务,必须采取措施、改革创新、破解难题。

(二)抓住机遇,破解难题,实现由传统渔业大国向现代化渔业强国转变

党的十九大提出,到2020年全面建成小康社会,到2035年基本实现社会主义现代化,到本世纪中叶建成社会主义现代化强国。对表十九大,渔业也要同步、不能落后,要奋发有为,勇立潮头,在实施乡村振兴战略、建设美丽中国中发挥重要作用,力争走在农业现代化前列,实现由传统渔业大国向现代化渔业强国转变。初步考虑,建设现代渔业强国可以分三步走,第一步,到2020年,我国渔业现代化建设取得明显成效,全面完成农业部提出的推进渔业供给侧改革、推动转方式调结构任务,实现提质增效、减量增收、绿色发展、富裕渔民的目标。第二步,到2035年,要基本实现渔业现代化,做到体系完善、布局合理、装备一流、技术先进、产品优质、一二三产业高度融合;捕捞强度得到严格控制,重点品种和区域实施限额捕捞,捕捞能力与渔业资源承载能力逐步适应,水生生物多样性和水域生态环境得到有效保护。第三步,到本世纪中叶,要建成现代化渔业强国,渔业发展和管理处于世界先进水平,渔业生产与水域生态环境和谐共处,实现人鱼水和谐共生,在世界渔业治理体系中发挥更加重要作用。

渔业管理现代化是渔业现代化的重要内容,渔船和渔业资源管理是渔业管理的基础。当前,我国渔业迈入了建设现代渔业强国的新征程,渔船和资源管理问题已成为新时代渔业强国建设的短板和弱项,是当前管理的重点和难点,渔业发展中不平衡不充分的问题,许多都与管理密切相关,必须通过加快创新机制、推进改革、完善制度、强化管理予以解决。2017年农业部出台的渔业三项改革措施,目的就是要通过改革,完善渔船和资源管理制度,创新管理机制,强化监督执法,推进渔业管理现代化,构建渔业资源管理新体系和海洋捕捞管理新秩序。

三、多措并举,压实责任,努力开创新时代渔船和资源管理新局面

2017年是"十三五"计划的第二年,2018年就到了"十三五"计划中期,要确保完成国务院批准的渔船控制和总量管理目标,时间过半,任务很重,时不我待。我们要把贯彻落实好总量管理制度作为贯彻十九大精神的一项政治任务,深刻认识加强渔船管控,实施海洋渔业资源总量管理的重要性、紧迫性、长期性和复杂性,抓住机遇,以习近平新时代中国特色社会主义思想为指导,努力推进改革创新,提升管理水平,实现从传统渔业大国向现代化渔业强国的转变。

"十三五"蓝图已经绘就,目标已经明确,责任状已经签署,关键在于落实。这里我再强调几点:

（一）切实加强组织领导，落实监管责任。老大难老大难，老大一抓就不难。各地要对贯彻落实工作进行再谋划再研究再动员再部署，尚未出台实施方案的省份，要加快工作进度，尽快印发。务必要将渔船控制目标、资源总量管理指标纳入当地政府和有关部门的约束性指标进行目标责任考核，层层签订责任书，形成一级抓一级、层层抓落实的工作格局。农业部将进一步加强有关工作督导，对各省（自治区、直辖市）目标完成情况进行专项考核并定期通报，对没有完成目标任务的要及时提醒、通报和督办，到2017年年底实施方案仍未出台、减船目标仍未完成的，农业部将约谈有关省（自治区、直辖市）渔业主管部门主要负责同志。

（二）充分发挥柴油补贴政策引导作用，加快推进减船转产。压减渔船数量和功率总量，引导捕捞渔民减船转产，是降低捕捞强度、养护渔业资源最直接、最有效的手段，也是国务院确定的一项硬任务、硬指标。各地要高度重视，抓住机遇，采取措施，加强宣传和政策引导，积极争取地方财政的支持，统筹用好一般性转移支付资金，加大减船转产的支持力度，确保减船转产任务完成。同时，各地要按农业部的减船计划，统筹小型渔船和大中型渔船的减船计划，尤其要把大中型渔船和"双船底拖网、帆张网和三角虎网"等对海洋资源和生态环境破坏性大的作业类型渔船作为压减重点，切实发挥减船转产对降低捕捞强度、养护渔业资源的作用。要切实加强减船转产项目的监督管理，加强对报废拆解渔船监管，防止弄虚作假，骗取补贴资金。

（三）扎实做好限额捕捞试点和海洋渔业资源总量管理工作。要积极探索建立投入和产出双向控制的资源管理新模式，提高管理效率和水平。2017年农业部启动了限额捕捞试点，取得了良好的效果，下一步要进一步深化试点工作，认真总结经验，扩大试点范围，完善试点方案及其相关配套措施，深入研究总可捕量确定、配额分配、渔船监管、捕捞信息采集、定点交易、渔获物监管、基层组织建设等问题。积极推进渔业法制建设，为限额捕捞制度的实施提供法律依据。

（四）持续推进涉渔"三无"船舶和"绝户网"的清理整治。要坚决贯彻习近平总书记批示精神，坚持不懈，持之以恒，巩固成果，确保清理整治取得实效。要切实加强渔民宣传教育，增强渔民群众遵纪守法意识，增强保护海洋生态资源的自觉性，通过公开曝光处理各类违法违规案件，强化案例教育和警示教育。要坚持政府主导、上下联动、部门联动、海陆联动，采取"海上打、港口堵、陆上查"的联勤联动执法形式，加强省际的合作和联合执法，对"绝户网"和涉渔"三无"船舶始终保持"零容忍"和"露头就打"的严管高压态势。

对查获的涉渔"三无"和套牌冒牌船舶以及违规渔具，按"可核查、不可逆"的原则，通过定点拆解、销毁等方式，集中进行统一处置，公开曝光。要进一步推动行刑衔接，加强与司法部门沟通协调，对严重违法、抗拒检查的，坚决移交司法机关，追究刑事责任。

（五）完善制度措施，切实加强渔船源头治理管控。源头治理，是一项基础工作和治本措施，非常重要，要强化渔船建造、检验、登记、捕捞许可证书发放及购置、报废拆解等环节的管理，管理要联动，衔接要顺畅，所有船舶必须通过全国渔船动态管理系统进行管理，制发证书证件，确保各管理环节环环相扣。要强化源头监管，进一步加强对渔船修造企业和渔船用柴油机生产企业的监督管理，加强对跨地区建造渔船的监督管理，努力消除涉渔"三无"船舶产生盲区。要加强辅助船、养殖船、休闲船管理，积极推动建立与捕捞渔船和养殖面积相适应的捕捞辅助船和养殖船总量控制制度。继续开展"船证不符"和异地挂靠渔船清理整治，按照船籍港管理要求，强化地方政府和有关部门对渔船和船舶所有人的安全监管责任，维护渔业生产秩序，保证渔船安全。

（六）明确事权责任，落实分级分区管理。《通知》改革了国内渔船管控思路，实行渔船分类分级分区管理，按照渔船大小和作业区域实行差别化管理，是渔船管理体制机制的重大创新。要按照"总量控制、分区管理、属地为主、重心下移"的原则，切实完善捕捞作业分区管理制度，严格限制渔船跨管辖水域作业和买卖。要积极推进小型渔船管理机制创新，加强对本地区渔业资源和生产能力评估，科学合理确定小型渔船控制指标，严格控制捕捞强度。要从保护近海渔业资源和小型渔船生计出发，赋予传统渔民优先权益。根据简政放权的要求，强化基层管理组织对小型渔船的管理权。对大中型渔船按商业化模式实施管理，推动渔船经营主体公司化、法人化管理，严格限制其作业区域和捕捞能力。

（七）强化依港管船，提高执法监管能力。把渔港管好、依港管船，特别是伏休监管，这是非常好的抓手，一定要在这个环节抓实。要结合"十三五"渔港和避风锚地建设，建立渔港综合管理平台，实现对渔船在港停泊、出港作业动态、适航情况、定点销售、船员管理等实施全面监控和指挥调度，提高渔港监管能力。推进渔业综合执法关口前移，探索渔政执法、渔船检验、渔港监督等机构进驻渔港，协调边防、海警、海事等涉海部门现场办公，建立港口检查和执法监督的常态化制度，坚持依港管船管人管渔获，确保渔船管理和资源管理法律法规的有效实施。

（八）推进组织化建设，提升自律管理能力。要根据渔业发展的内在要求和市场竞争的外部需要，扶持培育壮大专业渔村、渔业合作组织、协会、各类中介服务等基层服务和管理组织，引导渔民组建公司制企业，提高渔业组织化程度。引导基层服务和管理组织参与资源管理和安全管理，赋予其在证书办理、配额分配、入渔安排、惠渔政策落实等方面一定权限，组织开展渔民培训和编队生产，提高自救和互救能力，增强其服务渔船渔民能力和水平，形成行政部门执法、技术部门指导、捕捞渔民协管、社会公众参与的常态化资源养护管理机制。

（九）加强科技支撑，提高科学管理能力和水平。当前，我国渔业资源和生态环境调查监测与评估、捕捞量确定和分配、捕捞生产统计和信息监测等基础薄弱、条件短缺、监管能力不足，要加强科技支撑，尽快补齐短板，夯实基础。组织开展海洋渔业资源全面系统调查、监测和评估，摸清我国海洋渔业资源的种类组成、洄游规律、分布区域，以及主要经济种类生物学特性和资源量、可捕量，为我国海洋捕捞产业结构调整，科学制定海洋渔业资源总量控制目标和措施、实施限额捕捞提供科学依据和技术支撑。

同志们，加强渔船管控实施海洋渔业资源总量管理，关系到海洋渔业资源养护和合理利用，关系到"十三五"渔业发展目标的完成，关系到新时代现代渔业建设，责任重大，任务艰巨。让我们紧密团结在以习近平总书记为核心的党中央周围，深入学习贯彻党的十九大精神，以习近平新时代中国特色社会主义思想为指引，求真务实，真抓实干，全力以赴做好各项工作，为到本世纪中叶把我国建设成为现代化渔业强国做出新的更大的贡献！

农业部渔业渔政管理局局长张显良在全国渔业渔政工作会议上的部署讲话

（2017 年 1 月 12 日）

同志们：

上午于部长作了重要讲话，回顾了 2016 年渔业渔政工作，分析了当前形势，对今后特别是 2017 年的工作做出了部署。在这次会议召开前，韩部长、于部长就 2016 年渔业转方式调结构工作开展情况和 2017 年工作部署做出重要批示。韩部长批示：2016 年开了个头，2017 年渔业是结构调整的一大重点，要力争在重点水域减量增收、海洋牧场建设、重点品种质量安全上取得突破性进展。同时长江重点水生生物保护、打击绝户网、三无船坚持不懈，举旗亮剑。于部长批示：渔业转方式调结构开局良好，渔业局工作可圈可点，值得肯定。希望 2017 年工作早谋划早部署，工作推进更深入更有力，力争成效更显著。韩部长、于部长的重要批示和于部长的重要讲话，充分肯定了 2016 年渔业渔政工作取得的成绩，让我们备受鼓舞。成绩的取得，得益于农业部党组的正确领导及部领导、特别是于部长的大力支持和亲切关怀；得益于各有关部门的大力帮助和积极配合；得益于农业部系统各渔业单位的团结协作和鼎力相助；得益于全国渔业渔政系统广大管理、执法、科研、推广等工作人员辛勤工作和大量付出；得益于广大渔业生产从业人员的艰苦劳作和默默奉献。在此，我谨代表农业部渔业渔政管理局向大家表示崇高的敬意和衷心的感谢！

两位部领导的重要批示和讲话，主题明确、重点突出、分析深刻、思路清晰，明确了 2017 年和今后一段时期渔业渔政工作的主攻方向和重点任务，具有很强的针对性、指导性和可操作性。在上午的分组讨论中，大家围绕贯彻落实于部长讲话精神，对做好 2017 年渔业渔政工作提出了很好的意见建议，比如说加强渔港建设，大力发展稻渔综合种养，加强水产品质量安全舆情应对，加强水产养殖的环境贡献研究、积极开展正面宣传，高度关注长江全面禁捕政策下渔民安置、生计等问题，进一步支持"三北"地区渔业发展，加快渔业信息化步伐等，有的同志还建议工作要点尽量具体一些。刚才，典型发言中也交流了很好的经验，会后我们将认真梳理研究，并充实到 2017 年的工作计划之中。2017 年是加快推进渔业转方式调结构、深化供给侧结构性改革的关键一年，渔业渔政工作要着力抓好以下七个方面。

一、着力推进产业转型升级

（一）突出发展水产生态健康养殖

深入开展水产健康养殖示范创建活动。新创建农业部水产健康养殖示范场 500 个以上，完成对第七批示范场复查，新创建渔业健康养殖示范县 10 个以上，推进健康养殖示范由点及面向纵深发展。不断优化养殖品种结构。积极推广水产新品种，提高水产原良种繁育体系支撑能力，切实发挥现代种业示范场辐射带动作用，不断提高良种苗种供应覆盖水平，提高市场苗种供应质量。合理布局水产养殖生产。要按照农业部《关于印发〈养殖水域滩涂规划编制工作规范〉和〈养殖水域滩涂规划编制大纲〉的通知》要求，迅速部署养殖水域滩涂规划编制工作，出台工作方案、时间表、督促尚未发布规划的县市尽快启动编制，已发布的要按照通知要求抓紧修订完善，确保在2018年底前全面完成规划编制工作。支持深水网箱发展，强化规划和管理，负责任地利用好外海养殖空间。加快推进水产养殖减排减药。依法依规清理近海和重点湖泊水库过密网箱围网养殖，解决当前局部地区高密度网箱养殖带来的生态环境问题。继续推动洞庭湖等重点流域水产养殖污染治理试点工作，指导试点县加快进度，确保完成集中整治区域水质改善任务。组织起草水产养殖生产环境卫生和清洁生产操作规程，持续推动污染治理。加快池塘标准化改造，支持开展水处理、废弃物收集设施建设，努力构建生态健康养殖新模式。

（二）大力推进渔业一二三产业融合发展

积极发展休闲渔业，贯彻落实全国休闲渔业现场会精神，大力推进"四个一"工程，构建休闲渔业工作支撑体系，着力培育休闲渔业创新经营主体，规范有序开展以休闲渔业为主题的各种创建活动，发挥休闲渔业的引领带动作用。加快提升水产加工业，充分发挥水产品加工技术研发体系作用，探索开展水产品加工技术供需对接，鼓励水产品加工企业开展技术创新和调整产品结构，引导消费水产加工品。培育开拓国内国际市场，完善水产品贸易监测、跟踪制度，加强对水产品国际贸易的分析、预测和研判，实施品牌战略，加大对博览会、产销对接会、供需见面会（节）的支持力度，着力强化优质安全绿色水产品市场开拓，增强消费者信心。

（三）积极开展"三区一园"建设

2017年的中央1号文件和全国农业工作会议强调要推进"五区一园"建设，其中与渔业密切相关的有国家现代农业示范区、特色农产品优势区、农业可持续发展试验示范区、现代农业产业园等"三区一园"。昨天下午农业部专题研究加快推进现代农业产业园建设工作，2017年拟建50个园区，每个园区补助经费1亿元以上。各级渔业主管部门要高度重视"三区一园"建设，把以渔业及其衍生产业为主导的产业园建设成为现代渔业技术和装备的集成区、新型经营主体"双创"的孵化区、优势特色渔业发展的引领区、渔业一二三产的融合区，更好发挥核心辐射、技术集成、创业平台、产业集聚、融合驱动的功能作用。

二、着力推进以长江为重点的水生生物资源保护

（一）继续打好长江大保护的硬仗

积极推进《关于加强长江水生生物保护工作的意见》，争取早日出台落地。全面总结赤水河渔民转产转业工作经验，制定完善《长江全面禁捕和渔民退捕转产实施方案》，加大减船转产力度，推进长江流域全面开展捕捞渔民转产转业工作，重点开展长江各级各类水生生物保护区渔民转产转业，实现保护区全面禁捕。开展栖息地修复示范工程和长江航道生态修复示范工程，以生态修复为手段，促进流域经济社会协调发展，努力把长江黄金水道打造成生态文明航道。

（二）下大力气开展幼鱼保护工作

幼鱼保护是水生生物资源保护工作的重中之重。浙江省幼鱼保护工作走在全国前列，发布了《重要海洋渔业资源可捕规格及幼鱼比例》地方标准，省人大常委会通过了《关于加强海洋幼鱼资源保护促进浙江渔场修复振兴的决定》。各省要学习浙江省的做法和先进经验，不断加大幼鱼保护力度。要组织制定并推动出台更多的经济鱼类最小可捕标准和幼鱼标准，为下一步开展渔港幼鱼比例检查和执法提供依据；在养殖环节限制冰鲜幼杂鱼的使用，推广配合饲料；加大对水产品批发市场、超市、鱼粉生产企业、餐馆等场所的检查执法力度，严厉打击幼杂鱼的非法经营。

（三）改革完善伏季休渔制度

伏季休渔调整方案正在履行报批程序，批准后我们将尽快公布并组织实施。新制度将普遍延长休渔时间，加上油价补助政策调整，双重压力将对渔民生产生活带来一定影响。各地要广泛宣传，使资源养护政策家喻户晓、深入人心，争取广大渔民及社会各界的理解、支持和配合。推动建立健全地方政府统一领导、渔业主管部门具体负责、有关部门密切配合的休渔管理机制，确保各项休渔管理措施落到实处。要跟踪了解海洋伏季休渔制度实施情况，及时向当地人民政府反映休渔渔民的困难，通过休渔补贴、最低生活保障等多种方式妥善解决好休渔期间渔民的生活问题，积极协助政府和有关部门化解矛盾，维护渔区社会稳定。

（四）全面实施海洋渔业资源总量管理制度

要大力宣传贯彻海洋渔业资源总量管理制度，明确任务和时间表，层层落实海洋捕捞总产量指标和分年度指标，确保各省2017年海洋捕捞总产量年度减幅与2015年相比原则上不低于5%。各省（自治区、直辖市）可根据实际情况增加减幅比例或加快调控进度。继续组织实施近海渔业资源和近岸产卵场调查、监测和评估，加快摸清我国海洋渔业资源的种类组成、洄游规律、分布区域，以及主要经济种类生物学特性和资源量、可捕量。积极探索海洋渔业资源利用管理新模式，组织辽宁、山东、浙江、福建、广东等省份选择部分区域或捕捞品种开展限额捕捞管理试点。

（五）加强海洋牧场和渔业资源保护区建设

组织召开海洋牧场建设工作现场会，交流海洋牧场建设经验,推进海洋牧场建设。继续组织开展国家级海洋牧场示范区创建,充分发挥其典型示范和辐射带动作用,加强督促检查,不断提升海洋牧场建设和管理水平。发布全国海洋牧场建设规划,推动海洋牧场管理办法列入立法计划,开展海洋牧场标准体系建设并发布海洋牧场分类标准,促进海洋牧场规范、有序发展。继续组织划定水生生物自然保护区和水产种质资源保护区,强化管理,积极探索更有效的水产种质资源保护区管理办法,不断完善自然保护区管理考核系统,提升管护水平。

(六)加强水生野生动物保护

要积极做好新修订的《野生动物保护法》的宣贯落实,组织开展形式多样的宣传培训,吸引社会各界广泛关注和参与水生野生动物保护。做好重点水域、重点物种的保护工作。长江流域继续组织实施《中华鲟拯救行动计划》和《长江江豚拯救行动计划》,推动长江珍稀特有物种的保护。海洋方面,要制定并实施中华白海豚和斑海豹等重点保护物种的保护行动计划,并继续做好 CITES 履约工作,推动加湾石首鱼、红珊瑚、海龟等物种的保护工作不断取得新进展。加强执法监管,加大对各类非法捕捉、杀害和利用水生野生保护动物行为的打击力度。

(七)积极开展渔业资源增殖放流

继续做好 6 月 6 日全国统一放鱼日活动,加强宣传,培育形成良好氛围。同时,要继续加强对增殖放流的规范管理,把重点放在对增殖放流苗种质量的监管上,保证增殖放流质量,坚决不允许向天然水域放流不健康或带病苗种以及杂交种、外来种。科学合理选择放流品种和区域,重点针对已经衰退的渔业资源品种和生态荒漠化严重的水域开展放流。

三、着力推进渔业"走出去"

(一)加强远洋渔业监督管理

推动建立远洋渔业管理部际联席会议制度,完善渔业部门为主,有关部门各司其职、分工合作的监管体制。落实企业和渔船属地监管责任,强化企业安全主体责任,建立健全企业和主要责任人员"黑名单"制度,严格责任追究。加快修订《远洋渔业管理规定》,制定远洋渔业发展规划。加大监管力度,实时监控作业渔船,实现远洋渔业全程化、精细化、信息化管理。

(二)提升远洋渔业发展水平

稳定远洋渔业船队规模,严控渔船增量,重点是督促企业完成已批渔船建造,推进老旧渔船更新改造;稳定公海渔业捕捞,巩固提高过洋性渔业,积极开发南极海洋生物资源,早日实现南极磷虾规模化开发利用。

启动开展"全国现代化远洋渔业明星企业"创建活动,培育壮大一批现代化远洋渔业龙头企业;不断完善远洋渔业油价补贴政策,支持远洋渔业基地建设和远洋渔船更新改造,积极开展水产养殖国际合作,鼓励自捕水产品运回,打造捕捞、加工、运输、贸易、服务相配套的全产业链条。

(三)积极维护和发展周边、双边、多边渔业关系

做好中日、中韩、中越和中俄渔委会谈判与执行工作,积极推动落实中菲与中国东盟渔业合作,进一步促进周边渔业合作取得新进展。深化双边渔业合作,逐步与我重要入渔国建立政府间合作交流机制,商定入渔条件和管理办法,及时交换有关信息。积极参与国际或区域渔业多边机制和规则制定,加大公海渔业资源调查探捕力度,争取公海渔业发展空间。顺应国际社会对 IUU 问题的高度关切,积极配合有关国际组织开展打击 IUU 国际合作,探讨有效的协作机制,坚决打击非法、不报告和不受管制(IUU)等违法违规渔业活动。

四、着力抓好渔业安全监管

(一)持续加强水产品质量安全

国务院即将就水产品质量安全监管工作进行专题部署,我们要全面迅速贯彻落实,加强监管,保持对水产品质量安全违法行为的高压态势,力争全年产地水产品监测合格率保持在 98% 以上。加强源头治理。开展养殖场普查,摸清底数,实行动态管理。全年完成 30 项以上水产标准的审定任务,推进标准化生产,开展零用药等健康养殖模式的试验示范,加强渔业投入品风险隐患排查和苗种监督抽查,从源头上消除质量安全隐患。加强产地监管。全年安排 5 000 个左右的产地水产品监督抽查任务,增强抽查人员和抽查对象的随机性。加强生产记录、用药记录和销售产品标签制度日常指导检查,曝光违法者名单,推动落实生产者质量安全主体责任,推进水产品质量安全可追溯试点建设。开展专项整治。继续按照《国务院食品安全办等五部门关于印发〈畜禽水产品抗生素、禁用化合物及兽药残留超标专项整治行动方案〉的通知》要求,开展整治行动,加大整治力度,推动水产品质量安全工作再上新水平。加强舆论宣传。积极组织开展正面宣传,消除公众疑虑和恐慌;强化舆情监测和研判分析工作,做到早发现、早处置,避免或尽量减少负面影响。

(二)持之以恒抓好渔业生产安全

强化基础管理工作。组织召开全国渔业安全生产工作现场会,总结交流推广典型经验,加强工作部署。深入推进全国渔业安全生产大检查,落实监管责任和主体责任。强化培训教育和应急处置,组织全国渔业突发事件应急演练。继续创建全国"平安渔业示范县",鼓励各地创建平安渔业示范乡、村、船,夯实基层基础建设,构建渔业安全监管长效机制。强化渔港安全监督工作。探索建立依港管船、依港管人、依港管渔获物制度,启动渔港认定公布工作和进出港签证制度改革,完善渔业船舶水上事故调查处理、统计、报告制度。加强渔港监督装备、设施和条件建设,充分利用科技手段,提升渔港监督管理信息化建设管理水平。加强渔船安全装备监管。加强对渔业安全装备的检验监督,及时更换不合格的安全装备。强化渔业无线电安全管理,加强渔船及船用产品检验工作,组织实施缺陷船用产品召回管理,加快推进注册验船师制度。着力推进渔业保险,扩大渔业政策性保险的范围和覆盖面。

(三)切实抓好水生生物安全

水产苗种产地检疫试点是一项重要的改革,江苏省2017年将开展试点。主要是将水产原良种场、苗种生产或经营单位纳入检疫管理范围,组织水生动物官方兽医资格确认,制修订检疫管理办法和操作规程,合理设置检疫申报点,开展检疫人员技术培训,强化水生动物卫生监督执法。其他有条件的地区也要积极开展试点工作。加强疫病监测和风险评估,组织实施《国家水生动物疫病监测计划》和水生动植物病情测报,加强对疫病流行情况的研究分析和风险评估。与国家认监委联合开展水生动物防疫系统实验室检测能力测试,提升水生动物疫病检测水平。加快无规定疫病苗种场建设,制定无规定疫病苗种场建设规范,开展无规定疫病苗种场条件认定。

五、着力加强渔政执法和渔业法治建设

(一)继续深入推进"绝户网"、涉渔"三无"船舶清理整治行动

坚持久久为功,长抓不懈,保持执法高压态势,严厉打击、坚决取缔国家和地方公布的禁用渔具以及网目尺寸严重违反规定的渔具。继续开展涉渔"三无"船舶清理整治专项行动,强化工作督导与考核,推动各地将涉渔"三无"船舶专项整治工作纳入地方各级党委政府的考评范围。严厉打击擅自建造渔船、擅自提高渔船主机功率以及涂改遮挡渔船船名、伪造渔船相关证书等严重违法行为,坚决杜绝渔船异地挂靠行为。严格渔船营运检验和执法监管,加大"船证不符"清理整治力度。2016年,农业部渔业渔政管理局以及长江办在渤海湾、黄河、鄱阳湖等渔业水域开展了取缔违法捕捞专项执法行动,有效地震慑了违法犯罪活动,2017年要继续组织开展相关活动。

(二)严格落实渔船"双控"制度,强化渔船规范管理

抓好"十三五"海洋渔船管控文件的宣传贯彻和措施落地工作,层层签订目标任务考核责任书。对"十三五"期间减船2万艘、150万千瓦的目标任务,进行逐年明确计划,确保到2017年年底完成任务不低于10%。加快修订《渔业捕捞许可管理规定》,研究制定渔业船舶标识、休闲渔船管理规定,加强渔船分级分区管理,区分大中型渔船和小型渔船,分别由中央和地方制定控制指标,以禁渔区线为界明确作业区域,保护渔民的传统合法权益。强化渔船渔民组织化管理,采取多种措施,赋予基层渔业组织一定管理权限,大力推进渔船纳入渔业合作组织、协会或公司管理。深入推进内陆渔船"三证合一"改革,全面完成新版内陆渔业船舶证书换发工作。加强渔船源头管理,进一步加强渔船修造和柴油机制造管理,推动建立渔船修造企业监管许可制度。

(三)加强伏季休渔执法监管

2017年伏季休渔制度调整力度大,执法监管工作对制度能否实施到位至关重要。我们将联合中国海警局召开伏季休渔执法动员会,组织开展专项行动,强化休渔期间港口监管和海上执法检查。加强对休渔期间涉渔"三无"船舶、特定作业方式、特种捕捞以及渔运船的监管,坚决打击冒充其他作业方式、擅自延长作业时间、扩大作业区域等违规作业行为以及渔运船为非法作业渔船提供收购、运输、补给等后勤服务的行为。要继续实施好举报奖励制度,设立并公布休渔管理举报电话,充分发挥群众监督作用,动员社会力量,共同维护休渔秩序。我们正在研究油补调整方案,凡是伏季休渔期间违规的渔船,都要扣减油补,扣减的油补主要用于奖励举报者。

(四)加强渔业法制建设

《中华人民共和国渔业法》(以下简称《渔业法》)修订工作已进入攻坚和关键时期。根据中央深改组《十八届四中全会重要举措实施规划(2015—2020)》,《渔业法》修订工作要在"十三五"期间完成。我们要进一步加大工作力度,争取2017年取得实质性突破。同时要加强《渔业法》配套法规规章的制修订,加大渔业执法监管、水域滩涂保护、生态红线、渔业资源和珍贵濒危物种保护管理、渔船渔港管理、远洋渔业管理、水产品质量安全、生产安全等方面法制保障力度,明确违法界限,提高处罚性法律条文的可操作性,增强法律震慑力。

(五)切实加强渔政队伍建设

落实渔业行政执法人员持证上岗和资格管理制

度。全面实施渔业行政执法资格全国统一考试,健全考试管理工作机制,研究出台考试管理办法,切实维护考试的严肃性和公正性。深入抓好渔政执法培训工作,围绕当前基层一线在海上执法、打击涉渔"三无"船舶等执法实践中遇到的突出问题,有针对性开展执法培训。继续开展渔业文明执法窗口创建工作。

六、着力强化渔业保障支撑能力建设

(一)加强渔业科技支撑和推广示范

贯彻落实创新驱动战略,推动渔业科研重点研发计划启动实施,推进国家渔业产业科技创新联盟建设,提升渔业科技创新能力。加强现代渔业产业技术体系建设,扩大品种覆盖面,提升体系对渔业发展的支撑保障水平。支持渔业重点实验室、种质资源库和科研调查船建设。深入贯彻落实《中华人民共和国农业技术推广法》、"一个衔接、两个覆盖"扶持政策,深化基层水产技术推广体系改革,不断提高水产技术推广服务能力和水平。加强新技术新模式的试验示范工作,大力推进稻渔综合种养、循环水养殖和零用药健康养殖等技术示范工作,总结提升一批一看就懂、一学就会的轻简化技术。

(二)加强渔业设施装备建设

要积极组织申报 2017 年水产种业、水生动物防疫、渔港标准化升级改造和整治维护项目,并抓好在建项目实施工作,切实加强项目监管,确保项目资金使用效益。近期农业部和国家发改委联合印发了《关于推进农业领域政府和社会资本合作的指导意见》,将种子工程、现代渔港、动植物保护等农业基础设施建设和公共服务作为社会资本参与现代农业建设的重点支持领域和范围。下一步,我们将会同政策性银行等金融机构,开展渔业领域 PPP 和专项建设基金的相关研究和产品研发,请各级渔业部门积极开展相关工作,将政策用好用足,构建多元化、多渠道渔业投融资格局,促进加强渔业设施装备建设。

(三)大力推进渔业信息化

将信息化思维贯穿到构建新型渔业产业体系、生产体系、经营体系各个层面,充分发挥信息化对渔业转方式调结构的支撑和保障作用。组织实施好海洋渔船通导与安全装备项目的建设和管理,强化信息化对渔政管理、渔港监督、安全生产和渔政执法的支撑能力,提高渔政管理信息化水平和管理效率。进一步完善中国渔政管理指挥系统,确保系统正常运行,加强渔业信息系统数据资源整合和信息共享,消除信息孤岛。规范推进渔船渔港动态监控系统异地容灾备份中心建设,为搭建渔业渔政管理综合信息化平台创造条件。

着力开展渔业信息化应用示范基地(单位)创建工作,挖掘一批在渔业管理、生产、加工流通、电子商务领域已经形成易复制、可推广、看得着、有成效的渔业信息化技术应用典型,探索渔业信息化的可行路径。

(四)改革完善渔情统计制度

以指标体系改革为重点,重新梳理、补充完善渔情统计指标体系,增加绿色发展、生态渔业、休闲渔业的统计监测内容。加强与 FAO 的合作,推动我国渔业统计指标体系与国际接轨。配合海洋渔业资源总量管理制度的实施和限额捕捞试点工作的开展,积极推动统计方法改革,完成淡水捕捞抽样调查试点最后一年的工作,正式开展海洋捕捞抽样调查,继续配套开展养殖、捕捞渔情监测工作,为争取"十三五"内实现统计方法的改革打下基础。要通过科学的抽样统计方法,搞准海洋捕捞、淡水捕捞以及养殖产量,为宏观决策提供准确依据。

七、着力推进富渔共享

(一)落实好渔业油补政策

渔业油补政策改革涉及面大,社会关注度高,每年资金量在 240 亿元以上,仅中央专项转移支付资金就有 80 亿元,地方通过退坡式改革掌握的资金量也会逐年增多。要充分利用这一来之不易的惠渔政策,切实加强与财政部门的沟通,统筹做好专项转移支付和一般性转移支付项目实施工作。要结合全国及各地"十三五"渔业发展目标和任务,明确支持重点,切实加强管理,提高资金使用效率,让这项政策既惠渔又强渔富渔,在政策执行上取得实实在在的效果。要组织开展项目实施督导检查和油补政策调整调研,继续加强政策宣传与解读,了解渔民诉求,赢得渔民理解和支持,维护渔区稳定。

(二)加强新型经营主体培育

对各类渔业新型经营主体进行摸底调查,了解其运营情况,总结发现一批好的典型,有针对性地提出支持政策。健全完善和全面落实培育新型经营主体的各项政策,让符合条件的渔民专业合作组织、生产经营大户、家庭渔场和产业联合体等新型经营主体承担各级财政项目。建立多种形式的利益联结机制,通过构建规模化、专业化、规范化的新型渔业生产经营主体,进一步提高渔业组织化程度。

(三)积极开展产业扶贫

2016 年年初,农业部下发了加大渔业扶贫力度的指导意见,对全国渔业扶贫工作进行了部署。请各级渔业部门按照要求,继续重点抓好以下几方面工作:一是要立足资源禀赋、生态环境承载能力和市场需求,制定贫困地区特色渔业发展规划，优化区域布局和品种结构，推进贫困地区渔业转型升级。二是探索生态扶贫新路子。有条件的地方，可考虑让转产转业贫困渔民参与渔业资源保护工作，使转产转业、资源养护、民生保障各方面得到统筹兼顾。三是要加大科技扶贫力度。围绕稻渔综合种养、冷水资源及盐碱滩开发等扶贫效果明显的项目，协调优势渔业科技力量，解决贫困地区渔业发展的关键技术问题，鼓励渔业科研工作者，深入贫困地区一线，开展成果转化、技术推广和病害防治，助推贫困地区脱贫解困。

同志们，以上七个方面就是2017年我们要抓的主要工作。日前，农业部正式发布了《全国渔业发展第十三个五年规划（2016—2020年）》，"十三五"渔业发展的蓝图已经绘就，渔业转方式调结构的方向已经确立，目标、任务和路径已经明确，能否实现我们的政策意图，关键是抓好落实。2017年的工作硬骨头多，我们要敢于啃硬骨头、善于啃硬骨头。为此我再提几点要求：

一要围绕主线抓落实。主线是工作的出发点和落脚点。当前渔业渔政工作的主线是转方式调结构，深入推进供给侧结构性改革，实现提质增效、减量增收、绿色发展、富裕渔民的目标。渔业渔政所有的工作要围绕这个主线来部署和推进。二要突出重点抓落实。抓工作首先要抓重点事项，抓主要矛盾，抓关键环节。要紧紧抓住中央领导关心的、部省领导强调的、社情民意普遍关注的矛盾问题，集中时间、精力和各种资源去推动落实。三要通过典型试验示范抓落实。在推进渔业转方式调结构工作中，要注重典型的示范带动作用。这次请8个省作典型发言，每个省都有好典型。要及时发现和培育典型，通过科技示范、经营示范、工作示范，带动渔业生产、经营和管理水平的提高。四要通过教育培训抓落实。大到"十三五"规划、伏季休渔期调整等宏观层面的重大问题，小到鱼病防治、实验室检测等微观层面的具体技术，都要通过广泛深入和不同方式的教育培训逐级贯彻下去。要通过周到细致的培训，使广大干部职工了解国家重大方针政策，使广大渔民熟练掌握先进适用技术。只有这样，转方式调结构重大部署才能落到实处。五要加大宣传力度。及时总结宣传渔业渔政工作中的好做法、好成效、好经验，坚持正面发声，传递"正能量"。

同志们，做好2017年的渔业渔政工作任务艰巨，意义重大。让我们紧密团结在习近平同志为核心的党中央周围，全面落实中央农村工作会议和全国农业工作会议精神，按照韩长赋部长批示精神和于康震副部长的重要讲话要求，再接再厉、狠抓落实，撸起袖子加

油干，努力开创渔业渔政工作新局面。

农业部渔业渔政管理局局长张显良在2017年全国水产品质量安全监管工作会议上的讲话

（2017年5月）

同志们：

这次会议是经农业部常务会议研究同意召开的，是农业部渔业渔政管理局2017年两会后召开的第一个全国性会议，体现了部党组对水产品质量安全工作的高度重视。这次会议的主要任务是深入贯彻落实汪洋副总理关于进一步加强水产品质量安全监管的重要批示和全国推进质量兴农工作部署会议精神、全国渔业渔政工作会议精神，总结2016年工作，交流经验，分析当前形势和任务，部署2017年工作，全面做好水产品质量安全监管工作，为"十九大"顺利召开创造良好社会氛围。刚才，江西省农业厅、河北省农业厅、福建省海洋与渔业厅、山东省海洋与渔业厅、广东省海洋与渔业厅和农业部上海水产品质量监督检验测试中心作了大会典型交流发言，讲得都很好，值得大家学习和借鉴。下面，我讲三点意见。

一、充分肯定2016年全国水产品质量安全监管工作成效

2016年，各级渔业主管部门坚决贯彻落实党中央、国务院关于食品安全工作的重要指示精神，按照韩长赋部长"打好水产品质量安全提升硬仗"的要求，坚持管产并重，坚持严字当头，坚持常抓不懈，履职尽责，扎实推进质量安全主体责任和监管责任落实，保持了水产品质量安全水平稳定向好的势头，水产品产地和市场监测合格率在2016年高基点的基础上分别再提高0.2和0.4个百分点，分别达到99.8%和95.9%，均为历史最好水平，实现了"十三五"水产品质量安全监管工作的良好开局。2017年一季度水产品市场监测合格率再创新高，达到96.9%，继续保持稳定向好的势头。

（一）加强监督抽查、专项整治和检打联动，始终保持对违法用药的高压态势。2016年，中央财政安排产地水产品监督抽查专项经费3 775万元，用于养殖水产品和苗种等监督抽查工作，共抽检样品10 000余个，连续12年合格率保持在96%以上，没有发生重大水产品质量安全事件。按照国务院食品安全办等5部

门印发的《畜禽水产品抗生素、禁用化合物及兽药残留超标专项整治行动方案》和《农业部关于加强2016年农产品质量安全执法监管工作的通知》要求,开展"三鱼两药"专项整治,检测三鱼、孔雀石绿和硝基呋喃类代谢物样品分别为536个、4 803个和2 177个,合格率分别为100%、99.9%和99.9%,均高于2015年,特别是大菱鲆合格率较2015年提高了6.2个百分点。坚持检打联动,超标样品查处率100%,要求各地按照有关规定进行查处,农业部组织对超标样品地区进行了执法督查。据统计,各地2016年用于水产品质量安全监管经费3亿余元,全国抽检样品15万多个,各地共出动执法人员10.5万人次,查处不合格样品数量215个,福建、江苏等地对监测不合格单位纳入"黑名单"管理,对违法用药行为形成有效震慑。这些措施持续有效地保持了对违法用药的高压态势,倒逼生产者落实主体责任,也促进了各级渔业部门履行监管责任。

(二)推进标准化健康养殖和用药指导培训,坚持综合施策和源头治理。标准化健康养殖是确保水产品质量安全的根本前提。多年来,农业部大力推进标准化健康养殖,2016年新制定标准64项,目前共有国家和行业标准893项,地方标准1 918项。2016年全国新创建水产健康养殖示范场731家,截至目前,全国共创建水产健康养殖示范场6 218家,水产品"三品一标"总数达到1.27万个,占农产品总数的12%,其中无公害水产品1.15万个,绿色水产品655个,有机水产品379个,地理标志水产品173个。全国水产技术推广总站牵头开展水产养殖规范用药科普下乡活动,全国共有30余个省(自治区、直辖市)参与该项活动,各级推广机构和大专院校科研机构10 000多名专家和技术人员广泛参与,新闻媒体跟踪宣传报道2 000余次,举办各类技术培训班4 000余次,接受技术培训的渔民达25万多人次。为推进生态健康养殖,农业部颁布的《〈养殖水域滩涂规划〉编制工作规范》明确要求划分禁止养殖区、限制养殖区和养殖区,从养殖环境源头上保障水产品质量安全。2016年,农业部还开展了水产品质量安全示范县建设和水产品质量安全可追溯试点工作,为县域内整体推进水产品质量安全全程监管以及追踪溯源积累了经验。开展了水产养殖投入品质量安全风险隐患排查,摸清影响水产品质量安全的源头因素,为源头治理提供支撑。一年来,在水产品质量安全监管上,坚持综合施策、联合食药、兽医、工信部门综合治理,成效明显。

(三)完善贝类产品监测,加强贝类划型和预警管理。贝类是我国重要水产品,深受广大消费者喜爱,消费量大。同时,贝类风险隐患也大,极易引起急性中毒甚至死亡。贝类是我国水产品中唯一单独制定管理办法的品种,是我们最担心出问题的品种,也是我们花费工作精力最大的品种。农业部高度重视贝类产品质量安全,每年年初都专门召开会议进行部署,年终专门针对监测中的问题专题研究。在有限的经费中每年安排700多万元用于贝类产品监测,2016年共抽检贝类样品3 749个,检测大肠杆菌、细菌总数、铅、镉、多氯联苯、腹泻性贝类毒素(DSP)和麻痹性贝类毒素(PSP)、砷、甲基汞等15项指标,至少有1项检测指标超标的样品234个,占7.7%,比2015年上升0.3个百分点,形势相当严峻。各地对655 134公顷贝类养殖区进行了划型,一类养殖区517 423公顷,占79.0%;二类养殖区137 710公顷,占21.0%。

此外,在有关司局支持下,中国水产科学研究院积极开展贝类毒素形成和消除规律研究,开展贝类毒素风险评估,为实现对贝类科学有效监管提供技术支撑。针对贝类产品易受环境影响和易富集重金属的特性,为确保贝类食用安全,我们高度关注赤潮等环境灾害,加强对贝类中重金属铅、镉、多氯联苯、毒素等监测预警,特别是对重点时段、重点区域和重点品种加强监测,确保能及时发现问题,及时发布预警,采取暂时性关闭采捕区域等紧急管理措施。

(四)推动养殖河鲀有条件放开经营,确保河鲀产业安全规范有序发展。经过20多年的发展,养殖河鲀事实上已成为一个重要产业,从业人员20余万人,产值近百亿元,多年的河鲀毒素监测和风险评估表明,养殖河鲀可以安全食用。为解决养殖河鲀合法食用问题,促进河鲀产业健康发展,农业部渔业渔政管理局会同农业部监管局与国家食药总局、国家卫计委反复沟通,达成有条件开放养殖河鲀生产经营的一致意见,并于2016年9月7日下发了《农业部办公厅国家食品药品监督管理总局办公厅关于有条件放开养殖红鳍东方鲀和养殖暗纹东方鲀加工经营的通知》。这是自20世纪90年代初开展河鲀养殖以来国家政策上的一项重大的突破。为避免河鲀无序发展,对产业和消费者安全造成损害,我们委托中国渔业协会河豚鱼分会、中国水产流通与加工协会分别负责开展鱼源基地和加工基地的备案认证,各地负责日常监管。养殖河鲀有条件放开经营以来,鱼源基地和加工企业备案工作稳步推进,河鲀市场秩序井然,价格稳中有升,效益提高,规范有序发展的态势正在形成。

(五)强化舆情监测和应对,为质量安全工作营造良好舆论氛围。质量安全事关消费者身体健康和生命安全。近年来,质量安全已成为社会关注的焦点和媒体炒作的热点，也是我们工作的重点和难点。在各地和有关部门、广大科研教学推广机构专家的支持下，2016年农业部开展了大量卓有成效的舆情应对工作，一是加强日常舆情信息监测、研判和分析。2016年农业部渔业渔政管理局委托中国水产流通与加工协会收集发布舆情信息38期，及时对重大舆情信息开展研判分析，争取重大舆情早发现、早处置。二是加强日常正面信息宣传。在《中国水产》《中国渔业报》上不定期刊发水产品质量安全正面信息，号召专家学者在微博微信公众号等新媒体上开展了大量科普宣传，消除公众疑虑和恐慌。三是积极做好舆情应急应对。在各地和有关部门支持下，2016年有效应对了大菱鲆谣言、秦皇岛紫贻贝中毒、小龙虾重金属超标、疑似小龙虾导致横纹肌溶解症、大闸蟹二噁英、北京超市活鱼下架以及天津小鱼塘养殖户不吃自养鱼等事件。这些工作向消费者传播了正确的科学知识，为水产品质量安全正了名，为水产品质量安全工作创造了良好的舆论工作氛围。

2017年农业部渔业渔政管理局还成立了水产品质量安全专家工作组，对舆情的应对发挥了很好作用。我记得好像成立第二天，就出现了"塑料紫菜事件"，大家群策群力，上下联动，多管齐下，出色地应对了这次事件，感谢大家，感谢福建的黄健站长为此所做出的努力。

这些成绩的取得来之不易，是农业部和各级渔业部门、渔政、推广、检测和科研机构共同努力、扎实工作的结果，也是食药、卫生、质检、公安等有关部门和部内有关司局的大力支持的结果。在此，我代表渔业渔政管理局向相关部门、各级渔业部门和有关单位，以及长期以来支持关心水产品质量安全工作的各界人士，表示崇高的敬意和衷心的感谢。

二、深刻认识当前我国水产品质量安全工作存在的问题和严峻形势

当前水产品质量安全水平稳定向好，总体上可以安全放心食用，这一点是毋庸置疑的。但我们也应清醒地看到，影响水产品质量安全的风险隐患依然存在，有些地方水域环境污染长期得不到有效解决，有些地方个别品种长期存在质量安全问题，同时，质量安全问题很容易由单纯的食用安全科学风险问题转变成为社会风险问题，对公众造成心理恐慌，需引起我们足够重视。

（一）水域环境污染问题是我国水产品质量安全的最大隐患。"养鱼先养水"，水安全了，养出的水产品才安全。近年来调查表明，水域环境不容乐观，我国水域环境污染突出表现为南方地表水富营养化和北方地下水硝酸盐超标以及海洋赤潮、绿潮频繁发生。农业面源污染的加重以及工业、城市污水的大量排放，还有船舶倾废等污染因素，导致渔业水域污染加剧，富营养化日趋严重。根据全国渔业生态环境监测网监测，我国主要河流的总氮、总磷、非离子氨超标面积分别占96.4%、20.2%和21.3%；海洋无机氮、活性磷酸盐、化学需氧量超标面积分别占83.1%、58.0%和33.6%。水域环境受到污染，一方面导致捕捞水产品安全风险隐患，一些甲壳类和贝类的重金属、多环芳烃等检出率较高，需引起高度重视。另一方面，水域环境受到污染导致水产养殖动物病害频发，病急乱投医，往往导致养殖者滥用药物，引发质量安全问题。

（二）水产养殖业散养户多，产业素质总体不高。我国对养殖业的管理缺乏行政许可手段，目前基本上处于自由发展阶段，散户养殖方式大量存在，又缺乏有效的联合，难以形成规模经营，少数从业者整体素质不高，也不做长远打算，导致他们往往追求产量不顾质量，追求自己经济效益不顾产业整体利益，追求短期效益不顾长远发展，往往主观上忽视质量安全，乱用药现象较为突出。农业部渔业渔政管理局2016年组织的交叉督查过程中，有个养殖户在我们已经通知其产品超标，要去检查的情况下，检查组竟然还是在其药房显眼处发现了其使用禁药的单子，我想这总不能说是"诚实"吧，恐怕更多的是不当回事，没有绷紧安全这根弦。多年的监督抽查表明，问题多出在这些小散户身上，但却对整个行业带来很大冲击和坏的影响。这些生产主体变化快，管理难度大，各级渔业部门要引起足够重视。

（三）"三鱼两药"仍是我国水产品质量安全管理的老大难问题。经过连续多年的"三鱼两药"专项整治，尽管取得了很大的成效，但仍难以完全杜绝。孔雀石绿和硝基呋喃类代谢物方面：2016年国家产地监督抽查孔雀石绿和硝基呋喃类代谢物合格率均达到了99.9%，较2015年分别提高了0.2和0.1个百分点。市场监测孔雀石绿和硝基呋喃类代谢物合格率分别为98.8%和98.7%，较2015年分别提高了0.3和1.0个百分点。乌鳢、鳜鱼、大菱鲆方面：2016年国家产地监测合格率均为100%，市场监测合格率分别为89.3%、84.2%和93.3%。在国家如此大力气整治的情况下，仍然大量检出，可见其顽固性，这需要我们深入思考如何有效治理的问题。

（四）贝类产品始终是埋在我们身边的一颗不定时炸弹。随着水域环境污染的加剧，赤潮频繁暴发，贝

类质量安全问题恐怕会令人难以预料地不定时爆发，例如2016年突发秦皇岛贻贝中毒事件，广西北海贝类2016年突然出现大量超标问题，给我们敲响了警钟。从监测情况看，2016年贝类卫生监测指标超标率7.7%，较2015年提高0.3个百分点，风险隐患排查监测无机砷、甲基汞等6项有判定限量指标，超标率16.7%，石油烃、多环芳烃和挥发酚等3项无判定限量指标检出率100%。2016年河北秦皇岛贻贝中毒事件发生后，检测发现引起中毒的麻痹性贝毒超标4.38倍，研究表明主要为一种叫塔玛亚历山大藻引起。贝类问题的难点在于这类产品基本上来自天然水域，不属于人为违法添加违禁物质引起，也就是说贝类问题更多的是环境污染造成的，要求政府和监管部门要管理到位，及时监测预警和采取必要措施。前不久发布的《国务院食品安全办等11部门关于做好食品药品重大违法犯罪案件信息通报和发布有关工作的通知》中首次对食品药品重大犯罪案件明确了范围，第一类就是"出现死亡、重大伤残事故的"。贝类因腹泻性和麻痹性贝毒极易引起食物中毒和死亡事故，如何防止这颗炸弹爆炸，各级政府和渔业部门应当引起高度重视。

（五）水产品质量安全不实信息经常将质量安全问题转变成为社会风险问题。尽管目前水产品质量安全状况较10年前有了巨大的进步，总体稳定向好，连续10年产地监测合格率保持在97%以上，市场监测合格率也由2009年的88.7%提高到目前的95.9%，但近年来水产品质量安全负面舆情不仅没有减少，而且多发频发，各种假信息甚至谣言漫天飞，比如2016年"北京活鱼下架"引起的质量安全舆情事件、2017年的"塑料紫菜事件"等引发民众恐慌，最终单纯的质量安全谣言变成了社会风险问题，对产品生产和销售产生了很大影响，国务院食品安全委员会办公室领导为此专门召开新闻发布会予以澄清，各地政府和相关部门更是耗费了大量时间和精力予以应对。我们要清醒地看到，目前质量安全舆论环境非常不利，"民间舆论场"借助网络新媒体，其影响正在或已经超越"官方舆论场"的影响力，水产品质量安全风险已不再是简单的科学是非问题，而是经常性地会转变成为社会风险问题，给党和政府工作造成很大的困扰。

这些问题对我们来说是压力也是动力，我们要积极面对，决不能消极无为，得过且过，既不能装聋作哑、妄自尊大，更不能隔岸观火、不闻不问，在水产品质量安全这个问题上我们没有退路，一定要敢于担当，出快手、下重拳，解决这些困难和问题，确保人民群众舌尖上的安全。

三、坚决把水产品质量安全当作一项重大政治任务抓紧抓好，为"十九大"胜利召开创造良好社会氛围

质量安全问题受到党中央国务院高度重视，2013年以来习近平总书记先后对质量安全问题作出4次重要批示，从把质量安全作为民生工程、民心工程到2017年的作为党和政府的一项重大政治任务。李克强总理也先后作出8次重要批示，强调食品安全是天大的事，直接关系到人们的生活质量和身体健康，以"零容忍"的举措惩治食品安全违法犯罪，以持续的努力确保群众"舌尖上的安全"。对此，我们务必保持清醒的认识，保持高度的政治责任感和紧迫感，以对党对人民高度负责的态度，认真落实习总书记"四个最严"和"让人民群众吃上绿色、安全、放心的水产品"的指示，坚持产管并重，切实把水产品质量安全作为一项重大政治任务抓紧抓好，按照韩长赋部长要求，坚决打赢水产品质量安全提升的硬仗。

（一）持续加强部门间相互配合，推动属地管理责任落实。新《中华人民共和国食品安全法》确立了我国食品安全管理实行"地方政府负总责，监管部门各负其责，生产经营者负第一责任"的原则，对食品安全实行分段管理体制，就水产品质量安全管理来说，渔业部门负责产地环节，食药部门负责加工流通环节，哪个部门也不能包打天下，比如说水域环境污染问题、禁用药问题，必须在政府统一领导、组织和协调下，各相关部门相互配合，相互支持，实现全程监管和信息共享。无论哪个环节出了问题，最终受损的都是我们渔业产业，倒霉的都是我们渔民百姓。因此，希望各级渔业部门在水产品质量安全管理上更加主动，更加积极与各有关部门沟通协调，多向政府领导汇报水产品质量安全工作，既汇报成绩，也汇报困难和问题，争取支持，这也是为政府落实质量安全管理属地责任做贡献。

（二）持续加强产地水产品质量安全监督抽查，推动养殖者主体责任落实。国家产地水产品质量安全监督抽查是推动养殖者主体责任落实的重要手段，也是我们履行监管责任的重要抓手，只能加强不能削弱。要继续加强这项工作，强化抽查结果运用，逐步建立健全黑名单制度，让违法违规者付出代价，对养殖者履行主体责任形成有效的倒逼机制。下一步，各级渔业部门要在抽查样品布局上多想办法，针对分布不均、小散户抽样少等问题，进一步增加抽样布局的合理性，确保抽样能够覆盖不同区域、不同品种和不同规模的养殖者。要尽快开展养殖场普查工作，这项工作已

写入国务院办公厅拟印发的《关于进一步做好水产品质量安全监管工作的通知》中，也写入了农业部渔业渔政管理局2017年渔业渔政工作要点中，这是水产品质量安全监管的基础性工作，要尽快摸清底数，建立数据库，为贯彻落实国务院"双随机"要求奠定工作基础。

（三）持续加强水产品质量安全执法，推动渔业部门监管责任落实。水产品质量安全执法取得了不错的成效，有效打击了违法违规用药行为，多年来，水产品质量安全监管工作坚持检打联动，超标样品查处率100%。我们有专门的渔政执法队伍，这是我们的特点和优势，也可以说是我们的品牌，农业部领导给予充分肯定。但我们也发现，近年来有的地方执法工作出现了松懈，不愿管、不敢管的现象有所抬头，有的地方对部署的交叉督查工作敷衍塞责，有的甚至根本就未进行相关工作，工作报告一拖再拖，不了了之，这是不应该的，要坚决纠正。下一步，我们要对水产品质量安全执法工作进行重点研究，专门部署，重点做好两项工作，一是日常监督检查。重点是检查养殖者对有关制度的执行和遵守情况，发现问题，及时纠正；二是做好检打联动。重点是对超标样品的处理，必须坚决做到100%处理。中国渔政亮剑2017专项执法行动，包括对水产品质量安全执法，将联合食药、工商、公安开展水产品质量安全专项执法。

（四）持续加强重点问题研究，推动水产品质量安全稳定向好。重点问题是指那些影响水产品质量安全全局性的、长期性的问题，需要我们持续努力加以解决。目前，就现状来说，可能"三鱼两药"、贝类产品、水域环境、饲料渔药等投入品等问题需要我们重点关注，持续用力加以解决。"三鱼两药"要继续开展专项整治，加大监督抽查力度，在2016年高强度监测基础上，2017年我们继续增加"三鱼两药"监督抽查样品数量，继续保持高压态势，希望各地能够配合和支持，重点地区也要有针对性加强该项工作，争取有更大的成效。鉴于前面提到的贝类问题的严重性，2017年我们重点加强了贝类产品监测，专门研究部署了相关工作，增加了重点地区监测数量，并就相关问题投入近400万元经费开展相关研究，希望各地务必高度重视，特别是对重点时段、重点区域、重点品种的监测监管，一定要跟上，确保"十九大"召开之年不出现重大群体性质量安全事件。水域环境和投入品问题很多，要加强研究，加大执法力度，在即将下发的国办文件中都有反映，希望各级渔业部门高度重视这些问题的解决，确保水产品质量安全水平稳定向好。

（五）持续加强标准化健康养殖，推动水产品质量

安全"产出来"工作。习总书记指出"食品安全，首先是产出来的"。"产出来"工作是我们渔业部门义不容辞的责任和义务，各级渔业部门要高度重视，重点推进，要下大气力推动"产出来"工作取得新进展。一要继续推进渔业标准化工作。在水产健康养殖技术、用药指导方面建立健全和不断完善相关标准，加大标准宣贯力度，推进标准实施；二要继续推进健康养殖技术示范工作。推进零用药、少用药、循环水和稻渔综合种养等健康养殖技术试验示范；三要继续推进水产健康养殖示范县、示范场创建工作。每年创建500个水产健康养殖示范场和10个健康养殖示范县。同时，要想方设法提高渔业组织化程度，通过养殖大户、专业合作社、龙头企业等新型经营主体推进水产养殖规模化发展。经验表明，组织化程度越高，质量安全越有保障，只有这样，水产品质量安全"产出来"才有根本保障。

（六）持续加强水产品检测机构监督管理，推动水产品质量安全监督抽查更加规范有效。农业部历来高度重视水产品质量安全检测体系建设，今天的会议特别邀请了承担农业部产地水产品监督抽查任务的质检机构代表。水产品质检机构代表国家从事抽查样品检测，是水产品质量安全执法的重要组成部分，其出具的数据具有法定效力，是执法的重要依据。多数的质检机构能够按照国家有关规定，严格自身管理，不断提高检测质量和水平。但近年来，农业部开展的检测机构能力验证、检测数据复核和飞行检查中，发现了一些问题，有的机构连续能力验证不合格，有的机构内部管理不规范等。这些问题与农业部要求不相符，今后凡是检查中发现对检测数据有影响的问题机构，一律停止安排下一年度指令性检测任务，已安排的也要调整。希望质检机构一定要高度重视能力建设和质量建设，切实提高规范性、科学性和有效性。

在这里，再强调一下检测机构人才队伍建设问题，应该说近几年经过部省不断加大投入，硬件条件（检测设备）已经相当先进了，但先进的设备没有一流的检测人员使用，有的还存在设备闲置问题。检测人员少、结构不合理的问题还比较突出。各地各部门要高度重视人才队伍建设和人员素质能力提升工作，把懂技术、善管理的年轻同志充实进来，为他们创造良好的工作和生活环境，在职称评审、干部提拔等方面，给予他们同等待遇。

（七）持续加强水产品质量安全可追溯体系建设，推动水产品全面实现全过程监管。可追溯体系是实现全过程监管的有效手段。要推动建立"从池塘到餐桌"的可追溯体系，发挥追溯机制倒逼和促进产品品牌建设的作用，推动生产经营者落实质量安全主体责

任。同时,为市场流通和消费选择提供一个直观可靠的查询平台,让消费者消费透明、放心。2017年,农业部将继续安排水产品质量安全可追溯建设试点,在重点产品和重点地区推动企业建立可追溯系统,实现产品顺向追踪、逆向溯源,为加快建立从"池塘到餐桌"全过程监管体系奠定基础。中国水产科学研究院质量与标准研究中心已经有很好的基础,各地已经建成了很好的平台,刚才福建、山东、广东代表发言中也介绍了各自的平台。要借鉴和发挥各地各单位已建平台的功能和作用,加快推进国家水产品质量安全追溯管理信息平台建设,加快实现平台间的有效对接和互联互通,推动智慧监管。

(八)持续加强河鲀规范管理,推动河鲀产业健康发展。于康震副部长指出"河鲀有条件放开经营是一件大好事",是农业部渔业转方式调结构的一项具体举措。大家知道,目前我国河鲀放开经营是有条件的,在河鲀品种上,在经营方式上,都有严格和明确的限制。在管理方式上,是我国目前唯一实施以行业自律为主管理的一条鱼,这是一种新的尝试,即在中国渔业协会、中国水产流通与加工协会框架下,按照有关要求,规范有序发展,可以说,河鲀产业的希望就在规范有序上,这对我们是一个考验。这也是国家基于河鲀产业安全稳妥发展的考虑采取的政策措施,希望大家理解、支持和配合,各地和两个协会务必加强规范管理,确保国家有关规定得到遵守和执行,特别是我们经过备案认证的企业,要模范遵守相关规定,如有违规,要坚决取消相关资格,确保河鲀产业持续健康发展。同时要加大抽查和执法力度,防止非法养殖河鲀和野生河鲀进入市场。农业部领导对河鲀安全食用问题高度重视,韩长赋部长在农业部常务会上提出了明确要求,我们要认真学习,切实抓好贯彻落实。

(九)持续加强舆情舆论引导,推动水产品质量安全舆论氛围不断好转。质量安全问题社会关注度高,舆论燃点低,很容易出问题,引起公众恐慌,甚至酿成群体事件,造成社会问题。做好水产品质量安全舆论引导工作,首先要充分发挥群众监督、舆论监督的作用,让违法犯罪者如过街老鼠无处藏身,形成全社会关注和维护质量安全的氛围。但舆论监督要注意掌握和把握好度,不要过度炒作,更不要谣言惑众,否则不仅会误伤一个产业,损害全行业大多数生产者利益,甚至引发社会问题。这些方面,我们水产品是有深刻教训的,各级渔业部门一定要高度重视舆论宣传工作,首先要做好日常科普性宣传工作。组织或引导专家学者、有识之士多做日常科普性宣传引导,充分利用微博微信等新媒体告诉公众真相,让谣言无所遁形,消除消费者疑虑。中国水产科学研究院质量与标准研究中心做的卡通和APP就很好。其次,要做好舆情监测工作。网络舆情监测是我们做好舆情应对的重要前提,只有监测得及时,监测得准确,才能保证应对有的放矢。中国水产流通与加工协会等单位开展了富有成效的工作。第三要做好应对工作。质量安全事件发生后,要及时澄清事实、说明真相,确保做到第一时间发声,第一时间处理问题,抢占水产品质量安全突发舆情的第一定义权。这一点很重要,突发事件最主要的特点就是时间压力,要在很短的时间内对事情做出判断、认识和评估,按照农业部要求,主管部门要在5小时内发出声音,必要时24小时内召开新闻发布会,说明事件真相,发出正面声音。为做好舆情工作,农业部2017年专门成立了"全国水产品质量安全专家工作组",发挥了很好的作用。希望各地也要积极研究,采取措施做好舆情应对工作,为水产品质量安全工作创造良好的社会舆论氛围。

同志们,水产品质量安全工作取得了显著成效,但全面实现总书记"加强从农田到餐桌全过程食品安全工作,严防、严管、严控食品安全风险,保证广大人民群众吃得放心、安心"的要求仍然任重道远。各级渔业部门务必把水产品质量安全工作既要当作一场攻坚战,也要当作一场持久战来打,要坚定不移做好各项工作,为确保人民群众舌尖上的安全而努力奋斗,以实际行动迎接"十九大"的胜利召开!

2017 年渔业大事记

1 月

5 日 农业部渔业渔政管理局组成由副局长刘新中任组长，有关单位负责同志为成员的联合验收组，在福州市对福州东鑫龙远洋渔业有限公司的整改落实情况进行了现场检查验收，福建省所有远洋渔业企业到现场旁听。

9 日 农业部渔业渔政管理局、国家工商行政管理总局市场司、国家濒危物种进出口管理办公室决定自 1 月 9 日起，在广东联合组织开展为期一个月的黄唇鱼及加利福尼亚石首鱼专项执法行动，并于当日在广州举办了联合执法启动仪式。

9～13 日 以菲律宾农业部渔业和水产资源局第三区局长 Wilfredo M. Cruz 先生为团长的菲律宾渔业代表团来华访问，进行渔业技术培训和考察交流。农业部渔业渔政管理局局长刘新中参加座谈会。

12 日 全国渔业渔政工作会议在北京召开。总结 2016 年渔业渔政工作、部署 2017 年渔业渔政工作，继续推进渔业供给侧结构性改革，加快转方式调结构步伐，促进渔业转型升级。农业部副部长于康震出席会议并讲话，农业部渔业渔政管理局局长张显良主持会议。

16 日 农业部印发《农业部关于进一步加强渔船管控实施海洋渔业资源总量管理的通知》。

18 日 农业部渔业渔政管理局召开渔业系统联席会议。农业部副部长于康震出席会议并讲话。

20 日 农业部新闻办公室召开新闻发布会，副部长于康震介绍了近期出台的"十三五"海洋渔船"双控"管理、海洋渔业资源总量管理和伏季休渔三项重大改革有关情况，并回答记者提问。农业部渔业渔政管理局局长张显良出席发布会。

19～21 日 农业部副部长于康震赴吉林省、北京市检查渔业安全工作。农业部渔业渔政管理局局长张显良陪同参加。

23 日 农业部办公厅印发《关于 2017 年渔业渔政工作要点的通知》。

24 日 农业部渔业渔政管理局成立全国水产品质量安全专家工作组，就全面加强水产品质量安全正面宣传和舆情应对作出部署。局长张显良出席会议并讲话，副局长李书民参加会议。

2 月

7 日 农业部渔业渔政管理局局长张显良一行到国家海洋局考察工作。

10 日 农业部办公厅印发《关于开展渔业油价补贴政策调整落实情况督导检查的通知》，部署开展对油补政策调整以来落实情况督导检查。

15 日 农业部发布《关于做好 2017 年海洋伏季休渔工作的通知》，对 2017 年海洋伏季休渔工作进行安排部署，落实伏季休渔新制度。

16 日 农业部渔业渔政管理局副局长李书民赴广州调研集装箱养鱼模式。

20 日 农业部副部长于康震会见香港立法会议员何俊贤及香港渔民团体代表、中央政府驻香港联络办副主任林武，就流动渔民关心关注的问题进行了深入沟通。

22 日 农业部渔业渔政管理局局长张显良赴上海水产集团调研远洋渔业情况。

23 日 农业部渔业渔政管理局副局长刘新中会见韩国驻华使馆新任渔业官李度基，就 2 月 16 日韩海警再次对我渔民使用重武器执法、"9·29"我渔民死亡事件后续处理以及其他中韩渔业合作有关事宜进行交涉和沟通。

24 日 农业部在山东省日照市召开全国渔业安全生产工作现场会议，总结交流 2016 年渔业安全生产工作成效，部署 2017 年渔业安全生产重点工作。农业部副部长于康震出席会议并讲话。农业部渔业渔政管理局局长张显良主持会议，副局长刘新中参加会议。

24～25 日 农业部副部长于康震赴山东省日照市进

行海洋牧场建设专题调研。农业部渔业渔政管理局局长张显良陪同调研。

27日 农业部渔业渔政管理局召开舆论宣传媒体通气和集中研讨会,传达农业部《关于进一步加强农业新闻舆论工作的意见》和副部长余欣荣在全国农业新闻舆论工作视频会议的讲话精神,研究部署2017年渔业渔政宣传重点工作。

3月

2日 农业部在湖北省武汉市召开会议,专题部署长江流域水生生物保护区全面禁捕工作,切实加强长江水生生物资源和水域生态环境保护。农业部副部长于康震出席会议并讲话。

2日 农业部在湖北省武汉市组织开展禁渔期大型同步执法行动。农业部副部长于康震出席活动。

3日 农业部下发《关于开展休闲渔业发展监测工作的通知》,决定从2017年起,在全国范围内组织开展休闲渔业发展监测工作。

7日 农业部办公厅印发《2017年渔业扶贫及援疆援藏行动方案》,贯彻落实中央脱贫攻坚战决策,部署2017年渔业扶贫及援疆援藏工作。

8日 农业部渔业渔政管理局副局长刘新中赴财政部关税司研究远洋渔业相关政策。

8日 农业部渔业渔政管理局局长张显良、副局长刘新中在北京参加中国远洋渔业协会会长会。

10日 农业部渔业渔政管理局局长张显良赴中国海警局,交流东海、黄海、南海和北太平洋公海渔业执法工作。

13日 "十三五"渔船管理"双控"和海洋渔业资源总量管理责任书签订仪式在北京举行,农业部分别与11个沿海省(自治区、直辖市)签订了责任书。农业部副部长于康震出席仪式并讲话。农业部渔业渔政管理局局长张显良参加仪式。

15日 农业部渔业渔政管理局印发《关于进一步加强西南大西洋公海作业远洋渔船安全生产管理工作的紧急通知》,重申所有公海作业渔船必须与他国专属经济区线保持3海里安全距离,防止发生重大涉外安全事件。

19日 海水贝类质量安全监管工作研讨会在山东威海召开,会议重点研讨了进一步加强海水贝类质量安全监管工作的对策与措施。农业部渔业渔政管理局副局长李书民出席会议。

20日 农业部办公厅印发《关于妥善应对美国水产品贸易管理措施的通知》,部署应对美国《进口水产品监管规定》和《鱼及鱼产品进口规定》。

20~24日 中俄渔业合作混合委员会第26次会议在俄罗斯符拉迪沃斯托克举行,农业部渔业渔政管理局副局长刘新中带团参会。会议就《黑龙江、乌苏里江边境水域合作开展渔业资源保护、调整和增殖的议定书》执行情况及相关问题、海洋捕捞合作、实施打击非法捕鱼政府间协定以及其他合作等问题进行了讨论,对2017年的渔业合作内容达成了一致。

28日 农业部渔业专家咨询委员会在北京召开成立大会并开展第一次咨询活动。农业部副部长于康震出席会议并讲话。农业部渔业渔政管理局局长张显良主持会议。

29日 第三次中欧渔业高级别对话暨中欧打击IUU工作组第二次会议在比利时布鲁塞尔欧盟总部举行。农业部渔业渔政管理局副局长刘新中率团与欧方举行会谈。

29日 农业部渔业渔政管理局局长张显良会见塞拉利昂驻华使馆代办昆巴·莫莫女士。

30日 农业部副部长于康震在北京会见濒危野生动植物种国际贸易公约(CITES)秘书处秘书长约翰·斯甘伦先生一行。农业部渔业渔政管理局局长张显良等有关领导陪同会见。

4月

1日 农业部副部长于康震带队赴中央海洋权益工作领导小组办公室汇报清理取缔涉渔"三无"船舶和涉外渔业管理工作。中央海权办副主任孔泉出席座谈会,两部门有关同志参加座谈。

2日 农业部渔业渔政管理局副局长刘新中到中国农业集团发展有限公司调研。

6~7日 全国水产技术推广总站、中国水产学会在广州举行2016年渔业统计年报数据集中会审会。农业部渔业渔政管理局副局长刘新中出席会议。

9日 农业部和重庆市在三峡库区联合举办水生生物增殖放流活动。农业部部长韩长赋出席活动并讲话,副部长于康震参加活动。

10~11日 全国休闲农业和乡村旅游大会在杭州举行。农业部渔业渔政管理局局长张显良参会。

11日 打击海上毒品犯罪区域性行动动员会在广州召开。农业部渔业渔政管理局副局长刘新中参会。

13~15日 农业部渔业渔政管理局局长张显良带队赴湖南省湘西土家族苗族自治州和湖北省恩施土家族苗族自治州调研渔业扶贫工作。

14日 农业部渔业渔政管理局副局长刘新中约见韩国驻华使馆海洋渔业官,就我3艘合法入韩渔船被韩方抓扣、船长被逮捕起诉以及2016年"9·29"事件涉事中方渔船船长被判刑等事进行交涉,并向韩方通报中国海洋伏季休渔制度调整情况。

16 日 中国水产科学研究院在西藏自治区林芝市组织召开了"西藏重点水域渔业资源与环境调查"专项启动会。农业部渔业渔政管理局副局长李书民出席启动会。

17 日 农业部办公厅印发《关于做好 2017 年违规渔具清理整治工作的通知》,对 2017 年清理整治工作进行部署,要求各地明确目标,落实措施,确保清理整治取得实效。

18 日 交通运输部海事局局长许如清一行到访农业部渔业渔政管理局,研究加强水上安全监管合作,共同做好"商渔船碰撞"事故防控工作措施。农业部渔业渔政管理局局长张显良、副局长刘新中参加会晤。

18 日 农业部渔业渔政管理局与商务部世贸司召开内部协调会,会商 WTO 渔业补贴谈判的形势、问题和未来方向。农业部国际司、农业贸促中心等单位参加。

19 日 农业部印发《关于开展 2017 年全国水产健康养殖示范创建活动的通知》,具体落实农业部 13 项重要决策部署渔业量化指标任务。

21 日 农业部渔业渔政管理局副局长刘新中就远洋渔业发展接受纽约时报记者采访。

24 日 农业部印发《2017 年国家水生动物疫病监测计划》,将在全国各省、自治区、直辖市及新疆生产建设兵团全面开展鲤春病毒血症、白斑综合征等 8 种水生动物疫病的专项监测。

25 日 农业部办公厅印发《农业部办公厅关于 2016 年度远洋渔业企业资格和远洋渔业项目年审情况的通报》,总结 2016 年远洋渔业情况,对 2016 年违法违规行为进行严肃处理。

26 日 第二次中菲渔业联委会在菲律宾马尼拉举行。农业部渔业渔政管理局局长张显良率团出席,与菲律宾农业部副部长兼渔业与水产资源局局长等代表组成的菲律宾代表团进行了会谈。

27 日 农业部办公厅印发《"亮剑 2017"系列渔政专项执法行动方案》,部署实施海洋伏季休渔专项执法、清理取缔涉外"三无"船舶专项执法、黄河上游联合执法及交叉督察、海河水系京津冀渔政联合执法和中俄"两江"渔政联合执法等五大专项执法行动。

27 日 经农业部批准,江苏省召开水产苗种产地检疫部署会,全面部署水产苗种产地检疫工作。农业部渔业渔政管理局副巡视员丁晓明参加会议。

5 月

1 日 农业部联合中国海警局在浙江宁波、辽宁大连

和海南三亚同步举办全国海洋伏季休渔专项执法行动启动会。农业部副部长于康震出席活动。农业部渔业渔政管理局局长张显良、副局长刘新中参加浙江主会场活动,副局长李书民、副巡视员丁晓明分别参加辽宁和海南分会场活动。

4~5 日 农业部渔业渔政管理局局长张显良一行到山东省德州市和临沂市调研内陆渔业发展工作。

4~5 日 中央海洋权益工作领导小组办公室副主任孔泉、农业部副部长于康震率中央联合工作组赴辽宁丹东检查督导涉外渔业管理和涉外"三无"船舶清理取缔工作并召开现场会,农业部渔业渔政管理局副局长刘新中陪同。

8 日 中越北部湾渔业资源联合增殖放流与养护活动在广西东兴市北仑河口举行。农业部副部长于康震出席活动,农业部渔业渔政管理局局长张显良局长、副局长刘新中陪同。

8~9 日 农业部副部长于康震在广西东兴、钦州调研海洋渔业发展和近海渔业资源保护。农业部渔业渔政管理局局长张显良、副局长刘新中陪同调研。

10 日 农业部发布《远洋渔业从业人员"黑名单"(第一批)》,将 2015 年以来被农业部取消或暂停远洋渔业企业资格的 5 家企业的 6 名管理人员和 9 名船长列入远洋渔业从业人员"黑名单",在一段时期内禁止其从事远洋渔业。

10~13 日 农业部渔业渔政管理局局长张显良带队赴云南省红河哈尼族彝族自治州调研哈尼梯田稻渔综合种养发展情况,并出席全国水产技术推广总站、中国水产学会与云南省红河州人民政府《共同推进哈尼梯田稻渔综合种养发展合作协议》的签约仪式。

15 日 2017 年水产科技活动周在浙江省湖州市开幕。农业部渔业渔政管理局副局长李书民出席开幕式。

16 日 农业部在江西省南昌市召开全国水产品质量安全监管工作会议。农业部渔业渔政管理局局长张显良出席会议并讲话。

18 日 农业部渔业渔政管理局邀请有关部门召开"2·16"涉外渔业案件案情通报会,听取各部门对案件调查处理的意见建议。中央海洋权益工作领导小组办公室、外交部、公安部、中国海警局和农业部渔业船舶检验局等单位代表出席会议,农业部渔业渔政管理局局长张显良主持会议。

22 日 农业部办公厅转发海关总署印发的《关于执行〈远洋渔业自捕水产品品质及产地目录(2017 年版)〉有关问题的通知》,解决了近年来我国远洋渔业新增作业海域、作业类型和捕捞品种后自捕水产品运回国内无法享受税收优惠问题。

22~25日 农业部党组成员、中央纪委驻农业部纪检组组长宋建朝率检查调研组赴海南、广东检查调研渔业油价补贴等强渔惠渔政策落实、行政审批和渔政执法工作。农业部渔业渔政管理局局长张显良陪同调研。

6月

1日 农业部渔业渔政管理局会同浙江省海洋与渔业局组织召开浙北渔场梭子蟹限额捕捞试点工作推进座谈会,共同对试点工作措施进行了研讨与论证。

2日 农业部印发《渔业行政执法人员执法资格考试工作暂行规定》,全面部署2017年渔业行政执法人员执法资格考试工作。

2日 农业部渔业渔政管理局会同中国海警局,在广西南宁集中研究北太平洋公海渔业执法问题。

6日 农业部渔业渔政管理局组织内蒙古、陕西、甘肃、宁夏、青海、新疆等省(自治区)在光明食品集团上海农场组织开展盐碱地渔农综合开发利用现场观摩活动。

6日 第三届全国同步增殖放流活动在各地举行,放流各类水生生物苗种超过50亿尾。此次增殖放流活动在杭州千岛湖设立主会场,由农业部与浙江省人民政府联合举办。农业部副部长于康震出席主会场活动,农业部渔业渔政管理局局长张显良、副巡视员丁晓明参加活动。

6~7日 农业部副部长于康震一行赴浙江省淳安县千岛湖和衢州市调研内陆湖库地区渔业发展。农业部渔业渔政管理局局长张显良陪同调研。

7日 农业部渔业渔政管理局在江苏省南通市集中研究"十三五"远洋渔业发展规划草案和南极磷虾渔业发展问题。

8~9日 农业部首次发布《中国小龙虾产业发展报告》(2017)。

12~16日 农业部渔业渔政管理局副局长刘新中参加中美双边渔业对话第二次会议。

14日 财政部以"财建〔2017〕406号"和"财农〔2017〕63号"下达了2017年油补政策调整专项转移支付资金。

15~16日 农业部渔业渔政管理局副局长李书民赴湖北调研考察稻渔现场会及内陆渔港建设情况。

20日 全国稻渔综合种养现场会在湖北省潜江市召开,农业部副部长于康震出席会议并讲话。农业部渔业渔政管理局局长张显良参加会议。

20日 农业部渔业渔政管理局副局长刘新中与日本农林水产省水产厅次长长谷成人举行会谈,就北太平

洋公海渔业资源养护和管理、打击IUU渔业活动等交换了意见。

21日 农业部渔业渔政管理局副局长韩旭带队赴国务院法制办公室向农林司汇报《中华人民共和国渔业法》修订有关工作,副司长郭文芳听取汇报并表示支持。

23日 农业部印发《农业部关于组织开展国家级稻渔综合种养示范区创建工作的通知》,部署2017年国家级稻渔综合种养示范区创建工作。

22~26日 农业部渔业渔政管理局局长张显良率团赴塞拉利昂和加纳,与塞拉利昂海洋资源与渔业部曼斯部长进行会谈并就双边渔业合作谅解备忘录文本达成一致,与塞拉利昂副总统维克多·福共同出席塞拉利昂中国渔业协会成立大会;与加纳渔业水产部夸耶部长举行会谈,同意建立双边合作机制,加强中加渔业合作。

26日 农业部副部长于康震率团赴我国香港、澳门就港澳流动渔民发展和管理问题进行专题调研,与港澳特区政府有关部门、渔民团体和中央驻港澳联络办负责同志进行了座谈,并参加了香港渔民团体庆祝回归祖国20周年纪念活动,农业部渔业渔政管理局副局长刘新中陪同调研。

28日 农业部渔业渔政管理局副局长韩旭会见瑞士再保险集团全球农险负责人施耐格,并就进一步合作推进中国水产养殖保险工作进行交流。

26~29日 农业部渔业渔政管理局局长张显良率团访问加纳,期间与加纳渔业部举行两国渔业部门对话会,并召开中资渔业企业座谈会。

29日 农业部渔业渔政管理局与香港特别行政区渔农自然护理署、澳门特别行政区海事及水务局分别在香港和澳门签署了港澳流动渔船合作协议。农业部渔业渔政管理局副局长刘新中代表农业部渔业渔政管理局签署了合作协议。农业部副部长于康震出席签署仪式。

7月

4日 2017舟山渔场增殖放流活动在浙江普陀东港海滨广场举行。农业部渔业渔政管理局副局长刘新中参加活动。

5日 农业部渔业渔政管理局在舟山集中研究远洋渔业海外基地建设项目有关事宜。

5日 全国水产技术推广工作会议暨生态健康养殖技术集成现场会在宁夏银川召开。农业部副部长于康震出席会议并讲话。农业部渔业渔政管理局局长张显良主持会议。

6 日　农业部办公厅印发《农业部办公厅关于开展海洋伏季休渔执法督察工作的通知》，组织沿海各地形成 7 个督察组，对沿海省级渔业渔政部门伏季休渔执法工作开展情况开展交叉督导检查。

9 日　中俄边境水域增殖放流活动在兴凯湖举行。农业部党组成员、人事劳动司司长毕美家出席活动。农业部渔业渔政管理局局长张显良陪同。

13 日　农业部联合交通运输部和江苏省人民政府在江苏省如东县洋口港举办"2017 全国渔业水上突发事件应急演练"。农业部副部长于康震出席并对应急演练进行点评。

13 日　全国首批渔业官方兽医资格确认活动在江苏省举行。农业部副部长于康震出席活动并讲话。农业部渔业渔政管理局和兽医局、江苏省委农村工作领导小组、江苏省农业委员会、江苏省海洋与渔业局等单位负责同志，以及江苏省首批渔业官方兽医共计 100 余人参加了活动。

13～14 日　农业部在重庆举办国内渔业油价补贴政策调整培训班。农业部渔业渔政管理局副局长李书民参加培训活动并作总结讲话。

14 日　农业部渔业渔政管理局在山西省运城市召开全国水产品批发市场形势分析会，会议分析会商上半年水产品价格及交易情况运行态势，并对下半年走势进行了预判。

18 日　农业部举办的第八届全国水生野生动物保护科普宣传月在四川成都举行。农业部渔业渔政管理局副巡视员丁晓明出席活动。

19～21 日　全国渔业安全与应急管理业务培训班在贵阳举行。农业部渔业渔政管理局副局长韩旭作培训动员并讲话。

20 日　在珠海万山群岛海域，于两个月前因搁浅受伤得到救护的国家二级重点保护野生动物糙齿海豚"江江"被成功放归大海。这是我国首次将搁浅后受伤的鲸豚类动物经救护后成功放归野外。

21 日　农业部渔业渔政管理局组织联合验收组对青岛长海远洋渔业有限公司整改落实情况进行现场验收。农业部渔业渔政管理局副局长刘新中参加并任组长。

25 日　广东惠东港口海龟国家级自然保护区成功孵化 91 只绿海龟，这是我国首次在人工环境下成功繁育并孵化海龟，对海龟种群的恢复具有重要意义。

26 日　国家海洋牧场科技创新联盟在内蒙古自治区赤峰市召开成立大会。农业部渔业渔政管理局副巡视员丁晓明参加会议。

26 日　农业部渔业渔政管理局召开非洲远洋渔业项目管理座谈会。

29 日　中俄边境水域联合渔政执法和鲟鳇鱼增殖放流活动在黑龙江省抚远市举行。农业部副部长于康震出席活动。农业部渔业渔政管理局局长张显良、副局长刘新中陪同。

31 日　天津市、河北省、辽宁省、上海市、江苏省、浙江省和山东省的伏季休渔期间海蜇专项捕捞许可作业结束，海蜇捕捞渔船回港休渔。

8 月

1 日　农业部办公厅和中国海警局司令部联合发电，要求沿海各省份抓住关键环节、针对重点时段，继续保持执法高压态势，确保伏休秩序稳定。

2 日　农业部办公厅印发《关于开展休闲渔业品牌培育活动的通知》，启动休闲渔业"四个一"品牌培育创建工程。

1～2 日　农业部渔业渔政管理局副局长刘新中带队赴中国海警局北海分局（筹）、南海分局（筹）调研，交流伏季休渔联合执法开展情况，研判伏季休渔中后期执法监管工作，强化联合执法机制。

8 日　农业部办公厅印发《关于组织开展 2017 年度渔业文明执法窗口单位创建活动的通知》，重点围绕"五个突出"，组织部署渔业文明执法窗口创建工作。

8～9 日　中澳渔业管理合作双边会谈在浙江省宁波市举行，双方就中澳双方国内渔业管理安排、渔业科学研究、区域渔业管理组织框架下的有关问题以及加强双边合作等方面进行了深入讨论。

11 日　黄河上游渔政联合执法及交叉督查行动在青海省海南藏族自治州贵德县启动。农业部渔业渔政管理局局长张显良出席并讲话，副局长刘新中参加启动活动。

16 日　农业部渔业渔政管理局下发《关于做好开捕期渔业安全生产工作的紧急通知》，要求各地进一步加强渔业安全生产工作。

14 日　福州宏龙海洋水产有限公司所属渔业辅助船"福远渔冷 999"因涉嫌违规被厄瓜多尔抓扣，农业部会同外交部门多渠道作厄方工作，积极处置此事件。

16 日　第十五届南海（阳江）开渔节开船仪式暨"大美渔村 平安渔业"中国渔业摄影展宣传活动在广东省阳江市海陵岛举行。农业部渔业渔政管理局副局长韩旭出席活动。

18 日　农业部组织开展海洋伏季休渔专项执法交叉督察汇报交流活动，对 2017 年伏休执法情况进行总结分析，并就下一步伏休执法工作进行部署安排。农业部副部长于康震出席活动并讲话。

20 日 2017 全国渔业安全生产大检查交叉互检第一检查组进驻吉林,大检查工作拉开序幕,农业部渔业渔政管理局派员参加检查工作。

21 日 农业部渔业渔政管理局副局长韩旭一行赴福建省厦门高崎渔港,实地调研渔港监督管理工作。

21~23 日 首期全国休闲渔业带头人和管理人才能力提升活动在山东省日照市成功举办。农业部渔业渔政管理局副巡视员丁晓明出席活动并讲话。

22 日 农业部渔业渔政管理局下发文件,部署开展违规渔具清理整治工作督导检查,组织沿海各地开展自查和交叉检查,并派出督导组赴重点渔区开展督导。

23 日 农业部渔业渔政管理局局长张显良会见野生救援(WildAid)总裁奈彼德先生,双方就加强重点物种保护和自然保护区建设等方面合作事宜进行了沟通。

24 日 农业部渔业渔政管理局在青海省西宁市组织开展了 2017 年上半年全国水产品对外贸易集中研讨,并宣布成立第二届渔业国际贸易跟踪研究专家组。农业部渔业渔政管理局副巡视员丁晓明参加研讨并讲话。

24 日 农业部渔业渔政管理局局长张显良与汤加驻华大使会谈,就加强两国渔业合作交换意见。

25 日 中国渔政"亮剑 2017"海河水系京津冀渔政联合执法行动在北京市官厅水库启动。农业部渔业渔政管理局局长张显良出席并讲话,副局长韩旭参加启动活动。

25 日 农业部渔业渔政管理局局长张显良、副局长韩旭一行赴北京市昌平区渔政监督管理站考察调研,慰问基层一线渔政执法人员。

25~31 日 农业部渔业渔政管理局副局长刘新中赴厦门参加金砖国家领导人第 9 次会晤海上安保工作。

31 日 农业部渔业渔政管理局、中国水产科学研究院、甘肃省农牧厅、白银市人民政府在甘肃省景泰县共同举办盐碱地渔农综合利用扶贫工程现场观摩活动。农业部渔业渔政管理局局长张显良、副局长李书民出席活动。

31 日 农业部渔业渔政管理局副巡视员丁晓明会见大卫与露茜尔·派克德基金会(The David and Lucile Packard Foundation)保护与科学项目部总监 Walt Reid 先生一行,双方就海洋渔业资源管理及技术合作进行了沟通,希望今后可进一步加强合作。

9 月

1 日 农业部渔业渔政管理局局长张显良接受厄瓜多尔记者专访,就"福远渔冷 999"号被扣事件有关问题予以答复。同日,张显良接受《环球时报》记者专访,就该事件回应社会关切、澄清有关事实。

1 日 农业部渔业渔政管理局局长张显良会见美国环保协会(EDF)副总裁戴芮格女士一行,双方就进一步加强渔业可持续发展及海洋生物资源保护等方面进行了沟通交流,并愿意继续在相关领域开展合作。

1 日 农业部发布《人工鱼礁建设项目管理细则(试行)》和《国家级海洋牧场示范区管理工作规范(试行)》,进一步加强对国内渔业油价补贴转移支付专项资金支持人工鱼礁建设项目的监管,规范国家级海洋牧场示范区的建设和管理。

4 日 农业部印发《农业部关于原则同意浙江省舟山市开展国家绿色渔业实验基地建设的函》。

6 日 农业部渔业渔政管理局召开"福远渔冷 999"事件协商会。

6~8 日 山东省滕州市、无棣县通过农业部渔业健康养殖示范县创建工作验收,2017 年农业部计划在全国创建渔业健康养殖示范县 10 个,将在 11 月底前全部完成验收。

8 日 农业部和四川省人民政府在阿坝藏族羌族自治州共同举办"阿坝县阿曲河水生生物增殖放流活动"。农业部渔业渔政管理局副巡视员丁晓明出席活动。

9 日 玻璃钢远洋渔船技术及成果国际研讨会在大连举办。农业部渔业渔政管理局副局长李书民出席会议并讲话。

10 日 农业部渔业渔政管理局副局长李书民一行赴联系点大连庄河开展调研。

12~13 日 农业部渔业渔政管理局举办的第二期全国休闲渔业带头人和管理人才能力提升活动在浙江湖州荻港渔庄举行。

13 日 农业部渔业渔政管理局副局长韩旭一行赴临海市,专题听取了浙北渔场梭子蟹限额捕捞试点工作汇报。

13 日 农业部渔业渔政管理局组织编写的《渔业行政执法人员执法资格考试辅导教材》正式出版发行,这是全国第一本公开发行的渔业行政执法资格考试辅导用书。农业部副部长于康震为该书作序。

14 日 农业部渔业渔政管理局印发《关于做好第 18 号台风"泰利"和第 19 号台风"杜苏芮"防御工作的紧急通知》,紧急部署渔业台风防御工作。

18 日 2017 年上半年国家产地水产品、水产苗种、海水贝类、捕捞水产品质量安全监测结果会商会在安徽合肥召开。农业部渔业渔政管理局副局长李书民出席会议并讲话。

19 日 农业部渔业渔政管理局委托中国水产科学研究院在大连举办海洋牧场培训班,来自管理部门、科研院所和海洋牧场建设单位的 130 余名代表参加了培训。

20 日　农业部渔业渔政管理局副局长韩旭参加外交部"福远渔冷 999"事通报会，就此事向厄瓜多尔驻华大使进行通报交涉。

20～21 日　农业部组织验收组对云南省罗平县渔业健康养殖示范县创建工作进行了考核验收。

21 日　农业部渔业渔政管理局局长张显良带队赴全国人大农业与农村委员会汇报《中华人民共和国渔业法》修订工作，农委副主任委员刘振伟、法案室主任张福贵听取汇报并表示支持。

22 日　农业部渔业渔政管理局、长江流域渔政监督管理办公室联合交通运输部长江航务管理局在安徽省安庆市长江水域举办"2017 全国内陆渔业水上突发事件应急演练"活动。

22 日　农业部渔业渔政管理局副局长李书民一行赴河北省张家口市涿鹿县调研指导受控集装箱循环水养殖项目。

23 日　上海海洋大学和中国远洋渔业协会合作成立远洋渔业国际履约研究中心。农业部渔业渔政管理局副局长刘新中出席揭牌仪式。

23 日　南太平洋渔业委员会科学分委会第 5 次会议开幕式在上海举办。农业部渔业渔政管理局副局长刘新中出席仪式。

26 日　农业部在北京召开首届渔业信息化高峰论坛，论坛上还举办了"信息化全面支撑现代渔业转型升级"的启动仪式。农业部渔业渔政管理局局长张显良出席论坛并作主旨报告。

27 日　农业部渔业渔政管理局印发《2017 年全国渔业行政执法人员执法资格统一考试实施方案》，指导各地做好渔业行政执法资格考试各项工作，确保"首次全国统考"平稳有序开展。

28 日　农业部在沈阳召开全国深化渔业油价补贴政策座谈会，总结交流政策调整以来的工作成效，分析当前政策执行过程中存在的问题，探讨新形势下完善和深化渔业油补政策改革的思路和对策，并对今后一段时期政策实施与改革工作进行了部署。农业部副部长于康震出席会议并讲话。

27～29 日　2017 年全国渔政执法能力培训班在重庆举办。农业部渔业渔政管理局副局长韩旭出席并作总结讲话。

10 月

9 日　农业部办公厅印发《关于部分远洋渔业企业及渔船违法违规问题和处理意见的通报》，对相关违规远洋渔业企业、渔船和责任人员予以严肃处置。

10 日　农业部渔业渔政管理局印发《关于进一步加强渔业安全生产管理维护渔区和谐稳定的紧急通知》，部署党的"十九大"期间渔业安全生产工作。

11～13 日　中越北部湾渔业联合委员会第十四届会议在中国杭州市举行，以农业部渔业渔政管理局局长张显良为团长的中方代表团和以越南农业与农村发展部水产总局总局长阮玉威为团长的越方代表团进行了会谈并签署了会议纪要。

13 日　国家鳗鲡产业科技创新联盟在福建省厦门市召开联盟成立大会。农业部渔业渔政管理局副局长李书民出席会议。

16 日　农业部渔业渔政管理局联合交通运输部海事局印发紧急通知，部署商渔船碰撞事故防范工作，要求各地进一步强化责任落实，坚决遏止商渔船碰撞事故多发势头，避免重特大人员伤亡和财产损失。

17 日　农业部渔业渔政管理局副局长李书民赴外交部参加涉朝问题协商会，通报了朝东远洋渔业合作情况。

20 日　农业部办公厅印发《关于公布 2017 年休闲渔业品牌创建主体认定名单的通知》，发布 207 家获得 2017 年度休闲渔业品牌认证经营单位名单。

20 日　山东省荣成市通过全国水产品质量安全示范县考核验收。农业部渔业渔政管理局副局长李书民参加验收工作。

24～27 日　2017 年全国渔业渔政统计培训班在贵州省铜仁市举办。农业部渔业渔政管理局副巡视员丁晓明出席开班式并讲话。

30 日　农业部副部长于康震与来访的塞拉利昂海洋资源和渔业部部长伊丽莎白·曼斯举行会谈，并签署《中华人民共和国农业部与塞拉利昂共和国海洋资源与渔业部关于渔业合作谅解备忘录》。

30 日　农业部副部长于康震与毛里塔尼亚伊斯兰共和国渔业及海洋经济部部长纳尼共同主持召开中毛渔业混委会会议，草签了中毛政府间海洋渔业协定修订文本，协商解决中毛渔业合作中出现的问题，达成一致意见并签署会议纪要。

31 日　农业部渔业渔政管理局局长张显良会见坦桑尼亚桑给巴尔农业自然资源畜牧和渔业部部长哈马·拉西德·穆罕默德，就推进建立双边政府间渔业合作机制、加强中桑渔业合作交换了意见。

31 日　农业部办公厅印发《关于印发海洋渔船通导与安全装备建设项目实施管理细则的通知》，进一步加强对国内渔业油价补贴转移支付专项资金支持的海洋渔船通导和安全装备建设项目的监管。

11 月

1 日 农业部办公厅印发《关于开展渔业渔政重点工作综合督查的通知》，部署对 2017 年渔业渔政重点工作开展一揽子综合督查。

2 日 第二届中国休闲渔业高峰论坛暨休闲渔业品牌发布活动在厦门举办。农业部渔业渔政管理局局长张显良出席论坛并作主题报告。

6 日 农业部渔业渔政管理局局长张显良与阿根廷农业产业部渔业和水产副国务秘书托马斯·马丁·赫尔沛共同主持召开中阿渔业分委会第九次会议，就中国鱿鱼钓渔船入渔，涉嫌违规渔船处置，完善应急协调机制，加强水产科研合作等进行了磋商，并签署会议纪要。

9 日 农业部在上海召开全国渔业对外合作工作论坛会。农业部副部长于康震出席会议并讲话。

10 日 农业部印发《关于做好今年第 24 号台风"海葵"防御工作的紧急通知》，要求相关省（自治区）加强值守，做好预警信息通报，及时组织渔船避风避浪、人员上岸避险，确保渔民群众生命财产安全。

10 日 农业部渔业渔政管理局组织渔业重点省份及相关单位会商年度渔业发展情况，学习贯彻党的十九大精神，谋划渔业发展思路。农业部渔业渔政管理局副局长韩旭出席并讲话。

13 日 农业部办公厅印发《农业部办公厅关于做好 2017 式渔业行政执法制服及服饰制作配发工作的通知》，发布《2017 式渔业行政执法制服及服饰技术指引》，公布 2017 式渔政制服设计方案，启动全国新一轮渔政制服及服饰制作配发工作。

14 日 农业部印发了《"十三五"全国远洋渔业发展规划》，进一步明确"十三五"期间远洋渔业的发展思路、基本原则、主要目标、产业布局和重点任务等。

14 日 农业部渔业渔政管理局局长张显良会见苏里南农牧渔业部部长苏莱士·阿尔古，就加强中苏渔业合作交换意见。

15 日 陆基推水集装箱养殖现场观摩活动及技术成果评价活动在广州举行。农业部渔业渔政管理局副局长李书民出席活动并讲话。

15 日 第二届京津冀渔业协同发展联席会议在天津举行，三地渔业部门进行了工作交流，组织开展了学术交流和渔业企业对接洽谈。

15 日 农业部办公厅印发了《远洋渔业海外基地建设项目实施管理细则（试行）》，进一步明确了远洋渔业海外基地的主要目标、建设要求等。

16 日 中韩渔业联合委员会第十七届年会在重庆召开。以农业部渔业渔政管理局局长张显良为团长的中国代表团与以韩国海洋水产部水产政策室长辛贤锡为团长的韩国代表团举行了会谈。双方就 2018 年两国专属经济区管理水域对方国渔船入渔安排以及维护海上作业秩序等重要问题达成协议，签署了会议纪要。会后，双方举行了第八届中韩渔业高级别会谈，就中韩渔业合作以及可持续渔业发展等共同关心的问题进行了交流。

17 日 农业部、中国海警局、海南省人民政府和中国海洋石油总公司，在西沙永兴岛联合举办"西沙海域水生生物增殖放流活动"。农业部渔业渔政管理局长张显良、副局长韩旭参加活动。

24 日 农业部渔业渔政管理局会同外交部拉美司研究"福远渔冷 999"船被厄瓜多尔抓扣事。

24 日 江开勇被任命为农业部渔业渔政管理局副巡视员。

25 日 农业部印发通知，成立全国渔业安全事故调查专家委员会，58 名来自全国渔业系统、大专院校、科研院所、社会团体等不同部门的专家被聘任为专家委员会委员。

25 日 2017 年渔业行政执法人员执法资格统一考试在全国 31 个省（自治区、直辖市）同步举行。这是农业部第一次组织开展的渔政执法资格全国统考，共设有 32 个考区、60 个考点，约 2.6 万名渔业行政执法人员参加考试。

26 日 首届全国稻渔综合种养产业发展论坛在上海海洋大学成功举办。农业部渔业渔政管理局副局长李书民参加会议并讲话。

27 日 农业部在杭州召开贯彻落实"十三五"海洋渔船"双控"制度暨限额捕捞试点工作座谈会。农业部副部长于康震出席会议并讲话。农业部渔业渔政管理局局长张显良主持会议。

27～30 日 农业部渔业渔政管理局副局长李书民赴湖北恩施、湖南湘西调研渔业定点扶贫工作。

29 日 农业部渔业渔政管理局组织专家在烟台对 11 家远洋渔业企业申报的 16 艘专业南极磷虾渔船建造项目进行了评审论证。农业部渔业渔政管理局副局长刘新中主持论证会。

12 月

5 日 农业部渔业渔政管理局在辽宁省大连市组织召开全国渔港监督暨安全生产工作座谈会。农业部渔业渔政管理局局长张显良出席会议并讲话。

6 日 农业部渔业渔政管理局组织召开渔业渔政重点工作综合督查总结交流会，听取 8 个督查组的总结汇报,就学习贯彻十九大精神、做好明年和下一阶段渔业渔政工作作出部署。农业部副部长于康震出席会议。

14 日 中国向菲律宾捐赠的首批 10 万尾东星斑鱼苗,在海南省文昌市清澜港码头正式启运。

15 日 2017 长江流域渔业资源管理委员会和珠江流域渔业管理委员会工作会议在海口召开。农业部渔业渔政管理局副局长韩旭出席会议并发言。

18 日 农业部在北京召开会议,成立第二届农业部水产养殖病害防治专家委员会。农业部渔业渔政管理局副局长李书民出席会议并讲话。

19 日 农业部渔业渔政管理局在京召开水产养殖绿色发展重点工作研讨会,交流 2017 年水产养殖发展亮点难点工作,讨论 2018 年水产养殖发展重点举措,研究出台加强推进水产养殖绿色发展若干意见的文件。

19 日 第一届农业部海洋牧场建设专家咨询委员会成立大会在京召开。农业部渔业渔政管理局局长张显良、副局长韩旭出席会议并讲话。

19 日 农业部牵头海关总署、国家工商总局、中国海警局、国家濒危物种进出口管理办公室,联合下发《关于联合开展打击破坏海龟资源违法行为专项执法行动的通知》,决定自 2018 年 1 月 8 日至 2 月 8 日在全国开展为期一个月的打击非法捕捉、杀害、买卖、利用、走私海龟及其制品行为的联合执法行动。

21 日 农业部渔业渔政管理局印发《关于进一步做好岁末年初渔业安全生产工作的紧急通知》,要求各地渔业主管部门进一步强化思想认识,深刻吸取事故教训,组织专项检查和隐患排查治理,强化部门合作和港口港区监管,做好应急值守和险情救援,维护渔民群众生命财产安全,切实做好岁末年初渔业安全生产工作。

22 日 农业部印发《农业部关于通报表扬"亮剑 2017"系列渔政专项执法行动工作成绩突出的集体和个人的通知》,对在"亮剑 2017"渔政专项执法行动中取得突出成绩的集体和个人给予通报表扬。

22 日 农业部渔业渔政管理局组织专家对 2016 年远洋渔业探捕项目进行验收,对 2018 年远洋渔业探捕项目实施单位进行论证。

26 日 农业部召开渔业执法监管有关情况新闻发布会,介绍实施"亮剑 2017"系列渔政专项执法行动和规范远洋渔业管理活动实施情况,并发布 2017 年渔政部门查办的十大典型案例。农业部渔业渔政管理局局长张显良、副局长刘新中出席发布会。

27 日 农业部渔业渔政管理局在江苏太仓召开国际渔业履约座谈会,就 2017 年远洋渔业履约情况、我国加入联合国港口国措施等公约可行性等进行了沟通交流。农业部渔业渔政管理局副局长刘新中出席座谈会。

29 日 农业部渔业渔政管理局会同山东省渔业部门在山东烟台对 1 艘外籍 IUU 运输船非法转载的约 110 吨南极犬牙鱼进行公开拍卖,这是中国政府首次公开拍卖处置外籍渔船转载的非法渔获物。

(农业农村部渔业渔政管理局)

索　引

说　明

一、本索引采用分析索引方法,按汉语拼音顺序排列,同音字按声调排列。

二、"法律法规文献"、"渔业经济统计"、"领导讲话"栏目中的具体内容未作索引。"各地渔业"栏目中的条目按正文排列,不参与排序。

三、索引词条后的数字表示内容所在的正文页码。

图书在版编目(CIP)数据

中国渔业年鉴. 2018 / 农业农村部渔业渔政管理局
主编 . －－北京 : 中国农业出版社, 2019. 1
ISBN 978-7-109-25127-4

Ⅰ. ①中… Ⅱ. ①农… Ⅲ. ①渔业经济-中国-
2018 -年鉴 Ⅳ. ①F326. 4 -54

中国版本图书馆 CIP 数据核字(2019)第 017354 号

ISBN 978-7-109-25127-4

9 787109 251274 >

中国农业出版社出版
(北京市朝阳区麦子店街 18 号楼)
(邮政编码 100125)
责任编辑:徐晖 贾彬

中农印务有限公司印刷 新华书店北京发行所发行
2019 年 1 月第 1 版 2019 年 1 月北京第 1 次印刷

开本:787mm×1092mm 1/16 印张:24.25 插页:38
字数:700 千字
定价:300.00 元
(凡本版图书出现印刷、装订错误,请向出版社发行部调换)

河北省渔政处

农业部副部长于康震与河北渔政执法人员合影

河北省渔政处为河北省农业厅直属、参照公务员法管理的事业单位，办公地点在秦皇岛，主要承担着9 000多平方千米省辖海域和内陆220万亩大水面的渔政执法任务。现有执法人员86人，执法专用车2辆，海洋执法船4艘。先后被农业部、中国海警局、河北省农业厅授予全国农业系统先进集体、"亮剑2017"系列渔政专项执法行动工作成绩突出集体、海洋伏季休渔工作先进单位、全省农业农工系统先进集体、先进基层党组织等荣誉称号。

2017年，河北省渔政处围绕"建设一流队伍、培育一流作风、创造一流业绩"的目标，坚持执法为民，严格依法行政，有效维护正常的渔业生产秩序，为渔业转型升级、渔民增产增收、渔区和谐稳定做出了应有贡献。

海洋伏季休渔制度有效落实。严格执行海洋伏季休渔相关规定，由河北省政府办公厅印发《关于加强海洋伏季休渔管理工作的通知》，认真落实伏休管理措施，强化组织领导、落实管理责任、加大执法力度，有效震慑了各类违法行为。全省累计出动执法人员13 503人次，执法车辆2 177台次、执法船艇1 260艘次，累计查处违规渔船213艘，向司法机关移送涉嫌犯罪案件7起，行政处罚金额347.5万元。

违规渔具清理整治工作扎实推进。按照农业部的统一部署，持续开展违规渔具整治专项行动，组织全省联合执法行动和日常执法行动，累计出动渔政执法船艇279艘次，检查车489辆次，执法人员4 273人次，共计清理、没收、拆除各类违规网具1 767条（张），合计2万余米。

海上渔业生产秩序平稳可控。坚持群防群控、管防结合，组织各地深入摸排并提前化解渔事纠纷隐患，全面掌握渔业生产动态。

水生野生动物保护稳步推进。严格贯彻落实新《中华人民共和国野生动物保护法》，认真履行《濒危野生动植物种国际贸易公约》，联合动物园、海洋馆等场馆，深入旅游区、校园、社区、渔区开展水生野生动物保护救助宣传活动，救助野生斑海豹幼崽1头。加强海洋馆、水族馆的日常监管，并组织各地开展专项执法检查。

协同执法密切联动。深入推进京津冀渔政协同执法，多次联合北京市渔政监督管理站、天津市渔政处组织各辖区渔政机构及有关单位，开展中国渔政"亮剑2017"海河水系京津冀渔政联合执法行动。加强海上协调联动，分别与山东、辽宁、天津签订执法协作备忘录或定期召开执法协作会，与海警北海分局建立了渔政海警联合执法工作制度，多次参加了跨地域跨部门的联合执法行动，共同维护了交界水域渔业生产秩序的稳定。

执法能力不断提升。严格规范执法。制定了行政执法全过程记录、重大执法决定法制审核等制度，并严格落实"双随机、一公开"制度，推进阳光执法。进一步简政放权。认真做好行政审批下放衔接和督导工作，严格落实"四零"服务承诺要求。强化宣传培训。举办了水产养殖执法培训班、内陆跨界大水面执法培训班和全省渔政执法培训班，培训各有关市县渔政机构负责人及执法骨干100多人次。组织做好渔业行政执法人员执法资格考试工作；开展全处执法人员体能素质提升月活动，通过队列和游泳训练，提升执法人员的体能素质和精神面貌。

队列会操

河北省渔政处党总支书记、处长秦立新

出海执法

东港市海洋与渔业局

党委书记、局长张旭

东港市地处中国海岸线最北端，南濒黄海，东依鸭绿江，海岸线126千米，海城面积3500平方千米，10米等深线以内浅海7万余公顷，滩涂2.4万公顷，港湾0.8万公顷，淡水养殖面积0.7万余公顷。盛产梭子蟹、大黄蚬子、杂色蛤、中国对虾、海蜇等140多种水产品，是辽宁省重要的渔业生产基地之一。

东港市海洋与渔业局是东港市主管海洋综合管理与渔业工作的行政部门。下辖东港市渔政管理处、中国海监东港市大队、东港市水产技术推广站、东港市水产苗种管理站、东港市水产养殖开发中心、东港市人工鱼礁管理处等11家事业单位。2017年，水产品总产量46.21万吨，比上年增长1.5%；渔业经济总产值达到108.2亿元，比上年增长4.9%；渔业经济增加值实现42.58亿元，增长3.2%。

海洋综合管理得到强化　第一次海洋经济调查工作全部完成。完成大鹿岛、獐岛生态整治修复（二期）工程，大鹿岛完成了岸线加固、污水管网、雨水管网等项目；獐岛完成了垃圾处理、污水处理、岸线整治修复及栈道等项目。

渔业经济平稳发展　贝类产量达25.5万吨，初步形成了一批布局合理，具有东港特色的贝类养殖基地。海洋牧场建设成效显著，完成投资3 000万元、投礁60 258空立方米的人工鱼礁投放工作。在人工鱼礁区投放了海参苗750千克，海螺苗6吨。在黄海北部海域放流中国对虾7.5亿尾，其中在东港市直接入海2亿尾。放流梭子蟹2 000万只，放流牙鲆鱼305万尾，放流红鳍东方鲀50万尾。

渔业执法效果显著　休渔期间，共派出检查人员3 000余人次，派出执法车辆500余台次，陆地执法400余次，检查港口码头及重点区域36处。"中国渔政21202"执法船巡航执法208航次，登船检查400船次。查获违法违规渔船60余船次。陆地检查渔船520余船次，查处各类违规渔船41艘。海监大队全年共独立或联合开展捕捞区专项执法行动35次，派出执法人员200余人次，查处违规船只8艘。全年共开展水产品质量安全专项执法检查和日常巡查活动38次，出动执法人员230余人次；开展了无公害水产品和地理标志水产品标志专项检查，共检查水产品批发市场1家，无公害水产品生产企业24家，并全部达标。

海上联合执法检查

海上执法船

查看鱼苗孵化情况

水产品质量安全执法检查

守海护渔看"蓝剑"

——福建积极打造海洋"蓝剑"联合执法行动品牌

"海为田园，鱼为衣食"。福建地处台湾海峡西岸，是我国海洋渔业大省，海洋渔业船舶达5万多艘，因而海上管控任务较为繁重。在福建海洋与渔业执法一线，有着一群身着蓝、白制服的海上守护者，他们战风斗浪、守海护渔，在茫茫大海上与违法分子斗智斗勇，用忠诚和热血守护着我国东南海疆。他们的行动代号是——"蓝剑"！

渔港巡查

2015年，根据福建省海洋与渔业厅统一部署，福建省海洋与渔业执法总队组织省、市、县三级执法机构开展福建海洋"蓝剑"联合执法行动，以打击非法采捕红珊瑚船舶、涉渔"三无"船舶、敏感海域作业船舶、违法采砂用海行为以及清理整治违规渔具等为重点内容，几年来，"蓝剑"联合执法行动为保护福建海洋渔业资源和生态环境、保障渔区社会安定稳定做出了积极贡献。2017年年底，根据福建省海洋与渔业厅要求，福建省海洋与渔业执法总队进一步将"蓝剑"联合执法行动提炼为"三管控、两安全、两执法"，通过切实加强严厉打击非法盗采红珊瑚、严管严控赴敏感海域捕捞生产作业和越界捕捞行为，加强防御台风和海上安全生产监管，强化水产品质量安全和非法开采海砂监督执法，围绕建设福建"美丽海洋"目标，在卫海护渔的战场上挥剑护航、披荆斩棘，取得了显著成效。

"蓝剑"行动开展以来实现了执法组织方式、执法合作机制、情报信息工作三大创新。同时，"蓝剑"行动对违法采砂、违规渔具、涉渔"三无"船舶、敏感海域渔船管控、海域海岛巡查等违法行为实施综合执法，内容涉及海监、渔政、渔监、渔检等多个领域，开辟了海洋与渔业综合执法改革的新路。经过各级执法机构不懈努力，如今的"蓝剑"行动已经成为福建海洋与渔业执法领域的一张闪光"名片"。历次"蓝剑"行动中，各级执法机构忠诚履职、锐意进取、攻坚克难，为守护福建海洋生态环境渔业资源，保障福建海洋经济发展做出了突出贡献。

编队巡航

检查舱室

检查舱室

监利水产业

2017年，监利县淡水养殖面积为47.82万亩，回型鱼池（稻田养殖）40万亩，虾稻共作49.69万亩，水产品产量25.68万吨，渔业产值83亿元，水产品质量安全合格率100%。

● 坚持调优结构，抓好一虾四鱼养殖。小龙虾总面积89.69万亩，产量11万吨，增产1.28万吨；网箱养鳝90万口，黄鳝产量3.7万吨，鳜鱼面积28.06万亩，产量8 736吨；鲈鱼面积5 000亩，产量5 546吨；黄颡鱼面积5.36万亩，产量9 381吨。最突出的特点是虾稻共作模式引领全省，发展到50万亩，成为监利农村供给侧结构性调整的主导模式。

● 筹备和举办"两节"。监利县政府于2017年5月主办荆州市第二届小龙虾节，于11月中旬成功主办首届湖北·监利黄鳝节。促进了两大特色产品的流通和增值，小龙虾和黄鳝订单分别过10亿元，占产值的40%以上。

● 生态养护"两拆两放"。撤除珍珠养殖4处11 250亩；强力拆除江河、长江故道、湖泊围栏围网网箱养殖8 000亩，洪湖拆围5.7万亩。抓好"打非治违"专项整治；抓好何王庙长江江豚迁地保护，江豚数量增加到16头；抓好长江增殖放流，增殖放流鱼类4万千克。

● 品牌创建。获得中国小龙虾第一县、中国黄鳝特色县和中国黄鳝美食之乡授牌，荆江黄鳝和桐梓湖河蟹获得第15届中国国际农产品交易会金奖，"监利黄鳝"获得2017中国百强农产品区域公用品牌称号。

● 国家级、省级示范场示范园建设。获批福娃国家级稻田综合种养示范区，福娃虾稻产业园和朱河现代水产产业园获批省级现代农业产业园称号，振华渔业获批湖北监利翘嘴红鲌省级原种场。福娃虾稻综合种养及营销模式（简称"福娃模式"）成为新的产业链模式。

● 江豚保护公益活动。2017年，监利何王庙长江江豚省级自然保护区管理处根据中国科学院水生生物研究所建议，从鄱阳湖调入4头江豚实行迁地保护，扩大江豚种群数量，同时在湖北省企业家基金会的支持下保护区成立了协助巡护队，加强了日常监测巡护力量。积极与科研单位进行合作与交流，加大江豚保护科普宣教力度，同时开展公益活动，收到显著效果。

重庆市潼南区农业委员会

图1

◀ 推广池塘低碳高效循环微流水养殖技术与重庆市水产技术推广总站联合实施，应用集成式流水槽安装技术，配备物联网远程监控智能设备，拟打造成为重庆市展示池塘内循环微流水养殖技术的标杆。图1为重庆市旭源农业有限公司的池塘内循环微流水养殖槽。

图2

图3

◀ 重庆市潼南区稻田综合种养（稻鱼、稻蛙、稻鳅、稻虾、稻蟹等）模式已经达到了21 000多亩，平均亩新增纯收益4 000余元。图2为重庆市稻田综合种养模式之一——稻蛙。

重庆市潼南区"鱼菜共生"综合种养，推广面积3 500亩，实现每亩单产商品鱼1 416千克，产蔬菜825千克，新增渔业总产值1.16亿元。在示范基地成功完成20余个品种的水上栽培试验，实现了多品种、立体化、周年期种植目标。于2016年12月获农业部"全国农牧渔业丰收奖"二等奖。图3为鱼菜共生，图4为鱼花共生。

▶ 图4

绥中县渔政管理处

绥中县渔政管理处是绥中县海洋与渔业局所属的渔政监督管理机构，负责绥中县沿海九个乡（镇）的渔政管理工作。成立于1979年，前身为绥中县渔政管理所，为股级单位，2010年底由股级调整为正科级，改称为绥中县渔政管理处，定编为50人，实际工作人员65；内设办公室、证件科、法规科、环保资源科、电讯科和海上检查大队6个科室，新造"中国渔政21901"执法船并将原有"中国渔政21505"号执法船更新为"中国渔政21902"号，有力地增强了绥中县海洋渔业执法力度。

近年来，绥中县渔政管理处始终坚持秉公执法、维护海洋渔业资源的理念，以伏季休渔、海蜇资源管理和保护为工作重点，切实坚强渔业资源繁殖保护。每年伏季休渔前期，都会通过宣传车、宣传标语、宣传单等方式强化相关法律法规的宣传和教育。伏季休渔期间渔船管理工作是整体工作的重中之重，始终坚持海陆联合执法，密切配合、齐抓共管，针对违规渔船进行有效的检查，有力地打击了违法违规作业行为。

清理取缔海洋涉渔"三无"船舶方面，绥中县渔政管理处始终按照中央及省、市、县政府关于清理整治涉渔"三无"船只、大拍子专项整治行动的安排部署，召开会议、制定方案，每年都会成立专项领导小组，使得绥中县清理整治涉渔"三无"船舶工作能够顺利开展并取得良好的成效。

通过全体渔政工作人员的共同努力，绥中县渔政管理工作取得了长足的进步，渔民的生产方式得到了有效的改善，工作成果得到了上级的肯定和鼓励，2017年获得全国渔业文明执法窗口单位称号。

连江县海洋与渔业局

2017年在连江县县委、县政府的正确领导下，连江县海洋与渔业局认真贯彻落实"海上福州"战略和连江县第十三次党代会提出的建设"新三城"的发展部署以及省、市海洋与渔业工作会议精神，以作风建设年活动为契机，坚持上下联动，服务"攻坚2017"项目，贯彻落实党的十九大会议精神，扎实开展全县海洋与渔业工作，取得了明显成效。2017年全县水产品总量107.7124万吨，同比增长6.6%，水产品总量继续保持县级全省第一，全国第二。获得全国水产品质量安全示范县、全国平安渔业示范县称号。

连江海带

我国人工养殖海带主产于北方，主要分布在山东、大连等地。1956年10月，福建省水产部门首先引进山东青岛海带苗，在连江县筱埕镇长澳海区用筏式试养成功。开启了南方人工养殖海带新纪元。

但由于南方无法突破海带育苗关，经历了10多年的北苗南养艰辛历程。1975年连江水产综合场培育海带渡夏苗获得成功，结束了北苗南养的历史。该成果荣获1978年全国科学大会奖。

渔夫的百叶裙——海带收成

半个多世纪来，连江县在海带育苗方面不断创新发展。目前，全县良种海带苗生产能力超过15万大片，可供10万亩海带养殖用苗，不但解决了福建省大面积养殖海带用苗问题，还大量返销到山东等北方地区，并部分出口到韩国，推动了海带养殖业的发展。2016年福州市申请"中国海带之都"获得成功，其中连江县的贡献可谓最大。

2017年，全县的海带养殖面积已达7.56万多亩，海带产量23.59万吨，全市的海带养殖面积已达11万多亩，海带产量32.58万吨，占全市海带产量72.4%，产量位居全省县级第一，全国县级前茅，产值达到6.5多亿元。目前连江县海带加工企业30多家，主要海带加工产品有盐渍、熟干海带，海带鱼糜制品等40多种，产品销往全国各地，还出口到日本、韩国、欧美等国家和地区，深受消费者好评。2013年"连江海带"被评为福建十大渔业品牌。2014年成功申请并注册连江海带地理标志证明商标。2016年"连江海带"被评为2016年最具影响力水产品区域公用品牌，以及被中国藻业协会授予"中国海带之乡"

海带之乡授牌

海带养殖海区一角

海带育苗车间

海上养殖收成

连江虾皮

连江虾皮，俗称虾米，以毛虾为原料，俗称虾鲜，经漂煮后晒干或烘干的干制品，肉味精美、咸淡适宜、虾体完整、新鲜度好、光泽强、无杂质、无异味、能长期保持而畅销海内外。毛虾属樱虾科的小型浮游虾类，是海产虾类中产量最大的虾类资源，其生长速度快，生命周期短，繁殖力强，主要分布在黄岐湾、定海湾，尤其苔镇居多，品质最为上乘。

优越的地理条件和自然环境铸就了连江虾皮的特殊品质，加上连江加工制作干品虾皮历史悠久、工艺独特，使连江虾皮更具独特品质和良好的声誉，连江虾皮（福州百洋海味食品有限公司出品）曾获得1999年中国国际农业博览会金奖。2014年"连江虾皮"被福州市海洋与渔业局评为福州市十大渔业品牌，2015年评为第二批福建省十大渔业品牌。

全县现有20多家虾皮加工企业，2017年产量达到3万吨，产值18亿元，涌现出福州百洋海味食品有限公司、连江县信洋水产有限公司、福州龙福食品有限公司等市级以上龙头企业，"百洋"、"SY"等多个福建省著名商标、福建省名牌产品。

连江丁香鱼

连江地处福建东南沿海，闽江口北岸，东与台湾、马祖一衣带水，是丁香鱼洄游、栖息的良好场所，铸就连江丁香鱼的特殊品质，加上连江加工制作干品丁香鱼历史悠久，工艺独特，使连江丁香鱼更具独特品质和良好的声誉。

丁香鱼干连江俗称丁香。连江丁香鱼营养丰富，味道鲜美，并且易于保存，是沿海百姓常备的家常菜和制作各种风味小吃的重要作料，也是馈赠亲友的上等礼品。连江丁香鱼年产量1000吨，年产值达到1.2亿元。2017年9月，连江丁香鱼入选厦门金砖会晤专供水产品。

荻南虾皮

荻南虾皮，是颇具海洋风味的海鲜佳品，主要是毛虾加工制成。毛虾是我国海产虾类中产量最大的虾类资源，主要分布在东海和黄渤海。连江县苔镇荻南村位于东海之滨，自古以来就是靠捕毛虾为生，常年加工生产的荻南虾皮风味独特、品质上乘，广获社会青睐。目前，荻南村具有虾皮烘干厂30家，采用国际上最先进的一站式加工设备，从鲜虾到成品只要不到6分钟。

目前荻南村烘干企业生产的优质虾皮年产量约1.5万吨，产值超8.5亿元。虾皮加工业成为荻南村实施乡村振兴的重要产业。

日照市海洋与渔业局

　　2017年，在日照市委、市政府的坚强领导下，日照市海洋与渔业局突出重点、打造亮点、关注热点、攻克难点，全市海洋与渔业发展质量大幅提高，并成功跨入省级文明单位行列，被评为"日照市党风政风行风工作先进单位"。建设现代海洋经济示范区被日照市政府确定为全市新旧动能转换十个重大专项之一，黄海冷水团绿色养殖项目被列入新旧动能转换国家、省重点支持项目。成功创建首批国家级海洋公园、全国海洋生态文明建设示范区、国家级海洋生态保护与建设典型示范区等。黄海冷水团绿色健康养殖项目技术路径全部完成，首批三文鱼养殖成功；深远海养殖工船建成并投入使用；海洋牧场垂钓平台"海上牧歌"已经过试运营；投资3 600万元的万泽丰"深蓝1号"大型智能网箱建造接近尾声；建立全海域海洋生态红线制度。日照黄海冷水团绿色养殖研究院、海洋勘查与渔业资源设备研发应用基地、日照海洋装备研发制造基地先后落户，首批赴南太平洋作业远洋渔船满载返航；4处国家级休闲渔业示范基地、3处国家级海洋牧场、1处国家级海钓基地成功创建。

东阿县水产局

东阿县是"中国阿胶之乡""中国黄河鲤鱼之乡"。东阿县水产局坚持以习近平新时代中国特色社会主义思想为指导，依据"宜渔则渔、宜藕则藕"的原则，坚持"提质增效、减量增收、绿色发展、富裕渔民"的方针，紧紧围绕"东阿黄河鲤鱼"这条主线，以渔业增效、渔民增收为核心，更新理念、创新思路，加强指导服务力度，大力发展绿色渔业、健康渔业、生态渔业、品牌渔业。全县主导品种"东阿黄河鲤鱼"凭借"金鳞赤尾、体形梭长"的外形、"营养丰富、味道鲜美"的品质、生长环境的特定性以及丰厚浓郁的原产地文化内涵，先后被认定为中国农产品地理标志保护产品、中国地理标志证明商标，荣获中国水产业明星水产品称号，连续两届获得中国国际现代渔业暨渔业科技博览会金奖，品牌渔业价值凸显，市场前景广阔。

东阿县水产局坚持"生态第一，环境优先"的发展理念，推行健康养殖，保障水产品质量安全。目前全县拥有绣青、华龙、庞苓等22个渔民专业合作社，5个无公害农产品产地，16个无公害农产品，1个国家地理标志保护产品，3个地理标志证明商标，2个国家级水产健康养殖示范场，2个山东省农民专业合作社省级示范社和1个山东省渔民专业合作社省级示范社，以此为依托，示范带动全县积极开展"东阿黄河鲤鱼"生态健康养殖，规范管理，实行"六统一"，即统一管理技术、统一投入品（苗种、饲料、药品等）、统一疫病防控、统一质量标准、统一品牌价格、统一品牌宣传，提档升级，发挥品牌效应，让渔业合作社、养殖户得到实惠，让消费者吃到放心安全的水产品。现在水产业已经迈出由数量效益型向质量效益型转变的实质性步伐。

2017年3月山东省海洋与渔业厅领导在东阿调研
东阿黄河鲤鱼品牌渔业

东阿县水产局坚持"绿水青山就是金山银山"的发展理念，与建设"阿胶名城 生态强县"全域旅游战略相融合，大力发展休闲渔业，促进渔业一二三产业融合发展，东阿县十八湾旅游开发有限公司被评为省级内陆休闲渔业公园创建单位，东阿鱼山休闲渔业公园获评中国休闲渔业旅游目的地。

兴化市水产局

福建南平来兴化开展现代农业发展专题研修

兴化特色在"农"，优势在"水"，以水域为主的非耕地10万公顷、养殖水体分河沟、湖荡大水面、池塘及生态共作四大类型，现有水产养殖重要产区。与上海海洋大学、中国水产科学研究院淡水渔业中心建立战略协作关系，成立了国家河蟹产业技术创新战略联盟、中国河蟹互联网产业联盟，红膏公司、九寿堂公司分别建立江苏省渔业企业第一家国家级博士后工作站和科技创新实践基地（省级博士后工作站）。2017年，全市水产品总产量达到30 550万千克；渔业经济总产值177.98亿元，同比增长7.54%。兴化市水产局荣获全国农业先进集体、第四届中国名蟹大赛暨首届蟹王蟹后争霸赛在兴化举办入选泰州农业年度十件大事，兴化市水产局荣获江苏省现代渔业建设先进集体。

北汽集团来兴化考察投资环境

兴化市水产局局长卞爱昌
参加行风热线

兴化市2017年春季渔业增殖放流活动

2017年第四届中国名蟹大赛

日照市渔业通讯管理站

日照市渔业通讯管理站一直坚持深入基层，以基层渔民的实际需求为出发点，以技术创新、推广应用为重点，不断深入研究渔业安全生产中的新情况、新问题，不断提高海洋渔业安全通信保障能力，加快信息技术在渔业安全生产的应用以及各项渔业通信专利的研发和应用，助力日照的渔业安全生产工作。

近年来，各地相关单位前来日照交流、学习、调研信息化建设方面工作的团队络绎不绝。2016年7月，山东省政府办公厅发布文件，要求全省渔业安全生产领域积极推广日照市渔业安全生产先进经验。2017年2月，全国渔业安全生产工作现场会在日照召开，日照市渔业通讯管理站站长张念华同志在会上现场演示汇报日照市商渔船防碰撞关键技术创新等工作，"日照模式"在全国进行推广。2017年9月，张念华同志被农业部渔业渔政管理局邀请在全国首届渔业信息化高峰论坛作渔船渔港安全管理信息化主题报告。

向国家三部委领导汇报日照渔业安全生产工作

日照市渔业通讯管理站连续多年被日照市海上渔业安全生产工作领导小组评为全市渔业安全生产工作先进单位；两次被山东省人力资源和社会保障厅、山东省海洋与渔业厅、山东省公务员局联合表彰为全省海洋与渔业系统先进集体。

出海调研

现场指挥、调度渔船

2017年2月，张念华在全国渔业安全生产工作现场会演示汇报日照市商渔船防碰撞关键技术创新等

东营市海洋与渔业监督监察支队探索开展海蜇限额捕捞试点工作

为积极推进海洋渔业资源总量管理，经农业部和山东省海洋与渔业厅批准同意，2017年东营市率先探索开展了海蜇资源品种限额捕捞试点工作，取得良好效果。

广泛调研，科学制定管理制度。常态化深入基层开展专题调研，充分听取基层渔业管理部门、渔业合作组织和渔民意见建议，制定《东营市2017年度海蜇资源品种限额捕捞试点实施方案》，配套出台政策引导、投入支持、科技支撑、执法督察等系列管理措施。

加强统筹，明确职责细化分工。成立东营市海蜇资源品种限额捕捞试点领导小组。东营市海洋与渔业监督监察支队负责海蜇限额捕捞总体规划部署，县区海洋与渔业局负责渔船、渔港及渔获交易场所监管；渔业合作组织参与协同管理，负责渔获配额、渔捞日志、捕捞量统计等工作。

严格准入，筑牢渔获配额管理。综合研判试点海蜇资源和捕捞渔船数，确定2017年可捕海蜇渔船284艘，统一发放专项许可证和标志旗。海蜇渔获配额由广利港渔业协会和红光渔民协会按奥林匹克方式管理和使用，渔船每日累计产量达到总配额量的95%时，渔船停止离港生产。

实时监控，做好渔获统计通报。分别在广利、红光渔港设立海蜇限额捕捞试点办公室，规划7处定点交易场所，由渔业合作组织安排专人负责，统一使用省限额捕捞通报软件完成渔船进出港、渔获量日报、渔获交易登记、数据通报等统计工作。对不按规定如实上报的，取消下年度海蜇捕捞申请资格。

强化巡航，严格执行海陆监管。配合参与山东省联合巡航执法行动，派出2艘渔政船、10艘协管船组成海上执法编队，在海蜇增殖区域保持每日不间断巡航。成立2个陆地流动检查组，对重点港口、码头、收购站点实行每日巡查，密切关注渔船动态，确保海蜇限额捕捞秩序稳定。

青海省渔政执法工作卓有成效的40年

"亮剑2018"青海执法活动

2018迎来了改革开放40年，40年来，在青海省委、省政府的正确领导下，在行政主管部门的大力支持下，青海渔政工作从无到有，从弱到强，从单纯的青海湖封湖育鱼工作逐步发展到对长江、黄河境内流域的全监管，渔业水域安全监管，渔业船舶监管，水产品质量监管等职能，并且在全国率先实现了行政执法与刑事司法的无缝衔接。青海湖裸鲤蕴藏量从2001年的2 592吨增加到2017的81 200吨。严格落实黄河、长江禁渔制度，宣传与打击并举，有效打击破坏水域环境和渔业资源的行为。渔业养殖企业生产环节的监管逐步规范，渔船检验工作稳步推进。

检查渔业养殖企业

改革开放的40年，是青海省渔政快速发展的40年，渔政工作实现了《中华人民共和国渔业法》赋予的职能的全覆盖，渔政执法机构不断建立健全，渔政执法人员执法水平和自身素质得到大幅提升，渔业资源和水域生态环境保护意识已深入人心，青海省渔政管理总站将在依法治渔，依法兴渔的道路上牢记使命，继续前行。

荣誉

青海省渔政执法人员渔业法律知识竞赛

青海湖冬季打冰眼抽网

看住海 管住船 盯住人
——大连市渔政监督管理局坚决开展"亮剑"行动

2017年，大连市渔政监督管理局坚决贯彻落实国家"亮剑2017"有关部署要求，切实看住自己的海、管住自己的船、盯住自己的人，有力维护了大连地区渔业生产秩序稳定。

大连濒临黄海、渤海，所辖海岸线长2 211千米，海域面积2.9万平方千米，拥有渔港169座，捕捞、养殖、运输渔船2.6万余艘，渔业管理工作点多线长，任务繁重。大连市渔政局聚焦伏季休渔管理、打击涉渔"三无"船舶和禁用渔具等重点工作，主动作为，攻坚克难，以"零容忍"的态度，严检查重整治，全面挤压违法违规活动空间。

涉渔"三无"船舶和禁用渔具拆解销毁现场会

严格伏季休渔管理。针对史上最严伏季休渔管理制度，切实把此项工作摆在重要位置，主要领导亲自抓。伏季休渔期间，全局共出动执法船艇1 740航次，航程4万余海里，登临检查渔船1 850余艘次，查获违规渔船468艘，收缴罚款335.8万元。

强力打击涉渔"三无"船舶。坚决贯彻上级要求，充分发挥主力军作用，强化与海权、公安、边防、海警的密切协作，合力推进。2017年，共查处涉渔"三无"船舶133艘。

全力完成专项执法行动任务。先后7次参加国家、辽宁省组织的重点海域集中管控行动，加强力量配备，做好备航工作，认真研究方案。

执法人员查获违规渔船

查获非法渔运船并没收渔获物

拆解销毁涉渔"三无"船舶

开展海上增殖放流活动

召开2017年大连市海洋伏季休渔管理工作会议

伏季休渔期间渔政执法船队进行海上执法检查

深圳市渔业服务与水产技术推广总站

一、加强重大水生动物疫病监测，实验室全年收到样品113批次，监测水生动物种类达21种，顺利通过2017年农业部组织的锦鲤疱疹病毒病（KHV）、白斑综合症病毒（WSSV）、传染性皮下和造血器官坏死病（IHHNV）以及国家认证认可监督管理委员会组织的传染性鲑鱼贫血病病毒（ISAV）和霍乱弧菌等5个项目的能力测试。

二、开展益生菌对凡纳滨对虾健康养殖和大鹏湾藻类标准化养殖技术的示范与推广。大鹏湾蕨藻（海葡萄）净化水质研究试验项目被选为全国十佳水生生物养护技术储备内容之一。

三、参加水产技能大赛，获得第二届全国水产技术推广职业技能竞赛集体优秀组织奖和个人二等奖1名，2017年广东省水生动物病害防治员技能竞赛团体第二名、个人二等奖1名和个人三等奖2名。

四、举办渔业信息、水产品质量安全、农业相关政策宣传贯彻和渔业技能鉴定培训班，开展农产品质量安全活动、增殖放流宣传活动、广东省东部和西部异地科技下乡活动。

五、2017年共组织在深圳湾、大鹏湾、大亚湾海域放流黑鲷鱼苗164万尾，斑节对虾苗849万尾（其中社会捐赠鱼苗65.2万尾、虾苗239万尾）。

六、开展深圳市休渔前后的渔业资源调查和东—西冲人工鱼礁区的海洋生态环境影响研究，承建东—西冲人工鱼礁区建设工程。

七、加强蛇口、盐田渔港公共设施维护及消防工作，做好渔民防台风避护所管理。2017年出色完成了"帕卡""卡努""苗柏"等台风的避护工作。

启东市创建全国
"平安渔业示范市"

　　启东市位于长江与黄海、东海三水交汇处，三面环水，形似半岛，海洋水产资源丰富，全市现有江海岸线240千米，江海滩涂66万亩。岸线外侧有中国四大渔场之一的吕四渔场，吕四渔港为国家首批六大中心渔港之一。全市下辖渔业镇1个，渔业村8个，渔业服务有限公司16家，渔船744艘，渔业户35 870户，渔业人口53 227人，其中专业渔民18 154人。全市2016年实现渔业总产量36.54万吨，渔业总产值突破66亿元。

　　近两年来，启东市政府在农业部和江苏省及南通市海洋渔业主管部门的正确领导和精心指导下，高度重视"平安渔业"创建工作，启东市政府采取扎实有效的措施，层层压实渔业安全生产责任，不断夯实"平安渔业"建设的基础，完善渔业安全生产管理机制，制定一系列行之有效的规章制度，健全组织机构，保障安全投入，加快渔船更新改造，加大渔船通信设备和港口基础设施建设力度，经常性开展渔业安全宣传教育培训，渔政严格文明执法，港监工作有序开展，努力将海洋渔业安全事故隐患消除在萌芽状态。多年来，全市未发生一起较大和较大以上渔业安全生产事故，"平安渔业"创建工作取得了显著成绩。

潜江市水产局

　　潜江市位于湖北省中南部，是武汉城市圈成员之一，地处美丽富饶的江汉平原腹地，素有"水乡"的美誉。2017年，潜江市渔业养殖总面积达到4.5万公顷，水产品总产量18.25万吨，渔业产值51.1亿元；小龙虾养殖面积3.7万公顷，小龙虾产量10.15万吨，养殖产值40.6亿元。

　　经过18年的探索、创新和发展，潜江龙虾产业已形成集选育繁殖、生态养殖、加工出口、餐饮旅游、冷链物流、电子商务、精深加工、节会文化等于一体的产业化格局，产业链条十分完整。全市虾—稻产业从业人数超过10万人，虾稻产业占农业总产值的50%以上。潜江龙虾产业已成为潜江农业经济的支柱产业、特色产业，有力促进了农业供给侧结构性改革，拓展了农民增收空间，取得了显著的经济、社会和生态效益，潜江一举成为中国小龙虾之乡、中国小龙虾加工出口第一市和中国虾稻之乡，成就了"世界龙虾看中国，中国龙虾看湖北，湖北龙虾看潜江"的美誉。

　　2017年潜江龙虾全产业链综合产值突破230亿元，成功入选首批11家国家现代农业产业园和62家中国特色农产品优势区创建单位，农业部全国稻渔综合种养现场会在潜江成功召开，成功举办了首届中国（潜江）国际龙虾·虾稻产业博览会暨第八届湖北（潜江）龙虾节。"虾稻共作"项目荣获湖北省委改革奖，"潜江龙虾"品牌入列百强农产品区域公用品牌，华山赵脑基地、莱克瞄新基地双双入选农业部全国首批稻渔综合种养示范区。

　　潜江农业供给侧结构性改革以"一只虾一袋米"为抓手，小龙虾做成大产业，促进了一二三产业融合发展，深化供给侧结构性改革和推进农业供给侧结构性改革，取得了令人惊喜的成绩。目前，潜江市正努力创建"潜江龙虾""潜江虾稻"区域公用品牌，加快推进虾—稻全要素、全区域、全产业链升级发展，真正把虾—稻产业打造成千亿集群产业、万户致富产业、特色兴旺产业，为实现乡村全面振兴提供支撑。

瑞安市海洋渔业执法大队

　　瑞安市海洋与渔业执法大队是瑞安市海洋与渔业综合执法机构，参照公务员法管理单位，人员编制39人，下辖海洋与渔业船队，北麂中队。主要职能是综合行使渔政、渔港、渔业船舶和渔业生产安全，渔业无线电、水产养殖、水产种苗许可及初级水产品质量安全执法检查职能和法律、法规赋予的行政执法监督职责，依法调查处理渔业水域环境污染事故，维护渔业生产秩序等。2015年以来先后获得全国伏休管理工作先进集体、东海区十年涉外渔业管理先进单位、全省海上救助先进单位、全省渔政执法先进集体、全省伏休管理工作先进集体等荣誉称号。

阿勒泰地区渔业工作

　　阿勒泰是新疆冷水鱼发展重点地区，在新疆三河三湖渔业发展大格局中占有一河一湖的重要地位。全地区共有宜渔水面190.7万亩，其中湖泊162万亩、河道10万亩、养殖水面18.7万亩。全地区共有鱼类资源35种，其中土著经济鱼类24种，占自治区土著鱼类的近50%。阿勒泰地区地处高寒地区，区内额尔齐斯河是我国唯一一条流入北冰洋的国际河流，在它独特的水域环境和气候特征里，生长有白斑狗鱼、江鳕、哲罗鲑、高体雅罗鱼、西伯利亚鲟鱼、河鲈、东方欧鳊等10多种品质优良的冷水鱼类，这也是我国淡水鱼类系统中唯一一来源于欧洲水系的鱼类种质资源。这些物种都是世界珍稀动物资源，更是我国珍贵的自然资源，具有很高的经济、科研、文化价值。

　　为切实保护阿勒泰濒危水生野生动物资源，保障地区特有经济鱼类的可持续利用，经过反复上报，2004年10月，自治区发布了新疆维吾尔自治区重点保护水生野生动物名录，阿勒泰地区有6种鱼被列为其中。2004年9月1日《新疆维吾尔自治区实施〈渔业法〉办法》《伊犁州伊犁河额尔齐斯河渔业资源保护条例》颁布实施。乌伦古湖每年4月1日至7月30日，额尔齐斯河干流河道每年4月1日至6月30日为季节性禁渔期。自2005年起阿勒泰地区开始对天然水域全面实施禁渔管理制度。近几年，阿勒泰地区水产养殖业在快速发展的同时，渔政部门积极采取多种措施，致力于渔业资源的管理和养护。特别是近两年禁渔期工作开展以来，地委、行署高度重视，召开专题会议，下发了《关于严肃天然水域禁渔期管理工作的通知》，要求地区所有天然水域实施全面禁渔，禁渔期内严禁一切捕捞作业。并将阿勒泰天然水域禁渔期延长至7月31日，通过设立禁渔期、禁渔区，坚持依法治渔、依法兴渔，保护与修复渔业资源生态环境。正确处理好渔业资源开发利用与保护的关系，加大禁渔期管理，实行最严格的禁渔期（区）管理制度，加强捕捞限额、捕捞许可、水产种质资源等各项管理制度；加大水域生态环境保护和水生生物资源养护力度，依法规范水生野生动物市场，严厉打击电、毒、炸鱼和其他破坏渔业资源的违法犯罪行为；加大渔业资源养护力度，促进鱼类资源种群有效恢复。通过阿勒泰渔业战线工作者的共同努力，阿勒泰地区水产局被多次评为自治区级先进单位，同时，2017年阿勒泰地区水产局局长吕涛同志被农业部授予全国农业先进工作者的称号。有耕耘就有收获，在自治区水产局的大力支持与阿勒泰地委行署的正确领导下，阿勒泰地区水产局紧紧围绕做好天然水域禁渔管理工作就是打好阿勒泰生态保护第一仗的要求，认真落实新疆工作总目标，学习贯彻党的十九大精神，围绕绿水青山就是金山银山的工作目标，真抓实干，奋力拼搏，在渔业战线广大干部职工的共同努力下，不断改进工作作风，提高工作水平，抓重点，攻难点，打造亮点，为全面推进现代渔业发展做出了新的更大的贡献。

南浔渔业

　　南浔地处杭嘉湖平原水乡，渔业资源丰富，是全国著名的淡水鱼产区，辖区内的菱湖镇是全国三大淡水鱼生产基地之一，素有"中国渔都"之称。南浔淡水鱼产量长期位居浙江省榜首，年产量13万余吨，年产值25亿元，占全省淡水鱼总产量的10%以上，是浙江淡水渔业的"领头羊"。

　　南浔拥有璀璨悠久的渔业文化。南浔的养鱼历史可以追溯到春秋战国时期，其所处的太湖流域是范蠡《养鱼经》的诞生地。在先辈的勤劳与智慧下，形成了有着2 000多年历史的"桑基鱼塘"生态系统，塘基植桑—掘荡养鱼—蚕沙喂鱼—塘泥肥桑，这种生态循环种养模式至今依然被完好地保存，2004年，南浔桑基鱼塘系统被列为联合国粮农组织亚太地区养鱼培训中心，2014年被列为中国重要农业文化遗产，2017年被列为全球重要农业文化遗产。

　　南浔具备紧密完整的产业链条。南浔区渔业产业基础雄厚，产业链条完整，南浔区渔业全产业链已被认定为省级示范性农业全产业链，拥有水产苗种生产企业32家、淡水养殖面积18万亩、省级农业综合区2个、渔业主导产业示范区4个、省级现代渔业精品园9家、农业部健康养殖示范场1家、规模水产品加工企业5家、水产饲料生产加工企业10家、国家级休闲渔业精品基地1家、省级精品休闲渔业基地3家、现代渔业综合服务平台1个，可年产水产苗种120亿尾、水产品13万吨、加工水产品1万余吨、接待游客140万人次，已形成"苗种＋养殖＋加工＋休闲＋服务"的产业链条，有利于今后渔业长期健康发展。

　　南浔开启与时俱进的绿色发展。南浔区积极实施"11158"绿色发展工程和全域养殖尾水治理行动，并重点发展"跑道养殖""稻渔共生"等生态养殖方式，全区建有跑道鱼养殖基地1 000多亩，推广稻鱼共生示范面积3 000多亩。以绿色发展为契机，打响南浔渔业绿色品牌，重点推出"跑道鱼""稻田虾""稻田鳖""稻田鳅""菱田鳖"等优质生态水产品，为南浔走出浙江，驶向全国，提供快车道。

福建省水产技术推广总站

参与"6·6八闽放鱼日"活动

　　福建省水产技术推广总站成立于1990年5月，2009年7月加挂"福建省水生动物疫病预防控制中心"牌子，是福建省海洋与渔业厅下属相当正处级全额拨款事业单位。核定编制33名，现有在编人员27人，其中本科及以上学历24人，大专学历3人；高级职称13人（正高2人），中级职称6人，初级职称6人，高、中级职称人员占现有在编人员总数70.37%。内设办公室、人事政工部、推广体系部、资源养护部、质量指导部、病防检疫部、中心实验室等7个部门，设有特有工种职业技能鉴定站（农业－47003349）。

　　近年来，福建省水产技术推广总站稳步推进水产技术推广体系改革与建设，加强绿色生态健康养殖新技术新模式的示范和推广，深化水产养殖病害测报和防治，加强水生生物疫病防控体系建设，强化技术培训与职业技能鉴定，拓展公共信息服务、水生动物资源养护和水产品质量安全监管技术领域，不断提升水产技术推广体系公共服务能力，有效促进渔业科技创新和产业转型升级。荣获2013年农业部"全国农业先进集体"称号；获得国家科技进步奖二等奖1项、省部级奖一等奖1项、二等奖5项、三等奖3项；获得专利1项。

开展2017年春季鲍鱼种苗专题调研

地址：福建省福州市鼓楼区西洪路555号　　**邮编：**350002
电话：0591-87878911　　**传真：**0591-87821459
E-mail：s19905@126.com

海南省水产品质量安全检测中心

海南省水产品质量安全检测中心经海南省机构编制委员会文件批复成立，为隶属于海南省海洋与渔业厅的正处级事业单位，内设办公室、检验检测科、质量安全科3个科级机构。该中心于2011年1月19日正式挂牌成立，现有工作人员19名，按照职能划分其中包含研究员1人，高级工程师4人，工程师6人，助理工程师1人，其他管理人员7人；按照学历划分具有硕士研究生学历的人员达9人，具有本科学历的人员占5人，其他学历占5人，本科及以上学历的人员比例达到73%。该中心实验室面积约1 000平方米，配备用于水产品检测的仪器设备约60台（套），主要聚焦于水产品、水质、底质和投入品等项目的检验检测。该本中心以"科学、公正、高效、廉洁"为宗旨，在不断提高测试技术水平和服务水平的同时，竭诚为客户提供优质高效的服务。

该中心主要职责为：对海南省水产品质量安全进行监督调查，对安全风险隐患进行排查；对海南省水产品质量安全监督进行抽查；对海南省水产品质量进行安全检测、技术咨询、技术服务；对水产品养殖进行全过程的检验检测和强制性检疫；对水产品质量安全进行评价鉴定检验；对市、县水产品质量安全检测站进行技术指导；配合农业部做好产地、苗种的监督抽查工作。

前处理室

对口扶贫工作

液质联用仪室

全国最美渔村——沙沟

沙沟具有特殊的发展机遇，是中国历史文化名镇、国家AAA级旅游景区、泰州市小城市建设镇、泰州市首批培育建设的特色小镇，目前，是江苏省唯一以"渔文化"为特色的风情旅游小镇。全镇总面积72平方千米，水产养殖总面积6.3万亩。

沙沟镇充分利用"两湖五荡"水资源优势，先后成立了各类水产专业合作社、合作联社11家，引领渔民抱团发展。发展荷藕种植套养小龙虾复合型种养模式，打造江苏省最大的小龙虾产销基地。发展高效渔业，主要养殖鱼虾蟹鳖等名特优无公害产品。

2017年，全镇村级经营性收入达4 196.05万元，农民人均可支配收入19 396元，其中，渔业收入占74%以上。江苏省最大的淡水产品产源地批发交易市场坐落该镇，日平均交易量达650吨，销往沿海大中城市、走出国门。

沙沟镇党委政府高度重视，产业的转型升级，制定渔业"生态+""旅游+"发展规划，传播水乡渔业文化，建立安全巡视、消防、食品安全、环境卫生、质量承诺等规章制度。社会安定祥和，民风淳朴，尚礼好客，休闲观光渔业产业直接受益渔民占村民总人口的56%。

沙沟镇以泰州市"渔文化"特色小镇建设为契机，打造里下河风情渔港、渔文化体验区、多功能体验区等亮点。通过发展休闲观光渔业，加快剩余劳动力转移，增加集体和村民经济收入，建设休闲观光渔业四大区域，各自发挥其功能优势。

生态浮式网箱"扮靓"湖区
——江苏省骆马湖创新推动生态渔业发展侧记

近年来，江苏省骆马湖渔业管理委员会办公室深入践行绿色发展理念，大力推广"以鱼控藻"工程，以浮式网箱放养鳙鱼为载体，通过科学规划、精细管理，实现了"一个箱、一条鱼、一条线"的管理目标，打造出一个生态化、标准化、景观化的浮式网箱示范区。

骆马湖浮式网箱主要由聚乙烯网和泡沫浮球组成，其技术获得国家专利认证。湖区现有浮式网箱7 900余只，总面积约65万平方米，横竖成排、整齐划一，株距40米、行距80米，单个箱体规格统一为10米×8米（面积80平方米），已经成为湖区一道旅游风景线。

浮式网箱投放品种均为鳙鱼，无须投饵、不须用药，充分发挥鳙鱼的滤食性特点，自然生长，净化水质，每年可产出优质鳙鱼520万公斤，消耗浮游生物13.6万吨，析出氮、磷108.8吨，渔民家庭平均年增收5万元。骆马湖浮式网箱在推进湖泊生态文明建设的同时，为渔业供给侧结构性改革找到了新出路，得到了渔民、政府、社会三方的共同认可，实现了"三赢"。

江苏省骆马湖渔业管理委员会办公室加大人力、物力和财力投入，进一步规范浮式网箱布局，推广无框架、全漂浮式网箱，推动"以鱼控藻"项目提档升级和瘦身增效。一方面，在精准制作网箱区位置示意地图的基础上，通过公开招标，选择一家企业负责网箱区域界桩的施工，采用232根每根长6米的DN100镀锌钢管，为浮式网箱量身订制标准化之"家"（其中最大的一个长8千米、宽1.6千米），进一步提升了浮式网箱的整齐化和规范化水平。另一方面，坚持依法行政，强化执法监管，落实每天不间断巡航制度，坚决取缔超出范围的网箱，严格控制网箱总体数量和安插间距，保证了网箱产出鳙鱼的品质。

渔民满怀希望

"以鱼控藻"项目航拍图

浮式网箱生产图

浮式网箱鳙鱼喜获丰收

浮式网箱近照

湖南张家界大鲵国家级自然保护区

一、保护区基本情况简介

湖南张家界大鲵国家级自然保护区（以下简称"保护区"）位于张家界市永定区、武陵源区、慈利县、桑植县，常德市石门县和怀化市辰溪县境内，位于东经109°42′56″–111°16′05″、北纬27°44′28″–30°00′43″。保护区主要保护对象为国家二级重点保护野生动物大鲵及其赖以生存的溪、河、湖泊、水库、溶洞等自然栖息地环境及资源，是我国第一个也是最大的大鲵国家级自然保护区。

二、全面加强涉保护区违法违规开发建设活动监管

2017年以来党中央及各部委全面加强自然保护区监管，中央环保巡视对保护区进行了督察并提出了反馈意见，要求加强对涉保护区违法违规问题的查处和整改，农业部针对保护区项目落实生态措施等问题专题下函督办，部、省各部门开展了多次联合执法行动，"2017绿盾"专项行动对保护区违法违规问题进行了重点督察督办。保护区管理处高度重视相关问题的核查和整改，制定了详细整改方案和措施，积极履责，认真督促相关问题整改落实。针对中央环保督察及"2017绿盾"专项行动要求，成立了领导小组，先后组织开展涉保护区各类督察活动近10次。在抓好农业部长江办督办问题整改工作的同时，针对上半年中央第六环保督察组反馈的问题，制定并下发了《关于落实中央第六环境保护督察组督察反馈意见的整改方案》，积极督促相关业主单位进行整改。

三、积极开展保护区各项日常管理工作

1. 积极开展日常巡护监管。2017年以来，保护区进一步加强巡护执法工作，确保巡护常态化、发现并处理问题及时化。2017年共开展保护区巡护50余次，开展多部门联合行动20余次，查处非法电捕鱼案件2起，收缴处置非法地笼500余米，共关停企业37个，拆除采砂设施设备29套、水电生产设施设备8处、网箱等人工设施89 243平方米

2. 积极开展放流和大鲵救护。2017年在桑植县五道水岔角溪，武陵源区金鞭溪紫草潭、黄龙洞，古丈县红石林镇坐龙峡、高峰镇高望界，花垣县补抽乡大龙洞、花垣镇古苗河等水域已连续多次组织大鲵工放流活动，共放流1 266尾，其中幼鲵1 200尾，亲本66尾。

陕西陇县秦岭细鳞鲑国家级自然保护区管理处

2017年，陕西陇县秦岭细鳞鲑国家级自然保护区管理处以党的十八届五中、六中全会，十九大精神为指导，紧紧围绕县委、县政府总体工作部署，聚力追赶超越，奋战脱贫攻坚大局，努力践行"四二一"工作法，以提升保护区规范化建设水平为目标，教育干部职工树立"三个意识"（大局意识、奉献意识、团队意识），牢记"两个使命"（保护生态、保护秦岭细鳞鲑），遵守"三个纪律"（政治纪律、工作纪律、学习纪律），狠抓"四项工作"，以生态保护为统领，以项目建设为支撑，以科研宣传为重点，以队伍建设为抓手，为全县经济社会发展提供了强有力的保障。

配强队伍，强化管护，秦岭细鳞鲑保护工作迈上新台阶。

一是优化内部职能科室设置，细化职能和责任。二是强化资源管护。三是加强宣传，提升保护区知名度。

开展科学研究，提高科技贡献。继续与中国水产科研院长江水产研究所、陕西省水产研究所等科研单位协作，总结近年秦岭细鳞鲑驯养繁殖经验，与天成特种水产养殖场合作，开展秦岭细鳞鲑驯养繁殖工作，成功孵化秦岭细鳞鲑80 000余尾。

服务渔业发展，抓好水产品质量安全监管。

抓好渔业项目建设，服务全县渔业发展。一是完成渔业项目投资90多万元，进一步提升了渔业基础设施建设水平，确保了全县渔业生产稳步提高，完成水产品产量120吨，实现产值370万元。二是强化监管，确保水产品质量安全。

加强党的建设，助推脱贫攻坚。以"两学一做"学习教育常态化再教育为契机，以抓党建促脱贫为根本，全面贯彻落实中央和省市县关于脱贫攻坚的部署要求，牢固树立和贯彻落实创新、协调、绿色、开放、共享的发展理念，坚持精准扶贫、精准脱贫基本方略，切实增强贫困人口自我发展动力，确保如期实现脱贫目标。

广东省渔业互保协会

广东省渔业互保协会是在广东省海洋与渔业厅主管下，在广东省民政厅登记成立的非营利性、公益性社会组织。主要职能是：组织从事渔业生产、经营、管理以及服务的单位和个人（以下简称会员）参加互助保险，为会员因遭受意外事故和自然灾害带来的损失提供经济补偿，并受有关行政部门委托开展政策性渔业保险工作。

截止到2017年，广东省渔业互保协会在广东省各地开设了100个分支机构，遍布广东省内各大渔港，为渔民群众提供全天候、便利的渔业互助保险服务，成为广东省渔业保险的主要市场主体。实践证明，参加互助保险是加强渔业安全生产管理的重要组成部分，是化解渔业生产风险行之有效的途径之一。广东省渔业互保协会以其群众性、互济性、公益性、灵活性的特点，赢得渔民群众的欢迎和信赖，受到政府部门的认可。2012年12月至2014年12月，受广东省政府委托，在广东省海洋与渔业厅的领导下，广东省渔业互保协会负责实施了广东省政策性渔业保险试点工作，惠及渔民22余万人次、渔船16 000余艘次，在切实减轻渔民群众经济负担的同时，大幅提高了渔业风险保障水平。

因工作成效显著，广东省渔业互保协会曾先后获得全省先进民间组织、全国先进民间组织、广东省海洋与渔业安全生产管理先进单位、2017年度社会组织先进集体等荣誉称号。

中国水产科学研究院渔业机械仪器研究所

Fishery Machinery and Instrument Research Institute, Chinese Academy of Fishery Sciences

中国水产科学研究院渔业机械仪器研究所创建于1963年，隶属于农业农村部（原农业农村部），是中国水产科学研究院下属的专业研究所。主要从事渔业装备与工程及相关学科的应用技术研究和技术成果推广，是我国在渔业装备应用基础和集成创新方面开展综合研究与科技攻关的国家级研究机构。

发展定位 国家渔业装备科学研究中心

重点研究领域 水产养殖工程
　　　　　　　　渔业生态工程
　　　　　　　　海洋渔业工程
　　　　　　　　渔业船舶工程
　　　　　　　　水产品加工工程
　　　　　　　　渔业信息技术与装备

科研平台
青岛海洋科学与技术试点国家实验室深蓝渔业工程联合实验室
农业农村部远洋渔船与装备重点实验室
农业农村部渔业装备与工程技术重点实验室
农业农村部渔业船舶与装备研究中心
国家水产品加工装备研发分中心（上海）
地址：上海市杨浦区赤峰路63号
网址：http://www.fmiri.ac.cn　**电话**：021-65977260
传真：021-65976741

海南省海洋与渔业科学院

海南省海洋与渔业科学院是海南省省级海洋与渔业科研院所。全院现有在职干部职工154人，其中高级职称55人，中级职称27人；博士研究生12人，硕士研究生56人。内设综合处、科研管理和信息处2个管理机构；海洋工程研究所、海洋生态研究所、海水渔业研究所、淡水渔业研究所4个研究机构。下属琼海、海口曲口和文昌谭牛3个科研基地。

该院现组建了海洋类和水产类15个科研团队（学科组）。在河口海岸动力环境与工程、海域与海岛资源开发与保护、产业经济与规划、热带典型海洋生态系统研究、南海渔业资源与保护研究、海洋环境与生物技术、海水养殖技术研究、种质资源与工程育种研究、设施渔业工程与技术研究、养殖生态与环境、淡水生物资源环境与可持续利用研究、淡水养殖技术与环境、食品工程与质量安全、水产养殖生物病害防控和渔业技术推广等领域开展了卓有成效的工作。

近年来，全院紧紧围绕建设海洋经济强省的产业发展战略，坚持自主创新，取得了较好的成绩。先后承担了一批国家科技支撑计划、863计划、水产良种体系建设以及省重点水产科研项目共100余项，获国家级、省部级、厅级科研成果20多项，多项成果得到极好转化并形成了产业化，为海南的海洋与渔业发展做出了突出贡献。其中国家科技成果奖2项，全国农牧渔业丰收奖一等奖1项，国家海洋创新成果奖2项；海南省科技成果转化奖特等奖1项；海南省科技进步一等奖2项、二等奖4项、三等奖6项，海南省农业新技术成果一等奖1项、二等奖2项、三等奖1项，海南省星火科技成果三等奖1项。荣获全国星火科技先进集体、省先进基层党组织、省科研体制改革创新奖、省对外科技合作贡献奖等。

2017年，共有23项科研项目通过验收，91项科研项目获得立项；发表高质量的论文近百篇；编写专著3本；被授权专利多项；登记成果17项；《海南省海洋功能区划（2011－2020年）》项目成果获得海南省优秀工程咨询成果奖一等奖，并获全国优秀工程咨询成果奖评选优秀奖；《关于加快海洋牧场建设，促进休闲渔业发展的调研报告》被海南省政协评为优秀调研（考察）报告二等奖；在第二届全国水产技术推广职业技能竞赛中，获得团体优秀组织奖。

地址： 海南省海口市美兰区灵山镇白驹大道12号
邮编： 571126
电话： 0898-66728238　　**传真：** 0898-66517570
网址： http://www.hnhky.cn

广西壮族自治区海洋研究所

青蟹出苗

青蟹人工苗种

织锦巴非蛤及人工繁育的苗种

【概况】广西壮族自治区海洋研究所创建于1978年5月，2004年转制成国有科技型企业，隶属于广西科学院，位于北海市长青东路92号。主要研究地方特色海水养殖品种的繁育与选育、健康养殖和生物资源的增殖放流等。建有省级重点实验室、省级工程技术研究中心和院士工作站等科技平台，万元以上仪器设备100多台（套）。占地156亩的海水增养殖试验基地被认定为广西北海锯缘青蟹良种场、广西北海方格星虫良种场、全国现代渔业种业示范场和农业部水产健康养殖示范场，是广西北海国家（海洋）农业科技园区的技术研发中心。2017年底在职员工51人，其中专业技术人员41人（博士3人），具有高级职称11人，中级职称25人，自治区十百千人才工程人选3人。

2017年主要进行青蟹、方格星虫、大獭蛤、巴非蛤、钝缀锦蛤、中国鲎等北部湾特色品种的研发及人工繁育生产，带动了北部湾地区池塘、滩涂和浅海养殖业的发展，为广西及北部湾地区海洋经济发展和沿海农民增收致富做出了重要贡献。

【青蟹选育及健康养殖技术研发取得重要成效】2017年，完成了广西科技计划项目"青蟹优质苗种培育及高效健康养殖技术的研究"的主要研究工作，启动了"拟穴青蟹快速生长新品系的选育"项目工作，共培育青蟹苗种1 334万只，推广养殖面积13 340亩，养殖产值13 000万余元，辐射带动养殖面积约5万亩，推动了青蟹养殖产业的发展。

【方格星虫技术成果转化带动周边农村经济发展】围绕方格星虫规模化育苗、池塘高密度养殖、滩涂健康养殖、亲体培育、饲料研制以及家系选育等方向的研究，获广西科技进步二等奖2项、技术发明二等奖1项、科技进步三等奖1项。2017年共培育方格星虫苗种5 560万条，推广养殖面积

方格星虫人工养殖

5 560亩，养殖产值3 892万元，为社会提供了278个就业岗位，养殖辐射带动面积5万亩以上。技术的推广，使北部湾海域方格星虫资源得到有效恢复，产业得以持续发展。

【北部湾经济贝类人工育苗及养殖技术获大面积推广应用】2017年，完成广西科技计划项目"经济贝类在越南的生态养殖示范与推广"的研究工作，在越南建立了贝类养殖示范基地，示范养殖2 175亩，养殖产值3 498.66万元。2017年7月举办了养殖技术培训班，参加培训人数221人。"北部湾潮下带埋栖双壳贝类健康育种与养殖技术开发"项目全面启动，共培育獭蛤、巴非蛤等苗种46 220万粒，社会养殖产值达23 110万元，带动区内大獭蛤养殖面积3万亩左右，养殖产值3亿元以上；辐射越南养殖面积11 100亩，养殖效益21 636万元。

大獭蛤人工苗

青蟹

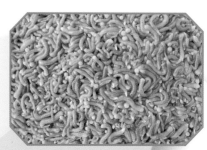

方格星虫人工苗种

大獭蛤

中国水产科学研究院
渔业工程研究所

中国水产科学研究院渔业工程研究所1978年由国家批准成立，承担着我国渔业工程与装备学科领域的基础性、关键性和方向性重要科技任务。是农业部相关部门渔业工程技术重要支撑单位，是中国水产科学研究院十大优势学科中"渔业工程与装备"学科的重要实施单位，是中国水产学会渔业工程专业委员会的技术服务单位。经过近40年建设和发展，取得研究设计成果140余项，其中获得国家级奖励2项，省部级奖励11项，院级奖励6项。在渔港与渔场工程、设施渔业工程、渔业船舶工程、渔业防灾减灾、渔业信息工程等专业领域中学科特色突出，在渔业工程、渔业生态环境修复研究、科技咨询、学术交流和国际合作等方面开展了卓有成效的工作。在全国渔业工程科技攻关，服务宏观决策，实现渔业大国向渔业强国转变等重要方面，发挥了不可替代的作用。渔业工程研究所现有编制80人，科技人员77人，在编在职人员61人。科技人员中，高级职称20人，本科以上59人。

成都市农林科学院
"稻—鸭—鱼综合种养" 模式简介

"稻—鸭—鱼综合种养"模式是在传统的稻田养鸭的基础上发展起来的复合生态农业模式，是一种天然的立体农业生产模式，有效地缓解了人地矛盾，表现出稳粮、促渔、增效、提质、生态、节能等多方面的作用，在经济、社会、生态等方面均取得显著的成效。

"稻—鸭—鱼"共作，其中水稻是模式的主体粮食作物，鸭、鱼是新增经济品种。该模式在特定条件下，利用稻、鸭、鱼三种不同生物之间生长特性的时空差异，控制相互间的不利影响，建立稻、鸭、鱼稻田共生系统。通过鸭、鱼采食水生生物和虫类，排泄粪便，减少了饲料投喂量，稻田化肥和农药施用量减少了50%以上；同时鸭、鱼活动还可以活水、增加水和土壤含氧量，因此鸭被形象的称作"稻田流动增氧机"。

从2015年开始成都市农林科学院水产研究所在四川成都地区进行"稻—鸭—鱼综合种养"模式技术推广与研究，已制定地方标准5个，发表科技论文28篇，获得专利5个，制作科教视频1部，出版专著2部，培训基层技术人员及种养户3000人次以上，现场技术指导500人次以上。此模式充分利用了稻田综合资源，较单纯种稻具有明显的优势，在进行田间工程改造后，实现水稻产量基本不减产；在此前提下靠增加水产品数量，提升稻米和水产品质量来提高稻田的综合效益。目前，平均亩产鲫鱼和鲤鱼等水产品75千克，成品鸭20千克，亩产稻谷500千克以上，亩均利润达2500元左右。

宁波大学海洋学院

宁波大学海洋学院拥有水产、生物学两个一级学科，水产学科源于1958年成立的浙江水产学院水产养殖专业，生物学学科源于1958年成立的宁波师范学院生物学专业，两学科均有60年历史。1996年浙江水产学院宁波分院、宁波师范学院并入宁波大学成后，于2000年宁波大学成立了生命科学与生物工程学院，2011年在原生命科学与生物工程学院基础上组建了海洋学院。

海洋学院师资队伍较优。现有教职工126名，其中正高职称教职工31名，副高职称教职工36名；博士生导师26名，硕士生导师60名，具有博士学位的教师75名。拥有中国工程院全职院士1名，中国工程院共享院士1名，国家万人计划科技创新人才1名，国家"百千万"人才工程2人次，教育部新世纪优秀人才支持计划2人次，享受国务院特殊津贴人员5名，全国水产学科评议组成员1人次，教育部高等学校教学指导委员会（水产类）副主任委员1人次，全国农业专业学位研究生教育指导委员会委员1人次，浙江省特级专家1人次，浙江省"151"人才工程第一层次3人次，浙江省有突出贡献中青年专家4人次，浙江省"钱江学者"特聘教授3人次，宁波市"甬江学者"特聘教授2人次。

海洋学院学科实力较强。拥有水产"本硕博"完整的学科体系，另有生物学一级硕士点、海洋生物学二级学科硕士点、农业专业学位硕士点。水产学科是浙江省一流学科（A类），连续5年学科竞争力排名全国前三，该学科参与宁波大学世界一流学科建设。现有在读学生1 070名，其中博士研究生116名，硕士研究生467名，本科生589名，留学生14名。海洋学院水产养殖专业是国家特色建设专业，水产养殖实验教学中心是国家级实验教学示范中心，浙江华兴水产养殖有限公司是宁波大学的国家级大学生校外实践教育基地。

海洋学院科研水平与平台较高。近5年年承担国家级项目130项、省部级项目130项，获科研经费1亿多元；发表高级别学术论文共计1 600篇，其中SCI、EI收录论文700多篇，单篇最高影响因子13.9；申请发明专利400多项，获得授权国家发明专利265项；获得国家认定水产新品种4个。曾获科技奖25项，其中国家科技进步奖二等奖3项、省部级奖13项。拥有海洋生物技术与工程国家地方联合工程实验室、全国科技兴海技术转移宁波中心、应用海洋生物技术教育部重点实验室、海洋生物医药创新引智基地（111计划）、生物芯片国家工程研究中心宁波分中心、浙江海洋高效健康养殖协同创新公共服务平台等10多个科研平台。

重庆市水产科学研究所

重庆市水产科学研究所位于重庆市江北区红石路6号，成立于1984年，正县级事业单位。2013年6月，经重庆市编办批准加挂重庆农垦农产品质量安全检验检测站牌子，实行两块牌子一套班子运行模式。建有院士工作站，是全国渔业生态环境监测网成员单位、全国农业科学野外观测实验站建设单位。主要开展渔业新品种开发、养殖模式研究、渔业资源调查和水产品质量安全等工作。

一、创新科研模式，助推科研发展。该所开展了长江鲟、大鳍鳠、铜鱼、泉水鱼、胭脂鱼、岩原鲤、长薄鳅、中华沙鳅、光唇鱼等长江土著经济鱼类开发、保护和利用等研究工作，开展活鱼运输、食品保鲜等产业瓶颈研究，开展全雄性黄颡鱼、异育银鲫等新品种开发、推广。

二、大胆创新探索，拓宽业务工作。针对重庆市及周边地区进行名优苗种推广、水产规划、养殖技术服务、渔业资源环境调查和农产品质量检验检测方面工作，开展了嘉陵江下游渔业资源调查和监测工作、乌江水域生态环境调查、保护区环境修复、三峡库区增殖放流、三峡水库消落对产黏性卵鱼类产卵孵化的影响，制定了多项淡水鱼生产和质量标准，承担了重庆市渔业资源环境监测和渔业污染事故调查鉴定工作。

三、重庆农垦农产品质量安全检验检测站有仪器设备100余台，能够开展药物残留、水环境分析、营养成分分析、重金属分析，已通过"双认证"（即获得了重庆市农产品质量安全检测机构考核合格证书和重庆市质量技术监督局颁发的资质认定计量认证证书）。2017年对外开展农产品、水产品质量检测1000余个，覆盖了重庆市主要水产品市场。

中国水产科学研究院淡水渔业研究中心

中国水产科学研究院淡水渔业研究中心成立于1978年，隶属农业农村部，是农业农村部淡水渔业与种质资源利用学科群建设依托单位，及国家大宗淡水鱼、特色淡水鱼两个产业技术研发中心。

现有在职职工197人，其中具有高级专业技术资格者62人，博士及硕士生导师39人，全国农业科研杰出人才及其团队3个，享受国务院特殊津贴、国家"百千万人才工程"人选及有突出贡献中青年专家7人，中国水产科学研究院首席科学家4人，国家现代农业产业技术体系首席科学家2人、岗位科学家10人，江苏省"333高层次人才培养工程"人选4人。

2017年，共承担科技项目343项，合同经费2.52亿元；发表学术论文189篇，其中SCI收录论文84篇；出版专著4部；获国家专利授权29项、软件著作权登记4项；科技奖励成果5项，其中省部级4项；培育福瑞鲤2号、青虾"太湖2号"、滇池金线鲃"鲃优1号"等3个水产新品种。

中心主任：徐跑

重点学科领域

水产养殖基础生物学和生物技术
种质资源保存和遗传育种
内陆水域渔业资源养护
渔业水域生态环境监测与保护
渔业重大病害灾变预警与控制
水产养殖容量和健康养殖
水产动物营养与饲料
渔业经济信息技术

"中威1号"吉富罗非鱼

福瑞鲤2号

"太湖2号"青虾

作为"联合国粮农组织水产养殖及内陆渔业研究培训参考中心"，2017年共承担国家技术援外培训项目17项，为50多个国家培训了545名高级渔业技术和管理人才，被认定为全国首批农业对外合作科技支撑与人才培训基地。

在柬埔寨开展援外技术培训

承办亚太地区蓝色增长创新农业国际会议

在云南红河开展哈尼梯田稻渔共作产业扶贫

毕业典礼

承担教育部、商务部渔业专业硕士项目

与南京农业大学共同创办"无锡渔业学院"，拥有水产学博士学位授权一级学科点、水产养殖学和水生生物学2个博士、硕士学位授权点和1个水产养殖博士后科研流动站。2017年，41名本科生、70名硕士和8名博士毕业；入选首批全国新型农民培育示范基地。

开展长江江豚科学考察

不忘初心四十载 科教共进谱华章
热烈庆祝淡水渔业研究中心成立40周年

地址：江苏省无锡市山水东路9号；电话：0510-85551424；http://www.ffro.cn

中国水产科学研究院
东海水产研究所

东海水产研究所所长庄平

　　2018年是中国水产科学研究院东海水产研究所成立60周年，1958年10月东海水产研究所的前身中国科学院上海水产研究所创建于上海，1963年1月更名为中华人民共和国水产部东海水产研究所，1982年10月更名为中国水产科学研究院东海水产研究所。该所是面向东海区的国家非营利性综合渔业研究机构，经农业部批准的中国水产科学研究院发展规划中确定将该所建成国家远洋、东海和河口渔业研究中心。

　　该所现有职工约300人，其中研究员33人，副研究员59人，博士生导师4人、硕士生导师62人，国家新世纪百千万人才工程国家级人选2人，中国水产科学研究院首席科学家4人，农业部有突出贡献的中青年专家5人，享有政府特殊津贴的专家31人，上海市领军人才4人。

　　该所设9个研究室，8个管理处室。在上海奉贤、海南琼海、福建福鼎、江苏赣榆和浙江宁海分别建有实验研究基地。该所鱼类标本馆是由第一任所长、我国著名鱼类学家朱元鼎先生创建，收藏的海洋鱼类标本量居国内前茅，2009年被授予全国科普教育示范基地。编辑出版《海洋渔业》（核心期刊）、《渔业信息与战略》等学术期刊。

　　建所60年来，该所为我国渔业科技发展做了大量开创性工作，取得了一大批科研成果，先后获国家级科技奖励21项、省部级科技奖励100余项，突出体现了科技创新在服务"三农"、推进渔业现代化建设中起到的支撑保障作用。

地　址： 上海市杨浦区军工路300号

邮　编： 200090

联系电话： 021-65684690

网　址： www.ecsf.ac.cn

微信关注：

艘300吨渔业资源调查船交付使用

举办深远海养殖技术发展国际研讨会

颁奖现场——上海市科技进步一等奖

来琦芳获得上海市三八红旗手称号

中国水产科学研究院
黄海水产研究所

科研项目与成果。2017年共主持、承担各级各类科研课题464项，在研课题合同总经费3.36亿元，2017年累计到位经费11 183.68万元，留所经费10 761.61万元。新上各类科研项目（课题）218项，合同总经费13 442.21万元。全所共申报各级各类科技奖励24项，获奖18项次。发表论文397篇，其中SCI收录或其他英文期刊论文165篇，专著15部。颁布实施标准8项，其中国标2项。申请专利并受理51件，获国家授权专利60件（发明45件，实用新型15件）。申请并获软件著作权18项。该所牵头完成的3个水产新品种，脊尾白虾"黄育1号"、中国对虾"黄海5号"、刺参"参优1号"已通过全国水产原种和良种审定委员会评审。

成果转化与科技服务。申报的国家级工程研究中心"海水养殖装备与生物育种技术国家地方联合工程研究中心"获批，实现了青岛市海水养殖领域国家级科研创新平台的历史性突破，对黄海水产研究所发挥科研优势促进地方经济社会发展具有重要的里程碑意义。

学术交流与国际合作。2017年新上国际合作项目11项，累计合同经费2 125万元；接待外宾来访18批次，50人次；主办或承办了2017中韩渔业联合研究中心年会暨学术研讨会、CCAMLR声学调查与分析方法子工作组工作会议、FAO虾类疫病国际研讨会、OIE区域联络人研讨会等4次国际学术会议；先后与澳大利亚弗林德斯大学等签署3项合作备忘录，与美国缅因大学等签署5项目联合申报协议。

人才队伍建设。2017年1人获全国首届创新争先奖，1人入选全国农业先进工作者，1人入选万人计划、科技部中青年科技创新领军人才，1人入选万人计划青年拔尖人才、杰出青年农业科学家，3人获评青岛市拔尖人才，1人入选泰山学者特聘专家。全年共有18名博士后进站，15人出站；3人获中国博士后基金面上资助，4人获得山东省博士后创新项目专项奖金项目资助，11人获青岛市博士后应用研究项目资助。全年共招收研究生61名（含博士生6名），109名研究生顺利毕业（含博士生12名）。

中国水产科学研究院
黑龙江水产研究所

国际渔业研究中心中亚分中心成立

国际合作

中国水产科学研究院黑龙江水产研究所（以下简称"黑龙江所"）建于1950年，隶属农业农村部中国水产科学研究院。前身哈尔滨水产试验场，是我国建立最早的淡水渔业科研机构。

目前黑龙江所在职人员143人，建所60多年，在几代黑龙江所水产人的努力下，黑龙江所发展成为"以大宗淡水鱼类研究为优势、以冷水性鱼类研究为特色"的综合性淡水水产研究机构。所内设有4个研究室，涉及5大学科15个专业方向。依托黑龙江所建设有国家地方联合工程实验室1个，国家级试点联盟"冷水性鱼类产业技术创新战略联盟"1个，农业部（现农业农村部）批复重点实验室、科学观测实验站等7个，黑龙江省重点开放实验室、工程技术中心等3个，中国水产科学研究院重点实验室、工程技术研究中心、功能实验室等11个。同时在哈尔滨市呼兰区、牡丹江市宁安渤海镇、北京市房山区、丹东市宽甸满族自治县、天津等地建有实验场站及中试基地。

黑龙江所累计获得各级各类科技成果奖励100余项，其中省部级奖励40余项，"鲟鱼繁育及养殖产业化技术与应用""鲤优良品种选育技术与产业化"获得国家科技进步二等奖。"十二五"以来，黑龙江所发表学术论文800余篇，其中SCI论文200余篇；出版专著16部；获得授权专利300余项，其中发明专利80余项，软件著作权13项；获全国水产原良种委员会审定新品种3个（松浦红镜鲤、易捕鲤、鲟龙1号）。

"第七届冷水性鱼类产业技术创新战略联盟理事会"暨"国际冷水鱼养殖技术研讨会"

西藏渔业资源调查

鲟龙1号新品种证书

科技扶贫

科技援外

刺参"参优1号"
新品种培育与养殖示范

　　进入21世纪以来，刺参产业的迅速发展，为沿海经济发展提供了重要支撑，但随着产业发展，养殖过程中出现生长速度慢、病害频发等问题，特别是近年来厄尔尼诺现象频发，由高温及病害造成的损失严重，2013—2018年，每年病害和高温灾害给刺参养殖业造成50%~70%的损失。从种质出发，培育具有抗病耐高温的刺参苗种是解决这一问题的有效途径。自2006年开始，在国家"863"课题和山东省农业良种工程重大课题等项目支持下，黄海水产研究所采集了我国海参主产区和日本沿海、不同来源、不同优势性状、抗逆性强的刺参地理群体，建成了我国首个刺参优质亲本资源库。以亲本资源库为基础，以灿烂弧菌侵染胁迫成活率和收获时的体重为选育目标，采用群体选育策略，采用致病原半致死浓度胁迫驯化技术、刺参生态促熟培育技术、选育群体世代遗传参数评估以及选育世代遗传多样性监测等多项关键技术，通过连续4代的群体选育，培育出具有抗病能力强、生长速度快、耐高温特点的刺参"参优1号"新品种。生产性对比试验结果表明，在相同养殖条件下，与未经选育的刺参相比，6月龄刺参苗种灿烂弧菌攻毒侵染后成活率平均提高11.7%；池塘养殖模式下收获时平均体重提高38.75%，成活率提高23%以上，新品种表现出抗病力强（抵御由灿烂弧菌侵染引发的化皮病）、生长速度快、成活率高的特点。

　　采用"边选育、边推广"的策略，近年来向山东、辽宁、河北等地区育苗企业推广优质种参近万头，向辽宁、山东、江苏、等养殖区域推广优质刺参苗种合计逾5 000万头。其中在福建区域吊笼养殖效果表明，经过5个月的越冬养殖，其成活率达到99.6%，增重率310%，取得了良好的经济效益。

　　刺参"参优1号"有效解决了目前产业中所面临的化皮病给产业造成的严重损失。根据"参优1号"刺参的品种特点，该品种的应用范围可覆盖辽宁、山东、河北、福建等全国沿海刺参养殖主产区；从养殖模式上也适应于刺参池塘、吊笼、浅海底播等多种不同养殖形式，在我国刺参养殖主产区具有重要的应用和推广价值。

刺参"参优1号"刺参苗种

刺参"参优1号"刺参亲本

刺参"参优1号"规模化繁育

刺参"参优1号"现场验收

刺参"参优1号"种参

刺参"参优1号"技术推广示范

北海沙虫

北海沙虫是指在北海市近海滩涂出产的沙虫及其干品。

沙虫,学名方格星虫,又名光裸方格星虫或光裸星虫,隶属于星虫动物门,方格星虫属,是中国红树林区的大型底栖经济动物之一,在中国以广西北部湾海区资源最为丰富,其中以北海市的沙虫为上品,素有"珍海之味,贵在北海沙虫"之称。因其对生长环境要求高,又有"环境标志物"之称。

北海市地处广西南端,濒临北部湾,三面环海,大陆海岸线528.17千米,拥有全国最大的红树林保护区。优良的滩涂、水质气候等条件使北海成为沙虫良好的生长、繁育之地。

北海沙虫活体呈长筒状,体色粉红带乳白,有光泽,成虫体长10～20厘米,体壁厚2～3毫米,体表呈网格状。干品为米黄色,扁条状,条纹清晰。鲜品脆嫩味美、干品鲜香扑鼻,富含蛋白质、氨基酸和钙、锌、硒等微量元素,有重要的食疗和药用价值,有"海滩香肠"的美誉。

北海沙虫是北海居民喜食之物,是待客的上好之选,也是酒楼食肆及酒席餐桌上的名贵佳肴。近年北海沙虫知名度逐渐提升,北海沙虫产业也不断发展,年产量达900吨。产业快速发展离不开科学技术的普及和推广,2008年北海沙虫规模化人工育苗技术得到突破,沙虫的营养成分分析等研究也取得一定成果,给北海沙虫产业的可持续发展提供了技术支撑和长足动力。

如今,依托优良的海洋生态环境气候,北海市申报北海沙虫农产品地理标志,打造北海沙虫绿色生态品牌,北海沙虫独特的风味将被越来越多的人熟知,北海沙虫产业也将得到更进一步发展。

采挖沙虫

群众赶海

沙虫

北海风光

北海滩涂

异育银鲫"中科5号"

中国科学院水生生物研究所桂建芳院士团队利用银鲫独特的生殖特性，辅以授精后的冷休克处理，筛选获得了整入有团头鲂父本遗传信息、性状发生明显改变的个体作为育种核心群体，以生长优势和隆背性状为选育指标，用兴国红鲤精子刺激进行10代雌核生殖扩群；同时，基于银鲫和团头鲂基因组鉴定了渗入到候选品种中的团头鲂分子模块，并利用这些分子模块筛选鉴定繁育亲本，培育出异育银鲫"中科5号"。相比"中科3号"，异育银鲫"中科5号"具有两个明显的优势。首先，它可以在投喂低蛋白（27%）低鱼粉（5%）含量饲料时一龄鱼的生长速度平均比"中科3号"提高18%。其次是抗病能力较强，与"中科3号"相比，感染鲫疱疹病毒时存活率平均提高12%；养殖过程中对体表粘孢子虫病有一定的抗性，成活率平均提高20%。此外，"中科5号"6月龄和18月龄时肌间骨总数分别减少9.47%和4.45%。2014—2017年，异育银鲫"中科5号"在湖北黄石、江苏南京等地开展生产性对比实验和中间试验。结果表明，无论是较本地的异育银鲫品种还是异育银鲫"中科3号"，一龄异育银鲫"中科5号"生长优势明显，生长快20%以上；因不感染孢子虫而表现出高20%以上的成活率，增产效果明显，是非常适宜全国范围内推广养殖的鲫新品种。

云霄县波纹巴非蛤

波纹巴非蛤，属软体动物门，双壳纲，帘蛤目，帘蛤科。云霄县列屿镇、陈岱镇海区自然增养殖的波纹巴非蛤因其贝壳呈波纹浪形花纹而称波纹巴非蛤，俗称油蛤、花蚶。

巴非蛤为亚热带暖水性品种，主要栖息于潮下带水深0.5~8米深处的泥沙底质中，营埋栖生活，在我国福建、广东、广西海域均有分布，该品种对环境的适应性较广，繁殖能力强，生长速度较快，有较高的增养殖开发价值。波纹巴非蛤是一种高蛋白、低脂肪、富含矿物质的健康海洋食品，蛤壳可入药，具有软坚散结、清热解毒、化痰止咳之功效，用于瘰疬、咳嗽、痰多、胸胁痛、喀血、崩漏带下等；蛤肉含有蛋白质、脂肪、甜菜碱、肝糖、维生素A、维生素D等，特别是含一种具有降低血清胆固醇作用的代尔太7-胆固醇和24-亚甲基胆固醇，它们兼有抑制胆固醇在肝脏合成和加速排泄胆固醇的独特作用，从而使体内胆固醇下降。

波纹巴非蛤主要以有机碎屑和微型单细胞藻类为食，进行大面积浅海底播养殖可有效解决周围海区的富营养化问题，起到良好的改善水质作用。云霄县是福建省波纹巴非蛤的主产区，该海区自然资源优越，漳江水的注入，使海区营养盐充足，贝类生长所需的优质生物饵料丰富，有利于波纹巴非蛤等贝类的繁殖生长，云霄海区所产出的贝类，如竹塔泥蚶、波纹巴非蛤以味道鲜美著称。近几年，云霄县政府及海洋与渔业主管部门非常重视波纹巴非蛤的健康养殖及可持续发展，合理开发利用波纹巴非蛤资源，进一步扩大增养殖范围，逐渐恢复沿海波纹巴非蛤资源，实现资源的可持续利用。经过努力，波纹巴非蛤养殖已成为云霄县渔业发展的一张名片和云霄县渔民增收的主导品种之一，成为出口创汇的主要水产品。

云霄县的波纹巴非蛤增养殖历史悠久。近年来，为打造波纹巴非蛤品牌，提高产品市场竞争力，云霄县加快国家级巴非蛤品牌建设，"列屿巴非蛤"获得国家工商行政管理总局注册的地理标志商标和福建省著名商标，"云霄巴非蛤"荣获福建省第三批十大水产品牌称号。

缢蛏"申浙1号"

品种特性

缢蛏"申浙1号"具有生长速度快、成活率高、抗逆性强等优点，生长性状可以稳定遗传。在相同养殖条件下，缢蛏"申浙1号"的壳长、鲜重与成活率比普通对照组分别提高至少17.4%、38.2%和9.7%；适应海区范围广，可在我国的浙江、福建、江苏和广东等沿海滩涂和海水池塘养殖。

中试情况

2015年和2016年，共培育缢蛏"申浙1号"苗种约12亿粒，分别在浙江宁海、三门和江苏连云港等地进行试验养殖2 500多亩；在中试和生产性对比试验中，缢蛏"申浙1号"成活率优势明显，生长优势显著，其壳长、鲜重与成活率比普通对照组分别提高17.4%~20.0%、38.2%~47.2%和9.7%~15.3%。

育种及种苗供应单位

上海海洋大学
地址和邮编：上海市浦东新区沪城环路999号，201306
联系人：沈和定
联系电话：021-61900446；13371935281

三门东航水产育苗科技有限公司
地址和邮编：浙江省三门县健跳镇六横公路，317100
联系人：王成东
电话：13676695656

基于生态系统的北方海域全产业链现代海洋牧场生产模式构建与示范

完成人：陈勇，田涛，张国胜，梁峻，杜尚昆，倪文，刘海映，尹增强，汤勇，邢彬彬，刘永虎，杨军，苏延明，陈雷，杨君德，王刚

完成单位：大连海洋大学，獐子岛集团股份有限公司，锦州市海洋与渔业科学研究所，北京科技大学

项目简介：

本项目属于环境与资源利用领域海洋渔业行业的应用研究。

近年来我国近海渔业生态环境不断恶化，渔业资源持续衰退，海洋荒漠化现象日趋严重，海洋渔业可持续发展正经受前所未有的挑战。现代海洋牧场是基于生态系统的现代海洋渔业生产方式。目前我国现代海洋牧场研究与建设刚刚起步，建设模式、方法与技术等均未成熟，本项目以牧场生境修复——生物资源有效扩充——高效生产与管理为主线，在技术创新、设备研发、规范建设等方面取得了系列创新成果，区别于传统的养殖型和增殖型生产模式，从农业（生物资源安全生产）——加工制造业（人工鱼礁制造及渔业装备研制）——现代服务业（休闲渔业）构建起一二三产融合的全产业链现代海洋牧场生产模式，打造渔业生产新业态，引领现代渔业发展，创新驱动海洋经济健康快速发展。

通过技术集成创建了獐子岛现代海洋牧场示范区，水质得到明显改善，刺参、海胆、皱纹盘鲍等生物量分别增加87.6%、74.9%和51.7%，生态系统趋于稳定。在锦州海域建设贝类海洋牧场示范区，资源密度提升至173千克／亩。颁布各类标准11项，发表论文58篇，专著2部，授权专利37项（发明专利14项），软件著作权3项。在项目实施基础上，獐子岛海洋牧场获批首批国家级海洋牧场示范区及全国休闲渔业示范基地；成果在多地推广应用，直接经济效益超过7亿元，累计带动地方海洋牧场建设产值超200亿元。项目带动了地方第三产业快速发展，大连共获批全国休闲渔业示范基地11家，为区域经济带来新的增长点，为促进我国渔业生产方式转型升级、海洋生态文明建设起到了示范引领作用。

广东顺德稔海村鳗鱼养殖业

在中国水产养殖发展中，南中国临海一隅，中国顺德勒流的一个村落，稔海村，勤劳、善良、勇敢的稔海人，顺应发展潮流，结合顺德桑基鱼塘发展优势，积极探索，敢于创新，创造出一条鳗鱼养殖的辉煌道路，为全国鳗鱼业的规范发展作出了卓越的贡献，起到了引领作用。

稔海村，位于广东省佛山市顺德区勒流街道的北部，常住人口4 688人，流动人口约1 000人，辖区面积4.11平方千米，是一个美丽的沿江小乡村，有着500多年的发展历史。

回顾稔海村鳗鱼养殖的发展，可追溯到1986年，大胆创新的稔海人探索鳗鱼养殖，认真严谨的养殖态度使第一批鳗鱼养殖人收获了人生第一桶金，随此掀起了稔海村鳗鱼养殖的热潮。日本是世界上消费鳗鱼最多的国家，但其国内产量远远满足不了市场的需要。20世纪80年代后期，稔海人捕捉到了这一商机，迅速进行土塘养殖试验并取得了巨大成功，开创了国内土池养鳗先河。自1986年，短短几年，稔海村养殖鳗鱼的农户实现迅猛增长，据统计，当时稔海村从事鳗鱼养殖就超过1 500人。充分发挥了稔海人养殖鳗鱼的引领作用。

稔海村作为顺德鳗鱼产业发展的佼佼者，在顺德鳗鱼以及中国鳗鱼产业的发展中起到了中流砥柱的作用。目前，稔海村鳗鱼养殖面积（含外延面积）仍超过2.5万亩，产量2.3万吨。产值达29亿元。正是基于顺德雄厚的鳗鱼产业基础，中国水产流通与加工协会于2009年授予顺德中国鳗鱼之乡的称号。

稔海人对鳗鱼从养殖到消费的狂热被一代又一代的稔海人所传承，并载入鳗鱼历史发展的征程上。

广西桂林绿淼生态农业有限公司

广西桂林绿淼生态农业有限公司成立于2016年3月28日，公司以现代特色农业产品的种、养殖、深加工和销售为一体一、二、三产业融合的经营模式。公司位于广西桂林市才湾镇七星村委，总投资1.18亿元，现有一个示范基地和三个合作社，主要以种植富硒稻谷和稻田禾花鱼综合种养模式。稻渔综合种养是根据生态循环农业和生态经济学原理，将水稻种植与水产养殖技术、农机与农艺的有机结合，通过对稻田实施工程化改造，构建稻－渔共生互促系统，并通过规模化开发、集约化经营、标准化生产、品牌化运作，能在水稻稳产的前提下，大幅度提高稻田经济效益和农民收入，提升稻田产品质量安全水平，改善稻田的生态环境，是一种具有稳粮、促渔、增效、提质、生态等多方面功能的现代生态循环农业发展新模式。与传统稻田养殖相比，新型稻渔综合种养模式具有如下特征：

一、**突出了以粮为主**。将农户的水田流转到公司，公司统一规划设计，将农户零散的小块高低不同的水田拼成大块，根据其地形合理整合，修建机耕路和进排水渠道，便于全程机械化耕作。坚持以水稻发展为主角，田间工程不得破坏稻田耕作层为原则。田块整理后，将稻田不超过10%的面积挖作水沟，用于养殖禾花鱼，在水沟的田埂上种植瓜果，既增加了其附加值，又便于给鱼遮阴。90%以上的面积用于种植水稻，保证水稻种植穴数不减等技术要求。同时，积极发展有机富硒稻，大幅度提升水稻收益，从机制上确保农民种植水稻的积极性。

二、**突出了生态优化**。控制好鱼的放养时间和水沟的水位，通过升降水沟水位，调节鱼进入稻田的频率，在种养过程中，鱼为水稻除草、除虫、松土及提供有机肥，水稻为鱼提供生长的小气候和食物，坚决不使用农药，使用合理的有机肥，从而有效的保障了稻渔的品质。生态环保是绿色有机品牌建设的前提保障，通过种养结合、生态循环，大幅度减少了农药和化肥使用，有效改善了稻田生态环境；通过与生态农业、休闲农业的有机结合，促进了有机生态产业的发展，形成了生态循环农业模式。

三、**突出了增收提效**。公司采取"基地＋合作社＋农户"的经营模式，将流转的田免费给农户种植，免费为其发放种子、鱼苗等，并提供免费培训和技术跟踪指导，签订产品回收合同，实现了亩产富硒稻500公斤，产值3 000元，禾花鱼100公斤、管理费1 000元、瓜果产值1 500元，亩利润3 300元以上的高利，解决就业人数500余名，带动当地200多户农户脱贫致富，同时还示范带动了周边七个村委的种养户受益。做到了农民增加收入，公司提高效益的双赢。

四、**突出了产业发展**。通过稻渔瓜果生态工作模式，带动稻田产业升级，促进了规模化经营；公司采用了"种、养、加、销"一体化现代经营模式，突出了规模化、标准化、产业化和品牌化的现代农业发展方向。

公司通过其特色的经营模式和发展理念，得到了当地县委县政府的高度认可，企业负责人蒋田忠被评委全州县2016年度发展现代农业"先进个人"荣誉称号。公司基地被评委桂林市2017年度市级现代特色农业核心示范区。2017年底，广西桂林绿淼生态农业有限公司应邀参加了全国首届稻渔综合种养模式创新大赛，并以创新模式和绿色生态产品在全国88家稻渔企业中一路"过关斩将"，最终成为仅仅6席的全国稻渔综合种养模式创新金奖得主之一。

公司始终将"依靠地方，服务发展"作为企业文化的内涵，将带动农户脱贫致富作为主要工作目标，以农产品增值，农户增收为根本，既符合民情、县情，更符合国家可持续发展战略，同时遵循了绿色经济、循环经济、生态经济的发展要求，带动群众向致富的道路大步前进。

云南省大理白族自治州海东镇金梭岛村

金梭岛村位于大理洱海东侧，四周环水，悬岩峭壁，因其形状如梭而得名。全长约2000米，平均宽370米，高出洱海水平面76米，总面积74万平方米，是大理洱海三岛中最负胜名的第一大岛。

岛上幽静秀美，花木常青，气候适宜，寒止于凉，暑止于温，古称"舍利水城""南诏避署行宫"，今称"文化古渔村""龙舟之乡"，是洱海文明源头，白族族源胜地。

中华人民共和国成立后岛上多次出土石器、陶器、青铜器、汉砖、唐字瓦等文物数百件，1985年在岛中央发掘了古人类遗址和古建筑遗址，追溯、见证金梭岛白族人民猎鱼穴居起源和白族先民几千年的历史文化。经文物部门考证，岛上于南诏时期修建避暑行宫及望海楼、钓鱼台、御花园、果木园、练兵场、白丰石钟等建筑，现有金梭寺、镇海寺、弥勒阁、珠海阁等遗址，被公布为大理白族自治州重点文物单位。

全村636户共1589人，99%是白族。村民历代以打渔为生，过着渔舟唱晚、夕照闻涛的岛屿生活。村民院落白墙青瓦、照壁回廊，民俗文化多姿多彩、古意悠然；2017年金梭村被评选为全国"最美渔村"，是极具少数民族文化特色的白族村落，具有极高的旅游、文化、商务开发价值。

未来的金梭岛村将在全国环保大环境下，优化环保措施，保护青山绿水，将草根渔业与乡村旅游结合，依托白族传统文化，拓展现代水域旅游产业，大力扶持船居聚落式旅游接待，挖掘白族古老渔宴文化、本主文化、海神文化，实现村民人人都参与、户户有收益、就业度高、受益面广的旅游开发新格局。

日照市欣彗水产育苗有限公司

日照市欣彗水产育苗有限公司（以下简称公司），成立于2006年9月，位于风光秀丽的日照市山海天旅游度假区两城河入海口，东临大海，西接北海路，南依日照海滨国家森林公园，北望青岛。公司是集水产（育苗、养殖、冷藏、加工）、宾馆、垂钓、游船、餐饮于一体的综合型企业，拥有固定资产5500多万元，注册资金1000万元。公司拥有工厂化育苗水体20000立方米，开展中国对虾、日本对虾、三疣梭子蟹、海湾扇贝、虾夷扇贝、魁蚶的苗种繁育；拥有封闭式循环水养殖水体10000立方米，开展大菱鲆、半滑舌鳎的苗种繁育和养殖；拥有池塘养殖水面60亩，开展中国对虾、日本对虾和梭子蟹的养殖以及垂钓业务；拥有浅海增养殖海区3000亩，渔船3艘，开展贻贝、魁蚶的增养殖，也可同时开展垂钓服务；拥有冷库400立方米、加工车间600平方米，可冷藏加工各种海产品；拥有宾馆一座，床位400张，提供住宿和餐饮服务。公司现有干部职工116人，其中专业技术人员12人。公司是日照市农业产业化龙头企业、国家鲆鲽类产业技术体系鲆鲽类良种繁育示范基地、山东省渔业资源修复行动省级、市级水产增殖。欣彗休闲渔业园2014年被评为省级休闲渔乐园，2015年被评为全国休闲渔业示范基地，为AAA级景区。2016年，公司与山东农业大学联合创办了"山东省休闲渔业工程技术协同创新中心"。2017年，公司被山东省海洋与渔业厅评为山东省省级渔业增殖示范站，被农业部评为第十二批农业部水产健康养殖示范场。

联系人：安丰武
电　话：13356332345
客　服：0633-8521189/8515666/8522999
邮　箱：rz2345@126.com
网　址：www.rzxiuxian.com
地　址：日照国家森林公园北安家村大桥东1000米。

深圳华大海洋科技有限公司

作为华大基因集团旗下众多领域中重要的板块之一，深圳华大海洋科技有限公司（以下简称华大海洋）下辖深圳市华大海洋研究院和12个分（子）公司，在重要经济水产生物的科技研发、种业、养殖示范、加工、检测和贸易全产业链条上综合发展，已形成产学研用一体化的集团型企业。

华大海洋有正式员工168人，其中高级职称8人，博士10人，每年培养10余名本科生和研究生。已组建有深圳市海洋生物基因组学重点实验室（2011）、中国科学院大学华大教育中心海洋生物基因组学研究方向（2012）、农业基因组学国家重点实验室海洋方向（2013）、广东省海洋经济动物分子育种重点实验室（2015）、中国水产科学研究院水生生物基因组研究中心（2015）、农业部长江水生生物基因保存中心（2016）、农业部水产健康养殖示范场（2016）、国家高新技术企业（2016）、海洋药物院士工作站（2017）等研发平台，以及取得CNAS和CMA资质的水产品质量安全检测实验室。

近五年来，发表学术论文65篇，其中SCI论文48篇（影响因子超过5的17篇）；出版专著9部，其中4部为研究生教材；申请专利50余项，获批13项；获得国家和省市项目30余项。主持和参与50余种水产生物的基因组测序与分析，主持千种鱼类转录组国际计划和中国水产十百千组学育种计划，为引领我国的水产基因组学研究发挥着重要的带头作用。2014年在Nature子刊主持发表第一个两栖弹涂鱼基因组，打出深圳市的"生态名片"；参与完成大黄鱼基因组，有关工作被评为2015年度中国十大海洋科技进展之一；2016年联合在Nature发表封面文章，有关的海马基因组工作被评为2016年度中国十大海洋科技进展之一；联合发表金龙鱼基因组，相关工作被评为2017年度中国水产科学研究院科技创新十大亮点之一。

华大海洋建设有占地约2万平米的工厂化循环水养殖示范车间、1.5万余亩的生态养殖示范基地和1000余亩的育种基地，以及1.3万平米的水产品精深加工车间。主要的育种和养殖示范品种有南美白对虾、中华绒螯蟹、石斑鱼、海马、罗非鱼、鳗鱼和青蟹等。推出罗氏沼虾、黑椒鲟鱼扒、蒲烧烤鳗、冻煮裙边贝等产品，在全国400余家沃尔玛门店上市。

展望未来，华大海洋将继续发挥在基因组学领域的国际领先优势，在一些重要的经济水产生物中系统性开展分子育种研发，与国内外科研同行一起测定大量水生物种的全基因组、转录组、蛋白组，逐步构建一个庞大的水产基因数据库。同时，以更加饱满的热情推进科技创新带动产业化发展，为实现"改善人类蛋白质饮食结构"的远景目标而努力奋斗。

上海水产集团有限公司

上海水产集团有限公司（以下简称"上海水产集团"）前身为上海水产（集团）总公司，系1992年撤销上海市水产局，整建制改组后的企业集团。2017年5月与光明食品集团联合重组，现由光明食品集团全资控股。注册资本人民币15亿元，总资产52.83亿元。

上海水产集团是一家利用国际海洋渔业资源，以远洋捕捞及水产品贸易、精深加工为核心业务的国有集团公司，是国内首批"走出去"企业，在海外10多个国家和地区投资建立了全资、合资合作企业和代表处，海外投资和经营规模居国内远洋渔业企业之前列，形成了外向型经济格局。获得2017年度农业对外合作百强企业以及上海市政府颁发的"走出去"贡献奖和"走出去"企业领头羊光荣称号，是上海市跨国经营20强企业之一。

上海水产集团下属有30多家全资、控股和参股企业，目前拥有各类专业远洋渔船79艘，船舶吨位8.45万吨，主机总功率9.94万千瓦，常年在太平洋、大西洋和南极等海域及有关国家专属经济区作业，年捕捞产量约15万吨。近年来，上海水产集团正在加快船舶更新改造和海外综合渔业基地建设，努力促进远洋渔业持续规范有序发展，作为中国大型金枪鱼围网和大型拖网作业的组长单位，渔业装备水平和整体实力，已走在中国远洋渔业捕捞的前列。

上海水产集团在国内拥有"龙门""水锦洋"品牌和"上海水产"（SHANGHAI FISHERIES）标识的知识产权保护，在境外拥有"ALBO"（阿尔博）和"ALTAMARE"（阿特玛）品牌，并拥有"东方国际"水产交易中心、产品直营店和电子商务等销售平台，秉承"来自海洋、回馈人类"的经营理念，为国内外市场提供安全、健康、纯天然的优质海产品。

上海水产集团致力于海洋渔业资源获取和市场拓展的双推进，主动融入国家"一带一路"和"走出去"战略，稳步建设"从渔场到市场"的高效远洋渔业产业链，以"产业外扩，产品回国"驱动产业发展，并以此作为支撑集团发展提质增效的新动力，努力打造成为国内领先、国际知名的实力海洋资源食品集团，为光明食品集团补齐高蛋白食品的供应短板作出应有的贡献。

苏州市南环桥同发水产批发市场

水产批发区

苏州市南环桥同发水产批发市场（以下简称同发水产）成立于2004年，经营占地面积70多亩，经营门面483间，固定经营商户约300家，日均交易量逾600吨，是苏州市政府"菜篮子工程"的重要组成部分。

同发水产的经营水产品囊括了淡水鱼、杂鱼、虾、河蟹、海鲜等五大类别，已经形成东起上海青浦，西至东山西山；北起常熟长江边，南至浙江嘉兴、嘉善、湖州的销售网络，同时，还向北京、天津、湖北、广东、福建等地运销地产白鱼、螃蟹等。2017年，同发水产年交易量29.17万吨，交易额达到了73.60亿元。

同发水产是苏州鲜活水产品流通的主渠道。毋庸置疑，严把鲜活水产品进场经营安全准入关，保证流通环节的食品安全，是同发水产的一项重要工作，也成了同发水产的一项常态性重要任务。同发水产坚持安全准入，水产品上市时均需提供产地检测报告等相关证明材料，进场时索证索票，同时抽样检测，狠抓食品质量安全。为了进一步提高现代化管理水平，加强食品质量安全可追溯管理，同发水产大力发展IC一卡通电子结算，为买卖双方提供安全、便捷的结算服务，向现代化水产品批发市场迈进。

经过十多年的发展，同发水产已成为苏州地区最大的水产品批发交易集散中心，华东地区重要的水产品销售场所和集散地，还是国家农业农村部渔业渔政管理局价格信息采集定点单位。根据苏州城市发展规划，同发水产在不久的将来又要搬迁，也将迎来新的发展机遇和挑战。同发水产全体员工在总经理陆红生的带领下，坚持高标准、严要求，努力拼搏，开拓创新，继续向打造全国一流水产品集散中心的目标迈进，以实际行动迎接新的挑战，争取再创新的辉煌。

繁忙的水产交易场景

国家级天津市换新水产良种场
育种创新61年，推广良种遍神州

国家级天津市换新水产良种场是集淡水鱼类良种育、繁、推一体化的大型种业企业，是农业农村部全国现代渔业种业示范场、水产健康养殖示范场。"换新"牌苗种获天津市知名农产品企业品牌称号，黄金鲫获天津市首届优质农产品金农奖。场内建有农业农村部天津鲤鲫鱼遗传育种中心等5大科研平台。全场占地57.87公顷，拥有苗种生产车间7栋，配套设施齐全。年生产13~15个品种淡水鱼类的优质苗种30亿尾以上，推广到全国30个省（自治区、直辖市）。

换新场多年来致力于淡水鱼类良种选育和新品种、新技术创新，获国家发明专利12项。先后育成10个国家审定新品种

（黄金鲫、津鲢、津新鲤、津新鲤2号、乌克兰鳞鲤、墨龙鲤、芦台鲂鲌、津新乌鲫、红白长尾鲫、蓝花长尾鲫）。

长期推广的优良品种种苗主要有：黄金鲫、津新鲫、贝尔鲫、彭泽鲫、津新乌鲫、津新鲤2号、框鳞镜鲤、芦台鲂鲌等。生产销售名特珍稀鱼类种苗：中华胭脂鱼、大鳞鲃、青鱼、丁（鱼岁）、花　；观赏鱼种苗：红白长尾鲫、蓝花长尾鲫、日本锦鲤等。

换新场优良苗种生产已形成了一套先进成熟的苗种产业化生产技术体系，实现标准化培育、规范化操作、规模化生产、工厂化育苗。获得省部级科技进步二等奖1项，三等奖7项。

威海汤泊温泉度假区

湖景别墅

威海汤泊温泉度假区地处北纬37°、温泉资源得天独厚的"中国长寿之乡，滨海养生之都"——文登，这里风光秀美、资源丰富，因秦始皇东巡召文人登山而享有"文登学"的美誉，这里全年空气良好率达100%。

威海汤泊温泉度假区总投资15亿元，总规划用地6 000余亩，其中绿地及森林面积3 000余亩，水域面积1 000余亩。内含5湖4岛3泉1河。5湖分别是圣泉湖、太极湖、太阳湖、通天湖、汤泊湖，4岛分别是圣泉岛、太极岛、万鳖生态岛、月亮岛，3泉有温泉、山泉、矿泉，1河是洪水岚河。

该度假区始建于2007年，分三期进行开发建设，一期工程投资4.2亿元，占地面积500亩，建筑面积7万平方米，于2009年建成并投入使用，包括汤泊温泉度假酒店、温泉主题乐园、国际会议中心、高级餐饮会所、湖景别墅、游泳馆、商务酒店、KTV休闲娱乐会馆、医疗社区及员工公寓等。

湖心亭

汤泊外景

温泉

香港渔民互助社

把握"一带一路"建设及"粤港澳大湾区"规划 为行业走出康庄大道

适逢国家推出"一带一路"建设及"粤港澳大湾区"规划，同时在香港确实不缺勇于尝试新事物的流动渔民朋友，流动渔民朋友们理应争取国家立项，协助香港流动渔民参与"一带一路"建设及"粤港澳大湾区"规划，为渔业寻找新出路。

善用"粤港澳大湾区"建设契机 促进业界发展

现时，在邻近香港的内地水域有不少优良的养殖空间、渔场及岛屿，有鉴于地方较为偏远，故仍未被国家开发，然而有关位置却极为适合本已在较偏远地区生产的流动渔民做出尝试。流动渔民应争取国家在规划"粤港澳大湾区"时参考"横琴"及河套区等的深港合作模式，研究划出部份邻近香港的内地水域及岛屿，以内地与特区政府共管形式，让香港渔民及流动渔民可转型从事捕捞、养殖渔业，或试验创新渔农业等生产作业。这既可维持香港渔民的生产作业空间，也可促进香港与各省份在渔业科研及技术上的交流，强化香港渔业内涵。

渔业的持续发展，永远不可能是一成不变的，而是要经过大大小小的不断变化和进步。望各位渔民朋友继续保持活力，让行业可以创出与过往不同的精彩和辉煌！

香港渔民团体联会

2018年是香港渔民团体联会成立20周年纪念日子，感谢国家、省政府、地方政府、特区政府及各社会贤达廿年来长期支持，细心聆听渔民的意见，促进渔业持续发展，并让该行业可以继续为国家发展壮大及香港的繁荣稳定，作出贡献。

香港渔民团体联会由来自全港110多个渔民团体所组成，多年来为爱国爱港、团结渔民、维护渔业界权益，推动业界持续发展而努力。团结就是力量，香港渔民团体联会成立20年以来，真真正正见证着渔民强大的团结精神。再次感激各位渔民多年来一直众志成城联系渔业同仁，亲力亲为为渔业界贡献力量，为渔业可持续发展奠下了坚实的基础，让这股爱国爱港力量继续为国家和香港发光发热，同时，让香港渔民团体联会不断向前迈进。

北京海洋馆

北京海洋馆坐落于北京动物园长河北岸，建筑面积4.2万平方米。北京海洋馆于1999年3月建成开放，2001年北京海洋馆被评定为首批国家AAAA级旅游企业，2004年被中国海洋学会确定为全国海洋科普教育基地，2014年被北京市发展旅游委员会评为北京市旅游标准化示范单位，2017年被全国水生野生动物保护分会确定为中华鲟驯养科普教育基地。

北京海洋馆——正门

北京海洋馆拥有世界先进的水生物生命支持系统，使用人工配制海水，总水量达20 000吨。馆内建有"雨林奇观""鲨鱼小镇""白令海峡""海底环游""国宝中华鲟馆""鲸豚湾""海洋剧院"等七大主题展区。北京海洋馆是中国科学技术协会、国家海洋局、共青团中央等多家政府机构授予的海洋科普教育基地和青少年科普教育基地，开展了大量社会公益宣传活动，也是中国科学院水生生物研究所、中国水产科学研究院等多家科研机构进行水生生物人工驯养、繁育研究的基地和宣传平台。

北京海洋馆作为国内知名旅游企业，以"陶怡大众、教益学生、维系生态"为企业宗旨，以"关爱海洋动物，保护地球家园"为企业口号，致力于动物保护与科普宣传。

北京海洋馆——海洋剧院

海豚明星表演精彩绝伦

海洋歌者白鲸为您带来海洋的问候

中国水产舟山海洋渔业有限公司

2017年，面对复杂多变的外部环境，中国水产舟山海洋渔业有限公司（以下简称"公司"）上下在中国农发集团的正确领导和地方各级党委、政府的大力支持下，围绕"十三五"发展战略及"稳增长、促转型、盘资源、谋发展"的中心任务，凝心聚力，抢抓机遇，发挥全产业链优势，积极化解各种不利因素，全面完成集团公司下达的年度主要指标和目标任务。全年共捕获海水鱼27 100余吨，比上年增长37.04%；水产制品9 740余吨；全年实现营业收入15.78亿元，利润总额3 879万元，上缴税费7 363万元；全年无等级安全责任事故，无违法违纪案件，无重大群体事件。先后荣获中国水产科技创新示范基地、浙江出口名牌、浙江省著名商标、2017最具影响力水产品企业品牌等荣誉称号。

转型升级 公司明确了企业转型升级发展方向及工作目标，全面组织投入明珠工业园、中国（舟山）海洋渔业科创园等项目建设。

公司积极推进新鱿鱼钓公司的组建工作。集团公司已批准新鱿鱼钓公司组建项目，命名为"中国农发集团舟山远洋渔业有限公司"。

技改项目 公司继续加快老旧渔船的更新改造、换代升级步伐，全年累计投入渔船改造资金1.1亿元。2017年9月，公司顺利完成2艘280总吨北太兼日本海远洋鱿鱼钓船设计及建造项目的招标采购工作，建造资金2 000多万元。同年12月，集团公司批准了公司新建6艘新型经济性远洋鱿钓船舶的申请，单船造价1 500万元，总投资额9 000万元。

产学研结合 公司坚持产学研结合，继续推进浙江省重大科技计划项目"海产品冷冻冰晶控制技术集成及产业化"研究和产业化示范工程建设，该项目荣获中国农发集团科技成果一等奖。申报的"海洋渔获物一线船载源头保鲜加工技术研究与装备研发"项目，被浙江省科技厅列入2018年省重大研发计划。公司加强科技平台建设，成功设立浙江省企业研究院，被评为全国首批中国水产科技创新示范基地，获得舟山水产加工名企称号。全年研发新产品6类，开展新技术3项。公司加大知识产权保护力度，共申报3项发明专利、8项实用新型专利，荣获舟山市专利示范企业称号。

著名商标2017

舟渔—省出口名牌

2017最具影响力水产品企业品牌

舟山市专利示范企业

水产科技创新示范基地

大连鑫玉龙海洋生物种业科技股份有限公司

大连鑫玉龙海洋生物种业科技股份有限公司（证券代码：834795，以下简称"公司"）创立于2004年，是一家掌握辽参纯种基因及种苗培育核心技术，完整运营辽参苗种繁育、野生放养、产品精深加工及营销全产业链的农业产业化龙头企业。

公司独立拥有独一无二的海岛资源——中国辽参产业之都核心区域平岛及辖区2万余亩位于北纬39°的放养海域，为国家级海洋牧场。同时建有15万立方米水体大型生态育苗室，年加工量超百万斤（1斤=500克）的现代化有机加工车间。拥有自己的研发、检测中心，其成员主要由海归博士、硕士构成，中国海洋大学等著名高校充分开展产学研合作。

多年来，公司荣获中国辽参产业创新发展基地、农业部刺参遗传育种分中心、辽参产业创新示范园区、高新技术企业等荣誉，并发起组建中国辽参产业联盟。旗下"鑫玉龙""喜玉""平岛村""温故知新""渔参乐""平岛晓月"六大品牌，销售网络遍布全国，并与北京同仁堂、香港华润堂、杭州李宝赢堂、广州陈李济等著名企业建立了长期合作关系。

鑫玉龙作为中华辽种参守护者，始终秉承一岛一参、一心一意的理念，专注于守护辽参、推广辽参、开发辽参，已经成为中国领先的辽参种参种苗研发培育基地及高端辽参供应商。

公司近年发展历程

2015年

深圳分公司成立与华润集团建立战略合作伙伴关系

首次提出中华辽参守护者企业理念

寻找全国5000名辽参守护者共同守护辽参原种基因

挂牌新三板，大步跨入资本市场，证券代码834795

2016年

17家电视购物媒体齐聚平岛探访辽参守护者见证中华好辽参

创新研发高端滋补产品"黄金卵辽种参"并申请国家专利

辽参产业创新示范区正式成立

大连海洋大学鑫玉龙产学研创新基地成立

农业部刺参遗传育种中心鑫玉龙分中心成立

2017年

获得高新技术企业称号，助推企业转型

公司名称变更为"大连鑫玉龙海洋生物种业科技股份公司"

建立SGS+海洋渔业局水产品质量安全双溯源体系 共同监督食品安全

与京东集团共同发起建立中国辽参产业联盟

荣获2017年度大连市食品生产加工质量安全示范单位称号

荣获2017最具影响力水产品企业品牌称号

通过AAA最高级企业信用评级

广元市山清米业有限责任公司

广元市山清米业有限责任公司（以下简称"公司"）成立于2003年11月，是一家集稻谷种植、加工、销售于一体的综合性国有粮食加工企业，注册资金300万元。公司位于广元市昭化区元坝镇国家食品工业园区，占地17亩，拥有世界先进原装进口色选仪和国产先进的日产100吨大米精米生产线设备，年加工24 000吨。

公司秉承"诚信为本、品质优良、顾客至上"的经营理念，精心打造了"山清"系列大米，并先后获得广元市知名品牌、中国粮食行业协会放心米、农业部农产品质量安全中心审定无公害农产品、中国西部博览会优质产品奖、中国稻田综合种养产业技术创新战略联盟2018年度优质渔米金奖等荣誉称号。公司产品原料均来自由农业部绿色食品管理办公室和中国绿色食品发展中心认定的全国绿色食品原料基地。

沈阳市金山水产养殖公司

沈阳市金山水产养殖公司（以下简称"公司"）是一家具有独立法人资格的，集名优苗种繁育、成鱼养殖、淡水鱼养殖技术研究与开发，饲料加工，产品销售为一体的股份制企业，现有资产总值4 880万元，获全国休闲渔业示范基地称号。2014年10月"辽中"鲫鱼荣获第十二届中国国际农产品交易会参展产品金奖。

公司由金山淡水鱼养殖公司、金山苗种繁育场、金山淡水鱼销售公司、真诚饲料公司、唯诚水产研究所等5个子公司组成。

公司占地面积400公顷，其中精养鱼池200公顷。年产优质无公害淡水鱼5 000吨，其中出口韩国3 000吨；年产名优品种苗种3亿尾。公司被列入省级现代农业园区、省级现代农业示范基地、省级农业产业化重点龙头企业，是农业农村部批准建设的国家级德国镜鲤良种场、国家级水产健康养殖示范区、省级斑点叉尾 良种场。公司是在国家质量监督检验检疫总局备案的中国出口韩国水产动物注册场，辽宁省出入境检验检疫局扶持出口食品农产品重点企业，沈阳市农产品加工重点龙头企业。

公司正门

联系人：赵戬
联系电话：13386886848
地址：辽宁沈阳市辽中县冷子卜镇金山卜村　邮编：110202
办公电话：024-87981479
传真：024-87981698　E-mail：zj95828@163.com

山东美佳集团有限公司

山东美佳集团有限公司（以下简称"公司"）是以加工、出口、销售冷冻水产品、蔬菜、速冻方便食品以及水产蔬菜调理食品为主的综合型食品企业，下辖日照美加水产食品有限公司、日照美佳科苑食品有限公司、日照佳苑食品有限公司、日照好口福食品有限公司、日照佳天下食品有限公司等10个子公司。公司注册资本金3 200万元，占地面积41.5万平方米，建筑面积14万平方米，拥有总资产10亿元，员工5 500余人，精加工车间60 000平方米，冷冻、冷藏能力5万吨，年加工销售制品5万余吨。公司出口产品主要包括冷冻、盐渍、生食、蒸煮、烧烤、调理食品等400多个品种，主要销往日本、韩国、欧美、俄罗斯、东南亚等国家和地区。国内销售产品有品种多样的海产精品、鱼糜制品、海参制品、生食海鲜类、烧烤系列以及各类调理食品等，市场覆盖了东北、西北、华北、华东以及中部地区的省会和大中城市。

公司被授予农业产业化国家重点龙头企业、农产品加工企业技术创新机构、全国农产品加工示范企业、海关AEO高级认证企业等称号，被山东出入境检验检疫局认定为出口食品农产品检验检疫管理"一类企业"，均通过了ISO 9001、ISO 14000、ISO 22000质量、环境、安全管理体系认证，下属的实验室获得国家认可CNAS实验室证书，被山东省认定为出口农产品区域检测中心。

2017年进出口各类产品约7.2万吨，进出口额4.39亿美元，出口创汇2.66亿美元。销售收入20.5亿元，其中国内销售收入5亿元。公司坚持以"引领健康生活，创造美食文化，开辟食品未来"为宗旨，坚持经营外向化、加工标准化、品种多样化、基地规模化、市场多元化方针，以国际标准为目标，狠抓企业内部管理，开展节能降耗，大力发展循环经济；以加强原料基地绿色生态管理、提供安全食品、造福人类健康为竞争力；以丰富百姓餐桌，托起健康生活为使命，百年企业，魅力美佳，做海洋食品的引领者。

典型养殖排放污水（物）减污控制和净化处理技术研发与应用

湖州师范学院　叶金云　等

本项目围绕典型养殖排放污水（物）减污控制和净化处理技术研发与应用取得了重要突破：国内外率先通过开展青鱼对8种常用蛋白源消化率、植物蛋白替代鱼粉技术、植物油代替鱼油技术以及蝇蛆粉、植酸酶等作为饲料添加剂等一系列创新性研究，成功研制高效青鱼、草鱼膨化配合饲料代替传统的沉性配合饲料，提升配合饲料的环保性能，减少因饲料浪费与营养成分溶失对养殖水体的污染。通过开展6种不同季节植物对富营养化养殖水体氮磷去除效果的评价研究，成功构建了大宗淡水鱼类、中华鳖池塘环境友好型养殖模式以及养殖排放水体净化处理技术体系，实现废水的达标排放或循环利用，明显减少了养殖排放水体对外界水体环境的负面影响。成功研制新型益微制剂用于中华鳖养殖水体调控，降低养殖水体氨氮及亚硝酸盐含量。研制鳖用四价细菌灭活疫苗用于中华鳖细菌性病害免疫预防，实现养殖过程少用药或不用药。针对畜禽养殖粪便及养殖废水处理技术难题，国内外率先成功构建利用蝇蛆进行畜禽粪便生物脱水技术规范，生产出优质有机肥，猪场养殖污水经综合处理后实现了达标排放。该项成果极大地推动了我国在养殖污水（物）减排控制、净化处理和模式构建与示范应用方面的科技进步并取得了重大的经济、社会和生态效益。成果总体技术达到国际领先水平并荣获2015年度浙江省科技进步奖一等奖。

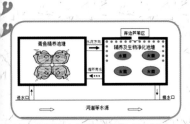

青鱼环境友好型养殖模式示意图

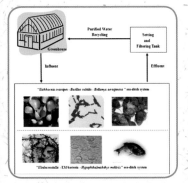

不同季节的生态沟渠体系联合修复
中华鳖温室养殖排放水体

荣成市桑沟湾海洋牧场有限公司

荣成市桑沟湾海洋牧场有限公司（以下简称"公司"），位于胶东半岛最东端风光秀丽的桑沟湾畔，是一个集远洋捕捞、深海养殖、水产加工、渔船修造、港口码头、国际贸易、休闲旅游为一体的综合性渔业企业。

2013年公司先后获得国家级海洋牧场、省级休闲海钓基地、国家级休闲渔业示范基地、中国渔业协会河豚鱼分会副会长单位、水产健康示范养殖场、中国休闲渔业旅游目的地等荣誉称号。

泓泰桑沟湾海洋牧场拥有养殖3 000亩海域，养殖品种有：红鳍东方鲀、黑鱼、黄鱼、牙鲆鱼、多宝鱼、牡蛎、海虹、扇贝、海带等海洋产品。公司自1998年开始养殖红鳍东方鲀，经过专业技术人员"无毒控制养殖技术"养殖的泓泰河鲀，连续出口日本、韩国20年，2016年公司获得国内销售资质。

公司以河鲀养殖为核心、基础，促进一二三产业融合，发展海洋牧场休闲渔业。公司海域内投放生态型鱼礁，放流黑鲷、许氏平等恋礁鱼苗、贝类、海参，年产量可观。

2014年公司依托桑沟湾海域优异的自然风光、丰富的渔业资源以及优越的地理位置，开展休闲旅游项目。打造乘坐渔家木船出海、鸥鸟同行、养殖观光科普、平台逗鱼、钓鱼体验、海珍品观赏、平台采摘、平台实钩钓、亲子摸鱼池、艺术鱼拓画、海上渔家宴精品旅游线路，市场反应良好。

青岛中泰远洋渔业有限公司

青岛中泰远洋渔业有限公司成立于2012年9月13日，注册资金5 200万元，现有员工300余人，主要从事海洋捕捞、水产品加工、销售及进出口业务。2012—2014年公司投资4.5亿元建造了8艘2 100kW大型秋刀鱼／鱿鱼钓渔船，赴北太平洋、西南大西洋、东南太平洋、印度洋公海海域从事秋刀鱼和鱿鱼捕捞。目前8艘渔船均已建造完工，并已经派出实施远洋渔业项目生产。公司2014、2015、2016年度营业收入分别为10 502万元、14 467万元、11 736万元。

江苏省池塘工业化生态养殖新模式发展情况

池塘工业化生态养殖新模式是由江苏省渔业技术推广中心从美国引进的池塘养殖新模式，2013年在苏州吴江首次试验获得成功后，江苏省海洋与渔业局于2014—2017年在省级三新工程重大项目、高效设施渔业项目中进行大力支持，全省4年内累计财政资金投入12 926.5万元。截至2017年，全省已建、在建的池塘工业化生态养殖新模式养殖水槽面积24.2万平方米，包括中国水产科学研究院淡水渔业研究中心等7家科研单位、14家省及省辖市渔业技术推广单位、46个重点县（市、区）渔业技术推广单位、132家企业参与了新模式的建设与生产运行研发工作。

2017年，由江苏省渔业技术推广中心牵头，江苏省内7家科研、生产企业共同参与的江苏省水产三新重大项目"池塘工业化生态养殖系统关键技术研究"正式立项，项目总经费989万元。项目将重点围绕养殖模式及效能、净化区与集污区效率、净化区与养殖区生态构建、智能化操作管理系统等方面存在的问题开展研究攻关工作。

池塘工业化生态养殖新模式体现了现代渔业建设的内涵，符合现代渔业的发展方向，对于江苏及全国池塘养殖业的提档升级均具有很好的引领与示范意义，随着全省池塘工业化生态养殖新模式的推广应用、配套技术及设备不断更新，池塘工业化生态养殖新模式将会向规模化、专业化、标准化、智能化、品牌化等方向发展。

长江四大家鱼监利老江河原种场

长江四大家鱼监利老江河原种场位于长江中下游湖北省监利县尺八镇，东接随岳高速，南连长江，与洞庭湖隔江相望。全场现有水域面积28 360亩，其中长江故道水域27 600亩，原种苗种培育基地380亩，原种亲本培育基地380亩。由于具备自然环境优美、水生生物物种丰富、水域资源优良等得天独厚的条件，1990年立项建设长江水系四大家鱼种质资源天然生态库，2000年被批准为国家级水产原种场。

长江四大家鱼监利老江河原种场以中国水产科学研究院长江水产研究所为技术依托，培养了一批具有独立工作能力的原种生产专业技术队伍，并多年与中国科学院水生生物研究所、华中农业大学水产学院、长江水产研究所等科研单位合作，开展长江四大家鱼原种研究和应用，取得显著成果。

长江四大家鱼监利老江河原种场全心致力于长江"四大家鱼"种质保护及其开发利用，不断完善原种生产技术路线，运用完善的工程、技术措施和严格的管理措施，保证了原种质量。投产以来，累计捕捞长江四大家鱼原种鱼苗6 300余万尾，生产原种亲鱼、后备亲鱼200余万千克，向全国50多家原、良种场供应原种亲本100多万千克，长江增殖放流10余万千克。社会效益显著，得到引种单位和水产界的一致好评。

地址：湖北省监利县尺八镇沿河西村78号

邮编： 433328   **电话：** 0716-3539321

手机： 13872428559（苏场长）

东港市富凯淡水养鱼专业合作社

东港市富凯淡水养鱼专业合作社（以下简称合作社）成立于2009年4月7日，合作社自成立以来，始终坚持为社员服务的办社方向，在全社实施科学养殖，提质增效。在产业结构调整，推广新技术、新品种，提高渔民组织化程度，带领渔民进入市场，拓宽水产品销售、饲料采购等渠道，增加渔民收入等方面做了积极有意义的工作。

合作社位于东港市新城管理区，距东港市区9千米，离丹大高速东港站3千米，交通便利。是一家集组织采购供应成员淡水养鱼所需的生产资料，组织收购销售成员的产品，引进新技术、新品种，开展相关的技术培训、技术交流和信息咨询服务的经济组织。目前合作社成员总数103户，成员全部是农民，注册资金113.3万元，合作社拥有淡鱼生产基地1 000亩，年养殖淡水鱼1 000吨，南美白虾500亩，年产值1 200万元，带动农户800户。

广东强竞农业集团

广东强竞农业集团，成立于2013年，是集资产管理、产业投资和生产经营于一体的民营企业，旗下拥有五家子公司和一家专业合作社，分别为珠海强竞农业有限公司、珠海强竞水产养殖有限公司、珠海强竞物流有限公司、珠海鱼乐富食品科技有限公司、珠海强竞供应链管理有限公司和珠海广进水产养殖产销专业合作社。

广东强竞农业集团围绕食品安全和健康农业，历经4年技术创新与发展壮大，现已成长为专业从事农业产业化运营的创新型企业，拥有员工600余人。采取"公司+农户"的经营模式，带动750多户通过养殖致富，实现海鲈年产量10万吨，同时自有6 000多亩的标准养殖场。

近年来，在各级政府的大力支持下，广东强竞农业集团立足于斗门区，以"公司+基地+农户"一体两翼产业发展模式带动现代农业的高效、安全和可持续发展。围绕斗门海鲈产业发展，积极创建特色渔业品牌，推动海鲈产业走向规模化、产业化、标准化、品牌化等"四化"健康发展之路。2017年，总产值达12亿多元，实现公司增效、农民增收的目标，公司被评为高新技术企业、全国水产健康养殖示范场、中国水产风云榜年度渠道转型先锋、中国国际农产品交易会金奖、广东省农业龙头企业、广东省名牌产品企业、广东省菜篮子工程斗门强竞水产基地、广东省守合同重信用企业、广东省渔业物流示范企业、广东省十强鲜活水产经营企业、珠海市农业龙头企业、珠海市食品安全工作先进单位、珠海现代农业研发示范基地、珠海现代农业科研生产示范核心基地等。

福海瑞雪渔业生态旅游有限公司

【公司概况】

福海瑞雪渔业生态旅游有限公司（以下简称"公司"）位于福海县乌伦古湖大湖区（布伦托海）东岸，距福海县城28千米。公司于2017年3月成立，注册资金500万元，下设办公室、生产部、营运部、财务室，现有员工38人。

【经营状况】

现有资产总额2 300万元，年产值800万元。公司成立之初，就确立了休闲渔业融合发展的经营思路，是一家集餐饮住宿、文创表演、垂钓娱乐、捕捞体验等为一体的休闲渔业企业。公司现有水产品养殖基地2万亩，年产白斑狗鱼、池沼公鱼、贝加尔雅罗、河鲈、东方欧鳊鱼等土著鱼类十几种200余吨。现有库容200吨的水产品加工冷库一座，加工车间1 000平方米，年加工水产品300吨。"诚信、勤俭、竞争、求效"是公司的企业精神，"以人为本、创新观念、服务到位、宾客满意"是公司经营管理的目标和准则。

随着人民生活水平不断提高，休闲旅游业持续升温。为了加快发展步伐，公司自筹资金1亿元，计划利用2年的时间，打造一座占地面积2万平方米，集餐饮、垂钓、旅游、度假为一体的休闲旅游度假基地。目前已完成投资6 650万元，海景宾馆、餐厅、水上垂钓栈道、休闲凉亭、钓鱼台、硬化、亮化工程已竣工并投入使用。海滨酒店日接待能力达200人次，餐厅可容纳300人同时就餐。

【获得荣誉】

2017年7月，获得有机水产品认证。

2017年11月，公司被农业部评为全国休闲渔业示范基地。

拜城新疆大头鱼地区级自然保护区

新疆大头鱼（学名扁吻鱼）在世界上仅在中国新疆阿克苏境内生存着少数个体。它在分类上隶属于鲤形目、鲤科、裂腹鱼亚科、扁吻鱼属。20世纪70年代后新疆大头鱼基本上形成不了产量、物种面临濒危。故1988年12月10日被国家列为一级重点保护动物。

一、人工繁殖及增殖放流工作开展情况

截至2017年人工繁殖新疆大头鱼鱼苗348万尾，向克孜尔水库人工增殖放流120.8万尾，同时向新疆维吾尔自治区水产科学研究所、博湖、喀什等地提供新疆大头鱼鱼苗近53万尾。

二、自然保护区基本情况

2008年阿克苏地区行政公署以阿行署批【2008】28号文批准建立了拜城县新疆大头鱼地区级自然保护区，并在阿克苏地区水利局设新疆大头鱼中心保护管理站（增殖放流站），在拜城县设立两个分保护站。保护区内保存着完整的新疆大头鱼生活繁育生态系统，其中还有许多新疆特有的列入自治区保护名录的保护鱼类品种。保护区成立以来，按照"建设生态文明"的新要求，紧紧围绕"改善生态，促进和谐"主题，着力打造自治区级、国家级自然保护区，以珍稀物种保护为突破口，以野生动物宣传月等活动为载体，强化措施，积极行动，保护区周围生态环境得到明显改善，新疆大头鱼得到了保护。

自从2000年以来阿克苏地区水利局在新疆维吾尔自治区水产局的大力支持和帮助下，先后投入600多万元来建设新疆大头鱼原种场（自然保护区中心站）的办公室、渠道、孵化房、鱼苗池、产卵池、水塔、挖沉淀池等基础设施。

常州星火照明有限公司

常州星火照明有限公司，是一家集研发、制造、销售爬虫系列产品于一体的生产研发型工厂。公司潜心专注于国内外爬虫领域研究多年，打造出一款独具特色的可以为爬虫补钙的太阳灯这一核心产品，旨在让这些本属于大自然的动物，在室内依然可以沐浴着阳光，健康成长。

企业在发展的同时，始终秉承"产品品质至上，顾客满意至上"这一宗旨与目标，不断加大产品研发力度与技术人才队伍的培养，与浙江大学建立战略合作，成立了"太阳灯在龟鳖养殖中的应用研究"实验基地，企业取得了健康稳步发展，于2016年成为中国渔业协会龟鳖产业分会第二届理事会副会长单位。先后获得"江苏省质量信得过企业""全国龟鳖产业发展创新特等奖""全国龟鳖产业诚信服务特别贡献奖""中国企业公益诚信责任典范"等多项殊荣。

多年来，企业主攻技术提升，匠心打造产品研发，市场销售持续增长，迅速成长为江苏省生产实力型企业，多次得到中央电视台匠心栏目组的聚焦与关注。目前，所生产的主打产品——补钙太阳灯远销欧洲、美国、加拿大、韩国、日本等多个国家和地区，优秀的产品与独特的工艺得到了越来越多消费者的赞赏与喜爱。

公司价值观： 创新　专业　沟通　用心

公司愿景： 追求全体员工物质与精神两方面幸福的同时，成为推动行业发展并不断创新的企业。

电话： 0519-86051703　13585350458

邮箱： sales@czsparklighting.com